经以济世
建德开来
贺教育部
重大方向项目
启动之际

李言荣
癸巳方八

教育部哲学社会科学研究重大课题攻关项目

当代宗教冲突与对话研究

A STUDY OF CONTEMPORARY RELIGIOUS CONFLICTS AND INTERRELIGIOUS DIALOGUE

张志刚 等著

经济科学出版社
Economic Science Press

图书在版编目（CIP）数据

当代宗教冲突与对话研究/张志刚等著．
—北京：经济科学出版社，2011.4
教育部哲学社会科学研究重大课题攻关项目
ISBN 978 – 7 – 5141 – 0458 – 5

Ⅰ．①当… Ⅱ．①张… Ⅲ．①宗教 – 问题 – 研究 – 世界
Ⅳ．①B928.1

中国版本图书馆 CIP 数据核字（2011）第 033783 号

责任编辑：张庆杰
责任校对：杨晓莹
版式设计：代小卫
技术编辑：邱　天

当代宗教冲突与对话研究

张志刚　等著

经济科学出版社出版、发行　新华书店经销
社址：北京市海淀区阜成路甲 28 号　邮编：100142
总编部电话：88191217　发行部电话：88191540
网址：www.esp.com.cn
电子邮件：esp@esp.com.cn
北京中科印刷有限公司印装
787×1092　16 开　32.25 印张　610000 字
2011 年 4 月第 1 版　2011 年 4 月第 1 次印刷
ISBN 978 – 7 – 5141 – 0458 – 5　定价：80.00 元
（图书出现印装问题，本社负责调换）
（版权所有　翻印必究）

课题组主要成员

（按姓氏笔画排列）

王锁劳　田　炜　李四龙　吴　飞
吴冰冰　沙宗平　张训谋　赵匡为
贾建萍　徐凤林　唐孟生

编审委员会成员

主 任 孔和平 罗志荣

委 员 郭兆旭 吕 萍 唐俊南 安 远
文远怀 张 虹 谢 锐 解 丹

总　序

哲学社会科学是人们认识世界、改造世界的重要工具，是推动历史发展和社会进步的重要力量。哲学社会科学的研究能力和成果，是综合国力的重要组成部分，哲学社会科学的发展水平，体现着一个国家和民族的思维能力、精神状态和文明素质。一个民族要屹立于世界民族之林，不能没有哲学社会科学的熏陶和滋养；一个国家要在国际综合国力竞争中赢得优势，不能没有包括哲学社会科学在内的"软实力"的强大和支撑。

近年来，党和国家高度重视哲学社会科学的繁荣发展。江泽民同志多次强调哲学社会科学在建设中国特色社会主义事业中的重要作用，提出哲学社会科学与自然科学"四个同样重要"、"五个高度重视"、"两个不可替代"等重要思想论断。党的十六大以来，以胡锦涛同志为总书记的党中央始终坚持把哲学社会科学放在十分重要的战略位置，就繁荣发展哲学社会科学做出了一系列重大部署，采取了一系列重大举措。2004年，中共中央下发《关于进一步繁荣发展哲学社会科学的意见》，明确了新世纪繁荣发展哲学社会科学的指导方针、总体目标和主要任务。党的十七大报告明确指出："繁荣发展哲学社会科学，推进学科体系、学术观点、科研方法创新，鼓励哲学社会科学界为党和人民事业发挥思想库作用，推动我国哲学社会科学优秀成果和优秀人才走向世界。"这是党中央在新的历史时期、新的历史阶段为全面建设小康社会，加快推进社会主义现代化建设，实现中华民族伟大复兴提出的重大战略目标和任务，为进一步繁荣发展哲学社会科学指明了方向，提供了根本保障和强大动力。

高校是我国哲学社会科学事业的主力军。改革开放以来，在党中央的坚强领导下，高校哲学社会科学抓住前所未有的发展机遇，紧紧围绕党和国家工作大局，坚持正确的政治方向，贯彻"双百"方针，以发展为主题，以改革为动力，以理论创新为主导，以方法创新为突破口，发扬理论联系实际学风，弘扬求真务实精神，立足创新、提高质量，高校哲学社会科学事业实现了跨越式发展，呈现空前繁荣的发展局面。广大高校哲学社会科学工作者以饱满的热情积极参与马克思主义理论研究和建设工程，大力推进具有中国特色、中国风格、中国气派的哲学社会科学学科体系和教材体系建设，为推进马克思主义中国化，推动理论创新，服务党和国家的政策决策，为弘扬优秀传统文化，培育民族精神，为培养社会主义合格建设者和可靠接班人，做出了不可磨灭的重要贡献。

自 2003 年始，教育部正式启动了哲学社会科学研究重大课题攻关项目计划。这是教育部促进高校哲学社会科学繁荣发展的一项重大举措，也是教育部实施"高校哲学社会科学繁荣计划"的一项重要内容。重大攻关项目采取招投标的组织方式，按照"公平竞争，择优立项，严格管理，铸造精品"的要求进行，每年评审立项约 40 个项目，每个项目资助 30 万～80 万元。项目研究实行首席专家负责制，鼓励跨学科、跨学校、跨地区的联合研究，鼓励吸收国内外专家共同参加课题组研究工作。几年来，重大攻关项目以解决国家经济建设和社会发展过程中具有前瞻性、战略性、全局性的重大理论和实际问题为主攻方向，以提升为党和政府咨询决策服务能力和推动哲学社会科学发展为战略目标，集合高校优秀研究团队和顶尖人才，团结协作，联合攻关，产出了一批标志性研究成果，壮大了科研人才队伍，有效提升了高校哲学社会科学整体实力。国务委员刘延东同志为此做出重要批示，指出重大攻关项目有效调动各方面的积极性，产生了一批重要成果，影响广泛，成效显著；要总结经验，再接再厉，紧密服务国家需求，更好地优化资源，突出重点，多出精品，多出人才，为经济社会发展做出新的贡献。这个重要批示，既充分肯定了重大攻关项目取得的优异成绩，又对重大攻关项目提出了明确的指导意见和殷切希望。

作为教育部社科研究项目的重中之重，我们始终秉持以管理创新服务学术创新的理念,坚持科学管理、民主管理、依法管理,切实增强服务意识,不断创新管理模式,健全管理制度,加强对重大攻关项目的选题遴选、评审立项、组织开题、中期检查到最终成果鉴定的全过程管理,逐渐探索并形成一套成熟的、符合学术研究规律的管理办法,努力将重大攻关项目打造成学术精品工程。我们将项目最终成果汇编成"教育部哲学社会科学研究重大课题攻关项目成果文库"统一组织出版。经济科学出版社倾全社之力,精心组织编辑力量,努力铸造出版精品。国学大师季羡林先生欣然题词:"经时济世 继往开来——贺教育部重大攻关项目成果出版";欧阳中石先生题写了"教育部哲学社会科学研究重大课题攻关项目"的书名,充分体现了他们对繁荣发展高校哲学社会科学的深切勉励和由衷期望。

创新是哲学社会科学研究的灵魂,是推动高校哲学社会科学研究不断深化的不竭动力。我们正处在一个伟大的时代,建设有中国特色的哲学社会科学是历史的呼唤,时代的强音,是推进中国特色社会主义事业的迫切要求。我们要不断增强使命感和责任感,立足新实践,适应新要求,始终坚持以马克思主义为指导,深入贯彻落实科学发展观,以构建具有中国特色社会主义哲学社会科学为己任,振奋精神,开拓进取,以改革创新精神,大力推进高校哲学社会科学繁荣发展,为全面建设小康社会,构建社会主义和谐社会,促进社会主义文化大发展大繁荣贡献更大的力量。

教育部社会科学司

前　言

这部专著是教育部哲学社会科学研究重大课题攻关项目"当代宗教冲突与对话研究"（04JZD005）的最终成果。作为本项目的首席专家，我想借此着重说明两个问题：这个攻关项目有什么重要的现实意义和理论价值？课题组是怎么探讨这个攻关项目的？

一、宗教冲突的严峻性

冷战过后，尤其是哈佛大学教授亨廷顿（Samuel P. Huntington）提出"文明冲突论"以来，"宗教冲突"不仅已成为国际媒体上出现频率很高的一个字眼儿，而且还是国内外理论界的一个热门话题。可是，如果我们放眼于冷战后的国际形势，全面而具体地予以研究的话，那便可以发现"直接的或单纯的宗教冲突"，即因信仰上的差异或矛盾而引发的宗教或教派之间的冲突，规模大多较小，影响范围也大多有限，尚未发展到左右全球局势的程度；而近些年来，国内外新闻界和理论界之所以十分关注所谓的"宗教冲突"，主要是因为，冷战后的诸多国际热点问题或重大冲突几乎都有不可忽视的宗教因素或宗教背景。这就向我们提出了一个重大现实问题：为什么宗教因素或宗教背景会产生如此广泛而重要的影响呢？

早在"9·11"事件发生的前一年，当时兼任北京大学国际关系学院院长的钱其琛副总理就指出，冷战后，宗教、民族问题突出起来了，许多国际热点问题差不多都与宗教、民族问题分不开。冷战后的宗教问题有这样几个值得关注的特点：（1）宗教经常与民族问题联系在一起；（2）宗教自由经常与人权问题联系在一起；（3）宗教经常与原教旨主义、恐怖主义联系在一起；（4）宗教经常与国家的政局、民族的分裂或统一联系在一起；（5）宗教的认同往往跨越了国家和民族的界限。所以，我们必须注意研究宗教问题。①

震惊世界的"9·11"事件发生后，宗教问题的重要性和严峻性更是引起国际社会的普遍关注，促使国内外专家学者回首冷战前后国际局势的剧变过程，重新思考宗教背景或宗教因素对于诸多国际热点问题和重大冲突的广泛影响。国际问题研究专家陆忠伟指出，波黑冲突、北爱尔兰问题、印尼马鲁克群岛与亚齐问题、克什米尔纷争等一系列政治、经济和军事冲突，无不包括愈益复杂、愈益增强的宗教因素。"因而，可以说，国际形势瞬息万变，万变不离其'宗'。宗教、民族问题是'9·11'事件后驱动国际政治的一股重要动力，并引起了国际局势的痉挛性波动。"②

以上分析判断表明，冷战后的诸多国际热点问题或重大冲突不但深受宗教因素的影响，而且此种影响是以复杂的形式表现出来的，即并非直接或单独通过"宗教事件"或"宗教问题"反映出来的。因此，假如像亨廷顿那样用"文明冲突论"来通盘解释冷战后的国际地缘政治格局，并把诸多国际热点问题或重大冲突一并归结为"宗教冲突"，恐怕难免导致"貌似深刻的思路而实则武断的逻辑"。③ 这就不能不令我们从方法论上反思：目前流行的"宗教冲突"概念及其理论是否过于简单化，即是否流于泛泛而论了？

"冲突问题"是社会学、政治学、经济学和心理学等研究领域所重视的课题。广为参考这些学科的丰富成果，特别是社会学的"社会冲突理论"和国际政治学的"国际冲突理论"，无疑有助于克服泛泛而论"宗教冲突"的简单化倾向。④ 但与此同时我们也清醒地认识到，

---

① 参见钱其琛：《当前国际关系研究中的若干重点问题》，载《世界经济与政治》2000年第9期。此文为钱其琛在2000年5月26日举行的北京大学国际关系学院建院5周年及国际政治系建立40周年纪念大会上的报告。

② 以上概述及引文，参见陆忠伟：《国际冲突中的宗教因素》，中国现代国际关系研究所民族与宗教研究中心著：《世界宗教问题大聚焦》，时事出版社2003年版，"序"，第1~2页。

③ 关于这方面的理论分析，详见本书第八章第二节"'冲突原因'研究现状评析"。

④ 关于社会学的"社会冲突理论"，可参见〔美〕乔纳森·特纳，邱泽奇等译：《社会学理论的结构》（第6版），华夏出版社2001年版，第三编"冲突理论"；〔美〕杰弗里·亚历山大：《社会学二十讲：二战以来的理论发展》，贾春增、董天民等译，华夏出版社2000年版，第8讲"冲突理论（1）"，第9讲"冲突理论（2）"。关于国际政治学的"国际冲突理论"，可参见〔美〕小约瑟夫·奈著，张小明译：《理解国际冲突：理论与历史》（第5版），上海人民出版社2005年版；蒲宁、陈晓东：《国际冲突研究》，时事出版社2007年版。较之社会学和政治学，宗教学对于冲突问题的研究尚显薄弱，主要还是借鉴这两个学科的相关研究成果。关于此种研究状况，可参见 *Critical Terms for Religious Studies* （Edited by Mark C. Taylor, Chicago & London: The University of Chicago Press, 1998）一书的"Conflict"一节。

要想切实地回应前述重大问题——为什么宗教因素或宗教背景会对冷战后的诸多国际热点问题或重大冲突产生广泛而重要的影响，显然无法照搬照抄其他学科现有的"冲突概念及其理论"，而理应抓住这个重大现实问题中的"关键词"——"宗教因素及其影响"，力求在宗教学基础理论上有所突破、有所创新，更全面、更深刻地认识宗教现象的复杂特性、社会作用或文化功能。

二、宗教对话的必要性

"宗教对话"是当今国际宗教学界的一个重大课题，一个前沿领域。关于宗教对话的必要性与重要性，当代著名的宗教哲学家、宗教多元论的倡导者希克（John Hick, 1922— ）发人深省地指出：直到最近，世界上现存的任何一种宗教几乎都是在不了解其他宗教的情况下发展的。[①] 当然，历史上有过几次大规模的宗教扩张运动，使不同的宗教相遇。例如，公元前后佛教的扩张，7～8世纪伊斯兰教的扩张，19世纪基督教的扩张等。但在上述扩张运动中，不同的信仰者相遇的结果，大多是"冲突"而不是"对话"，这显然不能使各宗教相互认识或相互理解。只是这一百多年来，就各个宗教所展开的学术研究，才为如实地理解"他人的信仰"提供了可能性。[②]

美国天普大学天主教思想和宗教对话教授、"全球伦理"的发起人之一斯威德勒（Leonard Swidler, 1929— ）也抱着同样的学术批判精神，描述了"近况"：直到最近，在几乎所有的宗教传统中，尤其是在基督教那里，还很少有人想到，应该通过与其他宗教的对话来寻求智慧或真理。一个半世纪前，教皇格雷戈里十六世（Pope Gregory XVI）还在痛斥所谓的"信仰无差异论"（indifferentism）。直到1964年，也就是梵蒂冈第二届公会议期间，罗马天主教会的观念才发生了戏剧性的转变，教皇保罗六世（Pope Paul VI）发表通谕强调：对话是时代的呼唤，是人类社会的多元化与成熟性的要求。[③]

---

① 希克是在《宗教哲学》里提出此观点的。该书现有1963、1973、1983、1990年版，在第4版里希克仍用"最近"一词。
② See John H. Hick, *Philosophy of Religion*, fourth edition, Englewood Cliffs, NJ: Prentice-Hall, INC., 1990, pp. 108-109.
③ 以上概述参见［美］斯威德勒著，刘利华译：《全球对话的时代》，中国社会科学出版社2006年版，第9～10页。需要说明的是，这段概述是笔者参照英文原稿重新翻译并概括的，在此顺便感谢中译者赐予英文原稿。

斯威德勒的以上描述侧重于基督教的、特别是天主教的立场观点。相比之下，当代著名的英国神学家、哲学家和宗教学家麦奎利（John Macquarrie, 1919－ ）的提法则显得更全面也更中肯一些。下面是1995年11月他在中国社会科学院世界宗教研究所发表讲演时的开场白，当时宗教对话研究对中国学者来说还是一个新的课题：

当代世界一个鼓舞人心的事实，是各大宗教传统之间正在对话，这对话不仅正变得更加普遍广泛，而且正变得更加严肃认真。在以往，这些宗教各走各的路，彼此甚少接触，即便有所接触，也是以辛酸和对立为特点的。然而，在我们这个通讯便捷和交通迅速的正在缩小的世界上，我们不得不日益靠拢之际，在各种宗教之间也就产生了一种愿望，要得到相互的友谊和理解。事实上，这可以大大有助于各族人民之间的和平。①

前述几位国际著名学者从历史与现实两个基本角度强调了宗教对话的必要性和重要性。不过，关于这个问题的理解和解释，还是要数当代著名的天主教神哲学家、《全球伦理宣言》的起草者汉斯·昆（又译孔汉思，Hans Küng, 1928－ ）所做的概括最为简明扼要、振聋发聩。自20世纪80年代末以来，这位堪称"当代宗教领域的公共知识分子"的神哲学家便在多种重大场合不厌其烦地宣讲如下观点：

没有宗教之间的和平，就没有民族、国家乃至文明之间的和平；
没有宗教之间的对话，就没有宗教之间的和平；
没有宗教研究，就没有宗教之间的对话。②

---

① ［英］麦奎利：《世界宗教之间的对话》（1995年11月在中国社会科学院世界宗教研究的讲演），《世界宗教文化》，1997年冬季号，总第12期，第1页。

② 这几句话并非直接引文，而是综合了汉斯·昆在不同的时间和地点的多种说法。据他本人回忆，1989年，他应邀在联合国教科文组织举办的一次学术研讨会上发表演讲，首次提出了"没有宗教之间的和平，就没有国家之间的和平"的说法（参见韩松：《孔汉思教授访谈录》，载中国人民大学基督教文化研究所主编：《基督教文化学刊》第4辑，人民日报出版社2000年版）。此后，这种说法不但在他的多种论著和许多演讲里得以传播，而且不断予以补充完善。据麦奎利介绍，仅1995年前（即1989年至1995年间——作者注）汉斯·昆出版的好几本书里，一开头就都有这种说法（参见麦奎利：《世界宗教之间的对话》，《世界宗教文化》，1997年冬季号，总第12期，第1页）。另据笔者所知，自1989年以来，汉斯·昆在许多重要场合的讲演里，像在世界经济论坛上的讲演（1990）、在世界宗教议会上的讲演（1993）、在北京大学的讲演（1995）、哈佛大学的讲演（1998）和中国人民大学的讲演（1999）等，也都阐发了这种说法。譬如，他于1999年在中国人民大学讲演里的提法为：没有各宗教之间的和平，就没有各文明之间的和平；没有各宗教之间的对话，就没有各宗教之间的和平；没有一种全球伦理，就不会有一种新的全球秩序（参见汉斯·昆：《全球伦理与中国传统文化》，载《基督教文化学刊》第4辑，人民日报出版社2000年版）。

这三句话，可谓"论证宗教对话之必要性和重要性的三段式"。就学理而言，最后一个判断显然是"基础性的"，即旨在表明：宗教研究乃是宗教对话的前提，或换种说法，只有对世界上的诸多宗教现象有所了解并有所反思，宗教对话才是可言的。前面提到，这个判断早在 20 世纪 70 年代初就由希克明确提出来了。而前两句话所表述的两个判断，即宗教对话之于宗教和平，进而宗教和平之于民族、国家和文明之间的和平的必要性与重要性，则主要是汉斯·昆多年来集思广益、提炼升华之所获。

按照上列三段式的推断，宗教对话显然太重要了，不但事关宗教之间的和平相处，而且关乎民族、国家乃至文明之间有无和平可言。回到 20 世纪 80 年代末，如果说那时此话一出，恐怕还有很多人特别是非宗教界人士怀疑，这是否把宗教研究和宗教对话的重要性"无限上纲"了，那么，不过 20 年，随着冷战后民族和宗教问题的日渐突出，民族性、国家间和文明间等形式的矛盾与冲突的不断发生甚至愈演愈烈，这种关于宗教对话的必要性与重要性的看法，则已然成为全球政要、宗教领袖，尤其是宗教学专家的共识了。由此可见，本攻关项目的两部分密切关联的内容——"宗教冲突研究"与"宗教对话研究"确有十分重大的现实意义和理论价值。

三、研究思路与内容

正是基于上述研究立意，课题组经过近五年时间的艰辛努力，完成了这部《当代宗教冲突与对话研究》。这部专著由三编构成，分为二十二章，其探讨思路和研究内容大致如下。

第一编"当代宗教冲突研究"，不但致力于较为全面地考察分析当代宗教冲突的主要表现形式，而且更注重探究冷战后的诸多国际热点问题或重大冲突所包含的宗教因素，即宗教因素对于国际热点问题或重大冲突的影响。在本编的研究中，我们努力尝试"跨学科的研究方法"。这主要是指，虽然本编 8 位作者的主要研究方向不同，像宗教学理论、宗教哲学、基督教、伊斯兰教、中东地区研究、印巴地区研究、宗教现状与政策研究等，但大家都互为参照宗教学、哲学、历史学、社会学、国际政治学和文化研究等领域的研究成果和学术启发，并通过集体讨论、相互学习等途径，针对不同的专题或问题，尽力把"现状考察"与"理论分析"结合起来。可以说，像这样集中不同学科或研究方向的学者来较为全面而深入地探讨本编的复杂内容，在国内理论界尚属首次尝试，在国际学术界也尚未见到类似的成果。

通过第一编前七章的具体考察分析，我们从"表现形式"和"冲突原因"双重意义上强调指出了"当代宗教冲突的错综复杂性"，并力图就此种复杂性加以理论深思，其"问题意识"和"探索思路"是这样展开的：首先，广为参考国内外专家的研究成果，以论证宗教因素对于冷战后诸多国际热点问题或重大冲突的影响；其次，通过评析国际政治学界关于"冲突原因"的主要解释倾向，以察觉现有研究的不足或欠缺；再其次，经过梳理宗教学的基础理论成果，以寻求探讨前述重大现实问题的学术启发；最后，着重阐释了宗教因素及其影响的四个复杂特征，即"积淀性"、"弥漫性"、"渗透性"和"深层性"，以提出一种有新意的宗教学方法论观念，使我们能更全面也更深入地认识宗教因素对于冷战后诸多国际热点问题或重大冲突的影响。这部分理论探索工作详见作为本编总结的第八章"宗教冲突的理论深思"，是否合理妥当尚待专家和读者给予评价。

第二编"当代宗教对话研究"，主要包括三部分工作：（1）力求较为全面而深入地考察宗教对话的形成背景与理论难题，此为第九章的内容；（2）大致梳理了世界范围的宗教对话现状，这是第十章的内容；（3）基于前两部分研究工作，力求全面而深入地探讨国际宗教学界现行的五种主要的宗教对话观念，即宗教排他论、宗教兼并论、宗教多元论、宗教兼容论和宗教实践论，以通过批判它们各自在宗教哲学方法论上的得失利弊，从总体上来反思宗教对话的特性与矛盾、难题与张力、历程与目标，以及观念与出路等。最后一部分工作构成了本编的主干内容，即第十一章至第十五章和本编结语。与以往的研究成果相比，新的进展主要有这样几方面：（1）根据新近材料，加强了对宗教排他论的分析评论；（2）经过理论比较，概括出了一种新的对话观念——宗教实践论，这种理论概括尚未见于国内外专业文献；（3）更为全面地把现有的宗教对话观念划分为五种类型，这在国际宗教学界尚属首次尝试。正是通过如上研究工作，我们把研讨话题引向了下一编的内容。

　　第三编"中国宗教的和谐传统与现代价值",主要包括三部分内容:(1)着眼中国文化传统,力求较为全面地回顾考察本土的和外来的宗教传统与中国社会、思想和文化相冲突、相融合的历史过程,着重阐释诸宗教在中国文化背景下逐渐形成的和谐特征,这部分内容见于第十六章至第二十章;(2)立足当代中国国情,力求较为准确地勾勒当今中国宗教现状,总结新中国成立以来宗教政策法规方面的经验教训,此为第二十一章;(3)关注国际学术对话,力求为促进宗教对话、化解文明冲突、共建和谐世界提供"中国宗教文化经验",这是本编最后一章的内容,也是全书的归宿。鉴于宗教对话的重要性和紧迫性,国际学术界近十几年来越来越注重回溯东西方宗教文化传统,以发掘可供借鉴的历史经验和思想资源。经再三考虑,我们选择的学术思路是,重点总结并评论我国老一代著名学者的相关研究成果,主要包括:关于中国宗教文化历史特点的重新认识;关于中国宗教文化优良传统的概括总结;中国文化传统可为促进宗教对话、化解文明冲突、共建和谐世界提供的思想资源。我们这样做,不是为了用前辈学者的成果来印证本编前些章节的基本论点,而是为了通过总结他们倾其毕生心血而获得的学术成果来"接着他们说"。就此而言,本项目虽然结束了,但我们的这部分研究工作只是刚刚起步,我们仍将继续努力。恳望同行学者和广大读者多提宝贵意见。

张志刚

摘　要

这部专著是教育部哲学社会科学研究重大课题攻关项目"当代宗教冲突与对话研究"（04JZD005）的最终成果。全书由三编构成，分为二十二章，其探讨思路和研究内容大致如下。

第一编"当代宗教冲突研究"，努力尝试"跨学科的研究方法"，不但致力于较为全面地考察分析当代宗教冲突的主要表现形式，而且更注重探究冷战后的诸多国际热点问题或重大冲突所包含的宗教因素，即宗教因素对于国际热点问题或重大冲突的影响。通过本编前七章的具体考察分析，我们从"表现形式"和"冲突原因"双重意义上强调指出了"当代宗教冲突的错综复杂性"，并力图就此种复杂性加以理论深思，其"问题意识"和"探索思路"是这样展开的：首先，广为参考国内外专家的研究成果，以论证宗教因素对于冷战后诸多国际热点问题或重大冲突的影响；其次，通过评析国际政治学界关于"冲突原因"的主要解释倾向，以察觉现有研究的不足或欠缺；再其次，经过梳理宗教学的基础理论成果，以寻求探讨前述重大现实问题的学术启发；最后，着重阐释了宗教因素及其影响的四个复杂特征，即"积淀性"、"弥漫性"、"渗透性"和"深层性"，以提出一种有新意的宗教学方法论观念，使我们能更全面也更深入地认识宗教因素对于冷战后诸多国际热点问题或重大冲突的影响。这部分理论探索工作见于作为本编总结的第八章"宗教冲突的理论深思"。

第二编"当代宗教对话研究"，主要包括三部分工作：（1）力求较为全面而深入地考察宗教对话的形成背景与理论难题，此为第九章的内容；（2）大致梳理了世界范围的宗教对话现状，这是第十章的内容；(3) 基于前两部分研究工作，力求全面而深入地探讨国际宗教学界现行的五种主要的宗教对话观念，即宗教排他论、宗教兼并论、宗教多元论、宗教兼容论和宗教实践论，以通过批判它们各自在宗教哲学方法论上的得失利弊，从总体上来反思宗教对话的特性与矛盾、难题与张力、历程与目标，以及观念与出路等。最后一部分工作构成了本编的主干内容，即第十一章至第十五章。与以往的研究成果相比，新的进展主要有这样几方面：(1) 根据新近材料，加强了对宗教排他论的分析评论；(2) 经过理论比较，概括出了一种新的对话观念——宗教实践论，这种理论概括尚未见于国内外专业文献；(3) 更为全面地把现有的宗教对话观念划分为五种类型，这在国际宗教学界尚属首次尝试。正是通过如上研究工作，我们把研讨话题引向了下一编的内容。

第三编"中国宗教的和谐传统与现代价值"，主要包括三部分内容：(1) 着眼中国文化传统，力求较为全面地回顾考察本土的和外来的宗教传统与中国社会、思想和文化相冲突、相融合的历史过程，着重阐释诸宗教在中国文化背景下逐渐形成的和谐特征，这部分内容见于第十六章至第二十章；(2) 立足当代中国国情，力求较为准确地勾勒当今中国宗教现状，总结新中国成立以来宗教政策法规方面的经验教训，此为第二十一章；(3) 关注国际学术对话，力求为促进宗教对话、化解文明冲突、共建和谐世界提供"中国宗教文化经验"，这是本编最后一章的内容，也是全书的归宿。鉴于宗教对话的重要性和紧迫性，国际学术界近十几年来越来越注重回溯东西方宗教文化传统，以发掘可供借鉴的历史经验和思想资源。经再三考虑，我们选择的学术思路是，重点总结并评论我国老一代著名学者的相关研究成果，主要包括：关于中国宗教文化历史特点的重新认识；关于中国宗教文化优良传统的概括总结；中国文化传统可为促进宗教对话、化解文明冲突、共建和谐世界提供的思想资源。

Abstract

This monograph is the final product of the important project of the Ministry of Education, "A Study of Contemporary Religious Conflicts and Interreligious Dialogue," composed of three parts and 22 chapters. The basic framework is as follows:

Part I, "the study of contemporary Religious Conflicts," we try to apply an interdisciplinary method to not only comprehensively analyze the major forms of contemporary religious conflicts, but also attempt to emphasize the religious elements in various international hot issues and important conflicts, i. e., the influence of religious elements in the hot issues and important conflicts. In the first seven chapters of this part, we emphasize the complexity of the contemporary conflicts in two senses: form and cause, and try to think deeply into this complexity. First of all, we rely extensively on the studies both domestic and international, in order to indicate the influence of religious elements in the various hot issues and important conflicts after the cold war. Second, by analyzing the interpretations of the causes of conflicts, we try to find the defects and problems in the available studies. Third, by examining the basic theoretical ideas in religious studies, we attempt to find the academic inspirations for the above-mentioned important issues. Finally, we emphatically interpret the religious elements and their four characteristics, that is, sedimentation, diffusion, permeation, and profundity, in order to establish a new methodology of religious studies, so that we can more comprehensively and more profoundly identify the influence of religious elements in various international hot issues and important conflicts. The theoretical summary of this part is in the concluding chapter, that is, chapter 8, "the theoretical reflection on religious conflicts."

Part II, "the study of contemporary religious dialogue," we mainly do three things: (1) In chapter 9, we attempt to comprehensively and profoundly examine the background and theoretical issues in religious dialogues. (2) In chapter 10, we roughly examine the current situation of international religious dialogues. (3) Based on the work in the previous two chapters, we comprehensively and profoundly examine five major modes of religious dialogues, that is, religious exclusivism, religious inclusivism, religious pluralism, religious compatiblism, religious praxism. By criticizing their advantages and disadvantages in the methodology of religious philosophy, we try to reflect on the characteristics, ambiguities, difficulties, tensions, progress, aims, ideas, and the future of religious dialogues. This is the main body of Part Ⅱ, chapters 11 – 15. Compared with previous studies, this study is distinguished by these features: (1) based on new resources, we strengthen analysis of religious exclusivism; (2) by way of theoretical comparisons, we summarize a new idea of religious dialogue, namely, religious praxism, which has never been seen in foreign references; (3) we more comprehensively summarize the ideas on religious dialogues as five types, which is also the first time in international scholarship of religious studies. And hence we turn to the content of the next part.

Part Ⅲ, "The tradition of harmony in chinese religious and its modern values," consists of three parts: (1) from chapter 16 to chapter 20, we comprehensively reflect on the conflicts and communication between native religions in China and religions that came from other cultures and interpret the feature of harmonization that various religions developed in the context of Chinese culture; (2) in chapter 21, we attempt to describe the current situation of religions in China and the experiences and problems of religious policies since 1949; (3) in the last chapter of this part as well as of the whole book, turning to international academic dialogues, we attempt to provide an "experience of Chinese religious culture" to promote religious dialogues, solve the conflicts between civilizations, and establish a more harmonious world. Because of the importance and urgency of religious dialogues, the international scholarship of religious studies are putting more emphasis on tracing the cultural traditions east and west to dig out more historical experiences and intellectual resources. Hence we put more emphasis on summarizing and discussing the relevant studies of the distinguishing scholars of the previous generations, including their ideas about the cultural features of Chinese religions, the summaries of excellent cultural traditions in Chinese religions, and the intellectual resources that Chinese cultural traditions could provide for the promotion of religious dialogues, the solution of the conflicts between civilizations, and the establishment of a harmonious world.

目 录

第一编

当代宗教冲突研究　1

第一章 ▶ 阿以冲突与宗教因素　3
　　第一节　阿以冲突的历史回顾　3
　　第二节　阿以冲突的宗教因素　15

第二章 ▶ 海湾教派冲突和黎巴嫩内战　31
　　第一节　海湾地区的宗教冲突　31
　　第二节　黎巴嫩内战　43

第三章 ▶ 印巴地区的宗教冲突　52
　　第一节　印巴地区的宗教格局　52
　　第二节　印巴地区的宗教纷争　55
　　第三节　印巴地区冲突的宗教因素　62

第四章 ▶ 中亚五国的宗教冲突　73
　　第一节　中亚五国的宗教格局　74
　　第二节　中亚五国的宗教纷争　89
　　第三节　中亚五国与新疆稳定　97

第五章 ▶ 北爱尔兰冲突　114
　　第一节　北爱冲突的历史回顾　114

第二节　北爱问题的研究现状　118
第三节　北爱问题与宗教冲突　122

第六章 ▶ 巴尔干冲突和车臣战争　138

第一节　波黑战争　138
第二节　科索沃冲突　143
第三节　车臣战争　148

第七章 ▶ 宗教冲突的其他形式　152

第一节　新兴宗教与社会冲突　152
第二节　邪教组织与社会冲突　164

第八章 ▶ 宗教冲突的理论深思　177

第一节　宗教因素与国际热点问题　178
第二节　"冲突原因"研究现状评析　180
第三节　宗教学理论成果与学术启发　184
第四节　宗教因素及其影响的复杂性　189

第二编

当代宗教对话研究　201

第九章 ▶ 宗教对话的背景与难题　203

第一节　文化背景：地球村的形成　203
第二节　思想背景：思维方式的转变　204
第三节　学术背景：从比较研究到宗教对话　208
第四节　理论难题：相互冲突的"真理观"　210

第十章 ▶ 世界宗教对话状况概览　216

第一节　天主教与东正教对话　216
第二节　三大启示性宗教对话　220
第三节　佛教与基督教对话　224
第四节　儒家与基督教对话　225
第五节　世界宗教对话会议　229

第十一章 ▶ 宗教排他论的正统立场　236

　　第一节　宗教排他论的特征和根据　236
　　第二节　理论典型：巴特新正统神学　240
　　第三节　关于宗教排他论的学术批评　244

第十二章 ▶ 宗教兼并论的对话模式　251

　　第一节　宗教兼并论的形成背景　251
　　第二节　理论典型：拉纳的宗教对话观　254
　　第三节　关于宗教兼并论的学术批评　260

第十三章 ▶ 宗教多元论的对话模式　264

　　第一节　宗教多元论的出发点　264
　　第二节　思想资源与哲学论证　266
　　第三节　关于宗教多元论的学术批评　271

第十四章 ▶ 宗教兼容论的对话模式　276

　　第一节　第四种宗教对话模式　276
　　第二节　实践成果：《全球伦理宣言》　282
　　第三节　关于宗教兼容论的学术批评　288

第十五章 ▶ 宗教实践论的对话模式　293

　　第一节　第五种宗教对话模式　293
　　第二节　宗教对话的共同语境　296
　　第三节　宗教对话的优先原则　300
　　第四节　宗教实践论的更新意义　305
　　第五节　宗教对话的方法论反思　309

第三编

中国宗教的和谐传统与现代价值　315

第十六章 ▶ 和谐实用的宗教意识　317

　　第一节　阴阳五行的天道和谐　318

第二节　礼乐文明的人情和谐　323
第三节　多元一体的历史经验　327

第十七章 ▶ 相资互用的三教合流　330

第一节　一主两从：儒家主导的三教互动　331
第二节　佛教传入：征服与屈服的历史　337
第三节　佛道互诤：中印文化的差异与融合　342
第四节　三教合流：儒释道的各自表述　348
第五节　相资互用：宗教对话与文化更新　356

第十八章 ▶ 混元并用的民间信仰　358

第一节　民俗节日的宗教融合　359
第二节　民间宗教的同源分流　364
第三节　宗教宝卷的信仰结构　372
第四节　民间信仰还是民间宗教　379

第十九章 ▶ 伊斯兰教与中国文化的融会　384

第一节　伊斯兰教东传中国　384
第二节　元时回回遍天下　388
第三节　明清"回回教"与"清真教"　392
第四节　中国伊斯兰文化　397

第二十章 ▶ 基督教与中国文化的磨合　404

第一节　耶教东来：中西文明相遇和对话　406
第二节　太平天国：洋教形态的民间宗教　410
第三节　古今中西：现代中国与基督精神　414
第四节　韦伯命题：一段充满误解的思考　418
第五节　汉语神学：教会之外的基督研究　421

第二十一章 ▶ 中国宗教现状与政策法规　427

第一节　五大宗教格局与政策环境　427
第二节　50年代后期至改革开放　434
第三节　当代中国宗教的基本走向　440
第四节　中国宗教面临的主要问题　447

第二十二章 ▶ 共建和谐世界的"中国经验"　451

　　第一节　中国宗教文化的历史特点　451
　　第二节　中国宗教文化的优良传统　455
　　第三节　中国文化传统的思想资源　458

参考文献　465

后记　482

Contents

Part I
The Study of Contemporary Religious Conflicts   1

Chapter 1   The Arabic-Israel Conflicts and Religious Elements   3

    1.1   The History and Causes of the Arabic-Israel Conflicts   3

    1.2   The Religious Elements behind Arabic-Israel Conflicts   15

Chapter 2   The Gulf Conflicts and the Civil War of Lebanon   31

    2.1   The Religious Conflicts in the Gulf   31

    2.2   The Civil War of Lebanon   43

Chapter 3   The Religious Conflicts between India and Pakistan   52

    3.1   The Religious Situation of India and Pakistan   52

    3.2   The Religious Conflicts of India and Pakistan   55

    3.3   The Religious Elements in the Conflicts between India and Pakistan   62

Chapter 4   The Religious Conflicts in Inner Asia   73

    4.1   The Religious Situation in Inner Asia   74

    4.2   The Religious Conflicts in Inner Asia   89

    4.3   Inner Asia and the Peace of Xinjiang   97

Chapter 5 Religious Elements in the Conflicts in North Ireland   114

  5.1 A Historical Study of the Conflicts in North Ireland   114
  5.2 The Study of North Ireland Issue   118
  5.3 The Issue of North Ireland and Religious Elements   122

Chapter 6 The Balkan Conflicts and the War in Chechnya   138

  6.1 The Bosnia-Herzegovina War   138
  6.2 The Conflicts in Kosovo   143
  6.3 The War in Chechnya   148

Chapter 7 Other Forms of Religious Conflicts   152

  7.1 New Religions and Social Conflicts   152
  7.2 Cults and Social Conflicts   164

Chapter 8 The Theoretical Reflections on Religious Conflicts   177

  8.1 Religious Elements and International Hot Issues   178
  8.2 A Discussion of the Current Studies of Causes of Conflicts   180
  8.3 Theoretical Products of Religious Studies and their Inspirations   184
  8.4 Religious Elements and the Complexity of their Influences   189

Part II
The Study of Contemporary Religious Dialogues   201

Chapter 9 The Background and Difficulties of Religious Dialogues   203

  9.1 Cultural Background: The Formation of Global Village   203
  9.2 Intellectual Background: The Transformation of Thinking Mode   204
  9.3 Academic Background: From Comparative Study to Religious Dialogues   208
  9.4 Theoretical Difficulties: Truths in Conflict   210

Chapter 10 The Current Situation of Religious Dialogues   216

  10.1 The Dialogue between Catholicism and East Orthodoxy   216

10.2　The Dialogues among three Revelation Religions　220

10.3　The Dialogues between Buddhism and Christianity　224

10.4　The Dialogue between Confucianism and Christianity　225

10.5　The Conference of Dialogues between World Religions　229

Chapter 11　The Orthodox Stance of Religious Exclusvism　236

11.1　The Features and Basis of Religious Exclusivism　236

11.2　Theoretical Model: Karl Barth　240

11.3　The Criticism of Religious Exclusivism　244

Chapter 12　The Mode of Religious Inclusivism　251

12.1　The Background of Religious Inclusivism　251

12.2　Theoretical Model: Karl Rahner　254

12.3　The Criticism of Religious Inclusivism　260

Chapter 13　The Mode of Religious Pluralism　264

13.1　The Starting Point of Religious Pluralism　264

13.2　Intellectual Resources and Philosophical Proof　266

13.3　The Criticism of Religious Pluralism　271

Chapter 14　The Mode of Religious Compatiblism　276

14.1　The Fourth Mode of Religious Dialogue　276

14.2　A Practical Result: The Declaration of a Global Ethics　282

14.3　The Criticism of Religious Compatiblism　288

Chapter 15　The Mode of Religious Praxism　293

15.1　The Fifth Mode of Religious Dialogue　293

15.2　The Common Context of Religious Dialogue　296

15.3　The Principle of Privilege of Religious Dialogue　300

15.4　The New Significance of Religious Praxism　305

15.5　The Methodological Reflection of Religious Dialogue　309

Part III
The Tradition of Harmony in Chinese Religions and its Modern Value　315

Chapter 16　A Harmonious and Practical Idea of Religion　317

    16.1　The Celestial Harmony　318

    16.2　The Humane Harmony　323

    16.3　The Historical Experience of Pluralism　327

Chapter 17　The Integration and Communication of the Three Religions　330

    17.1　The Communication of Three Religions under the Omination of Confucianism　331

    17.2　The Introduction of Buddhism　337

    17.3　The Conflicts between Buddhism and Taoism　342

    17.4　The Integration of the Three Religions　348

    17.5　Religious Dialogues and Cultural Renewal　356

Chapter 18　Folk Religions　358

    18.1　The Religious Dialogues in Folk Festivals　359

    18.2　The Complex Relations between Different Folk Religions　364

    18.3　The Faith Structure in Folk Religious Cannons　372

    18.4　Folk Faith or Fold Religion　379

Chapter 19　The Dialogue between Islamism and Chinese Culture　384

    19.1　The Introduction of Islamism　384

    19.2　Islamism in the Yuan Dyansty　388

    19.3　Islamism in the Ming and Qing Dynasties　392

    19.4　Chinese Islamic Culture　397

Chapter 20　Christianity and Chinese Culture　404

    20.1　The Introduction of Christianity　406

    20.2　The Folk Form of Chinese Christianity　410

    20.3　Christianity and Modern China　414

    20.4　Misunderstandings of a Chinese Weberian Supposition　418

20.5　Sino-Theology　421

Chapter 21　The Current Situation and Religious Policies　427

21.1　The Five Religions and Related Policies　427

21.2　From late 1950s to the Reform Era　434

21.3　The Current Trends of Chinese Religions　440

21.4　The Major Problems in Chinese Religions　447

Chapter 22　Chinese Experiences for a Harmonious World　451

22.1　The Historical Features of Chinese Religious Culture　451

22.2　The Excellent Features of Chinese Religious Culture　455

22.3　The Intellectual Resources of Chinese Religious Culture　458

Reference　465

Postscript　482

当代宗教冲突研究

第一编

如"前言"里指出的,当代宗教冲突是以错综复杂的形式和原因反映出来的。因而,我们在这一编,不但致力于考察当代宗教冲突的主要表现形式,而且注重探讨冷战后的诸多国际热点问题或重大冲突所包含的宗教因素,即宗教因素对于国际热点问题或重大冲突的广泛影响。本编的第一章至第七章为专题性研究,第八章则为一般性的理论探索,力求从宗教学基础理论上提出一些新见解,为我们深思当代宗教冲突提供一条新思路。

- 阿以冲突与宗教因素
- 海湾教派冲突和黎巴嫩内战
- 印巴地区的宗教冲突
- 中亚五国的宗教冲突
- 北爱尔兰冲突
- 巴尔干冲突和车臣战争
- 宗教冲突的其他形式
- 宗教冲突的理论深思

第一章

阿以冲突与宗教因素

"阿以冲突"是指阿拉伯国家与以色列之间的武装冲突。自1948年以色列建国以来，阿以之间爆发了多次武装冲突，如1948年、1956年、1967年和1973年的四次中东战争，1982年和2006年的两次黎巴嫩战争，1987～1993年和2000～2003年两次巴勒斯坦起义，以及2006年和2008～2009年哈马斯与以色列之间的两次武装冲突。导致这些武装冲突的原因多种多样，比如阿拉伯人与犹太人之间的民族矛盾，阿拉伯国家与以色列之间的领土纠纷，世界大国的插手，地区强国的介入，等等。此外，还有一个贯穿历次阿以冲突并且困扰中东和平进程多年的重要因素，那就是犹太教与伊斯兰教之间的宗教分歧。

第一节 阿以冲突的历史回顾

阿以冲突已经历时60多个年头，如果算上以色列建国之前的阿犹冲突，可以说是当今世界上持续时间最长、引发战争最多、波及国家最广、影响国际关系最深远的地区冲突。阿以冲突的核心是巴以争端，根源在以色列建国。以色列在中东建国，其精神动力来自19世纪末产生的犹太复国主义，合法依据则是1947年联合国大会通过的分治决议。

"犹太复国主义"又直译为"锡安主义"（Zionism），其"基本目标是双重的：恢复犹太人的自尊以及在非犹太人心目中的尊严，重建犹太民族家园，使犹太人'成为自由的人生活在自己的土地上,并且安息在自己的故乡'"。① 犹太复国主义其实就是犹太人的民族主义。犹太人曾经在巴勒斯坦生活过将近2000年,自公元2世纪起流亡到欧洲和其他地区,过起了"离散"(Diaspora)的生活。但犹太人始终不曾忘记巴勒斯坦和耶路撒冷,《旧约》中有这样的经文:"耶路撒冷啊,我若忘记你,情愿我的右手忘记技巧。我若不记念你,若不看耶路撒冷过于我所最喜乐的,情愿我的舌头贴于上膛。"② 回归耶路撒冷是许多犹太人梦寐以求的民族理想,这一点在欧洲犹太人身上表现得最为迫切。

欧洲在中世纪是基督教的天下,犹太人因为在《新约》中的表现成为反犹主义的牺牲品。"反犹主义"(Anti-Semitism)就是对犹太人的偏见、仇恨和迫害。③ 据《新约》记载,罗马巡抚彼拉多本不想杀害耶稣,但犹太祭司长和长老挑唆众人,坚持要求将耶稣钉在十字架上。"彼拉多见说也无济于事,反要生乱,就拿水在众人面前洗手,说:'流这义人的血,罪不在我,你们承当吧!'众人都回答说:'他的血归到我们和我们的子孙身上。'"④ 犹太人由此背上了"杀主者"(Deicide)的沉重罪名,成为欧洲基督教世界的"另类"。他们在日常生活中饱受不公正待遇,只能居住在封闭的贫困社区"隔都"(Ghetto)。在1095～1272年的十字军东征期间,一些士兵不愿跑到遥远的东方,发出了"干掉一个犹太人,以拯救你的灵魂"的口号,总共有数万犹太人被杀害。⑤

欧洲反犹主义深深刺痛了犹太人,到了19世纪80年代,在近代欧洲民族主义思想的影响下,涌现出了一些犹太复国主义思想家,如德国犹太人摩西·赫斯、波兰犹太人耶胡达·平斯克等。其中最杰出的代表是奥地利犹太人西奥多·赫茨尔(1860～1904)。他是常驻巴黎的记者,法国犹太人遭受的不公正待遇使他深受刺激。他于1896年出版了一本题为《犹太国:现代解决犹太问题的尝试》的小册子,提出了建立一个犹太民族国家的问题。赫茨尔四处奔走呼吁,于1897年8月促成了"第一届世界犹太复国主义大会"的召开。会上通过了《犹太复国主义运动纲领》,明确提出:"犹太复国主义的目标是在巴勒斯坦为犹太民族建立一个由公共法律所保障的犹太人之家"。⑥

---

① [英]沃尔特·拉克,徐方、阎瑞松译:《犹太复国主义史》,上海三联书店1992年版,第730页。
② 《旧约·诗篇》137:5–6。
③ Marvin Perry and Frederick M. Schweitzer. *Antisemitism*, *Myth and Hate from Antiquity to the Present*. New York: Palgrave Macmillan, 2002, p. 5.
④ 《新约·马太福音》27:24–25。
⑤ [以]阿巴·埃班,阎瑞松译:《犹太史》,中国社会科学出版社1986年版,第169～172页。
⑥ Walter Laqueur and Barry Rubin, eds. *The Israel-Arab Reader*, *A Documentary History of the Middle East Conflict*. New York: Penguin Books, Sixth Edition, 2001, p. 9.

第一次世界大战爆发后，英国军队从埃及向巴勒斯坦发动进攻，于1917年12月打败土耳其军队。在此之前一个多月，英国外交大臣阿瑟·贝尔福写信给英国上院犹太议员沃尔特·罗思柴尔德，声称："英王陛下政府赞成在巴勒斯坦建立一个犹太人的民族之家，并将尽最大努力促其实现……"① 这就是著名的贝尔福宣言，它是犹太复国主义运动的一次外交胜利，是通向以色列建国的转折点。1922年6月，国际联盟授权英国对巴勒斯坦实行委任统治。英国采取"扶犹抑阿"政策，欢迎犹太移民的到来。据史料记载，1917年贝尔福宣言发表之时犹太人约占巴勒斯坦总人口的10%，到1936年犹太人口上升到38.4万人，约占巴勒斯坦总人口的31%。②

犹太移民潮水般的涌入，不可避免地激化了与当地阿拉伯人的矛盾。1945年第二次世界大战结束后，犹太人和阿拉伯人都希望尽快结束英国的委任统治，巴勒斯坦局势持续动荡不安。在无可奈何之下，英国于1947年4月2日将巴勒斯坦问题提交给联合国。同年11月29日，联大以33票赞成、13票反对和10票弃权的表决结果，通过了《联大关于巴勒斯坦未来政府的决议》（简称《分治决议》）。《分治决议》规定：英国对巴勒斯坦的委任统治最迟在1948年8月1日前结束；然后最迟在1948年10月1日前，分别在巴勒斯坦成立阿拉伯国、犹太国和耶路撒冷市国际特别政权。《分治决议》将巴勒斯坦一分为三，为犹太人提供了在巴勒斯坦建国的合法保障。

一、四次中东战争

1948年5月14日，以色列临时政府总理戴维·本·古里安带头签署并宣读了《以色列独立宣言》，"以色列国"由此诞生。从以色列建国伊始，阿拉伯国家就与它处于敌对状态，接连发生了四次大规模集体战争。

（一）1948年巴勒斯坦战争

1948年5月15日，即以色列建国的次日，埃及、外约旦、叙利亚、伊拉克和黎巴嫩五国军队开进以色列，与刚刚组建的以色列国防军发生武装冲突，巴勒斯坦战争爆发。这场战争在国际上被广泛称为"第一次中东战争"，战争

---

① Walter Laqueur and Barry Rubin, eds. *The Israel-Arab Reader*, *A Documentary History of the Middle East Conflict*. New York: Penguin Books, Sixth Edition, 2001, p. 16.
② ［以］哈伊姆·格瓦蒂著，何大明译：《以色列移民与开发百年史》，中国社会科学出版社1996年版，第246页。

结果极大地影响了以色列和巴勒斯坦的历史命运,故此以色列人称其为"独立战争"或"解放战争",而阿拉伯人尤其是巴勒斯坦人称其为"大灾难"(al-Nakba)。

毫无疑问,巴勒斯坦战争是由阿拉伯国家首先发动的,以色列称阿拉伯国家是侵略者,而阿拉伯国家却称这是正义战争。阿拉伯国家的理由在于,首先,联合国无权通过巴勒斯坦分治决议。阿拉伯国家联盟7国从一开始就强烈反对任何分割巴勒斯坦的做法,在联大表决时全都投了反对票。其次,阿拉伯国家认为分治决议本身极不公正,明显偏袒犹太人和犹太国。巴勒斯坦总面积为2.6323万平方公里,分治决议划分给犹太国的领土是1.45万平方公里,占总面积的56%,犹太国除了拥有49.8万犹太人以外,还包含40.7万阿拉伯人。而分治决议划分给阿拉伯国的领土为1.1万平方公里,只占总面积的43%,拥有72.5万阿拉伯人和1万犹太人。

阿拉伯国家虽然率先出兵,却没有做好战胜以色列的充分准备,战争最后以以色列的胜利而告终。以色列侵占了分治决议划分给阿拉伯国的大量领土,控制了巴勒斯坦总面积的77%。剩余的阿拉伯国领土分别被外约旦和埃及瓜分,前者占领了约旦河西岸(5860平方公里)和东耶路撒冷(70平方公里),后者占领了加沙地带(360平方公里)。至于巴勒斯坦阿拉伯人,有70%沦为难民,总数约有70多万人。

(二) 1956年苏伊士运河战争

1956年10月29日~11月6日,以色列伙同英法两国联合对埃及发动了侵略战争。这场战争被阿拉伯人称为"三国入侵",又被世人称为"苏伊士运河战争"和"第二次中东战争"。这场战争直接起因于埃及宣布收回苏伊士运河公司,该公司由法国驻埃及领事德雷赛布于1858年成立。它以低廉工资招募埃及劳工,历时11年建成了苏伊士运河。

1952年,以纳赛尔为首的埃及自由军官组织发动"七·二三革命",一举推翻了法鲁克国王的黑暗统治,建立了埃及共和国。纳赛尔参加过1948年巴勒斯坦战争,怀有强烈的阿拉伯民族主义思想。1956年7月19日美国决定撤销对埃及修建阿斯旺水坝的贷款承诺,英国和世界银行随后也宣布放弃他们的出资保证。纳赛尔于是决定强行收回苏伊士运河公司,用公司的收入建造阿斯旺水坝。7月26日纳赛尔在公开演说中不仅历数殖民主义和帝国主义的罪恶,而且强调指出"以色列是帝国主义制造出来的傀儡"。[1] 纳赛尔将以色列喻为"傀儡",

---

[1] 《苏伊士运河问题文件选辑》,世界知识出版社1956年版,第15~16页。

视为埃及和阿拉伯各国的敌人。而本·古里安则宣布"以色列面临的最严重危险来自'埃及法西斯独裁者'的进攻。"①

英法两国是运河公司股票与债券的主要持有者,纳赛尔的国有化决定激怒了两国政府,两国密谋通过武力迫使纳赛尔下台。共同利益使英法以三国迅速勾结起来,于10月23日在法国巴黎西南郊塞夫勒达成协定。以色列随后于10月29日率先发动"卡迪什行动",侵入埃及西奈半岛。两天后,英法启动"穆思科提尔行动",对埃及15个机场野蛮轰炸,摧毁了埃及95%的军用飞机。三国入侵激起了全世界人民的强烈愤慨,11月2日联大以64票对5票的表决结果通过决议,要求三国立即停火并从埃及撤出。12月22日,英法联军被迫完全撤出埃及。1957年2月2日,联大通过两项决议,要求以色列撤军,同时决定部署"联合国紧急部队"。3月16日,以军被迫撤出西奈,联合国紧急部队随即接管其阵地。②

(三) 1967年六日战争

"六日战争"爆发于1967年6月5日,又被称为"六·五战争"或"第三次中东战争"。由于阿拉伯世界在战争中遭到了沉重打击,蒙受了奇耻大辱,阿拉伯人又称其为"退败"(al-Naksah)。这是一次以色列对阿拉伯国家发动突然袭击的侵略战争,战争持续了短短的6天。1964年6月2日,"巴勒斯坦解放组织"(简称巴解组织)宣告成立,下辖十多个派别,最大的一派是阿拉法特领导的"巴勒斯坦民族解放运动"(简称法塔赫)。

巴解游击队得到了叙利亚政府的大力支持,经常越境袭击以色列。以色列决定报复叙利亚。1967年4月7日,以色列空军轰炸叙利亚村庄并击落6架米格21战斗机,还飞到大马士革上空示威。叙利亚政府十分紧张,请求埃及提供帮助。5月14日,纳赛尔决定向西奈半岛增加2个师的兵力。5月17日,纳赛尔要求驻扎在西奈半岛的大约1 400名联合国紧急部队官兵撤走。5月22日,纳赛尔宣布封锁亚喀巴湾,禁止以色列船只通过蒂朗海峡。5月30日约旦与埃及签订共同防御协定,使埃及、约旦、叙利亚三国形成了统一战线。6月4日伊拉克又与埃及签署共同防御协定,并且派部队进驻约旦。

面对阿拉伯国家同仇敌忾和敌众我寡的险恶形势,以色列国防部长达扬和以军总参谋长拉宾决定对阿拉伯各国采取"先发制人的打击"。6月5日以色列空

---

① [美] 乔恩·金奇、戴维·金奇等著,上海《国际问题资料》编辑组等编译:《中东战争》上册,上海译文出版社1979年版,第214页。

② 永兴、占辉编:《以色列与阿拉伯: 血腥50年》,黑龙江人民出版社1999年版,第50~51页。

军炸毁埃及、叙利亚和约旦三国机场和战机。随后以色列陆军在空中掩护下对埃、约、叙三国发动地面进攻，6月7日占领约旦河西岸和耶路撒冷老城，6月8日占领全部西奈半岛（6万平方公里），6月10日占领戈兰高地（1 150平方公里）。11月22日，安理会一致通过242号决议，要求"以色列军队撤离其于最近冲突所占领的领土；终止一切交战地位的主张或状态，尊重并承认该地区每一国家的主权、领土完整及政治独立……"①

（四）1973年十月战争

"十月战争"爆发于1973年10月6日，这天埃及和叙利亚联合向以色列发动突然进攻，试图收复六日战争中被以色列占领的国土。由于这天处在伊斯兰历斋月当中，故被阿拉伯人称为"斋月战争"。又由于这天正好是犹太教的赎罪日，故又被以色列人称为"赎罪日战争"。按阿以武装冲突的次序来讲，这是"第四次中东战争"。

六日战争后，埃及多次在国际场合要求以色列归还领土，均遭到以色列拒绝。埃及总统萨达特认为："除非我们在军事上扭转局面，否则永远也不会在政治上解决问题。"②他决心诉诸战争，用武力来说话，以战争迫使以色列归还领土。叙利亚总统阿萨德支持萨达特的想法。10月6日下午埃及空军首先轰炸巴列夫防线和以军阵地，接着埃及陆军强渡苏伊士运河，收复了运河东岸10~15公里的阵地。与此同时，叙利亚军队也在戈兰高地突破以军阵地，向纵深推进了35公里。以色列在遭受最初的重创后，迅速动员全国预备役军人参战，在美国的大力军事支援下，很快扭转了不利局面。10月22日，安理会通过了美苏两国提出的停火议案，此即著名的338号决议。埃及、以色列和叙利亚先后接受停火。

1977年1月卡特总统入主白宫，在他的积极斡旋下，萨达特于同年11月勇敢地访问以色列，开启了阿以和平进程。1978年9月，在卡特的主持下，萨达特与以色列总理贝京达成《戴维营协议》，规定以色列归还西奈半岛给埃及，埃及与以色列实现国家关系正常化。1979年3月，双方又在华盛顿签署《埃以和平条约》，规定埃及与以色列建立正式外交关系。以色列在建国30年后，终于赢得了首个阿拉伯国家的承认。

二、两次黎巴嫩战争

黎巴嫩面积约1.045万平方公里，人口约410万。黎巴嫩在地理上与以色列

---

① 尹崇敬主编：《中东问题100年》，新华出版社1999年版，第518~519页。
② ［埃］萨阿德·沙兹利，山鹰译：《跨过苏伊士运河》，解放军出版社1981年版，第186页。

北部边界接壤,成为巴勒斯坦难民的避难所和栖息地。巴解游击队以难民营作为据点,经常越境袭击以色列,这成为诱发黎巴嫩战争的重要原因。

(一) 1982 年黎巴嫩战争

1982 年黎巴嫩战争在以色列又有"加利利和平行动"之称,在国际上有少数人称之为"第五次中东战争"。这次战争的直接导火索是以色列驻英国大使阿尔果夫于当年 6 月 3 日在伦敦遭到巴勒斯坦人的枪击,以色列贝京总理打算彻底消除巴解游击队的威胁。① 其实早在 4 年前,以军就做过这样的尝试。

1978 年 3 月 11 日,一支由 11 名巴解游击队员组成的小分队越过黎以边界,在以色列境内劫持了 2 辆公共汽车,后与以色列特种部队展开激战,导致 37 名以色列平民被杀、76 人受伤。巴解组织声称对此惨案负责。3 天后以军发动"利塔尼行动",出兵 2.5 万人,侵入黎巴嫩南部。1 000 多名黎巴嫩和巴勒斯坦平民被杀,10 万~20 万人逃离家园。3 月 19 日,安理会通过第 425 号决议,"要求以色列立即停止侵犯黎巴嫩领土完整的军事行动,并立刻自所有黎巴嫩领土撤出其部队"。② 该决议还决定设立"联合国驻黎巴嫩临时部队"(简称联黎部队),目的在于敦促以色列撤军和恢复当地和平。第一批联黎部队官兵于 3 月 23 日抵达冲突地区。以军被迫于 6 月 13 日全部撤出黎巴嫩南部,但在撤出前扶持仇视巴解组织的黎巴嫩基督教民兵——"南黎巴嫩军",使其负责维持黎以边界治安。

在 1982 年黎巴嫩战争中,以军在国防部长沙龙的命令下出动约 8 万兵力、1 240 辆坦克和 1 520 辆装甲车,绕过联黎部队和南黎巴嫩军的驻地,从黎以边界向北一直推进到贝鲁特,于 6 月 14 日包围了位于贝鲁特西区的巴解总部。美国总统里根派特使菲利普·哈比卜赴中东斡旋,经过艰苦磋商于 8 月 19 日与巴解、黎巴嫩和以色列等各方达成 14 点计划。从 8 月 21 日至 9 月 1 日,1.25 万巴解游击队员撤退到叙利亚、约旦、伊拉克等阿拉伯国家。阿拉法特和巴解总部则迁居突尼斯。

(二) 2006 年黎巴嫩战争

2006 年黎巴嫩战争在以色列被称为"第二次黎巴嫩战争",在黎巴嫩被称为"七月战争"。1982 年黎巴嫩战争结束后,在国际社会的压力下,以色列于 1985 年 1 月 15 日起分阶段撤军,将侵黎部队撤至利塔尼河南岸,建立了一个纵深约

---

① Baylis Thomas. *How Israel Was Won*, *A Concise History of the Arab-Israeli Conflict*. Lanham and Oxford: Lexington Books, 1999, p. 222.

② Walter Laqueur and Barry Rubin, ed., *op. cit.*, p. 222.

4~12公里的"以色列安全区"。这便形成了以色列对黎巴嫩领土的非法侵占,为真主党的反以活动提供了正当理由。"真主党"又名"黎巴嫩伊斯兰抵抗运动",于1982年以色列入侵后兴起于黎巴嫩的贝卡谷地。真主党呼吁对以色列发动"圣战",用武力解放被以色列侵占的黎巴嫩南部领土。[①] 真主党在国内的群众基础是什叶派穆斯林,在国外的支持者主要是伊朗。真主党的指导思想和行动纲领深受伊朗伊斯兰革命最高领袖大阿亚图拉霍梅尼的影响,现任总书记哈桑·纳斯鲁拉曾于1987~1989年在伊朗库姆神学院学习。伊朗曾派数百名革命卫队成员前往贝卡谷地,为真主党武装人员训练战斗技能,还向真主党提供武器装备以及活动经费。[②]

1993年7月,真主党武装人员打死5名驻扎在安全区的以军士兵。以军于7月25日发动"问责行动",连续7天轰炸真主党据点和民用设施,造成118名黎巴嫩平民死亡,近30万人逃离家园。1996年3月30日,真主党向以色列北部发射20枚火箭弹,以军于4月11日发起"愤怒葡萄行动",连续空袭16天,投下约2.5万枚炸弹,造成至少150名黎巴嫩平民死亡,约30万~50万人无家可归。真主党对于以色列占领的顽强抵抗,让以色列付出了巨额代价。2000年5月,以色列工党政府总理巴拉克下令从黎巴嫩南部撤军,退回到公认的边界线之外。真主党战士由此被黎巴嫩民众视为抗击以色列的民族英雄。

2006年7月12日,真主党武装人员突然越过黎以边界,袭击2辆正在以色列境内巡逻的悍马吉普车,打死3名以军士兵,打伤2名,抓走2名。闻讯赶来增援的1辆以军坦克又被炸毁,车上5名乘员全被炸死。真主党这次行动旨在迫使以色列释放被俘的真主党成员,并且声援当时正在加沙与以军对垒的哈马斯成员。以色列总理奥尔默特下令以军猛烈还击,以军向真主党据点和民用设施发射10万多枚炸弹,而真主党也不甘示弱,向以色列北部发射了大约4000枚卡秋莎火箭弹。随后以军出动地面部队深入黎巴嫩南部,与真主党武装人员展开阵地战。经过34天的空中和地面较量,双方最后都接受了安理会于8月11日通过的1701号停火决议,由联黎部队和黎巴嫩政府军驻扎在边界地区。以军虽然未能消灭真主党,但将真主党赶出了边界地区。

三、两次巴勒斯坦起义

1982年黎巴嫩战争后,由于远离被占领土,巴解游击队的抗以武装斗争变

---

① Naim Qassem. *Hizbullah*, *The Story from Within*. London: SAQI, 2005, p. 98.
② H. E. Chehabi. *Distant Relations: Iran and Lebanon in the Last 500 Years*. London and New York: I. B. Tauris Publishers, 2006, pp. 216 – 217.

得愈发困难。与此同时，被占领土上巴勒斯坦群众的反以情绪日益高涨，最终在1987年爆发了第一次巴勒斯坦起义。

（一）1987～1993年因提法达

"因提法达"（Intifada）是阿拉伯人对第一次巴勒斯坦起义的称谓，这次起义的导火索是一起交通肇事。1987年12月8日，以军一辆用来运送坦克的重型卡车，在加沙的贾伯利亚难民营撞死4名巴勒斯坦工人。当天下午，1 000多名巴勒斯坦人抬着死者棺木上街游行。次日，以军巡逻车闯进难民营例行检查，遭到巴勒斯坦人的石头攻击，以军开枪打死了一名巴勒斯坦少年，由此引发了长达6年的巴勒斯坦起义。当时的以色列总理沙米尔主张坚决镇压起义，国防部长拉宾声称要"打碎抗议者的骨头"。在最初几个月，有160多名20岁以下的巴勒斯坦青少年被以军开枪打死，以色列遭到了全世界的谴责。

伴随着波澜壮阔的巴勒斯坦起义，有三件大事先后发生，一是哈马斯的崛起，二是巴解组织宣布建立巴勒斯坦国，三是巴以奥斯陆协议的签订。"哈马斯"全称为"伊斯兰抵抗运动"，1987年12月由宗教人士艾哈迈德·亚辛等人在加沙成立，奉行宗教激进主义的思想路线。哈马斯成立后，积极参与和引导反以斗争，吸收了大批年轻成员，最初主要从事政治斗争，后于1992年组建了专门从事武装斗争的秘密部门——阿兹丁·卡桑旅。哈马斯主张以武力彻底解放从约旦河西岸到地中海的全部巴勒斯坦土地，拒绝承认以色列在中东的生存权利。[1]

与哈马斯致力于暴力和武装斗争不同，远离本土的巴解组织在20世纪80年代中后期进行了深刻的反思，根据当时美苏缓和与冷战趋于停止的国际大背景，做出了和平建国的战略调整。1988年11月15日，阿拉法特在阿尔及尔正式宣布建立"巴勒斯坦国"，以耶路撒冷为首都。他承认1947年联合国巴勒斯坦分治决议是巴勒斯坦建国的合法基础，同时承认以色列的合法存在。巴解组织公开宣称："新巴勒斯坦国的性质强调，它不是一个侵略国家，巴勒斯坦人民不追求取消'以色列'，而是追求与它在睦邻关系范围内的和平共处。"[2] 随后巴解组织与美国确立了正常关系。

海湾战争结束后，美、苏两国于1991年10月30日在马德里召集中东和平会议，以色列和叙利亚、约旦、黎巴嫩、巴勒斯坦代表出席，经过8轮谈判没有取得实质性进展。从1993年1月起，巴以代表单独在挪威首都奥斯陆开启秘密谈判。经过半年多的艰苦努力，双方于8月30日在奥斯陆草签了一份协议。9

---

[1] Khaled Hroub. *Hamas, A Beginner's Guide*. London and Ann Arbor: Pluto Press, 2006, pp. 38 – 40.
[2] 尹崇敬主编：《中东问题100年》，新华出版社1999年版，第128～129页。

月13日，在美国总统克林顿主持下，巴以代表在白宫南草坪正式签署了《关于临时自治政府安排的原则宣言》，简称《自治原则宣言》。不过世人习惯上称其为《奥斯陆协议》，其主要内容是：以色列从加沙和杰里科撤出军队和行政机构，巴勒斯坦人在这些地区实行自治。伴随着该协议的签署，巴解组织与以色列之间实现了相互承认，第一次巴勒斯坦起义也画上了句号。

（二）2000～2003年阿克萨起义

"阿克萨起义"是阿拉伯人对第二次巴勒斯坦"因提法达"的叫法，这次起义直接起因于以色列利库德集团领袖沙龙的挑衅。2000年9月28日，沙龙和部分利库德成员登上圣殿山，访问了阿克萨清真寺。沙龙此举旨在告诉以色列人，如果他上台绝不会放弃圣殿山的主权。而在巴勒斯坦人看来，沙龙这个"战争狂人"访问伊斯兰第三大圣地，乃是对全体穆斯林尤其是巴勒斯坦人的侮辱。次日，巴勒斯坦人举行抗议示威，被以色列警察打死4人、打伤200人，阿克萨起义随即爆发并迅速点燃加沙和西岸各地。① 事实上，阿克萨起义是戴维营会谈失败的必然结果，一些以色列人称它是"奥斯陆战争"。

继1993年达成《奥斯陆协议》之后，"巴勒斯坦民族权力机构"② 于1994年5月成立，阿拉法特担任主席并于当年7月1日率领巴解组织回到加沙。此后，巴解组织与拉宾政府又在1995年9月28日签订了《奥斯陆第二协议》③，将巴勒斯坦自治区的范围扩大到伯利恒、杰宁、凯勒基利亚、纳布卢斯、拉马拉和图勒凯尔姆等6座西岸主要城市。该协议实施后，巴方控制区拥有约旦河西岸27%的领土面积。正当巴以和谈稳步深入之际，1995年11月4日，拉宾总理遇刺身亡。1996年6月，利库德集团领袖内塔尼亚胡上台执政，巴以和谈遭遇挫折。1999年工党在大选中获胜，工党主席巴拉克继承拉宾的和谈路线，准备彻底解决巴勒斯坦问题。

2000年7月11～25日，美国总统克林顿邀请巴以首脑到戴维营举行会谈。巴拉克与阿拉法特就巴勒斯坦国领土、耶路撒冷地位、圣殿山主权、巴勒斯坦难民回归等棘手的"最终地位问题"进行了多轮谈判，最后因分歧太大而未能达成一致。以色列方面认为，巴拉克同意将约旦河西岸90%的土地还给巴勒斯坦人、允许东耶路撒冷成为未来巴勒斯坦国首都以及巴以分享圣殿山部分主权，表明以色列方面已经做出了最大限度的让步。但在巴勒斯坦方面看来，巴勒斯坦人

---

① T. G. Fraser. *The Arab-Israeli Conflict*. New York：Palgrave Macmillan，Third Edition，2008，p. 160.
② "巴勒斯坦民族权力机构"，又称"巴勒斯坦自治政府"、"巴勒斯坦当局"。
③ 《奥斯陆第二协议》正式称为《以色列和巴勒斯坦关于约旦河西岸与加沙地带的过渡协议》，因为在埃及西奈半岛塔巴草签，又称《塔巴协议》，又因为在华盛顿正式签署，又称《华盛顿协议》。

同意以 1967 年边界作为两国分界线，早就已经作出了巨大让步，以色列不应要求巴勒斯坦做出更多妥协。①

戴维营会谈的失败，使巴以双方积累多年的不满情绪顷刻得到宣泄。据统计，自 2000 年 9 月至 12 月，短短 3 个月就有 365 人在冲突中丧生，其中包括 325 名巴勒斯坦人、36 名以色列人和 4 名外国人；另有 10 962 人受伤，其中巴方 10 600 人，以方 362 人。② 2001 年 2 月沙龙战胜巴拉克，当选以色列总理。他称阿拉法特是"以色列的本·拉登"，2002 年 3 月发动"防御盾牌行动"，在打击哈马斯自杀袭击的同时，将阿拉法特围困在西岸城市拉马拉总部。2002 年 6 月，中东四方委员会提出巴以和平"路线图计划"，巴勒斯坦总理阿巴斯在亚喀巴中东和平首脑会议上宣布阿克萨起义结束了。

四、两次哈马斯—以色列大规模武装冲突

2004 年 11 月 11 日，巴勒斯坦人民的领袖阿拉法特病逝。随后阿巴斯继任巴解组织执委会主席，并在 2005 年 1 月 9 日举行的大选中当选巴民族权力机构主席。2006 年 1 月 25 日，巴勒斯坦立法委员会举行公开选举。首次参选的哈马斯一举战胜老对手法塔赫，赢得全部 132 个席位中的 74 席，获得了单独组阁的权力。哈马斯上台导致新一轮巴以冲突。

（一）2006 年哈马斯—以军冲突

2004 年 2 月，在路线图计划迟迟得不到落实而巴以和谈未能取得显著成果的情况下，以色列总理沙龙提出了"单边脱离计划"，又称"加沙撤出计划"，决心无条件撤出加沙 21 个犹太定居点。加沙对以色列而言是一个典型的"鸡肋"，2005 年 8 月 15 日以色列军警开始强制执行撤出计划，撤出了大约 8 500 名定居民，以及与此相关的 1 780 套住房、120 个公共场所和 30 个教堂。③ 以色列对加沙地带 38 年的直接占领至此终结。巴勒斯坦民众认为撤出加沙是以色列的"败退"，是巴勒斯坦人坚持抵抗的"胜利"果实。这是哈马斯赢得立法委员会选举的重要原因。

---

① Gregory Harms with Todd M. Ferry. *The Palestine Israel Conflict, A Basic Introduction*. London and Ann Arbor: Pluto Press, 2005, p. 168.
② Gregory Harms with Todd M. Ferry. *The Palestine Israel Conflict, A Basic Introduction*. London and Ann Arbor: Pluto Press, 2005, p. 171.
③ Elisha Efrat. *The West Bank and Gaza Strip, A Geography of Occupation and Disengagement*. London and New York: Routledge, 2006, p. 185.

2006年2月16日，哈马斯领导人伊斯梅尔·哈尼亚被任命为总理。美国和欧盟一直视哈马斯为"恐怖主义"组织，拒绝承认哈马斯政府。6月10日，哈马斯宣布不再遵守已经持续了16个月的停火协议。6月25日，哈马斯武装人员越过加沙边境进入以色列，打死2名以军士兵并抓走另一受伤士兵沙利特下士。为了营救沙利特，同时也为了阻止哈马斯继续向以色列境内发射火箭弹，以军于6月28日发动"夏雨行动"，出动大约3万兵力，向加沙发动全面进攻。以军打死200多名哈马斯武装人员和100多名平民。11月1日，"夏雨行动"尚未宣布结束，以军又发起了"秋季乌云行动"。在短短一周的行动中，38名哈马斯武装人员和15名平民死亡，200多人受伤。11月26日以军完全撤出加沙。

（二）2008～2009年哈马斯—以军冲突

以军撤出加沙后，面对严重的经济和财政困难，哈马斯被迫同意吸收其他派别加入内阁。2007年3月18日哈尼亚组成以哈马斯为主体的联合政府，内阁成员包括哈马斯的老对手法塔赫和其他独立人士。法塔赫是一个崇尚世俗主义和民族主义的政治派别，一贯反对哈马斯的原教旨主义思想路线和激进冒险主义的行动纲领，主张通过和平方式建立独立的巴勒斯坦国。法塔赫与哈马斯的分歧最终通过争权夺利的方式表现出来。

2007年6月10日，哈马斯与法塔赫在加沙爆发激烈冲突，两天后哈马斯完全控制加沙，将法塔赫人员逮捕或驱逐。阿巴斯于6月14日宣布解散哈马斯领导的联合政府，免去哈尼亚的总理职务，同时任命法耶德组建新的联合政府。哈马斯拒绝承认阿巴斯的主席令，坚持哈尼亚政府的合法性。巴勒斯坦在事实上陷入分裂状态，约旦河西岸由法塔赫控制，而加沙由哈马斯统治。以色列利用巴勒斯坦的内讧局面，加大了对哈马斯和加沙的封锁力度，加沙的食品和物资供应遇到严峻考验，人民生活每况愈下。

2008年11月4日，以军在加沙边界发现哈马斯的一个地道，并击毙6名哈马斯武装分子。12月24日，哈马斯炮击以色列内格夫。为了赢得2009年3月举行的大选，执政的前进党和工党联合政府决定以强硬姿态应对哈马斯的炮击。12月27日，以军对加沙发起"铸铅行动"，出动50多架战斗机和攻击直升机，炸死至少220名巴勒斯坦人，其中包含约140名哈马斯武装人员，另有1 000多人受伤。哈马斯也不甘示弱，接连向以色列境内发射了多枚火箭弹。2009年1月3日，以军出动大约3万地面部队，进入加沙与哈马斯展开巷战。至1月18日以色列宣布停火为止，有1 400多名哈马斯武装人员和平民死于战火。1月21日，以军完全撤出加沙。

第二节 阿以冲突的宗教因素

巴以冲突作为阿以冲突的核心与实质,不仅被公认为当今世界上最"棘手的冲突",而且是目前最活跃和最难以调解的冲突。① 巴以冲突为什么难以解决? 自 2000 年巴以戴维营会谈失败和阿克萨起义爆发以来,国内外学者们对此进行了深入探讨。中外学者们比较接近一致的看法是,在巴以双边冲突以及阿以多边冲突中,"宗教发挥了或可想而知地发挥了最重要的作用"。② 这里所说的宗教主要是指犹太教和伊斯兰教。

犹太教和伊斯兰教都产生于中东地区,与基督教一起构成了世界三大一神教。犹太教发端于大约公元前 2000 年,以《希伯来圣经》③ 和《塔木德》为主要经典,是犹太人的民族宗教,不仅为犹太文明提供了思想源泉,而且为犹太复国主义提供了理论依据,可以说是犹太国赖以建立的精神原动力。伊斯兰教兴起于公元 610 年,以阿拉伯语《古兰经》和《圣训》为基本经典,伴随着阿拉伯人的对外征服和经商活动而逐渐传遍全世界,成为众多民族信奉的世界性宗教。伊斯兰教对于阿拉伯人具有特殊意义,它始终是阿拉伯文明的主导因素,是阿拉伯民族赖以繁衍生息的精神家园。笔者认为,犹太教和伊斯兰教对阿以冲突的影响集中体现在宗教信仰、宗教信徒、宗教田产和宗教圣址等四个方面。

一、宗教信仰的分歧:"耶和华"与"安拉"

犹太教信仰独一无二的"神",这位神的名字叫"耶和华"(Jehovah)。《旧约》对此有明确记载:"神晓谕摩西说:'我是耶和华。我从前向亚伯拉罕、以撒、雅各显现为全能的神,至于我名耶和华,他们未曾知道。'"④ 伊斯兰教也信仰独一无二的"神",这位神的名字叫"安拉"(Allah),中国穆斯林习惯将其

---

① Chester A. Crocker, Fen Osler Hampson and Pamela Aall. *Grasping the Nettle*, *Analyzing Cases of Intractable Conflict.* Washington DC: United States Institute of Peace Press, 2005, pp. 10 - 11.

② Jonathan Fox and Shmuel Sandler. *Bringing Religion into International Relations.* New York: Palgrave Macmillan, 2004, p. 137.

③ 《希伯来圣经》原文主要用古希伯来语写成,又被称为《塔纳赫》(Tanakh),其内容与基督教《圣经》中的《旧约》基本一致,但卷数和次序有所不同。由于目前尚没有中文版的全本《塔纳赫》问世,本书引用的《希伯来圣经》章节来自 1919 年出版的《旧约》中文和合本。

④ 《旧约·出埃及记》6:2 - 3。

意译为"真主"。真主之名在《古兰经》里随处可见,如"你说:'谁是天地的主?'你说:'真主。'"① 由于犹太教与伊斯兰教都发源于中东,两教的主宰"耶和华"与"安拉"有没有关系呢?他们之间的关系对于犹太教徒和穆斯林有什么现实影响呢?

仔细阅读《旧约》,我们不难发现:虽然耶和华创造宇宙万物,主宰天地的生杀大权,但他唯独亲近以色列人,明显排斥其他民族,故此可以把耶和华视为以色列人的部落神。在《出埃及记》第3章中有这样的经文:"你要对以色列人这样说,耶和华你们祖宗的神,就是亚伯拉罕的神,以撒的神,雅各的神,打发我到你们这里来。"② 这里明确提到耶和华是以色列人"祖宗(Father)"的神。第9章记载:"耶和华吩咐摩西说,你进去见法老,对他说,耶和华希伯来人的神这样说,容我的百姓去,好事奉我。"③ "希伯来"(Hebrew)是雅各得名"以色列"之前迦南人对古代犹太人的称谓,雅各得名以色列后《旧约》中仍然有时用希伯来人作为以色列人的代称。耶和华自称是希伯来人的神,有力地证明耶和华不过是以色列人的部落神。

但后来的《新约》以及更晚降世的《古兰经》都认可与《旧约》的历史渊源,强调"上帝"、"安拉"与"耶和华"的同一性。《古兰经》第2章明确讲到:"你说:'难道你们和我们争论真主吗?其实,他是我们的主,也是你们的主,……'"(2:139)。这里所说的"你们"是指犹太教徒和基督教徒,即《古兰经》所称的"信奉天经的人",而"我们"是指穆斯林。第29章还提到:"我们确信降示我们的经典,和降示你们的经典;我们所崇拜和你们所崇拜的是同一个神明,我们是归顺他的"(29:46)。既然《古兰经》认为伊斯兰教与犹太教信奉的是同一个主宰,为什么两教之间的差别和分歧却是如此之大呢?

(一)"耶和华"斥责以色列人是"硬着颈项的百姓"

根据《旧约》的说法,耶和华曾经挑选许多以色列人作为使者,并与他们立约,包括亚伯拉罕、摩西、大卫等等。摩西是最伟大的犹太先知,上帝挑选他去埃及,将以色列人从法老的奴役下解救出来,带他们到西奈半岛。耶和华召唤摩西登上西奈山,与摩西立约,赐给他"摩西十诫"。④ 以色列人见摩西久不下山,便怂恿摩西的哥哥亚伦制作一个金牛,拜金牛为耶和华神,由此得罪耶和华。"耶和华对摩西说,我看这百姓真是硬着颈项的百姓。你且由着我,我要向

---

① 马坚:《古兰经》中译本,中国社会科学出版社1981年版,13:16。
② 《旧约·出埃及记》3:15。
③ 《旧约·出埃及记》9:1。
④ 《旧约·出埃及记》20:1–17。

他们发烈怒,将他们灭绝,使你的后裔成为大国。"① 虽然在摩西的哀求下,耶和华没有灭绝以色列人,但"硬着颈项的百姓"却成为以色列人难以洗刷的污点。

伊斯兰教在初创时期受到过犹太教的较大影响,既然认可"耶和华"与"安拉"的同一性,《旧约》中的不少情节在《古兰经》中被重新提及,尤其是有关摩西的故事。摩西(Moses)在《古兰经》中被称为"穆萨"(Musa),如第17章说:"我把经典赏赐穆萨,并用作以色列的子孙的向导"(17:2)。摩西在西奈山与耶和华立约的故事也被重新表述:"当时,我与穆萨约期四十日,在他离别你们之后,你们认犊为神,你们是不义的"(2:51)。除了用"不义"一词多次形容以色列人以外,《古兰经》还用"违背约言"、"自相残杀"、"妄自尊大"等不少负面词语描述以色列人的恶行(2:83-87)。

尽管如此,《古兰经》并没有全盘否定以色列人。首先,穆萨作为以色列人的领袖,"他确是纯洁的,确是使者,确是先知"(19:51);"我确已将正道赐予穆萨,我确已使以色列的后裔继承天经"(40:53)。其次,背信弃义的只是部分以色列人,不是全部。"以色列的后裔中,有一派人已经信道,有一派人并不信道"(61:14);"除他们中的少数人外,你常常发现他们的奸诈,故你当饶恕他们,原谅他们"(5:13)。再次,穆萨的宗教也是"正教"(42:13),假如以色列人"遵守《讨拉特》"(5:66),仍然能够得救。安拉说:"以色列的后裔啊!你们当铭记我所赐你们的恩惠,你们当履行对我的约言,我就履行对你们的约言;你们应当只畏惧我"(2:40)。

虽然《古兰经》没有全盘否定以色列人,也承认穆萨所传宗教的正确性,但由于安拉又派遣穆罕默德为"众先知的封印"(33:40),而且降示给穆罕默德的阿拉伯文经典《古兰经》"能证实以前的天经"包括"穆萨的经典"(46:12),这样伊斯兰教理所当然地成为最好的宗教,成为安拉所"喜悦的宗教"(3:19)。另外,尽管《古兰经》教育穆斯林不要"歧视"穆罕默德之前的众先知(如易卜拉欣、易司马仪、易司哈格、叶尔孤白、穆萨、尔撒)和他们的经典,但又着重指出:"舍伊斯兰教而寻求别的宗教的人,他所寻求的宗教,绝不被接受,他在后世,是亏折的"(3:84-85)。这明显是在强调伊斯兰教的唯一正确性。不仅如此,鉴于"曾受天经的人"嬉戏和嘲笑伊斯兰教,安拉呼吁穆斯林"不要以他们和不信道的人为盟友"(5:57),这就将穆斯林与以色列人和基督教徒区别开来。

《古兰经》的上述论断不可能不影响到穆斯林对待以色列人的态度和方式。

---

① 《旧约·出埃及记》32:9-10。

在中世纪阿拉伯人统治下的中东、北非以及西班牙，以色列人作为"被保护民"（Dhimmi），受到了穆斯林统治者的宽待，那时不存在对以色列人的大规模歧视和迫害。这一点连苛刻的犹太人权卫士也不得不承认。[①] 自1948年以色列建国以后，伴随着剧烈的阿以冲突，"以色列"这个名称变得越来越邪恶，似乎印证了《古兰经》对以色列人的负面看法。1968年，开罗召开了"伊斯兰研究院第4次会议"，许多著名宗教人士在会上发言。后来担任埃及爱资哈尔长老[②]的穆罕默德·赛义德·坦塔维博士当时说："任何阅读《古兰经》的人都会认识到以色列人败坏的道德品质、丑陋的性格特征和恶毒的方法。《古兰经》揭示了他们的无信仰、拒绝真理、自私、傲慢、怯懦说谎、顽固、欺骗、不服从、犯罪、心硬、性格变态、争着作孽、侵略和错误消耗人民财富等性格特点。"[③] 2002年4月他在周五聚礼上发表演讲，称以色列犹太人是"安拉的敌人，猿猴和猪的子孙。"[④]

（二）"安拉"称赞"易卜拉欣原来是一个表率"

易卜拉欣（Ibrahim）是《古兰经》反复提到的一个人物，他本是《旧约》中的"亚伯拉罕"（Abraham）。亚伯拉罕原名"亚伯兰"（Abram），他是第一个与耶和华立约的希伯来人。《旧约》记载："神又对亚伯拉罕说，你和你的后裔，必世世代代遵守我的约。你们所有的男子，都要受割礼。这就是我与你，并你的后裔所立的约，是你们所当遵守的。"[⑤] 作为立约的条件，耶和华承诺："我要将你现在寄居的地，就是迦南全地，赐给你和你的后裔永远为业，我也必作他们的神。"[⑥]

亚伯拉罕不仅是以色列人十分崇敬的祖先，也是世界穆斯林景仰和学习的榜样。《古兰经》说："易卜拉欣原来是一个表率，他服从真主，信奉正教，而且不是以物配主的。他原是感谢主恩的，主挑选了他，并将他引上了正路。在今世，我曾以幸福赏赐他，在后世，他必定居于善人之列。然后，我启示你（穆罕默德）说：'你应当遵守信奉正教的易卜拉欣的宗教，他不是以物配主的'"

---

① Abraham H. Foxman. *Never Again? The threat of the New Anti-Semitism*. New York：Harper San Francisco，2003，p. 197.

② 爱资哈尔长老（Sheikh of Al-Azhar）是爱资哈尔清真寺的大伊玛目，也是爱资哈尔大学的总代表，其地位高于爱资哈尔大学校长和埃及总穆夫提，在埃及享受副总理的行政级别。爱资哈尔长老是埃及穆斯林的宗教领袖，也被认为是世界逊尼派穆斯林的主要宗教权威。

③ Abraham H. Foxman. *Never Again? The threat of the New Anti-Semitism*. New York：Harper San Francisco，2003，pp. 199 – 200.

④ Mitchell G. Bard. *Will Israel Survive?* New York：Palgrave Macmillan，2007，p. 37.

⑤ 《旧约·创世记》17：9 – 10。

⑥ 《旧约·创世记》17：8。

(16：12－122)。这就是说，安拉认定穆罕默德传播的伊斯兰教与易卜拉欣的宗教是一致的，都是正确的启示和道路。当时生活在沙特阿拉伯半岛的犹太教徒以及基督教徒，对穆罕默德的说教产生了很大疑问，因为穆罕默德传诵的一些《古兰经》经文与《旧约》不一致。例如，《古兰经》上说"易卜拉欣和易司马仪树起天房（克尔白）的基础"（2：127）。易司马仪在《旧约》中的称谓叫以实玛利（Ishmael），他是亚伯拉罕与妻子撒拉的埃及使女夏甲所生的儿子，后来撒拉将夏甲和以实玛利驱逐出去。①《旧约》里没有提到亚伯拉罕与以实玛利一起修建天房的事情。

犹太教徒与基督教徒同穆斯林发生了争论，争论的实质不仅在于《圣经》与《古兰经》谁是谁非，还在于犹太教、基督教和伊斯兰教谁是正确的宗教，以及通向正确宗教的途径？《古兰经》对此给予了解答。第2章说："他们说：'你们应当变成犹太教徒和基督教徒，你们才能获得正道。'你说：'不然，我们遵循崇奉正教的易卜拉欣的宗教，他不是以物配主者'"（2：135）。易卜拉欣的宗教被安拉赋予正教的地位，易卜拉欣也被安拉视为模范教徒。第60章两次提到："易卜拉欣和他的教徒，是你们的好模范"（60：4、60：6）。不仅如此，第4章甚至说"真主曾把易卜拉欣当做至交"、"遵守崇正的易卜拉欣的宗教的人，宗教方面，有谁比他更优美呢？"（4：125）。最终在第3章，安拉称"易卜拉欣既不是犹太教徒，也不是基督教徒。他是一个崇信正教、归顺真主的人，他不是以物配主的人"（3：67）。

《古兰经》否认易卜拉欣的犹太教徒身份和肯定他的穆斯林身份具有重大的历史意义：第一，使穆斯林拥有了一个属于自己的祖先，延长了伊斯兰教和穆斯林的历史。安拉说："你们应当遵循你们的祖先易卜拉欣的宗教，以前真主称你们为穆斯林，在这部经典里他也称你们为穆斯林……"（22：78）。站在《旧约》的角度，易卜拉欣（亚伯拉罕）无疑是以色列人的祖先，有大量经文可以佐证。但在《古兰经》里，很少有经文直接把易卜拉欣与以色列人并列在一起，倒是有一些经文直言穆萨（摩西）是以色列人的领袖和先知（2：246、17：101）。易卜拉欣对于以色列人的重要性显然不及穆萨。反之，穆萨对于穆斯林的重要性显然不及易卜拉欣。易卜拉欣不仅树立了天房的根基，而且是天房的"清洁"者（22：26），甚至他在天房前的"立足地"也成为后世穆斯林朝觐时的"礼拜处"（2：125、3：97）。

第二，澄清了易卜拉欣与犹太人的瓜葛，凸显了犹太人的种种不义。《古兰经》充满了穆斯林与犹太教徒和基督教徒的论战，明确了易卜拉欣不属犹太教

---

① 《旧约·创世记》21：9－14。

徒的结论,有利于抨击犹太教徒的诸多不是。安拉指责"原奉犹太教的人"口是心非(5:41)和篡改经文(4:46),谴责犹太教徒关于"真主的手是被拘束的"的言论(5:64),提醒穆斯林"你必定发现,对于信道者仇恨最深的是犹太教徒和以物配主的人"(5:82)。安拉还诅咒犹太教徒:"但愿他们因为自己所说的恶言而被弃绝"(5:64);"他们在今世要受凌辱,在后世要受重大的刑罚"(5:41)。安拉也郑重警告穆斯林:"信道的人们啊!你们不要以犹太教徒和基督教徒为盟友。他们各为其同教的盟友。你们中谁以他们为盟友,谁是他们的同教。真主必定不引导不义的民众"(5:51)。

据史书记载,穆罕默德在传教期间不仅与犹太人有过口头相争,还发生过直接的战争行为。公元627年,麦加人、贝杜因人和阿比西尼亚雇佣兵组成同盟军,前来麦地那讨伐以穆罕默德为首的穆斯林社团。同盟军撤退后,穆罕默德率穆斯林围剿援助同盟军的犹太部落古赖宰,杀死600名壮丁,将其余的人驱逐出境。① 据《布哈里圣训实录》和《穆斯林圣训实录》记载,穆罕默德曾经针对犹太人讲过一段名言,他说:"审判日不会到来,除非穆斯林攻打犹太人,直至他们躲藏在石头和大树后面。石头和大树会说:'喂,穆斯林,喂,安拉的仆人,有一个犹太人藏在我后面,过来杀死他吧。'只有加尔克达树不会这样做,因为它是犹太人的树。"② 这段话被巴勒斯坦伊斯兰组织——哈马斯积极引用,写入了1988年8月18日通过的《哈马斯宪章》中,③ 成为该宪章中最有争议的内容之一。

二、宗教信徒的斗争:"拣选子民"与"穆民皆兄弟"

"拣选子民"(Chosen People)是犹太教宣传的一种信念,即以色列人是耶和华从世界各民族中挑选出来的神的儿女,肩负着某种特殊的使命。《旧约》中有多处经文提到这一点,如《出埃及记》中说:"如今你们若实在听从我的话,遵守我的约,就要在万民中作属我的子民;因为全地都是我的,你们要归我作祭司的国度,为圣洁的国民。"④《申命记》中说:"因为你归耶和华你神为圣洁的民,耶和华你神从地上的万民中拣选你,特作自己的子民。耶和华专爱你

---

① [美]希提,马坚译:《阿拉伯通史》,商务印书馆1979年版,第135~136页。
② S. Ayse Kadayifci-Orellana, *Standing on an Isthmus, Islamic Narratives on War and Peace in Palestinian Territories*. Lanham: Lexington Books, 2007, p. 281.
③ S. Ayse Kadayifci-Orellana, *Standing on an Isthmus, Islamic Narratives on War and Peace in Palestinian Territories*. Lanham: Lexington Books, 2007, pp. 277 – 298.
④ 《旧约·出埃及记》19:5 – 6。

们,拣选你们,并非因你们的人数多于别民,原来你们的人数在万民中是最少的。"① 归纳这两段经文,"拣选子民"观应该包括以下三点内容:其一,以色列人通过与耶和华的世代立约才成为神拣选的特殊子民,因而守约是其能够被挑选的首要条件;其二,耶和华挑选以色列人做子民乃是为了使其成为圣洁的民,做万民的榜样;其三,以色列人得到耶和华神的另眼相看,拥有超越万民的优越感和特殊地位。

"穆民皆兄弟"(The believers are but brethren)是伊斯兰教提倡的一种观念,这种观念认为所有穆斯林彼此都是兄弟,《古兰经》说:"信士们皆为教胞,故你们应当排除教胞中的纷争,……"(49:10)。② 穆罕默德在632年辞朝演讲中说:"众人呀! 静听我的话,而且谨记在心。须知每个穆斯林都是其他任何穆斯林的兄弟,现在你们都是同胞。"③ 综合多个经文,"穆民皆兄弟"观的主要内涵:其一,调停穆斯林之间的纠纷,"如果两伙信士相斗,你们应当居间调停"(49:9);其二,穆斯林之间"不要互相嘲笑"和"不要互相诽谤"(49:11),不要互相"猜疑"和"不要互相侦探"(49:12);其三,穆斯林之间应该团结、友爱、互助。穆罕默德说:"穆斯林彼此是兄弟,所以不该欺压他的兄弟,也不应把他交给压迫者。"④ 他又说:"信士不要出卖自己的弟兄,不要说自己弟兄的坏话";"真正的信士他爱他的弟兄胜过爱他自己"。⑤

"拣选子民"与"穆民皆兄弟"原本是两种互不相干的观念,但在阿以冲突的大背景下最终形成了某种程度的对立,对阿以冲突造成了很大影响。就以色列方面而言,拣选子民观一直与以色列国的犹太属性问题息息相关;就阿拉伯方面而言,穆民皆兄弟观则与巴勒斯坦难民问题密切相连。

(一) "拣选子民"与以色列国犹太属性问题

"犹太属性"(Jewish Identity) 就个人层面而言,是指个人对其犹太人身份的认知程度;就政府层面而言,是指对国家犹太人状况的总体把握。作为世界上唯一的犹太人国家,加之又长期处在中东的战火当中,以色列政府非常注意犹太属性问题。确保以色列的犹太属性,不仅是为了以色列的长治久安,也是为了维护以色列的纯洁性。这就是耶和华所说的,做"圣洁的民"。

---

① 《旧约·申命记》7:6-7。
② 马坚先生的译文"信士们皆为教胞",不如"穆民皆兄弟"的译文流行,故此在本书中采用后者。
③ [美]希提著,马坚译:《阿拉伯通史》,商务印书馆1979年版,第140页。
④ 布哈里辑录,康有玺译:《布哈里圣训实录全集》,香港基石出版有限公司2007年版,第1144页。
⑤ [沙特阿拉伯]萨利哈·福礼尼编,哈吉·穆萨·金宏伟编译:《适合时代的呼图白集》,宗教文化出版社2003年版,第227页。

拣选子民的观念，使不少以色列犹太人萌生了种族"优越感"。例如，全国宗教党的代表人物大拉比斯尼尔松（1902～1994年），于1965年出版《谈话集锦》一书，系统提出了"犹太人优越论"。他认为，上帝选择犹太人清楚地意味着犹太人天生比非犹太人优越。从外表上看，犹太人的身体与非犹太人的身体好像没有什么区别，但内在品质却有着天壤之别。"一个最大的区别在于灵魂，有两种相反的灵魂存在着，非犹太人的灵魂来自邪恶势力，而犹太人的灵魂来自神圣。"① 他说："一个非犹太人的全部事实仅仅是空虚。……所有的被造物都是为了犹太人而存在的。"② 另一个著名拉比金斯伯格在1996年接受采访时说："假如你看见两个人落水，一个犹太人和一个非犹太人，《讨拉》说你应该先救犹太人的命。假如一个犹太人身体的每一个单细胞都继承着神性，那就是上帝的一部分，每一串DNA都是上帝的一部分。因此，犹太人的DNA有特别的东西。"③

以色列自建国伊始就面临着犹太属性问题。1947年分治决议规定的"犹太国"，犹太人只比阿拉伯人多出9.1万人。时至今日，犹太属性问题仍然严峻。截至2005年，以色列、加沙和西岸共有居民1 030万，其中犹太人560万，阿拉伯人470万，犹太人只占52%的微弱多数。据希伯来大学人口专家估计，到2020年这一比例会降到47%，到2050年进一步下降到37%。④ 届时以色列国将不再是一个以犹太人为主的犹太国，而将变成一个以阿拉伯人占多数的犹太国。这种情况之所以可能会出现，主要是每个犹太妇女的生育率约为2.7个，而每个阿拉伯妇女的生育率约为4.7个；此外，犹太妇女头胎时的年龄约为27.5岁，而阿拉伯妇女头胎时的年龄为23.2岁。⑤

为了解决严重的犹太属性问题，以色列政府早在1950年7月5日就通过了《回归法》，一方面授予全世界犹太人移居以色列的权利，另一方面放宽了移居以色列的条件。典型的犹太人，即拥有犹太母亲或外祖母的人，自然符合上述规定。而那些只拥有犹太父亲或祖父的人，以及那些皈依犹太教的人，也被允许移居以色列。但这一法律实施半个多世纪以来未能从根本上解决问题。其实以色列的心腹大患并不是加沙和西岸的巴勒斯坦人，而是以色列境内的阿拉伯人。他们拥有以色列国籍，大约有130万人，约占以色列总人口的1/4。以色列家园党主

---

① Israel Shahak and Norton Mezvinsky. *Jewish Fundamentalism in Israel*. London：Pluto Press，New Edition，2004，pp. 59 – 60.

② Israel Shahak and Norton Mezvinsky. *Jewish Fundamentalism in Israel*. London：Pluto Press，New Edition，2004，p. 60.

③ Israel Shahak and Norton Mezvinsky. *Jewish Fundamentalism in Israel*. London：Pluto Press，New Edition，2004，p. 62.

④ Mitchell G. Bard，*op. cit.*，p. 54.

⑤ Mitchell G. Bard，*op. cit.*，p. 55.

席利伯曼于2004年5月提出了一个惊人计划，建议与巴勒斯坦方面交换领土，用以色列境内的阿拉伯人聚居区换取西岸犹太定居点，从而减少以色列境内的阿拉伯人数量。阿拉伯人抨击这是种族主义计划，不少以色列人也认为"不合法"，① 但由于利伯曼现任内塔尼亚胡内阁的副总理兼外交部长，未来形势如何发展谁也无法预料。

（二）"穆民皆兄弟"与巴勒斯坦难民问题

"巴勒斯坦难民"（Palestinian Refugees）是指在几次中东战争中和战争后，被迫逃离或被逐出家园的巴勒斯坦人。难民回归是巴难民问题的核心，也是巴以谈判中的难点问题。最早的巴勒斯坦难民产生于1947年分治决议通过之后，那时的以色列准军事组织如"哈加纳"和"伊尔贡"通过武力抢占巴勒斯坦领土，迫使许多巴勒斯坦人逃离家园。从1947年12月至1948年3月，共有约10万巴勒斯坦人逃离家园。从1948年4月至7月，又有25万至30万巴勒斯坦人逃离或被驱逐出家园。此后历次中东战争又造成许多巴勒斯坦人流离失所。根据联合国难民救济署（UNRWA）的官方资料，截至2008年6月30日，巴勒斯坦难民总数为4 618 141人，共分布在3个国家和2个地区。三国为：约旦1 930 703人；叙利亚456 983人；黎巴嫩416 608人。2个地区是：加沙1 059 584人；西岸754 263人。②

阿拉伯国家对巴勒斯坦难民总体上是欢迎的，没有拒绝他们的到来，特别是约旦、黎巴嫩和叙利亚三个与巴勒斯坦接壤的国家。但是巴勒斯坦难民的大量涌入，也给这些国家的社会治安、国家安全甚至国内政局造成了不良影响。如1970年约旦黑九月事件，又如黎巴嫩1975~1990年内战。应该说，阿拉伯国家为巴难民问题付出了巨大的牺牲，难民问题不能一直持续下去。早在1948年12月11日，联合国大会就通过了194号决议，规定巴难民拥有回归家园的权利。1974年11月22日，联合国大会又通过了3236号决议，宣布巴难民的回归权是一项"不可剥夺的权利"。自巴以和平进程启动后，争取难民早日回归一直是巴勒斯坦方面努力的目标，但一直遭到了以色列的拒绝。以色列之所以拒绝，前已述之，是出于以色列犹太属性的考虑，是出于以色列国家安全的担忧。但是巴难民问题迟迟得不到解决，必然会影响到其他问题的解决，给中东局势埋下无数定时炸弹。

---

① Tovah Lazaroff, "Lieberman's land swap plan illegal", *The Jerusalem Post*, March 26, 2006.
② "Total Registered Refugees Per Country and Area", 30 June 2008. UNRWA: http://www.un.org/unrwa/publications/pdf/rr_countryandarea.pdf.

三、宗教田产的争夺:"应许之地"与"瓦克夫"

"应许之地"(Promised Land)在《旧约》中多次提到,最早是指耶和华与亚伯拉罕立约并赐给他子孙的土地。《创世记》记载:"当那日,耶和华与亚伯兰立约,说:'我已赐给你的后裔,从埃及河直到幼发拉底大河之地,……'"[①] 后来到了亚伯拉罕孙子雅各时代,耶和华再次承诺:"我要将你现在所躺卧之地赐给你和你的后裔。"[②] 由于雅各被神赐名"以色列",应许给雅各及其后裔之地又被称为"以色列之地"(Eretz Yisrael)。到了摩西时代,耶和华继续承诺:"我曾起誓应许亚伯拉罕、以撒、雅各说:'要将迦南地赐给你的后裔。'现在你和你从埃及地所领出来的百姓,要从这里往那地去。"[③]

"瓦克夫"(Waqf)原文为阿拉伯语,意指出于慈善目的而捐献出来的宗教资金或财产。虽然《古兰经》没有明确提到瓦克夫,但一些经文却为瓦克夫的产生提供了依据。如第3章说:"你们绝不能获得全善,直到你们分舍自己所爱的事物。你们所施舍的,无论是什么,确是真主所知道的"(3:92)。伊斯兰社会经过长期的历史发展,早已形成了较为完备的瓦克夫制度。其中有三点十分重要:第一,瓦克夫土地不能被剥夺,也不能出售、抵押、遗赠或变为他用;第二,瓦克夫土地和财产属于永久捐赠,一般用于清真寺、孤儿院等慈善目的和公益事业;第三,瓦克夫捐赠不能撤销,捐赠者和其后代不许反悔。[④]

"应许之地"与"瓦克夫"都属于广义上的宗教田产,分别在犹太教和伊斯兰教信仰中占有重要地位。历史上应许之地与瓦克夫并不存在严重的纠葛,但随着现代以色列国的建立和阿以冲突的持续进行,两者最终形成了错综复杂的矛盾关系。如今应许之地与以色列定居点问题密切相关,而瓦克夫与巴勒斯坦领土问题纠缠不清。

(一)"应许之地"与以色列定居点问题

"以色列定居点"(Israeli Settlement)是在六日战争后悄然兴起的。1967年7月,诗人和剧作家内森·奥特曼等人成立"大以色列运动",要求以色列政府在被占领土上修建定居点。另一些人要求将西岸和加沙并入以色列,以实现

---

① 《旧约·创世记》15:18-21。
② 《旧约·创世记》28:13。
③ 《旧约·出埃及记》33:1。
④ Michael Dumper. *Islam and Israel*, *Muslim Religious Endowments and the Jewish State*. Washington DC: Institute for Palestine Studies, 1994, p. 8.

《圣经》上"以色列之地"的完整和统一。① 还有的人如乌利尔·泰勒教授显得更为疯狂,他说:"以色列在黎巴嫩的军事存在确认了经文(《旧约·申命记》11:24)的有效性:凡你们脚掌所踏之地都必归你们,从旷野和黎巴嫩,并幼发拉底大河,直到西海,都要作你们的境界。"② 这就等于承认了"应许之地"的合法性。

以色列政府响应社会舆论,采取积极的定居点政策。第一个出台的是"阿隆计划",由工党部长伊格尔·阿隆于 1967 年向内阁提出,建议将 40% 的被占领土置于以色列主权之下,并在约旦河谷一带建立定居点。此后,国防部长达扬也提出了定居计划,主张在山顶修建军营,连接各个据点,加强以色列的军事控制。1974 年佩雷斯继任国防部长后实行新的政策,在西岸和加沙没收无人使用的阿拉伯土地。在定居点的建设中,"全国宗教党"和"信徒集团"(Gush Emunim)发挥了很大作用。信徒集团是一个积极主张建立定居点的组织,于 1974 年初由拉比泽维·耶胡达·库克及其弟子建立。该集团的定居点计划充满了宗教思想,认为定居西岸和加沙是回归《圣经》的家园,应该通过定居在这些历史家园来显示"以色列之地"的圣洁。唯有如此,犹太民族才能接近拯救。③ 20 世纪 70 年代末,西岸和加沙定居点协会成立,简称"雅沙委员会"(Yesha Council),它代表以色列全国定居点的利益。

1993 年《奥斯陆协议》直接伤害到了定居点的利益,引起雅沙委员会的强烈反对。1994 年 3 月,拉宾政府开始考虑放弃希伯伦附近的泰尔·卢美达定居点,该定居点只有 7 户激进的犹太家庭。消息传来,4 名以色列著名大拉比联合发布"犹太教法裁决令",禁止撤出"以色列之地"上的定居点。1995 年 2 月,雅沙委员会所属的 40 名拉比联名发出一封公开信,信中根据犹太教法提出了两种最坏的犹太人。一种是"摩色尔"(Moser),指向外邦人提供情报和非法出卖犹太财产的犹太人;由于"以色列之地"是犹太人民的神圣财产,犹太教法允许其他犹太人杀死摩色尔。另一种是"罗得夫"(Rodef),指杀死杀人犯的犹太人,这是唯一被教法允许杀人而不受审判的情况。正是在宗教界的怂恿下,1995 年 11 月 4 日拉宾在特拉维夫被一个虔诚而又狂热的宗教学生杀害,他的名字叫伊格尔·阿密尔。④

拉宾之死导致阿以和谈长期停滞不前,西岸和东耶路撒冷定居点成为烫手的山芋。截至 2009 年 5 月,以色列在西岸的定居点达到 121 个,定居民 28 万人;

---

① Neve Gordon,*Israel's Occupation*. Berkeley:University of California Press,2008,p. 116,124.
② Israel Shahak and Norton Mezvinsky,*op. cit.*,p. 64.
③ Elisha Efrat,*op. cit.*,p. 29.
④ Yoram Peri,ed. *The Assassination of Yitzhak Rabin*,Stanford University Press,2000,pp. 104 – 127.

此外，在东耶路撒冷，另有 19 万定居民。① 奥巴马 2009 年初就任美国总统后，试图重新启动陷入僵局的巴以和谈，他首先拿定居点问题开刀，要求以色列停止新建任何定居点，包括原有定居点的"自然增长"。但第二次出任总理的内塔尼亚胡是一个"大以色列"拥护者，他拒绝在定居点问题上做出实质性让步，导致奥巴马的促和努力功亏一篑。②

（二）"瓦克夫"与巴勒斯坦领土问题

"巴勒斯坦领土"（Palestinian Territory）可以字面理解为巴勒斯坦人的领土，但要说清楚这块领土的范围却不容易。1964 年《巴勒斯坦国民宪章》称："巴勒斯坦是巴勒斯坦阿拉伯人的家园，也是阿拉伯大家园中不可分割的一部分"；"巴勒斯坦的疆域，以英国委任统治时期的边界为准，是一个不可分割的领土单位"。③ 1988 年 11 月，巴解组织实现重大战略转变，放弃武装斗争，谋求和平建国，公开承认分治决议。既然承认 1947 年分治决议，就应该承认以色列存在的合法性。

巴勒斯坦国以分治决议为合法基础，是否要求以色列退回到 1948 年成立时的边界？或许部分巴勒斯坦群众抱有这种奢望，但巴解领导人很清楚，国际社会公认的阿以和谈基础是安理会 242 号决议以及后来的 338 号决议，即要求以色列撤退到 1967 年"六·五战争"爆发时的边界，而不是回到 1948 年以色列建国时的边界。阿拉法特为打消世人的疑虑，于 1988 年 12 月 13 日在日内瓦联合国大会上发言，郑重宣布接受安理会 242 号和 338 号决议，这便明确了巴勒斯坦国的领土范围，即仅仅包括约旦河西岸、加沙地带以及东耶路撒冷。

并非所有巴勒斯坦人都赞同巴解组织的立场，伊斯兰激进组织哈马斯有自己的观点。它在 1988 年《宪章》第 11 条提出了完全不同的看法："伊斯兰抵抗运动相信，巴勒斯坦之地是一个伊斯兰瓦克夫，被用来献给将来的穆斯林一代直至审判日。它的全部或任何部分，都不应该被浪费；它的全部或任何部分，都不应该被放弃。不论是一个阿拉伯国家或是所有阿拉伯国家，也不论是任何国王或总统，抑或是所有国王和总统，更不论是任何组织或所有组织，是巴勒斯坦人或阿拉伯人，都无权这样做。"④ 哈马斯将巴勒斯坦整体上视为瓦克夫，理由是什么？根据伊斯兰教法（沙里亚），穆斯林通过武力征服的土地，如果用来献给下一代

---

① Donald Macintyre, "The Big Question: What are Israeli settlements, and why are they coming under pressure?", *The Independent*, May 29, 2009.
② Stephen M. Walt, "Settling for Failure in the Middle East", *The Washington Post*, 20 September 2009.
③ 尹崇敬主编：《中东问题 100 年》，新华出版社 1999 年版，第 55～56 页。
④ S. Ayse Kadayifci-Orellana, *op. cit.*, p. 282.

穆斯林来用，这样的捐赠就构成了瓦克夫。"这片瓦克夫伴随着天地一直保留，任何违背伊斯兰教法的程序，只要涉及巴勒斯坦，都是无效的。"①

如此一来，至少有两个组织在国际上代表巴勒斯坦领土发言，一是代表世俗和民族主义路线的法塔赫，另一个是代表宗教激进力量的哈马斯。法塔赫在国际上影响力更大，但在民众间口碑不佳；哈马斯在国际上陷入孤立，但在群众中颇受欢迎。哈马斯关于巴勒斯坦是瓦克夫的观点，得到广泛支持。如耶路撒冷穆夫提艾克里迈·萨布里就赞成这种说法，不仅如此，他还有更多发挥。他说：巴勒斯坦是穆斯林的瓦克夫，"犹太人可以以公民的身份居住在这里，但不能成为统治者。"② 又说：《圣经》和《古兰经》都提到，以色列人背叛了上帝（真主），不被允许进入应许之地。"上帝的许诺被取消了。我们现在看到的是贝尔福宣言的结果，不是上帝的许诺。英国将以色列安置在这里，美国帮助以色列。"③

四、宗教圣址的重叠："圣殿"与"阿克萨寺"

犹太教的"圣殿"（Holy Temple）又名"耶和华殿"（Temple of Jehovah），包括第一圣殿和第二圣殿。前者由所罗门王在位时修建，《旧约》对此有明确记载："所罗门作以色列王第四年西弗月，就是二月，开工建造耶和华的殿。"④ 建造圣殿的主要目的，就是放置摩西与耶和华立约的约柜，约柜内存有刻着摩西十诫的两块约板。公元前586年，第一圣殿被新巴比伦王国毁灭。几十年后，犹太人在所罗巴伯的领导下修建第二圣殿，"撒拉铁的儿子所罗巴伯，……督理建造耶和华殿的工作。"⑤ 公元70年，罗马统治者摧毁了第二圣殿，只留下一段"西墙"（Western Wall）。

"阿克萨寺"（Al-Aqsa Mosque）是伊斯兰教第三大清真寺，仅次于麦加克尔白禁寺和麦地那先知寺。"阿克萨寺"，即"远寺"。《古兰经·夜行章》明确提到了阿克萨寺："赞美真主，超绝万物，他在一夜之间，使他的仆人，从禁寺行到远寺。"（17：1）公元691年，伍麦叶王朝的哈里发阿卜杜勒·麦利克·本·麦尔旺下令在穆罕默德登霄的那块岩石上修建一座清真寺，取名为

---

① S. Ayse Kadayifci-Orellana, *op. cit.*, p. 283.
② Anton La Guardia. *War Without End, Israelis, Palestinians, and the Struggle for a Promised Land.* New York: Thomas Dunne Books, 2001, p. 56.
③ Anton La Guardia. *War Without End, Israelis, Palestinians, and the Struggle for a Promised Land.* New York: Thomas Dunne Books, 2001, p. 57.
④ 《旧约·列王纪上》6：1。
⑤ 《旧约·以斯拉记》3：8。

"大石圆顶寺"（Dome of the Rock）。705年，哈里发麦尔旺又下令在大石圆顶寺以南几百米处修建另一座清真寺，直接命名为"阿克萨寺"。大石圆顶寺和阿克萨寺都修建在原第二圣殿的遗址上，两寺的下面就是西墙。西墙又被犹太人称为"哭墙"（Wailing Wall），是犹太教徒诵经、祈祷、凭吊和举行宗教仪式的神圣场所，是当今全世界犹太人的第一圣址。

"圣殿"和"阿克萨寺"都位于耶路撒冷老城内的"圣殿山"（Temple Mount）上，因而圣殿山成为犹太教和伊斯兰教的共同圣地。"圣殿"和"阿克萨寺"在圣殿山上相互重叠，形成了你中有我、我中有你的共生关系。这给阿以冲突的解决制造了难以逾越的障碍。当前围绕圣殿山的主要问题是以巴双方的主权诉求，这是以巴谈判中最敏感的问题。

（一）"圣殿"与耶路撒冷地位问题

"耶路撒冷地位"（Positions on Jerusalem）不是一个新问题，一直在阿以冲突中扮演着重要角色。有关耶路撒冷地位问题的争议可以追溯到1947年巴勒斯坦分治决议。决议对耶路撒冷做了特殊规定，将它作为"国际特别政权"，独立于"犹太国"和"阿拉伯国"之外。但在1948年战争中，以色列占领了西耶路撒冷，约旦占领了东耶路撒冷，统治范围各占耶路撒冷总面积的12%和88%，耶路撒冷陷入分裂状态。① 约旦禁止犹太教徒前来哭墙从事宗教活动。1967年6月7日，以军打败了约旦军队，攻占了东耶路撒冷，统一了整个耶路撒冷，实现了近2000年来犹太人对圣殿山的再次统治。

从此，以色列政府采用多种办法，试图获得对圣殿山的所有控制权。第一个行动是铲除西墙附近135户穆斯林人家的房子，用以扩大犹太人在西墙的活动范围。这事发生在以军占领圣殿山3天后，导致650个穆斯林无家可归。6月25日，以色列政府宣布将以色列的司法和行政适用于东耶路撒冷，通过这种方式完成了对东耶路撒冷的兼并。1968年5月21日，联合国安理会通过第252号决议，指责以色列企图改变耶路撒冷市的法律地位。1969年8月21日，阿克萨寺被一疯狂的澳大利亚基督教徒点燃，造成严重破坏，引起全世界穆斯林高度关注。26个伊斯兰国家首脑于9月初紧急聚会在摩洛哥首都拉巴特，正是在这次会议上成立了"伊斯兰会议组织"。安理会也于9月15日紧急通过了271号决议，谴责以色列对于圣殿山的安全防护不力。

20世纪70年代，一个取名为"圣殿山和以色列之地忠诚运动"（简称圣

---

① Marwan Bishara. *Palestine/Israel: Peace or Apartheid, Occupation, Terrorism and the Future*. London and New York: Zed Books, 2001, p. 103.

殿山忠诚运动）的组织兴起，其目标就是"从阿拉伯（伊斯兰）的占领下解放圣殿山"、"将圣殿山上的大石圆顶寺和阿克萨寺挪走"。该组织一次发动1 500名追随者，试图强行闯入圣殿山，遭到警察制止。1980年7月30日，以色列议会通过了《基本法：耶路撒冷，以色列的首都》。该法只有4条内容，规定："耶路撒冷是以色列完整和统一的首都"；"耶路撒冷是国家总统、议会、政府和最高法院的所在地"，等等。随后以色列主要政府机关从特拉维夫迁往耶路撒冷，部分国家大使馆也入驻耶路撒冷。安理会随后于8月20日以14：0的表决结果通过了478号决议，宣布以色列的《耶路撒冷法》无效，要求各国从耶路撒冷撤馆。

1990年10月8日，圣殿山忠诚运动成员在西墙附近挑衅性地树起了一个第三圣殿的模型，引起穆斯林的极大愤慨。穆斯林与这些极端分子互掷石头和瓶子，军警被迫加入混战，最后导致21名阿拉伯人被杀、100多人受伤。10月12日，安理会一致通过672号决议，谴责以色列在圣殿山滥用暴力。2000年9月28日，利库德集团领袖沙龙在1 000名以色列警察的陪同下，登上了圣殿山，由此引发了阿克萨起义。一份调查报告显示，以色列民众对于耶路撒冷地位问题有着高度的一致性：其一，耶路撒冷只能是在以色列主权范围内的统一的首都；其二，巴勒斯坦人必须承认耶路撒冷是以色列的首都，以色列在此基础上承认巴勒斯坦可以拥有一个管理中心；其三，耶路撒冷的基督徒和穆斯林圣地将被授予特殊地位；其四，在市政府的框架内，耶路撒冷阿拉伯街区的巴勒斯坦居民可以共同承担市政责任。①

（二）"阿克萨寺"与主权归属问题

这里所说的"主权归属"（Sovereignty Attribute），狭义上是指阿克萨寺和圣殿山，广义上也包括整个耶路撒冷，在最近10年的巴以和谈中几乎是绕不过去的问题。1988年，《巴勒斯坦国独立宣言》发表：决定"以阿拉伯巴勒斯坦人民的名义宣布：在我们的巴勒斯坦土地上建立一个巴勒斯坦国，它的首都为光荣的耶路撒冷。"② 由于耶路撒冷只有一个，而以色列国和巴勒斯坦国都宣布以它为首都，主权归属问题不可避免地凸显出来。在1993～1999年间的和谈中，巴以双方都尽量不谈这个沉重话题。在2000年的戴维营会谈中，主权归属问题成为最主要的议题，也是分歧最大和无法达成一致的问题。

---

① Bernard Wasserstein, *Divided Jerusalem*, *The Struggle for the Holy City*. Yale University Press, 2001, p. 354.

② 尹崇敬主编：《中东问题100年》，新华出版社1999年版，第125页。

时任以色列总理巴拉克从一开始就坚持以色列必须拥有对耶路撒冷、圣殿山的主权，道理很简单。《耶路撒冷法》规定耶路撒冷是以色列不可分割的首都，这一点无法改变；圣殿山是两个圣殿和哭墙的所在地，是耶和华神的家，也不可能放弃。反过来说，这两个地方巴勒斯坦人也同样不能放弃，理由接近，阿拉法特态度也比较强硬。巴勒斯坦著名历史学家瓦利德·哈利德在戴维营会谈前写信给阿拉法特，说："耶路撒冷不仅是你的责任，它比你、克林顿和巴拉克加起来还要大得多。它也超越了巴勒斯坦—以色列双边关系的框架。它是亿万基督教徒和穆斯林的责任。"①

为了打破僵局，有人想起了 1993~1995 年达成的贝林—马赞草案。该草案强调：以色列继续拥有现今耶路撒冷边界内的主权，巴方可以把耶路撒冷郊外的部分村庄如艾布·迪斯、艾兹利亚甚至拉马拉称为耶路撒冷（al-Quds）；至于阿克萨寺及周边圣地，可以是巴勒斯坦国"额外领土主权"，处在耶路撒冷瓦克夫行政当局的领导之下。这个草案披露后，阿拉伯—伊斯兰世界的反对呼声很高。巴勒斯坦人的普遍共识是："耶路撒冷对于巴勒斯坦阿拉伯人来说，基本上就是老城和圣地。部分原因是历史上的，部分原因是人口上的。穆斯林是当今老城压倒性的多数人口。耶路撒冷不包括圣地和阿拉伯人口占主导的老城，在巴勒斯坦人眼中，是滑稽的。"②

戴维营吸引全世界的目光，伊斯兰世界也不例外。科威特一宗教组织发表声明说："耶路撒冷是巴勒斯坦问题的核心，它是所有穆斯林的权利和责任……阿拉法特或其他阿拉伯领导人做出的任何让步，都将没有法律价值。"③埃及总统穆巴拉克警告说："任何对耶路撒冷的妥协都将造成地区的失控性爆炸，恐怖主义将再次抬头……阿拉伯和伊斯兰世界无人敢于放弃东耶路撒冷或阿克萨寺。"伊朗外长卡迈勒·卡拉齐对阿拉法特说："没有穆斯林允许圣城耶路撒冷继续被占领，伊斯兰会议组织绝不会同意任何放弃耶路撒冷的交易。"④

---

① Ghada H. Talhami, "The PLO and Islamic Policy for Jerusalem", *Arab Studies Quarterly*, Vol. 31, Iss. 1/2, Winter 2009, p. 22.

② Bernard Wasserstein, *op. cit.*, p. 351.

③ Efraim Karsh and P. R. Kumaraswamy, ed. *Islamic Attitudes to Israel*. London and New York: Routledge, 2008, p. 80.

④ Bernard Wasserstein, *op. cit.*, p. 343.

第二章

海湾教派冲突和黎巴嫩内战

第一节 海湾地区的宗教冲突

  海湾地区的宗教冲突主要体现为伊斯兰教内部什叶派与逊尼派之间的教派冲突。在国家间关系的层面，它表现为以伊朗为一方、以海湾地区的阿拉伯国家为另一方的冲突；在国家内部层面，它主要表现为伊拉克、沙特阿拉伯、科威特和巴林四个阿拉伯国家内部什叶派与逊尼派之间的矛盾和冲突。上述每个层面内部以及两个层面之间均存在着复杂的网络状互动关系。伊朗影响着海湾地区阿拉伯国家内部的教派冲突，而伊朗与某一个海湾地区阿拉伯国家之间的关系，又影响着它与该地区其他国家之间的关系；一个海湾阿拉伯国家内部的教派冲突不仅影响该国与伊朗的关系，也影响其他几个阿拉伯国家的内部教派冲突以及这些国家与伊朗的关系。

  海湾地区的教派冲突过程，可以说就是什叶派政治运动兴起和发展的过程。这个过程可以分为三个阶段。第一阶段，从20世纪50年代末到伊朗伊斯兰革命，冲突主要集中在伊拉克，什叶派为了应对左翼力量的挑战而组织什叶派政党，从60年代末开始与主要代表逊尼派利益的复兴党发生冲突。第二阶段，从伊朗伊斯兰革命到海湾战争。在伊朗伊斯兰革命的激励下，伊拉克、沙特、科威特和巴林等国的什叶派政治运动高涨，因为两伊战争的爆发，这几个国家的什叶派政治组织大多支持伊朗，展开针对本国政府的暴力活动。在伊朗和伊拉克之间进行了长达8年的两伊战争，而在伊朗和沙特之间则爆发了围绕着朝觐的矛盾和冲突，并最终演化成1987年的流血事件。第三阶段，海湾战争之后。两伊战争的结束以及海湾战争中伊朗的中立立场，大大缓和了伊朗与海湾地区阿拉伯国家之间的矛盾，海湾阿拉伯国家教派冲突中的伊朗因素开始减弱。1997年，哈塔米代表的改革派在伊朗上台，进一步打消了海湾阿拉伯国家的疑虑。沙特和科威特的教派冲突开始平息；在伊拉克，什叶派抵抗运动一直在持续，直到2003年萨达姆政权被推翻。但是，由于历史积淀、现实利益和外部势力等原因，后萨达姆时代的伊拉克仍然存在着教派冲突加剧的趋势；在巴林，因为什叶派穆斯林在政治、经济和社会中受压制的状况，从1994年到1997年占人口多数的什叶派穆斯林与逊尼派统治家族之间爆发了激烈的冲突，直到1999年新的艾米尔上台并开始推行实质性的政治体制改革，冲突才趋于缓和并逐渐平息。下面，我们就围绕上述线索，分别考察一下教派冲突在伊拉克、沙特、科威特和巴林等国的主要表现形式。

一、伊拉克的教派冲突

据2005年的粗略统计，伊拉克人口为2 600万，其中什叶派穆斯林占60%以上。在奥斯曼土耳其时代，今天被称为伊拉克的这片土地分属巴士拉、巴格达和摩苏尔三个省。第一次世界大战爆发后，英国先后占领了这三个省，并于1919年开始将这三个省统一置于巴格达的管理之下。1920年，伊拉克成为英国的委任统治地，1921年，英国宣布费萨尔（Faysal ibn Husayn）为伊拉克国王，伊拉克确立了逊尼派阿拉伯人主导国家权力的政治格局。

1958年，伊拉克发生卡塞姆（Abd al-Karim Qasim, 1914~1963）领导的革命，左翼力量日益壮大。为了应对这种挑战，什叶派政治组织和政治运动发展起来，其最重要的标志就是在穆罕默德·巴基尔·萨德尔（Muhammad Baqir al-Sadr, 1935~1980）领导下于1958年成立什叶派政治组织伊斯兰召唤党。

1968年，复兴党上台后，开始大力镇压什叶派。1969年，政府关闭了纳杰夫的"库法大学"，取消了宗教刊物的出版，并禁止宗教学校的学生在卡尔巴拉举行纪念侯赛因殉难的游行。1971年，政府开始大规模驱逐伊朗人，并严厉镇压召唤党；1974年，政府逮捕并处决召唤党成员。1979年，伊朗伊斯兰革命之后，召唤党与政府之间的冲突加剧。同年4月，穆罕默德·巴基尔·萨德尔发布教令，禁止任何人以任何理由加入执政的复兴党及其外围组织。1980年3月，伊拉克政府发布命令，任何支持召唤党的人都将被判处死刑；4

月，政府将伊拉克什叶派领袖大阿亚图拉穆罕默德·巴基尔·萨德尔处决。

从20世纪80年代开始，什叶派政治力量与伊拉克复兴党政府展开了激烈对抗。1980年4月1日，副总理塔立格·阿齐兹遭手榴弹袭击负伤；4月5日再次发生爆炸。1987年4月9日，召唤党暗杀萨达姆·侯赛因未遂；9月初暗杀伊拉克内政部长未遂。1988年12月，召唤党用汽车炸弹袭击巴格达安全部门大楼。1991年3月，伊拉克南部爆发什叶派起义，伊拉克共和国卫队对什叶派进行大屠杀，据称，在为期三周的镇压中有30万什叶派被杀。

在对内镇压什叶派的同时，伊拉克还于1980年9月22日入侵伊朗，挑起了两伊战争。到1988年7月18日，伊朗接受联合国598号决议，两伊战争停止，伊拉克和伊朗进行了长达8年的战争。逊尼派掌权、以阿拉伯人为主体的伊拉克与什叶派掌权、以波斯人为主体的伊朗之间的战争，很容易被描述成阿拉伯人和波斯人历史上的敌意的继续，或者被描述为逊尼派和什叶派之间的宗教和政治冲突，"但是这两种描述都具有误导性，都是不全面的。这是一场彻底的国家之间的现代战争，是出于国家利益、地区霸权等纯粹的现代原因，在这场战争中，意识形态和民族的敌对以及宗教的热情发挥了作用，但却不是主要事件的核心。"① 尽管如此，两伊战争影响了伊朗同阿拉伯国家之间的关系，大部分阿拉伯国家站在伊拉克一边。而为了反对伊拉克并反对其他国家对伊拉克的支持，在伊拉克、沙特、科威特、巴林等国，什叶派政治力量发动了针对政府的政治运动和暴力事件。两伊战争在中东地区挑起了什叶派和逊尼派之间的大规模冲突。在两伊战争结束后，这些国家什叶派和逊尼派之间冲突中的伊朗因素开始减弱。

1982年，流亡伊朗的伊拉克什叶派领袖穆罕默德·巴基尔·哈基姆（Muhammad Baqir al-Hakim，1939~2003）在德黑兰组建了"伊拉克伊斯兰革命最高委员会"，同时组建了1万~1.5万人的武装组织"巴德尔旅"，由他的弟弟阿卜杜勒·阿齐兹·哈基姆（Abd al-Aziz al-Hakim）领导。该武装组织在伊拉克多次发动武装袭击，包括2000~2001年三次用喀秋莎火箭弹袭击伊拉克总统府。1999年，伊拉克伊斯兰革命最高委员会还获得了美国的资助。因此，在2003年美国推翻萨达姆政权之后，穆罕默德·巴基尔·哈基姆得以回到伊拉克，他的弟弟阿卜杜勒·阿齐兹·哈基姆还入选临管会。但8月29日他在纳杰夫遭炸弹袭击身亡。

尽管在美国推翻萨达姆政权后，什叶派开始分享伊拉克的政治权力，但伊

---

① Beverley Milton-Edwards and Peter Hinchcliffe. *Conflicts in the Middle East Since* 1945. London：Routledge，2001，p. 78.

拉克的教派冲突并没有得以缓解。据美国《新闻周刊》（Newsweek）2006 年报道，在伊拉克活跃着一批派别不同的暗杀小组。这些暗杀小组的成员属于伊拉克警察部队，他们利用职务之便，秘密屠杀平民。有的暗杀小组屠杀逊尼派穆斯林，有的则屠杀什叶派穆斯林。被发现的遇害者尸体往往是双手反绑、一颗子弹击中头部死亡。"没有人知道有多少暗杀小组现在活跃在伊拉克，但是在过去的一年中，已经发现了数以百计的遇害者的尸体。"① 2006 年 2 月 22 日，伊拉克萨马拉埋葬着什叶派第十和十一伊玛目的阿斯凯里清真寺发生爆炸，引发新一波大规模教派冲突，有报道称，一周之内就有 1 300 名伊拉克人在冲突中死亡。

二、沙特的教派冲突

什叶派穆斯林人口在沙特总人口中的比例，不同文献之间存在较大差别，有的认为在 3% 左右，有的认为高达 15%。沙特什叶派穆斯林主要分布在东部的哈萨地区，即现在沙特阿拉伯的东部区。其中盖提夫绿洲（al-Qatif）95%的人口和胡富夫绿洲（al-Hufuf）一半的人口都是什叶派，而在宰赫兰（Dhahran）等新兴城市则大部分为逊尼派。② 在沙特，逊尼派与什叶派的教派冲突主要体现在两个层面，在外部的层面是沙特与伊朗围绕着朝觐问题而产生的纠纷和冲突，在内部的层面是沙特政府与国内什叶派反对力量之间的冲突。

在 1987 年的朝觐期间，沙特安全部队与伊朗朝觐者之间的冲突震惊了整个伊斯兰世界。1987 年 7 月 31 日下午，麦加发生冲突事件，共有 402 人死亡，数千人受伤。沙特和伊朗方面各执一词。据沙特方面称，是伊朗方面挑起骚乱，试图控制麦加禁寺，并称伊朗革命卫队早就策划了这个事件。沙特方面宣称，沙特安全部队没有使用任何武器，是伊朗朝觐者自己开的枪。据沙特安全部队官员说，伊朗朝觐者试图包围安全部队，但是安全部队控制住了他们，并在半个小时之内控制了局势。当时安全部队正好在示威队伍旁边，试图制止示威者与其他朝觐者之间的冲突。但是，伊朗人拿出藏匿的棍棒、刀具和石头，开始攻击安全部队。安全部队试图恢复秩序，伊朗示威者在撤离时发生恐慌和踩踏，许多妇女、老人和坐轮椅者在这个过程中死亡。随后，伊朗人开始攻击警察和安全部队，并纵火焚烧车辆。沙特方面称，整个事件中有 402 人死

---

① Michael Hastings. "The Death-Squad Wars", in *Newsweek*, Feb. 27, 2006.
② Graham E. Fuller and Rend Rahim Francke. *The Arab Shi'a: The Forgotten Muslims*. New York: St. Martin's Press, 1999, p. 180.

亡，其中有 275 名伊朗人，包括安全部队人员在内的 85 名沙特人以及 42 名来自其他国家的朝觐者。而根据伊朗方面的说法，伊朗朝觐者的游行路线是事先经过伊朗朝觐代表马赫迪·卡鲁比（Mehdi Karrubi）和沙特方面商定的。据卡鲁比称，沙特警察和平民开始向游行的伊朗朝觐者扔石块和瓶子。游行的朝觐者没有做出回应，因为在游行的队伍前面有很多妇女和坐轮椅者。然后，警察开始用棍棒打人，并有人被枪击身亡。人们无法逃走，因为通向禁寺的大小道路都被沙特安全部队拦住。据一位在麦加的伊朗医生讲，大部分死者头部有击伤的痕迹，其他人则有受到枪击的痕迹。霍梅尼的妻子也在受伤者之列。事后沙特方面拖延向伊朗方面移交死者遗体，并拒绝任何外国代表团检查遇难者尸体。①

在朝觐问题上，沙特与伊朗在伊斯兰革命之后一直存在矛盾。1981 年，因为海湾合作委员会成立并在两伊战争中支持伊拉克，伊朗与沙特之间的冲突开始升级。在 1981 年的朝觐期间，沙特逮捕了 46 名游行示威的伊朗朝觐者。1982 年，伊朗朝觐者在朝觐期间再次与沙特安全部队发生冲突，有多名朝觐者被驱逐出境。1983 年，伊朗方面不顾沙特的反对，决定每年朝觐期间在麦地那和麦加各举行一次大规模的集会示威。从 1984 年开始，沙特方面接受每年 15 万名伊朗人前往沙特朝觐。1984 年到 1986 年，朝觐期间局势平静。正是在连续三年的平静之后，爆发了前述 1987 年的严重冲突事件。1988 年，伊斯兰会议组织（the Organization of Islamic Conference）通过一项决议，批准朝觐配额制，即每个国家 1 000 名穆斯林人口可获得 1 个朝觐名额。按照这个配额，伊朗只能获得大约 4 万～5 万个名额前往沙特朝觐。伊朗对此加以反对，4 月沙特与伊朗断交，伊朗则抵制朝觐。从 1988 年至 1990 年，伊朗连续三年抵制朝觐。

从 1990 年秋开始，沙特与伊朗方面开始直接接触。在阿曼的斡旋下，双方在 1991 年 3 月达成协议。协议解决了双方的两大争端：一是在朝觐配额问题上，沙特方面接受 11.5 万名伊朗朝觐者；二是在集会游行问题上，沙特方面同意伊朗朝觐者在麦加举行一次集会。1991 年，伊朗人得以顺利朝觐。② 自 1991 年 3 月沙特和伊朗恢复外交关系以来，尽管 1994 年沙特方面将伊朗的朝觐配额减半，但在朝觐期间基本上没有爆发伊朗朝觐者与沙特安全部队之间的大规模冲突。

从伊朗伊斯兰革命胜利到海湾战争爆发之间的 12 年间，随着沙特和伊朗的关系紧张化，沙特国内的什叶派问题也尖锐起来。

沙特什叶派内部的主要政治力量分为真主党和"改革运动"（Reform Move-

---

① Christin Marschall. *Iran's Persian Gulf Policy: From Khomeini to Khatami*. London: RoutledgeCurzon, 2003, pp. 52–54.

② Martin Kramer. *Khomeini's Messengers in Mecca*, in http://www.geocities.com/martinkramerorg/Hajj.htm.

ment）。真主党立场较为极端，对沙特政府持不信任态度，主张采取暴力手段；"改革运动"立场较为温和，他们追随温和的伊朗大阿亚图拉设拉齐（Shirazi）。[①]

1979年，在什叶派人口较多的东部区出现小册子，号召什叶派不要与沙特王室合作；11月底发生了大规模的什叶派骚乱，9万示威者游行纪念阿述拉日，并表示支持伊朗伊斯兰革命；12月，在冲突中有什叶派群众和沙特国民卫队士兵死亡。1980年2月，更大的动荡发生，示威者抬着霍梅尼的画像举行游行示威。1981年开始发生暴力活动。1987年，沙特阿美石油公司（ARAMCO）的液化石油气厂发生爆炸。1988年3月，在沙特航空公司（Saudia Airline）驻东京、法兰克福和卡拉奇的办事处发生一系列爆炸事件，在朱拜勒（Jubayl）等地的沙特石油设施也发生爆炸事件；同年9月，4名沙特什叶派因涉嫌协助发动爆炸而被处决。1989年12月，沙特真主党涉嫌炸毁一架从伊斯兰堡飞往利雅得的航班未遂。[②]

面对前所未有的什叶派骚乱，沙特开始逐步转变对什叶派的歧视政策。1983年，担任东部区总督的本·贾卢韦（Ibn Jalluwi）家族被撤换。穆罕默德·本·法赫德亲王从1984年开始担任该区总督。政府开始改善当地的生活设施，1987年当地一所现代化医院竣工。1991年海湾战争之后，由于什叶派采取了反萨达姆的立场，加之沙特的逊尼派反对势力崛起，政府开始进一步调整对什叶派的政策。1994年，政府邀请很多流亡的什叶派著名异议分子回国商讨解决问题的办法，并采取措施改善什叶派穆斯林的生活状况。[③]

1996年6月25日，沙特东部城市胡巴尔（Khobar）的美军兵营发生爆炸，19名美国人丧生。尽管美国方面指责是伊朗伊斯兰革命卫队的圣城旅（Quds Forces）幕后策划了此次行动，但是沙特方面却并不同意这种说法。对于这一事件的反应表现出沙特内部在伊朗问题上的分歧，国防大臣苏尔坦（Sultan ibn 'Abd al-'Aziz）亲王表示，如果美国能够推翻德黑兰政权的话，就欢迎美国对伊朗开战；而当时的王储阿卜杜拉亲王（'Abdullah ibn 'Abd al-'Aziz）则认为，如果美国对伊朗开战，沙特将被牵连进去并被拖垮，因此他拒绝承认伊朗与胡巴尔爆炸有牵连。阿卜杜拉的意见占了上风，沙特开始与伊朗谈判并达成协议，伊朗不支持在沙特的恐怖活动，而沙特也不允许美军通过沙特领土进攻伊朗。[④]

---

① Graham E. Fuller and Rend Rahim Francke. *The Arab Shi'a: The Forgotten Muslims*. New York: St. Martin's Press, 1999, p. 191.

② Christin Marschall. *Iran's Persian Gulf Policy: From Khomeini to Khatami*. London: RoutledgeCurzon, 2003, p. 38.

③ Graham E. Fuller and Rend Rahim Francke. *The Arab Shi'a: The Forgotten Muslims*. New York: St. Martin's Press, 1999, pp. 189–190.

④ ［美］理查德·克拉克，倪峰、张立平、张帆等译：《反击一切敌人》，经济日报出版社2004年版，第102页。

三、科威特的教派冲突

在科威特的穆斯林中，逊尼派占 70%，什叶派占 30%。科威特的什叶派穆斯林包括哈萨人（Hasawi）、巴林人（Baharna）和波斯人（Ajam）三个群体，其中前两个群体属于阿拉伯人，祖先源自沙特、巴林、伊拉克南部或者伊朗的胡齐斯坦省，最后一个群体属于波斯血统，是科威特什叶派中最大的群体。哈萨人所追随的效仿渊源是科威特的阿亚图拉米尔扎·伊哈卡基（Mirza al-Ihqaqi），他们在政治上采取无为主义的立场。其他两个群体所追随的效仿渊源包括伊朗的哈梅内伊、伊拉克的西斯塔尼、伊朗的设拉齐（Shirazi）和黎巴嫩的法德勒拉。其中，追随西斯塔尼和设拉齐的穆斯林比较温和。科威特什叶派中的波斯人群体，其富商阶层长期与逊尼派的统治家族结盟。加之科威特的政治体制较为开放，他们比较好地融入了科威特社会。科威特的什叶派没有形成自己的领袖，之所以如此，主要是因为他们刻意淡化自己的教派色彩。[①]

但是，在 20 世纪 80 年代，科威特还是成为什叶派政治组织的活动范围，主要原因是科威特在两伊战争中对伊拉克的大力支持。"20 世纪 80 年代中期，什叶派的好战行为和恐怖活动的急剧增强是受伊朗革命热情的激发，并受到以伊拉克为基地的召唤党中黎巴嫩和伊拉克籍成员的指导。"[②]

1979 年 11 月，有 2 000 人在科威特驻美国使馆门前示威，科威特指控 15 名伊朗人组织了游行，并将他们判刑。1981 年春，科威特多处工厂遭炸弹袭击。1981 年 6 月，1 枚火箭弹击中科威特驻黎巴嫩使馆，一个亲伊朗的组织宣布对此负责。

此后，伊拉克对召唤党的镇压，导致大批召唤党成员逃到科威特和黎巴嫩。在黎巴嫩的成员参与了黎巴嫩召唤党和后来的真主党的创建。召唤党的黎巴嫩和伊拉克籍成员在科威特非常活跃，他们建立秘密支部，招募成员。从 1983 年到 1988 年，伊拉克的什叶派组织了一系列暴力活动，如爆炸美国和欧洲在科威特的机构和石油设施，多次劫机，并于 1985 年 5 月袭击科威特艾米尔。

1983 年 12 月，在科威特发生数起爆炸，5 人死亡，多人受伤。袭击目标包括美国驻科威特使馆、一家美国公司、法国驻科威特使馆、机场控制塔及炼油设施。爆炸之后，25 人被捕，其中有 17 名伊拉克人、3 名黎巴嫩人以及 3 名科威

---

① Graham E. Fuller and Rend Rahim Francke. *The Arab Shi'a: The Forgotten Muslims*. New York: St. Martin's Press, 1999, pp. 157–159.

② Graham E. Fuller and Rend Rahim Francke. *The Arab Shi'a: The Forgotten Muslims*. New York: St. Martin's Press, 1999, p. 162.

特人。1987年,这些嫌犯被处决。1984年12月,一架科威特航班被什叶派劫机者劫持到德黑兰,他们要求科威特方面释放因为爆炸美国驻科威特使馆而被捕的人员。1985年5月,科威特艾米尔的车队遭到炸弹袭击,他本人受轻伤,召唤党和伊斯兰圣战组织宣布对此事件负责。1986年5月,科威特航空公司总裁遭汽车炸弹袭击,什叶派被指责应承担责任。[①] 1989年3月,18名什叶派成员被指控阴谋推翻科威特政府而被捕。1989年7月,20名科威特的什叶派成员在沙特被捕,他们被指控在朝觐期间在麦加实施爆炸;同年沙特将其中的16人斩首;1991年将其余4人遣返科威特;在科威特石油部门工作的许多什叶派穆斯林也被解职。随着两伊战争的结束,科威特和伊朗关系开始改善,尤其是海湾战争之后,什叶派针对科威特的攻击行动也基本停止了。

四、巴林的教派冲突

巴林的什叶派政治运动包括20世纪80年代初和90年代中后期两个高潮。如果说第一波的起因与沙特和科威特的情况一样,在很大程度上是受到伊朗伊斯兰革命的影响,那么第二波的主要原因则是巴林内部的社会、经济和政治状况。

巴林是君主制国家,逊尼派的哈利法家族在1782年征服巴林后开始实行家族制统治。根据2005年7月的粗略统计,巴林人口约为70万,其中外来人口约占总人口的1/3。在巴林人口中,什叶派穆斯林约占70%,其余为逊尼派穆斯林。巴林本国的什叶派穆斯林分为两个部分,一部分为土著巴林人(baharna),约占全国人口的50%;另一部分为伊朗裔巴林什叶派(ajam),约占全国人口的20%。由于哈利法统治家族对什叶派的压制,巴林的社会、经济和政治矛盾也以逊尼派与什叶派的教派冲突的形式表现出来。但在双方冲突中,反政府者主要来自土著的巴林什叶派穆斯林,伊朗裔什叶派穆斯林则大多支持哈利法统治家族。[②]

1979年的伊朗伊斯兰革命是巴林什叶派政治运动的转折点,作为被统治者的什叶派穆斯林与逊尼派统治家族之间的矛盾日渐带有强烈的教派冲突色彩。在巴林什叶派穆斯林当中,形成了"巴林自由运动"(Bahrain Freedom Movement/BFM)、"解放巴林伊斯兰阵线"(the Islamic Front for the Liberation of Bahrain/IFLB)和"真主党"三个政治组织。

根据巴林自由运动网站"巴林之声"(Voice of Bahrain)的资料,该组织创

---

① Christin Marschall. *Iran's Persian Gulf Policy: From Khomeini to Khatami*. London: RoutledgeCurzon, 2003, pp. 35 – 38.

② Graham E. Fuller and Rend Rahim Francke. *The Arab Shi'a: The Forgotten Muslims*. New York: St. Martin's Press, 1999, pp. 120 – 121.

立于 1982 年，植根于 1972～1975 年的巴林议会政治实验，当时议会被巴林艾米尔解散后，巴林争取民主的运动转入地下。巴林自由运动认为，像 20 世纪 70 年代初期那样的宪政制度，才是国家稳定所应采取的安全道路。因而，该组织的主要目标是恢复宪政制度，其基本理念是整合伊斯兰价值观与多元主义。①

巴林自由运动特别尊重温和的伊斯兰思想家，如突尼斯逊尼派的谢赫拉希德·贾努西（Shaykh Rashid al-Ghannushi）、伊朗温和派的宗教思想家、黎巴嫩什叶派最高委员会首脑谢赫马赫迪·沙姆斯丁（Shaykh Mahdi Shams al-Din）等。该组织领导人分为国内和国外两个部分。国内领导人都处于地下活动状态，但均与谢赫阿卜杜·艾米尔·贾姆里（Shaykh Abd al-Amir al-Jamri）保持联系。流亡国外的领导人包括谢赫贾姆里的儿子曼苏尔·贾姆里（Mansur al-Jamri）、赛义德·谢哈比（Sa'id Shihabi），以及谢赫阿里·赛勒曼（Shaykh Ali Salman）。阿里·赛勒曼曾去伊朗库姆学习，在那里他的思想开始转向极端，回国后领导了 1993 年的什叶派示威活动。随后，他和曼苏尔·贾姆里一起被巴林政府驱逐出境，定居于伦敦。②

解放巴林伊斯兰阵线在其网页上声称，该阵线是创立于 20 世纪 60 年代的一个群众组织，③但一般资料认为，该组织建立于 1980 年，创始人是伊拉克的什叶派宗教学者阿亚图拉哈迪·穆达里希（Hadi al-Mudarrisi）。来自伊拉克卡尔巴拉的哈迪·穆达里希和他的哥哥阿亚图拉穆罕默德·塔基·穆达里希（Muhammad Taqi al-Mudarrisi）在伊朗伊斯兰革命后创立了"伊拉克伊斯兰行动组织"（Islamic Action Organization），并于 1982 年加入"伊拉克伊斯兰革命最高委员会"。20 世纪 70 年代末，他因为在伊拉克受到萨达姆·侯赛因的迫害，来到巴林避难。1979 年，他被任命为伊朗领袖霍梅尼在巴林的私人代表，并由来自伊朗的阿亚图拉萨迪克·鲁哈尼（Sadeq Rouhani）任助手。在他们的组织和煽动下，巴林爆发了多起什叶派的示威游行，随后他们两人被巴林驱逐出境。④ 该组织以伊朗为训练基地，在 1981 年和 1982 年遭到巴林政府的严厉镇压之后，元气大伤，影响力远不及巴林自由运动。

巴林的真主党据称是在 1991 年海湾战争之后由黎巴嫩真主党在巴林组建起来的，巴林官方称该组织与伊朗有关，有报道称他们接受黎巴嫩宗教学者法德勒

---

① Statements, Questions & Answers, relating to BFM policies, in "Voice of Bahrain", http://www.vob.org/english/information-db/bfm.htm.
② Graham E. Fuller and Rend Rahim Francke. The Arab Shi'a: The Forgotten Muslims. New York: St. Martin's Press, 1999, p. 132.
③ IFLB, in http://www.geocities.com/CapitolHill/Senate/4589/iflbahrain.html.
④ Christin Marschall. Iran's Persian Gulf Policy: From Khomeini to Khatami. London: RoutledgeCurzon, 2003, p. 32.

拉的指令。但是，巴林的有些什叶派宗教学者认为，根本就不存在这样一个组织。

1979年8月，在哈迪·穆达里希的号召下，巴林接连两次爆发500多人的游行示威。伊朗的阿亚图拉萨迪克·鲁哈尼声称，巴林应该与伊朗合并。1980年4月，再次爆发游行示威，反对巴林为美国营救德黑兰人质的行动提供便利。1981年12月，巴林破获一起政变阴谋，逮捕了73名解放巴林伊斯兰阵线成员，包括60名巴林人、11名沙特人、1名阿曼人和1名科威特人。据称，他们企图进攻政府机构、接管电台和电视台。巴林的《海湾消息报》在12月30日刊文指出，哈迪·穆达里希是此次政变阴谋的策划者。巴林官方严厉指责伊朗在幕后操纵，召回驻伊朗大使，并宣布伊朗驻巴林代办为不受欢迎的人。有人认为，马赫迪·哈希米（Mahdi al-Hashimi）是幕后策划者。[1]

海湾战争之后，巴林社会要求政治改革的气氛日益高涨。1992年11月，14名要求改革的著名人士，主要是逊尼派，征集到300个签名，要求恢复宪法和议会选举。巴林艾米尔则对这次请愿加以拒绝。由于20世纪90年代初政府所推行的一系列措施加剧了巴林什叶派下层穆斯林的生活困境，越来越多的什叶派穆斯林对政府当局表示不满。1994年4月，包括巴林自由运动和解放巴林伊斯兰阵线在内的几个反对派组织联合起来，重申1992年请愿活动中的要求。1994年12月，力主改革的逊尼派自由主义领导者再次发起请愿，征集到23000个签名，签名的大多是什叶派穆斯林。这次请愿活动得到了什叶派宗教学者阿卜杜·瓦哈布·侯赛因（Abd al-Wahhab Husayn）和谢赫阿卜杜·艾米尔·贾姆里的大力支持。在递交请愿书之前，1994年11月25日，什叶派穆斯林对巴林政府的不满已经开始演变成示威抗议。12月5日，巴林政府下令逮捕什叶派宗教学者谢赫阿里·赛勒曼，致使游行示威活动升级。1995年1月15日，阿里·赛勒曼被流放，前往英国寻求政治避难。

从1994年底到1995年秋，什叶派穆斯林对巴林政府的不满主要是通过游行示威的方式表现出来的。此后，针对政府机构和工商业设施的纵火、爆炸等暴力活动开始出现。1995年12月31日，首都麦纳麦的一家商业中心发生爆炸。1996年初，针对宾馆、报社、银行和购物中心的爆炸袭击接连发生。1995年秋到1997年春，是暴力活动的高峰期。此后，虽然暴力活动开始减弱，但有组织的、小规模的游行示威却持续不断。而巴林政府则针锋相对，对什叶派穆斯林聚居区采取了停水、停电等措施，一些针对什叶派穆斯林聚居区的纵火事件也被看

---

[1] Christin Marschall. *Iran's Persian Gulf Policy: From Khomeini to Khatami*. London: RoutledgeCurzon, 2003, pp. 34–36.

做政府安全部队有意所为。从 1998 年春开始，伴随着什叶派纪念侯赛因殉难的阿舒拉日游行活动，大规模的群众示威活动再次出现，直到 1999 年 3 月巴林新艾米尔哈迈德上台才渐告平息。①

巴林政府对 1994 年的请愿活动予以严厉镇压，并刻意突出其什叶派的教派色彩。此次请愿活动的组织者之一、逊尼派律师艾哈迈德·夏姆兰（Ahmad al-Shamlan）被监禁，旋即获释，政府试图以此显示这次请愿活动的什叶派教派色彩。② 巴林政府还借机请求其他海湾合作委员会国家予以协助。1994 年 12 月开始的大规模动荡，被指应由巴林真主党和解放巴林伊斯兰运动负责，并由伊朗幕后支持。沙特内政部长纳伊夫（Nayif）发表声明，重申维护海湾合作委员会成员国的安全是该组织的首要目标。1996 年初，随着形势的继续恶化，伊朗逐渐成为指责的对象。据巴林大学（Bahrain University）副校长谢赫哈立德·哈利法（Khalid al-Kahlifa）称，伊朗正在为巴林反政府运动提供资助，曼苏尔·贾姆里则通过伊朗的电视和广播发表讲话，激烈反对巴林政府。③ 1996 年 6 月，51 名巴林人被捕，他们被指认为巴林真主党成员，其罪名是接受伊朗的军事培训和武器装备，阴谋推翻政府，其中 3 人被判处死刑。叙利亚外长沙雷在德黑兰和麦纳麦之间做穿梭访问，进行调解。直到 1997 年哈塔米当选伊朗总统之后，巴林和伊朗的关系才开始有实质性的好转。

哈迈德上台后，开始采取措施，进行改革。2001 年举行全民公决，释放了 400 多名政治犯，并实行大赦，包括阿里·赛勒曼在内的什叶派反对派领导人纷纷回国参与政治活动。巴林政府的改革举措得到什叶派穆斯林的认可和支持。2002 年，巴林颁布新宪法，将国体改为王国制，成立两院制议会。众议院直选为广大什叶派穆斯林的政治参与提供了制度性安排。

五、教派冲突原因探析

海湾地区的教派冲突，首先表现为伊斯兰教什叶派与逊尼派之间历史矛盾的延续。在先知穆罕默德去世后，伊斯兰世界先后爆发了两次内战，阿里与侯赛因的死亡，使得什叶派逐步从一个争夺伊斯兰帝国领导权的政治派别转化为宗教派

---

① Quintan Wiktorowicz (ed.). *Islamic Activism: A Social Movement Theory Approach.* Bloomington: Indiana University Press, 2004, pp. 98 – 105.

② Graham E. Fuller and Rend Rahim Francke. *The Arab Shi'a: The Forgotten Muslims.* New York: St. Martin's Press, 1999, p. 128.

③ Christin Marschall. *Iran's Persian Gulf Policy: From Khomeini to Khatami.* London: RoutledgeCurzon, 2003, p. 39.

别，什叶派与逊尼派的矛盾也随之从有关领导权合法性的政治分歧演变为宗教分歧。经过长期发展，什叶派形成了有别于逊尼派的教义学和教法学体系，并形成了其独特的宗教学者等级制度。在历史发展过程中，什叶派的思想与组织成了反对掌权者的有力工具，以什叶派的名义发起了众多的起义或反叛，有些甚至成功地建立了新的王朝。逊尼派与什叶派的长期冲突所造成的死伤和仇恨，导致两派之间的矛盾不断加深。16 世纪，什叶派被奉为波斯萨法维王朝的国教，什叶派的波斯萨法维王朝与逊尼派的奥斯曼土耳其帝国在两河流域长期进行争夺。而18 世纪兴起于阿拉伯半岛的瓦哈比派长期敌视什叶派，20 世纪建立的沙特阿拉伯正是以瓦哈比派为官方信仰。从这个意义上讲，海湾地区什叶派与逊尼派的冲突是二者历史矛盾的延续。

除了教派冲突的历史背景之外，随着西方殖民主义而兴起的民族主义也与海湾地区的教派冲突交织在一起。伯纳德·刘易斯（Bernard Lewis）总结了两种类型的民族主义，"西欧型的促进民族国家形成的民族主义"和"中欧型的促使奥匈帝国解体的民族主义"，他将前者称为"爱国主义"，后者则称为民族主义。[①] 中欧型民族主义的传入促使奥斯曼土耳其帝国解体，在此基础上形成了阿拉伯民族主义，阿拉伯各国的地区民族主义，以及土耳其和巴尔干地区的民族主义；西欧型民族主义的传入则使波斯获得了更为巩固的民族认同。伊拉克的复兴党主张阿拉伯民族主义，自视为阿拉伯民族领袖，为了自身的利益和海湾国家的利益，与主张波斯民族主义的伊朗长期对抗，最终演变成长达 8 年的两伊战争。在两伊战争中，海湾合作委员会六国都站在伊拉克一边。沿着波斯湾和两伊边界，形成了阿拉伯民族主义与波斯民族主义之间的对抗，而这种对抗又与具有上千年历史的教派冲突交织在一起。

海湾地区的教派冲突，也是伊斯兰世界不同发展模式之间的较量。20 世纪50 年代到 60 年代，阿拉伯民族主义在阿拉伯世界具有强大的号召力，"阿拉伯民族主义加阿拉伯社会主义"成为很多共和制阿拉伯国家所选择的发展模式。然而，随着 1967 年中东战争阿拉伯国家战败和 1970 年纳赛尔去世，民族主义在中东地区的影响力开始减弱，现代伊斯兰主义作为一种发展模式开始盛行于中东地区。1979 年，伊朗伊斯兰革命的胜利标志着现代伊斯兰主义终于在一个伊斯兰国家取得了政权。霍梅尼上台后，奉行"不要西方，不要东方，只要伊斯兰"的外交原则，在中东地区推行"输出伊斯兰革命"的政策，对海湾沿岸阿拉伯国家的政权构成了严峻的挑战。奉行阿拉伯民族主义和阿拉伯社会主义的伊拉

---

① ［英］伯纳德·路易斯著，郑之书译：《中东——自基督教兴起至二十世纪末》，中国友谊出版公司 2000 年版，第 434~436 页。

克，与依赖传统家族统治和亲美的海湾君主制阿拉伯国家联合起来，共同抵御来自伊朗的威胁——现代伊斯兰主义发展道路。1989年霍梅尼去世之后，担任总统的拉夫桑贾尼借伊拉克入侵科威特和海湾战争之机，开始推行务实政策，伊朗与海湾沿岸阿拉伯国家的关系才开始改善。

海湾地区的教派冲突也反映出海湾沿岸地区阿拉伯国家的民主化和国家认同建构问题。尽管伊拉克、沙特、科威特和巴林等国都有为数不少的什叶派群体，但由于这些国家的民主化进程进展比较缓慢，长期没有为什叶派穆斯林提供参与国家政治生活的正常渠道，这就使什叶派在伊斯兰革命之后依靠伊朗的支持来提出政治诉求。面对什叶派的政治活动，这些国家一般采取压制政策，不但没有化解矛盾，反而激化了教派冲突，造成部分地区乃至整个国家的局势动荡。20世纪90年代初，伊朗和海湾沿岸阿拉伯国家的关系开始改善，这为缓和教派冲突创造了有利的外部条件。问题较小的科威特局势迅速平静下来。巴林采取了较大规模的民主化改革，在很大程度上满足了什叶派穆斯林的政治诉求，在21世纪初局势也稳定下来。沙特采取的政治改革步伐较小，问题尚未得到根本解决。伊拉克在20世纪90年代，一直对什叶派穆斯林采取高压政策，直到2003年萨达姆政权被美国推翻，但由于伊拉克已陷入内战局面，失去了安全和秩序，政治权益根本无法得到保障，使之成为海湾地区教派冲突的热点国家。这充分反映出能够包容什叶派、逊尼派和库尔德人三大群体的国家认同在伊拉克尚未建构起来。

第二节　黎巴嫩内战

黎巴嫩是一个多教派地区。根据2005年的估计，黎巴嫩人口约为380万，其中穆斯林约占59.7%，基督教徒约占39%，其他宗教信徒约占1.3%。无论是穆斯林还是基督教徒，都各自分为众多的教派，目前在议会中享有席位的教派包括：伊斯兰教的逊尼派、什叶派、德鲁兹派和阿莱威派，基督教的天主教马龙派、希腊东正教、希腊天主教、亚美尼亚东正教、亚美尼亚天主教、新教以及其他较小的教派。教派林立状况的形成与当地的地理环境有一定的关系。阿拉伯历史学家希提（Philip K. Hitti）指出，黎巴嫩基本的自然条件"就是境内多山"①，

---

① ［美］菲利普·克·希蒂著，北京师范学院《黎巴嫩简史》翻译小组译：《黎巴嫩简史》，北京出版社1974年版，第4页。

并进一步指出,"山岳之于黎巴嫩犹如沙漠之于阿拉伯,尼罗河之于埃及,孪生河流幼发拉底和底格里斯之于美索不达米亚……不过,尼罗河使埃及,幼发拉底和底格里斯二河使美索不达米亚趋于统一,而黎巴嫩多山多谷却使它的居民分裂。"① 多山的地形,为不同教派的生存和发展,提供了天然屏障和庇护所。这种教派林立的状况,决定了黎巴嫩宗教问题的复杂性,也形成引发宗教冲突的客观环境。

一、宗教冲突的两大诱因

到20世纪中期,黎巴嫩的教派政治体制与社会结构的变化,成为引发黎巴嫩宗教冲突的两个主要诱因。

(一) 教派政治体制

在内部教派冲突和外部势力干预的共同作用下,黎巴嫩形成了独特的教派政治体制,即各教派按照人口比例分享国家的政治权力。这个体制是在长达100年的时间里逐步形成的。这种体制表面上是对黎巴嫩教派林立状况的反映,事实上却成为引发黎巴嫩教派冲突的重要诱因。

1840~1842年,在奥斯曼土耳其帝国统治下的黎巴嫩地区爆发了伊斯兰德鲁兹派和基督教马龙派之间的冲突,1859~1860年两个教派再次爆发冲突。1861年,在西方列强的干预下,在奥斯曼帝国内部划出单独的黎巴嫩山省(Mount Lebanon),设立行政委员会,成员按教派比例分配,马龙派4人、德鲁兹派3人、希腊东正教2人、希腊天主教1人、逊尼派1人、什叶派1人,基督教徒和穆斯林的比例是7:5。这一政治安排奠定了黎巴嫩教派政治体系的基础。

第一次世界大战后奥斯曼帝国解体。根据英法瓜分中东的赛克斯－皮科协定,法国控制了叙利亚和黎巴嫩地区,开始实行委任统治。1920年9月1日,法国宣布以奥斯曼帝国时期的黎巴嫩山省为中心,加上贝鲁特、的黎波里、阿米勒山和贝卡地区,组成大黎巴嫩(La Grand Liban)。"历史上,黎巴嫩山地区的政治一直由德鲁兹派与马龙派之间的关系所决定;在1920年'大黎巴嫩'建立之后,逊尼派也开始成为一支重要的力量。但是,什叶派几乎经常被排斥在政治架构之外。"②

---

① [美]菲利普·克·希蒂著,北京师范学院《黎巴嫩简史》翻译小组译:《黎巴嫩简史》,北京出版社1974年版,第8页。
② Martin Kramer (ed.). *Shi'ism, Resistance, and Revolution*. London: Westview Press, 1987, p.189.

1926年，黎巴嫩宣布为共和国，确立以教派为基础的政治制度：总统由马龙派担任、总理由逊尼派担任、议长由什叶派担任，议员议席也按照教派比例分配。法国希望基督教徒处于绝对优势的地位。但是黎巴嫩共和国的面积比以前的黎巴嫩山省大了近一倍，基督教徒在总人口中的比例相应下降，从以前的79%下降到53%。① 为了分化穆斯林，法国在教派权力分配中为什叶派留出议席。

1943年独立战争期间，马龙派和逊尼派达成妥协，签署《民族宪章》（The National Covenant），马龙派承诺不寻求法国的保护并承认国家的阿拉伯属性，而逊尼派则承诺坚持国家的独立并放弃寻求与叙利亚合并。双方还达成一致，根据1932年的人口统计数字按各教派人口比例分配政治职位，总统为马龙派、议长为什叶派、总理为逊尼派，议会中基督教徒与穆斯林按照6∶5的比例分配议席。而事实上，基督教徒在人口中的比例仅为51.3%。② 将相对固定并难以改变的政治权力分配方案与不断变化的人口比例挂钩，这种以教派人口比例为基础的政治体系为黎巴嫩的教派冲突和国内矛盾埋下了长久的祸根。表面上，什叶派获得了国家最高的三个政治职位之一，但是议长更多的是一个礼仪性的角色。政治的核心是总统以及总统与总理之间的关系。③

（二）社会结构变化

教派政治体制仅仅是20世纪中期开始的黎巴嫩宗教冲突的一个诱因，另一个诱因则是黎巴嫩社会结构的变化。这种变化首先体现在政治动员中心的转移上。在20世纪中期，权力把持在少数被称为"首领"的封建家族手中，他们靠1858年奥斯曼帝国土地改革发展起来。20世纪50年代中期开始，以纳赛尔为代表的阿拉伯民族主义对"首领"们的权力形成挑战，另一个挑战则来自农村向城市的移民潮。逊尼派、马龙派和什叶派民众从乡村被吸引到城市，他们的迁移打破了以"首领"为代表的乡村封建家族的控制体系，新兴的政党满足了他们的政治和社会需求。成立于20世纪30年代的马龙派长枪党（Phalanges Libanaises）最先适应了这种变化。④

社会结构的变化还体现在黎巴嫩的人口构成上。1956年黎巴嫩的人口已经比1932年翻了一番，穆斯林与基督教徒的生活水平差距日益扩大，导致穆斯林

---

① Beverley Milton-Edwards and Peter Hinchcliffe. *Conflicts in the Middle East Since* 1945. London：Routledge，2001，p. 57.
② Beverley Milton-Edwards and Peter Hinchcliffe. *Conflicts in the Middle East Since* 1945. London：Routledge，2001，p. 58.
③ Walid Khalidi. *Conflict and Violence in Lebanon：Confrontation in the Middle East*. Cambridge：Center for International Affairs，Harvard University，1979，p. 37.
④ Martin Kramer（ed.）. *Shi'ism，Resistance，and Revolution*. London：Westview Press，1987，p. 195.

对既存社会—经济秩序日益不满。总统夏蒙（Camille Chamoun，1952~1958年任总统）由于推行反纳赛尔的政策并支持艾森豪威尔主义，加剧了穆斯林与基督教徒之间的分裂。1958年爆发内战，德鲁兹派的琼布拉特（Kamal Jublatt，1917~1977）、逊尼派的拉希德·卡拉米（Rashid Karami，1921~1987）和萨伊布·萨拉姆（Sa'ib Salam，1905~2000）激烈反对夏蒙。虽然局势终告平息，但夏蒙也最终下台。1958年的短暂内战成为1975~1990年内战的前兆。

地区形势的变化也影响了黎巴嫩的社会结构。大批巴勒斯坦人的到来打破了黎巴嫩的力量平衡。1948年中东战争之后，黎巴嫩接受了约15万巴勒斯坦难民。1967年第三次中东战争之后，在黎巴嫩的巴勒斯坦难民人口已达到将近30万人。1970年9月，巴解组织与约旦政府发生冲突，最终被赶出约旦，来到黎巴嫩。随着巴解武装主力来到黎巴嫩，巴勒斯坦人在黎巴嫩的存在日益政治化。从1969年开始，黎巴嫩南部大部分地区的控制权已经从黎巴嫩政府转到巴勒斯坦民兵手中。"巴勒斯坦因素……在黎巴嫩内部投下了长期的阴影，成为其持续恶化、迁延不绝的内部冲突的一个主要因素，如果不是唯一的主要因素的话。"[1]

二、黎巴嫩15年内战

1975年至1990年，黎巴嫩因为教派冲突陷入了长达15年的内战。在如何对待巴勒斯坦力量的问题上，黎巴嫩各派势力发生分歧。马龙派反对巴勒斯坦力量的增长，而逊尼派和黎巴嫩的左翼力量则对巴勒斯坦抵抗力量予以支持。1975年4月13日，马龙派长枪党领袖皮埃尔·杰马耶勒（Pierre Gemayel）遭到不明身份的武装分子袭击，为了报复，马龙派民兵袭击了一辆满载巴勒斯坦人的汽车。袭击行动引发了黎巴嫩内战，以长枪党为核心的马龙派为一方，以琼布拉特领导的"黎巴嫩民族运动"（the Lebanese National Movement）为核心的左翼力量、逊尼派和巴勒斯坦人为另一方。内战的表面原因是巴勒斯坦人在黎巴嫩的存在，而深层原因则是逊尼派和德鲁兹派希望借助巴勒斯坦人的力量打破马龙派对国家权力的长期垄断。黎巴嫩内战大致可以分为下述五个阶段。

第一阶段：激烈冲突。

这一阶段是指从1975年内战爆发到1976年阿拉伯威慑部队（Arab Deterrent Force）介入。内战爆发后，马龙派坚持没有安全就没有改革，要求动用军队镇压巴勒斯坦人，然后再谈政治权力再分配问题；"民族运动"坚持没有改革就没

---

[1] Beverley Milton-Edwards and Peter Hinchcliffe. *Conflicts in the Middle East Since 1945*. London: Routledge, 2001, p. 62.

有安全，希望彻底打破政治现状。① 在内战初期处于不利地位的"民族运动"和逊尼派向叙利亚求援。1976 年 1 月，叙利亚派出以叙利亚为基地的"巴勒斯坦解放军"（Palestine Liberation Army）前往黎巴嫩增援。黎巴嫩政府动用黎巴嫩军队支持马龙派一方，逊尼派军官艾哈迈德·哈提卜（Ahmad Khatib）中尉率先带领士兵脱离黎巴嫩军队，建立以贝卡谷地为总部的"黎巴嫩阿拉伯军"（the Arab Army of Lebanon），黎巴嫩军队随即陷入大规模分裂，马龙派士兵和穆斯林士兵开始在各处争夺军营的控制权。

得到增援的"民族运动"逐渐获得主动，对马龙派发动大规模攻击。不希望黎巴嫩内战中任何一方占据绝对优势的叙利亚赶忙建议停火。随着地区局势的发展，叙利亚和巴解组织之间的关系日趋紧张，5 月 26 日，叙利亚甚至拒绝阿拉法特在前往利比亚的途中过境叙利亚。5 月 31 日，为了避免马龙派遭到彻底失败，叙利亚正规军正式介入黎巴嫩内战，分三路长驱直入黎巴嫩，黎巴嫩内战演变成"民族运动"和巴解组织为一方、叙利亚和马龙派为另一方的格局。在 10 月的利雅得阿拉伯首脑会议上，决定组成由 3 万名叙利亚士兵为核心的阿拉伯威慑部队进驻黎巴嫩，稳定局势。②

黎巴嫩什叶派人口的迅速增长，已经使其在人口上成为黎巴嫩最大的教派，但是在国家权力分配上却处于边缘的地位。穆萨·萨德尔（Musa al-Sadr, 1928~1978）组织和领导什叶派力量，争取对什叶派有利的权力分配格局。他试图在马龙派和逊尼派之间走一条中间路线，内战爆发后，他最初对战争加以反对。但是看到马龙派、德鲁兹派都有自己的武装，逊尼派依赖巴解组织的保护，他也组织起什叶派自己的武装，1975 年 7 月 6 日，什叶派的阿迈勒运动（Amal）正式宣告成立。

在内战的初期，穆萨·萨德尔站在"民族运动"和巴解组织一边，力图通过推动改革使什叶派分享更多的国家权力。但随着叙利亚军队进入黎巴嫩，他转而站在叙利亚一边。他指责琼布拉特领导的"民族运动"仅仅是拿什叶派当炮灰来谋取私利。但是马龙派却于 1976 年 8 月大规模驱逐贝鲁特纳卜阿地区的什叶派，穆萨·萨德尔遭受两面夹击的局面，被迫在内战中采取低调的立场，"其在国内的声誉和受欢迎程度在 1976 年至 1978 年严重萎缩"③。

第二阶段：相对平静。

---

① Walid Khalidi. *Conflict and Violence in Lebanon*：*Confrontation in the Middle East*. Cambridge：Center for International Affairs, Harvard University, 1979, p. 48.

② Walid Khalidi. *Conflict and Violence in Lebanon*：*Confrontation in the Middle East*. Cambridge：Center for International Affairs, Harvard University, 1979, p. 64.

③ Martin Kramer（ed.）. *Shi'ism*，*Resistance*，*and Revolution*. London：Westview Press, 1987, p. 207.

以叙利亚军队为主的阿拉伯威慑部队分隔黎巴嫩内战各方,并要求冲突各方退回到1975年4月13日内战爆发前的位置。黎巴嫩恢复了暂时的平静,整个黎巴嫩被分割成六个区域,被不同的势力分别控制。鉴于埃及和以色列开始媾和,叙利亚开始和巴解组织和解,逐渐在黎巴嫩内战中倾向于逊尼派、左翼和巴解组织一边;而马龙派则转而向以色列靠拢。

第三阶段:以色列入侵。

1978年3月14日夜至15日晨,以色列开始发动"列塔尼行动",入侵黎巴嫩。直接的借口是对巴解组织劫持汽车并杀害人质进行报复,但战略目的却是清除黎巴嫩南部的巴解组织武装,使列塔尼河以南地区成为缓冲地带。联合国通过要求以色列从黎巴嫩撤军的435号决议,两个月后以色列撤军。

1982年6月,以色列再次大规模入侵黎巴嫩,事先以色列方面还曾与马龙派长枪党首领贝希尔·杰马耶勒(Bashir Gemayel, 1947~1982)秘密讨论过入侵的事宜。以色列军队直达贝鲁特,迫使巴解组织撤出黎巴嫩。9月14日,黎巴嫩当选总统贝希尔·杰马耶勒遭炸弹袭击身亡。在以军的纵容下,长枪党右翼民兵对夏蒂拉和萨布拉两个巴勒斯坦难民营进行了长达40个小时的血腥屠杀,制造了震惊世界的惨案。

1982年9月21日,贝希尔·杰马耶勒的哥哥阿明·杰马耶勒(Amine Gemayel, 1982~1988年任总统)当选总统。1983年9月以色列从黎巴嫩单方面撤军,以军撤离后留下的真空地带很多被叙利亚支持的德鲁兹派民兵控制。"以色列的单方面撤军改变了力量的平衡。杰马耶勒政府明显处于守势。杰马耶勒的反对者意识到以色列将不再支持他,而国际部队又太弱以至于无法发挥影响。"① 此前,美、法等国军队来到黎巴嫩原本是为了监督以色列撤军,但是在以色列单方面撤军之后,美、法等国的军事存在成为反西方力量的目标,刚刚崛起的什叶派武装真主党就是这种力量的代表。

第四阶段:什叶派武装力量崛起。

以色列的列塔尼行动改变了黎巴嫩什叶派的政治倾向。聚居在黎巴嫩南部的什叶派认为,是巴勒斯坦人的存在招致以色列入侵,他们改变在内战中支持巴勒斯坦人的立场,转而支持什叶派自己的武装。从1980年开始,阿迈勒运动日益亲叙利亚。但是阿迈勒运动在1982年以色列入侵过程中无所作为,招致一批激进分子的批评。阿迈勒运动政治局委员侯赛因·穆萨维(Husayn al-Musawi)公开批评阿迈勒运动领导人与以色列合作,他脱离阿迈勒运动,来到贝卡谷地创立

---

① David E. Long and Bernard Reich (ed.). *The Government and Politics of the Middle East*. Boulder and Oxford: Westview Press, 2002, pp. 216 – 217.

"伊斯兰阿迈勒运动",在这一过程中他得到伊朗的支持,而阿迈勒运动则对伊朗伊斯兰共和国的模式表示反对。在与其他一些组织合并后,"伊斯兰阿迈勒运动"领导人于1985年2月正式宣告真主党成立。

真主党及其前身伊斯兰阿迈勒运动坚决支持伊朗,反对以色列和以美国为首的西方。1983年10月23日,他们袭击美国海军陆战队和法国军队驻黎巴嫩的营地,分别造成241人和58人死亡。美国随后于1984年2月撤出黎巴嫩。在叙利亚和伊朗的支持下,黎巴嫩什叶派力量迅速崛起,对黎巴嫩政局产生了重大的影响。但是,叙利亚支持的阿迈勒运动和伊朗支持的真主党之间也存在分歧和矛盾,"真主党想进入以色列发动攻击,相信叙利亚的占领也是应该关注的问题。它欢迎巴解组织的战士回来并试图协助他们。而另一方面,阿迈勒运动则只赞成在黎巴嫩领土范围内攻击以色列和南黎巴嫩军部队。阿迈勒运动与叙利亚结盟,寻求通过包围巴勒斯坦难民营限制巴解有组织的存在。"[1]

第五阶段:走向民族和解。

1988年9月,杰马耶勒总统任期期满,在新总统人选难产的情况下,他指定马龙派的黎巴嫩军队司令奥恩(Michel Aoun)将军组成看守政府,而逊尼派穆斯林胡斯(Salim al-Huss)领导的政府则拒绝交权。1989年3月,奥恩宣布发动反对叙利亚占领的解放战争。阿拉伯国家对黎巴嫩的局势严重关切,在摩洛哥、阿尔及利亚和沙特阿拉伯组成的三方委员会的安排下,1989年9月,62名在世的1972年当选的黎巴嫩议员在沙特阿拉伯塔伊夫集会,10月22日通过《塔伊夫协议》,宣布对黎巴嫩政治体制进行改革。真主党和奥恩将军表示反对,其他派别则表示接受。1989年11月22日,刚刚当选的新总统勒内·穆阿瓦德(Rene Mu'awad)遭汽车炸弹袭击身亡;随后选出的总统埃利亚斯·赫拉维(Ilyas Harwi,1989~1998年任总统)持亲叙利亚的立场。

黎巴嫩新政府得到国际的承认,新当选的总统赫拉维宣布免去奥恩的职务,奥恩在国际和国内都陷于孤立,他在国际上的主要支持者仅剩下伊拉克,而伊拉克也因为随后入侵科威特而无暇他顾。1990年10月13日,黎巴嫩政府军在叙利亚军队的支持下发起进攻,奥恩宣布投降。1991年5月,民兵组织都被解除了武装,但允许真主党保留武装力量,以对抗以色列的威胁。

根据《塔伊夫协议》,议会席位在基督教徒和穆斯林之间平均分配,各占50%,基督教徒中马龙派34席、希腊东正教14席、希腊天主教8席、亚美尼亚东正教5席、亚美尼亚天主教1席、新教1席、其他教派1席,共64席;穆斯

---

[1] David E. Long and Bernard Reich (ed.). *The Government and Politics of the Middle East.* Boulder and Oxford: Westview Press, 2002, p. 217.

林中逊尼派 27 席、什叶派 27 席、德鲁兹派 8 席、阿莱威派 2 席，共 64 席。1992 年的议会选举，真主党也推出候选人参加，表明了对《塔伊夫协议》的接受。

三、宗教冲突的深层原因

1975 年至 1990 年长达 15 年的内战，导致 10 万人死亡，黎巴嫩内战成为宗教和教派冲突引发社会分裂的惨痛案例。

正如美国学者小约瑟夫·奈（Joseph S. Nye, Jr.）指出的，"人类总是把自己归于不同的群体之中，而且在有的时候，差别伴随着歧视和仇恨。但是，只是在个别的情况下，这样的差别才会导致暴力。虽然并不存在着两个一模一样的冲突，但是存在着一个共同的动力，即：族群符号和神话产生分歧；经济竞争或者国家权威的削弱产生对于群体生存的忧虑；精英或者领导人借助族群信条来寻求支持；一些事件……会引发拼杀"①。在黎巴嫩社会中，因为地理环境和历史的原因，形成了教派林立的格局，而且在人口数量和实力上没有一个教派占绝对优势。虽然在黎巴嫩形成了教派分权的教派政治格局，但是这种比较固定和僵化的政治体制并不能反映各教派人口数量的变化及其政治经济实力的消长，也无法迅速适应外部大国影响力的改变。这种因教派认同而产生的分歧，被各教派实力消长所引发的彼此不信任所强化，形成了无法避免的安全困境。根据不同的身份认同，黎巴嫩形成了天主教马龙派、逊尼派-德鲁兹派-巴勒斯坦力量联盟和什叶派武装三大力量集团。各派新兴中产阶级政治精英形成各集团的领导核心，他们更强调以教派为基础的宗教—意识形态认同。各集团的内部认同不断强化，在普通民众中根据教派而形成广泛的群众动员，这又加重了因安全困境产生的彼此之间的不信任，黎巴嫩社会就这样被逐渐沿着教派的断层线所撕裂。

在黎巴嫩，居民一般按照教派归属聚居，同一个教派的家庭和部落聚居于同一个地区。② 这在很大程度上是历史上各教派面对外来压力自我保护的结果。历史上，为了在以逊尼派占主导地位的帝国中央政府的压力下维持本教派的生存与安全，教派聚居是合理而必要的。这也就决定了不同教派的政治经济地位与黎巴嫩不同的区域社会经济发展状况相联系。经济最为发达的黎巴嫩山省和黎巴嫩沿海城市地区主要居住着马龙派和逊尼派，而什叶派居住的东部贝卡地区和南部地

---

① ［美］小约瑟夫·奈著，张小明译：《理解国际冲突：理论与历史》，上海世纪出版集团 2005 年版，第 186 页。

② Frank Tachau (ed.). *Political Parties of the Middle East and North Africa*. London：Mansell Publishing Limited，1994，p. 298.

区则比较贫穷落后。"国内制度和国内分裂,不管是经济方面的,还是族群方面的,会导致社会内部冲突,从而深刻地,经常是以出人意料的方式,改变族群与政治认同。"① 这种经济上的差异强化了教派认同。这种教派认同又被叙利亚、伊朗、以色列和巴勒斯坦游击队等区域力量和法、美等大国所利用,它们为了各自的利益对某些教派表示支持或反对。这种外来势力的影响进一步强化了黎巴嫩内部的教派认同,并且使教派之间的矛盾和分歧日趋加剧。日益扩大的经济社会发展水平激化了不同教派之间的矛盾,引发了对于政治权力更激烈的争夺。在以和平手段无法达成目的的情况下,暴力冲突便成为利益重新分配的唯一手段。

在黎巴嫩内战之前,有两种类型的政治力量存在,围绕着传统"首领"形成的政治势力集团,和由新兴中产阶级政治精英领导组成的政党。围绕传统"首领"的政治势力集团,往往是以家族利益为核心,很多时候并不能反映教派利益。面对新兴中产阶级的经济势力和政治要求,各教派的传统"首领"往往能够达成跨教派的一致意见。虽然新兴的政党具有明确的意识形态和有效的动员机制,但由于20世纪50年代黎巴嫩的政治格局,在很大程度上被排斥在权力格局之外。以传统"首领"为首的政治集团阻碍新兴政党的发展,迫使这些政党逐渐演变成民兵组织,拥有了自己的武装,并积极地加入了内战。② 新兴的中产阶级政治精英为了进行政治动员,必须形成明确的意识形态化纲领,鉴于黎巴嫩教派分立的历史和现实,以教派作为意识形态化纲领的基础最为简便可行,号召力也最大。以教派利益为基础的明确的政治纲领成为新兴政治精英势力的思想基础,他们以教派利益的代言人自居,因此达成跨教派的妥协难度加大。这使得教派之间的矛盾更趋向于激化而非缓解。

正是在上述因素的综合作用下,黎巴嫩最终被教派政治所分裂,各教派只有通过血腥的长期内战,才能重新找到教派利益的平衡点。

---

① [美]小约瑟夫·奈著,张小明译:《理解国际冲突:理论与历史》,上海世纪出版集团2005年版,第234页。
② Frank Tachau (ed.). *Political Parties of the Middle East and North Africa*. London: Mansell Publishing Limited, 1994, p. 297.

第三章

印巴地区的宗教冲突

第一节 印巴地区的宗教格局

总的来看，南亚同世界上的很多其他地区一样，也是多宗教并存，譬如目前南亚地区就有印度教、伊斯兰教、佛教、锡克教和耆那教等多种宗教。具体而言，南亚地区的宗教现状有两个不可忽视的特点：一是政教关系密切，虽然有些国家的宪法明确规定该国为世俗国家，但事实上却受到宗教因素的极大影响，如印度和尼泊尔一般被视为"印度教国家"，巴基斯坦、阿富汗和孟加拉国被视为"伊斯兰教国家"，斯里兰卡和不丹则被视为"佛教国家"；二是印度教和伊斯兰教是南亚地区占主导地位的宗教，依据2007~2009年南亚各国人口统计数字计算，南亚地区的印度教教徒大约9亿人，穆斯林接近5亿人，二者约占南亚地区总人口的93%。在南亚地区，印度和巴基斯坦不但是两个大国，而且分别信奉印度教和伊斯兰教。

印度现有多种宗教并存，其中信众较多的有印度教、伊斯兰教、基督教、锡克教、佛教和耆那教等。据2009年人口普查数字，印度总人口11.6亿，其中80.5%的居民信奉印度教，总人数约为9.34亿；13.4%的居民信奉伊斯兰教，总人数约为1.55亿；另有2.3%的居民信奉基督教，1.9%的居民信奉锡克教，0.8%的居民信奉佛教，0.4%的居民信奉耆那教。[①] 巴基斯坦人口总数为1.65

---

① 该数据采自中国外交部官方网站：http://www.fmprc.gov.cn/chn/pds/gjhdq/gj/yz/1206_42/。

亿（2009年数字），其中穆斯林占95%以上，另有少数基督教、印度教和锡克教等信众。①

印度教可以说是印度次大陆的"本土宗教"，伊斯兰教则属于"外来宗教"。下面我们简要回顾一下这两大宗教的形成或传入过程。

现代印度教的面貌大体上形成于公元4世纪，此前的发展阶段一般被称为吠陀教和婆罗门教。严格说来，吠陀教并不是现代意义上的宗教形态，它的具体状况也无从追寻，因而只是对早期印度教吠陀经典《梨俱吠陀》（Rig Veda）中所反映出来的文化形态的概括性说法。大体可以推断的是，吠陀教是雅利安诸部落宗教跟印度土著宗教长期碰撞与融合的产物，具有原始宗教的基本特点即"多神崇拜"，且以崇拜自然神为主。"瓦尔那制"已经确立，区分不同职业的社会群体为"婆罗门"、"刹帝利"、"吠舍"和"首陀罗"4个瓦尔那（Varna）②。公元前1000年到公元前600年左右，雅利安部族开始由印度河流域向恒河、朱木拿河流域迁移，在这一时期，后三部吠陀及附属经典成书，进而确立起更为严格和繁复的宗教观念，即强调"吠陀天启、祭祀万能、婆罗门至上"三大纲领的婆罗门教，除继续强调吠陀经典的地位外，对祭祀的推崇也使婆罗门的地位明显上升。婆罗门教提倡"轮回业报"的现世观和"梵我同一"的解脱观，"确立了教徒的人生四行期和各种姓的法，展示出印度教的雏形"③。

公元8世纪，印度教著名思想家、改革家商羯罗推动了印度教的发展。他广为吸取佛教、耆那教和民间信仰的教义教规以及其他成分，对婆罗门教进行了一系列改革。经过改革后，印度教虽然仍保留了婆罗门教的基本经典和主要教义，但在许多方面发生了重大变化，如淡化了婆罗门教的多神信念，确立了梵天、毗湿奴、湿婆的三大主神地位；削弱了"祭祀万能"观念，转而提倡注重个人修行的瑜伽道路；淡化婆罗门至上的地位，更注重与统治者及其他社会阶层的合作；在新的形势下逐渐形成了不同的教派等。

在这种发展趋势下，在印度教文化的背景下产生了佛教、耆那教等其他宗教，但由于印度教本身的观念及学说颇为多元化，形式也很松散，因而具有很强的包容性，在与这些后起宗教的接触、碰撞过程中，它也从未停止过吸收甚至将这些宗教本身融合入自身文化的努力。此外，由于这些宗教本是同根同源，因而并未引起明显的宗教冲突。

---

① 该数据采自中国外交部官方网站：http://www.fmprc.gov.cn/chn/pds/gjhdq/gj/yz/1206_3/。

② Varna，梵文词，意为"色"、"质"，这种等级划分早期似乎是以肤色为依据的，后来被用来区分因社会分工不同而形成的不同社会集团。

③ 宫静：《印度民族的灵魂——印度教》，楼宇烈主编：《东方文化大观》，安徽人民出版社1996年版，第394页。

在这种背景下,"外来的"伊斯兰教则显得极为不同。

公元 8 世纪,阿拉伯人征服信德和木尔坦,并给印度带来了新的宗教——伊斯兰教。阿拉伯征服者在辖地修建了清真寺,并强迫当地居民改信伊斯兰教。由于阿拉伯人的统治主要限于信德和木尔坦地区,伊斯兰教的传播范围比较有限。直到 11 世纪初,突厥穆斯林征服者的到来,加快了伊斯兰教在南亚次大陆的发展进程。13~16 世纪初,印度前后经历了 5 个王朝的统治,史称"德里苏丹国"(1206~1526 年)。德里苏丹国是突厥人在印度建立的第一个较为稳固的穆斯林政权,伊斯兰教被确立为国教,伊斯兰教法也被定为司法准则。总体上实行的是宗教歧视政策,目的是迫使非穆斯林改信伊斯兰教。16~19 世纪中期,来自中亚的突厥人巴布尔(1483~1530 年)建立了莫卧儿王朝(1526~1857 年),其版图几乎扩大到整个印度。在莫卧儿王朝长达数百年的统治期间,强制推行伊斯兰教的趋势在早期已大为减弱,在后期则又有所增强。此外,由于中亚、波斯和阿拉伯的穆斯林不断涌入印度,苏非圣徒在民间的影响也进一步扩大,因而在总体上,伊斯兰教势力在这一时期又得以进一步扩张。

伊斯兰教进入印度次大陆后,大大改变了次大陆的宗教格局。由于伊斯兰教主要是随着穆斯林征服者在次大陆的活动来扩大影响力的,激进的印度教徒一向认为,"伊斯兰教是入侵者的宗教",它在南亚次大陆的繁衍就是印度教徒的耻辱,而持保守立场的穆斯林也同样对印度教不以为然。18 世纪后期,伴随着两大宗教的复兴运动,印度教徒与穆斯林之间开始不断发生流血冲突。英国殖民统治时期,殖民政府开始利用这种宗教矛盾来从中渔利。这种卑劣的手法在印度民族运动高潮时期演变为"分而治之"的政治阴谋,在英国殖民者撤出南亚次大陆之前,终于导致了印巴分治。分治前后,印度教徒和穆斯林之间的对立情绪空前激化,发生了史无前例、惨绝人寰的教派大屠杀。这无疑为后来的印巴关系又增添了一份沉重的宗教负担。

巴基斯坦独立于 1947 年 8 月 14 日,1956 年 3 月 25 日正式成立"巴基斯坦伊斯兰共和国"。巴基斯坦宪法明确规定,伊斯兰教为"国教"。由于历史遗留问题和现实政治因素,巴基斯坦与印度围绕着领土问题、双方如何对待境内的少数教派问题,经常发生矛盾和冲突。尤其是印度境内有近 1.5 亿的穆斯林,他们时常遭到处于强势的印度教极端主义者的挑衅,这不仅在印度国内引发多次大规模的流血冲突,而且严重影响印巴关系。此外,巴基斯坦自身也存在着内部的教派冲突问题。巴基斯坦的穆斯林主要分属逊尼派和什叶派,其中逊尼派占绝大多数,而什叶派的人数仅占 5%。由于教义、教法和组织等多方面的分歧,这两大教派之间以及逊尼派内部经常发生矛盾和冲突,而且此类冲突又往往与政治斗争联系在一起,这便使巴基斯坦的国内政治和外交关系都深受宗教因素的影响。

从上述内容不难看出，印巴地区的宗教格局本身看似简单，却由于深远的历史原因而使看似简单的现实问题也变得纷繁复杂，处理起来则颇为棘手。

第二节　印巴地区的宗教纷争

一、印巴分治与宗教冲突

（一）印巴分治与印穆冲突

19世纪以前穆斯林统治下的印度，虽然存在着统治者与被统治者的关系，但印度教徒与穆斯林两大社团之间的关系从表面来看是较为稳定的，虽然双方之间也发生过一些冲突，但从社会总体状况来看，矛盾并不突出。英国殖民者侵入印度之后，情况发生了改变：穆斯林与印度教徒一起沦为被殖民者。英殖民者在统治初期，自然而然地扶持印度教徒来抗衡仍在政治上处于统治者地位的穆斯林，穆斯林既失去了往日的统治地位，也失去了土地、财富及其他经济利益，这不仅使得穆斯林的社会地位一再下降，而且使他们在很大程度上丧失了社会竞争力，印度教徒则活跃于法律、政府、工商各界，成为不可忽视的社会力量。社会地位的巨大变化造成了印穆两大群体的极大心理反差。印度教徒从穆斯林的统治下解脱出来后，虽然陷入西方近代殖民统治的强权之下，但殖民者带来的近代资本主义商业手段、资产阶级近代思想也启迪了迷茫中的印度教知识分子，使他们在复兴印度、复兴印度教的民族运动中领先一步，并在一定程度上形成对殖民政权的冲击。继之而起的伊斯兰教复兴运动无疑也产生了同样的冲击力。在这种情况下，英国殖民当局开始有意识地采取分化策略，在他们的引导乃至挑拨下，印度教徒和穆斯林两大群体之间的对立不断升级。

从19世纪末20世纪初到20世纪40年代，因宗教、语言、政治和经济问题而导致的印穆之间的冲突不断发生：

第一，19世纪末到20世纪最初10年，印度教徒与穆斯林先是因语言问题发生冲突。在联合省，印度教徒要求印地语也应作为法庭用语，穆斯林则认为这会降低乌尔都语的官方地位而表示反对。殖民当局支持了印度教徒的要求，穆斯林于是走上街头抗议，并与印度教徒发生冲突。在这一时期，宗教观念问题也成为引发冲突的重要原因。国大党激进派领导人提拉克曾发起禁止宰牛运动和公开庆祝象头神节的活动，进一步激化了印穆关系，直接引发1893年和1894年孟买、浦那的印穆冲突。最严重的一次冲突导致75人死亡，300多人受伤。①

第二，20世纪20年代，印穆内部的教派主义势力不断在国大党和穆斯林联盟组成的民族阵线中挑起对立。尤其是1910年成立的印度教教派组织"印度教大会"在进入20年代后异常活跃，把与穆斯林做斗争看做自己的主要任务，口号是"捍卫印度教"。② 这段时间成立的主要的印度教教派组织还有"国民志愿服务团"（1925）。穆斯林教派主义者在这种形势下，将印度教教派组织的活动视为对印度穆斯林实行印度教化的信号，疾呼"伊斯兰教在危险中"。③

第三，20世纪30~40年代，印穆冲突开始向极端化方向发展。不仅社会生活中的教派主义气氛越来越浓厚，国大党和穆斯林联盟之间的矛盾激化也导致他们开始走上政治分离的道路。1937年省立法会议后，穆盟得票惨淡，虽然在联合省获得27席的不错成绩，但仍少于国大党。穆盟提出希望国大党在联合省政府中给予穆盟几个职位，实现两党合作。但国大党提出的政治条件则是解散该省的穆盟选举团，穆盟成员完全服从国大党领导。这无异于关闭了两党政治合作的大门，政治权力之争自此开始上升为印穆各种矛盾中的首要矛盾。

第四，印穆两党的分道扬镳和民间教派冲突在20世纪40年代愈演愈烈，印巴分治已成大势。反过来，伴随印巴分治的情势日渐明朗，印穆冲突也越来越激烈。1946年，在"孟加拉、诺阿卡利、孟买、浦那、比哈尔、加穆克特萨尔等地频繁出现暴行。骚乱还不断向更多城市扩散，有时一些小纷争就能引起数十上百人的印穆冲突"。④

总的来看，可以说是印穆冲突导致了印巴分治，而印巴分治本身则又加重了这种冲突，进而在印巴之间形成了一个难解的结。

（二）印巴分治与印巴冲突

经过半个多世纪的民族解放斗争，1947年印度从英国殖民统治下获得独立。不过在独立的同时，却分裂为两个国家。穆斯林占多数人口的西部和西北部地区及位于东侧的孟加拉独立为巴基斯坦伊斯兰共和国，其余大部分邦归属印度共和国。英国殖民主义"分而治之"的政治策略最终成为政治现实，印度和巴基斯坦两个民族的领袖们未能及时预见"印巴分治"方案背后可能造成的严重社会后果，使印巴两个新兴国家人民的生命及财产均蒙受了重大损失。

---

① Sarfaraz Hussain Mirza. *Hindu-Muslim Conflict in South Asia*, 712-1947: *A Case Study of the Genesis of Pakistan*. Centre for South Asian Studies, University of the Punjab, 1997, p.103.
②③ 林承节：《殖民统治时期的印度史》，北京大学出版社2004年版，第332页。
④ ［印］布塔利亚·乌瓦什著，马爱农译：《沉默的另一面》，人民文学出版社2001年版，第52页。

1947年8月之前英、印、巴三方完成了权力移交，两个国家如期匆忙诞生。8月15日午夜，尼赫鲁在印度制宪会议上激情不已地宣告，"今天，是到了我们实现誓言的时候了，……当世界还在酣睡中，印度就将醒着迎接生活和自由。……印度重新发现了自己。"① 真纳在巴基斯坦制宪会议的致辞是："你们自由了。你们可以自由地到庙宇去，到清真寺去，或者到这个巴基斯坦国家任何其他做礼拜的地方去。"② 两国的确实现了各自的独立誓言，不过这样的"分家而立"付出了极其沉重的代价，继分治引起的极度骚乱与惨绝人寰的流血冲突后，这个代价由不幸的1 000多万印巴移民继续承受，这就是震惊历史的印巴宗教仇杀。就在分治方案公布后不久，出于对新国家的茫然和未来社会地位的恐惧，大量散居在次大陆各地的穆斯林、印度教徒和锡克教徒开始向心目中新的归属地迁移：穆斯林迁往巴基斯坦，印度教徒和锡克教徒迁往印度。尽管此前外界即已对分治将带来的移民潮表示担忧，但印巴的新生政权显然都没有对可能发生的混乱做出正确估计，抑或无暇顾及。为处置新政权而设立的10个委员会竟无一负责移民迁徙的管理和安置问题。新国家刚一成立，次大陆北部各地即发生了伴随着宗教仇杀的迁移狂潮，二者互为诱因，相互推动，情势极端恶劣。大部分移民需跨越被切为两半的旁遮普，从这里分别流向两个方向。其中只有一小部分民众得以或开车或乘公共汽车、火车离开，但绝大多数移民根本来不及准备，也无法依靠任何交通工具，只能艰难步行。很多民众则被迫成为难民，他们本没有迁移意向，却不得不从家乡的疯狂仇杀中逃出来，加入甚至没有特定去向的队伍。这样的步行队伍后来被悲剧性地称为"卡菲拉"（gafula）③。迁徙队伍沿公路绵延不绝，最长的一支说有将近40万人。④ 随着移民潮席卷地区的扩大，宗教仇杀的范围也不断扩大。在旁遮普的许多小村子里，从分治计划刚公布时就开始出现严重的暴行。在拉瓦尔品第发生的骚乱中有数千人丧生，同时伴随着大规模的抢劫、纵火等破坏性活动。印度教徒和穆斯林都是进攻者，同时也是受害者。⑤ 大量迁徙者或居住在印穆混居地区的群众面对即将失去财产、土地或即将前往新国家的事实，都首先抓住了宗教身份这一标志。对异教徒产生的强烈的差异意识和排斥情绪，以及对未来命运的茫然，都不断放大着两派群众的恐惧与仇视情绪，致使宗教冲突愈演愈烈，并呈现出"种族清洗"的某些特征。在人类学研究领域，"种族清洗"被定义为"以人民及其财产为目标的有组织的危害平

---

① 尼赫鲁：《独立及其后（1947~1949）》，转引自林承节：《殖民统治时期的印度史》，北京大学出版社2004年版，第482页。
② ［巴］哈迦·伊夫迪哈尔：《真纳传》（乌尔都语版），拉合尔里程碑出版社1983年版，第287页。
③ 乌尔都语词，原意为商队，后用于指迁移的队伍。
④ ［印］布塔利亚·乌瓦什著，马爱农译：《沉默的另一面》，人民文学出版社2001年版，第1~2页。
⑤ ［印］布塔利亚·乌瓦什著，马爱农译：《沉默的另一面》，人民文学出版社2001年版，第92页。

民的过程"①。这一次发生的仇杀既是各宗教极端分子以异教徒为目标的杀害过程,又具有集体性,因而可以被认为是一场相互间"教派清洗"运动。分治给两国人民带来了严重的恶果,使得印度教徒和穆斯林的对立达到了顶点。在短短几个月内,许多城市变成废墟,60万人被杀害,1 200万人无家可归,迁移的难民多达1 400万人以上。

印巴分治是在英国殖民主义者居于主导地位的特定历史环境下,印度的精英分子在争取国家独立和民族解放过程中,未能寻找到一条使印穆群体和谐相处的正确道路,致使社会以宗教信仰为界限而彻底分裂的政治结果。在导致分治的众多因素中,宗教无疑是被社会精英利用后而对分治进程产生重要影响的一个突出因素。

二、克什米尔问题与印巴冲突

分治前夕,英国人草率地在地图上划出两国国界,同时将土邦归属问题交由土邦自己解决,使得印巴两国在独立时都将争夺土邦作为首要问题。克什米尔由于其本身的特殊性和它所占据的地理位置,成为印巴两国最终争夺的焦点,引发了分治时的一场争夺战,即第一次印巴战争。克什米尔问题是印巴两国的主要矛盾之一,迄今仍未解决,也一直影响着南亚地区的安全。

查谟—克什米尔地区居住着77%的穆斯林、20%的印度教徒和不到3%的其他宗教人口,位于印度次大陆的西北端,毗邻中国的西藏、新疆和阿富汗的瓦汗走廊,同时又跨界分治后的印巴两国,地理位置十分重要。查谟—克什米尔是南亚次大陆分治前最大的土邦之一,面积约21万平方公里。其中东部的克什米尔谷地风景秀丽,土地富庶,工业发展较好;西部则荒凉贫瘠,自然环境恶劣,也缺少支柱工业。历史上查谟和克什米尔地区并不是一个统一的区域,曾被印度教徒、穆斯林、锡克人等先后分别统治过。18世纪后半叶,查谟的多格拉家族势力渐强,到古拉布·辛格时期,趁英国人在次大陆发动吞并战争之际,与英殖民者达成协议,于1846年将其夺取的克什米尔地区买了下来,并表示接受英国的最高统辖权,这样整个克什米尔地区就归属多格拉家族统治。但问题是,在克什米尔谷地,93%的居民都是穆斯林,多格拉家族却信仰印度教。将查谟的印度教统治加于克什米尔的穆斯林头上,也为未来的领土归属埋下了隐患。

根据蒙巴顿方案,"各土邦应分别谈判,自己决定加入任一自治领",不过,

---

① [英]马克·利文著,王星译:《变相的大屠杀:残杀、种族灭绝和后种族灭绝》,载《国际社会科学杂志》(中文版)2003年第4期,第26页。

"土邦也有权利选择不加入任何自治领,保持与英国的旧有关系"。① 未对土邦的具体归属做清晰规定,而采取两可态度,殖民政府这一对土邦看似宽松友好的规定却在制度层面为分治后的印巴在领土方面留下了巨大争议,从而面临无穷后患。

1947年,在印巴两国进行分治移交手续的同时,双方也开始了对565个土邦的游说和争夺。到1947年8月两国正式独立时,只有海德拉巴、朱纳格、克什米尔三个较大的土邦的加入问题还存在争议。海德拉巴和朱纳格是由穆斯林土邦主统治的位于印度境内的两个土邦。两个土邦主都宣布加入巴基斯坦,但印度以缺乏民意支持为由拒绝承认,并对其实施了强行占领。巴基斯坦痛失海德拉巴和朱纳格,只剩克什米尔可以争取。查谟—克什米尔大公虽是印度教徒,但绝大多数居民为穆斯林。巴方认为,自己在查谟—克什米尔地区拥有民意,该地理应归属己方。而雄心勃勃要做"有声有色大国"② 的另一方印度对克什米尔也是志在必得。1947年10月底,印度政府军和受巴基斯坦支持的部落武装在克什米尔爆发冲突,印度军队一度推进至巴方边界线附近。1949年1月,在联合国印巴问题委员会的调停下,双方依据当时的战况划定了停火线:占克什米尔大部约3/5 的东部地区由国民会议政府管理,受印度支持;位于西部和西北部的约2/5 地区由自由克什米尔政府管理,受巴方支持。第一次印巴战争就此结束。

克什米尔虽已被一分为二,但问题并没有得到彻底解决。一方面,巴基斯坦要求通过公投决定克什米尔归属问题,并得到了联合国的认可;另一方面,印度政府领导人却在各种场合均强调克什米尔是印度的一个邦。1953年,在反复多次双边及三边谈判后,印度表面同意克什米尔争端应通过举行不偏不倚的公民投票来解决,同时却在克什米尔暗中组织宣传加入印度的"萨蒂亚格拉哈运动",并逮捕了反对加入印度的克什米尔国民会议总理阿卜杜拉。致使公投问题无果而终,克什米尔的归属问题也继续搁置。1963年12月,保存于斯利那加市一座清真寺里的先知头发"失踪",当地穆斯林很气愤,并引发骚乱。后来虽然找到了失踪的头发,但穆斯林的愤怒情绪并未完全平息,小型骚乱仍屡有发生,并危及停火线。1965年,印度政府称发现"伪装的"巴基斯坦人员进入克什米尔,遂从南北两处调兵向边境集结,5月17日,印度军队越过停火线,袭击巴哨所。8月,巴基斯坦部落武装越过边境对印度发起军事行动。9月,印巴第二次战争(1965年8月14日爆发,同年9月23日正式停火)全面爆发。双方动用了坦克、战斗机等,战势比第一次印巴战争更为激烈。历时7周的战争,双方

---

① H. S. Gururaja Rao. *Legal Aspect of the Kashmir Problem*. Minerva Press,2002,p. 349.

② S. Gopal, Uma Iyengar eds. *The Essential Writings of Jawaharlal Nehru*. Oxford University Press,2003,p. 49.

伤亡估计达3万多人，500多辆坦克、100多架飞机被击毁。战后双方签署了《塔什干宣言》，但并未涉及公民投票的具体问题，克什米尔问题再次被搁置。此后围绕该问题，双方虽没有再爆发大规模战争，但却时时发生民众冲突、军队交火和小规模武装对峙等。1999年一度引发两国在边境线上陈兵百万，战争一触即发。

克什米尔问题对印巴关系的影响不言自明，此前也一直是引发印巴冲突的突出因素。目前虽然两国均已意识到保持这一地区的稳定对于全国性和平稳定的重要性，但这一痼疾对印巴关系的影响仍是不可忽视的。

三、阿约迪亚庙寺之争与教派冲突

阿约迪亚庙寺之争发生在20世纪80年代中期到2002年的十多年间，严重影响了印巴国内及两国间的政治关系。印度北方邦的阿约迪亚冲突，导致印度国内有穆斯林生活的各邦及巴基斯坦的卷入，也反映出教派问题对于印度政党政治的深刻影响。

20世纪中后期，印度国内形势发生变化，印度教教派主义势力开始抬头。80年代，印度教教派组织加大了活动和宣传力度，极力鼓吹印度教民族主义。1980年印度人民党（BJP）成立，这是一个教派主义色彩浓厚的政党。国民志愿服务团、世界印度教大会、湿婆军等组织更是表现活跃，不断组织宗教集会，宣扬回归印度教特质及建立真正的印度教国家。比如1983年印度教大斋会组织的传递"圣水"活动，发动群众将印度教圣水从印度的四个角落传到一个中心。穆斯林教派分子也不甘示弱，从而引起了印穆之间的暴力冲突。这一时期的印穆冲突不仅在数量上呈骤然增长之势，且涉及范围越来越广。在20世纪60年代，平均每年发生80起印穆暴力冲突事件；进入80年代，仅1980年印穆流血冲突就达427起，1982年474次[①]。阿约迪亚危机就是在这种背景下出现的。印度教派组织要求重新开放巴布尔清真寺的呼声日渐高涨。1984年，在世界印度教大会的推动下，"罗摩出生地解放牺牲委员会"（以下简称"罗摩会"）成立，并在北印度各地展开宣传，声称要把印度教罗摩大神的出生地从穆斯林手中"解放"出来。1986年2月，巴布尔清真寺重新开放，由此直接点燃了争夺的战火。同年，穆斯林成立了巴布尔清真寺行动委员会，成为与罗摩会针锋相对的穆斯林阵营。这样一来，印穆间"守寺"和"建庙"之争被重新点燃。1988年，世界印度教大会宣布在清真寺旁建一座罗摩庙，并开始轰轰烈烈的"献砖"运动，

---

① Asghar Ali Engineer. *Communal Riots in Post-independence India*. Orient Longman, 1991, p. 32.

号召印度教徒一人贡献一块砖，在罗摩庙原址重建庙宇。在阿约迪亚，世界印度教大会同巴布尔清真寺行动委员会发生了对抗。1990年，印度人民党领袖阿德瓦尼亲自率领"战车游行"，目的地直指阿约迪亚，要求拆除清真寺，重建罗摩庙。沿途阿德瓦尼不断利用庙寺问题发表演讲，以煽动群众的宗教情绪。这是一场政党造势活动，在国大党进一步分裂和辛格政府防范不力的情况下，人民党抓住宗教矛盾为自己争取民众基础。1992年，印度再次爆发严重的教派冲突，造成2 000多人死亡。这次事件的直接起因是，印度教徒要在阿约迪亚拆毁修建于1526年的巴布尔清真寺，并修建印度教的罗摩庙。印度教徒一直认为，阿约迪亚是印度教大神罗摩的诞生地，印度教徒曾经在此地修建过罗摩庙，但400多年前被占领北印度的穆斯林拆掉，改建了巴布尔清真寺。但是印度的穆斯林学者和印度教的左派学者均认为上述情况并非信史，因此笔墨官司不断。1992年，世界印度教大会、印度人民党、国民志愿服务团等教派组织联合约10万信众①聚集到阿约迪亚，12月6日，在一些印度教极端分子的煽动下，数以万计狂热的印度教徒冲破军队的警戒线，强行拆除巴布尔清真寺。随后在全国范围内发生了严重的教派冲突，一周内就有1 200人丧生，4 000人受伤，并导致当时的政府垮台。拆寺建庙的过激行动引起了印度1亿多穆斯林的极大愤慨，导致全国各地发生一连串暴力恐怖事件。由于政府干预，拆寺建庙计划未能实现。印度法院裁定，阿约迪亚是争议之地，在最后宣判之前，争议双方必须维持现状。②

毁寺建庙事件也引起了巴基斯坦方面的强烈反应。在巴基斯坦印度教徒聚居较广的城市，穆斯林袭击了印度教社区，造成几十人丧生，并有125座印度教庙宇被烧毁。巴基斯坦官方也就毁寺建庙的问题向印度驻巴官员提出了严重抗议。印穆双方教派主义情绪的不断高涨和宗教问题政治化的趋势也严重加剧了边境的不安和两国对峙，使印巴关系变得高度紧张。

2002年2月27日，与"毁寺事件"相关联的"古吉拉特冲突"发生。一群世界印度教大会成员在参加完关于重建罗摩庙的大会后，乘坐火车经过古吉拉特时，与穆斯林发生冲突。几名穆斯林激进分子纵火焚烧车厢，导致58名印度教徒丧生，40多人严重烧伤。事件发生后的第二天，古吉拉特及其邻邦的印度教徒对穆斯林展开疯狂报复。他们抢劫、焚烧穆斯林店铺和住宅，围追并杀害穆斯林。班吉默哈尔斯县的一伙暴徒将一个穆斯林聚居村的30名穆斯林活埋。仅5天之内，有538名穆斯林被杀害。此次暴乱规模之大、速度之快、伤亡之多，令

---

① 吕昭义：《印度的教派冲突剖析》，载《2002~2003南亚报告》，云南大学出版社2003年版，第168页。

② 中国现代国际关系研究所民族与宗教研究中心编著：《周边地区民族宗教问题透视》，时事出版社2002年版，第173页。

世人震惊。

巴基斯坦国内随后也发生了连锁反应。虽然"古吉拉特冲突"的消息刚一传出,巴国内就出动了安全警察以防范极端行为,最终仍有多处印度教寺庙被毁。这次事件也给伊斯兰极端组织在印控克什米尔地区的活动提供了借口,2002年5月14日,3名"虔诚军"成员在查谟附近的卢卡恰克镇劫持了一辆巴士,并袭击了一座印度军营,共打死23名印度平民和士兵。随后的几日内,两国军队在克什米尔实控线一带频繁交火,印巴边境一度紧张。

由此可以看出,发生在印度的教派冲突不仅对印度国内的社会局势产生了极大影响,同时也深深影响了巴基斯坦国内的局势及印巴关系,这种引发连锁式反应的印巴地区宗教冲突,目前已成为困扰南亚地区安全的重大问题。

第三节 印巴地区冲突的宗教因素

一、宗教因素与历史进程

自公元712年阿拉伯军队征服信德,在次大陆建立第一个伊斯兰王国,至1857年莫卧儿王朝灭亡,原本是"外来的"穆斯林已在次大陆生活了1 100多年。这种长期的共同生活虽然并不完全平静,却充分证明了穆斯林与印度教徒和睦相处的历史及继续和平共处的可能性。可惜的是,这种可能性为英帝国的殖民主义者悄然葬送。更为可悲的是,同时辅以了印度人自己的援手。

1857年印度民族大起义的失败可以说是这一进程的起点。成功镇压了大起义后,心有余悸的英殖民统治者开始重新规划在次大陆的统治策略。大起义的烈焰使他们看到了这个民族团结起来的力量,为对抗这种力量,"分而治之"当然是最好的策略。在这种策略的"引导"下,次大陆的印度教徒与穆斯林从兄弟之间的口角变成了反目为仇的敌人。

这种策略的第一个明显结果是,穆斯林群体的精英们在寻求这一群体的发展道路时,选择了英殖民者作为保护人,而不惜与印度教徒分道扬镳。1882年,印度著名穆斯林启蒙思想家赛义德·阿赫迈德·汗提出,印度教徒与穆斯林是"两个民族"的理论。[①] 这一理论在当时并未产生太大影响,因此也未引起足够

---

① 张玉兰:《清真之国——巴基斯坦》,楼宇烈主编:《东方文化大观》,安徽人民出版社1996年版,第24页。

的重视。1885年，印度全国性政治组织国大党成立。国大党是19世纪50、60年代印度资产阶级改良运动的产物，其主要成员的身份均为资产阶级知识分子。这就决定了他们看待一些重要问题的现代倾向，也在当时印度的社会条件下埋藏下极大的隐患。首先是对国大党的历史任务的界定。在国大党成立之初的大会上，党主席彭纳吉即在致辞中强调："国大党的中心使命是以民族团结的感情代替种姓、宗教信仰和地方偏见的分裂因素，以便使整个印度民族得到进步和发展。"① 这一立场在今天看来似乎并没有什么不妥，而在当时的社会历史条件下，无疑过于高标远举，不仅难于具体实施，甚至容易产生新的问题。1895年，国大党内激进派代表提拉克发起纪念民族英雄希瓦吉的运动。这一运动的初衷是希望以此激发民众的民族斗争热情。而一个重要的事实则被忽略了：希瓦吉是17世纪反对莫卧儿统治的印度教徒，当这其中的宗教色彩被强化后，其消极影响是不言自明的。提拉克也就此做出了解释，指出"纪念希瓦吉并不是因为他是印度教徒，而是因为他是反侵略的英雄"，"希瓦吉并不是反伊斯兰教，而是反侵略者"。② 这个解释则被轻易地解读为"穆斯林是侵略者"。理论站不住脚的时候，事实也越描越黑。1906年，全印穆斯林联盟成立，至此印穆之争已充分暴露出来，国大党却未能正确处理这一印穆关系危机，甚至声称"国大党代表整个印度，……它不仅是全印唯一的代表，而且是全印唯一正确的代表"。③ 这种态度显然无助于解决当时的问题，反而导致了矛盾的激化。1913年，全印穆斯林联盟提出自己的奋斗目标为争取适合印度国情的穆斯林自治。1916年穆盟与国大党实现了短暂的政治团结，1922年关系再度恶化。印度教教派主义者的言行更迅速激化了印穆间的矛盾，与印度教大会主席萨瓦尔卡宣称印度应是"印度斯坦"相应，1930年，著名穆斯林诗人和哲学家、前穆盟主席伊克巴尔提出了在印度西北部穆斯林居于多数地区建立独立的伊斯兰国家的思想。1940年3月23日在真纳主持的穆斯林联盟拉合尔会议上，通过了建立巴基斯坦的决议。④ 1947年完成分治后，印穆冲突并未化解，却又增添了新一重的印巴矛盾。

显而易见，在各种因素的刺激下，宗教成为这场分化斗争中的有力武器，它使得各种矛盾叠加起来，并最终激化到难以挽回的地步。

当然，印度与巴基斯坦这两个现代民族国家的建立，也与次大陆早期开展的

---

① 林承节：《殖民统治时期的印度史》，北京大学出版社2004年版，第166页。
② 林承节：《殖民统治时期的印度史》，北京大学出版社2004年版，第212页。
③ 陈明华：《印度国大党对穆斯林的政策与穆斯林分离意识的确立》，载《南亚研究季刊》1988年第3期，第65页。
④ 张玉兰：《清真之国——巴基斯坦》，楼宇烈主编：《东方文化大观》，安徽人民出版社1996年版，第24页。

启蒙活动不无关系，这种启蒙运动的最早尝试即是从宗教开始的。罗易在看到印度宗教腐朽保守的一面已无法适应社会变革的需要后，开始倡导宗教改革运动。自此，包括"梵社"、"圣社"、新毗湿奴派在内的宗教改革团体开始发展起来。最初他们只是希望通过新的宗教主张来改革社会弊端，如简化宗教仪式、提倡积极入世的宗教态度、倡导新的妇女观和社会道德观等，而这种指向宗教的改革必然会最终指向具体的宗教信条，这些早期改革者的印度教徒身份则被具体化为宗教标签，使得这类倡导社会变革的活动最终被狭义化为旨在复兴印度教的宗教改革。

在这种状况的影响下，次大陆的穆斯林精英们也开始意识到自身的宗教身份，并开始了更为自觉的复兴伊斯兰教的改革活动。1875年，印度穆斯林启蒙思想家赛义德·艾赫默德·汗建立了穆罕默德英国—东方学院，旨在培养新一代兼通东方学识和西方科学的人才，力图改革伊斯兰教陋习、解放妇女、加强世俗教育，以适应时代发展的要求。① 1886年，赛义德·阿赫默德·汗发起召开"穆斯林全国教育会议"，进一步明确了复兴伊斯兰教的宗旨。1906年全印穆斯林联盟的成立，则标志着次大陆的穆斯林已开始自觉地争取和捍卫自身的政治权益。

这种类型的宗教改革所产生的附加效应也是非常明显的，即关于国家、民族、社会及个人的现代思想都得到了广泛传播。从这些运动的模式也可以看出，倡导者最初只是希望以宗教改革为契机来实现社会变革，却对社会宗教状况产生了的更为直接的影响。最为重要的是，由于复兴宗教的热情与复兴民族的热情是重合在一起的，必然会导致宗教民族主义的倾向，这成为日后印度民族解放道路中反复出现的宗教问题的思想基础。而在现代背景下，宗教问题的激化对于多宗教的国家来说，结果可以说是致命的。

在这种情况下，如果当时自命为全印人民代表也是印度民族运动领导者的国大党能够意识到其中隐藏的危机，进而有效调整自己的行动策略的话，也许悲剧性的历史结果是可以避免的。可惜的是，由当时的社会精英组成的国大党不仅未能意识到这种危机，反而采取了助长印度教极端教派主义发展的行动。印度教教派主义组织"印度教大斋会"和"国民志愿服务团"成立后，国大党的一些成员如拉·拉伊、马拉维亚等都以个人身份加入了这些组织并在其中担任领导职务。此外，为了最大限度地获取民众支持，国大党的一些领导人在斗争策略上也采用了利用宗教因素的做法。1916年成为国大党主席的提拉克就明确以

---

① 葛维钧：《五千年文明古国——印度》，楼宇烈主编：《东方文化大观》，安徽人民出版社1996年版，第22页。

宗教为号召民众的工具，他做了一系列重新阐释印度教的努力，并把民族运动的目标与宗教紧密联系了起来，主张"任何政治行动最终都是为了实现民族的'达摩罗阇'"，① 即印度教的理想社会：按印度教宗教法则治理的社会——达摩之治。这种对教派主义危害的无视最终也使国大党付出了巨大的代价。

我们今天当然不应苛求当年的民族运动领导者们能够克服自身的历史局限，但从这一历史过程中汲取教益则是如今的印巴领导者及民众所不应忽视的。

二、宗教因素与当代政治

（一）宗教与国家利益

印度和巴基斯坦在选择各自的立国理念和建国道路上经历了不同的政治发展。

可以说即使在确定分治前的最后一刻，印度的政治精英们也不愿放弃在这片土地上建立一个多宗教平等共存的世俗国家的理念，由宗教差异导致的分裂对他们来说是始料未及的。在这一问题上，国大党领袖甘地的看法有着突出的代表性。他认为穆斯林只是一个少数派，明确提出"各少数派不需要专门的代表"，因为"国大党代表整个印度"。但这种认识不仅没能被穆斯林所接受，甚至也为持极端立场的印度教徒所否定。比如印度教大会主席萨瓦尔卡就曾公开宣称印度就应该是"印度斯坦"，即印度教徒的国土。这种教派主义倾向无疑影响了后来的历史发展。巴基斯坦的立国理念则是"两个民族"理论，即认为穆斯林和印度教徒信仰不同的宗教，使用不同的语言，因而他们是完全不同的两个民族，也应该建立各自的国家。最终也正是这一理论导致了分治。

分治后的印巴两国紧密相连，既存在国家间经济、政治利益的纷争，又存在领土争议，为在这些本是国家利益层面的冲突中获益，两国政府往往会扯上"宗教"这面神圣的旗帜来谋取同样是宗教信徒的广大民众的支持，思想往往成为国家利益冲突的缘起，以克什米尔问题为代表的领土争端就是这方面的重要体现。印巴分治时两国对于领土的争议主要集中在海德拉巴、朱纳格、克什米尔三个土邦。克什米尔地区的宗教历史极其复杂。这里位于南亚次大陆最北端，直接同瓦汗走廊、北克什米尔山系相连接，经常受到来自中亚地区的迁移民族影响。公元1000年以前，这里曾被雅利安人、贵霜人、白匈奴人征服过，在宗教上主要以婆罗门教为主，也曾受到佛教的影响。公元1000年以后，随着苏丹统治在

---

① 欧东明：《近代印度的宗教民族主义——以提拉克和甘地为例》，载《南亚研究季刊》2004年第1期，第82页。

南亚次大陆的确立，伊斯兰教传入克什米尔。穆斯林在这里建立了400多年的统治——德里苏丹时期（1346～1541年；1551～1561年）、莫卧儿时期（1586～1752年）和阿富汗时期（1752～1819年）①，使得这一地区的穆斯林人口数量上升。19世纪，锡克人在此建立政权，锡克教又得以占据一席之地。1846年，英国人将克什米尔武力吞并后转手卖给查谟大公多格拉家族。这样，多格拉家族对克什米尔的统治一直持续到印巴分治。克什米尔的宗教人口构成也较为特殊。统治这里的多格拉家族是信仰印度教的婆罗门种姓；而查谟—克什米尔以穆斯林人口为主，尤其是克什米尔谷地，93%的居民信仰伊斯兰教。而且，占少数的印度教统治者同广大穆斯林群众的关系并不融洽。由于王公哈里·辛格实行严苛的统治政策，时常发生穆斯林反对经济压迫和宗教歧视的斗争。

1947年5月，国大党主席克里帕拉尼访问克什米尔，力图说服辛格加入印度的制宪会议。随后，几个已经决定加入印度的土邦首领也被指派去克什米尔劝说辛格加入印度。8月，甘地、真纳又相继派人前往，为争取克什米尔而努力。巴基斯坦在与印度的土邦争夺中，由于印度否认海德拉巴、朱纳格两个穆斯林王公土邦的归属意愿而以所谓"人民意愿"为标准，并以武力夺取了上述两邦。按照"人民意愿"标准，穆斯林居多数的克什米尔无疑应该归属自己。但印度尼赫鲁政府却多次强调，"我们从来都把克什米尔问题看做我们的一个象征，因为它对印度有深远的意义。作为一个象征，克什米尔体现出的是印度的世俗主义身份，体现了尽管其人口多数是穆斯林，却毫无疑问地在本质上希望同印度结合在一起"②。

需要指出的是，在"宗教—国家"这对概念里，现代国家追求的永远是宗教政策服务于国家政治利益，克什米尔问题也不例外。这一点在克什米尔问题中具体体现在如下几个方面：

第一，巴基斯坦始终强调的穆斯林的利益在克什米尔地区体现的其实是另一重含义。克什米尔最有影响力的政治组织"国民会议"（National Conference）③从未明确提出加入巴基斯坦。该组织的领导人谢赫·阿卜杜拉是克什米尔地区最著名的穆斯林活动家，在20世纪40年代，就受甘地等的宗教宽容主义影响而逐渐倾向于国大党的世俗主义立场。1944年，谢赫就曾表示过，鉴于国民会议"已经抛弃了教派主义"的立场，发展到"更高的政治诉求"，所以也同样"放

---

① Pervez Dewan. *Kashmir*. Manas Publications，2004，pp. 28 – 29.
② R. N. Kaul. *Sheikh Mohammad Abdullah*：*A Political Phoenix*. Sterling Publishing Company，1985，p. 73.
③ 即1932年成立的全查谟—克什米尔穆斯林会议（All Jammu & Kashmir Muslim Conference），后于1939年更名为国民会议。

弃了真纳今天的理念"①，即真纳对于两个民族观的认识。也就是说，克什米尔地区的穆斯林并不认为自己的利益是与巴基斯坦穆斯林的利益完全一致的，巴基斯坦的这方面表示可以说只是一相情愿。

第二，在对三个有争议土邦的处理上，印度政府并没有采取同一原则，而是执行了双重标准，这说明它所承诺的对于土邦主或土邦人民意愿的尊重只是一个幌子，国家利益才是第一位的。

第三，印度尽管宣称是世俗国家，但其世俗主义政策却屡屡妥协于政治利益。政党一旦需要教派主义支持，就会将某一宗教群体的利益置于其他宗教群体的利益之上，导致其名为世俗国家，实则教派活动泛滥。1984年的"蓝星行动"、英迪拉·甘地总理被锡克教狂热分子刺杀、1992年的阿约迪亚事件，都是教派主义回流印度政治的强烈信号。在这种背景下，印度的世俗化进程始终艰难而缓慢。在印控克什米尔地区，印度也没有实现最初承诺的地方自主权，而是从军事和政治上不断加强控制，如大量征派非克什米尔非穆斯林的军队进驻、在当地扶植亲印力量等，力图加速印控克什米尔与印度联邦的政治整合。在解决克什米尔争端的过程中，印度一面同巴基斯坦谈判，一面将印控克什米尔的所有权写入宪法，并宣布为印度联邦中的一个邦，实质上已经关闭了同巴方共同解决该争端的大门。

（二）宗教与政党政治

在次大陆的冲突历史中，最常出现的现象之一就是统治阶层或其他政治团体利用宗教制造矛盾，或借宗教号召来实现利益诉求。因为在这一地区，宗教在人民生活中占有非常重要的地位，将社会问题宗教化、利用宗教来实现利益诉求，往往都能取得良好的效果。近几十年来在印巴地区发生的冲突也不例外，很多冲突的发生从表面看来似乎是纯粹的宗教问题，实际上在冲突的肇始与发展过程中，总是有别有用心的政党或教派组织在利用宗教问题大做文章，将矛盾扩大化、严重化，导致冲突的加剧，这目前已成为影响印巴地区安全的一大症结。

1. 政治、经济与宗教

政治方面，一直执政的国大党由于面对国内困难重重的经济困局扭转无方，加上总理英·甘地本人纠缠上了腐败官司，以至于政府威望持续下降。为了从印度教选民那里弥补失去的穆斯林选票，国大党在1980年选举中打起了拉拢印度教徒的宗教牌。比如，在马哈拉施特拉邦国大党通过与湿婆军结盟的策略以迎合印度教选民，这无疑极大助长了教派势力的气焰。另一方面，1980年脱胎自人

---

① Sisir Gupta. *Kashmir：A Study in India-Pakistan Relations*. Vikas Publications，1981，p.59.

民同盟的人民党成立（人民同盟与印度教宗教组织印度教大会、国民志愿服务团都有千丝万缕的联系），该党成立没多久就成为中央邦最大的反对党。在1984年的大选中，该党在议会席位竞争中表现平平，之后便急遽调整了自身策略，开始攻击尼赫鲁生前一直强调的世俗主义，认为国大党牺牲了印度教徒的利益，尤其是对穆斯林人口的保护，其实是政府软弱的表现。1986年，拥护教派主义路线的党内人士L. K. 阿德瓦尼代替主张温和路线的瓦杰帕依任党主席，成为人民党最明显的转型信号。20世纪80年代中后期，人民党总是不失时机地鼓吹印度教徒同少数族群的利益冲突，尤其是印度教徒同穆斯林之间的冲突。党内领导人公开宣传，穆斯林不实行计划生育，其人口增长速度将超过印度教徒的增长速度，到2050年会在总数上超过印度教徒人口，而印度也将成为巴基斯坦的一部分。在享有了同教派团体相互支持所带来的甜头之后，人民党的印度教色彩愈加浓厚。到1989年，人民党全体会议上正式确立"印度教特性"为该党的指导思想。"印度教特性"（Hindutva）是20世纪早期印度教派组织的首领萨瓦卡尔（Savarkar）在1923年的出版物《印度教徒特性》中最早阐述过的，是一种"以复兴印度教文化、建立印度教国家为主要宗旨的印度教民族主义理论"①。人民党带有"印度教色彩"的宣传和执政党世俗主义立场的软化，对国民志愿服务团、世界印度教大会等教派组织无疑是有力的鼓舞。

　　经济方面，首先是印穆经济发展的不平衡极大地刺激了宗教对立情绪的增长。分治后留在印度的8 000万穆斯林，主要以多数聚居、少数散居的形式生活在印度。在这些穆斯林中，曾经从印度教改信伊斯兰教的一批穆斯林平民的处境相当艰难。背后的原因则在于，在仍持有深厚种姓观念的印度教徒眼里，穆斯林穷人和贱民同为"不可接触者"，这使得他们在教育、就业、生活等各方面都会受到无形的社会歧视，以致发展被严重阻滞。这部分穆斯林很容易走上暴力和极端主义道路，这在经济恶化、失业率升高的时期尤为明显。而这一群体的存在却使得整个穆斯林群体都被妖魔化，被印度教社会逐渐"边缘化"。与此相反的情形是，在有些地区，穆斯林是生活得相对较好的。比如在北方邦，穆斯林在商业经营方面做得很好，在一些行业拥有较为明显的优势。这却同样引起了印度教徒的不满。印度教狂热分子以此作为煽动印度教徒宗教仇恨的契机，称有"外国势力在帮助穆斯林抢夺印度教徒的饭碗"②，进而激起印穆冲突。可见，这些由经济发展不平衡所引发的问题被转化为宗教问题，也是导致宗教冲突的重要原因。

　　其次，印度经济恶化也刺激了教派主义的发展。国大党执政期间，为了抚平

---

① 朱明忠：《印度教民族主义的兴起与印度政治》，载《当代亚太》1999年第3期，第31页。
② 林承节：《印度独立后的政治经济社会发展史》，北京大学出版社2003年版，第553页。

分治初期印穆仇杀遗留的伤痕，一直保持世俗主义路线，不刻意强调印度教的地位，很注意对少数派社群的保护。这一点一直被印度教派团体所诟病。而当20世纪80年代印度社会面临普遍的经济发展障碍、国家债台高筑、贫富分化严重时，国大党保护穆斯林的政策就遭到了印度教派团体更为严厉的谴责，整个穆斯林群体被视为印度社会的敌人。"由于穆斯林人口的增长速度过快，抢了印度教徒的饭碗，造成失业率上升"的看法成为印度教民族主义在民间兴盛一时的重要原因。这一时期有非常多的地方性小规模冲突都是由经济利益冲突引发的。到1991年拉奥政府上台前，印度国内的经济危机已经相当严重，财政赤字居高不下，失业率达到高点，各种社会问题都浮现出来，为教派团体登台表演提供了契机。

2. 政党政治与宗教

政治、经济环境虽然严峻，但若没有教派团体的鼓动，也不一定会演化为20世纪90年代大规模宗教冲突的社会政治现实。20世纪70年代末80年代初，伴随伊朗伊斯兰革命兴起的宗教激进主义思潮在世界范围内蓬勃发展，其影响也扩展到南亚地区。巴基斯坦境内的伊斯兰组织开始加强活动，除了老牌的伊斯兰促进会等，又相继诞生了先知者运动、先知弟子军等极端教派组织。这些组织在巴境内及克什米尔地区策划的暴力事件的频率急速上升，一定程度上也鼓舞了印度国内穆斯林极端势力。而同时，受到世界范围内伊斯兰势力整体回潮的刺激，印度教派势力的危机感骤然增加。到80年代末，印度的地方政治空间已越来越多地被宗教政党、种姓政党等带有鲜明教派特色的政党所抢占。人民党与教派团体的关系愈加微妙，其所提出的"一个民族、一种文化和一种文明"的政治主张，潜在的矛头直指国内的伊斯兰教，相当于公开鼓励印度教徒同穆斯林对立。这些因素都为印度国内的新一轮印穆冲突准备了充分的政治土壤。

因此，20世纪80年代到90年代初，在教派团体和宗教政党一唱一和的引导下，印度国内的政治经济问题被不同程度地转移到了宗教问题上，加速了印穆群体关系的恶化，导致印穆冲突不断发生，包括影响印巴关系的大规模冲突事件。

另外，从该阶段冲突的直接后果分析，也能看出宗教在冲突中扮演的角色，以及它与政党、教派团体、社会政治经济问题之间的关系。在以"庙寺之争"为肇始的20世纪末印度爆发的宗教冲突中，受益最大的是人民党。凭借在1989年"献砖"运动、1990年"战车游行"等一系列阿约迪亚造势事件中坚定地站在保护印度教的立场上，人民党领袖阿德瓦尼被印度教徒视为"罗摩大神的化身"[①]，人民党声望剧增。在1991年大选中，支持率直线上升，一举获得人民院

---

① 吕昭义：《印度的教派冲突剖析》，载《2002~2003南亚报告》，云南大学出版社2003年版，第175页。

119个席位,成为第一大反对党。毁寺建庙事件暂时平息后,人民党继续攻击拉奥政府立场软弱。国大党的处境十分不利。1993年,国大党政府曾在议会提出"宗教与政治分离法案",试图减弱无比高涨的教派情绪对政治的影响,但由于人民党联合其他印度教政党的反对,法案流产。1996年大选,人民党收获161个人民院席位,首次超过国大党。1998年获252席,人民党主席瓦杰帕依出任总理,组建联合政府,"庙寺之争"的收益终结硕果。所以,"庙寺之争"并不单纯是印度教徒与穆斯林之间的斗争,更多的是印度国内多党政治中地位不断上升的人民党与传统上一直占据优势地位的国大党争夺政治空间的斗争。

巴基斯坦的政治局势也同样受到了这些宗教因素的影响,在印度教派力量活跃的刺激下,20世纪90年代成为伊斯兰极端势力异常活跃的一个时期,人民党上台更是进一步刺激了巴基斯坦的极端势力。他们借巴布尔清真寺事件反对与印度进行和解,并指责支持和平进程的巴基斯坦人是反伊斯兰的[①]。1999年2月,当印巴间通过"巴士外交"欲重启双边关系时,拉合尔随即爆发了大规模游行示威,抵制政府向教派主义势力蔓延的印度妥协。

三、宗教因素与社会冲突

印巴地区的宗教冲突虽然有时表现为国家层面,但实际上仍以宗教族群为依托,很多时候往往是宗教而非国家利益之争导致了冲突。宗教作为一种社会意识形态,往往与社会生活的各个方面紧密结合在一起,尤其会对民众的社会心理产生极大影响,如族群认同感及群体自尊感等,它们的交互作用则往往会成为引燃社会冲突的导火索。

(一) 教义的排他性

从表面来看,宗教教义只是对信众群体的思想及行为等进行引导或约束,但当其被作为信众生活的最高原则时,宗教教义就会成为他们将自己区别于其他群体的原则性界限,这种影响在信仰者心理上产生的影响往往是非常牢固的,并具有强烈的排他性。当这些根本原则受到外来冲击时,这种冲击就成为对他们自身的否定和挑战,因而极易引起他们与差异群体的对立。无法化解的对立则往往导致冲突,甚至是暴力冲突,因为当信仰成为最高原则时,以生命捍卫信仰就成为极其自然的事情。基于此,因宗教尊严被侵犯而引发冲突的案例不在少数,小到跨文化交流中因为不了解对方的宗教特点而导致并非有意的冒犯,从而产生交流

---

① 张玉兰:《伊斯兰极端势力:困扰巴基斯坦的梦魇》,载《南亚研究》2004年第1期,第18页。

的障碍乃至隔阂,大到某一信仰群体的宗教教义为外来势力所挑战,从而引发群体间的冲突。

从印巴地区的宗教冲突来看,虽然历史因素往往成为宗教冲突的诱因,但这往往又是基于教义本身的差异,当双方的教派势力均将教义视为最高原则时,这种由差异所衍生的排他性就成为一种无法化解的敌意。因此,要在根本上改变这种局面,引导民众确立宗教宽容的态度才是根本。

(二) 宗教与民族认同

当宗教成为一个国家意识形态的重要组成部分时,宗教就会成为民族认同的重要原则。在高度崇尚宗教的社会环境中,由共同的信仰所产生的心理认同往往比地域归属、语言认同和共同的生活体验更加强烈。在这种情况下,当一个民族群体信仰同一宗教时,宗教认同往往能够强化民族认同,在一定条件下还可以转化为民族认同。反之,当一个民族内部的成员信仰不同的宗教时,一旦出现利益冲突,宗教往往成为群体区别的首要标签,在这种情况下,宗教认同就会替代和超越民族认同,从而导致民族内部矛盾的激化,而这种矛盾激化又往往会强化宗教认同,最终使之成为超越民族的最高认同。印巴地区宗教冲突往往导致超越国界的连锁反应就是宗教认同超越民族认同的典型例证。

这种情况也提醒人们,在意识形态因素较为复杂的社会中,以何种因素作为群体认同的基础将会对社会状况产生巨大的影响,而当认同的基础一旦确立,要实现这方面的变革则是极为不易的。

(三) 宗教与社会冲突

许多社会冲突之所以能够为宗教因素所触发,往往是因为宗教因素在社会生活各个层面的广泛渗透性存在。从印巴地区的情况来看,这种情形更为突出。首先是宗教因素已渗透在人们的饮食及生活习惯等各个方面,即使细节处也无不体现着宗教的规约。当这种规约彼此矛盾乃至冲突时,引发信众群体间的冲突则在所难免。比如在饮食上,穆斯林不食猪肉,但常食牛羊肉,而对印度教徒来说,牛却是不可宰杀和食用的神圣之物。这种巨大的差异一旦处于特定的社会条件下,无疑会引发巨大的社会冲突。其次,受长期的历史积淀的影响,在印巴地区,印度教与伊斯兰教两大宗教间的巨大张力已经不仅仅是教义层面的冲突,而是与很多惨痛的历史记忆联系在一起,这也是原本小范围的宗教冲突动辄引发超越国界的大规模动乱的重要原因所在。第三,印巴都是极为重视宗教传统的国家,这也使得政治与宗教间的联系变得极为紧密与复杂。对于巴基斯坦这样的政教结合的国家体制而言,政治与宗教尤其密不可分,当宗教成为占主导地位的社会意识形态时，维护所信仰宗教的尊严就成为政府的重要职责之一。在这种情况下，政府甚至已经难以主导政治与宗教关系的走向。就印度而言，虽然世俗国家的宗旨本身并未改变，但在现实层面，整个社会的意识形态及政治运作也已受到宗教因素的巨大影响乃至掣肘。印巴这种政治与宗教相纠缠的局面无疑为社会冲突的产生提供了温床。第四，宗教因素也会表现在文学、艺术等其他社会生活领域，不同宗教群体的审美情趣又往往会受到自身宗教信仰的深刻影响，并具有某种排他性。在保守的宗教环境里，某一宗教群体的成员对另一宗教信仰元素的独特鉴赏方式甚至也会被理解为亵渎行为。在这种情况下，在通常视角看来是极为普通的文学或艺术作品也往往会成为引发社会冲突的因子，有时则被动地充当了社会冲突的催化剂。

　　从上述内容不难看出，印巴地区宗教冲突的状况是极为复杂的，从时间上来看，上溯及历史，下触及当代；在空间上，也已超越了地区乃至政治边界的限制，引发冲突的具体因素更是触及社会生活的方方面面。在这种复杂局面下，已经不可能寻求到解决印巴地区宗教冲突的速效良方，所能寄予期望的，无非是两国政府及民众都能正确对待历史并从中汲取教益，从而为自身谋取到更为和平宁静的生活环境。

第四章

中亚五国的宗教冲突

中亚五国，土地广袤，资源丰富，民族交错杂居，既是欧亚大陆的地理接合部，也是伊斯兰文化与中国文化的交会处，具有重要的地缘政治战略和文化政治战略地位。中亚五国总人口的80%以上是穆斯林，中亚地区居于主导地位的宗教是伊斯兰教，因此伊斯兰教对于中亚五国当代的政治格局、经济类型、文化教育、意识形态和社会生活均具有重大影响。本章论及的中亚五国，指苏联解体（1991）后新出现的哈萨克斯坦、乌兹别克斯坦、吉尔吉斯斯坦、塔吉克斯坦和土库曼斯坦五个独立国家。不过，我们在追溯中亚地区古代宗教与伊斯兰教的历史时，不免会越出现在的中亚五国范围。发端于西亚、北非，活跃于整个伊斯兰世界的伊斯兰复兴主义运动，自然波及中亚；由苏联解体和东欧剧变引发的新一轮民族主义浪潮，成为重塑中亚地区政治疆域的重要元素；中亚五国五个主体民族中的四个，即哈萨克人、乌兹别克人、吉尔吉斯人、塔吉克人以及少数民族维吾尔人、东干人（中国称回民）等在中国西北特别是新疆地区均有跨境民族，具有共同的民族传统认同；上述跨境民族中又多为信奉伊斯兰教的穆斯林，具有共同的宗教文化认同，因此影响中亚的宗教因素也会对中国西北（特别是新疆）地区形成一定程度的影响。冷战后欧亚两洲出现的规模较大的地区性冲突均具有明显的民族宗教因素，如波黑战争（1992年4月~1995年12月）、第一次车臣战争（1994年12月~1995年2月）、塔吉克内战（1992~1999年）和第二次车臣战争（1999年9月~2000年3月）。上述显示，新一轮基于民族、宗教因素引发的冲突和矛盾正在从中东地区向北、向东转移并及于中亚地区。

中亚现代各民族，是中亚古代居民与中世纪以来陆续进入中亚地区的阿拉伯人、波斯人、突厥人、蒙古人等长期融合与分化而来的，根据各自的体征、语言、文化、居住区域和生产生活方式，至20世纪20年代形成130多个现代民族。

第一节 中亚五国的宗教格局

公元7世纪中期阿拉伯军队占领呼罗珊（今伊朗霍拉散）地区的赫拉特（位于今阿富汗西北部）和木鹿（今土库曼斯坦的马雷），穆斯林开始统治中亚地区，伊斯兰教随之传入中亚地区。8世纪初，中亚地区流行佛教、萨满教、祆教和摩尼教等多种宗教。8世纪中叶阿拉伯穆斯林军队征服中亚，10世纪中亚南部伊斯兰化。此后，从传播范围、信众数量和社会影响力等方面，伊斯兰教均超过了中亚地区原有的信仰萨满教、琐罗亚斯德教（又称祆教、拜火教）、佛教、摩尼教和景教。其中，萨满教是突厥人的原始信仰，其他宗教则是后来传入该地区的。迄今为止，在伊斯兰教影响薄弱的中亚一些地区，萨满教仍然影响着人们的社会生活。萨满教划分宇宙为三个层次：上界天堂系诸神居所，中界地面乃人类生活范围，下界地狱由恶魔占据。巫师可以沟通人神、驱魔逐鬼，"萨满"（亦称"喀木"、"巴克西"、"皮尔洪"等）就是萨满教一切活动的主持者。中亚民族传统生活方式包括农耕（如乌兹别克人、平原塔吉克人）和游牧（哈萨克人、吉尔吉斯人、土库曼人和山地塔吉克人）两个文化类型，对于伊斯兰教的接受表现出不同的特点。亦即中亚伊斯兰教，不仅具有地域文化特点，而且具有民族文化特点。

突厥人的皈依伊斯兰教永久性地改变了中亚地区的宗教格局，这是随着伍麦叶王朝（661~750年）的东线扩张而逐步实现的。8世纪中叶至10世纪，中亚南部实现伊斯兰化；与此同时，突厥人进入中亚地区，开始了中亚"突厥化"的历史进程：即信奉传统宗教的、操突厥语的、游牧的"突厥人"，不断南下绿洲地区与当地信奉伊斯兰教的、操东伊朗语的定居者通婚、融合，突厥人以放弃传统的生活方式和宗教信仰为代价，"换取"突厥语成为当地居民普遍使用的语言。亦即，中亚的"突厥化"与"伊斯兰化"是一个语言与宗教双向同步传播和接受的历史过程。12世纪中亚的西辽王朝和蒙古军队西征河中地区之后建立的政权，均先后被伊斯兰化。如此，使得中亚地区的伊斯兰教深深地融入了突厥、契丹和蒙古文化的特点。与此同时，伊斯兰神秘主义传统，逐步在中亚游牧民族中流行开来；简单素朴、苦行禁欲、离群索居的修道方式与游牧部落社会生活相适应，而随着苏非教团的产生，道堂、麻扎（圣徒墓地）、清真寺、经学校如雨后春笋般涌现。苏非派各自独立、互不隶属、自成体系的组织形式，与氏族部落家族建立在血缘关系之上的社会结构高度契合。一方面，伊斯兰教成为中亚地区主要信仰，中亚地区伊斯兰化；另一方面，伊斯兰教也日益与中亚地区文化相结合，形成与阿拉伯伊斯兰文化有差别的，具有中亚文化特色的伊斯兰教。

一、哈萨克斯坦共和国

（一）新兴的共和国

1990年10月25日，作为苏联的一个加盟共和国，"哈萨克苏维埃社会主义共和国"最高苏维埃通过了国家主权宣言。1991年12月10日更名为"哈萨克斯坦共和国"，12月16日通过《哈萨克国家独立法》宣布正式独立，规定哈是"民主的、非宗教的和统一的国家"，12月21日加入"独立国家联合体"（Commonwealth of Independent States，CIS，即独联体）。12月27日，中国承认哈萨克斯坦共和国独立。1992年1月3日，中哈两国建交。

哈萨克族是哈萨克斯坦共和国的主体民族，哈萨克民族的形成和发展经历了上古先民、哈萨克汗国和俄罗斯统治以及苏维埃社会主义共和国联盟四个主要历史时期。19世纪中叶以后，哈萨克汗国全境处于俄罗斯统治之下。1917年11月建立苏维埃政权。1920年8月26日建立归属于俄罗斯联邦的"吉尔吉斯苏维埃社会主义自治共和国"。1925年4月19日改称"哈萨克苏维埃社会主义自治共和国"。1936年12月5日定名为"哈萨克苏维埃社会主义共和国"，同时作为加盟共和国加入苏联。

（二）穆斯林占全国人口75%

苏联解体时（1991），哈萨克斯坦穆斯林人数居中亚五国第二位（仅次于乌兹别克斯坦）。除伊斯兰教之外，哈萨克斯坦还有众多的东正教和佛教信徒。[①] 1990年1月，哈萨克斯坦设立"穆斯林宗教管理局"（以下简称"穆宗局"），专司国内穆斯林事务。1998年，哈萨克斯坦有各类宗教组织近3 000个，其中伊斯兰教组织1 000个。据哈"穆宗局"估计，截至1999年1月，哈全国共有穆斯林1 100万，包括24个民族；共有清真寺约5 000座，正式登记的有1 000座；清真寺一般均设有专门的经学班，教授伊斯兰教知识；学生既有少年儿童，也有成年人。

---

① 中国现代国际关系研究所民族与宗教研究中心编著：《周边地区民族宗教问题透视》，时事出版社2002年版，第57页。

哈萨克斯坦是个多民族、多宗教国家，除哈萨克民族之外的 130 个民族人口总数近 700 万，占全国人口的 46.6%。其中，俄罗斯族 430 万人，占全国人口的 30.7%。信仰伊斯兰教的哈萨克族、乌兹别克族、吉尔吉斯族、维吾尔族和东干族等穆斯林民族占全国人口的 75%，主要属于伊斯兰教逊尼派。伊斯兰教是哈萨克斯坦信众最多的宗教，政府对于伊斯兰教事务十分重视。①

（三）宗教与政治分离

哈萨克斯坦共和国 1993 年《宪法》第 12 条规定："公民有信仰宗教的自由，即公民有权自由地选择宗教立场，信仰某一宗教或不信仰某一宗教，有权传播宗教并进行宗教活动。"② 1995 年新《宪法》规定："外国宗教组织在共和国境内的活动，以及外国宗教中心对共和国内宗教组织领导人的任命，须经共和国有关国家机关同意。"③ 2000 年 9 月 1 日，总统纳扎尔巴耶夫在哈议会演讲中强调："哈萨克斯坦是政教分离的国家，我们尊重正当的宗教信仰，但绝不允许宗教极端主义势力披着宗教的外衣从事颠覆政权的活动；最近在乌兹别克斯坦、塔吉克斯坦和吉尔吉斯斯坦发生的流血冲突表明：我们必须提高警惕，做好充分准备，同宗教极端主义势力作坚决的斗争。"④

总之，在哈萨克斯坦共和国，第一，伊斯兰教拥有广大信教群众和政府的适度支持，因此在社会稳定与和谐方面具有举足轻重的作用；第二，苏联时期形成的世俗生活方式，作为现实社会里一种强大的习惯势力仍将继续存在；第三，哈萨克斯坦共和国独立以来，信仰伊斯兰教的各民族，在伊斯兰复兴的当代历史进程中都试图扩大本民族的影响，因此不同穆斯林民族之间存在着一定的竞争关系，彼此间既有合作也有冲突。

二、吉尔吉斯斯坦

（一）新兴的共和国

1990 年 10 月 28 日，吉尔吉斯科学院院长阿卡耶夫当选为"吉尔吉斯苏维埃社会主义共和国"总统。三天后阿卡耶夫公布了《主权宣言》，12 月 13 日，

---

① 徐亚清：《中亚五国转型研究》，民族出版社 2003 年版，第 102 页。
② 连振华主编：《哈萨克斯坦共和国经济贸易法规选编》，新疆人民出版社 1993 年版，第 4 页。
③ 《1995 年哈萨克斯坦宪法》，赫文明主编：《中国周边国家民族状况与政策》，民族出版社 2000 年版，第 135 页。
④ 徐亚清：《中亚五国转型研究》，民族出版社 2003 年版，第 106 页。

宣布改国名为"吉尔吉斯共和国"。1991年2月7日,恢复首都伏龙芝原名比什凯克。1991年8月31日通过国家独立宣言,宣布正式独立,国名"吉尔吉斯坦共和国",同年12月21日加入独联体。

19世纪60~70年代,吉尔吉斯斯坦全部领土并入沙皇俄国。1917年11月~1918年6月,建立苏维埃政权。根据中亚民族国家划分,1924年10月14日成为俄罗斯联邦的卡拉—吉尔吉斯自治州。1925年5月25日称吉尔吉斯自治州。1926年2月1日改为吉尔吉斯苏维埃社会主义自治共和国。1936年12月5日成立"吉尔吉斯苏维埃社会主义共和国",加入苏维埃社会主义共和国联盟,成为苏联的加盟共和国。

(二) 穆斯林占全国人口的70%

吉尔吉斯斯坦属于多民族、多宗教的世俗国家。2000年统计人口为490.8万,有80多个民族成分,其中主体民族吉尔吉斯族占全国总人口的65%,主要信仰伊斯兰教逊尼派;此外吉国内的乌兹别克族占14%、[1] 哈萨克族、塔吉克族、东干族和维吾尔族也都信仰伊斯兰教。全国居民的70%信仰伊斯兰教,其他信仰有东正教、天主教等。2000年的研究著作说明,吉国内共有正式活动的宗教组织1 136个,其中伊斯兰教组织(包括宗教法庭和清真寺)913个,东正教组织208个,其余为天主教(如耶和华显灵派)、犹太教组织。[2] 伊斯兰组织占到吉全国宗教组织将近一半。吉政府成立"宗教事务管理委员会",专司国内宗教事务。1991年颁布的《吉尔吉斯宗教信仰自由和宗教组织法》规定:国家不干涉宗教组织的合法活动。1993年吉尔吉斯斯坦宪法重申吉尔吉斯斯坦是世俗国家,明确规定宗教和一切宗教活动同国家政治相分离,吉尔吉斯斯坦共和国禁止以宗教为基础建立政党、宗教组织追求政治目的和任务,以及宗教组织工作人员和宗教人士干预国家机关的活动。[3] 吉尔吉斯斯坦总统阿卡耶夫也曾明确表示,禁止伊斯兰激进组织(原书为:伊斯兰原教旨主义——编者注)活动。[4]

公元8~9世纪,伊斯兰教就已深入南方的费尔干纳盆地。11世纪,奥什成为重要的伊斯兰学术中心。17~20世纪,浩罕汗国强制推行伊斯兰教,使得今吉尔吉斯斯坦北部居民接受伊斯兰教。1991年正式独立以来,塔吉克斯坦内战对于吉尔吉斯斯坦有所影响,但伊斯兰政治反对派仍然处在社会边缘,伊斯兰教还不是一股政治力量,只是被视为文化认同感的源泉。吉尔吉斯人对待宗教持宽

---

[1] 俄罗斯族占总人口的12.5%,乌克兰族占1.5%。
[2] 徐亚清:《中亚五国转型研究》,民族出版社2003年版,第103页。
[3] 赫文明主编:《中国周边国家民族状况与政策》,民族出版社2000年版,第178页。
[4] 徐亚清:《中亚五国转型研究》,民族出版社2003年版,第107页。

容态度，全国有 1/4 的人口是非穆斯林，政府鼓励多党制，所以没有一个强大的伊斯兰政党；吉尔吉斯斯坦的教职人员多由塔塔尔移民担任，因此与本地穆斯林联系松散；对于穆斯林激进分子的活动，政府采取露头就打的既定政策①。宗教信仰的温和，政党政治的多元，教职人员的流动，对于激进分子的及时处置，使得伊斯兰教与吉尔吉斯斯坦社会相适应且和谐发展。

（三）"乌伊运"② 与奥什

吉尔吉斯斯坦共和国的乌兹别克人主要居住在南部的奥什州和贾拉勒阿巴德州，分别占上述两州的 27.6% 和 23.9%。费尔干纳盆地的奥什是奥什州首府和吉尔吉斯斯坦第二大城市，人口 30 万，距离安集延（今属乌兹别克斯坦）不远。奥什有包括使者阿尤布陵墓、莫卧儿王朝创始人扎希尔·巴布尔（1483～1530）清真寺，以及扎希尔·巴布尔在奥什附近塔赫特山的静修处等伊斯兰圣地，每年吸引数以千计的朝觐者。1990 年 6 月，奥什爆发乌兹别克人和吉尔吉斯人之间因建筑用地问题发生械斗，政府和内务部机关遭冲击，死 40 多人，伤 200 多人③。7 月，贾拉勒阿巴德和奥什再次发生乌兹别克人和吉尔吉斯人之间的冲突。1991 年 4 月，奥什的乌兹别克人与吉尔吉斯首领签署公约：允许乌兹别克人分享行政权力，开办乌兹别克学校等和解措施。可惜该公约未能切实执行，致使奥什市成为民族隔离的城市，以民族为界限分为两个社区，双方互不往来。

1999 年 7 月 31 日，"乌伊运"武装组织自塔吉克斯坦潜入吉尔吉斯斯坦南部奥什州的巴特肯地区，袭击哨所、绑架人质，并与政府军交火，直至 10 月此次危机获得解决。此即"巴特肯事件"。2000 年 8 月，"乌伊运"再次袭扰乌兹别克斯坦、吉尔吉斯斯坦和塔吉克斯坦边境。境外宗教组织渗透，影响吉尔吉斯斯坦的社会稳定。主要有：第一，发源于沙特阿拉伯的瓦哈比派运动，苏联解体前后就开始向中亚地区渗透，逐步在费尔干纳盆地取得立足点，并利用地缘优势，进而向吉尔吉斯斯坦南部、哈萨克斯坦南部和塔吉克斯坦北部渗透。在奥什州和贾拉勒阿巴德州，瓦哈比派在普通穆斯林群众中的社会影响已超过传统的伊玛目。第二，乌兹别克斯坦境内的一些宗教政治组织，如"乌伊运"利用费尔干纳跨越多国边界的地缘条件，从事带有明显政治倾向的暴力活动。第三，20 世纪 50 年代由埃及"穆斯林兄弟会"派生的"伊斯兰解放党"（即所谓"伊扎布特"），

---

① 王建平、吴云贵、李兴华：《当代中亚伊斯兰教及其与外界的联系》（内部报告），中国社会科学院世界宗教研究所，2000 年，第 92 页。

② 乌伊运："乌兹别克斯坦伊斯兰运动"，又称"突厥斯坦伊斯兰运动"或"突厥斯坦伊斯兰党，"是被上海合作组织成员国禁止活动的 5 个恐怖组织之一。——编者注

③ 另一说死 139 人，伤 486 人。

70年代开始向苏联中亚地区渗透,苏联解体前即已进入乌兹别克斯坦和吉尔吉斯斯坦。90年代之后,在费尔干纳盆地空前活跃,包括吉尔吉斯斯坦奥什州和贾拉勒阿巴德州以及乌兹别克斯坦的费尔干纳地区,均受其影响。奥什州属于该党的清真寺677座、经学校4所,贾拉勒阿巴德州属于该党的清真寺123座、经学校1所。"伊斯兰解放党"主张通过文化、教育和宣教等途径,透过互联网、图书、报刊以及"宗教学术研讨会"来宣传其"政治伊斯兰"主张,借以争取民众。①

三、乌兹别克斯坦

(一) 穆斯林占全国人口的88%

1991年8月31日宣布独立,改国名为乌兹别克斯坦共和国。宪法规定乌是民主的主权国家。居民大多信奉伊斯兰教逊尼派。官方语言为乌兹别克语(属阿尔泰语系突厥语族),俄语为通用语,国民受教育程度较高。19世纪60~70年代,乌兹别克部分领土并入俄国。1917年11月建立苏维埃政权,1924年10月27日成立"乌兹别克苏维埃社会主义共和国"并加入苏联。

乌兹别克斯坦人口2 370多万,是中亚五国人口最多的国家;乌兹别克族人口大约2 000万,是中亚五国人口最多的民族,其中1 400万人居住在乌兹别克斯坦境内,占国家总人口的71%;有400万~600万人生活在塔吉克斯坦、吉尔吉斯斯坦和土库曼斯坦三国,分别占所在国家人口的25%、15%和13%。伊斯兰教和东正教是乌兹别克斯坦的传统宗教,全国约有85%的居民信奉伊斯兰教,有清真寺5 000多座;截至1990年底在司法部登记注册的宗教团体有1 710个,其中伊斯兰教566个(1999年增加到1 566个);1999年,国家设立伊斯兰大学;2000年,全国有4 500人赴麦加朝觐。东正教是乌兹别克斯坦第二大宗教,俄罗斯族人口200余万居于全国第二位;1991年全国有东正教教堂56座,2000年增加至100座。②

乌兹别克斯坦绝大多数穆斯林属于逊尼派,戈诺·八达赫尚地区有什叶派伊斯玛仪派(七伊玛目派)存在,布哈拉、撒马尔罕和塔什干有什叶派十二伊玛目派小社团。极盛时期的布哈拉有360座清真寺和113所伊斯兰经学院,至1900年仍有经学院103座,在校学生1万名。撒马尔罕曾经是帖木儿帝国首都,与布哈拉一样,均系中世纪伊斯兰世界著名的学术文化中心。乌兹别克斯坦是中亚五

---

① 中国现代国际关系研究所民族与宗教研究中心编著:《周边地区民族宗教问题透视》,时事出版社2002年版,第93页。
② 徐亚清:《中亚五国转型研究》,民族出版社2003年版,第103页。

国伊斯兰教传统最为深厚的国家，布哈拉所在的费尔干纳盆地对于伊斯兰教信仰的振兴和苏非派的传播均至关重要。

（二）穆斯林政治组织繁多

20世纪90年代开始，随着世界范围内伊斯兰复兴运动的涌动，穆斯林参与政治运动的热情空前高涨，费尔干纳盆地伊斯兰教政党不断涌现：

1. "伊斯兰解放党"

逊尼派宗教政治组织。1952年创立于耶路撒冷（另一说1953年创立于欧洲），创始人为"穆斯林兄弟会"早期精神导师之一的纳布哈尼（1909～1979年）。20世纪70年代末进入中亚，最活跃地区包括吉尔吉斯斯坦贾拉勒阿巴德州、奥什州、巴特肯州以及乌兹别克斯坦的费尔干纳地区。90年代，上述地方涌现出大量传教团体，各种教派活动频繁。"乌兹别克伊斯兰解放党"（"伊扎布特"）1989年出现，1992年获得合法地位。该党谴责政府的无神论倾向，主张建立一个伊斯兰国家；并以费尔干纳盆地属于乌兹别克斯坦的部分（如纳曼干地区和安集延地区）为中心，针对当地大批17～25岁的无业青年散发书籍和传单，宣传该党所主张的宗教政治思想，建立基层组织。并以此为基地，东向吉南部的贾拉勒阿巴德和奥什、西北向哈南部的奇姆肯特地区渗透。①

2. "伊斯兰复兴党"

1990年9月在莫斯科登记，并在各加盟共和国设立分支机构。1991年1月，乌兹别克斯坦"伊斯兰复兴党"成立，该党被视为瓦哈比派宗教政党，主张严格遵循教义教规、反对非伊斯兰的生活方式、建立伊斯兰教法基础之上的伊斯兰政府。该党在费尔干纳地区发展较快，但因其章程违反有关禁止宗教干预政治的法规，政府宣布其为非法组织。1992年12月该党主席失踪后，该党继续秘密活动，如在塔什干地区就有5 000名党员。由于屡遭政府严厉打击，催化了一系列暴力活动：1997年12月，纳曼干4名警察被杀害；1999年2月，一系列针对总统卡里莫夫的汽车爆炸案件，16人死，128人伤。

3. "乌兹别克斯坦伊斯兰运动"

1991年12月，"乌兹别克斯坦伊斯兰运动"（"乌伊运"）在费尔干纳②盆地③

---

① 中国现代国际关系研究所民族与宗教研究中心编著：《周边地区民族宗教问题透视》，时事出版社2002年版，第124～129页。

② 费尔干纳，或称"破洛那"（《魏书》）、"拔汗那"（《经行记》）等。潘志平：《中亚浩罕国与清代新疆》，中国社会科学出版社1991年版，第5页。

③ 费尔干纳盆地东西长300公里，南北最宽处150公里，盆地面积约3万平方公里，加上附近山区5万～6万平方公里；居民1 000万，约占中亚五国总人口的20%。潘志平主编：《中南亚的民族宗教冲突》，新疆人民出版社2003年版，第196页。

中心地区的农业村镇纳曼干首次显示其社会影响力。因为镇长拒绝划拨土地建造清真寺，一些失业的年轻人在 24 岁的地下毛拉、自大学退学的塔希尔·尤尔达舍夫领导下制造事端。后在沙特阿拉伯的资助和约 5 000 名追随者的支持下，尤尔达舍夫修建了一座清真寺和一所容纳 2 000 人的穆斯林学校。其清真寺外悬挂"伊斯兰国家万岁"标语，并要求全镇妇女遵守宗教着装传统。同时创立"正义党"，鼓吹伊斯兰革命，其军事首领为纳曼干尼。1992 年 3 月，政府宣布取缔"正义党"、逮捕其 27 名骨干成员。尤尔达舍夫等人逃窜塔吉克斯坦、阿富汗和巴基斯坦等地（1996～1998 年），开始走上暴力恐怖之路，1999 年 2 月 16 日在首都塔什干制造汽车炸弹爆炸事件；8～10 月，制造吉尔吉斯斯坦巴特肯人质事件；2000 年 8 月，武装袭扰乌兹别克斯坦、吉尔吉斯斯坦和塔吉克斯坦三国边界地区；11 月 17 日，乌兹别克斯坦政府为表示打击恐怖主义的坚定决心，缺席判处尤尔达舍夫和纳曼干尼死刑。

除"正义党"之外，其他还有"忏悔派"、"伊斯兰卫队"等穆斯林武装组织，以及"塔比力克（凝聚）运动"、"乌尊索阔尔（长胡须）运动"、"伊斯兰拉施阔尔拉里（战争）运动"、"努尔（光明）运动"和"突厥斯坦伊斯兰民主党"等宗教政治组织。

（三）政党政治暴力化

1. 温和的瓦哈比派与苏非派

20 世纪 90 年代以来，立足于传统伊斯兰的、温和的穆斯林社会运动风起云涌。第一，瓦哈比派社会运动。该派 1991 年以来发起公开反对逊尼派穆斯林在婚丧嫁娶活动中的奢侈习俗，并着手兴建属于瓦哈比教派的清真寺和经学院。第二，苏非派振兴运动。与此相呼应，著名的纳格什班迪（一译纳格什班迪耶、纳格什班底）苏非教团也开始推动振兴苏非派教团运动，该运动中心就是教团创始人巴哈乌丁·纳格什班迪（1317～1389 年）诞生地布哈拉。国家出资整修伊斯兰圣地，如布哈拉的纳格什班迪陵墓及其附属建筑，以及撒马尔罕郊区著名圣训学家布哈里（810～870 年）的陵墓及其附属建筑。

2. 打击宗教政治反对派

1995 年，政府开始公开打击宗教政治反对派。第一，在浩罕市一清真寺驱散了持不同政见的穆斯林群众集会；第二，1995 年 8 月，在塔什干机场逮捕瓦哈比派领袖米尔扎耶夫，因其鼓吹伊斯兰教育和社团生活不应受政府干预；1997 年 9 月，米尔扎耶夫助手失踪。第三，塔什干穆斯林领袖纳扎罗夫因瓦哈比派嫌疑也被解除伊玛目职务。第四，禁止达塔汗·哈桑诺夫领导的鼓吹通过非暴力革命推行伊斯兰教法的"伊斯兰民主党"活动。

3. 政党政治暴力化

政府的遏制与打击政策，激起了新一轮暴力活动：第一，1997 年前后，先是纳曼干省副省长在内的数名官员被杀害，后是一位高级警官被砍首示众。政府称瓦哈比派基层组织伊斯兰武装（纳曼干尼集团）应对上述暴力事件负责。第二，1999 年 2 月 16 日，塔什干政府办公大楼前发生汽车炸弹爆炸事件，造成 16 人死，100 多人伤。政府指责这起事件与瓦哈比派、真主党组织以及"乌伊运"、伊斯兰解放党有联系，于是大肆逮捕（至少 500 名）所谓"政治伊斯兰分子"，许多瓦哈比派成员也以"拥有大麻和非法武器罪名"被捕。第三，"乌伊运"领导人塔赫尔·尤达斯（俄文名尤达塞夫）被政府称为"典型的伊斯兰极端分子"，塔什干汽车爆炸事件后他向政府发出通牒，十多天后，一辆公共汽车被武装分子劫持，内务部队袭击劫持者，两名人质死亡。第四，乌兹别克斯坦解放党领导人穆罕默德·萨利赫认为，"如果乌兹别克斯坦有宗教极端主义的话，那是卡里莫夫政府在政治上搞极端主义的直接后果。不可能以暴力和恐怖的政策来保持稳定。这种政策只能破坏稳定。"① 卡里莫夫总统认为："强权政治是避免流血冲突、保存我们地区民族和社会和谐、和平、稳定的必要手段……我的反对者将卡里莫夫看做独裁者。我承认我的行为有点极权主义。但我是为了经济发展和人民的繁荣而不得不以这种方式行事。"② 1999 年 2 月塔什干汽车爆炸案之后，政府严厉打击费尔干纳盆地的瓦哈比派，甚至认为该派教义事实上是恐怖主义的同义词。但西方学者认为，乌兹别克斯坦激进伊斯兰势力的增长与教派没有多大关系，而是与社会经济和政治形势有关。第五，2000 年 2 月 2 日，塔什干郊外的一辆公共汽车发生炸弹爆炸事件。5 人死亡，22 人受伤。③

1992 年颁布的《乌兹别克斯坦共和国宪法》第 31 条规定：保障所有人的良心自由。每人都有信仰宗教或不信仰宗教的权利。《宪法》第 61 条规定：宗教组织和团体同国家分离，并在法律面前一律平等。国家不干涉宗教团体的活动。④ 为了应对极端主义和恐怖主义对于国家安全的挑战，1998 年乌兹别克斯坦重新修订《信仰自由和宗教组织法》。禁止 100 人以下的宗教团体和宗教社团的

---

① "Open Letter from Muhammd Salih"，*Turkistan Newsletter*，Nov. 24，1999，转引自王建平、吴云贵、李兴华：《当代中亚伊斯兰教及其与外界的联系》（内部报告），中国社会科学院世界宗教研究所，2000 年，第 72 页。

② Mehrdad Haghayeghr，*Islam and Politics in Central Asia*，p. 141，转引自王建平、吴云贵、李兴华：《当代中亚伊斯兰教及其与外界的联系》（内部报告），中国社会科学院世界宗教研究所，2000 年，第 75 页。

③ 参见王建平、吴云贵、李兴华：《当代中亚伊斯兰教及其与外界的联系》（内部报告），中国社会科学院世界宗教研究所，2000 年，第 64～76 页。

④ 连振华主编：《乌兹别克斯坦、塔吉克斯坦、吉尔吉斯斯坦、土库曼斯坦经济贸易法规选编》，新疆人民出版社 1995 年版，第 7 页。

活动，禁止除政府承认的宗教组织之外的任何宗教活动和宗教教育，禁止外国宣教师的活动，要求对宗教组织实施严格的登记制度，① 以及规定公民出国参加国际性宗教会议必须经过国家宗教委员会批准等。乌兹别克斯坦刑法还将组织宗教极端主义派别、利用国际互联网传播反动宗教思想、印刷和散发宗教极端组织书籍和传单等活动，列为危害国家安全与社会稳定、妨害公民宗教信仰权利的刑事犯罪行为。②

四、土库曼斯坦

（一）新兴的共和国

19世纪60年代末至80年代中期，今土库曼斯坦部分领土并入俄国。土库曼人民参加了1917年的二月革命和十月社会主义革命。1917年12月建立苏维埃政权，其领土并入"土耳其（突厥）斯坦苏维埃社会主义自治共和国、花拉子模和布哈拉苏维埃人民共和国"。在划定民族管理区后，于1924年10月27日建立土库曼苏维埃社会主义共和国，并加入苏联。1990年8月23日，土库曼最高苏维埃通过了国家主权宣言，1991年10月27日宣布独立，改国名为土库曼斯坦共和国，同年12月21日加入独联体。土库曼斯坦历史上曾被波斯人、马其顿人、突厥人、阿拉伯人、蒙古人征服。

苏维埃政权建立之前，伊斯兰教育已经成为包括土库曼斯坦的突厥斯坦总督区文化生活的一部分，俄罗斯化教育计划遭到抵制。1911年尚有传统的伊斯兰教经文学校6 000所和伊斯兰教经学院328所，在校学生超过10万。1924年，现代苏维埃学校在数量上超过伊斯兰经文学校。1927年，整个中亚地区仅剩下250所伊斯兰经文学校。1927年以前，土库曼语使用阿拉伯文字母拼写，1927年后采用拉丁字母拼写，1940年起使用西里尔字母拼写。1924年土库曼斯坦加入苏联，全国各地原有480多座清真寺，1942年仅存5座。1948年10月首都阿什哈巴德唯一一座清真寺因地震坍塌后再未重修。十月革命后，现代化浪潮、教育水平的提高、妇女解放运动的展开以及严厉的宗教压制政策，如立法禁止割礼，党员如参加教职人员主持的葬礼要受纪律处分，传统主义等于反苏维埃主

---

① Abdumannob Polat, "Uzbekistan: Does Islamic Fanatism Threat to Stabillty?" 转引自王建平、吴云贵、李兴华：《当代中亚伊斯兰教及其与外界的联系》（内部报告），中国社会科学院世界宗教研究所，2000年，第70页。

② 中国现代国际关系研究所民族与宗教研究中心编著：《周边地区民族宗教问题透视》，时事出版社2002年版，第124~129页。

义，维护旧风俗就是人民公敌等①，均未能取代传统的伊斯兰文化。虽然苏联时期土库曼斯坦穆斯林科技工作者在全国所占比例位于各加盟共和国之首，但是毛拉对于广大游牧民和城市下层穆斯林民众的影响更大。人们严格遵守伊斯兰教义，出生与婚丧嫁娶均要请毛拉主持相应仪式。②

（二） 穆斯林占全国人口的 89%

土库曼主要宗教是伊斯兰教（逊尼派），独立后土库曼设立"伊斯兰教事务指导委员会"管理国内的伊斯兰事务，由伊斯兰教大法官担任该委员会主席。穆斯林人口占全国人口的 89%（其中，土库曼人占 77%，乌兹别克人占 9.2%，哈萨克人占 2%），东正教占 9%（俄罗斯族和亚美尼亚族信仰东正教）。

土库曼斯坦伊斯兰教具有如下两大特点：第一，浓厚的部落主义传统。土库曼人和乌兹别克人是中亚突厥民族中两个主要族群，土库曼人在社会、政治和心理联系方面具有浓厚的部落主义传统，部落纽带为地域和方言所强化。土库曼部落划分为部族和氏族，各部落均有自己的领地，外人不得擅入，带有明显的社会和经济区分。苏维埃时代存在贵族、平民和奴隶三个等级，苏维埃统治近 70 年之后，阶级界限大体泯灭，但部落上层与部落平民的差别依然明显。③ 伊斯兰教信仰未能抹除上述社会差别。第二，苏非主义影响。土库曼是中亚苏非派的重要发源地，如中亚最为著名的"库布拉维教团"就是由纳吉姆·丁·库布拉（1145～1221 年）于土库曼创立，12 世纪流传最广的亚萨维教团即由艾哈迈德·亚萨维（？～1167 年）于锡尔河右岸的突厥斯坦城（今哈萨克斯坦奇姆肯特州城市）创立，信众最多的"纳格什班迪教团"则由巴哈乌丁·纳格什班迪（1317～1389 年）创立于布哈拉。苏非教团创始人及其继承者被尊为圣贤，墓地被尊为圣墓（又称麻扎），受到穆斯林群众的朝拜。如中亚谚语谓"朝谒圣墓七次，等于去麦加朝觐一次"。1991 年，清真寺由独立前的 4 座增加到 114 座，赴麦加朝觐人数也增至 140 人。1992 年 4 月尼亚佐夫总统访问沙特阿拉伯，拜访伊斯兰教两圣地麦加和麦地那，通过这次访问土库曼斯坦成为伊斯兰会议组织成员国。④

---

① 王建平、吴云贵、李兴华：《当代中亚伊斯兰教及其与外界的联系》（内部报告），中国社会科学院世界宗教研究所，2000 年，第 99 页。
② 中国现代国际关系研究所民族与宗教研究中心编著：《周边地区民族宗教问题透视》，时事出版社 2002 年版，第 140 页。
③ 王建平、吴云贵、李兴华：《当代中亚伊斯兰教及其与外界的联系》（内部报告），中国社会科学院世界宗教研究所，2000 年，第 101 页。
④ 中国现代国际关系研究所民族与宗教研究中心编著：《周边地区民族宗教问题透视》，时事出版社 2002 年版，第 139 页。

(三) 政治反对派

1992年《土库曼斯坦宪法》第11条规定：国家保证宗教信仰自由，并保证其在法律面前一律平等。宗教组织与国家分离，且不得行使国家职能。国家教育系统与宗教组织相分离。每个人都有权独立自主地确定自己对宗教的态度，单独地或同他人一起信仰或不信仰宗教，有权表达和传播同对待宗教态度有关的见解，参加宗教仪式、祭祀和典礼。① 尼亚佐夫总统指出，"对待宗教的态度是土库曼斯坦确立民主原则的鲜明例证。一般认为，教会同国家和教育系统分离的国家为世俗国家。土库曼斯坦是世俗国家，但我们理解，这种分离不是也不可能是绝对的。的确，宗教组织不履行国家职能，但宗教是我们的历史、精神文化、传统和生活方式的一部分，国家帮助宗教组织发挥其正常作用。这种对待宗教的态度保障了它对社会团结产生积极影响，并有利于祖国的繁荣。"② 一方面，宗教活动和教职人员的任命被置于国家的控制之下；另一方面，政府允许在学校中教授伊斯兰教课程，默认传统婚姻习惯，允许早晨的广播节目开始曲使用伊斯兰教唤礼词和祈祷词。社会层面，伊斯兰教在年轻人中被普遍信奉和遵守；土库曼斯坦在中亚五国中经济情况较好（石油和天然气资源丰富），社会发展平稳；尼亚佐夫总统在国内政策方面实行铁腕政策，严厉打击政治反对派：第一，土库曼斯坦宗教界领袖72岁的和卓阿赫迈德·奥拉吉里奇因公开批评尼亚佐夫总统在庆祝新年节日活动时让孩子们围绕圣诞树跳舞违背伊斯兰教法而被监禁，③ 其与人合译的土库曼文《古兰经》被总统尼亚佐夫谴责为"邪恶的"和失去原意而被公开焚毁。第二，1999年12月28日，尼亚佐夫总统接受土库曼斯坦议会给予他"无限制期限和无限制权力"的提议。第三，2000年1月5日，持不同政见人士努尔贝迪·努尔梅杜夫被政府以"流氓和企图谋杀"的罪名逮捕。第四，土库曼斯坦政府禁止基督教传教士在穆斯林地区传教，禁止浸礼会在土库曼斯坦传教。2000年3月，土库曼斯坦判处2名违规的浸礼会传教士四年徒刑。④

---

① 连振华主编：《乌兹别克斯坦、塔吉克斯坦、吉尔吉斯斯坦、土库曼斯坦经济贸易法规选编》，新疆人民出版社1995年版，第368页。
② 尼亚佐夫著，赵常庆等译：《永久中立 世代友好》，东方出版社1996年版，第198页。
③ 奥拉吉里奇在公开道歉后获释，与全家一起被放逐到边疆。
④ 王建平、吴云贵、李兴华：《当代中亚伊斯兰教及其与外界的联系》（内部报告），中国社会科学院世界宗教研究所，2000年，第103页。

五、塔吉克斯坦

（一）新兴的共和国

1990年8月24日，塔吉克最高苏维埃通过共和国主权宣言。1991年8月底更名为"塔吉克斯坦共和国"，9月9日，塔吉克斯坦共和国宣布独立，12月21日加入独联体。

9世纪塔吉克人建立了历史上第一个以布哈拉为首都的幅员辽阔、国力强盛的萨曼王朝（874~999年）①，塔吉克人的民族文化、风俗习惯形成于这一长达百年的伊斯兰化时期。此后加入伽色尼王国和花拉子模王国，13世纪被蒙古人征服，16世纪起加入布哈拉汗国。1868年，北部费尔干纳州和撒马尔罕州部分地区并入俄国，南部布哈拉汗国为俄国属国。1917年11月~1918年2月，北部地区建立苏维埃政权后加入土库曼自治共和国。1920年布哈拉人民革命后，宣布成立布哈拉苏维埃人民共和国。1924年建立塔吉克苏维埃社会主义自治共和国，隶属乌兹别克苏维埃社会主义共和国。1929年成立"塔吉克苏维埃社会主义共和国"，同年12月5日加入苏联。

（二）穆斯林占全国人口的86%

2000年，塔吉克族占全国人口80%，乌兹别克族占全国人口的15.5%，其余包括哈萨克族、吉尔吉斯族、维吾尔族在内的10多个少数民族约占全国人口的4.5%。塔吉克斯坦共和国穆斯林占全国人口的86%。大多属于逊尼派，仅南部帕米尔高原有什叶派支派伊斯玛仪派穆斯林6万~10万人。

塔吉克斯坦共有宗教组织232个，伊斯兰教组织200个。居民中有东正教和天主教信徒。1994年《塔吉克斯坦共和国宪法》第1章第8条规定：塔吉克斯坦社会政治生活的发展以政治结构和意识形态多元化为原则。包括宗教在内的任何一种意识形态都不能规定为国家的意识形态。社会团体要在宪法和法律范围内建立和活动。国家对他们的活动提供平等条件。宗教组织与国家分离，不得干预国家事务。禁止以挑起种族、民族、社会和宗教冲突为目的，或者煽动暴力推翻

---

① 由纳斯尔·阿马德创建，因其祖先为波斯贵族萨曼得名。初建都撒马尔罕，后为布哈拉（撒、布两市均在今乌兹别克斯坦境内）。萨曼王朝信奉伊斯兰教，10世纪上半叶国势最强，占据了包括今伊朗东部及阿姆河和锡尔河之间的地区，后被喀喇汗王朝所灭。

宪法制度和组织武装集团的社会团体的建立及活动。①

(三) 政治反对派

1. 南北差异

塔吉克斯坦南北差异明显，南方宗教色彩浓厚，一直处于国家政治边缘。北部地区，世俗的权威主义思想居于领导地位，教职人员居于从属地位；巴达赫尚（Badakhshan，另译巴达克山）地区②，伊斯玛仪派较为活跃；南部帕米尔高原地区，事实上处于教权统治之下③。

塔吉克斯坦是独联体中最贫困的共和国。塔吉克的伊斯玛仪派和阿富汗伊斯玛仪派关系密切，他们中的激进分子要求建立一个独立的伊斯玛仪派国家，而不希望建立伊斯兰国家。巴达赫尚伊斯玛仪派的宗教活动之一是吟诵"玛达赫"宗教诗歌，以赞颂阿里、先知穆罕默德的家属、伊斯玛仪派伊玛目和11世纪伊斯玛仪派诗人哲学家纳苏尔·胡斯娄等为主题。一两人以波斯语吟唱，有乐器伴奏，一般在举行殡礼、周四或周五晚上，或在麻扎举行周年纪念时举行。塔吉克斯坦历史文化中心撒马尔罕和布哈拉于斯大林时代被人为地划归乌兹别克斯坦，这一直成为塔、乌两国关系紧张的原因之一。塔吉克斯坦，苏非教团势力强大，主要有纳格什班迪教团和嘎德林耶教团，作为信徒个人与导师精神联系的皮尔制度在农村地区较为活跃。

2. 政治反对派

1989年，政府查禁了穆斯林激进分子的5个政治活动点，50名毛拉被捕。1990年2月，穆斯林群众游行示威，提出以下要求：第一，关闭污染工厂；第二，关闭出售猪肉的商店；第三，开放更多的清真寺；第四，停止在塔吉克人中使用俄罗斯名字。

此后，宗教政治组织开始涌现并积极活动。如主张伊斯兰复兴、塔吉克民族主义和议会民主的塔吉克民主党，以及要求在世俗学校讲授伊斯兰课程、建立伊斯兰法庭的伊斯兰复兴党。后者吸引了大批青年，他们认为伊斯兰教可以恢复塔吉克的光荣，弘扬塔吉克民族主义和建立平等的经济制度。该党获得了两个地区性精英集团的支持。④

---

① 赫文明主编：《中国周边国家民族状况与政策》，民族出版社2000年版，第209页。
② 位于今阿富汗东北部和塔吉克斯坦东部，《明史》称把丹沙、八答黑商，《清史稿》称巴达克山。
③ 王建平、吴云贵、李兴华：《当代中亚伊斯兰教及其与外界的联系》（内部报告），中国社会科学院世界宗教研究所，2000年，第84页。
④ 王建平、吴云贵、李兴华：《当代中亚伊斯兰教及其与外界的联系》（内部报告），中国社会科学院世界宗教研究所，2000年，第78~79页。

1999 年塔吉克斯坦全民公决，通过塔吉克斯坦是世俗国家和取消禁止任何政党和运动活动的禁令。"伊斯兰复兴党"积极参加议会选举，最终获得两个席位①，成为国家社会生活中的重要政治力量。例如，1991 年 9 月在杜尚别发动穆斯林组织大规模集会游行，迫使前塔吉克斯坦共产党领导人辞职；10 月向塔吉克斯坦议会施压，要求取消禁止成立宗教政党的法律；11 月参加总统大选，推出该党副主席担任政府副总理；1992 年 3 月组织上万名穆斯林群众在总统官邸示威，要求清除议会中的共产党员；5 月发动 2 万多武装民兵，参加针对塔吉克斯坦前总统纳比耶夫的夺权行动，6 月 21 日塔吉克当局宣布取缔复兴党等反政府组织，该党 8 月占领总统府接管国家政权，10 月因独联体军队干预撤出杜尚别进入塔阿边境地区；1992 年秋季，在塔阿边境短暂建立"卡尔姆伊斯兰共和国"；1993 年 7 月 13 日，突袭俄军驻扎的边防哨所，打死俄军 25 人。该党与"伊斯兰复兴运动"合并成立"塔吉克斯坦联合反对派"，坚持反政府活动，造成 25 万难民；1997 年 6 月，在联合国斡旋下，塔总统拉赫莫诺夫与联合反对派领导人在莫斯科签署《关于在塔吉克斯坦建立和平与民族和睦总协定》，规定：塔吉克斯坦联合反对派按一定比例加入政府各部门，其武装人员被编入军队。②

3. 官方与民间伊斯兰

塔吉克斯坦伊斯兰教分为两大系统：第一，官方伊斯兰教，包括"伊斯兰复兴党"、"伊斯兰赎罪党"和维护正统教义的传统伊斯兰教；第二，民间伊斯兰教，包括伊斯玛仪派、苏非教团和各种宣教组织。此外，瓦哈比派、国际伊斯兰运动宣教协会也是较为重要的伊斯兰教团体。目前，因为社会变迁，伊斯兰激进组织（原书为：伊斯兰原教旨主义——编者注）与民间伊斯兰教之间的政治矛盾，取代共产主义与伊斯兰教势力之间的矛盾，上升为社会的主要矛盾。③

1997 年民族和解协定的签署，使得塔政府与反对派大规模的武装冲突告一段落；然而塔吉克斯坦仍然面临着境内不属于联合反对派系统的宗教政治组织，以及境外极端势力如"乌伊运"的威胁。1999 年和 2000 年，"乌伊运"两次自塔吉克进入吉尔吉斯巴特肯地区袭扰；2000 年 2 月，塔吉克斯坦议会选举，一批议员候选人接连被害；2 月 7 日，杜尚别市市长汽车被炸，接着安全部副部长遇刺身亡。④ 上述事件表明，塔吉克斯坦的安全形势依然严峻，民族和解之路任重道远。

---

① 徐亚清：《中亚五国转型研究》，民族出版社 2003 年版，第 110 页。
② 中国现代国际关系研究所民族与宗教研究中心编著：《周边地区民族宗教问题透视》，时事出版社 2002 年版，第 105~106 页。
③ 王建平、吴云贵、李兴华：《当代中亚伊斯兰教及其与外界的联系》（内部报告），中国社会科学院世界宗教研究所，2000 年，第 84 页。
④ 徐亚清：《中亚五国转型研究》，民族出版社 2003 年版，第 124 页。

第二节　中亚五国的宗教纷争

19世纪下半叶沙俄征服中亚之际，当地居民主要有两种基本成分：其一，大多数居民是操突厥语的乌兹别克人、哈萨克人、吉尔吉斯人和土库曼人；其二，操东伊朗语的塔吉克人，居住在中亚南缘的平原和山区。沙俄征服中亚后，来自欧洲的斯拉夫移民（主要是俄罗斯人）成为中亚的第三种民族成分。中亚文化是伊斯兰文化为主、各穆斯林民族文化为辅的一种多种形式的二元文化：即既是宗教文化亦是民族文化。因此，认同自己的穆斯林身份，并非仅仅是单纯的宗教认同，在有些时候它往往是民族文化认同的重要内容。[①] 亦即中亚诸穆斯林民族，作为"宗教民族"的特征十分明显：既有对宗教信仰的强烈情感，又有对民族传统的普遍认同。中亚地区总面积400万平方公里，1917年总人口不足1500万。每平方公里平均人口约3.5人，属于地广人稀地区。中亚地区的人口分布与地理环境相适应：人口最为稠密的地区是位于天山和阿赖山之间的费尔干纳盆地，其次是锡尔河与阿姆河之间的河中地区（阿拉伯人称为"河外地"，中国人称为"河中府"）、东部的山间河谷以及某些沙漠绿洲，再次是人烟稀少的哈萨克大草原以及人迹罕至的卡拉库姆沙漠、天山山脉和帕米尔高原的高寒山区。

1914年，俄属中亚地区划分为南北两大区域：第一，中亚北部，哈萨克大草原。划分为东西两部分，东部为哈萨克草原总督区，首府鄂木斯克（今俄联邦西伯利亚联邦区鄂木斯克州首府），下辖两省；西部直属俄内政部，下辖两省；第二，中亚南部，以农耕为主的山地、河谷、沙漠、绿洲地区，为突厥（一译土耳其）斯坦总督区，首府塔什干，下辖五省：七河省，省会维尔内（今哈萨克斯坦境内阿拉木图）；锡尔河省，省会塔什干；费尔干纳省，省会浩汗（今乌兹别克斯坦境内费尔干纳盆地）；撒马尔罕省，省会撒马尔罕（今乌兹别克斯坦境内）；外里海省，省会阿斯哈巴德（今土库曼斯坦首都阿什哈巴德）。突厥斯坦总督区境内还有两个名义上独立的君主国：其一，布哈拉酋长国（1500~1920年），首都布哈拉（今乌兹别克斯坦布哈拉州首府）；其二，希瓦汗国（1512~1920年），首都希瓦城（今乌兹别克斯坦境内）。

由于南北两个区域差异较为明显，因此沙俄和苏联时期不少文献称北部区域为哈萨克斯坦，称南部区域为中亚。[②]

[①] 参见赵常庆等著：《中亚五国与中国西部大开发》，昆仑出版社2004年版，第300页。
[②] 丁笃本：《中亚通史现代卷》，新疆人民出版社2007年版，第2~3页。

一、沙俄与苏联时期

(一) 沙俄时期

16世纪中叶,沙皇伊凡四世征服喀山 (1552年) 和阿斯特拉罕 (1556年) 等穆斯林聚居的汗国时,曾采取残酷的手段强迫"非俄罗斯人"皈依东正教,如不服从则焚毁清真寺、没收宗教财产。18世纪下半叶,叶卡捷琳娜女皇下令成立"穆斯林宗教管理局",直属俄罗斯内务部,由内务部任命穆夫提 (伊斯兰教法说明官) 担任领导人,专司扩张中遇到的伊斯兰教问题。19世纪中晚期,中亚全部沦为沙俄属地 (1865～1884年),沙俄殖民当局已经形成了一套较为成熟的穆斯林管理方法:① 首先,对于中亚居民的宗教信仰乃至风俗习惯基本上一仍其旧,宗教组织继续负责居民的大部分教育,掌握一般的司法权力如审讯判决、调解纠纷。其次,逐步限制伊斯兰教的现实影响。如1886年颁布法令,规定在突厥斯坦总督区新型的帝国法院和传统的民族法院并存,前者执行帝国法律,后者则执行传统习惯法和伊斯兰教法。1891年颁布政府条例规定:每个乡保留1名专职伊斯兰教职人员。居民可以自愿供养清真寺和其他教职人员,禁止强迫。② 这一时期,游牧的哈萨克人中的穆斯林人数继续增加,哈萨克人中90%是穆斯林。1917年前夕,七河地区有清真寺288座;在穆斯林宗教管理局正式登记的伊玛目175名,宗教学校111所。③

(二) 苏维埃时期

1. 宗教信仰自由

"十月革命"后,苏维埃政府立即实施新的宗教政策:由列宁、斯大林签署的《俄国各族人民权利宣言》(1917年11月15日) 称"废除任何民族的和民族宗教的一切特权"④,革命政府颁布一系列法令,确立苏维埃政府的基本宗教政策:第一,宗教信仰自由;第二,废除一切宗教特权;第三,宗教不得干预政治、司法、教育和婚姻。苏维埃政府初建时期,宗教环境相对宽松。如俄共 (布) 第八次代表大会《决议》(1919年3月) 称,"侵犯信仰自由和一切信教公民做礼拜,应当受到严厉处分"。联共 (布) 第十三次代表大会《决议》

---

①③ 中国现代国际关系研究所民族与宗教研究中心编著:《周边地区民族宗教问题透视》,时事出版社2002年版,第70页。
② 丁笃本:《中亚通史现代卷》,新疆人民出版社2007年版,第18页。
④ 中国社科院世界宗教研究所编译:《苏联宗教政策》,中国社会科学出版社1980年版,第10页。

(1924年5月)强调:"一切试图用行政手段如封闭教堂、清真寺、礼拜堂、天主教堂等手段清除宗教偏见的做法,必须坚决加以杜绝","必须特别小心地不要伤害信教者的宗教感情"。①

然而,宗教信仰自由政策的确立并不妨碍俄国的马克思主义者把"整个宗教界"视为"剥削制度的帮凶"。他们始终认为,宗教敌视劳动群众的利益,是最保守的一种社会意识形态。这一思想体现在从俄共(布)到苏共关于宗教的基本文件中。如《无产者报》1909年声明:"同无论来自哪里的各种各样的宗教意识形态和宗教情绪进行斗争是必要的。"俄共(布)《纲领》(1919年3月通过)中关于宗教关系条款(第13条):"俄共对宗教的政策是不满足于已经颁布过的教会同国家分离、学校同教会分离的法令……俄共遵循的信念是:只有在群众的所有社会经济活动实现了计划性和自觉性,宗教偏见才能随之完全消除。党力求完全摧毁剥削阶级和宗教宣传之间的联系,同时使劳动群众实际上从宗教偏见中解放出来,并为此组织最广泛的科学教育和反宗教宣传工作。同时必须注意避免伤害信教者的感情,因为这种伤害只会加剧宗教狂。"② 1921年俄共中央全会做出专门决定:"那些资产阶级出身的知识分子如果不完全赞同党纲第13条,不得接受入党。"

2. 反宗教宣传

1923年4月,联共(布)第十二次代表大会关于进行反宗教宣传工作的《决议》说:"为了彻底破除工农群众对各种宗教的信仰,党必须首先进行系统深入的宣传工作,清楚而令人信服地向工人、农民揭露一切宗教的虚伪性和它们同工农利益的矛盾,揭露各种宗教团体与统治阶级的利益之间的联系"。③ 尽管苏共也曾对反宗教宣传中伤害群众宗教感情的错误进行批评,但历史的事实是中亚地区的伊斯兰教受到严厉打击:1928~1933年间苏联强行关闭了1万多座清真寺、1.4万多所伊斯兰学校、5所伊斯兰教经学院;伊斯兰教职人员被强制干粗活(如打扫厕所),或被关押到劳改营;带有伊斯兰色彩的民族传统习俗,往往被认为与苏维埃精神格格不入而被取缔(传统习俗几乎等于反苏维埃)。"反宗教宣传"贯穿于苏维埃的大部分时期,直到1977年苏联宪法才用"无神论宣传"替代"反宗教宣传"。苏共将宗教完全等同于迷信,"反宗教宣传"特别强调科学文化普及。这对于一般群众破除愚昧确有成效,但宗教的根源不在天上,而在人间,其本质是信仰问题。科普可以解决一般的无知和迷信,但并不能解决

---

① 中国社科院世界宗教研究所编译:《苏联宗教政策》,中国社会科学出版社1980年版,第53~54页。
② 中国社科院世界宗教研究所编译:《苏联宗教政策》,中国社会科学出版社1980年版,第35页。
③ 中国社科院世界宗教研究所编译:《苏联宗教政策》,中国社会科学出版社1980年版,第48页。

人们的根本信仰问题。① 随着苏联的解体，科学社会主义被抛弃，因此传统宗教思想在中亚地区的复兴是符合历史自身发展的内在逻辑的。

二、宗教与中亚五国社会冲突

（一）乌兹别克斯坦

乌兹别克斯坦宗教政治组织众多，影响最大的两个组织是"乌伊运"和"伊斯兰解放党"（即"伊扎布特"）。发端于乌兹别克斯坦费尔干纳地区的宗教政治组织"乌伊运"，其政治目标是在费尔干纳建立伊斯兰政府。该组织于1999年2月16日在乌兹别克斯坦首都塔什干政府办公大楼前制造汽车炸弹爆炸事件；8~10月，在吉尔吉斯斯坦巴特肯山区制造绑架人质事件。2000年夏秋，在费尔干纳山区展开多点小股的武装骚扰。2001年5月，有消息称"乌伊运"军事首领纳曼干尼组建新党——"突厥斯坦伊斯兰党"，旨在使整个中亚（包括中国新疆）伊斯兰化。"乌伊运"一位领导人表示："我们的组织并不仅仅为了乌兹别克人的利益。我们是一个伊斯兰组织，成员包括吉尔吉斯人、哈萨克人，甚至维吾尔人。"也有消息称"乌伊运"与其他一些穆斯林组织同中国维吾尔人分离分子组建了"中亚伊斯兰运动"，据说尤尔达舍夫是该组织首领。② 伊斯兰解放党纲领植根于19世纪的扎吉德运动，因此可以说伊斯兰解放党乃是"泛伊斯兰主义"和"泛突厥主义"的当代体现。其远期政治目标是在中亚建立统一的"穆斯林哈里发国家"。第一批"伊扎布特"支部1992~1994年诞生于费尔干纳、安集延和塔什干，并迅速发展到乌兹别克斯坦各州；1998~2000年，又扩散到塔吉克斯坦、吉尔吉斯斯坦以及哈萨克斯坦。"伊扎布特"首领声称从事"和平圣战"，但因该组织对于社会稳定的威胁日益增长，中亚国家将其列为恐怖组织，一直对其严加防范和坚决打击。

"乌伊运"和"伊扎布特"是乌兹别克斯坦两个最大的宗教政治反对派，如何处理与包括上述两大派别在内的宗教政治反对派的关系，对于乌兹别克斯坦社会稳定举足轻重。

（二）吉尔吉斯斯坦

吉尔吉斯斯坦面临的最突出问题主要有，境外宗教极端思想渗透和宗教武装

---

① 赵常庆等著：《中亚五国与中国西部大开发》，昆仑出版社2004年版，第328页。
② 《中亚时报》2001年5月21日。转引自赵常庆等著：《中亚五国与中国西部大开发》，昆仑出版社2004年版，第340页。

组织袭扰。具体来说就是源自沙特阿拉伯的瓦哈比教派思想的渗透、宗教武装组织"乌伊运"的武装袭扰和宗教政党"伊斯兰解放党"的宗教意识形态宣传。

首先，因为地缘政治与历史文化关系，吉尔吉斯斯坦饱受"乌伊运"的袭扰。吉尔吉斯斯坦西南省区，包括奥什、巴特肯都与费尔干纳接壤，成为极易遭受境外宗教极端组织渗透的地区。1999年8月，俄罗斯撤走边境部队，"乌伊运"伺机绑架了吉尔吉斯斯坦内务部队司令以及日本地质学家。2000年8月，"乌伊运"再次袭扰。其次，20世纪90年代以来"伊斯兰解放党"的宗教意识形态宣传在奥什和贾拉勒阿巴德地区活跃起来，属于该宗教政党的清真寺有近800座，经文学校5所。该党主要通过互联网、图书报刊、学术会议宣传政治伊斯兰思想。① 再次，瓦哈比教派思想的渗透及其影响的扩大，也是政府面临的一个难题。该派宣传严格的正统思想，要求切实履行教规教法，在奥什和贾拉勒阿巴德，该派教职人员的权威业已获得当地居民的接受，并超过当地的教职人员。据媒体报道，2001年2~6月，吉尔吉斯斯坦逮捕38名宗教极端思想宣传者。

研究者认为，费尔干纳盆地宗教思想迅速传播的内部原因主要有：第一，失业率的持续增长；第二，吉尔吉斯人与乌兹别克人之间的矛盾。如国家宗教管理机构主要是吉尔吉斯穆斯林，地下宗教组织成员主要是乌兹别克穆斯林。

（三）哈萨克斯坦

哈萨克斯坦境内较为稳定，严防境外极端组织渗透是重点。1993年政府取缔了一个未经注册的伊斯兰政治团体"阿拉什"，该组织要求全面引入伊斯兰思想。2000年，哈萨克斯坦政府在南部驱逐70多名来自国外的传教者。阿拉木图、塔拉斯等地偶尔也有宣传伊斯兰激进主义的书籍被查获。2002年底，阿克陶市发生车臣裔穆斯林与警察冲突事件。

（四）土库曼斯坦

土库曼斯坦境内较为稳定，需要严防境外极端组织渗透。土库曼语不属于突厥语系，"泛突厥思想"自然没有基础。因此，土库曼对于宗教极端思想十分警惕。第一，将伊斯兰教活动置于国家控制之下，教职人员皆拥护政府；第二，注意发挥宗教上层人士积极作用，任命他们兼任某些省区负责人；第三，建立伊斯兰经学院，培养能为国家所用的伊斯兰教职人员；第四，严密监控境外极端思想

---

① 中国现代国际关系研究所民族与宗教研究中心编著：《周边地区民族宗教问题透视》，时事出版社2003年版，第93页。

的渗透，对于出国朝觐人员更是严格登记。①

（五）塔吉克斯坦

20 世纪 20 年代受到英国支持、旨在反对苏维埃政权的"巴斯马奇"叛乱（中亚穆斯林武装，失败后退入阿富汗），20 世纪 80 年代受到美国支持、旨在反抗苏联入侵的阿富汗战争，都被视为塔吉克民族主义的一个合法来源。②

1. 伊斯兰复兴党

20 世纪 90 年代，作为塔吉克斯坦伊斯兰复兴运动的重要力量，塔吉克斯坦伊斯兰复兴党领导反对政府的斗争。第一，塔吉克斯坦共产党被解散。1990 年"伊斯兰复兴党"取得合法地位，并建立自己的武装。其与"复兴人民运动"等宗教党派组成"共和国民主力量联合会"，要求对"旧政权机构进行彻底改组，解散共产党"，向以原塔吉克斯坦共产党为主体的当局发难。1991 年 9 月 22 日，塔共被迫停止活动，财产被没收。第二，纳比耶夫当选总统。1991 年 11 月，当局在反对派压力下接受在多党制基础上进行总统大选。原塔共成员纳比耶夫以 58% 的选票当选为总统。宗教反对派对此不满，提出建立政教合一的"伊斯兰国家"。针对 1991 年 11 月总统选举，该党扣押 17 名共和国议会和政府成员作为人质。1992 年 3~5 月，塔吉克斯坦首都杜尚别发生针对政府的大规模群众性骚乱。第三，组建联合政府。1992 年 5 月 7 日，纳比耶夫被迫签署协议书，决定成立民族和解政府。宗教反对派在政府中取得 1/3 的席位，"伊斯兰复兴党"副主席被任命为政府副总理。但局势并未因此平静。第四，制造动乱，武装夺权。1992 年夏季，反对派制造全国性的政治对抗和武装斗争，夺取外交、国防等 8 个重要政府部门的权力。9 月 7 日，纳比耶夫被迫下台。第五，外来干涉，扶助当局。1993~1996 年，在以俄罗斯军队为主体的"独联体维和部队"协助下，塔当局基本控制国内局势，反政府武装控制塔吉克斯坦与阿富汗边境地区，继续袭击驻塔的俄边防军。第六，民族和解，其路漫漫。1996 年 3 月，塔现政府与 50 多个政党组织和民族宗教团体签署为期三年的《塔吉克斯坦社会和睦条约》。12 月 23 日，政府与反对派在莫斯科正式签署协议，决定成立"民族和解委员会"和"联合政府"，共同分享国家政权，实现国内和平。1997 年 2~3 月，政府与反对派就建立"民族和解委员会"、收编反对派武装以及组建"联合政府"等问题达成协议。6 月 27 日，总统拉赫莫诺夫与联合反对派首领努里在莫斯科签署《关于在塔吉克斯坦实现和平与民族和解总协定》：在 1998 年 7 月前分阶

---

① 徐亚清：《中亚五国转型研究》，民族出版社 2003 年版，第 122~125 页。
② 杨恕：《转型的中亚和中国》，北京大学出版社 2003 年版，第 3 页。

段遣返滞留阿富汗的 1 万多名塔吉克难民；将约 3 000 名反对派武装收编为政府军；给反对派 30% 的政府席位；允许反对派政党合法化。塔现政权和政治反对派之间的主要分歧是：前者主张建立民主、世俗、法制的国家，后者强调应更多地尊重本民族的伊斯兰传统，直至最终建立"伊斯兰国家"。

2. 宗教因素与政党政治

1998 年 5 月，塔吉克斯坦议会通过"禁止以宗教为基础成立政党"的《新政党法》，引起武装冲突。7 月 20 日，联合国 4 名工作人员在杜尚别以东遇袭身亡。8 月 9 日，总统亲信卡西莫夫指挥的内务部特种旅与国家海关委员会主席萨里莫夫的私人卫队发生武装冲突，卫队溃败，萨氏出逃。10 日，政府军第一快速反应旅旅长胡多别尔德耶夫宣布发动"兵变"，支持萨里莫夫。18 日，和谈破裂后，政府军对兵变部队发起进攻，20 日内战结束。11 月 4 日凌晨，被解职的胡多别尔德耶夫率领上千名反政府武装分子向塔吉克总统卫队、国防部和内务部部队在北部城市胡占德附近的驻地发动进攻，占领警察局等。6 日叛乱平息。

1999 年，塔吉克斯坦民族和解进程进展顺利。反对派武装力量顺利改编，政府的权力分配也基本实现。9 月 26 日，政府就宪法修正案进行全民公决，77% 的选民同意修宪内容。11 月 6 日举行总统选举，拉赫莫诺夫以 96% 的得票再次当选总统。塔吉克斯坦大规模内战基本结束。内战虽然结束，但在"民族和解政府"中，双方围绕政府权力分配和国体问题的斗争在一定时期内将继续存在；反对派武装转入地下，不时制造绑架和谋杀事件，社会的和谐与稳定面临长期考验。2001 年 4 月 11 日，塔内务部第一副部长、原塔联合反对派积极分子哈·桑吉诺夫及其司机、保镖共 4 人，被原塔联合反对派战地指挥官穆阿卡诺夫为首的武装分子杀害。6 月 15 日，德国"农业行动组织"15 名成员在塔东部被劫持。一周后，塔内务部开始在杜尚别附近大规模清剿非法武装，击毙 36 人、俘获 66 人。7 月，击毙非法武装头目穆阿卡诺夫。

历时五年的内战，造成 6 万人死亡，20 多万人受伤，80 万人沦为难民，国民经济损失达 100 亿美元。①

三、宗教与中亚社会冲突

（一）国家发展道路

中亚五国独立以来，社会政治制度发生重大变化，各种政治组织与势力都想

---

① 赵常庆主编：《中亚五国概论》，经济日报出版社 1999 年版，第 93 页。

尽可能多地自本派立场来影响政治制度的历史变迁。

中亚五国所面临的来自宗教极端组织的威胁不尽相同，有的是防止境外势力渗透，有的是打击本国的极端组织以及反政府武装。中亚五国于20世纪90年代初刚刚获得独立，属于新生的当代共和国，处于正在探索共和国发展道路阶段。从社会变革角度来说，这种变动意味着从一种社会制度向另一种社会制度演变；从民族国家形成角度来说，这种变动意味着从一个国家内的行政区域向独立国家转变。迄今为止，中亚五国已经发生了如下一些重大而不可逆转的变化：第一，抛弃了以"一个党"、"一个意识形态"和"一种所有制"为特征的"苏联社会主义模式"，选择了西方发达资本主义模式作为发展方向；第二，在政治制度上发生了从所谓的"极权主义"向"民主共和制"的转变；第三，在经济制度方面，发生了从单一所有制和中央计划经济向多种所有制和市场经济的转变；第四，在意识形态领域，否定了马克思列宁主义的指导地位和作用，实行意识形态的多元主义；第五，在对外政策方面，转向同西方国家发展各种形式的合作与伙伴关系。[①]

（二）伊斯兰与现代政治

中亚五国独立以来政治制度转变的同时，中亚五国的历史文化传统、主体民众心理、社会经济发展等方面也在形塑着中亚社会的现在与未来。

第一，20世纪90年代中期，中亚五个主体民族中穆斯林的人口比重为79%～95%；中亚一般民众心理上认同伊斯兰教，认同自己的穆斯林身份，伊斯兰教不仅作为民族历史文化传统，而且作为一种民族精神被普遍接受。第二，中亚五国独立之后，原来的共产主义意识形态被摒弃，信仰出现巨大"真空"，有深厚历史基础的伊斯兰教顺利实现信仰"替补"；第三，中亚国家于独立之初，为了凝聚民族精神、复兴民族文化以及维护国家统一与社会稳定，尽量发挥伊斯兰教的积极作用；第四，中亚各国从各自民族国家的外交需要出发，十分重视伊斯兰教的巨大纽带作用。如乌兹别克斯坦总统卡里莫夫说："我们制定主权国家政策时要充分考虑我们的伊斯兰教。因为宗教对我们的日常生活，人生观以及对人们的精神生活均留下了不朽的影响。我们制定外交政策时对宗教应持积极态度，因为它在我们与伊斯兰世界建立和扩大相互关系中具有重要的意义。"[②]

[①] 李静杰：《十年巨变·中亚和外高加索卷》总序，赵常庆主编：《十年巨变·中亚和外高加索卷》，东方出版社2003年版，第5页。

[②] 《乌兹别克斯坦之声报》1992年6月3日。转引自赵常庆等著：《中亚五国与中国西部大开发》，昆仑出版社2004年版，第334页。

(三) 伊斯兰民主与西方民主

值得注意的是，中亚国家20世纪90年代初出现的伊斯兰复兴，表面上看起来是一种宗教传统回归运动，但究其实质却是带有民族主义性质的民族文化复兴。民族知识分子借由民族独立所激发起来的对于本民族历史文化传统的浓厚兴趣，促使他们在一定程度上倾向于接受通过复兴民族文化的重要载体——伊斯兰教来复兴民族文化。[①] 而当民族历史文化传统被构建起来之后，世俗民族主义者与宗教民族主义者之间的差异性便日益增大，尤其是国家政治领域，传统的"伊斯兰政府"或"哈里发政府"绝非深受现代西方政治思想熏陶的当代世俗民族主义者所能接受。伊斯兰民主道路与西方民主道路之争，乃中亚五国社会冲突中所谓宗教因素之关键所在。

对中亚五国影响最大的6个民族，即乌兹别克族、哈萨克族、吉尔吉斯族、土库曼族、塔吉克族和俄罗斯族，其中除俄罗斯族外的5个民族均是近代以前在中亚地区形成的世居民族，他们均信仰伊斯兰教，而且都是中亚五国的"国族"，其中除塔吉克族属于印欧语系东伊朗语族外，其余4个民族均属于阿尔泰语系突厥语族。俄罗斯族属于斯拉夫语系东斯拉夫语族，是近代以来迁入中亚的民族，主要信奉东正教；自沙皇俄国至苏联时期长达两个多世纪的统治，俄罗斯因素在上述5个民族的社会物质生活与精神文化生活中均留下了深深的烙印（如今中亚地区各国的主要文化载体60%以上使用俄语）。历史上中国与中亚五国的关系源远流长，现实里政治关系和睦友好。

因此今后长期影响中亚五国社会发展与政治走向的基本因素约有下述数端：源远流长的"国族"历史，爱恨交织的俄罗斯情结，夺人耳目的西方文明，朝夕相伴的伊斯兰信仰，可亲可近的中国经验。

第三节 中亚五国与新疆稳定

沙皇俄国据有中亚地区之后，不断开始向东蚕食扩张，我国当时的新疆（及蒙古）地区首当其冲。"十月革命"以来，从中亚地区苏维埃政权确立到苏德战争爆发，苏联及其中亚地区与中国新疆基本上保持着睦邻友好关系。苏德战争爆发后，随着盛世才对苏联态度的转向和中华民国政府对新疆控制的加强，苏

[①] 赵常庆等著：《中亚五国与中国西部大开发》，昆仑出版社2004年版，第335页。

联对新疆的政策发生重要变化：由维稳到添乱。新疆局势也因此受到影响，伊犁、塔城、阿勒泰的"三区革命"就是典型事例。新中国成立之后，随着中苏两国党和政府关系的变化，新疆由稳定的后方蜕变为对抗的前线。"苏东事变"之后，中亚五国独立，苏联解体，新疆的外部环境趋于和平。"9·11"之后，美国以反恐之名据于同我国接壤的阿富汗并向中亚渗透（暗地里美国政府在实施由中情局主导的"新疆工程"），新疆的地缘政治格局再次发生重大变化。

一、苏俄时期的中亚与新疆

（一）杨增新时期（1912～1928年）

1912年5月，杨增新就任新疆都督，开始了治理新疆17年的杨增新时期。以1917年"二月革命"和"十月革命"为界，之前为沙皇俄国时期，新疆局势危如累卵，处于"人为刀俎，我为鱼肉"阶段；1917年之后，苏俄政府两次发表对华宣言，宣布放弃沙皇政府根据不平等条约在华攫取的全部特权。此后，新疆和俄国及其中亚地区的政治关系、外交关系和经济关系均发生重大转折。1918～1920年苏俄爆发大规模内战，中亚剧烈动荡，新疆安全形势十分严峻。① 直至1921年仍有被红军击败的白俄溃军大批进入新疆和外蒙古地区。白俄武装少则2000人多则上万人，新疆当局勉力应付，并积极配合苏联红军越境打击行动，以确保新疆地区社会稳定和人民生命财产安全以及国家主权完整。

1. 临危受命

1911年《中俄伊犁条约》（1881年）已满30周年，按规定应当修订。2月16日，俄方借修约提出六项要求：包括俄商在新疆（及蒙古）继续享受免税特权，有权自行购置土地、建造房屋；允许俄国在新疆和蒙古增设领事馆，涉及中俄两国人民之间的诉讼，俄国领事必须参加裁判等。迫于俄国的淫威，清政府屈辱地于3月27日复照全部接受。后来的修约正式谈判因为辛亥革命而中断。俄方单方面认为《中俄伊犁条约》继续有效，于是对于新疆（及蒙古）地区的侵略变本加厉。

1911年10月武昌起义胜利，11月，俄国策动外蒙古王公宣布脱离中国"独立"并于库伦（今乌兰巴托）成立所谓"蒙古临时政府"。12月28日革命党人在迪化（今乌鲁木齐）起事失败；1912年1月7日，伊犁爆发反清起义取得成功，1月10日成立伊犁临时革命政府；哥老会在全疆不断戕杀官吏以配合革命

---

① 当时新疆仅仅有不足3万人的军队，装备落后，北洋政府根本无力西顾。

党人行动；新疆巡抚袁大化向哈密王沙木胡索特征调的 500 名壮丁于哈密东北举行武装起义，吐鲁番农民积极响应。3 月大清宣统皇帝逊位；5 月 22 日，杨增新由中华民国大总统袁世凯任命为新疆都督（6 月 5 日袁大化离疆东归）①，经过谈判，7 月 8 日获得伊犁方面承认。此时沙俄正支持外蒙古西犯乌里雅苏台和科布多②，8 月占领上述两地。杨增新当即命令新疆军队收复科布多，后因俄国领事以战争相威胁而作罢。

杨增新先是利用和平谈判化解伊犁临时革命政府危机，然后将伊犁革命党人核心领导分别调离并大部加以杀害；接着采用调遣、勒令回籍和直接镇压等手段处理了部队中的哥老会首领，随后对于全疆各地的哥老会首领全部予以枪杀；采用"阳虽主战，阴则主和"等种种欺骗手段平息哈密铁木耳、吐鲁番穆依登率领的农民起义。杨增新治理甘肃近 20 年，熟稔西部穆斯林事务，加之判断准确，行事果断，很快平息各地骚乱和反抗，统一新疆。外交方面，对于列强特别是沙俄策略得当，在新疆孤悬塞外、内地变乱迭出、动荡不已之际，保持了新疆领土的完整、保证了中国对新疆的主权，③ 堪称民国时期中国杰出的政治家。

2. 沙俄东扩

沙俄通过驻新疆领事馆干涉新疆事务，侵夺中国主权。1912～1917 年，影响新疆稳定的因素主要有三个：第一，沙俄在新疆地区的经济掠夺政策④。第二，1913 年沙俄通过外蒙古对新疆地区实施武装侵略以继续蚕食中国领土。第三，1916 年沙俄中亚地区民族大暴动。

第一，沙俄在新疆地区的经济掠夺。如非法发展俄国侨民（交纳 20～25 两白银即可获得一张《俄国国籍证明书》）；大肆推销享受免税权的"俄国侨商通商票"（5 两白银一张）；开辟所谓"贸易圈"，先后在伊犁、塔城、迪化和喀什购买成片土地，集中建造贸易商行与货栈，供俄商专用；在新疆各地设立"商总"或"商约"，贿赂官府，勒索民众。首先，1912 年 6 月 22 日，于阗策勒村（今策勒县）村民不堪俄国商总色依提（赛义德·阿吉）的欺压，在当地哥老会协助下，包围并焚烧色依提住宅，打死其爪牙 28 人，色依提趁乱逃脱。此即"策勒事件"。俄国外交官员和媒体歪曲事实，大肆渲染有 100 多名俄侨被杀；俄国政府派兵 500 余人自中亚进入喀什，提出：（1）道歉；（2）惩办凶手；

---

① 张大军：《新疆风暴七十年》第一册（全 12 册），兰溪出版社 1958 年版，第 78、83 页。
② 当时在外蒙古和新疆省之间，自东向西有北洋政府直属行政区乌里雅苏台、科布多、阿勒泰及其北面的唐努乌梁海。
③ 丁笃本：《中亚通史现代卷》，新疆人民出版社 2007 年版，第 232 页。
④ 1912 年 2 月沙俄军事技术人员侵入伊犁绘图，5 月 8 日哥萨克马队 200 余名从霍尔果斯边卡侵入伊犁，6 月 22 日派兵 800 余人入侵喀什噶尔疏附县。新疆社会科学院历史研究所：《新疆地方历史资料选辑》，人民出版社 1987 年版，第 605 页。

(3) 赔偿。袁世凯政府一一予以答应。俄方得寸进尺，提出要处死新疆绅民 180 多人。这一无理要求，遭到新任喀什提督杨缵绪坚决抵制，杨一面与俄国领事交涉，一面积极整军备战。后来双方达成如下和解协议：（1）涉案的 4 名中国官员撤职、罚款或判刑；（2）40 名村民判徒刑或苦役；（3）中方赔偿俄方白银 7 万两。其次，由于享有免税特权的"俄商"众多，俄国控制的贸易圈不断扩张，俄国商行基本上控制了新疆的内外贸易：俄国中亚经新疆与中国内地的贸易陷于停顿，中国内地经俄国中亚而与新疆的贸易日益兴旺。从 1881 年不平等的《中俄伊犁条约》至 1920 年双方签订平等的中俄《伊犁临时通商协定》，仅俄商每年免税一项就使中国损失白银 150 万两，40 年间总共损失白银 6 000 万两。[①]

第二，1913 年 6 月 17 日，沙俄指使外蒙古兵分三路进犯直属中央的阿尔泰，杨增新果断出兵援助，到 7 月 11 日，两战皆捷，成功保卫阿尔泰[②]。俄阿尔泰领事恼羞成怒亲自出马滋事寻衅被中国士兵刺伤，俄方遂以此为借口出兵占领承化寺（今阿勒泰市），[③] 后向阿尔泰移居 300 余户俄罗斯农民，进行殖民活动。

第三，1916 年中亚地区爆发反对沙皇政权的民族大暴动，参加暴动的哈萨克人、吉尔吉斯人以及维吾尔人和东干人遭到俄军残暴镇压，遭杀戮的农牧民成千上万，仅热海（今伊塞克湖）附近哈拉湖村一带就有大约 4 000 名中国籍居民被杀害。七河省的穆斯林居民扶老携幼、成群结队涌入新疆避难，当时进入新疆的中亚难民总数达 30 多万人，牲畜数量两倍于难民。[④] 杨增新命令对于中亚难民安抚与防范并重，划定区域安置以杜绝继续内流；适当救济陷于冻饿境地之难民；主动与俄方当局联系，商谈难民遣返事宜。

上述影响新疆地区安全与稳定的种种事变与危机，都由于杨增新治理下的新疆当局判断准确、措施果断而获得化解，新疆政局基本稳定。

3. 苏维埃时期

1917 年"十月革命"后，中亚影响新疆局势的主要因素有三个：第一，苏维埃政府与新疆建立平等互利关系；第二，沙俄帝国残余势力欲使新疆成为反对苏维埃的基地；第三，沙俄白卫军先是小股骚扰，后是大批败军涌进新疆。

第一，苏维埃政府在列宁领导下，根据马克思主义的国际主义原则，分别于 1919 年 7 月 25 日、1920 年 9 月 27 日和 1923 年 9 月 4 日，连续三次发表对华宣言，明确宣布废除沙俄与中国签订的一切不平等条约，放弃沙俄侵夺中国的一切

---

① 丁笃本：《中亚通史现代卷》，新疆人民出版社 2007 年版，第 236 页。
② 1919 年 6 月，北洋政府将阿尔泰地区改设阿山道，划入新疆省统辖。
③ "二月革命"后，俄军于 1917 年 5 月 28 日最后撤离阿尔泰。
④ 曾问吾：《中国经营西域史》，商务印书馆 1936 年版，第 527~528 页。

领土和在中国境内的一切租界，放弃沙俄在华攫取的一切特权。尤其是在第二次对华宣言中，苏维埃政府明确宣布，凡是沙俄"从中国夺得的一切，都无偿地永久归还中国"。所有这些都在《中俄解决悬案大纲》（1924年5月31日）中有所反映。早在第一次对华宣言之后，苏维埃政府就本着宣言的原则，主动派代表和新疆伊犁地方政府举行谈判，签订《伊宁临时通商协定》（1920年5月27日），废除沙俄在新疆享有的免税特权。中俄两国关系进入平等交往时期。平等互利的新型贸易关系，有利于新疆市场的繁荣和农牧业生产的发展。经济形势的发展，客观上促进了新疆局势的稳定。

第二，"十月革命"后，帝国主义列强、沙俄政府及其白卫军残余势力继续与苏维埃政权为敌，企图使新疆成为反苏反共基地。先是英、日和沙俄驻新疆领事，以协约国（中国加入了协约国）的名义，一再拉拢并要求杨增新出兵苏维埃政权，配合俄国白卫军进攻苏联红军。后有日本派到新疆的调查员建议准许日本派一个师团驻扎伊塔地区，此建议甚至获得了手握重兵的喀什噶尔提督马福兴的同意，被杨增新断然拒绝。最后沙俄领事的各种策略，如"假道伊塔"、派兵至伊塔保护俄领、俄商以及在我国新疆伊塔地区进行"筹兵、筹饷、筹械"，均被杨增新一一破解。杨增新根据新疆实际，以"不干涉主义"和"严守中立"的和平外交政策，作为保全新疆的基本手段。①

第三，白卫军利用中亚与新疆接壤数千里的有利条件，以小股武装分子骚扰，"侵我主权，扰我边地"②，南至喀什噶尔，北至阿山（今阿勒泰），西至伊犁和塔城，"无一处不吃紧"③；白卫军"进兵运械"、"强行入境"，甚至越境抢劫、杀害商旅和居民。杨增新一再要求北京政府速拨枪弹以维边局，北京政府不予响应。杨增新遂依靠新疆的人力、物力守卫边防，并临时征用"蒙哈兵丁"协助防边，以"保境"、"保民"、"保商"。1920年1月，苏联红军发动猛烈的军事攻势，白卫军节节败退，纷纷逃至外蒙古和新疆。其中，谢米诺夫部一股窜到外蒙古的库伦等地；阿连阔夫残部4 000余人，连同难民在内有万人之多逃至伊犁；3月巴奇赤率残部11 000余人，战马9 000余匹，难民5 000余人逃至塔城。5月阿连阔夫率败兵1 400余人、战马700余匹窜入伊犁。新疆面临严重的边防危机。杨增新采取"严禁入卡"，"阻止不住，即按照公法解收武装"并"择要安置"，解决食宿。④ 1918～1921年间进入新疆的白俄官兵和难民总共有三四万人，除被歼和回国以外，不少人定居伊犁、塔城、迪化等地，其中又有一些

---

① 新疆社会科学院历史研究所：《新疆简史》第3册，新疆人民出版社1980年版，第6页。
② 《补过斋文牍》癸集五，第8页。
③ 《补过斋文牍》癸集三，第31页。
④ 新疆社会科学院历史研究所：《新疆简史》第3册，新疆人民出版社1980年版，第8页。

人后来加入中国籍。这些人被称为"归化族",由其所编成的军队称"归化军"。20世纪30年代新疆动乱时期,"归化军"扮演过重要角色。面对白卫军的小股袭扰和大批败军涌入,杨增新布置得力,应对有方,并配合苏联红军予以剿灭,保全了国家主权,使新疆避免了一场灾难。

  杨增新时期,俄国作为强国对于我国的扩张与掠夺政策导致我国新疆地区社会局势的危难和经济形势的混乱;另外苏俄内战期间中亚地区的剧烈动荡与大规模战争,对于处于弱势的我国新疆地区的社会稳定与安全带来巨大压力和冲击。从"五四运动"到中国共产党成立,新疆的形势发生了重大变化。首先,苏维埃政府的成立,使直接威胁我国新疆安全的沙俄帝国垮台。1918~1920年苏俄爆发大规模内战,内战期间不断有溃败的白俄军队涌入新疆。帝俄的残余势力不断骚扰新疆的伊犁和塔城地区,但终于在苏联红军和新疆军民的联合打击下被消灭,中苏边界出现了和平安定的局面。其次,苏联和新疆贸易关系的恢复,为新疆政治经济的稳定提供了客观条件。苏维埃政府控制中亚局面之后,十分注意和新疆发展平等互利的经济贸易关系。第三,杨增新由反对革命党人进而反对马克思主义和社会主义运动。杨增新采取种种措施防范马列主义在新疆的传播。他加紧配备新苏边界的军队,下令严守边卡,加强邮政检查,注视苏联中亚地区华侨动向,防止"新党传播其社会主义共产制度"。[①] 杨增新并自信地向中央政府说:"增新不能保该俄过激党之不来煽惑,实能保新疆全部回民(泛指维吾尔等信仰回教各民族)之不受煽惑。"[②] 这种以邻为壑的政治态度,虽然符合国内政治主流,却与中亚地区的时代潮流背道而驰,是其晚期(1921~1928年)未能有所建树与被杀害的主要原因。

(二) 金树仁和盛世才时期(1928~1944年)

1. 金树仁时期(1928~1933年)

  1928年7月7日,统治新疆17年的杨增新在军务厅长、外交署长樊耀南发动的兵变中遇刺身亡。樊耀南深为大总统黎元洪所器重,奉派来新疆后受杨增新猜忌,常以"民主"、"革新"者的姿态出没政界、军界、商界、青年学生、民族上层和宗教领袖之中,[③] 形成反对杨增新独裁专制的"倒杨"派。兵变很快失败,民政厅厅长金树仁被推举为新疆省临时主席兼军队总司令。金树仁上台不久,新疆局势开始失控。金树仁治疆五年,新疆乱象环生:

[①] 杨增新:《补过斋文牍续编》(卷二)丙寅年(1926年)二月,第11页。
[②] 杨增新:《补过斋文牍续编》(卷二)丙寅年(1926年)二月,第10页。
[③] 新疆社会科学院历史研究所:《新疆简史》第3册,新疆人民出版社1980年版,第79页。

1931年2月，东疆哈密以维吾尔族为主体的农民和乡绅发起暴动。1933年2月，暴动者在和加尼亚孜率领下兵临迪化城下。金树仁依靠"东北军"和"归化军"勉力支撑局面。

1933年1月，甘肃回族军阀马仲英的部队进入新疆。与此同时，铁木耳在库车暴动，不久占领阿克苏。马仲英派部属马占仓联合铁木耳向喀什进军。

1933年2月，和阗（今和田）民众在穆罕默德·伊敏率领下暴动，连克数城，建立"和阗伊斯兰国"。伊敏自称埃米尔帕夏，人称"和阗王"。随后他与马占仓、铁木耳合兵攻打喀什。

1933年4月12日，200名归化军发动兵变，获得东北军支持，金树仁败亡。士兵推举东北军军官、曾留学日本的东路总指挥盛世才为"临时边防督办"（即总司令），教育厅长刘文龙为省政府临时主席。

2. 盛世才时期（1933～1944年）

1933年8月1日，南京政府正式下达对盛世才和刘文龙的任命。盛世才为大权独揽，10月撤换省主席。盛世才上台之际，新疆局势动荡，变乱迭起。盛世才政治上投靠苏联，一方面为了稳定新疆局势，另一方面为了打造自己的独立王国。

东疆和加尼亚孜的暴动队伍越战越强，并与马仲英的部队联合作战。盛世才为解燃眉之急，委任和加尼亚孜为"南疆剿匪总司令"，和加尼亚孜接受职务后率部去南疆继续发动暴动，马仲英大军兵临迪化城下，伊犁屯垦使张培元拥兵自重，伺机攻击盛世才。1933年5月，铁木耳和伊敏在守城的柯尔克孜（吉尔吉斯）部队策应下攻占喀什回城（今喀什）；马占仓攻占喀什汉城（今疏勒）。8月，马占仓杀铁木耳收复喀什回城，不久又被"和阗伊斯兰国"首脑沙比提大毛拉和"和阗王"伊敏再次攻占。

1933年11月12日，"东突厥斯坦伊斯兰共和国"在喀什举行"独立庆典"，称"东突厥斯坦"（苏联中亚地区的"突厥斯坦总督区"为西突厥斯坦），英国驻喀什领事馆出面支持。上述根据伊斯兰教法建立的所谓民主共和国，请求南京政府和国际联盟承认其"永久独立"。"总统"和加尼亚孜（当时在阿克苏，1934年1月至喀什就任），"国务总理"沙比提大毛拉。

面对回族军阀的正面进攻，南疆穆斯林暴动者的逐步壮大，以及伊犁屯垦使张培元的拥兵自重，盛世才因为绝望于南京政府，唯有向苏联"靠近"：1933年5月派外交署长陈德立与苏联驻迪化总领事会谈，提出增进双方友好关系。盛世才更在家里宴请苏联总领事，表白自己信仰社会主义，认为中国只有走苏联道路才有前途；并表示说要在新疆建立苏维埃政权，只有消灭马仲英、张培元之流的反动军队，因此请苏联大力援助。在马仲英大军兵临迪化城下时，盛世才一方面捕杀归化军头目向苏联示好，一方面派陈德立紧急出使莫斯科，请求苏联出兵援助。苏联一方面考虑盛世才反帝亲苏的积极姿态，一方面顾虑马仲英的"亲日"传闻以及南疆、东疆暴动者中具有"泛伊斯兰主义"和"泛突厥主义"（以下称"双泛"）思想倾向的领导人流露出建立对抗苏联的"伊斯兰国家"的意向，遂决定出兵支援盛世才。当时在新疆特别是南疆暴动者中有不少"双泛"分子，如"和阗伊斯兰国"首脑沙比提大毛拉，"和阗王"穆罕默德·伊敏，和阗军总指挥、中亚巴斯马奇逃亡分子贾尼拜克，以及和加尼亚孜的师长麻木提等。他们逐渐掌握南疆暴动领导权，旨在建立"独立的伊斯兰国家"，逐步走上分裂中华民族的道路，甚至发生杀害汉族居民的仇杀事件。另外，像伊犁人麦斯武德早年留学土耳其接受泛突厥主义，回到新疆办学宣传泛突厥主义，虽遭杨增新严厉查禁，但禁而不绝。20世纪30年代又死灰复燃。俄国十月革命之后，英国曾一度成为干涉新疆内政的主要外部势力，英国收买中东一些穆斯林和流亡至新疆的中亚白俄，在新疆宣传"双泛"，直至在新疆建立"东突厥斯坦伊斯兰共和国"。如此，既可以威胁苏俄中亚地区，亦实现分裂中国之目的。①

"东突厥斯坦伊斯兰共和国"成立之际，正是盛世才先后与张培元、马仲英血战之时，在苏联红军支持下，盛世才彻底打垮对手，牢牢控制新疆政局。1933年12月，割据伊犁的张培元倾巢而出，直扑迪化。苏联中亚红军一个团假扮"塔城归化军"，攻入伊犁。消息传来，张培元部属作鸟兽散，张培元绝望自杀。1934年1月下旬，盛世才军队进驻伊犁，苏联红军撤回中亚。1月中旬，马仲英部队2万多人猛扑迪化，苏联红军两个精锐团应邀进入塔城，以"阿山归化军"之名投入战斗，2月上旬红军抵达迪化城外，因为红军有飞机、坦克、装甲车参战，2月11日马仲英南逃。

1934年2月，马仲英部将马世明攻占南疆，6日与马占仓联合攻占喀什回城，"东突厥斯坦伊斯兰共和国"顷刻瓦解。和加尼亚孜突围后接受苏联调解"归顺"盛世才出任新疆省政府副主席，在苏联的压力下，和加尼亚孜的部队抓捕了正在逃亡阿富汗途中的沙比提大毛拉，移送迪化，后沙比提大毛拉瘐死狱中。1934年7月，马仲英余部由马虎山率领南下和阗，消灭"和阗伊斯兰国"，穆罕默德·伊敏逃亡印度。

1934年夏季开始，苏联派出一批军事、财政顾问帮助新疆整编军队，兴建工厂、公路、医院、学校，新疆各项建设事业取得明显进步。1935年1月15

---

① 丁笃本：《中亚通史现代卷》，新疆人民出版社2007年版，第251页。

日，盛世才通电内地各省再次声明"新苏关系仅限于商务"①。1月28日，苏联人民委员会主席莫洛托夫发表演讲称苏联"绝对维护包括新疆在内的中国全部领土的独立、完整与主权"。②

1937年4月，驻守喀什地区的麻木提举兵反抗盛世才。盘踞和阗的马虎山以"平叛"为名出兵，实际上与麻木提联合攻占喀什，并发表反盛宣言。新疆省军久攻不下，于是第三次请求苏联出兵。9月上旬，苏联红军三个团攻击马虎山，10月上旬，马虎山部被苏联红军和新疆省军全部歼灭。战斗结束后，苏联红军主力循原路撤回中亚。至此，新疆境内完全统一。1938年春，一支苏联红军以"归化军第八团"（即"红八团"）番号，从霍尔果斯进入新疆，一直开到哈密驻扎下来。这支部队，实际上是一个配备各种先进武器装备的集成旅，总兵员超过3 000人。盛世才利用苏联"红八团"扼守新疆东大门，"实现了将新疆与中国其他地区隔离的苏联计划"（蒋介石语）。③

盛世才在新疆的个人统治地位确立后，为了满足专制独裁的内心需要，开始血腥的政治清洗：1937年8月、1940年5月两次针对苏联驻新疆各地领事馆官员及苏共党员、省政府中高级官员制造冤案，污蔑他们是"托洛茨基分子"以及在日本帝国主义、乌兹别克民族主义支持下刺杀盛世才、废除"六大政策"④、使新疆沦为帝国主义殖民地。1942年3月、1944年8月分别针对长期帮助他工作的中共党员干部和前来新疆"接收"的国民党干部炮制冤案。1944年10月，国民党政府委任吴忠信为新疆省政府主席，委任盛世才为农林部部长。做了十年土皇帝、双手沾满新疆地区各民族人民鲜血的盛世才灰溜溜地离开新疆。

（三）"三区革命"⑤（1944～1946年）

1942年以前，苏联政府对"地方民族主义"（包括泛伊斯兰主义和泛突厥主义）一直采取高压态势。同样，苏联及其中亚各共和国对于新疆地方政府打击反政府势力的行动也给予大力支持，因为苏联担心新疆的"民族主义"会感染中亚。1942年以后，盛世才与苏联彻底决裂，国民党全面接管新疆；苏联一直视新疆为自己的势力范围，于是把目光转向对盛世才和国民党统治不满的新疆各族民众，尤其是维吾尔族、哈萨克族和俄罗斯族群众。

---

① 包尔汗：《新疆五十年》，中国文史出版社1994年版，第258页。
② 包尔汗：《新疆五十年》，中国文史出版社1994年版，第194页。
③ ［俄］尤·米·加列诺维奇，侯成德译：《两大元帅——斯大林与蒋介石》，四川人民出版社1999年版，第165页。
④ 1935年4月，盛世才正式颁布实行"反帝、亲苏、民平、清廉、和平、建设"六大政策。
⑤ 三区是指新疆辖区的伊犁、塔城、阿山三个专区。——编者注

1. 鼓吹"双泛"

对新疆政策转变之后，苏联开始由维稳到鼓吹"革命"。其策略有三：第一，在思想舆论领域鼓吹宣传，为在新疆发动"革命"造势；第二，直接援助反政府武装组织和暴动游击队；第三，"革命"重点确定为伊犁。

第一，舆论准备。首先，在阿拉木图和塔什干成立"支持东方委员会"，用维吾尔文和哈萨克文出版发行《哈萨克国土》（阿拉木图）、《东方真理》（塔什干）等刊物，负责对新疆宣传。这些刊物一面大力宣传苏联民族政策，一面传播在苏联和中亚地区早已被严厉禁绝的泛伊斯兰主义和泛突厥主义，直至鼓吹在新疆建立"东突厥斯坦"国家。其次，注意从赴中亚及苏联其他地方留学或避难的新疆人中物色对象进行培训，然后让他们回新疆从事反对盛世才和国民党统治的活动。包括新疆"三区革命"的领导层大多数人都在苏联待过一段时间。

第二，武装支援。援助穆斯林反政府武装与新疆地方政府对抗。如1940年以后，阿山区哈萨克牧民不堪当局压榨，不断举行暴动，大多数暴动均被镇压，其中由乌斯满率领的一支武装却不断壮大，原因就在于获得了苏联假手外蒙古的大量军援。1943年12月乌斯满成立"阿尔泰哈萨克复兴委员会"，自任"帕夏"。苏联派曾留学中亚的新疆哈萨克人达列力汗·苏古尔巴耶夫在10多位苏联顾问陪同下前往乌斯满那里工作，最后控制了阿山区的暴动主力。

第三，伊犁一直是苏联关注的重点，苏联驻伊宁领事达巴申等在当地不满当局的人中组建反政府组织（或者称为"革命组织"），1942年伊宁第一个"马列主义学习小组"成立，后来这类秘密的"解放组织"扩及塔城、迪化，苏联外交官员与领事馆人员积极介入上述"解放组织"的活动，宣传苏联解决民族问题的"成功经验"——组建各民族加盟共和国（如苏联即"苏维埃社会主义共和国联盟"的简称）。苏联在阿拉木图成立"新疆突厥民族解放委员会"，协调新疆各"解放组织"的活动。①

2. "三区革命"爆发

1944年8月下旬，伊犁河谷底的巩哈县（今尼勒克）哈萨克牧民掀起暴动，揭开了"三区革命"的序幕。1944年9月，在苏联领事馆主持下，"新疆解放组织中央委员会"成立，中亚安集延乌兹别克大阿訇、泛突厥主义分子艾力汗·吐烈成为该组织主要领导人。1944年10月6日，暴动武装攻占县城。负责伊犁军务的国民党政府官员说："攻陷巩哈匪徒，拥有由苏方交换来的机枪3挺，步枪200支。"② 1944年11月7日（俄国十月革命27周年纪念日），伊宁"解放组

---

① 丁笃本：《中亚通史现代卷》，新疆人民出版社2007年版，第403页。
② 朱培民：《20世纪新疆史研究》，新疆人民出版社2000年版，第141页。

织"负责人阿巴索夫率领数十名流亡中亚的维吾尔人和哈萨克人于当天凌晨3点潜回伊宁与巩哈暴动队伍一起发动暴动;12日,暴动者在伊宁宣布成立"东突厥斯坦共和国"临时政府(1944年11月~1946年6月),艾力汗·吐烈担任临时政府主席,在苏联领事和顾问指导下工作。当天,由100余名俄罗斯工人组成的部队从苏联中亚乘汽车直奔伊宁支援暴动者;16日,一支南疆游击队假道苏联中亚增援伊宁暴动;1945年1月初,由苏联中亚的维吾尔族、哈萨克族、乌兹别克族士兵组成的一支精锐部队增援伊宁;5日,"东突厥斯坦共和国"临时政府颁布"九项宣言":主要内容有:彻底根除中国的专制统治;建立一个真正解放的独立共和国;扶助伊斯兰教;与苏联政府建立友好关系,也和中国政府建立关系等。① 1月底,暴动武装攻占伊宁全城。随后,伊犁暴动部队挥师北上,7月占领塔城,9月占领阿山,与政府军隔玛纳斯河对峙。

3. 新疆联合省政府

1945年4月,"三区革命"临时政府正式建立民族军,总指挥就是苏联俄罗斯人波里诺夫。"三区革命"临时政府成立时,苏联就秘密派出以科兹诺夫中将为首的高级顾问团至伊宁,控制该政府的各个部门。曾任临时政府教育部长的赛福鼎·艾则孜说,当时我的身边有一个苏联顾问和一个宗教顾问,"无论我做什么,都必须先去征求这两位顾问的意见"。② 1949年中共中央派往"三区革命"政府的联络员邓力群说:"'三区革命'是得到苏联在政治上、军事上、经济上,从物质到精神的全面支持的。"③ 与此同时,苏联在三区大量发展"苏联侨民",一如沙俄在新疆大肆发展俄国侨民一样。苏联领事馆官员声称:取得苏联国籍,"不仅得到最优的国民待遇,而且不畏他族欺凌。"④ 苏联在三区普遍成立"苏侨协会",协会配合苏联领事机构大量发放"苏侨护照"。最后,三区70余万人口中,有10万~20万人成为"苏联侨民"(不过他们大多同时保留了中国国籍)。⑤ 1945年10月17日,中央政府代表张治中与三区代表阿合买提江等开始谈判,在苏联的真诚协助下,1946年1月2日,《中央政府代表与新疆暴动区域人民代表之间以和平方式解决武装冲突之条款》在迪化正式签订,同时签订关于改组新疆省政府的附件,6月签订关于改组军队的第二个附件。至此,在苏联的大力协助下"三区革命"最终获得和平解决。7月1日,新疆省联合政府宣告成立,张治中任主席,阿合买提江(三区代表)、包尔汗(另七区代表)任副主

---

① 新疆社会科学院历史研究所:《新疆简史》第3册,新疆人民出版社1980年版,第369页。
② 赛福鼎·艾则孜:《赛福鼎回忆录》,华夏出版社1993年版,第330页。
③ 邓力群:《新疆和平解放前后——中苏关系之一页》,载《近代史研究》1989年第5期。
④ 朱培民:《20世纪新疆史研究》,新疆人民出版社2000年版,第155页。
⑤ 丁笃本:《中亚通史现代卷》,新疆人民出版社2007年版,第408页。

席。新疆省联合政府的正式组建，给分裂主义势力以沉重打击。就在新疆省联合政府宣布成立前夕的6月27日，三区革命临时政府发布324号决议，决定将"东突厥斯坦共和国临时政府"更名为"东突厥斯坦伊犁专署"。同时，塔城专署、阿山专署也宣告成立。这三个专署由新疆省政府副主席阿合买提江负责协调。至于艾力汗·吐烈等几名顽固的泛突厥主义分子，已被苏联强行遣送至阿拉木图。

新疆联合省政府成立之际，正值国共内战全面爆发之时。1947年5月，国民党政府任命泛突厥主义分子麦斯武德为新疆省政府主席、艾沙为省政府委员，任命穆罕默德·伊敏为省政府建设厅长，这些人敌视苏联，反对"三区革命"。后来由于苏联方面的要求，张治中提出改组新疆省政府建议，1949年1月，国民党政府任命奉行"增进中苏友善"的包尔汗为新疆省政府主席，逐步清除泛突厥主义分裂势力。1949年6月，刘少奇率团秘密访问苏联，苏联方面指出，美国企图扶植西北军阀在新疆建立"伊斯兰国"，建议中共尽快解放新疆，苏联愿意提供帮助①。邓力群说："苏联方面是真心希望我们进军新疆，打垮国民党，挤掉美国人及其他帝国主义的势力。因为由中国共产党领导新疆，总比他们强，对苏联有利。"②

"三区革命"中的苏联因素较为复杂，一方面固然可以视为苏共为了国际共产主义运动事业而无私贡献力量，支持中国共产党削弱国民党反动派的统治；另一方面自中国国内统一和主权而言，又有若干民族分裂和武装割据的成分。无论如何，此时新疆政局的稳定与否，与苏联因素密不可分。

二、中亚五国与新疆

（一）哈萨克斯坦

据1989年统计，旅居中亚的维吾尔人有70%居住在哈萨克斯坦的阿拉木图和塔尔迪库尔干州的伊犁河流域，成为哈萨克斯坦人口最多的10个民族之一。这些维吾尔人原来居住在我国新疆地区，由于各种原因离开新疆侨居哈萨克斯坦，他们中的某些人梦想建立属于维吾尔人的政府。1999年11月下旬，纳扎尔巴耶夫总统来华访问，我国就某些"东突"分子以哈萨克斯坦作为活动基地表达了严重关注。另外，由于近年来哈萨克斯坦推行"大哈萨克主义"政策，对

---

① 中国人民解放军在解放新疆过程中，苏联空军运送了1万多名解放军官兵进入新疆。
② 邓力群：《新疆和平解放前后——中苏关系之一页》，载《近代史研究》1989年第5期。

于居住在我国新疆地区的 100 多万哈萨克人也产生了一些消极作用。①

哈萨克斯坦对于我国新疆地区的影响主要为：第一，跨境民族问题，如维吾尔族和哈萨克族；第二，"东突"问题。

（二）吉尔吉斯斯坦

1991 年 8 月 31 日正式独立后，吉尔吉斯人作为国家的主体民族，在政治、文化、经济上均享有充分的权利，进入国家重要部门的人数大为增多。如吉尔吉斯斯坦议会吉尔吉斯族议员占 90% 左右；宪法不仅规定吉尔吉斯语是国语，而且规定只有通晓国语者才有资格参加总统选举。吉尔吉斯境内的吉尔吉斯人有 290 多万，在中国新疆居住着 16.6 万吉尔吉斯人（我国称柯尔克孜族），主要分布在克孜勒苏柯尔克孜自治州，人口 12.7 万；其余分散居住在伊犁、塔城、阿克苏、喀什等地，还有一部分人 18 世纪迁到黑龙江省富裕县。②

哈萨克族，吉尔吉斯境内有哈萨克人 4 万多，主要居住在吉尔吉斯斯坦北部与哈萨克斯坦毗邻的楚河州、塔拉斯州和伊塞克湖州，楚河流域的哈萨克人数最为集中，占楚河州人口总数的 2.3%。

维吾尔族，与哈萨克斯坦境内的维吾尔人一样，大多是 18 世纪以来由中国迁入。19 世纪时，维吾尔人在哈萨克斯坦和吉尔吉斯斯坦建立了 60 多个维吾尔村落，现在有人口 4.5 万。吉尔吉斯斯坦的维吾尔人成立了"维吾尔协会"、"维吾尔团结会"等组织。苏联解体后，多数维吾尔人组织为维护维吾尔居民的经济生活和社会地位具有积极作用，但也有少数组织从事民族分裂活动，因而受到吉尔吉斯斯坦政府的警告。③

东干族人数将近 5 万，要多于吉尔吉斯斯坦境内的维吾尔人。

吉尔吉斯斯坦对于我国新疆地区的影响主要为：第一，跨境民族问题，如维吾尔族、哈萨克族、吉尔吉斯族（柯尔克孜族）和东干人（回族）；第二，"东突"问题。

（三）塔吉克斯坦

塔吉克斯坦有 86 个民族，穆斯林占全国人口的 86%，绝大部分属于逊尼派，仅帕米尔一带有什叶派伊斯玛仪派信徒。

---

① 王建平、吴云贵、李兴华：《当代中亚伊斯兰教及其与外界的联系》（内部报告），中国社会科学院世界宗教研究所，2000 年，第 90 页。
② 中国现代国际关系研究所民族与宗教研究中心编著：《周边地区民族宗教问题透视》，时事出版社 2003 年版，第 86 页。
③ 中国现代国际关系研究所民族与宗教研究中心编著：《周边地区民族宗教问题透视》，时事出版社 2003 年版，第 88 页。

维吾尔族居民原有 1 万人，由于塔吉克斯坦内战，目前仅有 3 000 多名维吾尔人，大多从事商业和跨国贸易。塔吉克斯坦的维吾尔人建立有组织"维吾尔协会"，以维系民族内部联系。

塔吉克斯坦对我国新疆地区的主要影响为：第一，跨境民族问题；第二，穆斯林极端政治思想的渗透；第三，"东突"问题。

（四）乌兹别克斯坦

1. 悠久的历史

乌兹别克斯坦有 129 个民族，乌兹别克族占 80%，塔吉克族占 5%，哈萨克族占 3%。其中，乌兹别克族、哈萨克族和塔吉克族全民信仰伊斯兰教，穆斯林占全国人口的 88%。乌兹别克语人口占 74.3%，俄罗斯语人口占 14.2%，塔吉克语人口占 4.4%。乌兹别克人口总数居中亚五国之首，是突厥语族中第二大民族（土耳其族第一）。公元前 4 世纪建立大夏王国，前 2 世纪出现贵霜王朝，公元 6 世纪中叶建立强大的突厥汗国，势力直达河中地区；后来分为东西两部，西突厥一直统治河中地区，东突厥内附中原王朝。8～10 世纪塔什干、费尔干纳、花剌子模等地开始"突厥化"。此后，喀喇汗王朝统治该地，中亚开始"伊斯兰化"且"突厥化"加速，近代乌兹别克族开始形成。13 世纪蒙古人西征中亚，建立金帐汗国（钦察汗国，1242～1480 年）。14 世纪中叶以后，突厥化的蒙古贵族在此建立帖木儿王朝，此时的突厥人就是现代乌兹别克族的基础。16 世纪初至 19 世纪下半叶，游牧的乌兹别克人南下与当地突厥人融合并转入定居，建立布哈拉汗国、希瓦汗国、浩罕汗国。一度在新疆建立阿古柏殖民政权（1865～1877 年）①。

2. 宗教政治派别

影响乌兹别克斯坦安全的因素主要有三：其一，穆斯林政党"伊斯兰解放党"（即"伊扎布特"）。其二，源自沙特阿拉伯的瓦哈比教派宣传。其三，穆斯林政治武装组织"乌兹别克斯坦伊斯兰运动"，即"乌伊运"。

2000 年 11 月 17 日，为表达打击恐怖暴力活动的坚定决心，乌兹别克斯坦政府缺席判处"乌伊运"政治首领尤尔达舍夫、军事首领纳曼干尼死刑。2001 年 5 月，"乌伊运"首领纳曼干尼组建新党——"突厥斯坦伊斯兰党"，该党旨在整个中亚地区，包括中国的穆斯林聚居区新疆，实现伊斯兰化。② 对此，中亚

---

① 潘志平：《中亚浩罕国与清代新疆》，中国社会科学出版社 1991 年版，第 165 页。
② 《中亚西亚情况反映》No. 25（2001 年 6 月 6 日）。转引自潘志平：《中南亚的民族宗教冲突》，新疆人民出版社 2003 年版，第 53 页。

和俄罗斯的媒体评论说,"乌伊运"近来扩大了其目标,将新疆和克什米尔的分裂分子招募其中,被认为旨在建立一个东起西中国,西至里海的伊斯兰国家。该组织也声称:"我们的组织并不仅仅为了乌兹别克人的利益,我们是一个伊斯兰组织,成员包括吉尔吉斯人、哈萨克人,甚至维吾尔人。"①

"伊扎布特"(即"伊斯兰解放党"),旨在"突厥斯坦建立一个大伊斯兰帝国"②。主要依靠个人之间的接触与劝说来发展成员,特别重视面向青年与青年知识分子进行宣传,是一个秘密的穆斯林政治组织。③ 据说该组织1998年初开始向新疆渗透,以乌鲁木齐为中心辐射全疆;2000年,在和田"发展"了3 000名"伊扎布特"成员。④

乌兹别克斯坦对于我国新疆地区的主要影响为:第一,伊斯兰教瓦哈比教派宣传;第二,伊斯兰政党"伊扎布特"的宗教意识形态宣传与实践;第三,"乌伊运"的暴力活动模式。

(五) 土库曼斯坦

土库曼人占全国人口77%,其中50%居住农村,土库曼人中只有少数人在政府和教育系统工作。土库曼斯坦对于我国新疆地区的影响主要反映在以下几个方面:

第一,跨境民族问题。土库曼斯坦政府与哈萨克斯坦和乌兹别克斯坦政府签订双边协定:由土库曼斯坦政府提供津贴,允许国内的哈萨克人和乌兹别克人使用母语教学;哈萨克斯坦和乌兹别克斯坦政府同意接受来自土库曼斯坦的哈萨克人继续就业和学习。⑤

第二,民间苏非教团活动。公元8世纪阿拉伯人征服中亚后伊斯兰教随之传入,11世纪初获得进一步发展,其后建立以谋夫(今马雷)为都城的塞尔柱突厥王朝,并不断向西扩张。伊斯兰教苏非派传统源远流长,苏非派教团影响广大乡村社会。纳格什班迪教团、亚萨维教团、库布拉维教团等都很活跃。社会上广泛存在着"未经登记的毛拉"和各种各样的"地下苏非教团"。

第三,泛突厥主义。土库曼人和乌兹别克人是中亚现代突厥民族中两个主要

---

① 潘志平主编:《中南亚的民族宗教冲突》,新疆人民出版社2003年版,第54页。
② 王淑梅:《泛突厥主义与中南亚的民族宗教冲突》,潘志平主编:《中南亚的民族宗教冲突》,新疆人民出版社2003年版,第52页。
③ [巴基斯坦]阿赫迈德·拉什德:《中亚的地下伊斯兰运动》,《中亚西亚情况反映》No.16(2000年12月10日)。转引自潘志平主编:《中南亚的民族宗教冲突》,新疆人民出版社2003年版,第52页。
④ 潘志平主编:《中亚的民族关系历史现状与前景》,新疆人民出版社2003年版,第190页。
⑤ 中国现代国际关系研究所民族与宗教研究中心编著:《周边地区民族宗教问题透视》,时事出版社2003年版,第136页。

族群。土库曼人保存了很多与部落主义相结合的社会、政治和经济联系，部落遵守习惯法，定期召开部落全体大会，各部落均有自己的世袭领地。土库曼斯坦加入了世界伊斯兰会议组织。

第四，宗教政策的竞争。《土库曼斯坦宪法》第 28 条规定："禁止建立以暴力改变宪法制度为目的，或以暴力反对公民的由宪法规定的权利和自由，宣传鼓动战争、鼓动种族、民族、社会和宗教仇视情绪、危害人民健康和道德品质的政党和其他社会团体，并禁止它们活动。也禁止按照民族或宗教特征建立军事化团体和政党。"① 土库曼斯坦总统尼亚佐夫说："我们正在建设的社会不是社会主义社会，也不是共产主义社会和伊斯兰社会。伊斯兰教给予了人类无价的精神财富。我们高度评价它的表达纯净心灵的崇高思想、虔诚性、纯洁的良知。因此，国家为信教的人创造了一切条件，现在每个人都有权信仰任何一种宗教。谁也无权妨碍祈祷、斋戒。同时，也不应把宗教与国家政治等同起来。问题也在于，宗教不是政治，而仅仅是纯洁人民心灵的力量。"② 一方面宗教不得干涉国家政治，一方面国家为信仰者创造一切方便条件。

三、宗教认同与国家认同

新疆古称西域，是多民族、多宗教地区，至近代有 13 个"主体民族"，信仰五种宗教。其中，汉、满、蒙古、锡伯、达斡尔、俄罗斯等 6 个民族信仰佛教（包括藏传佛教）、基督教（包括东正教）、道教和萨满教；维吾尔、哈萨克、柯尔克孜、塔吉克、乌孜别克、塔塔尔、回等 7 个民族信仰伊斯兰教③。伊斯兰教在新疆具有广泛的民族性、群众性与国际性，穆斯林占全疆总人口的一半以上（60%）；南疆的一些地区，穆斯林约占当地居民的 90% 以上。伊斯兰教传入新疆地区已有 1 000 多年的历史，伊斯兰教传入后，长期以来一直是新疆地区的主体宗教；维吾尔、哈萨克、柯尔克孜（即吉尔吉斯）、乌兹别克等语言均属于突厥语系，④ 因此活跃于中亚地区的"双泛"思想将对我国新疆地区具有长期持久的影响。新疆毗邻中亚，与中亚地区山水相连，与中亚地区人民血脉相通。中亚和新疆均系古丝绸之路之孔道，历史文化渊源深厚，现在居住中亚和我国西北地

---

① 《中亚四国经济法规》，新疆人民出版社 1995 年版，第 367 页。
② 尼亚佐夫：《永远中立，时代安宁》，东方出版社 1996 年版，第 37 页。
③ 上述 7 个民族 1990 年统计人口总数为 917 万余人。《中国新疆地区伊斯兰教史》第 1 册，新疆人民出版社 2000 年版，第 2 页。
④ 陈联璧、刘庚岑、吴宏伟：《中亚民族与宗教问题》，中央民族大学出版社 2002 年版，第 215~216 页。

区的跨境民族有 9 个①，其中有哈萨克、乌兹别克（我国称乌孜别克）、吉尔吉斯（我国称柯尔克孜）、塔吉克、维吾尔、东干（我国称回族）等 6 个民族信仰伊斯兰教，因此跨境民族问题也将直接影响新疆地区的稳定。② 对此有研究者提出了构建"控制机制"、"保障机制"、"整合机制"和"激励机制"的西北社会稳定构想，③ 很有价值。此外，如经济社会的发展速度、公民社会的权利与自由、社会福利保障体系的强弱、教育资源的有效配置、包括语言习俗在内的民族传统文化的受尊重程度等等问题，中亚和新疆既存在竞争关系，无疑也是影响社会稳定的基本因素。

"东突"质言之即旨在谋求"东突厥斯坦独立"的民族分离主义。1914 年，土耳其人艾买提·卡马尔潜入新疆阿图什，以办学为名鼓吹泛突厥主义，开始了泛突厥主义在新疆的最初渗透。1933 年和 1944 年 11 月 12 日，在新疆喀什和伊犁出现两个短命的"东突厥斯坦共和国"。作为"中国新民主主义革命一部分"的新疆伊犁、塔城、阿山"三区革命"临时政府主席一度由泛突厥主义分子艾力汗·吐烈担任。1947 年，由于投靠国民党政权，泛突厥分子麦斯武德、伊敏、艾沙分别担任新疆省主席、省建设厅长和省府委员。20 世纪 90 年代，"苏东事变"的负面影响在新疆开始出现。1990 年 4 月 5 日，一伙武装分子攻打新疆阿克陶县巴仁乡政府，造成我公安武警人员 8 人死亡，7 人重伤。据不完全统计，1990～2001 年，"东突"势力在新疆制造了 200 多起暴力恐怖事件，造成 162 人死，440 多人伤。④

由此可见，中亚五国影响新疆地区稳定的基本因素为：第一，跨境民族问题；第二，"东突"问题；第三，伊斯兰教与穆斯林当代政治派别的理论和实践。

除政治因素之外，在学术研究层面，一方面应该注意分析和考察宗教认同和民族认同之间的密切关系，以及探索宗教认同和民族认同在构建现实国家认同中的积极作用和消极作用；另一方面应当努力构建公民社会认同，以及捍卫在平等基础之上的中华民族大团结。

---

① 即哈萨克族、乌兹别克（我国称乌孜别克）族、吉尔吉斯（我国称柯尔克孜）族、塔吉克族、俄罗斯族、维吾尔族、东干人（我国称回族）、鞑靼族（我国称塔塔尔族）和汉族。
② 陈联璧、刘庚岑、吴宏伟：《中亚民族与宗教问题》，中央民族大学出版社 2002 年版，第 207 页。
③ 高永久主编：《中亚及新疆：历史学与民族学专题研究》，民族出版社 2004 年版，第 381～386 页。
④ 潘志平：《中亚的民族关系历史现状与前景》，新疆人民出版社 2003 年版，第 186 页。

第五章

北爱尔兰冲突

第一节 北爱冲突的历史回顾

北爱尔兰是爱尔兰岛北部属于英国管辖的 6 个郡，面积 1.41 万平方公里，人口 160 万。其中 60% 的人是讲英语、信奉新教的英格兰人和苏格兰人的后裔，其余 40% 是信仰天主教的爱尔兰人。目前，北爱尔兰人口约为 1 689 000 人，此估计数据是依据最近一次人口普查（2001 年 6 月）的结果。当时登记的北爱尔兰人口为 1 685 276 人，其信仰状况分布如下：天主教徒占 40.26%，长老会教友占 20.69%，爱尔兰国教教徒占 15.30%，卫理公会教徒占 3.51%，其他教派成员（主要是新教徒）占 6.07%，称自己不信教或没有注明宗教派别的占 13.88%[①]。

严格地说，北爱尔兰问题始于 1921 年爱尔兰北部六郡的独立，但许多学者都认为北爱问题是历史上的英爱关系问题延伸到现代社会的浓缩与聚焦。因此，北爱问题的历史上限可以追溯至公元 1169 年，英王亨利二世率兵征服了凯尔特人（Celtic）建立的爱尔兰开始。16 世纪，英王亨利八世创立英国国教（the Anglican Church），自任为英格兰主教，并且试图把英国国教推行至爱尔兰，但爱

---

① 数据来自爱尔兰驻中国大使馆网站上的介绍。

尔兰地区仍然信奉罗马天主教①，双方因此产生隔阂。之后，英国鼓励新教徒移民爱尔兰，目的是希望爱尔兰人效忠英国王室，熟悉英国文化与法律，信仰英国国教，然而，这样的做法反而使宗教问题和政治问题相结合，成为英国与爱尔兰之间矛盾的主要根源。

1541年，亨利八世自称为爱尔兰王，率兵入侵。1603年，控制了爱尔兰全岛。清教徒革命期间，克伦威尔发动了对爱尔兰及苏格兰地区的侵略之后，爱尔兰人只拥有全岛土地的1/5。1650年之后，由于政治主导权掌握在英国国教派手中，许多信奉罗马天主教的教士、平信徒都遭受到歧视与迫害。随着越来越多的新教徒移居至爱尔兰北部的阿尔斯特（Ulster）地区，英国王室于1782年准许他们成立议会。然而，直至1802年，英国正式吞并爱尔兰，成立了"大不列颠及爱尔兰联合王国"（The Kingdom of Great Britain and Ireland）。爱尔兰虽然在英国国会中拥有席位，但其代表却没有一个是天主教徒，这引起爱尔兰人极大的反感。

19世纪中期，爱尔兰的激进分子开始要求独立自治运动，希望英国王室承认爱尔兰的自治，然而这样的请求接连遭到失败②。1905年，爱尔兰天主教民族主义分子组成新芬党（Sinn-Fein，含义是"我们自己"），成为爱尔兰最大的政党，并且与新教徒支持的联合党相对立。由于英国人对于爱尔兰人提出的独立诉求都采取了严厉的镇压，使得爱尔兰民众大为反感；1918年，爱尔兰自行成立临时政府，宣布独立；1919年，爱尔兰共和军（Irish Republican Army，IRA）成立，试图以武装、暗杀等方式取得独立。

1921年，英爱双方签订《英爱条约》，结果造成爱尔兰南北分治，引起民族主义者的不满。1949年爱尔兰南部26郡正式脱离英国，成立爱尔兰共和国，英国拒绝归还北爱尔兰地区的土地，并且制定了许多歧视天主教教徒的规定，例

---

① 爱尔兰有着久远而深厚的天主教传统。公元4世纪末，圣帕特里克（St. Patrick，约387~461）将基督教传入爱尔兰，他在爱尔兰活动了大约30年，成功地将几乎全岛基督教化。公元500~800年的300年间，爱尔兰被称为"圣人之岛"、"修道院之岛"、"学者、传教者之岛"，优秀的圣人、学者、传教人辈出，并创设了许多修道院。自民族大迁徙到整个梅罗琳王朝时代，爱尔兰出身的传教者频至欧洲大陆的日尔曼人那里传教，相当活跃。爱尔兰的修道院及有名的学校也云集了来自欧洲各地的学生。爱尔兰的教育，在当时被公认为是欧洲最优秀的。

② 1870年，爱尔兰新教徒为了把爱尔兰从英国国内迅速发展的世俗化大潮中分离出来而提出了地方自治原则。很快，视地方自治为真正的民族主义理想的爱尔兰天主教力量投入了这场运动，并于1874年取得了运动的领导权，迫于爱尔兰自治运动的强大压力，英国方面开始讨论"安抚"爱尔兰的努力，并表明给予爱尔兰自治权确实乃英方的愿望。但自治运动的议题就此推延。英国争论的焦点是由谁去管理爱尔兰这样一个有着浓厚帝制传统的复杂社会。推延进一步分化了爱尔兰民族主义者，出现了新的民族主义极端派，此时也促使新教徒和天主教徒之间的进一步分裂，地方自治的要求成了新教和天主教之间矛盾的焦点，第一次世界大战时期，自治要求进一步受到抑制。

如，取消比例代表制、重新划分选区、限制选举权、特别权力法案等。1968年天主教徒发起民权运动，成立北爱尔兰民权协会，爆发大规模武装冲突。1972年，英国根据《北爱尔兰法案》（The Northern Ireland Act 1972），成立了北爱尔兰办公室（Northern Ireland Office），由北爱事务大臣主管政治、治安等问题。1972年以后，英国曾四次提出解决北爱尔兰争议的方案，但却无法有效地处理双方的分歧，北爱尔兰依旧处于流血与暴力之中。1985年，英国与爱尔兰签署《盎格鲁—爱尔兰协议》，给予爱尔兰政府在一些关于北爱的事务上一个代表天主教徒的咨询角色。之后，暴动、镇压、冲突依然不断。1993年，英国首相梅杰与爱尔兰总理雷诺德发表了《唐宁街宣言》。之后，美国也参与到了北爱尔兰和平进程中。北爱尔兰依旧处于开火—停火、开火—停火的循环中，直到1998年《北爱和平协定》的出现，动乱似乎才告一段落。

研究北爱尔兰冲突的专家认为，北爱历史上的一些关键日期能够反映出冲突的根源以及问题的肇始[1]，现将它们整理如下：

1170年，来自不列颠的移民到达爱尔兰。

1608年，阿尔斯特的殖民政策开始实行[2]。

1641年，出于对苏格兰、英格兰殖民者没收土地和进行殖民活动的反抗，凯尔特—天主教意识开始兴起。

1690年，波伊恩（Boyne）战争爆发，信奉新教的威廉三世打败了信奉天主教的詹姆士二世。在北爱至今每年仍有许多人游行庆祝这次胜利。

1801年，联合法案生效，取消了爱尔兰议会，并限制爱尔兰和英格兰一起成为联合王国的组成部分。

1912年，阿尔斯特40万新教徒一起在《阿尔斯特神圣联盟合约》上签名，表明他们想留在英爱联合王国中。

1916年，在都柏林掀起了反对英国统治的复活节起义。

1921年，《英爱条约》导致26个郡组成的爱尔兰自由邦的建立，北爱地区的6个郡仍旧留在英国。

1968年，目前可见的北爱尔兰冲突爆发，这部分是由于北爱天主教徒要求

---

[1] Mari Fitzduff and Liam O. Hagan, *The Northern Ireland Troubles*：*INCORE Background Paper*. INCORE, 即 Initiative on Conflict Resolution and Ethnicity, 这是一个位于 United Nations University 大学的研究所，由阿尔斯特的大学组建，其功能是通过调研、训练以及政策发展等的综合研究来讨论各种针对冲突的解决办法。

[2] "Plantation of Ulster", 这个事件发生在17世纪初，当时，英国镇压了O'Neills和O'Donnells领导的叛乱，开始向北爱输出移民，他们把来自英格兰和苏格兰的新教徒安置在阿尔斯特地区，把从爱尔兰天主教徒手中没收的土地分给新的移民。此后，获得土地的新地主开始了殖民经济，对原有的爱尔兰天主教徒进行奴役和剥削。

民权的运动。

1998年，签订《贝尔法斯特协议》（有时又称作《复活节停火协议》）。

1999年，在北爱尔兰筹建了"权利共享会议"。

从北爱冲突的肇始来看，北爱尔兰问题最开始并没有以纯粹的"北爱尔兰"名义出现，而与"英爱关系"纠缠在一起。爱尔兰学者约翰·达比认为，在英爱之间脆弱的关系上，有四个时刻最为关键[①]，它们造成的困境使英爱关系越来越恶化，即1170年的诺曼底入侵（诺曼底人征服英格兰一个世纪以后，亨利二世计划将爱尔兰纳入自己的王国版图中）；1609年的阿尔斯特殖民时期；1921年的爱尔兰南北分裂；以及1969年及其以后的民权运动。透过这些关键的历史时刻，我们可以看出，英爱问题的实质是有变化的：从12世纪开始直至1921年，英爱问题的根本焦点是爱尔兰企图从不列颠的统治中获得独立；从1921年起，重点转到了爱尔兰岛之间的关系，即南部的26郡和北爱6郡的关系，1985年签订"英爱协议"时，这个争论似乎又有恢复的迹象；从1969年开始，北爱尔兰内部天主教和新教之间的关系就成为问题焦点。

约翰·达比进而指出，人们习以为常的"北爱尔兰问题"事实上包含以下六个相互关联的方面：

（1）宪政的核心问题是：北爱尔兰人民的政治处境应该是哪种？与不列颠融为一体？与爱尔兰实现统一？抑或是自己独立？

（2）社会经济上的不平等，特别是歧视性的就业政策。

（3）文化身份问题，这关乎教育，关乎爱尔兰的语言以及更大程度上的文化差异。

（4）突出的社会安全问题。

（5）宗教分歧问题。

（6）生活在北爱尔兰的人民日常关系问题。

这些问题都是构成北爱问题的基本因素，政治、经济、民族、宗教等因素在历史的熔铸之下，变得相互牵制，牵一发而动全身。各个因素之间错综复杂的关系，使得任何企图解决北爱问题的办法都需要通盘考虑所有因素。因此，当本章选择以"北爱尔兰冲突中的宗教因素"为切入点时，也就不得不考虑到那些相关的政治、文化、民族等因素，而且也只有采用综合叙述的方法才能将问题整理得更清晰。

[①] John Darby："Conflict in Northern Ireland：A Background Essay"；出自 *Facets of the Conflict in Northern Ireland*，Edited by Seamus Dunn，Macmillan Press，England，1995.

第二节 北爱问题的研究现状

北爱尔兰问题大概是迄今为止讨论或争论最多的问题之一，这一方面是由于问题本身的复杂性，另一方面是因为描述和解释该问题的理论复杂多样，且没有定论。北爱的武装冲突爆发至今已有半个多世纪，而对该问题的研究已有一个多世纪的历史[①]。北爱冲突被人们沿着不同界线进行了分割，学者们从不列颠和爱尔兰之间的民族矛盾、爱尔兰南北部之间的分歧、新教和天主教之间宗教上的对立，以及土地争端、民族主义的意识形态、族裔问题、文化和宗教等角度对冲突的根源进行了一系列探讨。

目前，描述和研究北爱语境中的宗教因素大体走向两个极端：一种情形是，大众传媒常常用"新教"和"天主教"来指称北爱冲突的两方面力量；另一种情形是，许多学者认为"新教"和"天主教"是媒体不加区分的懒惰做法，它们不过是贴在两个相互对立的民族之上的标签，所谓的宗教冲突恰恰掩盖了实质上的政治经济冲突，北爱语境中的宗教问题实质上就是政治和经济问题，宗教只是一个幌子而已。前者对宗教身份不加分析地全盘接受并广泛使用；后者则将宗教问题进行彻底的还原，完全否认宗教身份的真实性，以"万金油"式的利益分析法代替宗教因素。

一、中文文献的研究状况

在我国学术界，北爱尔兰问题通常与巴以冲突、印巴争端等论题并列叙述，但受到的重视程度远不及后者，这部分是因为北爱问题不像上述其他地区属于全球性的热点问题。就笔者目前所见的中文研究文献来看，大致可以分为两类：一类是出现在新闻媒体、报纸杂志上的文字材料，这类材料中"北爱"话题出现的频率与北爱当地的局势密切相关，当地局势一旦出现变化波折，这类材料也会相应增加；另一类材料中，北爱尔兰问题常常属于"政治、民族、宗教"等主题之一部分，如：余建华、晏可佳的文章《恐怖主义与民族、宗教问题论析》[②]就以北爱尔兰冲突作为"民族和宗教极端主义因素结合的恐怖主义"的典型；

---

① 若将北爱问题溯源至历史上的英爱关系，对此问题的关注与研究距今完全超过一个世纪。
② 余建华、晏可佳：《恐怖主义与民族、宗教问题论析》，载《国际问题研究》2003年第3期。

胡联合在《民族主义恐怖活动的历史、典型与特征》中亦以北爱冲突为"民族主义恐怖活动"的首要典型①。20 世纪 90 年代中期以前,第一类材料是"北爱"以中文字眼出现的主要形式,几乎没有专门针对北爱问题进行讨论的学术文章。学术类文章即使偶然提及这一话题,也大多将其作为民族主义、宗教纠纷等论题的一个典型案例,也就是说,对北爱问题的讨论常常是构成文章的一部分。90 年代末,尽管以新闻报道为主要形式的趋势没有改变,也没有研究北爱问题的专著问世,但出现了一批相关的学术性文章,北爱问题逐步成为整篇论文讨论的核心,许多文章开始介绍冲突发生的历史背景和发展现状,追溯问题出现的原因。

然而,目前这类宏观介绍性文章的行文结构,论述框架都大同小异,都力求告诉读者有关北爱问题冲突始末的整体印象,大部分研究者具有国际政治或英国历史等学科背景,因此,很少深入地去关注影响北爱社会的某些特定因素,如工作歧视、隔离式教育、宗教因素及社会心理因素等,也绝少有文章介绍国外的研究情况,特别是北爱尔兰当地的学者对该问题的研究现状。

二、国外的研究状况

相比较中文研究材料而言,外文资料(主要限于英文)对北爱问题的讨论就深入得多,内容也不拘泥于冲突问题本身,阐释角度也多种多样,更趋于微观细致②。北爱问题之所以复杂,不仅因为政治、经济、文化、宗教等因素胶着融合在一起,还因为学者们采取了许多不同的研究理论和阐释角度,理论的复杂性又增加了问题本身的复杂程度。著名的北爱问题研究专家约翰·怀特(John Whyte)在 1990 年出版了《释解北爱尔兰》③ 一书,对 20 世纪 90 年代以前北爱尔兰问题的研究状况做了细致的总结,该书至今都被视做研究北爱问题的基础读物。作者指出,从爆发冲突的 1968 年起,大量的学术专著及专题文章竞相面世。到 1990 年,已经出版的研究材料有 7 000 多份,按照北爱的人口数量与研究的论著数目之间的比例来看,北爱尔兰大概是地球上得到最深入研究的地方。在该书中,作者还选取了 500 多份具有代表性的研究著作,分别介绍了宗教、经济、政治和社会心理等研究角度的发展历史和基本问题。就本章关注的宗教因素而

---

① 胡联合:《民族主义恐怖活动的历史、典型与特征》,载《党政干部论坛》2001 年第 3 期,第 22~24 页。
② 受个人精力、客观条件等因素的限制,笔者只能收集到的有限材料,许多英文论著的原文无法直接获得,甚为遗憾,因此,对研究现状的总结整理难免出现纰漏,望批评指正。
③ John Whyte, *Interpreting Northern Ireland*, Clarendo Press, Oxford, New York, 1990.

言，也有比较丰富的研究积累。

1962 年，两个贵格派的成员巴里特（Barritt）和卡特（Carter）出版了《北爱尔兰问题：族群关系研究》① 一书，该书从不同方面讨论了新教与天主教的关系，特别侧重于政治、就业、教育等方面。从 1968 年开始，研究社群关系的论著和田野调查逐渐增多。20 世纪 70 年代，出现了许多研究奥兰治协会（The Orange Order）② 的著作，揭示了奥兰治协会在许多新教徒生活中的重要影响。例如，哈里斯（Harris）的《社群分裂背景下的邻里与"陌生人"》③ 等。

1982 年，两个卫理公会的作者，艾里克·盖勒格（Eric Gallagher）和斯坦利·沃勒尔（Stanley Worrall）出版了《阿尔斯特的天主教徒，1968～1980》一书④，此书可看做研究教会的影响和作用的权威著作。事实上，由于教会在现实生活中的影响非常深刻和广泛，以至于很难把它同其他的社会建制区分开来，因此专门研究北爱宗教问题的书并不多见，关于教会之重要性的证据往往来自研究北爱的一般性著作中。因此，一般情况下，对宗教因素的研究都被置于北爱具体的问题背景当中。有一大批学者就认为宗教上的分野实际上与两大社群分裂的界线相重合，例如，奥恩格厄（Aunger）在 1975 年的论文《北爱尔兰的宗教与职业阶层》⑤，波义耳（Boyle）在 1977 年所著的论文《北爱尔兰的教育成果、职业成就与宗教》⑥，康普顿（Compton）的论文《北爱尔兰宗教上的联系和人口统计学上的变化》⑦，奥士邦（Osborne）的论文《歧视与机会的平等：北爱尔兰的宗教案例》等⑧，都从不同方面讨论了宗教因素对于社群分界的影响。还有一些

---

① Barritt, Denis P. and Charles F. Carter, *The Northern Ireland: A Study in Group Relation*, London, Oxford University Press, 1962.

② 奥兰治协会是一个比较极端的组织，向所有的新教徒开放，但完全拒绝天主教徒，该协会多次声称自己并非宗教组织，但它实际上与新教关系非常密切。其名字来源于威廉·奥兰治（William Orange，即威廉三世），1690 年在波伊恩（Boyne）战争中，信奉新教的威廉三世打败了信奉天主教的詹姆士二世，这次战争被当成是新教对于天主教的胜利，不仅形成了一个游行纪念的传统，还形成了奥兰治协会，与天主教相对抗。

③ Harris, Rosemary, *Prejudice and Tolerance in Ulster: A Study of Neighbours and "Strangers" in a Border Community*, Manchester, Manchester University Press, 1972.

④ Gallagher, Eric, and Stanley Worrall, *Christians in Ulster, 1968 - 1980*, Oxford, Oxford University Press, 1982.

⑤ Aunger, E. A., "Religion and Occupational Class in Northern Ireland", *Economic and Social Review*, 1975, 7 (1), pp. 1 - 16.

⑥ Boyle, J. F., "Educational Attainment, Occupational Achievement and Religion in Northern Ireland", *Economic and Social Review*, 1977, 8 (2) pp. 79 - 100.

⑦ Compton, P., "Religion Affiliation and Demographic Variability in Northern Ireland", *Institute of British Geographers, Transactions* 1: pp. 433 - 452, 1976.

⑧ Osborne, R. D., "Equality of Opportunity and Discrimination: the Case of Religion in Northern Ireland", *Administration* 1981, 29 (4) pp. 331 - 355.

文章和著作着重研究宗教对社群的整体态度和价值体系的影响，例如，麦克纳（McKerna）和罗素（Russell）合著的论文《宗教的差异与北爱尔兰青少年的性价值体系》，罗斯（Rose）的著作《未经同意的统治：一种爱尔兰的视角》，斯金格（Stringer）和罗宾森（Robinson）合写的《北爱尔兰的社会态度》等。辛格顿（Singleton）甚至认为公共住房政策也受到宗派界线的影响，而且城镇居民最迟从 1911 年开始就有很高程度的派别分化趋势。[1]

1969 年，北爱的武装冲突爆发之后，学者们除了从社会学角度研究北爱社会中的宗教之外，还致力于探讨宗教与北爱冲突的关系。有一些学者认为北爱的冲突就是宗教性的冲突，认为宗教分歧是冲突的来源。这个观点的代表人物是英国的社会学家史蒂夫·布鲁斯（Steve Bruce），他也是一名宗教社会学家。在贝尔法斯特皇后大学的研讨会上，以及后来出版的关于北爱问题的专著中，他都认为"宗教上的分歧就是引发冲突的根本原因"[2]，天主教和新教在本性上是对立的，如果当地原住居民和外来移民拥有相同的宗教信仰，相互的融合就能化解族裔的边界[3]。史蒂夫持这一观点的论据基于他对新教在冲突中所扮演的角色的研究，他认为"对于新教徒来说，北爱尔兰的冲突是宗教性的……（因为）唯一能为联合主义提供基础的意识形态就是新教的福音主义。因此，至少对于冲突的一方而言，在超乎我们这些自由主义基督徒和无神论者所能认识和想象的程度上，北爱的冲突是宗教性的。"[4] 此外，约翰·希凯（John Hickey）在他的专著《宗教与北爱尔兰问题》[5] 中也认为，尽管宗教不是引发冲突的唯一原因，但 20 世纪 70 年代教义上的分歧对冲突的影响力实际上是增加了，因为现代化工业经

---

[1] McKernan, J. and Russell, J. L. "Difference of Religion and Sex in the Value Systems of Northern Ireland Adolescents", *British Journal of Social and Clinical Psychology*, 1980, 19, pp. 115 – 118. 这个话题一直很受关注，相关的文章还有 Robbins Mandy, Purpose in Life and Prayer Among Catholic and Protestant Adolescents in Northern Ireland. *Journal of Research on Christian Education* V. 14, No. 1（Spring 2005）pp. 73 – 93. Rose, R. *Governing without Consensus: An Irish Perspective*, London, Faber and Faber, 1971. Stringer, P. and Robinson, G. *Social Attitudes in Northern Ireland*, Belfast, Blackstaff Press, 1991. Singleton, D. "Housing a Divided Community: the Paradox of Reform in Northern Ireland", *Housing Review*, 1982, 31 (3), pp. 77 – 81. Poole, M. A. "Religious Residential Segregation in Urban Northern Ireland", in Boal, F. W. and Douglas, J. N. (eds), *Integration and Division: Geographical Perspectives on the Northern Ireland Problem*, London, Academic Press, 1982, pp. 281 – 308. 北爱学者对于隔离式居住情况的研究始于 20 世纪 50 年代、70 年代，这方面的研究主要集中于对贝尔法斯特的情况的调查，80 年代研究者开始关注贝尔法斯特以外的地区，而 Michael Poole 就是这批学者中的先驱者，他对北爱的所有的城镇做了调查，发现贝尔法斯特是北爱居住分化程度最高的一个城市。后来的学者又进行了更细致的研究，他们的结论是，宗教是导致居住分化的原因之一，而且影响程度因地区不同而有差异，但宗教不是全部的原因，此外阶级利益也是诱因之一。

[2] Bruce, Steve, *God Save Ulster! The Religion and Politics of Paisleyism*, Oxford, Clarendon Press, 1986.

[3][4] Bruce, Steve, "The Northern Ireland Conflict is a Religious Conflict", *Annual Meeting of the British Association for Advancement of Science*, Belfast, 24 – 28 August 1987.

[5] Hickey, John, *Religion and Northern Ireland Problem*, Dublin, Gill and Macmillan, 1984.

济的发展改善了原来社群之间经济上不平等的状况,宗教的作用就变得更突出了。科诺尔·克鲁斯·奥布莱恩（Conor Cruise O'Brien）则强调在天主教社群中,宗教因素对于维持冲突的影响①。

此外,约翰·富尔顿（John Fulton）的著作《信仰的悲剧:爱尔兰的分化、政治与宗教》②,也非常全面地讨论了宗教与北爱问题形成的关系,作者追溯了两大社群形成的历史,指出天主教的民族主义和新教的忠诚主义③是冲突的真正主题,它们在各自的社群中起着凝聚人群、促进团结的作用。

米切尔·克莱尔（Mitchell Claire）2005年最新出版的著作《北爱尔兰的宗教、身份和政治:归属与信仰的边界》④,基本囊括了目前在北爱问题研究上,与宗教相关的全部话题。在这些话题中,宗教、身份认同和政治三者相互交织纠结,成为北爱语境中宗教发挥其作用与影响的重要方式,也是我们切入北爱社会中宗教问题的正确途径。不管如何讨论北爱问题,我们都会发现,完全肯定或者完全否定宗教在北爱问题中的角色都无法令人信服,都是不充分的论断,因此,我们希望能够在肯定或否定宗教作用的两个极端之间,走出一条恰当的道路,给予北爱语境中的宗教以一个与它自身相称的评述。

第三节　北爱问题与宗教冲突

直至晚近,在处理宗教与北爱问题关系上,人们并没有太好的办法。有些学者为了更正人们对于天主教和新教关系的一般看法,而不惜抛弃宗教因素⑤。有

---

① O'Brien, Conor Cruise, *Ancestral Voices*: *Religion and Nationalism in Ireland*, Dublin, Poolbeg, 1994.
② Fulton, John, *The Tragedy of Belief*: *Division*, *Politics and Religion in Ireland*, Oxford, Clarendon, 1991.
③ 即nationalism和loyalism. Loyalism指效忠于英国王室,主要是新教的一个口号。在本章中,为了译名统一起见,nationalism或nationalist译作"民族主义"和"民族主义者",loyalism和loyalist译作"忠诚主义"和"忠诚派（人士）",unionism和unionist译作"联合主义"和"联合派"或"联合党（人士）"。
④ Mitchell Claire, *Religion*, *Identity and Politics in Northern Ireland*: *Boundaries of Belonging and Belief*, Aldershot, Hants, England; Burlington, VT, Ashgate Pub., 2005. 因为种种条件限制目前无法得到此书,只能搜索到该书的目录,但笔者认为,鉴于此书出版于2005年,它至少说明了近年来的一些研究趋势和旨趣,表明北爱的宗教问题仍然受到学术界的关注。
⑤ 一个明显的例子就是麦卡利斯特（McAllister）在1982年的研究结论。1973年,约翰·杰克逊（John Jackson）进行了一次抽样调查,收集了人们的宗教信仰与政治态度关系的信息,这些信息一直没有出版。1982年,麦卡利斯特对这些数据做了研究,他假定人们之间相互责难的政治态度是冲突产生的根源,在宗教上保持一致的人群有着相同的政治态度,结果他发现天主教徒和新教徒的宗教信仰与各自的政治态度之间几乎没有关系,于是他就得出结论说宗教分歧与北爱冲突无关。

些学者为了强调宗教在北爱问题中的地位,而对冲突冠以"圣战"之名①。2001年,马库斯·泰纳(Marcus Tanner)出版《爱尔兰的圣战:为了民族之魂的战斗,1500~2000》之后引起一片哗然,数十篇书评纷纷针对这个话题展开争论,直至 2003 年,仍然有学者发表书评对其进行评论。这一方面是因为泰纳以自由主义的立场来解读爱尔兰历史上的宗教问题,认为冲突对立最终的解决办法依赖于宗教的世俗化运动;另一方面也是因为北爱语境中的宗教问题本身所具有的争议性。然而,大多数学者并不完全否定宗教因素的作用,许多人极力反对的是把北爱冲突看成是宗教战争的做法,即他们不认为宗教是对立冲突与暴力产生的根源。

否定宗教因素的学者们往往会给出一些理由和论据,其中一部分还相当具有说服力。比如,布兰登·奥莱利(Brendan O'Leary)和约翰·麦克加里(John McGarry)就指出,北爱尔兰的"宗教性"只体现在教会出勤率、宗教徒之间的相互合作以及政治选举上,与暴力冲突和对抗没有关系。他们还给出了七个理由来证明宗教差异不是引发社群暴力的原因:①随着社会缓慢而单一地走向世俗化,暴力现象并没有减少。②很明显,城市中的暴力现象比乡村的多,而城市的宗教氛围弱于乡村。③自从 1969 年以来,跨教会合作活动更多了,但暴力现象也在扩大。④所有的主要政党和准军事性组织均以世俗的标准为自己命名(如民族主义、联合派),而不是宗教的标准,并且,事实上,"双方领导人物的政治话语都诉诸民族主义的表述,民族自决和民主原则,无论从理论上还是实践上都排除了宗教的世界观"。⑤暴力并不会被用来反对宗教偶像(至少在该书写作之前),忠诚派不会去骚扰天主教教堂,而且也没有一个牧师葬身于忠诚派的枪下,尽管牧师走在街上很容易成为显著的目标。⑥北爱尔兰人愿意把冲突归咎于政治、宪制的原因,而不是宗教的差异。"甚至忠诚派的准军事组织的人也说,如果天主教徒接受联合,它们愿意和天主教徒和平共处。"⑦同族结婚居住分化的结果,而不是宗教组织的政策。② 这些理由都力图说明宗教和暴力之间没有关系,但这些理由似乎都只能说明宗教与暴力之间没有直接的关系,事实上,整个人类的历史上几乎也很难找到完全受纯粹的宗教因素影响而出现的暴力行为。许多提倡重视宗教因素的学者也不会认为宗教会直接导致暴力行为或冲突对立。关于世俗化这一点,许多学者都以它作为反驳宗教因素的理由之一,其潜在的假设就是世俗化过程必然带来宗教的衰退,更有像马库斯·泰纳这样的学者,把解决

---

① Marcus Tanner, *Ireland's Holy Wars: The Struggle for a Nation's Soul, 1500 - 2000*, London, Yale University Press, 2001. 该作者是《伦敦独立报》的前任海外版编辑,此前他曾就克罗地亚问题出版过专著,见 *Croatia: A Nation Forged in War*, London, Yale University Press, 1998.

② O'Leary, Brendan, and John McGarry, *The Politics of Antagonism: Understanding Northern Ireland*, London, Athlone. 1993.

北爱冲突的最终办法寄希望于宗教的世俗化运动。就历史来看，世俗化的确给宗教带来了巨大的冲击，但世俗化是否必然对应于宗教的衰退情况，还是一个尚待讨论的课题①。

还有一个比较有说服力的反驳宗教因素的理由是从宗教改革的历史出发，认为"宗教改革之前，爱尔兰的部分地区就已经被英国殖民了，这导致了英国的天主教徒和爱尔兰的天主教徒之间关系的紧张。宗教改革不过是强化了这种张力，即使没有宗教改革，英国殖民者的后裔和当地爱尔兰人之间还会存在着深刻的分歧"②，也就是说，族群之间的对立早于宗教改革，早于天主教、新教分野的产生。的确，爱尔兰并没有发生像欧洲大陆那样的宗教改革运动，宗教改革对于爱尔兰而言，并不是从内部生发出来的，不是广大民众转变信仰，而是大量的新教徒拥入了该地区。③ 因此，尽管这个理由非常具有说服力，但是由于爱尔兰经历的宗教改革根本不是新教徒与天主教徒的分裂，而恰恰就是外来移民和当地原著居民的对立，因此族裔分立与宗教改革因素并不能孤立而论。此外，有历史资料显示，宗教改革之前，在爱尔兰的英国人和当地居民之间的对立情绪并没有达到剑拔弩张的地步。斯图亚特王朝时期，社会各个阶层中都有外来的殖民者与当地人通婚的现象，而且全岛范围内身份意识尚未觉醒。所以，宗教改革之前两大族裔之间可能存在着隔阂，但因为缺乏强烈的自我身份意识，双方也就不会产生清晰的敌我之别。

由此可见，反驳宗教因素的学者提供众多的理由，并不足以证明宗教因素在北爱问题上不具备任何理论解释力；相反，我们却可以从学者们普遍接受的宗教构成要素出发，以微观的角度考察天主教与新教在北爱社会中的作用和地位。我们的这个做法与约翰·富尔顿在《信仰的悲剧：爱尔兰的分化、政治与宗教》中的做法十分类似，这本书的解释框架采用了意大利马克思主义者安东尼奥·葛兰西（Antonio Gramsci）对宗教、政治和权力的看法，即认为宗教是政治的一种形式，人类群体与国家、民族休戚相关，社会控制的过程依赖于特殊的观念和信念的传播。富尔顿的做法就是要在论证展开伊始，就从定义上建立宗教与其他因素的关联，与本章对宗教的定义异曲同工。本章选用尼尼安·斯马特（Ninian Smart）在《世界宗教》一书中对宗教的定义，认为在所有的宗教中有一些维度

---

① 孙尚扬：《宗教社会学》，北京大学出版社2001年版，第127~148页。
② David Quinn, Ireland's holy wars [book review], *First Things* No. 121 pp. 50-52, 54 Mar 2002. 作者是《爱尔兰天主教》（Irish Catholic）的编辑。
③ 16世纪，英王亨利八世创立英国国教（the Anglican Church），自任为英格兰主教，并且试图把英国国教推行至爱尔兰。1601年，在金塞尔（Kinsale），阿尔斯特的凯尔特人首次败给了英国，英国就决定从英格兰和苏格兰迁来一批效忠王室的移民，让他们耕种阿尔斯特西部从当地人手中没收来的土地。这次移民首次大规模地把安立甘会和长老会引入了爱尔兰北部，这就是爱尔兰经历的宗教改革。

或主题是共通的,它们包括七个层面:实践与仪式层面;经验与情感层面;叙事与神话层面;教义与哲学层面;伦理与律法层面;社会与制度层面和物质层面。① 借用斯马特的这个定义使我们能够在不同层面上考察宗教与世俗社会的关系。

一、宗教教义的重要影响

(一) 宗教自由观

1980年3月,第七届世界福音团契大会在英国的赫特斯顿举行。这次会议对新教,主要是福音信仰的基督徒与罗马天主教信仰和实践上的关系做出澄清②,会议上通过的文献从九个方面阐述了福音信仰与天主教之间在信仰上的差别,这些差异并不是此次会议的创造发明,而是对从16世纪以来的信仰斗争作回顾和总结。这九个方面包括:与其他教会的关系、宗教自由、玛利亚观、教会的权威、教宗和无误说、现代主义/神学自由主义、因信称义、圣礼主义和圣餐礼、教会的使命。从而突出新教所主张的"唯独圣经"、"唯独基督"、"唯独恩典"、"唯独信心"和"荣耀唯独归神"的福音精神。这次会议针对宗教自由方面,对天主教的评价是"罗马教会若忠于这份声明('梵二'文件)的话,必不会用双重标准来处理人们的宗教权力,那就是说,她不会一方面在天主教徒占少数或被政府歧视的地方要求自由,而另一方面在天主教占大多数的地方苛求特权且不容异己。"③ 福音派对罗马天主教的这个批评与阿尔斯特的新教徒对天主教的埋怨十分相似。20世纪初,新教反对爱尔兰统一的重要理由就是认为天主教国家里他们将会丧失宗教自由;而当时的天主教的确坚决反对自由民主的思想,反对给予非天主教徒以宗教自由权。所以,加尔文主义者主张不惜一切代价要保护自己的宗教自由权。

比尔·麦克斯韦尼(Bill McSweeney)认为加尔文主义的因恩典而称义的信条和宗教自由的信条对北爱尔兰的新教徒有较大的影响,但这些信条被粗暴地用来保证他们的宗教自由④;而且在北爱尔兰新教徒看来(特别是长老会),因为

---

① 尼尼安·斯马特著,高师宁、金泽、朱明忠等译:《世界宗教》,北京大学出版社2004年版,第5~13页。
② 庞陈丽娟编译:《从当代福音信仰观点看罗马天主教——世界福音团契文献》,载《中国神学研究院期刊》1989年7月,第7期;1990年1月,第8期。
③ 庞陈丽娟编译:《从当代福音信仰观点看罗马天主教——世界福音团契文献》,载《中国神学研究院期刊》1989年7月,第7期,第17页。
④ McSweeney, Bill. "The Religion Dimension of the 'Troubles' in Northern Ireland", Ed. Paul Badham, *Religion, State and Society in Modern Britain*, Lewiston, Edwin Mellen, 1989, pp. 167-184.

天主教缺乏因恩典而称义的教义,所以它也缺少保护非天主教徒的宗教权利的教义,许多理论和历史事件都可以对这一点做出回应。19世纪,新教徒反对天主教发起的爱尔兰自治运动时,喊的口号就是"自治就是罗马统治"(Home Rule is Rome Rule),积极保卫新教徒的宗教自由权。新教徒开始支持地方自治,随后倒戈反对,这一方面是因为长期以来罗马天主教积极地卷入政治事务当中,以至于当时的新教团体认为保证英爱联合不改变,才是确保他们团体安全的唯一保证;另一方面也是因为新教和天主教之间对宗教自由权,有着不一样的理解。

然而,菲利普·巴恩斯(Philip Barnes)却认为,尽管比尔·麦克斯韦尼的分析有助于我们历史性地理解冲突产生的原因和发展过程,但是,无补于理解1968年以来的冲突。原因在于1962年至1965年召开了"梵二"会议,天主教已经正式地接受了新教的宗教自由观念,因此,没有理由相信爱尔兰的天主教现在还处心积虑地要迫害新教徒,即使是同处一个统一的爱尔兰国度中。而且,1968年冲突爆发时,自由的呼声已经深入人心,谈判的双方都声称要保证宗教自由权。可是,1980年的世界福音团契大会,再一次重申天主教和新教之间的差异之一就是对宗教自由的理解。可见,即使在"梵二"会议上天主教已经有了明确的表态,即使爱尔兰的天主教和新教之间对自由的看法已经趋于一致,双方在具体的实践过程中仍有可能存在着差异,也许这种差异并不因宗教信条而起,可能是其他原因所致,但的确使得双方在实践宗教自由权利时呈现出不同的面孔。

(二)反天主教的宗派主义

约翰·布鲁尔(John Brewer)和加雷思·I·希金斯(Gareth I. Higgins)还提出,北爱社会中的新教具有明显的宗派主义的特征,他们在追溯了新教宗派主义的根源之后,指出新教宗派主义用神学的教义把经济和政治上的不平等和社群界限理性化了,反天主教的信念体系不断强化着两大宗教群体之间的分野与差别。在《北爱尔兰的反天主教主义,1600~1998年》一书中,布鲁尔和希金斯列举了三类反天主教的行为模型:(1)圣约式,认为阿尔斯特的新教徒是上帝的选民,北爱是上帝赐予他们的"应许之地";(2)法利赛式,认为新教代表着宗教的真理,而天主教是谬误;(3)世俗模式,反对共和主义并且认为天主教暗中支持恐怖主义活动。① 如果我们既从政治和宗教两个角度来看这三类模型,那么,法利赛式就更偏向于宗教;而圣约式是宗教和政治各占一半;世俗模式更偏向于政治性。尽管宗教对这三个模式都有影响,但影响力的大小却有差别。布

---

① John Brewer and Gareth I. Higgins, *Anti-Catholicism in Northern Ireland*, 1600 – 1998: *The Mote and the Beam*, London, Macmillan, 1998, pp. 244 – 246.

鲁尔和希金斯指出，一些新教的信念给反天主教主义提供了肥沃的土壤，例如，新教认为教皇是敌视基督的，天主教相信得到拯救依赖的是事功而不是恩典，所以天主教会是堕落的。因为反天主教主义的存在，所以布鲁尔和希金斯坚持认为反天主教主义既是冲突产生的历史原因，又是目前北爱和平进程的最大威胁。

针对布鲁尔和希金斯的观点，也有不少人进行了批评，其中菲利普·巴恩斯就认为，他们面临的最大挑战就是，许多深受反天主教神学影响的新教徒，恰恰是最不愿意参与暴力抗争和宗派暴力的人。而积极参与宗派活动的人，却是那些对神学讨论最不感兴趣的人。不管菲利普·巴恩斯提出了多少批评，他的结论仍然没有完全否认宗教在社群关联中的作用，而认为"通过确定群体的边界，将社会结构理性化，反天主教信念在维持冲突上发挥了一定的作用，但此时的反天主教的政治性大于宗教性。"①

整体而言，反天主教信念中来自宗教的观念具有历史的连续性，其主要内容是 16 世纪新教与天主教之间宗教争议的话题；而它的政治内容则随着时间而发生变化，例如 17 世纪，新教信徒中流行的看法是耶稣会的阴谋使得查尔斯王上了断头台，在今天又有另一种对天主教的看法，一些人认为天主教会在努力建立一个由罗马教皇统治全世界的政府。因为政治内容上的可变性，反天主教主义往往会成为意识形态的工具，即使现实中的天主教和新教的分化和差异可能并不大，它也会在构建社群相互排斥的利益和身份认同中，形成具有象征意义的神话、仪式和话语，重塑两极分化的社群行为和经验。

二、宗教组织的影响

（一）教会与教派

"任何宗教除了以其超验的维度指向神圣者的王国以外，最终都要落实到人和人的世界。换言之，由信徒组成的宗教群体与组织的样态和质素是宗教维系其存在和谋求其发展的结构性实在要素"②，宗教组织和群体是宗教在现实的生活实践中发挥其作用与影响的主要载体，是宗教作为社会实体的最主要的物质基础。宗教群体有初级和高级之分。习惯上，人们常常把天主教的组织与"教会"相联系，而把"教派"与新教群体联系在一起。

---

① L Philip, Barnes, "Was the Northern Ireland Conflict Religious?" *Journal of Contemporary Religion*, Vol. 20, No. 1, 2005.
② 孙尚扬：《宗教社会学》，北京大学出版社 2001 年版，第 47~48 页。

理论上，教会和教派都是比较复杂的概念，它们之间的区别也不是规模大小的差异，而且在不同的理论框架中，它们的区别也不尽相同。在特洛尔奇对基督教类型做出的划分中，大教会、小派和神秘主义是相互并列的概念。大教会比较保守但包容性很强，对世俗社会体制表现出相当程度的妥协，以便用社会建制来获得文化上的领导地位；小派是由严格信仰基督的人自愿组成的，他们不重恩典而重律法，在成员之间建立以爱为根据的基督教秩序，以此预备上帝国的到来。在这个划分中，天主教与"教会"的特点类似，但新教与"小派"无法对应，因为小派并不重视新教视为最重要的信仰——"唯独恩典"。马克斯·韦伯也对"教会"与"教派"做过详细的区分，指出，教会是"官职卡理斯玛的保有者、管理者"，[①] 是一个恩宠机构；而"教派不是一个'小的'宗教共同体，也不是一个从任何其他共同体分裂出来，因而'不被承认'或受其迫害且被视为异端的宗教共同体，教派是指其意义与本质必然地弃绝普遍性且必然地奠基于其成员之完全自由的志同道合"[②]，最纯粹的教派会完全排斥教会所特有的制度恩宠和官职卡理斯玛。即在社会学意义上，教会总是与教权密切相关，与世俗体制关系比较紧密；而教派的成员当其拥有了教派成员的身份时就具备一种与其他信徒不一样的"资格"，因此，相对于教会的成员而言，教派成员本身视自己具有一种优越性。在韦伯的区分中，教会与天主教、教派与新教基本可以对应。教会与社会权力关系密切，而教派极力反对的就是这一点[③]。在爱尔兰未分裂之前，新教之所以能够团结在一起共同反对天主教，原因之一就是对天主教与社会政治之密切关系的恐惧，反抗天主教的组织化的体制结构。

天主教是一种典型的制度型宗教，它拥有自身的神学、仪式和组织系统，它本身就是一种社会制度，有自己的基本观念和结构体系。长期以来，爱尔兰天主教社会中，教会是影响力最大的体制性机构，在民众中也被看做爱尔兰的合法代表。教会控制着社群的物质和精神财产。天主教是一种组织非常紧密的宗教，其教义的一个重要部分就是强调祷告和圣礼，因此，领做圣礼的人是最重要的，这导致了教士阶层的产生。所以天主教的社会秩序就是由领导者控制社会系统。对于大多数天主教徒，也包括教士阶层而言，北爱的冲突不是宗教性的，而且，整个天主教都倾向于认为北爱问题的根源是政治和经济上的不平等，教会也十分关注教徒们对于经济和政治的控诉。因而，教会总是就社会经济等问题和英国、北爱当局进行谈判。在这种情形下，天主教会的政治强势使得新教徒感到不安。因

[①] [德] 马克斯·韦伯著，康乐、简惠美译：《支配社会学》，广西师范大学出版社2004年版，第361页。
[②] [德] 马克斯·韦伯著，康乐、简惠美译：《支配社会学》，广西师范大学出版社2004年版，第433页。
[③] 教派并不排斥社会权力，但它从本质上是反对教权的，历史的实际情境中，教会与教派之间经常在文化领导权上展开竞争。

此，19世纪，新教徒本来为了把爱尔兰从英国国内迅速发展的世俗化大潮中分离出来而倡导的地方自治原则，在天主教力量取得运动的领导权之后，新教就立刻转而反对地方自治运动。

与天主教的情况相反，新教各派之间组织结构松散，没有一个单一性的教会，也没有一个教士集团占有新教社会中的世俗权力。除了长老会、安立甘教会（即爱尔兰教会）、浸礼会和卫理公会以外，北爱至少有50个左右的新教派别，大多数派别规模较小，各派唯一的共同点就是完全赞成与大不列颠联合。

（二）宗教群体社群分化

1601年，在金塞尔（Kinsale），阿尔斯特的凯尔特人首次败给了英国，英国决定从英格兰和苏格兰迁来一批效忠王室的移民。这次移民不仅向爱尔兰输入了新的人群和政治上的忠诚，而且首次大规模地把安立甘会和长老会引入了爱尔兰北部。但是，当地原有的居民在英格兰新教的威胁下，仍然忠于教皇的权威。爱尔兰经历的宗教改革并不是广大民众转变信仰，而是大量的新教徒进入了该地区。准确地说，新教对于这个国家的意义在于它是效忠英国王室的制度保证。因此，爱尔兰的宗教和政治权力从一开始就关系密切。传统上，爱尔兰三大宗教力量是天主教、长老会和安立甘教会。这三大集团曾经形成三足鼎立之势，不过，安立甘教会在爱尔兰成为官方教会，即建立了爱尔兰教会之后，这种鼎足均势的局面就被打破了。

目前，北爱尔兰最大的单一性教会是罗马天主教，与其他教会的总和相比，天主教会属于少数派，但加上爱尔兰共和国95%的人口，天主教是整个爱尔兰岛上最大的教会。天主教长期以来是民族主义群体中规模最大且影响最广泛的机构。历史上，特别是在"惩治法案"时期，天主教会和爱尔兰的民众受到英国政策的压制，因此，天主教与信众保持着密切的关系，教会是唯一能够得到大众支持的体制性机构，常常处于社会的权力核心。长老会是新教中最大的宗派，源于苏格兰的加尔文主义，深受19世纪福音复兴思潮的影响。传统上，长老会又分为自由派和保守派，自由派主张普世基督教，在社会活动中也比较激进；保守派以圣经基要主义为标志，主张与天主教之间保持敌对状态。尽管他们的教会叫做"全爱尔兰教会"，但他们主要分布在阿特里姆郡和达恩（Down）两个地区。爱尔兰教会曾是岛上的官方主导性教会，结构上奉行等级制，在其他国家，安立甘教会总带有浓烈的天主教色彩，但在爱尔兰，它则更倾向于新教，与长老会不同的是，它反对天主教的理由是政治的而非宗教的。

北爱教会活动的出勤率很高。罗斯在1968年的调查发现95%的天主教徒称自己每周至少去教会一次。1978年，摩克森—布朗（Moxon-Browne）发现这个数字是90%，1986年，史密斯的调查显示出勤率仍保持在90%。新教的出勤率和其他国家一样，都比较低，但是在罗斯的调查中仍有66%新教徒称自己每月至少去教会一次，摩克森—布朗的调查中有59%的人这样说，史密斯的调查中这个数字是53%[①]。

北爱尔兰的宗教群体的分布状况对社群划分有着重要影响。居高不下的教会活动出勤率强化了由宗教群体本身所产生的宗教联系（affiliation），而这种联系由于渗透于其他社会活动当中，就对社群划分产生了深远的影响。巴里特（Barritt）和卡特（Carter）对新教教会的社交生活做了研究，称"聚会通常规模都比较大，因此能支持其他各种各样的辅助性活动，如女性指南、青年群体、羽毛球俱乐部和男士茶话会等"。[②] 至于天主教那边，达比的调查指出"诸如圣文森特德保罗会、玛利亚社团、青年祷告团契等都广受欢迎。天主教会也与教区各阶层保持密切的联系，举办棋牌类游戏活动，这样做既给大家提供了社会交往的机会，又补充了教区的资金。"挪威的人类学家拉森（Larsen）调查小城镇中与教会相关的活动，她发现"布道、主日学校、志愿者团契、青年俱乐部等组织、母亲联合会、中级教会成员俱乐部、圣经研习会、唱诗班、社交晚会等在夏天户外举行；女生指南和童子军以及男生纵队、女生纵队，室内运动如保龄球、羽毛球和乒乓球等，不知为何只有天主教的社群才有。她又补充说："教会各种各样的活动完全有可能占据一星期每个晚上，而且还有很多人参与。"[③] 因为教会活动或者与教会相关的活动有可能占据个人生活的全部方面，所以教会的分裂对教众群体的分化产生了重要的影响。

然而，有一些原因限制了教会对社群分裂的影响。

首先，教会影响所及的人口数量是不均等的。贝尔法斯特的新教工人阶级中，教会的影响力最弱。尼尔森和詹金对这个群体的研究中很少提及教会。而且，即使在贝尔法斯特地区的天主教的工人阶层中，教会的影响也要弱于在小城镇和农村地区的影响。达比指出，神职人员对贝尔法斯特地区的教会出勤率的估计是，天主教约为65%，新教只有33%[④]。

其次，教会的领导者和成员都为缓解群体分裂而积极地工作。这一点可能不适用于伊恩·佩斯利，他就尽其所能来阻止新教和罗马天主教之间关系的缓和[⑤]。但是在艾里克·盖勒格和斯坦利·沃勒尔合著的《阿尔斯特的天主教：

[①] John Whyte, *Interpreting Northern Ireland*, Oxford, Clarendon Press, 1991, pp. 26 – 27.

[②] John Whyte, *Interpreting Northern Ireland*, Oxford, Clarendon Press, 1991, p. 27.

[③] Larsen, Sidsel Saugestad, "The Two Sides of the House: Identity and Social Organization in Kilbroney, Northern Ireland", in Cohen (1982), pp. 131 – 163.

[④] Darby, John, *Intimidation and the Control of Conflict in Northern Ireland*, Dublin: Gill and Macmillan. 转引自 John Whyte, *Interpreting Northern Ireland*, Oxford, Clarendon Press, 1991, p. 27.

[⑤] Bruce, Steve, *God Save Ulster! The Religion and Politics of Paisleyism*, Oxford, Clarendon Press, 1986, pp. 221 – 226.

1968~1980》^① 一书中，教会的领导者整体上都是好的，都在为改善社群关系牵线搭桥。的确，北爱尔兰四大主要教会——天主教、长老会、爱尔兰教会和卫理公会——的领导者定期会面，其交流沟通的频率远远高于世界上其他地区的基督教群体。伊恩·M·艾丽丝（Ian M. Ellis）在1984年出版了《爱尔兰的和平与和解计划》^② 一书中，列举了83个和平计划，其中36个有明显的宗教基础，其他的计划也是由那些有着宗教动机的人发起的。最著名的和解组织是考瑞米拉（Corrymeela）社团，该组织于1965年由雷·戴维（Ray Davey）发起建立，起初它只是一个长老会组织，但现在它的成员既有天主教徒也有新教徒，是个跨宗派的组织。它的中心位于安特里姆郡（Antrim）^③ 海边，人们在此接待各类人群，经常把一些以前因为社群分裂而无法认识的人聚在一起。

最后，因为新教社群并非一个统一的整体，而是存在着诸多宗派，所以就新教内部而言，教会对社群的影响不足以导致社群分裂。1981年的人口普查显示至少有50个宗派，大多数宗派规模都非常小，但也有些人口数量较多。事实上，很难对北爱的宗教普查数据做出解释，并没有完全准确的数据。但是新教的宗派分别也并非微不足道，历史上不同的宗派之间的确相互仇视。爱尔兰教会曾经是国家支持的教会，而其他教会，如天主教和新教都要在权限上受制于它、顺从它。这样的张力在今天已经没有了。但还有观察者发现了它遗留的痕迹。哈里斯（Harris）在1972年出版的著作中指出，在一些边境地区，"令人惊奇的是，不同的宗派之间还有敌对情绪"。长老会还对安立甘会的屠杀记忆犹新，长老会和爱尔兰教会都对一些小宗派挖走自己的成员而愤愤不平。^④ 哈里斯的田野调查是在20世纪50年代进行的，可能那时教会的影响力更大，但是，哈里斯的结论又得到了麦克法兰（Mcfarlane）的支持，这次调查是在1978进行的，也就是说在25年后，在几十英里之外的一个村庄里又发现了长老会和爱尔兰教会之间的张力^⑤。雷顿（Leyton）对另一个地区的调查同样发现，地位高的长老会成员和爱尔兰教会成员是一派，另一派是地位低的浸礼会成员和兄弟会成员^⑥。

---

① Gallagher, Eric, and Stanley Worrall, *Christians in Ulster, 1968-1980*, Oxford, Oxford University Press, 1982.

② Ellis, Ian M., *Peace and Reconciliation in Ireland*, 2nd end. Belfast and Dublin, Co-operation North, 1984.

③ 安特里姆郡是北爱尔兰的一个城镇，位于北爱尔兰的东北部。

④ Harris, Rosemary, *Prejudice and Tolerance in Ulster: A Study of Neighbours and "Strangers" in a Border Community*, Manchester, Manchester University Press, 1972.

⑤ McFarlane, W. Graham, "Gossip and Social Relationships in a Northern Irish Village", 1978, 转引自 John Whyte, *Interpreting Northern Ireland*, Oxford, Clarendon Press, 1991, p. 29.

⑥ Leyton, Elliott, "Opposition and Integration in Ulster", *Man*, NS9, 1974, 转引自 John Whyte, *Interpreting Northern Ireland*, Oxford, Clarendon Press, 1991, p. 29.

宗派差别仅是新教社群派别林立的一个方面，此外，还存在着自由主义新教徒和基要主义新教徒的分别。这个分裂在保尔（Boal）和利文斯顿（Livingstone）对贝尔法斯特新教徒的研究中有比较全面的描述①。他们进行的是跨宗派的研究，发现小型的宗派如浸礼会和兄弟会等基本上都是基要主义的，而爱尔兰教会的成员大部分都不是基要主义者，长老会和卫理公会中自由主义的和基要主义的差不多各占一半。基要主义者大多数是严守安息日的基督徒，对于和天主教徒交往感到怀疑，也不大关注现实的社会问题。政治上，联合党能获得自由派和基要主义两方面的支持，而民主联合党却一般只得到自由派的垂青。

（三）激进派组织

普遍而言，北爱社会的宗教组织在社群分化方面影响较大，但大多数宗教组织都不支持双方的暴力行为，只有少数的激进派组织会直接支持或者参与暴力活动。新教方面的"阿尔斯特自由长老会"是激进派的典型代表。

1951年，伊恩·佩斯利建立"阿尔斯特自由长老会"，旨在反对天主教，视天主教为《圣经》中遭到诅咒的巴比伦妓女。佩斯利是整个新教激进派的精神领袖。他出生于一个福音派家庭，其父是浸礼会牧师，20世纪20年代因为反对浸礼会联盟（Baptism Union）的自由主义倾向而另立教会。佩斯利本人在威尔士的福音派拜瑞（Barry）学校接受教育，之后又前往贝尔法斯特改革派长老会的神学院研修神学。

佩斯利的反天主教主义主要继承的是苏格兰宗教改革者约翰·诺克斯（John Knox）的思想，一方面吸取了诺克斯等宗教改革者分析解读历史的方法和视野，另一方面继承了宗教改革者遵循的圣约（covenant）传统②。佩斯利把《圣经》中的历史投射到对现实生活的理解当中。他认为诺克斯是先知以利亚和施洗约翰一样的人物，终其一生在为上帝之国而斗争。其自我定位也是参照他对诺克斯的历史角色的理解而来。他又用诺克斯等宗教改革者的世界观来理解历史与政治，他相信上帝在圣经中已经启示了历史的过程：整个历史就是上帝对撒旦持续战斗，历史的终点和高潮是撒旦被挫败。佩斯利认为人类历史上最大的罪恶势力就是罗马天主教，它是偶像崇拜的异端在当今世界的明证。他认为，从圣经的描述与现实世界的对比来看，历史的终点即将到来；上帝要求他尽其所能地与"错误的教会"展开斗争，通过摧毁天主教会来警醒世人要安心等待上帝之国的来

---

① Boal, F. W. and David Livingstone, "*Protestants in Belfast: A View From the Inside*", *Contemporary Review*, 248 (1433) (Apr.), pp. 169-175, 1986.

② MacIver, Martha Abele: Ian Paisley and the Reformed Tradition, *Political Studies*, Sep. 1987, Vol. 35 Issue 3, pp. 359-378.

临。可见，佩斯利的宗教主张从本质上就是反对罗马天主教的，因此他所领导的教会和政党参与现实冲突也是可以预料的。

伊恩·佩斯利还把宗教改革者们的释经学方法发挥到了极致。他解释历史的方法深受历史学家 J. A. 威利（J. A. Wylie）[①] 的影响，认为历史是"第二圣经"，史实是对上帝之道的佐证。因为相信上帝是整个历史的主宰，佩斯利声称："我们可以在历史中追寻上帝的印记，统治并控制人类就是那个神圣的目的"[②]。所以，对于他而言，世俗社会的历史就像第一圣经中的一系列事件一样，历史上的先例是理解现实的指南。佩斯利从两方面深化了宗教改革者们的释经学：一是历史事件对当前现实状况的意义，二是圣经类型的模式，这两方面成为佩斯利理解自己所处社会的历史情境的新起点。事实上，他总是利用宗教改革后的历史和圣经的内容来佐证目前的形势。

1964 年感恩节布道中，佩斯利非常明确地运用上述理解圣经与现实状况的做法，此次布道还为纪念阿尔斯特新教徒的拉纳（Larne）军火走私[③]50 周年。佩斯利认为《但以理书》中三个年轻的希伯来人拒绝向巴比伦王尼布甲尼撒金像下跪的做法，与阿尔斯特新教徒 50 年前以及今天的做法一样，在此，佩斯利直接把历史事件和圣经内容联系在一起。他敦促听众要像三个希伯来年轻人和阿尔斯特的军火走私者们一样，不屈服于多数人的势力。尽管他的大部分布道文都不是直接从圣经中获得依据，而是对比历史上的先例，但关注历史却成了佩斯利的特色。

佩斯利相信历史是不断重复的，所以他总是力图证明目前的宗教和政治形势都是过往战争的重现。他认为从 16 世纪以来，整个教会的历史就是叛教者与改革者之间重复不断的斗争过程，宗教改革者与天主教叛教者的分道扬镳，是佩斯利分析目前新教形势的主要模型。此外，佩斯利的矛头还指向新教，他宣称，爱尔兰长老会已经背弃了自己的历史信仰，认为自己的"自由长老会"才是爱尔兰长老会的真正继承者。而世俗社会的历史是自由与暴政之间的斗争，天主教在他的天启世界观中是最大的暴政力量，以至于新教和天主教卷入世俗的政治争斗是历史的必然。阿尔斯特温和派领导者认为新教和天主教之间可以建立起一种合

[①] J. A. Wylie，即 James Aitken Wylie（1808 – 1890），是 19 世纪苏格兰的新教历史学家，曾著有《新教的历史》（The History of Protestantism）一书，该书出版于 20 世纪 20 年代。

[②] I. Paisley. *The 59 Revival*: *An Authentic History of the Great Ulster Awakening of 1859*，Ulster, Ravenhill Free Presbyterian Church，1958.

[③] 1914 年，爱德华·卡森（Edward Carson）和詹姆士·克雷格（James Craig）领导的联和党，出于对英方的失望，决定自己动手反对阿尔斯特地方自治运动，他们与当时著名的走私商人大佛瑞德·克罗佛德（Major Fred Crawford）联手，动用两艘轮船于 1941 年 4 月 24 日向阿尔斯特运送了 2 万条步枪和 400 万份军火弹药，全部在拉纳（Larne）卸载，因此被称做"拉纳的军火走私"。

作机制，但佩斯利却将其看做撒旦的言论，他想方设法地要从历史和现实中找到论据，证明天主教永远是新教的死敌。

在佩斯利的表述中，经常说英国是个"新教国家"，以此来表现他对英国的忠诚，这是他从1689年《人权法案》得出的看法。1982年，当英国女王亲自接见了来访的教皇时，佩斯利的表述就有了较大的变化，认为英国会受到上帝的诅咒，具体表现在国家意识的衰落上。也就是说，一方面佩斯利把天主教视为巴比伦式的偶像崇拜，属于宗教异端；另一方面他又认为一个民族或国家能够成为上帝的选民，应该满足诸多的条件。上帝的选民不可以背离公义。佩斯利坚持反对阿尔斯特与爱尔兰共和国相统一的理由，就在于他对被拣选民族身份要求的看法。

可见，佩斯利将现实的政治斗争与宗教历史的细节相结合，不断地增添自己立场的合法性，不仅从新教的角度反对天主教，而且在新教内部也强调自己的正统地位。就他个人而言，宗教观念决定了其政治倾向和立场。

三、作为群体记忆的历史叙事

在北爱尔兰社会中，教会是社会历史结构的一部分，具有相当的稳定性。除了19世纪卫理公会曾经有过与不同群体间的通婚之外，北爱历史上几乎没有大规模的信仰皈依行为。加之，长期以来实行隔离式教育，因此，教会成了相对稳定的群体，教会与社群之间的对应关系也变得比较稳定。这种稳定性使得教会成为北爱历史上最有生命力的本土文化结构，教会是群体记忆、神话和历史最持久且最有效的信息传送渠道。

对于阿尔斯特新教徒的信仰而言，爱尔兰历史上的一个重要时刻就是1689～1691年的战争。对日常生活最有影响力的叙事是1689年伦敦德里（Londonderry）的防卫战，这个城市中新教的军队、居民和流浪汉们团结在一起，对抗流亡国王詹姆士二世领导的天主教军队，连续抗击了15个星期。新教忠诚派中，围攻伦敦德里城最流行的叙事乃是新教的小学徒反对伦敦德里城的统治者的事迹，这个城市君主本欲向詹姆士的军队敞开大门，但小学徒们阻止了他们的阴谋。随后，英国军队如洪水般袭来，詹姆士及其追随者们丧失了斗志，于是放弃了对伦敦德里的包围。这次军事包围的神话价值对于构建新教忠诚主义的领导权，有着不容忽视的重要意义。布克莱（Buckley）[①] 曾有专论叙述以往的战争

[①] Buckley, A. D. "Walls within Walls: Religion and Rough Behavior in an Ulster Community", *Sociology*, 1984.

记忆如何塑造了今天的新教忠诚派人士的经验模式。一方面人们的身份感得以强化；另一方面是对英国舰队的肯定性叙述，英国人通过河流向坚守在城里的新教徒运送食物，使得这个城市得以在战争中存活下来，使得虔信的人们获得了最终的胜利。

布克莱没有提到的围攻德里（Derry）城的事件，也对于理解历史经验中的一般范畴有着重大的意义，从17世纪开始，"兰蒂"在爱尔兰新教徒心目中的含义就是指像犹大那样的叛教者。1688年，在德里城未被詹姆士率领的爱尔兰军队围攻之前，德里克·兰蒂（Derek Lundy）继承了世袭的王位，但不知为何，他命令守城的士兵打开城门，然后举手投降。立场较为坚决的新教徒在戏剧中丑化兰蒂的形象，最终使他成为卖国贼的代名词。直到今天那些试图与天主教民族主义者达成和解的新教徒，都会被人们嘲讽为跟随"兰蒂斯（Lundies）的民主联合党的英明领导"。兰蒂（Lundy）一词在阿尔斯特新教徒的日常生活中几乎就是卖国者的同义词。

同样，天主教也有类似的叙事传统，只不过这个传统可能有更早的起源，例如谈及教会的权威性问题时，罗马天主教认为，基督耶稣指派圣徒彼得来领导他建立的教会，而罗马教皇继承的就是从彼得而出的合法性和权威性。除了创世和拯救的神话相同之外，天主教和新教对基督教神话的理解上差别很大，在罗马天主教中，基督耶稣指定圣彼得继承他所创建的教会。但在新教看来，基督耶稣的确创建了教会，但此后教会却被罗马教皇和教士利用巫术和巫仪所篡夺，上帝治理万民的权力落入了罗马教会手中，这就亵渎了上帝之道的神圣性。在天主教看来，宗教改革是一场灾难，它使得教会手中的基督教半壁江山蒙受损失，教会从始至终保持着完整性，而且忠于彼得。天主教的平信徒也普遍认可这个观点。但流行的新教观点，也是北爱新教各派的神职人员普遍接受的看法是，只有借着宗教改革，教会才能从数个世纪的错误引导中重新出现。新教各派在教会的纯洁性和罪性上存在分歧，但他们一致接受福音派的观点，完全接受"救赎的耶稣"，教会群体不再是拯救的中保，而开始承担起俗世的角色，支持此世中的恩典和宗教活动。天主教被看做仍然轻率地行走于那条充满神秘和原罪的道路，这是反基督的标志。这些针锋相对的理解也同样具有塑造信众信心及心理的作用。

在实际生活中，教会不仅负责处理社群信仰方面的事情，还负责让社群的成员分享共同的世俗经验。天主教和新教都经历过由国家及其支持者行使的暴力，在那种经验中的恐惧感将教会和社群紧密地结合在一起，尤其是天主教，它与信众在历史上的许多时刻都曾甘苦与共。新教和天主教都在给自己的社群以一个制度性和形式性的外形，而且都在构建着社群的经验与恐惧，都认为暴力是来自对方的。

由于教会之间泾渭分明，而教会的作用在于给教徒们提供庇护和安慰，所以，不同教会的人很难有机会分享其他社群的经验，再加上两大群体在历史上就相互对抗，拒绝平等地看待对方，因此教会仍然是单个社群公共经验的主要来源。此外，教会还是人们庆祝新生、举办婚丧等事务的公共场所，如果社群中有一个成员因暴力而死，其他的成员都会感受到这种经验。所以，新教或天主教教会中的人感受到的对于屠杀的恐惧感就比教会之外的人深刻。

综上所述，由于教会在北爱社会中的特殊地位，使得它们承担起了传承历史、信念、文化和价值的角色；而新教和天主教之间在各方面的分歧，又使得从教会群体中传达出来的信息不可避免地带有视角主义的特色。在历史叙事中，社群的记忆和身份感不断被强化，在这个意义上，我们可以窥见宗教对北爱冲突中的人们的影响。

帕默拉·克雷顿（Pamela Clayton）在对北爱冲突中的宗教因素作了一番考察之后，认为"为了政治的目的而利用宗教，并不表示在宗教或纯粹的宗教价值是引发冲突的原因的意义上，说冲突就是宗教性的。而且，有没有这样的战争或冲突还是个未决的问题。很明显，从基督教早期的历史上就可以看到，信徒们之间的权力争斗从一开始就有，只是那些分裂是沿着民族、财富、地位、性别或其他界线的。"① 并列举了一批学者的观点来支持他的结论。其实，这里涉及的一个问题就是我们对"何谓宗教性战争"的理解，更准确地说是对宗教本身的理解，帕默拉说"许多学者都会认为北爱尔兰的宗教问题本质上是政治性的而非灵性的"②。该判断背后隐含的假设就是：只有灵性的内容才是纯粹宗教的。如果按照这个假设，宗教只栖息在人的精神领域，那么它就不会引起任何问题，更别说是冲突或战争。确实，学术研究上的惰性之一就是力图把宗教这样复杂的概念从丰富活泼的生活中剥离出来，希望宗教只寓居于人的精神领域中。通常，我们总是希望把研究目标置于理想状态下，但问题是生活中绝大多数的内容都不会处于理想状态，而是与其他各种因素交织黏合在一起。因此，具备优秀学术素养的学者，能对纷繁复杂的事件做出一个合适的整理。回到本章的主题上，也就是要给北爱问题中的宗教因素以一个合适的定位和评价。

也就是说，至此我们会非常疑惑地得到一个结论：断定北爱问题是不是宗教性冲突的依据，取决于我们对宗教这个概念的定义③。倘若我们在一开始的定义

---

①② Pamela, Clayton, "Religion, Ethnicity and colonialism as explanation of the Northern Ireland conflict" Eds David Miller, *Rethinking Northern Ireland*: *Culture Ideology and Colonialism*, London and New York: Longman, 1998, p. 44.

③ 约翰·富尔顿也表示将宗教理解成什么样的社会实体，直接决定着对宗教作用和地位的看法。Fulton, John *The Tragedy of Belief*: *Division*, *Politics and Religion in Ireland*, Oxford: Clarendon, 1991. p. 9.

中，就认为宗教只限于与灵性生活有关的话题，那么也许本章或者与此类似的许多论著就无从展开。于是一个令人惶恐的结论出现了：如果对宗教问题的探讨最终只能得出一个完全相对主义的观点的话，那么研究本身就可以以一个任意武断的结论而告结束。在此，我们再一次看到了宗教定义问题的困难之处，人们不仅无法在探究哲学及思想史方面得到一个完整的宗教定义，也不能在具体研究案例上获得对于宗教定义的一致看法。菲利普·巴恩斯在他的文章中也意识到了这个问题①，他在论文末尾又一次谈及"宗教"这个概念到底对于北爱问题有无理论解释力的问题。他认为，在北爱语境下的"宗教"一词之所以具有解释力，当且仅当它处于北爱这个语境之中。

综上所述，同时也借用约翰·怀特在《释解北爱尔兰》一书中的结论，我们可以做出如下总结：宗教在北爱尔兰的语境中具有其合理性和现实意义，它的作用表现在：第一，宗教是社群分裂的基础，它塑造了两大群体之间相互轻视与怀疑的立场；第二，宗教是北爱冲突的诱因之一，因为冲突所涉及的利益和价值与宗教密切相关。

---

① L. Philip, Barnes, Was the Northern Ireland Conflict Religious? *Journal of Contemporary Religion*, Vol. 20, No. 1, 2005.

第六章

巴尔干冲突和车臣战争

第一节 波黑战争

一、波黑的民族及其信仰

波黑是"波斯尼亚和黑塞哥维那共和国"的简称,由波斯尼亚和黑塞哥维那两部分组成。波斯尼亚得名于其境内的一条河流——"波斯纳",黑塞哥维纳意为"大公的封地"。

波黑的主要居民为塞尔维亚人、克罗地亚人和穆斯林[①]。其中,塞尔维亚人信仰东正教,克罗地亚人信仰天主教,穆斯林信仰伊斯兰教。虽然各自的宗教信仰不同,但历经世世代代,除却历史上少有的矛盾摩擦,他们共同在这块土地上生息繁衍,和睦相处,没有发生过严重的宗教冲突。在奥斯曼土耳其帝国和奥匈帝国统治期间,为反抗外来统治,他们更是同仇敌忾,同甘共苦。也正因为如此,他们形成了高度交错聚集的居住格局。除穆斯林群体的聚居程度较高外,塞

[①] 1968年,波斯尼亚和黑塞哥维那共同做出了"穆斯林是单独的民族"的论断。参见郝时远主编:《旷日持久的波黑内战》,中央民族大学出版社1995年版,第60~63页;郝时远:《帝国霸权与巴尔干"火药桶"——从南斯拉夫的历史解读科索沃的现实》,社会科学文献出版社1999年版,第276页。

尔维亚人、克罗地亚人相互之间,以及与穆斯林之间"大杂居、小聚居"的状况十分普遍。所以有学者写道:"塞尔维亚族、克罗地亚族和穆斯林作为邻居和平地生活在一起,相互通婚很普遍,宗教认同也很弱。穆斯林被称为不去清真寺的波斯尼亚人,克罗地亚族是不去天主教堂的波斯尼亚人,而塞尔维亚族则是不去东正教堂的波斯尼亚人"①;"在和平年代,当漫步萨拉热窝街头时,根本无法区分谁是塞尔维亚人,谁是克罗地亚人,谁又是穆斯林。"②

然而,随着南斯拉夫社会主义联邦共和国的解体,一场依托于民族和宗教的严重冲突打破了上述和谐的局面。"千百年历史造就的这种民族、宗教群体的交错聚居,却正在通过因民族主义的膨胀而导致的政治多元化斗争酝酿着分清'你'和'我'的界线的战争。"③"最残忍的战争发生在波斯尼亚土地上,是在波斯尼亚人之间展开的,而以前在他们的生活中,这三种宗教只起次要作用。他们的分手是最艰难的,因此是通过最残酷,而且似乎没有尽头的战争来进行的。"④ 这场战争即波黑战争。

二、波黑战争的大致过程

波黑战争是指1992年4月至1995年12月,波黑的三个主要民族围绕波黑前途和领土划分等问题而进行的战争。这场战争是第二次世界大战后在欧洲爆发的规模最大的一次局部战争。战争中,三族共动用近2 000门大炮、600辆坦克、600辆装甲车以及战斗机等。波黑430多万人口中有27.8万人死亡,200多万人沦为难民;全国85%以上的经济设施遭到破坏,直接经济损失450多亿美元。波黑战争自始至终伴随着外部势力的军事介入和武装干预,特别是美国以北约为工具所进行的军事干预对战争结局产生了重大影响。

1991年6月起,南斯拉夫开始解体。波黑(南斯拉夫6个共和国之一)穆斯林、塞尔维亚和克罗地亚三个主要民族就波黑前途发生严重分歧:穆族主张脱离南斯拉夫独立,建立统一的中央集权国家;克族也主张独立,但希望建立松散的联邦制国家;塞族则坚决反对独立。1992年3月3日,波黑议会在塞族议员

---

① [美]塞缪尔·亨廷顿著,周琪、王绯、张立平、王圆译:《文明的冲突与世界秩序的重建》,新华出版社1998年版,第304页。
② 马细谱:《巴尔干纷争》,北京大学出版社1999年版,第368页。
③ 郝时远:《帝国霸权与巴尔干"火药桶"——从南斯拉夫的历史解读科索沃的现实》,社会科学文献出版社1999年版,第313页。
④ [南]米拉·马尔科维奇:《黑夜与白昼》,新华出版社1996年版,第60页。转引自郝时远:《帝国霸权与巴尔干"火药桶"——从南斯拉夫的历史解读科索沃的现实》,社会科学文献出版社1999年版,第313页。

反对的情况下正式宣布波黑独立。4月6日、7日，欧共体和美国相继予以承认。塞族随即宣布成立"波黑塞尔维亚共和国"，脱离波黑独立。波黑三个主要民族间的矛盾骤然激化，导致战争爆发。波黑战争的进程大致可以分为下述三个阶段。

  第一阶段自1992年4月至1994年1月，历时近两年，为波黑三族围绕领土问题展开的大规模争夺战。最初，交战双方的一方是穆族与克族联盟，另一方是塞族。不久，穆族与克族关系破裂，彼此间也发生激战。各方先是抢占本族居民占多数的地区，继而塞族与穆族在东部的塞尔维亚与波黑边界一线、西北地区及首府萨拉热窝争夺地盘，同时塞族与克族则在北部靠近克罗地亚边界地区争夺地盘。各派武装不断开辟新战场，战火迅速在波黑3/4的土地上蔓延。从参战人数上看，穆族11万人、塞族8万人、克族5万人，共达20多万人。战争初期，由于塞族得到南斯拉夫联盟共和国①的支持，其参战部队中又有4万多人是南斯拉夫人民军于1992年5月撤离时留下的波黑籍塞族官兵，同时拥有坦克、大炮、飞机等重武器装备，所以在军事上占有明显优势，而穆族和克族缺乏重武器，处于明显劣势。经过激烈的角逐，到1993年年底，占波黑人口31.4%的塞族控制了全国约70%的领土，占总人口17.3%的克族控制了约20%的领土，而占总人口43.7%的穆族只控制了约10%的领土。面对波黑境内三方混战局面，为制止战争，联合国安理会自1992年5月起，先后通过了对波黑塞族和南联盟实施全面制裁，向波黑派驻维和部队，在波黑建立"禁飞区"，为穆族设立"安全区"等一系列决议。北约对波黑实施全面封锁，并对"安全区"提供空中保护。虽然联合国和欧共体做过多次调解，但均无结果，战事仍在持续。

  第二阶段从1994年2月开始，截止到1995年7月，为战争的相持阶段。在此期间，西方加强了对波黑的干预。北约的干预从对塞族进行军事威胁升级到实施有限空中打击，并于1994年2月上旬向塞族发出限期从萨拉热窝周围撤走所有重武器的最后通牒，下旬则以"违禁"为由击落了4架塞族飞机。1994年3月，在美国敦促下，穆族和克族签署建立联邦和联邦军队的协议，使波黑战场再度形成穆族、克族联合对付塞族的新态势。4月，穆族发动春季攻势，从"安全区"主动出击，试图收复失地，打通各控制区的联系。塞族予以反击，并围困"安全区"之一的戈拉日代。对此，北约迅速做出反应，对戈拉日代的塞族阵地进行首次空袭，遏制了塞族的攻势。同年8月，南联盟为摆脱国际社会制裁，在塞族拒绝接受美国、俄罗斯、英国、法国、德国五国联络小组提出的波黑和平方案后与之断绝一切联系，使塞族陷入孤立无援的境地，军事优势受到削弱，但仍

---

① 1992年4月由南斯拉夫塞尔维亚和黑山两个共和国组成。

掌握战场主动权。10月，穆族发动秋季攻势，攻占"安全区"比哈奇周围的大片塞族土地。塞族实行全民军事总动员，并得到克罗地亚境内"塞尔维亚克拉伊纳共和国"军队的支援，于11月中旬夺回全部失地并包围比哈奇。11月下旬，北约对克拉伊纳塞族控制的乌德比纳机场和波黑塞族的奥托卡导弹基地进行了大规模空袭，但并未改变战场态势。1994年年底，穆族、塞族双方达成停火协议。1995年3月，战事又起。该年7月，塞族相继攻占斯雷布雷尼察和热帕两个"安全区"，并继续围困比哈奇。

第三阶段为期4个月，从1995年8月开始，同年12月结束。在此期间，塞族丧失军事优势，被迫妥协。1995年8月上旬，克罗地亚出动10万军队攻占克拉伊纳地区后，美国提出和平解决波黑冲突的新建议。随后，8月30日到9月14日，北约以萨拉热窝遭炮击为由，出动3 400余架次飞机对波黑塞族阵地实施空中突击，并发射13枚战斧式巡航导弹，致使波黑塞族的指挥、控制、通信系统完全陷入瘫痪。而穆族、克族军队在克罗地亚军队配合下，乘机在波黑西部向塞族发动进攻。到9月下旬，穆族、克族联邦和塞族实际控制的领土已接近五国联络小组为双方确定的比例。在丧失军事优势的形势下，塞族被迫同意参加由美国主持的波黑和谈。1995年11月21日，南联盟塞尔维亚、波黑、克罗地亚三国总统在美国俄亥俄州代顿市达成《波黑和平框架协议》，并于12月14日在法国巴黎正式签署。根据这项协议，波黑继续作为统一的主权国家存在，由穆克联邦和塞族共和国两个实体组成，波黑领土的51%由穆克联邦控制，其余的由塞族控制。

三、波黑战争的主要原因

波黑冲突爆发后，世界舆论哗然，在"巴尔干火药桶"再度点燃的一片喧嚷中，学者们就这场冲突背后的原因展开了讨论和分析。

塞缪尔·亨廷顿把波黑冲突界定为文明之间的战争，并以"文明冲突论"来加以诠释。他认为，波黑战场上有三个层次的参与者：第一层次为波黑冲突三方，他们来自不同的文明，信仰不同的宗教。在第二层次上，塞尔维亚共和国帮助冲突三方中的塞尔维亚族，克罗地亚共和国则支持冲突三方中的克罗地亚族。第三层次是围绕波黑冲突三方的各个文明的大集结：德国、奥地利、梵蒂冈，其他欧洲基督教国家和集团，以及后来的美国，站在克罗地亚人一边；俄罗斯、希腊，其他东正教国家和集团，支持塞尔维亚人；伊朗、沙特阿拉伯、土耳其、利比亚，伊斯兰国际和伊斯兰国家则普遍支持波斯尼亚穆斯林。也就是说，在这场冲突中，按照不同的宗教和文明，伊斯兰国家和组织集结起来，支持波斯尼亚穆斯林，反对克族和塞族；东正教国家和组织普遍支持塞族而反对克族和穆斯林；西方国家政府和精英们则支持克族，谴责塞族，对穆斯林普遍表示出冷漠和担忧。①

对此，亨廷顿进一步分析道："一旦广泛的南斯拉夫认同被破坏，这些随意的宗教认同便具有了新的意义，在斗争开始后又得到了加强。多元的社会群体主义消失之后，各集团便越来越认同于更广泛的文化共同体，并根据宗教来自我定义。"因此，"波斯尼亚塞族变成了极端的塞尔维亚民族主义者，认同于'大塞尔维亚'、'塞尔维亚东正教会'和更广泛的东正教共同体。波斯尼亚克族是强烈的克罗地亚民族主义者，自视为克罗地亚公民，强调天主教信仰，并和克罗地亚的克族一道强调他们认同于基督教的西方。穆斯林向伊斯兰文明意识的转变甚至更为明显……"，"各方都认为自己不仅是在与另一个区域的种族集团作战，而且是在与另一个文明作战。这个威胁由于一个主要文明的各种资源扩大和增强了，于是失败就不仅是它本身的失败，而且是它所属文明的失败。因此它所属的文明最迫切的需要就是在冲突中团结起来支持它。"于是，"克罗地亚人把自己视为保卫西方不受东正教和伊斯兰教进攻的勇敢的前卫。塞尔维亚人不仅把波斯尼亚克族和穆斯林视为敌人，而且把'梵蒂冈'、'伊斯兰原教旨主义分子'和几百年来一直对基督教构成威胁的'声名狼藉的土耳其人'视为敌人……反过来，波斯尼亚穆斯林自称为种族灭绝行为的受害者，而西方人由于宗教信仰的缘故忽略了这一事实，因此他们应当得到穆斯林世界的支持。这样，南斯拉夫战争的所有参战方和大部分旁观者，都将这场战争视为宗教的或者种族宗教的战争。"②

亨廷顿的观点得到了一些学者的赞成。历史学家、巴尔干问题专家米沙·格伦尼同样以为，这场冲突"愈益具有了宗教斗争的特点，这些宗教是欧洲的三大信仰——罗马天主教、东正教和伊斯兰教，它们是一些边界与波斯尼亚相交的帝国的信仰遗产"。③我国专家马细谱也认为，波黑内战的发生，是诸多因素综合作用的结果。在如历史积怨、现实矛盾、内部原因、外部影响等因素中，波黑独立问题是直接原因，而种族、宗教矛盾则是根本原因。④

然而，我国民族问题学者郝时远却持相反看法。他指出："事实上，民族主义和宗教的聚合力在波黑三方的残酷战争中，并非所谓'文明的冲突'。从整个巴尔干半岛的历史来看，每一场战争都有着深刻的政治背景，其中也总是包含着大国列强的巴尔干政策……而事实上，这些在所谓'文明'因素掩盖下的冲突，

---

① ［美］塞缪尔·亨廷顿：《文明的冲突与世界秩序的重建》，新华出版社1998年版，第321、331页。
② ［美］塞缪尔·亨廷顿：《文明的冲突与世界秩序的重建》，新华出版社1998年版，第306~307页。
③ ［美］塞缪尔·亨廷顿：《文明的冲突与世界秩序的重建》，新华出版社1998年版，第307页。
④ 马细谱：《巴尔干纷争》，北京大学出版社1999年版，第371页。

仍然是政治冲突,是大国列强的巴尔干政策的冲突……"① 为证实上述观点,郝时远主要列举了这样几点理由。首先,英国著名东欧问题专家本·福凯斯指出,波黑冲突的爆发,与西方世界的东欧战略是分不开的,因为西方国家"承认波斯尼亚—黑塞哥维那为独立国家并允许其加入联合国的决定仅仅是加快了三方战争——波斯尼亚穆斯林多数派和塞尔维亚、克罗地亚少数民族之间的战争——的到来"。其次,南斯拉夫总统米洛舍维奇的夫人,贝尔格莱德大学社会学教授米拉·马尔科维奇也指出,控制波黑局势的并非波黑自身,而是外部之手。再其次,亨廷顿关于波黑冲突形势的分析留有难以自圆其说的"软肋",即在所谓的围绕波黑冲突三方的文明(主要是宗教)归属而展开的文明"大集结"中,出现了一个例外——波黑穆斯林还得到了属于基督教文明的美国的支持,而他对此的解释非常牵强。针对亨廷顿如下的解释:"这是亲缘国家支持亲缘国家普遍模式的一个破例现象"、"一个可能的原因是,这并非是一种反常行为,而是经过深思熟虑的文明现实政治"②,郝时远尖锐地指出,"既然不是'反常',自然也就不存在什么'例外'。实际上,这种'经过深思熟虑的文明现实政治'正是美国支持波黑穆斯林的真正目的"。他还指出,虽然亨廷顿仍然牵强附会地在前面冠以"文明"二字,但"亨廷顿有一点是正确的,就是他无意中指出了与其构造的'文明模式'相抵牾的'现实政治'。"其实,在波黑冲突中起主导作用的正是"现实政治"。③

通过全面考察波黑冲突,并认真比较学者们的不同见解,我们认为,宗教因素在波黑冲突中的确发挥了不可忽视的重要作用,亨廷顿关于"文明和宗教认同"的理论分析是有一定道理的;但是,我们的眼光不能仅仅停留于"文明的冲突",还应充分认识到政治因素、经济因素、特别是民族利益与这场冲突的现实联系。

第二节 科索沃冲突

波黑战争过去不久,南斯拉夫境内群山环抱的一块弹丸之地所发生的激烈冲突,又引起了全球关注。美国借机对南联盟大打出手,我驻南使馆也不幸蒙难。

---

① 郝时远:《帝国霸权与巴尔干"火药桶"——从南斯拉夫的历史解读科索沃的现实》,社会科学文献出版社1999年版,第318~319页。
② [美]塞缪尔·亨廷顿:《文明的冲突与世界秩序的重建》,新华出版社1998年版,第321、331页。
③ 以上三点理由和引文,均参见郝时远:《帝国霸权与巴尔干"火药桶"——从南斯拉夫的历史解读科索沃的现实》,社会科学文献出版社1999年版,第316~322页。

这块弹丸之地就是科索沃。科索沃位于南联盟塞尔维亚共和国西南部，东邻马其顿共和国，南接阿尔巴尼亚，面积约 1.1 万平方公里，人口约 200 万，其中 90% 以上是阿尔巴尼亚族，其余是塞尔维亚族、黑山族和马其顿族等。科索沃的阿尔巴尼亚族信仰伊斯兰教，塞尔维亚族则信仰东正教。

一、科索沃冲突的简要回顾

南联盟时代，科索沃是塞尔维亚共和国的一个自治区。南斯拉夫解体后，科索沃的阿族要求建立"科索沃共和国"，而塞族则把科索沃视为本民族历史和文化的摇篮，不愿意放弃那里的每一寸土地。双方针锋相对，互不让步，局势日趋恶化。1998 年 2 月，米洛舍维奇派兵进入阿族控制区，科索沃冲突升级。

同年底，以美国为首的北约出于自身利益的考虑，打着"维护人权"、防止科索沃发生"种族大屠杀"的旗号，开始介入科索沃危机。1999 年 2 月，迫于北约的压力，塞尔维亚和科索沃阿族代表在巴黎附近举行和平谈判，基础是美国特使希尔草拟的方案。方案的主要内容有：尊重南联盟的领土完整，科索沃享有高度自治，南联盟军队撤出科索沃，"科索沃解放军"解除武装，按当地居民人口比例组成新的警察部队维持治安，北约向科索沃派遣多国部队保障协议实施。这个方案对塞、阿双方来说都难以接受，阿族坚持独立，并且不愿解除武装，南联盟则不同意科索沃获得自治共和国的地位，也反对北约部队进驻科索沃。然而，主持谈判的北约表示，这个方案的 80% 内容不许改变，必须接受，否则的话，拒绝一方将受到惩罚。这样谈判便陷入了僵局。3 月 15 日恢复谈判后，阿族代表 18 日签署了协议，但塞尔维亚方面仍然拒绝签字。3 月 19 日，北约发出最后通牒。1999 年 3 月 25 日凌晨 3 时，以美国为首的北约发动了代号为"决断力量"的空袭行动，科索沃战争爆发。南联盟遭到了持续 78 天、夜以继日的空中打击。

同年 6 月 2 日，在北约空袭的巨大压力下，经过俄罗斯、芬兰等国的斡旋调停，南联盟总统米洛舍维奇接受了由俄罗斯特使切尔诺梅尔金、芬兰总统阿赫蒂萨里、美国副国务卿塔尔博特共同制定的和平协议。该协议在坚持原朗布依埃方案[①]基本内容的同时，又强调通过联合国机制来解决问题的必要性，并对此做出

---

① 朗布依埃方案：朗布依埃，法国城市，位于巴黎西南约 43 公里处，地处著名的朗布依埃森林，避暑胜地，朗布依埃宫是法国总统夏季办公地。此次朗布依埃和谈是由法国总统和英国首相倡议。1999 年 2 月 6 日，由英、法、德、美、意、俄 6 国组成的南斯拉夫问题国际联络小组在此举行解决科索沃问题的政治谈判，方案内容主要包括：科索沃作为南斯拉夫和塞尔维亚领土的一部分，具有高度的自治权；科议会和政府通过民主选举产生；设立独立的司法机构；组建科索沃警察等。

了具体规定。根据这个协议，进驻科索沃的多国部队将按照联合国宪章精神建立，科索沃未来自治地位的确切性质将由联合国安理会决定，难民返回家园的安排也将在联合国难民事务高级专员的监督下实施。6月3日，南联盟塞尔维亚共和国议会通过了决议，表示接受上述和平协议。6月9日，北约代表和塞尔维亚代表在马其顿签署了关于南联盟军队撤出科索沃的具体安排协议，南联盟军队随即开始撤离科索沃。6月10日，北约正式宣布暂停对南联盟的空袭。同日，联合国安理会以14票赞成、1票弃权，通过了关于政治解决科索沃问题的决议。科索沃冲突至此落下帷幕。

二、科索沃冲突的复杂原因

科索沃冲突是由一系列错综复杂的原因造成的，既有历史积怨、现实原因、种族和宗教矛盾，又与国家政策失误和外部势力干涉密切相关。

（一）历史积怨

科索沃最早的居民是伊利里亚人——阿尔巴尼亚人的祖先。公元75年，罗马人征服了科索沃。9世纪，拜占庭帝国成为新的征服者。同时，居住在萨瓦河下游以南至亚得里亚海沿岸一带的塞尔维亚人建立了塞尔维亚国家。1170年，塞尔维亚大公斯特凡率军打败拜占庭军队，开始统治科索沃。14世纪，塞尔维亚王国势力范围扩展至马其顿、阿尔巴尼亚和希腊，科索沃随之成为塞尔维亚王国的政治、文化中心和宗教圣地。

14世纪下半叶，奥斯曼帝国开始蚕食塞尔维亚。1389年，塞尔维亚与保加利亚、波斯尼亚、阿尔巴尼亚等国结盟，与奥斯曼军队决战。战败后，科索沃成为奥斯曼帝国的领地。此后数百年间，大批塞族人迁离科索沃，大量阿族人迁入并成为当地的主体民族。1912～1913年间的两次巴尔干战争后，塞尔维亚收复科索沃。

第一次世界大战中，塞尔维亚站在协约国一方，成为战胜国。战后，塞尔维亚同克罗地亚、斯洛文尼亚等组成南斯拉夫王国，科索沃被并入南斯拉夫。此时，当地阿尔巴尼亚族占科索沃总人口的65%，塞尔维亚族占26%。为恢复科索沃地区种族和人口之间的平衡，南斯拉夫王国的统治者采取了歧视和迫害阿族的政策，将大批科索沃阿族人驱逐到土耳其，让其他地区的塞族人移居科索沃，留在科索沃的阿族则被剥夺了基本公民权利。这引起了阿族的强烈不满和激烈反抗，阿族与塞族的矛盾越来越突出。

第二次世界大战中，因为民族矛盾，科索沃阿族把意大利军队当作解放者来欢迎。南斯拉夫被德、意瓜分后，科索沃的大部分地区被并入墨索里尼拼凑的"大阿尔巴尼亚"，大批塞族人离开科索沃，逃到塞尔维亚中部地区。1943年11月29日，南斯拉夫成立临时政府，宣布实行联邦制，承认各少数民族的权利，但在科索沃问题上，南共政府与科索沃阿族领导人意见不一。阿族领导人希望与阿尔巴尼亚合并，建立"大阿尔巴尼亚"；南共政府则坚决维护南斯拉夫的领土完整，反对把科索沃分裂出去。1944年年初，科索沃梅托希亚人民解放委员会决定，将科索沃并入阿尔巴尼亚，但被南共中央否决。1944年年底，南人民军解放了科索沃。1945年7月，科索沃梅托希亚人民解放委员会决定，将科索沃并入南联邦。1946年，南斯拉夫宪法将科索沃规定为科索沃梅托希亚自治区，隶属塞尔维亚共和国。但是，一部分科索沃阿族人仍怀有离心倾向。

（二）现实因素

贫困是滋生矛盾和冲突的温床。在南联邦执政的几十年中，科索沃与发达地区的差距不但没有缩小，反而逐步扩大了。在阿族人看来，科索沃之所以发展缓慢主要是因为联邦政府提供的资金太少。长期以来，南联邦政府只是一味地希望通过"一平二调"的办法来扶贫，而没有采取有力措施，从根本上改变科索沃的经济落后状况。因此，经济贫困现状加剧了科索沃阿族人的离心倾向。

与此相关，科索沃人口构成与民族权益之间的巨大落差，也是导致矛盾和冲突的主要现实因素之一。科索沃阿族人说："我们在人口上与塞族相比是九比一，但是在享受基本权利方面是一比九，如何生活在一起？"他们因此认为，独立是唯一的出路。[1]

（三）政策失误

科索沃冲突的爆发与南联盟的一系列政策失误有直接关系。

首先，南共中央和联盟政府低估了民族问题的复杂性，忽视了各种潜在的民族矛盾。譬如，1953年，南联盟政府撤销了民族院；1964年，南共八大会议宣布，国内民族问题已得到很好的解决，民族关系已不存在任何矛盾了。

其次，为防止"大塞尔维亚主义"复活，南共中央和联盟政府采取了"扶阿抑塞"的政策。铁托时代的南联盟领导人多抱有"塞弱则南强"的意识。20世纪60、70年代，南斯拉夫曾两次修改宪法，其指导思想之一就是，充分扩大自治省的权力，同时限制和削弱塞族的势力。例如，设置了占整个塞尔维亚面积1/3强、拥有相对独立性和充分权力的两个自治省，科索沃和伏伊伏丁那。1966

---

[1] 参见王健华、牟诚主编：《血沃南联盟》，吉林摄影出版社1999年版，第116页。

年,南共八届四中全会上,将南共二号人物——塞族人兰科维撤职,换成斯洛文尼亚人卡德尔,以在领导层削弱塞族势力。"扶阿抑塞"的政策及行为不仅引起了塞族人的强烈不满,也加剧了塞族与阿族的矛盾。

再其次,南联盟关于科索沃政策的前后改变,直接导致了局势的恶化和冲突的爆发。铁托生前,科索沃比较稳定。1946年,南斯拉夫宪法确认,科索沃为塞尔维亚共和国境内的自治区。1963年修宪,科索沃升格为自治省。1974年,新宪法又扩大了科索沃的自治权,如可以设立议会,可以开办以阿尔巴尼亚语教学的大中小学等。然而,1980年铁托逝世后,科索沃的民族关系迅速恶化。南联盟不但没有采取稳妥措施,反而采取了一系列简单粗暴的处理办法。1981年春,南联盟调集大批军警进驻科索沃,实行军事管制。此后,科索沃局势一直动荡不安,暴力事件层出不穷。1989年年初,南联盟取消了科索沃的自治权,对阿族人采取高压政策,实行戒严,禁止集会游行,还逮捕了科索沃前领导人弗拉西等。1990年年初,科索沃爆发民族骚乱,科索沃议会和政府被解散,大批塞族官员和军警被派去接管政权;然而,抽刀断水水更急,阿族不仅拒绝承认塞尔维亚政权,抵制议会选举,并于1991年5月举行"全民公决",决定成立"科索沃共和国",组建"科索沃解放军",准备以暴力手段夺取科索沃独立。

(四) 外部干涉

干涉科索沃冲突的外部势力主要是以美国为首的西方国家和南联盟的邻国阿尔巴尼亚,其干涉形式主要表现为:首先,粗暴地干涉南联盟内政,在政治、经济、军事等各个方面施压,竭力使科索沃问题国际化;其次,采用"双重标准",扶持阿族,打压塞族,致使科索沃民族与宗教矛盾火上加油,冲突局势越发复杂化。

冷战结束后,苏联解体,华约解散,美国成为唯一的超级大国,以其为首的北约乘机东扩,试图将整个巴尔干半岛纳入北约的战略体系,将原华约国家纳入北约组织,完成对俄罗斯的战略包围,实现其称霸全球的战略目标。出于不同的考虑,多数中、东欧国家愿意加盟北约,而南联盟则坚持独立自主的外交政策,成为东欧唯一没有加入北约和平伙伴关系计划的国家。在北约眼中,"不听话"的南联盟就像其腹部的一根肉刺,急欲除之而后快。因此,北约自始至终积极介入科索沃冲突。正如我国专家洪兵指出:"科索沃冲突,不是偶然发生的,而是由美国为首的西方国家精心策划的。这场冲突,与美国称霸世界的战略和国际安全今后的走向,都有着十分密切的联系。"①

---

① 参见石凤军、柴永忠:《新世纪的阴云——科索沃危机透视》,世界知识出版社1999年版,第12页。

阿尔巴尼亚的插手主要体现为"一边倒"。其前总统阿利雅曾致函联合国安理会,指责南斯拉夫当局迫害阿族人,强调阿尔巴尼亚对本民族一半人口的命运不能保持沉默。波黑内战爆发时,阿尔巴尼亚在国际上发起外交宣传攻势,要求国际社会帮助科索沃的"阿族兄弟"实现独立。科索沃冲突中,阿尔巴尼亚不仅在外交上正式承认"科索沃共和国",还向"科索沃解放军"输送了大量武器装备。

(五) 宗教因素

在决定塞尔维亚族绝不放弃科索沃的一草一木的诸多因素中,宗教因素的作用可谓举足轻重。科索沃在历史上不但是强大的塞尔维亚王国的政治和文化中心,更是世世代代塞族人心目中的宗教圣地、精神家园。对他们来说,"如果失去了科索沃,就等于失去了自己的灵魂。"① 因此,当塞族人把宗教因素作为绝不放弃科索沃的首要原因时,其宗教信仰和民族认同的整合功能便充分发挥出来了。

总之,"科索沃冲突可以说是这个国家几个世纪以来民族矛盾、种族矛盾、宗教矛盾、领土矛盾相互纠缠而培育出的'怪胎',正如许多巴尔干问题资深学者所认为的那样:古老的仇恨是该地区冲突的根源。加之大国的利益在这里聚合、碰撞,就使科索沃问题变得更加扑朔迷离。"②

第三节 车臣战争

20 世纪末 21 世纪初,一个东欧山地小国成为举世瞩目的新闻焦点。面积超其千倍的俄罗斯先后两次重兵挺进,两代俄罗斯总统为其殚精竭虑……这就是车臣。

一、车臣地区的民族宗教

车臣是俄罗斯联邦的一个自治共和国,位于高加索山脉北侧,与格鲁吉亚隔山为邻,首都为格罗兹尼,面积约 1.5 万平方公里,人口约 100 万。从历史来看,车臣人是一个苦难的民族。13 世纪,车臣经受了蒙古—鞑靼人侵袭;14 世纪末,又遭受中亚帖木儿帝国军队践踏;17、18 世纪之交,开始沦为波斯萨法维帝国、奥斯曼土耳其帝国和沙皇俄国的争夺对象,随后度过了长达两个多世纪

---

① 王健华、牟诚主编:《血沃南联盟》,吉林摄影出版社 1999 年版,第 115 页。
② 石凤军、柴永忠:《新世纪的阴云:科索沃危机透视》,世界知识出版社 1999 年版,第 9~10 页。

的战争岁月。1989年苏联解体后，车臣走上了独立道路，但民族矛盾日渐激化，政治经济危机重重。

车臣地区的宗教主要是伊斯兰教。伊斯兰教自公元8世纪传入车臣。但由于自然地理等方面的原因，伊斯兰教在车臣的传播经历了一个漫长的过程，而且各地发展极不平衡。19世纪上半叶，在抵御沙皇俄国侵略的斗争中，北高加索各民族以伊斯兰教为旗帜联合起来，大部分车臣人接受了伊斯兰教。在伊斯兰教的影响下，车臣人逐渐萌生了民族意识，并形成了本民族语言。"车臣实现伊斯兰化具有历史进步意义，它彻底改变了车臣的社会文化面貌，甚至也标志着车臣人走上新的民族文化发展阶段，并与整个伊斯兰世界连为一体。但是，在很长的时期里，甚至直到当代，车臣人对伊斯兰教的接受都较为表面化；在日常生活中，传统习俗、神灵崇拜时代的痕迹仍旧顽强地保留了下来。每到车臣民族的历史转折关头，而且往往由于外部因素，车臣社会都会进一步走向伊斯兰化，伊斯兰信仰会被强调并被用作凝聚民族和社会动员的思想工具。"[①]

二、车臣危机的形成过程

20世纪80年代后期，车臣民族主义开始高涨。苏联解体前后，车臣民族分离势力提出主权要求，并逐渐发展成为与俄罗斯进行旷日持久的武装冲突。

1990年5月，苏军中唯一的车臣族将军杜达耶夫提前退役，回车臣从政。次年6月，他在"车臣民族全民族代表大会"第二次会议上，当选执行委员会主席。从此，该执行委员会成为一个与共和国苏维埃政府平行并立的机构，车臣出现"双重政权"局面。

杜达耶夫是激进派的代表，主张完全脱离俄罗斯独立。而以共和国主席多库·扎夫加耶夫为代表的温和派，则主张在俄罗斯联邦范围内争取更大的自主权。双方围绕国家主权问题政见不一，产生矛盾和冲突。杜达耶夫的支持者不断举行集会，并建立武装。面对车臣政局危机，俄罗斯和苏联领导人的政策缺乏连贯性，时而施压、时而协商，收效甚微，终于导致"标志车臣独立的'8·19'事件"的发生。

1991年8月19日下午，一个未经登记党派的部分成员试图在车臣—印古什共和国最高苏维埃大楼前举行集会，被强行驱散，该党领袖被拘押。"国家紧急状态委员会"随之成立，共和国党政领导人对此表示支持。而"执行委员会"则强烈反对采取非常措施，在当天深夜召开会议并通过决议，称"8·19"事件

---

① 侯艾君：《车臣始末》，世界知识出版社2005年版，第13、15页。

为"国家政变",号召人民不要服从新成立的机构。形势骤然严峻起来,但共和国最高苏维埃却以国内社会政治形势稳定为由,在8月21日宣告不实施紧急状态。次日,"车臣民族全民族代表大会执行委员会"联合其他团体,在首都举行群众集会。杜达耶夫发表电视演说,要求解散共和国最高苏维埃,废除现行法律,制定新宪法和车臣国籍法,举行直接民主选举。

随后几天,集会群众摧毁了共和国大楼前的列宁纪念碑,控制了电视台、广播电台和机场,封锁了国家内务部,占领了最高苏维埃和部长会议大楼。俄罗斯和苏联政府失去了对车臣的控制。接下来,车臣民族独立主义者节节推进,逐步脱离俄罗斯。1991年10月27日,杜达耶夫当选共和国总统。11月2日,他宣布自当年11月1日起,车臣为主权国家。

车臣宣布独立后,鉴于种种原因,俄罗斯联邦总统叶利钦表面上睁一只眼、闭一只眼,暗中则一直培植杜达耶夫政权的反对派,以实现"以夷制夷"的目标。然而,三年后的一场战斗,让策划了三年、通过车臣内部解决问题的计划功败垂成。于是,1994年12月11日,叶利钦一纸密令,俄罗斯军队从西部、西北、东部三个方向开进车臣,第一次车臣战争爆发。

这场战争大致经历了三个阶段:第一阶段为1994年12月到1995年5月,俄军以沉重代价几乎占领了车臣的所有重要城市。第二阶段为1995年5月到1996年8月,车臣武装在正面作战失利的情况下,采取游击战术,并开始使用劫持人质等恐怖手段。第三阶段为1996年8月间,车臣武装出其不意地攻占了首都格罗兹尼,俄罗斯政府被迫签署和约,并无条件撤军。此战结束后,车臣事实上独立,但没能获得国际社会认可,也没能脱离俄罗斯联邦的经济空间,与俄罗斯方面的政治谈判依旧继续。

第一次车臣战争结束后,原来的问题不但没有得到解决,反倒向更坏的方向发展。车臣境内军阀林立,新政府无力控制局势,爆炸和绑架事件频繁发生。整个俄罗斯社会缺乏安全感,政府和舆论一致谴责恐怖分子,并倾向于将车臣视为叛乱地区。与此同时,俄罗斯政府希望再次采取军事行动,以达到第一次战争中没能实现的政治军事目的,而军方人士也渴望借机恢复军队声誉。在这种情况下,1999年10月1日,俄罗斯军队再度开进车臣境内,第二次车臣战争爆发,战火至今仍未完全熄灭。

三、车臣战争的主要原因

车臣冲突并非孤立个案,其诱发因素错综复杂,主要可分为历史因素、现实因素、外部因素和宗教因素。

从历史来看，俄罗斯国家与车臣的接触往往是充满血与火的冲突。经过长达40多年的高加索战争，1895年沙俄将车臣并入其版图。1922年11月，车臣成为自治州。1934年1月，车臣与其西部邻国印古什合并，并于1936年12月改称车臣—印古什自治共和国。1944年，苏联政府以车臣人与德国侵略者合作为由，将近50多万车臣人和印古什人强行迁出家园，流放到西伯利亚等地，后又平反，允许回迁，并恢复车臣—印古什自治共和国的建制，归俄罗斯联邦管辖。这种反复折腾的历史过程，造成大量遗留问题，为车臣冲突埋下了历史隐患。

就现实而言，车臣冲突肇始于戈尔巴乔夫时代的激进改革，苏联解体的诸多因素可以说也是车臣冲突的主要缘由。而车臣独立运动领袖与俄罗斯政府之间的政治利益之争，则使车臣冲突愈演愈烈，难以调和。此外，由于自然地理条件等原因，车臣民族的社会经济状况远远落后于现代文明的发展步伐，使车臣人很难融入俄罗斯社会，而后者对于他们的成见和偏见又难免产生诸多不良后果。

从外部因素来看，车臣冲突与诸多大国在高加索地区的利益争夺难脱干系。自20世纪90年代以来，高加索地区形成了地缘政治真空，美国、土耳其和伊朗等国家纷纷插手，与俄罗斯展开利益之争，而车臣不过是整个争夺链条中的一环而已。因而，在车臣冲突的每个阶段，几乎都有外部势力的干预。

就宗教因素而言，在车臣冲突中起作用的主要是伊斯兰因素，因为伊斯兰教是车臣人的主要信仰和车臣民族认同的主要根据。有学者认为："在车臣危机的发展过程中，伊斯兰教发挥了独特的作用，其意义不容低估。伊斯兰因素成为（车臣）与俄罗斯联邦中央对抗的思想资源，车臣社会被充分动员起来；而且，正是在宗教旗帜下，来自境外的激进思想开始对车臣社会发生影响，车臣社会走向激进化，并在所谓的'圣战'的口号下，与俄罗斯政府进行长期武装对抗。"① 车臣境内的伊斯兰教在传播发展的大部分时间里并没有形成极端主义倾向，而20世纪80年代以来，打着伊斯兰旗号的极端主义势力之所以能在车臣迅速膨胀，并对俄罗斯的社会稳定和国家安全构成严重威胁，其原因主要有社会经济因素、意识形态危机、境外极端势力渗透，以及俄（苏）政策失误等。②

---

① 侯艾君：《车臣始末》，世界知识出版社2005年版，第140页。
② 王冠宇：《车臣伊斯兰极端势力迅速膨胀的根源》，载《俄罗斯、中亚、东欧研究》2003年第2期。

第七章

宗教冲突的其他形式

第一节 新兴宗教与社会冲突

从世界宗教现状来看,新兴宗教(New Religions)已成为一种全球现象,一种不可忽视的发展趋势。作为现代社会的产物,新兴宗教不但对传统宗教造成了很大冲击,而且对社会生活产生了重要影响。在这一节,我们先来简介新兴宗教的研究概况,然后尝试着考察分析新兴宗教所引发的诸多社会冲突。

一、新兴宗教研究概况

(一)新兴宗教的概念和特征

对于纷纭复杂的新兴宗教现象,目前国内外学术界尚未形成一致的看法。综合各种不同看法,所谓的"新兴宗教"主要包含两层含义:一是"新兴的",这是与传统宗教相对而言的,既指在时间意义上是新出现的,又指在教义、仪式和组织上是新出现的;二是"宗教性",这是相对于其他新兴的社会团体或组织而言的,即新兴宗教团体或组织具有相对明显的"宗教性质"。简而言之,国内外学者大都认为,所谓的"新兴宗教"泛指19世纪中后期以来出现的、在教义、仪式和组织等方面有别于传统宗教的宗教性团体或组织。

现有的新兴宗教团体或组织可谓林林总总，各自标新立异，因而如何把握其一般特征，这在国内外学术界也是一个有待探讨的难题。归纳现有的研究成果，大多数学者认为，新兴宗教主要有下述六个特征。

第一，新兴宗教具有较强的社会适应性。作为现代社会的产物，新兴宗教大多试图改造或超越这种或那种宗教传统，以适应时代的变化和社会的需要。因而，无论是"从某个传统宗教中分化出来的"，还是"由某位教主独自创建的"，也无论是"回归原教旨的"还是"高度现代化的"，新兴宗教团体或组织均能在信仰多元化的社会氛围下找到自己的合适定位，满足某个特殊群体的心灵渴望。

第二，新兴宗教的教义思想比较简单通俗。与传统宗教相比，新兴宗教大多没有形成完整的教义体系，它们往往只是部分地发挥某种传统教义，或是通俗地表达某种带有神秘色彩的宇宙观、世界观和人生观，有些团体或组织则直接将其教主的言论奉为教义。

第三，新兴宗教的组织十分严密，礼仪相对简单。大多数新兴宗教都有严密的组织和严格的教规，要求信徒必须参加组织活动。人数较少的团体一般由教主直接控制，规模较大的团体则建有一套自上而下、等级分明的组织机构。有些新兴宗教还精心组织了信徒集体生活的社团，少则几十人，多则成百上千人。但与传统宗教相比，新兴宗教组织的礼仪戒律相对比较简单，有些新兴宗教团体甚至没有固定的宗教场所，也没有规范的崇拜仪式。

第四，新兴宗教一般都跟现代社会及其主流文化保持较大的张力。这一特征在诸种新兴宗教的创建和发展初期反映得尤为明显。由于现代社会及其主流文化的世俗化，新兴宗教团体或组织大多对现实社会抱有一定的批判态度，并具有反主流文化的倾向。[1]

第五，新兴宗教大多具有极高的传教热情。例如，日本创价学会会长池田大作曾在1960年提出了"折服大行进计划"，要在4年内吸收300万成员。为了达到这个目标，全会上下一致行动，在短短2年内就完成了计划。再如，巴哈伊教虽然没有专职的神职人员，可实际上所有的信徒都是传教士，都参与"圣道事务"和各类社会服务工作。正因如此，巴哈伊教在短短的100多年就发展为世界性宗教，信徒遍布全球，多达500多万。

第六，新兴宗教大多注重现实利益，具有很强的入世性。一方面，很多新兴宗教的教主向信徒许诺，通过神秘的修炼或精神治疗，可以医治各种生理和心理疾病，彻底改变精神面貌，达到绝对自由的完善境界。另一方面，不少新兴宗教

---

[1] 参见高师宁：《新兴宗教初探》，中国社会科学出版社2006年版，第14～20页。

团体或组织十分关心社会，积极介入生态环境保护、消除种族歧视和扶贫济困等社会活动。那些规模较大的新兴宗教组织，如韩国的圆佛教、日本的创价学会等，都有自己经营的多种产业，拥有相当雄厚的经济实力，这不仅是积极入世的表现，也为它们参与社会活动提供了强大的资金支持。

（二）新兴宗教发展概况

大体来看，新兴宗教经历了四次发展高潮：第一次高潮出现于19世纪中期；第二次高潮出现于第二次世界大战以后；第三次高潮出现于20世纪60~70年代；第四次高潮出现于20世纪80~90年代。其中，后两次高潮尤为引人关注。因为自20世纪60、70年代以来，新兴宗教的发展速度、活跃程度、团体或组织数量之多、分布范围之广，都是前所未有的。

据1990年的不完全统计，各类新兴宗教团体或组织的信众已占世界总人口的2.5%。另据多方面资料的保守估计，从20世纪初至90年代初，各类新兴宗教团体或组织的信众大约增加了5倍。新兴宗教的迅速发展，不仅表现在信徒人数和组织种类的增加，而且表现为少数"超级新兴宗教团体或组织"的出现。例如，据20世纪90年代初的估计，摩门教的信徒人数已达840多万，遍布世界140多个国家和地区；创价学会仅在日本的会员就有1 700多万，另有国际会员120多万，分布于150多个国家和地区。又如，巴哈伊教的信徒人数目前已达500多万，遍布世界250多个国家和地区，就分布范围而言，该教自称"仅次于基督教的世界第二大宗教"。

当代新兴宗教最活跃的国家或地区是美国、英国、日本、韩国、非洲南部地区和中国台湾地区等。据不完全统计，美国登记注册的新兴宗教团体或组织有7 000多个，其中有1 300多个属于从主流宗教分离出来的新兴独立团体，即所谓的"异端教派"；在欧洲18个国家登记注册的新兴宗教团体或组织有1 300多个，其中仅英国就有600多个；非洲撒哈拉沙漠以南地区的新兴宗教团体或组织达7 000多个；在我国台湾地区登记注册的新兴宗教多达21种，而它们的团体或组织数目尚不清楚。

二、新兴宗教引发的冲突

目前新兴宗教信徒占世界人口的比例还不大，但由于发展迅速，种类繁多，组织严密，入世性和功利性较强等，已引发了大量新的社会问题和社会冲突。这些新的社会问题和社会冲突可谓五花八门，千奇百怪，而且往往彼此交错或相互叠加，下面以十个较为典型的例子予以说明。

(一) "耶和华见证会"

"耶和华见证会"（Jehovah's Witnesses）是形成于美国的一个新兴宗教团体，是由 1870 年建立的一个查经班发展起来的，创建者为查尔斯·泰兹·拉塞尔（Charles Taze Russel，1852–1916）。"耶和华见证会"这一名称是在 1931 年正式采用的，依据为《以赛亚书》第 43 章第 10 节，当时的教会领袖为约瑟夫·F·卢瑟福（Joseph F. Rutherford，1869–1941）。20 世纪 70 年代以来，"耶和华见证会"发展迅速，到 90 年代初，全世界的信徒人数约为 428 万，教堂 66 207 座，海外传教士 6 500 人。据不完全统计，目前其信徒已达到 640 万，分布在 230 个地区的 95 000 多个圣会。

自卢瑟福掌管"耶和华见证会"后，该组织的传教方式发生了很大变化，其成员以罕见的热情，采取赠送《圣经》、散发传单、街头聚会、出动宣传车等方式，四处传教见证，动员人们加入"耶和华见证会"。按照其组织鼓励措施，每个月传教时间达 90 小时的成员，被评为"先锋"；达 140 小时的则被评为"特殊先锋"。这种过于积极而热情的传教活动，难免招致民众的抵触和反感，并引起了不少社会矛盾和教派冲突。譬如，挨家挨户地劝人改教，宣传车扰民问题，成百上千人的街头聚会有碍社会秩序，强拉行人捐款印刷传教宣传品，传教时有意贬低其他教派的教义或信徒，甚至在其他教堂周日礼拜时去做"拯救工作"，等等。

上述传教方式与"耶和华见证会"的信仰倾向密切相关。在教义上，该组织否认"三位一体"、"火狱"等传统的基督教信条，认为耶稣并非"道成肉身"，只是一个"完美的人"；在仪式上，该组织轻视传统的周日教堂礼拜、圣诞节等，而把四处传教看成"最高形式的敬拜活动"；在对待其他教派的态度上，该组织宣称，其他教会的基督徒全都背离了"上帝的旨意"，只有他们才是"耶和华的见证人"，才知晓"上帝的真理"，才能真正得以救赎。

虽然"耶和华见证会"看似对政治和社会活动态度冷淡，但该组织认为当今世界是由撒旦统治的邪恶世界，这种局面即将结束，因为基督将于 1914 年降临，开始"无形地统治地球"；人类组织和生活状况的加速腐败表明，基督已经为即将到来的"千禧年"而筹建"地球乐园"。所以，"耶和华见证会"的成员不信任政府组织，不参加政府工作，不参加选举投票，不出庭担任陪审员，拒绝向国旗致敬，拒绝服兵役，甚至拒绝输血……正因为有这样一些不履行公民义务的信念和行为，"耶和华见证会"的成员在许多国家也跟政府机构发生过大量的摩擦或冲突。①

（二）"科学学派"

"科学学派"（Scientology）是1952年（另一说1954年）形成于美国的一个新兴宗教团体，创建人是L. 罗恩·哈伯德（L. Ron Hubbard，1911－1986），前身为"哈伯德科学协会"。目前，"科学学派"至少已在65个国家建立了700多个活动中心，自称拥有700万信徒。②

"科学学派"在不同的国家和地区有不同的身份。德国将其归为商业机构而不是宗教组织；法国、英国、爱尔兰、比利时、卢森堡、西班牙、以色列和墨西哥等国均不认为它是宗教；但在美国、坦桑尼亚、津巴布韦、澳大利亚、南非、瑞典、新西兰和中国台湾地区，它被承认是合法的宗教，享受相关法律保护。此外，还有一些国家，主要是欧洲的一些国家认为，"科学学派"是具有潜在威胁性的新兴宗教或膜拜团体，或至少不认为当地的"科学学派"教会符合宗教组织的法定标准。

"科学学派"的"立教基础"是一套自成体系的"戴尼提疗法"，这套疗法主要见于《戴尼提》一书。该书首版于1950年，被视为"科学学派的经典"。按照此书的说法，"戴尼提"是人类最先进的"心灵研究科学"，意为"通过心灵"。而L. 罗恩·哈伯德宣称，"戴尼提疗法"不仅能够帮助病人找出病因，使其获得解脱，而且可以通过"能力培训"，使人意识到"自身的潜力"；任何人一旦掌握了其疗法技巧，便可以在身心健康的同时，极大地开发自我潜能，确保事业有成，达到精神的最高境界，甚至获得永生。

"科学学派"主要是通过两种方式来推行"戴尼提疗法"的。一种是采用所谓的"E装置"（E-meter）③，由精神疗法医师为"听析者"——病人找病因；另一种则是针对不同的社会心理问题，开设各种不同的培训班，采用L. 罗恩·哈伯德所编写的相关教材，通过发放问卷，让培训者在《戴尼提》和L. 罗恩·哈伯德的其他书籍中寻找答案。

---

① 参见 Jehovah's Witnesses, *The Watchtower Bible and Tract Society*, apologetics index. org; www. fatheralexander. org; Leigh Hunt Greenhaw, Michael H. Koby, 《法律方法学与新兴宗教运动的处理：美国、俄罗斯和西班牙的耶和华见证会》，普世社会科学研究网；高师宁：《新兴宗教初探》，中国社会科学出版社2006年版，第328～329页。

② 参见 "*Scientology*", en. wikipedia. org；戴康生主编：《当代新兴宗教》，东方出版社1999年版，第258页；高师宁：《新兴宗教初探》，中国社会科学出版社2006年版，第310～312页。

③ 即一个连接着两个小铁筒的电流计，病人一手握一个铁筒，向"听析者"述说引起其身心疾病或各种问题的原因，即"印痕"。据说一旦达到印痕，指针就会大幅度地摆动，病人也由此找到自己真正的病根。

多年以来,"科学学派"在多个国家(包括美国、英国、德国)与政府和警方发生过冲突。例如,1968 年,"科学学派"的教主 L. 罗恩·哈伯德因对一些教徒施行禁闭、禁食等所谓的"治疗方法",并虐待为其工作的信徒等,被英国政府宣布为"不受欢迎的人",其设在英国圣希尔的总部不得不迁往美国洛杉矶。又如,"科学学派"因收取高昂的培训费用等问题而与美国税务部门发生长期冲突。再如,该团体搜集"信徒隐私",用以控制和恐吓其信徒,引起了多国政府警方的注意。1996 年,法国里昂法院因一名"科学学派"信徒自杀而开庭审讯了该组织在法国的 23 名负责人,此案涉及诈骗罪、非法行医罪和间接杀人罪等。

L. 罗恩·哈伯德去世后,戴维·米斯卡维奇成为其继承人,"科学学派"发生了一些变化,像利用各种媒介来宣传其济世救人的宗旨,以改变人们心目中留下的不良印象;更为关注公益慈善事业,投资开办戒酒和戒毒中心,向学校捐款,资助运动会等。

(三)"超越胜利教"

"超越胜利教"(Overpass Triumph)是美国的一个新兴宗教团体,1967 年由撒尼·阿圭佐尼建立于加利福尼亚州的洛杉矶,在美国各大州均有分会。该团体专门收容吸毒者和地痞流氓。阿圭佐尼声称,他是奉上帝的旨意而把这些人组织在一起的,是为了给他们"一盏走出黑暗的明灯"。据他本人回忆,1967 年的一天,上帝亲口告诉他,要在东洛杉矶建立一个教会,将那些吸毒者、地痞流氓以及社会上的反叛分子召集在一起,上帝将给他们一盏走出黑暗的明灯,将指示他们走向全世界。

然而,在"超越胜利教"中,教主变成了上帝,教主的话就是上帝的启示,信徒们只能无条件地服从。阿圭佐尼时常狂称:"我吃的是先见之明,睡的是先见之明,做梦也有先见之明,我就是先见之明"。为了煽动反社会的情绪,他还宣称,"超越胜利教"的成员都是"上帝所拣选的末日审判部队军人",到新千年来临之际,也就是末日审判之时,我们的教会将建有 1 000 座教堂。为此,该团体严格规定,每个信徒每天必须缴纳 1 美元,作为建造 1 000 座教堂的资金。除此之外,信徒们还需缴纳什一税、忏悔费、名誉澄清费等等。这些费用当然全都进了阿圭佐尼的腰包。对于想要退出组织的信徒,阿圭佐尼与其他骨干成员则使出各种手段,让他们声誉扫地甚至倾家荡产。①

---

① 参见高师宁:《新兴宗教初探》,中国社会科学出版社 2006 年版,第 334～345 页;《世界邪教:阳光下的罪恶》,载《解放军报》2000 年 7 月 21 日。

(四)"雷尔教派"

"雷尔教派"(Raelian Cult)是法国的一个新兴宗教组织,又叫"雷利安运动"或"雷尔耶教",据称现有近 5 万名信徒(另一种说法为 5.5 万),分布在 84 个国家。①

"雷尔教派"的发起者是克劳德·沃里尔洪(Claude Vorilhon),原是法国的体育新闻记者兼赛车手。据他本人回忆,1973 年 12 月 13 日早上,他在驾车前往办公室途中,突然决定到奥弗涅山脉附近的一座火山看看。他在火山上见到了一只太空船,先是发出一道红光,接着走出一名长有深色毛发的绿色外星人。他应邀登上太空船,受到了一位体态丰满的女机器人的接待,里面的外星人用流利的法语告诉他,人类原来是由"外星人洛希姆(Elohim)"制造出来的,并指示他发起雷尔教派。② 所以,沃里尔洪宣称,"地球上的生命不是自然界自我演化的结果,也不是超自然的所谓'神'的力量作用的结果,而是由那些先进的外星人用 DNA 有意识制造出来的。"③

这样一来,"克隆思想"便成为雷尔教派"科学创世论"的核心观点。该组织认为,"科学创世论"既能否定达尔文的进化论又可取代诸种宗教的神创论,克隆技术为科学知识与宗教信仰相结合提供了机遇,"克隆能让生命永驻"。1997 年,克隆羊"多莉"问世后,该组织为了"带领世人走克隆之路",成立了"克隆援助公司"(Clonaid,又称"克隆人协会")。自 2000 年,该公司由雷尔教派现任女主教布里吉特·布瓦瑟利耶亲自负责。布瓦瑟利耶拥有分析化学和物理化学博士学位,曾在美国的汉米尔顿学院短期任教,后在法国的一家化学公司长期担任项目主管。雷尔教派在法国已被列为邪教。因而,布瓦瑟利耶加入雷尔教派后便被解聘了。

2002 年 12 月 27 日,布瓦瑟利耶在美国佛罗里达州宣布,人类首位克隆婴儿已经成功"诞生",这名克隆女婴名叫"夏娃",目前"健康状况良好",将在 3 天后回到家中。消息一出,举世哗然。意大利科技界和医学界反响强烈,一致持反对态度。法国总统希拉克和科学家也纷纷发表声明或谈话,对"克隆人

---

① 关于该组织的信徒及其分布情况,参见:《背景资料:邪教雷尔教派简介》,新华网,2002 年 12 月 30 日,第 340 页;《"雷尔教派"发起人自称曾会晤外星人》,载《联合早报》2002 年 12 月 29 日;穆方顺:《"夏娃"背后的荒唐故事——雷尔教大揭秘》,载《光明日报》2002 年 12 月 31 日。转引自人民网,2002 年 12 月 31 日。

② 参见《"雷尔教派"发起人自称曾会晤外星人》,载《联合早报》2002 年 12 月 29 日。

③ 参见世言、孙焕英、杨艳:《阳光下的罪恶——世界邪教扫描》,载《解放军报》2000 年 7 月 21 日。转引自人民网,2000 年 7 月 21 日;高师宁:《新兴宗教初探》,中国社会科学出版社 2006 年版,第 340 页。

研究"表示批评和质疑。① 可是，面对全世界禁止克隆人的一致呼声，雷尔教派仍我行我素。2003 年，布瓦瑟利耶在接受采访时透露，另外 3 名克隆婴儿将在当年面世。② 对此，英国、以色列、日本和德国已先后立法来禁止制造克隆人，包括美国在内的数十个国家也正在考虑制定相关的法律法规。雷尔教派的"克隆援助公司"最初设在美国弗吉尼亚州的一间旧教室，在被美国食品和药物管理局勒令停止一切克隆人实验后，被迫迁往他国的某个秘密地点。③

除了"制造克隆人"外，雷尔教派还在其他方面遭到批评指责，例如，把希特勒纳粹的徽章作为其组织标志，在其"教义"中宣扬"性爱与生殖无关"、"一切皆为性爱的表现"、"性爱是接近无限的手段"等观点，以及其信徒"崇拜手淫"，存在严重的淫乱问题等。④

（五）"世界创造者教会"

"世界创造者教会"（Church of the Creator）是美国的一个新兴宗教组织，但也有人认为，它是一个由白人极端种族主义者组成的邪教组织。⑤ 该组织原名为"创造者教会"，建立于 1973 年，教主是本·克拉森。1993 年，本·克拉森自杀身亡。1996 年，马特·哈勒继任教主，并进行了组织重建工作。目前，该组织的信徒约有几千人，在全世界设有 20 多个分部。

"世界创造者教会"奉行"白人至上论"，其宗旨在于，保障白色人种的生存优势和势力扩展。该组织成员认为，人种本身就是"一种宗教信仰"，而他们关于人种创造的宗教哲学观点，是建立在自然界的永恒规律、人类社会的历史逻辑和经验常识等基础之上的。所以，凭借西方文化自近现代以来向世界各地不断扩张的这一事实，他们断言，白色人种是自然界所创造的"最精妙的成果"，人类社会的一切进步显然归功于西方白人，只有白人才是"最优秀的人种"，对白人的生存与发展有利的事物就是"最高的价值标准"，否则就是罪恶的。据此，他们仇视美国黑人、犹太人和其他有色人种。也就是说，在他们的眼里，只要不是白人，便是"垃圾人种"。

虽然"世界创造者教会"一直自称"非暴力组织"，但其教义里却隐含着诸

---

① 《"克隆婴儿"诞生遭到普遍批评和质疑》，载《光明日报》2002 年 12 月 30 日。
② 《邪教组织科学家称又有三个克隆婴儿即将出生》，人民网，2003 年 1 月 6 日。
③ 参见《背景资料：邪教雷尔教派简介》，新华网，2002 年 12 月 30 日；《"雷尔教派"发起人自称曾会晤外星人》，载《联合早报》2002 年 12 月 29 日；穆方顺：《"夏娃"背后的荒唐故事——雷尔教大揭秘》，载《光明日报》2002 年 12 月 31 日。
④ 参见高师宁：《新兴宗教初探》，中国社会科学出版社 2006 年版，第 340 页；穆方顺：《"夏娃"背后的荒唐故事——雷尔教大揭秘》，载《光明日报》2002 年 12 月 31 日。
⑤ 《世界邪教：阳光下的罪恶》，载《解放军报》2000 年 7 月 21 日。

多暴力成分，其信徒也曾多次卷入暴力事件和罪恶行动。1991 年，"世界创造者教会"的成员乔治·洛布因杀害一名黑人老兵而被判 25 年徒刑；1997 年，"世界创造者教会"的 11 名成员围攻殴打了一对黑人父子；1999 年，"世界创造者教会"的高级成员本杰明·史密斯枪杀了一名黑人和一名韩裔美国人。更令人恐怖的是，其教主克拉森还曾设想发动一场"人种战争"来消灭有色人种。①

（六）"真理之友"

"真理之友"（Friends of Truth）是日本的一个新兴宗教团体（有人认为是邪教），建立于 1977 年，教主为宫本清治。该团体没有系统而完整的教义，主要以"创造天地、造化万物之神耶和华"为崇拜对象，要求其信徒"清心寡欲，追求精神价值，走正确的人生道路"，认为只有这样死后才能升入天堂。

"真理之友"是一个极为闭锁的组织，不对外传教，主要以家族、血缘为纽带来联络和组织信徒，在所有的 120 多名信徒中，有亲属关系的多达 60 多人。该组织的所谓教堂就设在教主宫本清治的家中，大厅里挂着不带十字架的耶稣像，旁边还供奉着观音和地藏王菩萨等。每个星期四早晨，百余名信徒聚集在大厅里，围绕着教主举行礼拜。每月 1 日、11 日和 21 日，他们还要举行感恩上帝、宣讲教义等活动。

1986 年 11 月 1 日，有人在日本和歌山市的海边沙滩上发现了 7 具烧焦的女尸。原来，前一天宫本清治因肝硬化去世，这 7 名女信徒决定去"天国"陪伴教主，于是合伙自焚。这 7 名信徒中，有宫本清治的妻子和母亲，其余 5 人的年龄为 25～37 岁，有的还未结婚，生前都有较好的职业。其中，有位年轻女性自焚前还把一个大提袋交给父亲，并叮嘱"现在不要看，必要时再打开使用"，事发后打开一看，里面装了 1 000 万日元现金。在她们的遗书中，写有"请相信教团的教义，祝你们幸福"，以及"追随先生而去，非出于强迫"等字句。

"真理之友 7 女自焚事件"发生后，日本社会各界反应强烈，人们议论纷纷，分析惨案原因。心理学家宫城音弥分析道，"新兴宗教十分强调同步同调，这次自杀很可能是以教主夫人为首，而使其他 6 人陷入集体催眠状态时进行的"。宗教学家村上重良认为，"追随先生之后而去"是女性特有的心理，是一种歇斯底里。现代社会中有许多人是在宗教中追求生存价值的，强烈的孤独感使现代人更加焦躁不安。筑波大学教授小田晋则指出，死者全都和宫本清治的夫人有血缘关系，因此，这等于是家庭集体自杀。在现代家庭，父亲的地位已十分淡

---

① 参见高师宁：《新兴宗教初探》，中国社会科学出版社 2006 年版，第 346 页；《世界邪教：阳光下的罪恶》，载《解放军报》2000 年 7 月 21 日。

化,而"真理之友"却好像是一个"凝聚力"极强的家庭。在 20 世纪的今天,物质生活富足,但精神得不到满足,人们感到前途未卜。"真理之友 7 女自焚事件"只不过是 70 年代以来日本新兴宗教热中的一个极端的例子而已。①

(七)"忧虑的基督徒"

"忧虑的基督徒"(Concerned Christians)是 20 世纪 80 年代形成于美国的一个新兴宗教团体,由蒙特·金·米勒(Monte Kim Miller, 1954 —)创建,其目的在于,对抗"反基督教的新世纪运动"(the New Age Movement)。该组织建立初期,米勒是一个反膜拜团体的行动主义分子。1996 年 1 月,他开始宣称"我是在为上帝说话",有些追随者因此而醒悟,并脱离了该组织,但大多数信徒还是留了下来。米勒在布道时一再宣称,"忧虑的基督徒"才是"唯一正确的基督徒",因而只有追随他的教导并悔过自新,才能真正获得救赎,而世界上的其他人——约 20 亿基督徒和 40 亿非基督徒将全部下地狱。在其信徒看来,米勒就是《圣经·启示录》里所讲的"两个见证人之一"。

米勒曾预言,1998 年 10 月 10 日,一场大地震将把美国科罗拉多州首府丹佛市从地图上抹去。这个预言落空后,他又说,他自己将在 1999 年 12 月死于耶路撒冷,但三天后将复活。这个预言当然也没有实现。虽然前一个关于"丹佛将从地球上消失"的预言落空了,但仍有至少 78 名信徒变卖房产,赶在 1998 年 9 月底前搬离了丹佛市,其中一部分人迁往耶路撒冷,准备在那里迎接耶稣基督的再次降临。因为基督徒大都相信,当基督复临时,他会从天而降,着陆于耶路撒冷附近的橄榄山。

1999 年 1 月 3 日,以色列警方突击搜查了耶路撒冷西郊的两所房屋,拘留了"忧虑的基督徒"的 14 名信徒,其中有 8 名成人和 6 名儿童。据邻居讲,他们在此过着平静的生活,主要以自己的收入和来自美国的捐款为生活来源。但以色列警方发言人声称,这个组织的成员正计划于 1999 年年底在耶路撒冷的街道上实施极端的暴力行动,并准备在圣墓堂附近与警方进行枪战。可是,以色列警方并没有拿出任何证据,也没能在这些信徒的住处发现枪支弹药等。最后,11 名被拘留者被判处驱逐出境,另外 3 人仍予以暂时拘留,因为他们对律师讲,他们不敢回家,害怕美国很快便会毁灭。1999 年 1 月 9 日,在以色列安全人员的陪同下,14 名被拘留者全部返回美国丹佛市,但他们都躲避了在机场迎候的亲朋好友。以色列警方事后又发现了几十名生活在耶路撒冷的"忧虑的基督徒"成员。

---

① 参见高师宁:《新兴宗教初探》,中国社会科学出版社 2006 年版,第 349~350 页;《真理之友教》,www.crionline.cn,2006 年 5 月 31 日。

除了以色列的"忧虑的基督徒"外,还有不少该组织成员迁往希腊,但这部分人几乎都在1999年年底被遣返美国,其中大多数人生活在费城的巴拿马地区。

自2001年,米勒开办了"忧虑的基督徒网站",但网页上主要宣传的是,如何购买该组织音像制品。2002年2月20日,网页上登载了米勒的一封电子邮件,其中写道:一个人不可能同时既是"基督徒"又是"爱国者";《圣经·启示录》里讲的"第七印的揭开"和"第七号的吹响"早就发生了,即发生于2002年2月15日——第7个千年的第777天,这预示着"世界的终结"可以发生在任何时候。①

(八)"生命空间"

"生命空间"(Life Space)是日本的一个新兴宗教团体,1983年由高桥弘二创建,最初只是一家咨询公司,20世纪90年代后开始强化宗教色彩。高桥弘二自称"印度教萨伊巴巴的继承人",不但能以"神力"治病救人,而且能"起死回生"。因而,该团体打着"生命空间"的招牌,以"集体住宿练功"为名,向作为学员的信徒们收取高昂费用。

自1995~1999年,据媒体报道,"生命空间"至少间接地制造了3起死亡事件。1995年,一位大学生参加"生命空间"所推行的修炼活动——"热浴澡",由于在热水中浸泡时间过长而死亡。1998年,"生命空间"的一名会员因身体不适去找"组织"进行治疗,经过一段时间的所谓治疗病情反倒恶化,但在肾脏衰竭的情况下仍拒绝前往医院,结果死亡。1999年,另一名"生命空间"会员因脑出血住进医院,但他的家属全是该团体的信徒,坚持把他抬出医院,恳请高桥弘二来亲自治疗,而高桥弘二的治疗方法只是用手掌来拍打患者的头部,患者因耽搁诊治死亡后,其家属却相信他仍然活着,直到尸体干枯发黑。②

(九)"末日会"

"末日会"(Doom Cult)是美国的一个新兴宗教团体,出现于1984年,教主为查尔斯·米德,信徒多为事业成功、生活富裕的中产阶级家庭成员。1993年时,"末日会"在美国佛罗里达州约有1 000多名成员。

查尔斯·米德不仅公开宣扬"世界末日即将到来",而且认为所有的"现代化产物",如收音机、电视机、电脑,甚至包括报纸杂志等,都是"魔鬼的工具",并相信动物和动物的形象里也藏有"魔鬼"。对于现代医学,查尔斯·米

---

① 参见高师宁:《新兴宗教初探》,中国社会科学出版社2006年版,第349页。
② 参见高师宁:《新兴宗教初探》,中国社会科学出版社2006年版,第343~344页。

德更是采取拒斥态度。他认为，任何疾病都是由于"罪恶"和"不信教"而引起的，只有通过"精神治疗法"才能治愈，他甚至号召信徒们不要戴眼镜、戴假牙等。这些想法和做法虽然荒唐，但在信徒的眼中，查尔斯·米德无疑是"上帝的代言人"，只有跟随他，才能够逃脱"末日审判"。可是，这位"上帝的代言人"带给他们的是什么呢？仅据印第安纳州官方的记录，自"末日会"成立以来，已有98名信徒因生病拒绝医治而死亡，其中包括42名儿童。①

（十）"大白兄弟会"

"大白兄弟会"（Dabai Brotherhood）是1990年出现于乌克兰的一个新兴宗教团体，有些学者认为它是邪教，教主为尤里·克雷沃诺戈夫及其妻子玛丽娜·茨维贡。"大白兄弟会"宣扬世界末日论，认为随着末日的降临，人类将面临种种灾难，只有加入他们的组织才能够在末日来临之际升入天国。该组织在因苏联解体而感到迷茫的青年人中有大量追随者。

1993年，玛丽娜·茨维贡以"救世主"的身份预言：当年11月24日是"上帝在地球上的最后一个节日"，届时耶稣将复活。她策划在首都基辅举行一个盛大的"升天仪式"，号召15万信徒前往聚会，集体自杀。这不仅令信徒家属提心吊胆，更令乌克兰警方不得不戒备森严，严加防范。1993年11月上旬，在短短的几天内，就有多达15万的"大白兄弟会"信徒从各地涌入首都基辅，一些人占据了乌克兰最古老的圣索菲亚教堂。正当信徒们聚集在圣索菲亚教堂，为迎接世界末日做准备的时候，早有防备的乌克兰防暴警察突然冲了进来，在他们还没有来得及布道之前，就强行阻止了此次未经政府批准的狂热仪式。

在随后的几天时间里，乌克兰警方先后拘留了488名信徒，其中有许多青少年。此后，有30多名信徒开展绝食斗争，要求释放被拘的同伴，另有大量信徒则在大街上散发"救世主玛丽娜·茨维贡"的诗集，并呼吁人们脱离家庭，特别是劝说青少年摆脱父母的限制，加入"大白兄弟会"。一时间，乌克兰社会一片混乱。广播电视台不断提醒家长，这段时间最好让孩子们待在家里，以免上当受骗。不少学校也改变了课程表，尽量让学生早些回家。但仍有数以百计的父母心急如焚，联合起来到处寻找已经失踪的孩子们。

"大白兄弟会"的信徒们起初骇人听闻地扬言要进行集体自杀，但在遭到警察阻止后却改口说，他们只是要在11月24日这一天来欢庆"世界末日"的到来。乌克兰内务部第一副部长涅德列海洛则反驳说："他们已否认要集体自杀。他们的策略一直变来变去，我们怎么能相信这些人呢？"同时，乌克兰总统克拉

---

① 参见高师宁：《新兴宗教初探》，中国社会科学出版社2006年版，第340~341页。

夫丘克命令基辅市政府和警方，务必维持社会秩序，在这段时间里把没有居民身份证的人暂时驱逐出首都，而周边部队要加强安检，严格控制进入基辅的人数。最后，乌克兰政府以"欺诈、擅自侵占土地，将人推向自杀"等罪名，逮捕了"大白兄弟会"的教主，并追究其刑事责任。至此，这一组织在乌克兰濒于消失，一些成员转往邻国，如白俄罗斯、摩尔多瓦、俄罗斯等。①

第二节 邪教组织与社会冲突

一、关于邪教的研究概况

（一）关于邪教的定义与定性

当前，学术界关于邪教尚无统一的定义与定性。一部分学者认为，邪教是宗教；另一部分学者主张，邪教不是宗教。

在持"邪教是宗教"观点的一方，有学者指出："当代邪教是新兴宗教中一个特殊而个别的现象，是在其发展过程中走向危害社会、违反法律与人性、扰乱社会秩序甚至自绝于社会与人类的一些宗教组织"；"邪教是宗教，而且属于新兴宗教的范畴；邪教的形成有一个动态的发展过程"；邪教不是一切旁门左道或者一切不正当且有害于社会的民间社团和秘密组织的泛称，与中国老百姓惯称的"邪教"有本质区别，因为老百姓的"邪教"指一切不正当的、对社会有害的民间社团或秘密组织，而无论其是否具有宗教色彩。② 这种观点和许多西方学者的看法颇为一致。"西方学者多把邪教视为新兴宗教运动的衍生物或极端产物，仍认为属于宗教范畴"；"在西方，一切新兴宗教都是宗教，由新兴宗教蜕化而成的邪教也是宗教"。③ 还有些学者认为，"邪教是吸收正统宗教的某些成分所形成的，不服从正统宗教的、在正统宗教的神职系统之外运作的，在思想上、行动上具有反正统、反社会倾向的极端主义的异端教派"。④ 综合以

---

① 参见高师宁：《新兴宗教初探》，中国社会科学出版社2006年版，第335页；《大白兄弟会》，中国反邪教网；《"黑魔"与"大白兄弟会"》，湛露网。
② 戴康生主编：《当代新兴宗教》，东方出版社1999年版，第310~311页。
③ 何秉松：《恐怖主义·邪教·黑社会》，群众出版社2001年版，第197、200页。
④ 李昭：《邪教·会道门·黑社会》，群众出版社2000年版，第4页。

上说法，这部分中外学者将邪教定性为"新兴宗教中的特殊现象、极端产物或异端教派"。

在持"邪教不是宗教"观点的一方，著名作家塞萨尔·比达尔写道："邪教是一种有着金字塔式结构、要求信徒绝对服从的团体，而其最终目的（除了所谓精神上的）是经济性和政治性的。"佩佩·罗德里格斯认为："所有为网罗信徒推行其理论而使用种种摧毁或严重伤害信徒本性的强制性说教手段的团体，所有为保持本组织的活力而全面或严重破坏信徒与亲朋好友甚至与自己的情感联系和交流的团体，所有那些其活动动机导致破坏和践踏一个法治国家原本不可侵犯的法律的团体，均属邪教之列。"① 法国的《维维安报告》指出，"邪教组织是一个实行极权制的社团，表明或者不表明其宗教目的，其行为表现为侵犯人权和危害社会平衡"。② 西班牙《时代周刊》发表的一篇文章也认为："邪教组织，是指假借宗教名义，神话教主，并以荒诞不经的教义和严厉的组织手段对教徒实行精神控制和物质控制，毒化心灵，聚敛钱财，残害生命，危害社会的反人性、反社会、反人类的邪恶组织。"③

我国不少学者也持类似的见解。他们指出，"邪教对正常的社会秩序造成严重的威胁和破坏，已经不再是宗教，而是带有强烈的政治色彩，具有反科学、反社会、反人类、反政府性质的犯罪集团"；"事实证明，一些宗教团体的邪教性质是在它的发展过程中，逐渐表现出来的。这些宗教团体一旦成为危害社会的邪教，从'新兴宗教'中脱离出来，就已经和宗教没有什么关系了。如果说邪教与一般的新兴宗教，特别是与传统的宗教有什么关系的话，只能说邪教为了欺世盗名，蒙骗群众，借用了宗教的某些外在形式而已。它们的教义，以及它们在社会发展中的地位、作用和影响，与传统宗教相比，没有丝毫相同之处"。④ 显然，上述观点是以邪教组织及其活动的非法性、邪恶性和危害性来界定邪教的。还有的学者则着眼于"基本要素"来识别邪教组织。"标准的'邪教'包含以下三个要素：组织的发端与教主的作用；教主与教徒之间的权力结构或关系；协调的劝说机制的运用（称为'思想改造'，或更通俗地说是'洗脑'）"；"运用教主、组织结构和思想改造三大要素，我们就能把邪教视为一个特殊的团体或情况来评价其本质，而不考虑其信仰问题"。⑤

---

①③ 《如何摆脱邪教——15万西班牙人受制于邪教的罗网》，载《时代周刊》（西班牙），2000年5月14日，见《参考消息》，2000年6月28日，周三增刊。
② 参见张训谋：《欧美政教关系研究》，宗教文化出版社2002年版，第134~135页。
④ 《阳光下的罪恶——千年之交对世界邪教的反思》，引自中国社会科学院网站——"邪教揭评"。
⑤ 何秉松：《恐怖主义·邪教·黑社会》，群众出版社2001年版，第205页。

（二）关于邪教组织的数量

据现有资料，世界上大多数国家都有邪教组织。例如，日本的"奥姆真理教"、"法之华三法行"、"生命空间"；韩国的"天尊会"、"统一教"；西班牙的"人类和宇宙能源"、"拉赫马传教团"；法国的"太阳圣殿教"、"科学神教"、"曼达罗姆"；德国的"蓝玫瑰"、"少年撒旦教"；俄罗斯的"罗西奇"；乌克兰的"大白兄弟会"；格鲁吉亚的"上帝的证人"；秘鲁的"基亚班巴圣灵降临"；巴西的"回到未来"；马来西亚的"奥马乌纳"；菲律宾的"天主教上帝之灵"、"慈善传教士协会"；乌干达的"恢复上帝十诫运动"；喀麦隆的"奥戈诺"；加拿大的"耶稣基督原教旨主义最后审判圣徒会"；墨西哥的"撒旦崇拜教"；美国的"人民圣殿教"、"新世纪"、"大卫教派"、"天堂之门"等等。

然而，由于统计资料的来源和方法不同，特别是前述理论认识上的差异，关于邪教组织的数量众说纷纭，出入较大。这里列举的几种说法仅供参考。

（1）目前世界上的邪教组织数以千计，其中仅美国就有 2 500 多个，欧洲有 1 000 多个，而英国的邪教组织几乎占了欧洲数量的一半；在原苏联和东欧地区，邪教组织发展较快，数量不断增加。①

（2）"据有关资料不完全的统计，全世界邪教组织有 3 300 多个，信徒有数千万人；美国因有 1 000 余个邪教组织，被称为'邪教王国'，所以不少震惊世界的邪教惨案多发生在美国。在西欧和南欧 18 个国家中，有 1 317 个狂热教派，英国有 604 个。法国内政部情报司的调查表明，法国有邪教团体 173 个，其中的 40 余个具有危险性。西班牙全国现有 200 多个'具有破坏性'的邪教组织，其信徒约达 1 万人。"②

（3）据美国《新闻周刊》报道，美国有 700～5 000 个邪教组织。美国伯克利大学教授玛格丽特·辛格在提交给美国政府的一份报告中估计，美国的邪教组织多达 2 000～5 000 个，不同程度地卷入邪教活动的人数已超过 2 000 万。③

（4）据"法国国民议会邪教调查委员会"的一份调研报告，目前法国共有形形色色的邪教组织 172 个，拥有信徒 16 万人。④

---

① 《邪教从疯狂走向灭亡》，载《解放军报》2000 年 7 月 19 日。
② 《阳光下的罪恶——千年之交对世界邪教的反思》，引自中国社会科学院"邪教揭评"网站。
③ 洪刚：《邪教头目为何都往美国逃》，载《大众科技》2001 年第 5 期。
④ 《法律必然战胜邪教》，载《人民日报》（海外版）1999 年 12 月 27 日，新华社北京 1999 年 12 月 28 日电。

(三) 关于邪教组织的特点

归纳现有的研究成果，邪教组织主要有如下几个特点：

首先，神化教主和教主绝对至上。崇拜教主，把教主奉若神明。在邪教组织中，教主的地位至高无上，教主的言行就是绝对真理，甚至教主的好恶也成为其组织的准则和信徒生活的内容。例如，"人民圣殿教"的教主琼斯自喻为"神示的弥赛亚"，言称自己就是"耶稣基督";① "大卫支派"的教主考雷什自称"基督转世"，降临人间揭示《圣经·启示录》里的奥秘，还宣称自己是"战神"，拥有超凡的能力和"上天国的秘诀"，只有忠于他的信徒才能与他一起升入天堂;② "天尊会"的教主莫幸龙自称"下界天尊"，拥有7 000多种医术秘方，其"天手"能包治百病;③ "太阳圣殿教"的教主吕克·茹雷自称"上帝的特使"和"再生的耶稣"。一位女教徒回忆说："信徒们对茹雷的崇拜已经到了着魔的程度，他们认为茹雷是新的救世主，只有他才能拯救全人类和全世界。"④由此可见，虽然邪教教主的具体做法不尽相同，但他们都把自己装扮成无所不知、无所不能的"上帝或神"，以达到蛊惑信众、为所欲为、为非作歹的邪恶目的。

其次，歪曲传统宗教教义，传播极端的末世论。末世信仰是许多传统宗教的基本教义之一，但邪教组织却肆意歪曲，它们所宣扬的末世论观念往往是极端而具体的，即大多指明了"世界末日的具体时间和具体标志"。譬如，"恢复上帝十诫运动"起初宣称1999年12月31日将是世界的末日，当预言落空后，又把日期调整为2000年12月31日;⑤ "天尊会"宣称，"人类在2000年就到了末日，但经过7年大乱之后就会有新天新地出现";⑥ "法之华三法行"宣称，"1997年，人类将有1/3死亡"，"2001年1月6日凌晨2时，地球上的人类将迎来末日"。⑦

再其次，严密控制信徒，残害生命，聚敛钱财。除了通过种种异端邪说和所谓的治疗技术来控制信徒，邪教内部往往等级森严，实行封闭式的组织管理，严密地控制信徒，甚至还配备保镖或私建武装卫队。例如据《人民网》提供的信息，"统一教会"是"一个黑幕重重、等级森严、控制严格的专制'帝国'，对教徒实施思想控制，信徒至少第一年要在有组织的共同团体度过，教徒要为

---

①④ 《世界邪教组织的概况·人民圣殿教》，人民网，2001年7月19日。
② 《世界邪教组织的概况·大卫教》，人民网，2001年7月19日。
③⑥ 《自称"下界天尊" 宣扬"世界末日"——韩国邪教主被判刑》，载《环球时报》2000年7月14日第二版。
⑤ 参见《世界邪教组织的概况·恢复上帝十诫运动》，2001年7月19日;《致命的诱惑》，人民网，2000年3月30日。
⑦ 《法之华三法行 日本邪教"法之华"大曝光》，人本网，2004年7月21日。

'真正的父亲'文鲜明献身。文鲜明不但利用传教之机玩弄女性，还大肆聚敛钱财，他在美国拥有110多家大小企业，年盈利达7亿美元。1975～1984年间，仅日本的统一教会就向美国的'圣父'提供8亿美元资产。"① 关于这方面的情况，下面考察分析"邪教引发的主要冲突"时，将提供更多的例证。

二、邪教引发的社会冲突

邪教组织无论大小，均对人类社会造成严重危害。邪教组织引发的冲突现象及其社会危害是多种多样的，我们在此主要从四个方面来展开考察分析，即制造集体自杀事件、亵渎社会道德伦理、非法骗取聚敛钱财、制造暴力恐怖事件。

（一）制造集体自杀事件

邪教组织所制造的信徒集体自杀事件，无疑是一种邪恶的行径，是对人类珍爱生命的基本价值观念的挑战，并造成了严重的社会影响和社会危害。2001年年初，新华社就此发表评论员文章，其中提到：据不完全统计，近些年来全世界10人以上的邪教徒集体自杀事件已超过27起。② 这方面的典型案例为"人民圣殿教"、"太阳圣殿教"和"天堂之门"等邪教组织所制造的信徒集体自杀事件。

1. "人民圣殿教"的集体自杀事件

"人民圣殿教"是美国的一个邪教组织，建立于20世纪60年代，教主为吉姆·琼斯。最初，吉姆·琼斯宣扬对穷人的"爱"，反对种族歧视，批判资本主义制度，注重在教会内部营造和睦的家庭气氛，并将其办成一个福利性教会，黑人和白人可以在其中共同祈祷、工作和生活。因此，"人民圣殿教"发展很快，吸引了大批信徒，在社会上产生了较大的影响，有些政客为拉选票而争取其支持，琼斯本人也成为知名人士。1975年，琼斯被"美国生活基金会"选为"全美百名优秀牧师"之一，旧金山市长任命他为该市住房管理机构主席。1976年，《洛杉矶先驱调查报》提名他为"年度人道主义者"。③

然而，随着知名度的提高、组织的扩大和资金的充裕，"人民圣殿教"逐渐滑向罪恶的深渊。琼斯的个人权力欲极度膨胀，一改以往"上帝代言人"的形

---

① 《世界邪教组织的概况·统一教会》，人民网，2001年7月19日。
② 参见新华社评论员文章：《残害生命　罪大恶极》，新华社，2001年1月30日。
③ 参见戴康生主编：《当代新兴宗教》，东方出版社1999年版，第321页。

象,声称他就是"上帝",要求信徒赞美他、歌颂他,并绝对服从他的意志,否则就是"叛徒"。更恶劣的是,他还赋予自己在教会内对任何一位女信徒提出性要求的权力,而他原来宣扬的"爱"则被严格的纪律和惩罚所取代了。琼斯的变化和专制,致使"人民圣殿教"内部矛盾重重,一些人开始设法摆脱他的控制,并公开揭发"人民圣殿教"的内幕。这使琼斯深感恐慌和危机,他决定带领信徒逃离美国,到他多年前就看中的圭亚那热带丛林去建设"一个与世隔绝的宗教社会"。1976年,他与圭亚那政府正式签订长期租约,将那片丛林定名为"琼斯敦"。1977年,"人民圣殿教"成员迁至圭亚那丛林,并开辟了一个小镇——"琼斯镇"。

迁到圭亚那,躲在丛林里,琼斯的权力欲越发膨胀了。他打着"爱"的口号,从肉体上和精神上对信徒严加控制。他"穷凶极恶、残酷无情地漠视人权",使用"肉体和心理两方面的威压手段进行思想训练运动,以没收护照和在公社周围设置岗哨的办法防止社员离开琼斯敦,以及剥夺社员私生活的权利,剥夺言论、集会自由"。① 在此同时,由一些叛逃者组成的"有关亲属委员会"则不断揭发琼斯的恶行,并于1978年4月向报界发表了措辞强硬的宣言,"人民圣殿教"的内情终于引起了美国媒体和国会议员的高度重视。

1978年11月14日,美国国会议员列奥·赖恩带人前去调查。当时,"人民圣殿教"的9名信徒逃出丛林,另有多人向赖恩提出要求,帮助他们离开琼斯敦。就在赖恩带着他们准备乘机离开时,琼斯一声令下,机枪扫射,赖恩等5人当场死亡,12人受伤。11月18日,在琼斯的命令和胁迫下,900多名"人民圣殿教"成员喝下掺有氰化物的葡萄糖饮料,集体自杀,造成了20世纪人类历史上骇人听闻的一幕惨剧。②

2. "太阳圣殿教"的集体自杀事件

"太阳圣殿教"成立于1984年,基地最初在瑞士日内瓦,1987年迁至加拿大,主要领导人是教主吕克·茹雷和幕后智囊约瑟夫·迪·马布罗。吕克·茹雷死后,"太阳圣殿教"更名为"玫瑰与十字架联盟",数千成员散布于瑞士、法国、西班牙、加拿大、比利时、荷兰、丹麦等国,以更为小型、分散的方式活动。

"太阳圣殿教"宣扬,世界末日即将来临,只有加入其组织才能幸免于难;"死是生的一个重要阶段,是在另一个世界的生";自杀是飞向众神聚会之地——天狼星的旅行,是唯一的、真正的解脱之路;只有通过火焰的洗礼才能穿越时空,进入天狼星上的另一个神圣世界,因此自杀时要经火焚烧。正是在上述邪恶

---

① [美]埃森·菲因索德:《桃源梦》,海天出版社1987年版,第129页。转引自戴康生主编:《当代新兴宗教》,东方出版社1999年版,第323页。

② 参见《世界邪教组织的概况·人民圣殿教》,人民网,2001年7月19日。

教义的蛊惑下，1994~1997 年间，"太阳圣殿教"制造了一连串集体自杀事件。

1994 年 10 月 5 日，3 起集体自杀事件在瑞士、加拿大几乎同时发生。在瑞士，是日凌晨 3 点半，两起集体死亡事件同时发生。首先，格朗日村的 3 处别墅燃起大火。在废墟中，警方找到了 25 具烧焦的尸体，其中有 5 名儿童，最小的只有 4 岁。警方发现，所有死者在死前都注射了一种迄今尚未查明的烈性毒药，还有人是被手枪击毙的，但凶器下落不明。与此同时，50 英里外的一座村庄别墅也燃起大火。在经过精心布置的地下祈祷间里，警方发现了 23 具尸体，其中男子 10 名、妇女 12 名，还有一个 12 岁的男孩。妇女们穿着闪闪发光的白色长袍，许多男性死者身着"太阳圣殿教"举行仪式时穿的三色长袍——红色、白色和黑色，分别代表信徒的不同等级。这些尸体脚朝里，手朝外，奇怪地环绕着一座三角形祭坛，上面摆放着一只镀金的"圣餐杯"，其中 9 具尸体的头上紧裹着塑料袋，19 具尸体的头上或身上有枪眼，有些双手被缚，但所有尸体的面孔都朝着同一个方向——挂在墙上的教主茹雷的画像。

在加拿大境内莫林高地一座宽敞的别墅里，警方发现了 5 具尸体，其中有个仅 3 个月大的男婴，4 个成年人身着红色和金色长袍，戴着"太阳圣殿教"的 T·S 徽章，他们的头都朝向室内悬挂着的教主茹雷的画像。警方证实，这些人都是被刺死的。

这 3 起连环集体自杀事件发生后，在瑞士和加拿大社会引起了极大震动。1995 年 12 月 23 日，法国发生"太阳圣殿教"教徒集体自杀事件，共 16 人死亡。案发时，16 具尸体呈太阳状圆形排列，均已被烧焦，其中包括 3 名儿童。警方在现场还发现了多支手枪，由此推断，这些人可能是被击毙后才焚烧的。而在他们的住宅和亲属那里，警方查获了多封遗书，上面均表示：真正的死亡是不存在的，他们是去寻找另一个极乐世界了。1997 年 3 月 22 日，在加拿大魁北克的一个小镇，惨案再度发生，5 名"太阳圣殿教"教徒集体自杀。

3. 天堂之门的集体自杀事件

"天堂之门"是美国的一个邪教组织，该组织又称"天门教"，对外正式名称则为"全世界高级计算机宗教组织"，1975 年由美国人马歇尔·阿普尔怀特创立，其成员都是编制电脑程序和设计网络的专家。

"天堂之门"属于 UFO 类型的邪教组织，其成员深受科幻小说和基督教的影响，他们把"再临的耶稣"奉为教主，笃信飞碟和外星人的存在，认为人类原本来自太空，而他们到地球上只是为了完成特殊的使命，通过严格的禁欲和修炼便可以重返宇宙太空，达到最高境界。他们相信，海尔·波普彗星的出现标志着世界末日的来临，紧跟彗星之后的飞碟将把他们接回太空，肉身死后三天，他们将在飞碟中复活。

在现实生活中,"天堂之门"的信徒可以说是"抛弃了一切"。他们一般都要捐出全部财产,舍弃家庭儿女,断绝各种社会关系。他们过着集体生活,穿一样的黑色服装,吃一样的饭菜,留一样的发式,以服用性激素甚至阉割的办法来绝对禁止性欲……这一切都是为了重返"天堂"。

1997年3月26日,"天堂之门"的成员在美国的一所豪宅里集体自杀。9个卧室的所有床铺都躺满了尸体。死者全部是清一色的短发,穿黑衣黑裤,脚蹬黑色运动鞋。每个人身上都盖着紫色的被单,床边都放着一个装满什物的箱子,好像准备出远门。每个人的口袋里都有身份证件、5美元纸币和少许硬币。死者的面貌都显得十分安详。据经警方查证,死者共计39名,其中女性21名,男性18名,最小的26岁,最大的72岁;除1人是加拿大公民外,其余的都是美国公民;除2名黑人、3名拉美裔外,其他的均为白人。他们都是用伏特加酒送服混有超量苯巴比妥的苹果酱,并用塑料袋套头窒息而死的。另据查证,他们事先为这次集体自杀做过周密的安排,是在三天内分三批完成的,即后一批协助前一批自杀,最后留下的两人则为大家整理遗体后,以同样方式自杀。①

(二) 亵渎社会伦理

邪教组织往往作恶多端,其中最令人诟病的就是"性关系"极其混乱,这不仅是对社会道德伦理的挑战和亵渎,而且在家庭和社会关系上造成了大量矛盾和冲突。这方面最令人不齿的案例就是"上帝的儿女"。

"上帝的儿女"是一个广泛活动于美国、加拿大、法国、西班牙、阿根廷、澳大利亚、菲律宾等国的邪教组织。该组织的前身是成立于1968年的"少年归主协会",教主是美国人大卫·布林德·伯格,又名摩西·伯格或摩西·大卫。该组织还有"亲密传教团"、"爱的家庭"、"无限家庭"等名称。

初创时期,"上帝的儿女"号称属于基督教保守派——"千禧年主义"。但在20世纪70年代中期后,该组织的信念和行为变得越来越邪恶,反社会倾向也越来越明显化。其中最突出的一点就是,他们认为,只要能达到传福音的目的,以肉体勾引异性便是正当的行为,甚至乱伦、狎童、卖淫等邪恶勾当也是值得赞许的。

据一些挣脱了控制的女信徒,包括教主伯格的大女儿揭露,伯格以"基督之爱"的名义,诱导信徒们要无私地奉献性爱。因此,在该组织内部,父母与子女乱伦、成人与幼童发生性关系毫不为奇;为了发展新成员,每个女信

---

① 参见《世界邪教组织的概况·天堂之门教》,《世界邪教组织的概况·人民圣殿教》,人民网,2001年7月19日;戴康生主编:《当代新兴宗教》,东方出版社1999年版,第364~373页。

徒，甚至包括未成年者，都被鼓励以性行为去吸引教外男士；教主本人不但可以与任何一名女信徒发生性关系，也不仅跟外甥女和小女儿有染，甚至还逼迫儿子当着他的面与儿媳房事，然后他自己再与儿媳发生关系。这些毫无廉耻的做法终使不少信徒有所觉悟，果断地脱离了该组织，其中包括教主的儿子和女儿。伯格的儿子雅朗终因父亲的所作所为羞愧而自杀，大女儿则在自杀未遂后勇敢地活了下来。①

显然，"上帝的儿女"的上述行径，既亵渎了社会伦理道德，又严重违背了各国法律法规。因而，该邪教组织声名狼藉，在20世纪80、90年代遭到了许多国家的取缔和制裁。但是，该组织的传教手段随之变得更加隐蔽，伯格本人的行踪也更加隐秘，各国政府至今仍无法从组织上予以彻底摧毁。

1993年，发生在阿根廷的一起案件再次将该邪教组织的罪行摆在世人面前。1993年9月初，阿根廷警方一举捣毁了自称"爱的家庭"的7个团伙，拘捕了30人，其成员除几个本国人外，大多数是外国人，包括美国、加拿大、法国、西班牙、乌拉圭、玻利维亚、巴拉圭人等。他们的罪名是绑架和侵犯儿童权利。这些所谓的"爱的家庭"里，共有268名受害儿童，其中80名来自美国，年龄最小的只有4岁，最大的13岁。警方查获的录像带表明，这批受害儿童中有多人遭过性侵害，有些孩子还是父亲与女儿乱伦所生。后经查实，所谓的"爱的家庭"就是已被美国禁止多年的"上帝的儿女"的又一名称。②

（三）非法聚敛钱财

不少邪教组织采用欺骗、蛊惑、逼迫、敲诈等非法手段，疯狂地骗取聚敛钱财，给社会民众的财产安全与生命安全造成了极大的损失和威胁。此类案例很多，这里仅举一个典型"法之华三法行"。

"法之华三法行"是日本的一个邪教组织，由福永法源建立于1980年，1987年注册为宗教法人。福永法源原是东芝公司职员，后辞职于1976年创办公司，但三年后倒闭。1980年1月8日，深感绝望的福永法源准备自杀，但他事后自称，就在这时听到了"天声"（来自天上的声音），按照"天声的启示"，他将成为"为人类说法的大事业家"。自此，福永法源便开始了所谓"救济人类的宗教活动"。

福永法源宣称，"法之华三法行"的教义和修行方法来自他本人所得到的

---

① 参见戴康生主编：《当代新兴宗教》，东方出版社1999年版，第325页。
② 参见段琦：《上帝的儿女》，载《人民日报》（海外版），2000年8月31日第三版。转引自《世界邪教组织概况·人民圣殿教》，人民网，2000年8月31日；戴康生主编：《当代新兴宗教》，东方出版社1999年版，第324页。

"天声的启示","天声"就是"大自然法则",它启示了超越于哲学和科学的"般若天行真理",而"法唱"、"法笔"和"法座(冥想)"则构成了"天行三法行"。据此,福永法源在静冈县富士市组建了教团和研修道场。他应诺参加者,只需5天的时间就能完成"超人的修行"。后经揭发查证,此种修行只是名义,实为蒙骗信徒,疯狂聚敛钱财。

1992年11月,一位信徒向静冈县地方法院提起诉讼,要求"法之华三法行"教团返还被蒙骗的500万日元修行费。自此,该教团信徒要求偿还修行费的诉讼案一发不可收拾。1996年,日本警方开始对"法之华三法行"展开秘密调查,并于1999年进行了搜查。大量证据表明,该邪教组织的主要诈骗手法是,其教主福永法源自称拥有一种"超能力"——"天行力",唯独他本人才能通过"天声"获取此种"超能力",并经过"足底诊断"来包医百病,特别是挽救那些患有不治之症者,但只有信者才灵,即必须首先加入教团,并参加研修活动,而这4夜5天的研修费用为120万~250万日元。除收取研修费用外,该教团还哄骗信徒购买其他自制物品,如声称每人必备的《足底诊断手册》,索价300多万日元以上的挂轴字画,2 000多万日元的舍利子,1 000多万日元的教主手印匾额等等。该教团就是用如此种种蒙骗手段,聚敛了巨额资金。

2000年4月,日本福冈县地方法院判处"法之华三法行"非法敛财,勒令该教团向受害者支付赔偿金,总额为2.2亿日元。到2000年,共有1 000多名原"法之华三法行"信徒向东京等7处地方法院赔偿诉讼,索赔总额52亿日元。5月9日,日本警方以涉嫌欺诈,逮捕了福永法源和11名教团负责人。东京地方法院发言人指出,"法之华三法行"以"看脚相"等手段诈骗钱财,这是社会所不能容忍的违法行为。2001年3月,东京地方法院宣判,对以"看脚相、编假话"等手段诈骗钱财的宗教法人"法之华三法行"实行强制破产处罚,迫使其无法再从事所谓的"宗教活动"。

(四) 制造暴力恐怖事件

有些邪教组织不但对内残害信徒,还把魔爪伸向社会、殃及无辜,甚至与国家政府强硬对抗,制造了不少耸人听闻的暴力恐怖事件。这方面最轰动的案例为"大卫支派"和"奥姆真理教"。

1. "大卫支派"制造的武装冲突事件

"大卫支派"是美国的一个邪教组织,又译"大卫教"或"大卫教派"。该组织的前身为"牧人之杖",意为"基督之工具",由保加利亚裔美国人维克多·胡太佛(又译维克多·豪迪夫)建立于1934年或1935年,几经变换名称后，定名为"大卫支派"。

1987年，"大卫支派"发生火并，其骨干成员弗农·豪厄尔占上风，并于次年完全控制该组织，成为新一任教主。1990年，弗农·豪厄尔改名为大卫·考雷什。考雷什当上教主后，自称"基督转世"，宣扬世界末日即将来临，在教内为所欲为。"他经常在布道时花数小时用图解方式描述性、性行为和性偏好，有时甚至当着孩子们的面讲述这些……他拥有19个妻子，并与其教派内的无数女信徒，包括男信徒之妻发生性关系，其中最小的只有10岁。她们为他生了至少10个孩子。"① 为了加强对信徒的控制，考雷什在远离闹市的得克萨斯州韦科荒原上修建了"卡梅尔庄园"（1992年改称"天启牧场"），作为"大卫支派"的总部。整个庄园占地33公顷，由6幢相连的房屋组成建筑群，实际上形成了一座堡垒，有岗楼般的瞭望塔，夜晚有人持枪巡逻，庄园内修有地下掩体。"大卫支派"教徒就在这里过着公社式的集体生活，并进行军事训练。为此，该邪教组织分批购置了大量军火，并让其信徒反复观摩《野战排》等多部战争影片，以提高他们的战斗素质和必胜信心。②

"大卫支派"的上述异常举动，引起了美国政府的高度重视。1993年2月28日，美国财政部烟酒和火器管理局派遣百人突击队，前往"大卫支派"总部所在地，执行搜查武器、拘捕考雷什等人的任务。然而，这次行动遭到了"大卫支派"的狙击，4人被打死，16人受伤。美国联邦调查局随即介入，出动400多名军警和数十辆坦克、装甲车及直升机，而"大卫支派"武装则与军方对峙长达51天之久。其间，双方通过电话进行了多次谈判，尽管考雷什陆续释放了老弱、儿童共37人，但始终拒绝缴械投降。③ 4月19日，庄园内燃起熊熊大火，除9人外，该邪教组织的86名成员全被烧死，教主考雷什也在其中。

2. "奥姆真理教"制造的毒气恐怖事件

"奥姆真理教"是日本的一个邪教组织，前身为"奥姆神仙会"，1987年更名为"奥姆真理教"，1989在东京取得宗教法人资格，原名松本智津夫的麻原彰晃是其教主。该组织成立后发展很快，短短数年间便在日本网罗了近万名信徒，建立了30多个支部和道场，另外还在海外建立了4个支部。④

"奥姆真理教"的组织十分严密，对其信徒实施近似恐怖的肉体和精神控制。对于不服管制或逃离组织的信徒，不择手段地予以镇压、惩罚、追捕、绑架和监禁，甚至强行注射麻醉剂或兴奋剂，严刑拷打致死；对于策划叛离事件或批判教义组织的主谋，更是格杀勿论，并将此种做法称为"善行"；⑤ 对于拒绝入

---

① 戴康生主编：《当代新兴宗教》，东方出版社1999年版，第335页。
②③④ 参见《世界邪教组织的概况·人民圣殿教》，人民网，2001年7月19日。
⑤ 参见许利平主编：《亚洲极端势力》，社会科学文献出版社2007年版，第390~392页。

会者，则采用威迫、投药或心理操纵等恶劣手段，使他们丧失理智，盲目加入。因此，有关"奥姆真理教"的绑架、监禁、虐杀事件时有发生。① 更引人关注的是，"奥姆真理教"在迅速扩张的过程中，因为购置使用土地、剥夺信徒财产、违反公职选举法、安放窃听器、研制生物化学产品等一系列问题，在社会上引发了越来越严重的矛盾冲突，并频频遭到社会舆论的批评指责。

1989年10月，先是日本一家杂志以"奥姆真理教的疯狂"为题，强烈斥责该组织的极端活动形式，像强行"劝诱入会"，只顾"金钱奉献"等。同年同月，"奥姆真理教受害者协会"成立，大量披露了该组织绑架、监禁和虐杀信徒的事实真相。1990年5月，"奥姆真理教"又因购置土地和施工扰民等问题而与当地居民产生了激烈的矛盾冲突，并遭到警方的强制搜查。② 事实上，早在1989年，为"奥姆真理教"受害人办理诉讼案的坂本律师失踪时，日本警方就开始怀疑并调查"奥姆真理教"了。此后，由于不少脱离"奥姆真理教"组织的信徒不断被诱拐或绑架，日本警察厅于1992年4月发出绝密通知，要求各地警方注意收集那些时常引发社会问题的新兴宗教组织的情况动态。仅1994年间，日本警方就发现了12起与"奥姆真理教"有关的暗杀事件。1995年年初，在掌握一定证据的情况下，警方决定对"奥姆真理教"进行突击搜查，但由于阪神大地震的发生，预定的搜查日期延迟至3月22日。不料，"奥姆真理教"事先获悉了警方的搜查计划，深感危机逼近的麻原彰晃决定制造一起使首都中心陷入大混乱的事件。1995年3月20日，交通早高峰时间，"奥姆真理教"成员在东京地铁的日比谷、丸之内、千代田三条线上同时施放"沙林"，致使12人丧生，5 000多人中毒。

"沙林"是一种毒气，被称为"穷国的原子弹"，是"二战"期间由德国纳粹研制发明的，但从未在战争中使用。一位德国专家断言，沙林"是疯子才会使用的东西"。③ 东京地铁毒气恐怖事件发生一周后，3月30日，负责调查此案的日本警察厅长官国松孝次在家门口遭蒙面枪手袭击，身受重伤；一家电视台收到匿名信，称此次枪击事件与调查毒气事件有关。4月13日，一名"奥姆真理教"信徒在接受电视台采访时竟发出警告：一场比神户大地震更严重的灾难即将来临。4月19日，横滨火车站又遭毒气侵袭，300多人中毒。紧接着，新宿地铁毒气事件和东京都厅大厦爆炸事件相继发生。4月23日，"奥姆真理教"第二号人物村井在其总部门外遇刺身亡。日本警方经过缜密调查取

---

① 戴康生主编：《当代新兴宗教》，东方出版社1999年版，第361页。
② 戴康生主编：《当代新兴宗教》，东方出版社1999年版，第364页。
③ 参见许利平主编：《亚洲极端势力》，社会科学文献出版社2007年版，第393页；《世界邪教组织的概况·奥姆真理教》，人民网，2001年7月19日。

证，将东京地铁毒气事件定性为"奥姆真理教有组织的恐怖事件"，逮捕了教主麻原彰晃和大批骨干分子，有192人被正式起诉。除东京地铁毒气恐怖事件外，日本警方还认定，"奥姆真理教"犯有绑架、使用毒品、秘密制造枪械和研制细菌武器等多项罪行。①

---

① 参见许利平主编：《亚洲极端势力》，社会科学文献出版社2007年版，第393~394页。

第八章

宗教冲突的理论深思

通过前七章的具体考察分析，我们可以做出这样一个总体性的判断：宗教冲突在当今世界的表现形式及其原因可谓错综复杂。首先，从表现形式来看，所谓的宗教冲突大多是与形形色色的冲突相交织的，像群体或社团冲突、种族或民族冲突、地区性或国际性冲突等；其次，再就冲突原因而言，所谓的宗教冲突又是与方方面面的利益或矛盾相联系的，譬如，经济或物质利益、政治和军事利益、种族或民族利益、国家和地区利益等，又如，领土或资源争端、种族或民族矛盾、政治或意识形态分歧、文明或文化差异等。因此可以说，当代宗教冲突主要就是以如此错综复杂的形式和原因反映出来的；而"单纯的或直接的宗教冲突"，即只是由于信仰上的差异或矛盾而引发的宗教或教派之间的冲突，规模较小，尚未发展到影响全球形势的程度。近20年来，所谓的"宗教冲突"之所以日渐成为国际新闻媒体上的一个流行概念，并成为国内外理论界的一个热门话题，主要是因为，冷战后的诸多国际热点问题或重大冲突几乎都有其不可忽视的宗教因素或宗教背景。

这就向我们提出了一个值得深究的问题：为什么宗教因素会对冷战后的诸多国际热点问题或重大冲突产生广泛而重要的影响呢？我们认为，捕捉住这个重大现实问题，不但可以充分把握"当代宗教冲突与对话研究"这个课题的理论价值和现实意义，而且还可以促使我们在宗教学基础理论上力求突破，有所创新，从而更全面、更深刻地认识宗教现象的复杂特性、社会作用或文化功能。

正是基于上述判断和立意，我们在本编的最后一章试做这样几方面的理论探讨：首先，通过参考国内外著名专家学者的研究成果，以论证上述现实问题的重要性，即宗教因素对于冷战后诸多国际热点问题或重大冲突的重要影响；其次，进而评论关于"冲突原因"的主要解释倾向，以察觉现有研究的不足或欠缺；再其次，通过梳理国际宗教学界的基础理论成果，以寻求探讨前述重大现实问题的学术启发；最后，基于前三部分工作，深思前述重大现实问题，试就探讨宗教因素及其影响的复杂性提出一条新思路、一些新观点。

第一节 宗教因素与国际热点问题

"冷战后"一词，在国际政治领域现已成为一个"划时代的概念"。1989年，日裔美国学者福山（Francis Fukuyama）发表了轰动一时的《历史的终结》[①]一文。该文断言，冷战的结束意味着：人类意识形态的演变已告终结，自由民主制度终于胜利了；尽管在第三世界仍会发生某些局部性的冲突，但全球性的冲突已经终结；所以，人类今后所要着力解决的只是经济的和技术的问题。然而，时隔不久，此种乐观的论断便在此伏彼起的流血冲突中化作"理论泡影"了。

哈佛大学肯尼迪政府学院教授塞缪尔·P·亨廷顿（Samuel P. Huntington），将福山的上述论断称为"一种欢欣而和谐的错觉"。他犀利地指出，此种错觉产生于"冷战结束时的异常欢欣时刻"，当时西方的政治领袖和知识精英普遍抱有同感，纷纷表达了相似的观点。然而，如同20世纪发生的其他每一场重大冲突（像第一、二次世界大战）刚结束时都曾出现的类似情形，此次流行一时的错觉很快便被下述现实驱散了：接连发生的种族冲突，新近出现的国家冲突模式，宗教激进主义（原书译为：基督教原教旨主义——编者注）的高涨，法西斯主义的复活，俄国与西方"微笑外交政策"的结束，中国的崛起，难以制止的地区性流血冲突，等等。[②] 正是在这种背景下，亨廷顿提出了"文明冲突论"。

不少评论者把亨廷顿的"文明冲突论"与福山的"历史终结论"相提并论，看成两种对立的解析冷战后世界政治局势的理论模式。如果说福山的论断只不过反映了冷战结束后一时流行的"西方乐观情绪"，那么，亨廷顿的观点则不能不说是"一种现实主义态度"。法国政治学家帕斯卡尔·博尼法斯（Pascal Boniface）也以同样的态度指出，20世纪90年代初，柏林墙的倒塌和苏联的解体曾令世人以为，世界将进入一个稳定的和平时期，可现实并非如此。柏林墙倒塌不

[①] Francis Fukuyama, "The End of History", *The National Interest*, 16, Summer 1989.
[②] 参见［美］亨廷顿著，周琪等译：《文明的冲突与世界秩序的重建》，新华出版社2002年版，第11~12页。

久就爆发了海湾战争；海湾战争刚结束，南斯拉夫又陷入了内战；1994年，卢旺达发生了死亡人数多达几十万的种族灭绝事件；1999年，北约自建立以来首次在未受威胁的情况下对南斯拉夫开战。20世纪90年代，仅在非洲大陆就发生了20多起残酷的流血冲突。"总的来说，20世纪表现为一个战争的世纪。而今天，没有任何迹象表明21世纪将是一个和平的世纪。"① 和亨廷顿一样，博尼法斯也清醒地意识到，由于冷战后国际政治格局的明显改观，重大冲突的形式和性质也随之改变了。他认为，冷战后的冲突可分为三类：（1）冷战的结束使有些冲突也结束了，如中美洲地区的冲突；（2）冷战的结束反而引发了一些新的冲突，如南斯拉夫地区的冲突；（3）冷战的结束只是改变了有些冲突的性质，如苏联撤军后仍未停止的阿富汗冲突。②

正如以上两位学者认识到的那样，冷战的结束并未导致冲突的结束，反倒使连绵起伏的国际性或地区性冲突变换形式，日渐错综复杂，表现出许多有待深思的新特点和新问题。早在"9·11"事件发生的前一年，当时兼任北京大学国际关系学院院长的钱其琛副总理就指出，冷战结束后，宗教、民族问题突出起来了，许多国际热点问题差不多都与宗教、民族问题分不开。冷战后的宗教问题有这样几个值得关注的特点：（1）宗教经常与民族问题联系在一起；（2）宗教自由经常与人权问题联系在一起；（3）宗教经常与宗教激进主义、恐怖主义联系在一起；（4）宗教经常与国家的政局、民族的分裂或统一联系在一起；（5）宗教的认同往往跨越了国家和民族的界限。所以，我们必须注意研究宗教问题。③ 震惊世界的"9·11"事件发生后，宗教问题的重要性和严峻性更是引起了国际社会的普遍关注，促使国内外专家学者回首冷战前后国际局势的演变过程，重新思考宗教背景或宗教因素对于诸多国际热点问题和重大冲突的广泛影响。

回顾20世纪70年代以来的国际局势，我国国际问题研究专家陆忠伟概括总结道，宗教现已成为影响国际政治与经济发展的重要因素。自20世纪中、后期，欧亚大陆就爆发了一系列足以改变地缘政治格局的"宗教革命"。例如，1979年，伊朗宗教领袖霍梅尼领导了伊斯兰革命，建立了伊斯兰共和国；1981年，阿富汗游击队发动了"反苏圣战"；1989年，伊斯兰极端主义分子暗杀了埃及总统萨达特；同年，苏联从阿富汗撤军，阿富汗圣战力量陷入内战，而塔利班则于1994年乘势而起、乱中夺权；20世纪90年代初，土耳其的伊斯兰"繁荣党"

---

① 参见［法］博尼法斯著，许铁兵译：《透视分析当代世界》，天津人民出版社2005年版，第186～188页。
② 参见［法］博尼法斯著，许铁兵译：《透视分析当代世界》，天津人民出版社2005年版，第189页。
③ 参见钱其琛：《当前国际关系研究中的若干重点问题》，载《世界经济与政治》2000年第9期。此文为钱其琛在2000年5月26日举行的北京大学国际关系学院建院5周年及国际政治系建立40周年纪念大会上的报告。

势力猛增，使该国的宪政基础"凯末尔主义"受到严重挑战，以致被定性为违宪组织而解散；在印度 1996 年、1998 年和 1999 年的三次大选中，具有浓厚的民族宗教色彩的印度人民党接连获胜。此外，波黑冲突、北爱尔兰问题、印度尼西亚马鲁克群岛与亚齐问题、克什米尔纷争等一系列政治、经济和军事冲突，无不包括愈益复杂、愈益增强的宗教因素。"因而，可以说，国际形势瞬息万变，万变不离其'宗'。宗教、民族问题是'9·11'事件后驱动国际政治的一股重要动力，并引起了国际局势的痉挛性波动。"①

以上概述表明，冷战后的诸多国际热点问题或重大冲突越来越深受宗教因素的影响，这一点已在国内外理论界渐成共识。然而，如何阐明宗教因素的此种广泛而重要的影响，这在目前还是一个有待探讨的课题。让我们接着来评析一下，欧美著名学者关于"冲突原因"的主要解释倾向。

第二节 "冲突原因"研究现状评析

浏览欧美著名学者晚近发表的相关论著，关于冷战后诸多重大冲突的原因或根源，主要有两种理论解释倾向：一种可称为"综合因素论"，另一种则是"文明冲突论"。下面予以举例说明。

一、综合因素论

著名的加拿大国际政治学家卡勒维·J·霍尔斯蒂（Kalevi J. Holsti）指出："数年前，冲突、危机和战争的研究者们达成了一个共识，即单一原因的解释无论是在理论上还是在经验上都是不充分的。"② 德国黑森州"和平与冲突研究基金会"主席、国际政治学家哈拉尔德·米勒（Harald Müller）也持同样的看法。他在分析"当代战争和冲突的原因"之前，首先参照多种新近出版的专著指出，许多学者探讨过战争的主要原因，但均无定论。战争的原因是多种多样的，不同规模的流血冲突，像部落之间的、民族之间的、国家之间的和国际联盟之间的，往往都是由多种因素交织而成。这些因素大致包括：领土争端、短缺资源争

---

① 以上概述及引文，参见陆忠伟：《国际冲突中的宗教因素》，载《世界宗教问题大聚焦》序，中国现代国际关系研究所民族与宗教研究中心编，时事出版社 2003 年版，第 1～2 页。

② [加] 卡列维·霍尔斯蒂著，王浦劬等译：《和平与战争：1684～1989 年的武装冲突与国际秩序》，北京大学出版社 2005 年版，第 3 页。

夺、财产掠夺、宗教狂热、意识形态分歧、种族或民族对抗、安全困境、统治者的利益等。如同过去，前述多种因素至今仍是交织在一起的；因而，任何试图以单一的原因来解释暴力冲突的理论，都会歪曲事实的真相。①

二、文明冲突论

前面提到，这种理论是由亨廷顿提出来的。他的解释思路可概括如下：随着冷战的结束，全球政治在历史上第一次成为"多极性的、多文化的"，即演变为"一个由七八种文明构成的世界"；在这个新的世界里，"超级大国竞争"已被"文明的冲突"所取代，因为人类的历史是文明的历史，一种文明就是"一个最大的文化实体"，它对人类来说可谓"终极的部落"，即"最高的文化归属"或"最大的文化认同范围"，这就使属于不同文明的国家或集团经常处于"对抗性的关系"；但相比之下，有些文明之间更具有冲突的倾向，从微观层面来看，最剧烈的断层线处于伊斯兰国家与其邻国之间，在宏观层面上，最主要的分裂则在于"西方"与"非西方"，即以西方诸国为一方，穆斯林和亚洲社会为另一方，双方的冲突将最为严重；总之，后冷战时期，文明的冲突将对世界和平构成最大的威胁，而防止世界大战的可靠保障则在于"基于文明的国际秩序"。②

比较以上两种理论解释倾向可见，前者认为，冷战后的冲突原因如同以往，仍应理解为诸多因素交互作用的结果。因而，沿袭此类观点的学者仍把宗教因素看做诸多冲突原因之一，而并没有像本章提到的专家学者那样，特别强调宗教因素在冷战后诸多重大冲突中的明显作用。与此不同，文明冲突论则明确地把冷战后的冲突原因归结为"诸种文明的差异和矛盾"，那么，此种观点又是如何看待宗教因素的呢？这需要进一步做些分析说明。

亨廷顿的《文明的冲突？》（1993）一文发表后，随即在国际理论界引起了激烈的争论。回顾这十几年来的争论，就笔者见到的诸多评论而言，似感有这样两点不足：一是大多数批评者所反驳的是文明冲突论的"结论"——诸种文明的对抗，特别是西方文明与伊斯兰文明、儒家文明的冲突，而对其"立论"——"文明观"则欠缺深入的基础理论剖析；二是未能重视或者说"认真看待"文明冲突论所包含的"宗教观"。其实，这里指出的两点，即"文明观"和"宗教观"，在亨廷顿关于文明冲突论的整个论证过程中是密切结合的。下面

---

① 以上观点参见［德］哈拉尔德·米勒著，郦红等译：《文明的共存——对塞缪尔·亨廷顿"文明冲突论"的批判》，新华出版社2002年版，第84～85页。
② 上述概括主要依据《文明的冲突与世界秩序的重建》的如下章节：前言、第一章、第二章、第八章和第九章。

所做的资料性梳理可充分说明这一点。

亨廷顿在《文明的冲突与世界秩序的重建》（1996）里再三告知读者，他是以宗教作为划分文明的主要根据的。例如，他参照多位著名学者的文明或文化研究论著，概括总结出了这样几点：（1）所有的文明定义实际上都是以文化为"共同主题"的；（2）在所有的界定文明的客观因素中，宗教通常被看做最重要的；（3）人类历史上的主要文明在很大程度上是与各大宗教传统相等同的。① 又如，他在划分出"当今七种主要文明"后解释道：宗教是界定文明的一个主要特征，正如道森所言，"伟大的宗教乃是伟大的文明赖以建立的基础"；从韦伯考察过的五大世界性宗教来看，基督教、伊斯兰教、印度教和儒教都是与现存的一种主要文明相结合的，佛教之所以例外，主要是因为它融入了其他的文化，而没能构成某种现存的主要文明的基础。② 再如，他在论述"断层线战争的特征"时又强调：宗教信仰是区分文明的主要特征；人类几千年来的历史证明，宗教可看做"人与人之间的最根本的差异"。③

如果接着来看亨廷顿的另一本近著《我们是谁？美国国家特性面临的挑战》（2004），那么，宗教观与其文明冲突论的整个推论过程的密切关系就更显而易见了。首先引人注目的是，这本新著与《文明的冲突与世界秩序的重建》在宗旨上的连贯性。《文明的冲突与世界秩序的重建》旨在论证，"文化和文化认同"形成了冷战后世界上结合、分裂和冲突的模式。④《我们是谁？美国国家特性面临的挑战》则旨在强调，"盎格鲁—新教文化"对于美国人的国家认同在历史上一直占中心地位。⑤ 为什么要强调这一点呢？如其书名所示，亨廷顿就是想让当今美国国民重新思考："我们"是谁？"我们"该如何回应新世纪的挑战。但无论读者是否美国国民，都会对他的如下一连串回答留下深刻的印象：21 世纪将是"一个宗教的世纪"，"国家认同危机"已成为"一种世界现象"，人们主要是从"文化和宗教"的角度来重新界定自己的，所以文化、特别是宗教在当今世界将影响各国人民所认同的"敌我关系"；由于美国是作为一个"新教社会"而建立起来的，而且至今仍是一个"基督教国家"，宗教一直是其国家认同的最重要的因素；对于美国人来说，"9·11"事件象征着"意识形态冲突世纪的结

---

① ［美］亨廷顿著，周琪等译：《文明的冲突与世界秩序的重建》，新华出版社 2002 年版，第 24～25 页。
② ［美］亨廷顿著，周琪等译：《文明的冲突与世界秩序的重建》，新华出版社 2002 年版，第 32～33 页。
③ ［美］亨廷顿著，周琪等译：《文明的冲突与世界秩序的重建》，新华出版社 2002 年版，第 285 页。
④ ［美］亨廷顿著，周琪等译：《文明的冲突与世界秩序的重建》，新华出版社 2002 年版，第 4 页。
⑤ ［美］亨廷顿著，程克雄译：《我们是谁？美国国家特性面临的挑战》，新华出版社 2005 年版，第 27 页。

束"和"一个新时代的开始",美国当前的"实际敌人"是"伊斯兰的好斗分子","潜在敌人"则是"非意识形态化的中国民族主义者",而"美国人怎么界定自己"将决定"美国在世界上的作用",这就使"美国国家认同"的核心组成部分——盎格鲁—新教文化具有了"新的意义"。①

尽管以上所做的理论类型分析未必能全面地反映"冲突原因"的研究现状,但这里概括出的两种主要解释倾向已能使我们在基础理论上得到不少启发,并进而发觉一些值得深究的问题。譬如,前一种理论解释倾向综合了以往的研究成果,力求说明国际社会所关注的那些重大的冲突、危机和战争等一般都是由诸多因素交织而成的,像领土争端、资源争夺、安全问题、政治利益、意识形态、宗教信念、种族或民族矛盾,等等。这无疑可在方法论上促使我们避免任何简单化或片面性的解释倾向,以求综合地或全面地考察"冲突原因"的多样性和复杂性。但就本节所要深究的问题而言,这种综合因素论似有这样一点明显的不足,即仍把宗教因素与经济、政治、军事、种族或民族等方面的冲突原因相提并论,这不但难以解释宗教因素在冷战后的诸多冲突中日渐明显的重要影响,同时由于忽视了宗教现象的独特性,而无法揭示"作为信仰的宗教因素"与其他诸多因素的相互作用及其复杂影响。

相比之下,文明冲突论则刻意强调宗教因素的重要影响。如前所见,亨廷顿之所以强调此种重要影响,并非其"个人的发明",而是广泛参照了自第一次世界大战结束以来西方学术界在"人类文明史"和"比较文化研究"等领域所取得的大量理论成果,诸如"文明或文化史观"、"文明类型或文化形态的划分标准"、"文明或文化与宗教传统"、"文明或文化与身份认同"等②。像这样一种将文明或文化研究上的基础理论成果用来阐释冷战后所形成的世界政治格局及其矛盾或冲突的做法,显然有其可取之处,可给我们带来一些理论启发。但同时应该指出,亨廷顿也显然过于强调文化、特别是宗教的决定性影响了。正如德国学者戴特尔·森格哈斯(Dieter Senghaas)就《文明的冲突与世界秩序的重建》指出的那样,其整个论证的根本缺陷就在于,作者假定"文明是一种先天的存在",并以这样一种"文化本质论"来观察历史和冲突③;而就《我们是谁?美

---

① 以上概述由通览亨氏原著所得,考虑到笔者的理解和梳理或许难免"专业倾向"甚至有误,为便于读者核对,下面按引用顺序并对应"分号",注明主要的原著出处。《我们是谁?美国国家特性面临的挑战》,中译本:第14页(同时参见第269页),第12页,第282~283页,第19页(同时参见第305页);第53页(同时参见第54页),第70页,第19页;第282~283页,第302页。

② 关于这里提到的学术背景、特别是"文明或文化史观"的形成背景与主旨要义,可参见张志刚著《文化史观》,何兆武、陈启能主编:《当代西方史学理论》,中国社会科学出版社1996年版,第二章:文化史观。

③ 参见〔德〕迪特·森格哈斯著,张文武等译:《文明内部的冲突与世界秩序》,新华出版社2004年版,第114~119页。

国国家特性面临的挑战》的论证思路而言，我们可否质疑：亨廷顿已从"文化本质论"转向了"宗教决定论"呢？如果此种质疑并未误解其原著里关于宗教的解释意向的话，我们便可以进一步发问：亨廷顿新近论证的宗教决定论是否显得太武断了呢？他过分夸大宗教的决定性作用的做法，是否如同前述综合因素论也未能充分认识到宗教现象及其影响的独特性和复杂性呢？让我们带着这里察觉到的疑难问题，转而考察一下宗教学专业的晚近理论成果是如何阐释其研究对象的独特性和复杂性的。

第三节 宗教学理论成果与学术启发

若想阐明宗教因素对冷战后的诸多国际热点问题和重大冲突究竟有什么影响，首先应从基础理论上深思一个问题：宗教是什么？这个问题可谓宗教学所要探讨的"基本问题"。这里说的"宗教学"并非泛指古今中外的宗教研究，而是指一门新兴的交叉性学科。国际宗教学界一般把德国学者弗里德里希·马克斯·缪勒（Friedrich Max Müller, 1823-1900）的《宗教学导论》（1873）视为这门学科的奠基作，因为这部名著不但提出了一个新的学科概念，而且首倡了一种新的研究观念——"只知其一，一无所知"。这也就是说，只懂一种宗教的人，其实不懂宗教；而要真正理解"宗教是什么"，那就应该本着科学的态度，广泛借鉴现代哲学人文社会科学的观点方法，力求客观而全面地研究世界上所有的宗教现象。潜心研读宗教学创建以来百余年的经典文献，我们可以发现这样一条理论递进线索，一代代杰出学者正是抱着上述治学理念来孜孜探求"宗教是什么"的。下面列举的两项理论成果，其参考价值不仅仅在于它们是晚近最有代表性或最有影响的，而且在于它们都是由前人探索的经验教训积累而成的。

一、理论成果举要

（一）"家族相似论"

所谓的"家族相似论"是指，借鉴卢德温·维特根斯坦（Ludwig Wittgestein）后期语言哲学思想中的"家族相似模式"（the family resemblances model）来界说"宗教"的理论倾向。此种倾向自20世纪60年代以来流行于欧美宗教学界，其主要目的在于，力求概括宗教现象的多样性和复杂性。

例如，美国著名的宗教哲学家威廉·阿尔斯顿（William Alston，1921— ）为麦克米兰版《哲学百科全书》撰写的"宗教"条目所采取的就是这种理论观点。他提炼了十几位宗教学家的研究成果，将"宗教构成特征"（religion-making characteristics）概括如下：

（1）信念，即相信"超自然的存在物"（诸神）；

（2）神圣与世俗，即把"神圣的对象"与"世俗的对象"区分开来；

（3）仪式，即围绕神圣的对象所进行的仪式活动；

（4）道德律令，相信这些律令是神所规定的；

（5）宗教情感，像敬畏感、神秘感、负罪感、崇拜感等，这些特有的情感往往是由神圣对象、宗教仪式等所唤起的；

（6）人神交往，即祈祷和其他与神交往的形式；

（7）世界观，或关于整个世界、个人命运等的通盘描绘；

（8）人生观，即根据上述意义上的世界观来安排整个人生；

（9）社群，即由上述诸方面所维系的宗教社团。①

比较宗教史家、宗教现象学家斯马特（Ninian Smart，1927—2001）在其名著《世界宗教》里为我们提供了另一个家族相似论的宗教界说范例。他在该书的"导言"里发人深省地指出了这样几点：首先，我们考察世界上的诸多宗教传统时，切莫忘记它们都是多样性或多元化的，犹如一个个"家族"，它们都是由多种"亚传统"组成的。其次，虽然各个宗派无不自称其信仰形式合乎其"家族传统"，但我们却能在许多国家或地区发现，宗教与文化是相互渗透的，不同的文化都为各种宗教传统增添了特色，这便使宗教研究的对象和任务变得愈加复杂了。再其次，尽管宗教现象如此多样复杂，但还是能发现其"结构或模式"的，以帮助我们描述"宗教的特征"，思考"宗教的本质"。下面便是他所总结概括出的"七个维度或层面"：

（1）实践与仪式层面，即各种宗教传统都坚持的实践活动，像崇拜、布道和祈祷等，此类活动通常被称为"仪式"。

（2）经验与情感层面，纵览宗教史可见，经验和情感对于宗教传统的形成与发展非常重要，像佛陀的觉悟、保罗的皈依、穆罕默德的幻象等，都是原创性的宗教事件。这个层面可比作"其他宗教层面的生命食粮"，没有情感的仪式是冷漠的，缺乏敬畏的教义是生硬的，不能感人的神话是苍白无力的。因此，要想理解一种宗教传统，不能不关注它所引发的经验与情感。

---

① William P. Alston, "Religion", *The Encyclopedia of Philosophy*, ed. Paul Edwards, New York: Macmillan Publishing Co., Inc., 1967, Vol. 7, p. 141f.

（3）叙事与神话层面，各种宗教都流传着"有生命力的故事"，其主题和题材非常广泛，像世界的始终、先知或圣徒、扬善与惩恶等等。此类传说常被称为"神话"，它们或许并不源于历史，历史学家往往怀疑其真实性，但在信仰者看来，"神话"所叙述的就是"历史"，宗教学者则认为，与其历史性相比，更重要的是它们的意义与功能，譬如最早的传说与宗教经典的形成，各种宗教故事与现有的仪式、经验和情感的密切联系等。

（4）教义与哲学层面，这个层面可支持并巩固前一层面。例如，在基督教传统中，关于耶稣的故事和相关的仪式，导致了"道成肉身"、"三位一体"等教义及其哲学论证的形成；而在佛教那里，教义与哲学思想从一开始就相当重要。总的来看，教义与哲学在各大宗教中都占有重要地位。

（5）伦理与律法层面，像佛教的"五德"，犹太教的"十戒"，伊斯兰教的"教法"，基督教的"博爱"等，都是其信众的生活准则。

（6）社会与制度层面，任何一种宗教都是由信众组成的，这就形成了各类宗教组织。为了理解宗教，显然需要考察宗教是如何在群体中发挥作用的，宗教与社会都有哪些联系。

（7）物质的层面，像宗教建筑、宗教艺术、特别是圣地等。对信徒来说，此类物质性的表达方式不但具体生动，而且是"接近神圣者"的重要途径。譬如，若不知道在东正教徒的眼里圣像就是"天堂的窗口"，怎能理解东正教呢？若不走进印度教的众神塑像，怎能体会其信徒的感受呢？而诸多圣地之于各种信徒的神圣意义就更显而易见了，像恒河、约旦河、富士山、橄榄山、西奈山、阿耶尔石岩、耶路撒冷城、菩提城等等。

斯马特最后说明，尽管上述有些层面在某些宗教那里显得比较薄弱，甚至可以说它们并不全都具有这七个层面，但就宗教研究而言，只要这七个层面是"足够的"，我们便可用来描述各种宗教的特征了。①

（二）"终极关切论"

如果说"家族相似论"是近半个世纪来殴美宗教学界的流行理论之一，那么，就最近三四十年国际宗教学界的研讨状况而言，最流行也最有影响的宗教概念大概要数"终极关切论"了。这种理论尝试最早在当代著名的神学家、宗教哲学家保罗·蒂利希（Paul Tillich，1886－1965）的多种论著里得到了全面而深刻的论证。

---

① 以上概述的内容，详见［英］斯马特著，高师宁等译：《世界宗教》（第二版），北京大学出版社2004年版，第3～13页。

无论怎么看待宗教，都不能否认宗教是一种人生信仰。那么，信仰是什么呢？所谓的"信仰"就是指人们的"终极关切"（ultimate concern，又译"终极关怀"）。蒂利希指出，人和其他动物一样，首先要关心那些构成生存条件的东西，像食物和住处等；但不同的是，人还拥有诸多"精神关切"，像认识的、审美的和社会的等。就人的精神活动而言，有些关切堪称至关重要，它们对个体或群体的生存来说便可被称为"终极关切"。

蒂利希追究人生信仰的终极性，是为了重新阐释"宗教是什么"。按照他的解释，作为终极关切的宗教信仰，其实就是指"整个人类精神的底层"，即人类精神生活中终极的、无限的、无条件的方面。因而，人类精神的所有基本功能、一切创造活动无不深含着终极关切。譬如，道德领域的终极关切，表现为"道德律令的无条件性"；认识领域的终极关切，表现为古往今来的思想家对于"终极存在"的不懈追问；审美领域的终极关切，则表现为文学家和艺术家对于描述或表现"终极意义"的无限渴望。一言以蔽之，这种在一切人类精神活动领域中反映出来的终极关切状态，其本身就是"宗教性的"。

宗教，就该词最宽泛、最基本的意义而言，就是指终极关切。

宗教是人类精神生活的本体、基础和根基。人类精神中的宗教方面就是指此而言的。①

终极关切论并非蒂利希的个人见解，而是反映了诸多一流学者为构建"跨文化的宗教观"，推动"比较宗教研究"而达成的学术共识。例如，当代著名的宗教哲学家、"宗教多元论"的提倡者约翰·希克（John Hick, 1922 – ）认为，如果我们假定宗教信仰是以"终极实在"为普遍对象的，那么，不同的文化背景下形成的诸种宗教传统，便无非是对同一终极实在的不同经验表达形式了。又如，以人类文明史比较研究闻名于世的汤因比（Arnold Joseph Toynbee，1889 – 1975）也把宗教看做"一种终极性的人类关切"，"一种根本的人生态度"。他与日本创价学会名誉会长池田大作对话时做了如下通俗说明：

我在这里所说的宗教，指的是对人生的态度，在这个意义上鼓舞人们战胜人生中各种艰难的信念。这也就是，宗教对于有关宇宙的神秘性和人在中间发挥作用的艰难性这一根本问题上，给我们所提供的精神上的满意答案；并在人类生存中给予实际的教训规诫，由此鼓舞人们去战胜人生征途上的困难。②

---

① Paul Tillich, *Theology of Culture*, Oxford: Oxford University Press, 1959, pp. 7 – 8.
② ［英］A. J. 汤因比、［日］池田大作著，荀春生等译：《展望二十一世纪——汤因比与池田大作对话录》，国际文化出版公司 1985 年版，第 363～364 页。

二、学术启发概要

在维特根斯坦的"家族相似模式"被引入宗教学界之前,研究者们主要是从其各自的专业视角来界说宗教现象的,由此也就形成了不同理论分支的宗教概念,像宗教哲学的、宗教神学的、宗教史学的、宗教人类学的、宗教社会学的和宗教心理学的等等。前述两个宗教界说范例表明,"家族相似论"所取得的学术进展主要在于,不再限于从某一分支学科或研究方向的视角来单纯地界定宗教,而是在继承宗教学前辈们的治学理念,并更充分意识到世界宗教现象的多样性和复杂性的前提下,力求尽可能全面地把握研究对象的诸多特征。因而,这种理论尝试所重新建构的宗教概念较之以往的观点更具有兼容性与开放性,更能适应宗教学的学科特点——交叉性或综合性。正如斯马特和希克指出的那样:一旦我们遨游于世界宗教的海洋,就不应该狭窄地界定宗教①;比较现实的看法是,既要意识到"宗教"一词或许没有"唯一正确的含义",也应看到形形色色的宗教现象的确是有联系的②;因而,若以"家族相似论"来理解宗教现象,不同的学术团体便可以发挥各自的研究兴趣了,例如,宗教社会学家、宗教人类学家和宗教心理学家等都可以合理地关注某一组特征③。关于"家族相似论"的学术启发,笔者还想补充一点,即可促使研究者们在现有认识水平上意识到,考察纷繁的宗教现象至少要关注哪些方面或不可忽视哪些因素。

就上述学术启发而论,虽然不能认为家族相似论所取得的理论成果,可将宗教现象的方方面面一览无余了,但对照和综合前述两个宗教界说范例总结概括出的"9个构成特征"与"7个主要层面",我们可以肯定,它们较为全面地整合了既往宗教学成果所揭示出的那些基本的或重要的探讨角度,像宗教哲学和宗教神学所着重研究的宗教信念与宗教教义、宗教律法与宗教伦理、宗教世界观与人生观等,宗教人类学和宗教社会学所注重考察的宗教信仰与文化传统、宗教组织与社会群体、宗教神话与宗教仪式等,宗教心理学所重点分析的宗教情感和宗教经验等。

如果说作为"一种描述性的理论倾向"的家族相似论,有助于全面把握宗教现象的诸多特征,那么,终极关切论作为"一种解释性的理论倾向",则可使我们重新反思宗教现象的共同本质。如前所述,终极关切论致力于阐发一种新的宗教观。按照蒂利希的说法,这种新的宗教观可称为"关于宗教的生存概念"

---

① 斯马特:《世界宗教》,北京大学出版社2004年版,第7页。
② John Hick, *Philosophy of Religion*, Third Edition, Englewood Cliffs: Prentice-Hall, INC., 1983, Preface.
③ [英]希克著,王志诚译:《宗教之解释——人类对超越者的回应》,四川人民出版社1998年版,第7页。

（the existential concept of religion），它所要克服的就是"关于宗教的纯理论概念"，即囿于理论上的认识，以为各种宗教就是"崇拜神或上帝"。蒂利希尖锐地指出，正是这样一种简单化的宗教观，使现代人丧失了理解宗教信仰的可能性。为什么这么说呢？因为所谓的"宗教"原本是"生存"（人的现状）与"信仰"（人的本性）相疏离的产物。这便意味着宗教信仰其实属于"人类的精神"（spirit），而作为象征符号的"神或上帝"无非意指"人类精神的本原"。可传统的一神论却本末倒置，误把宗教信仰归结为"圣灵"（Spirit）的恩赐，致使"神或上帝"成了"人类的主宰"。这样的"宗教或上帝"怎能不远离现实生活，遭到大多数人的拒斥呢？

由此可见，终极关切论之所以要破旧立新，就是想把宗教研究从"理论的象牙塔"拉回到"现实的人生观与文化观"，促使人们重新反省宗教信仰的本质、地位和意义。就此思路而言，尽管蒂利希和汤因比等人因其文化背景、理论旨趣和个人信念等方面的局限性，而使他们的论证或阐释带有浓厚的"泛宗教论"甚至"宗教决定论"色彩，即把任何形式的终极关切一概视为"宗教信仰"，以致断言"终极性的宗教信念"是人类生存、文化类型或文明形态的根据或本原，但在充分意识到此种理论缺陷的同时，我们也应当看到，与蒂利希所批评的那种简单化的、至今仍流行的宗教概念相比，终极关切论显然在学术上更有可取性。这主要是指，它不再把宗教信仰看成虚无缥缈、远离尘世的东西，而是转向了这样一种更现实、更开放的学术视野：以跨宗教、跨文化和跨时代的观念，用比较研究的方法来探究世界上的诸多宗教传统之于社会、民族、国家、文化或文明的深层关系和重要意义。

关于上述两种理论的学术启发，还有一点需要说明。虽然家族相似论主要倾向于全面描述宗教现象的诸多特征，终极关切论则旨在深入阐发宗教现象的共同本质，但我们应该看到，这两种不同的理论取向并非互不相干，而是相辅相成的，即可同时并举，将晚近人文研究和社会科学中的两种主要的方法论倾向——"描述性的方法"与"解释性的方法"结合起来，一并用来推动宗教概念问题以及宗教学前沿课题的研究。因此，我们理应抱着"批判与借鉴"的科学态度，克服其不足或缺陷，兼收二者的长处，以求更全面、更深刻地认识世界上的宗教现象及其相关的重大现实问题。

第四节　宗教因素及其影响的复杂性

前一节评介的基础理论研究成果，显然有助于我们深思宗教因素及其影响的错综复杂性。若能联系实际，从理论上说明此种错综复杂性，我们便不难理解这样两个要点了：为什么宗教因素能对冷战后的诸多国际热点问题和重大冲突产生广泛而重要的影响，此种影响又是何以产生的？

一、宗教因素及其影响的积淀性

冷战之后诸多国际热点问题和重大冲突越来越深受宗教因素的影响，这是一个新形势下出现的新问题，但宗教却属于古老的文化现象。正因为宗教与文化有着悠久而深邃的关系，倾心研究文化史或文明史的思想家，大多重视宗教传统的社会作用或文化功能。关于这一点，笔者在长期的宗教—文化观研究中深有体会。马林诺夫斯基、韦伯和卡西尔等人的理论学说是国内学者比较了解的，这里简要评介汤因比和道森在宗教传统的社会作用或文化功能研究上的学术启发。

汤因比长达12卷的《历史研究》陆续发表于1934~1954年，其缩写本（英文版2卷，中译本3卷）也于20世纪60年代就在中国翻译出版了。但是，大多数学者（包括西方学者）是把它当成历史学名著来读的。其实，该书主要是一部以"比较文明史"为视野的历史哲学著作，因为其理论建树主要在于提出了一种新的历史观——文明形态史观，而并非作者当年就人类文化境况、特别是"西方文化命运"所做出的那些判断或结论。通览这部巨著，作者所潜心的历史解释思路就是，系统梳理宗教传统与文明社会（广义的文化）的源流关系，通过比较人类历史上出现过的26个文明社会，力图揭示人类文明形态形成演变的基本模式，深入考察诸种宗教传统在文明形态的起源、发展、衰落与解体过程中的重大社会历史作用。在汤因比看来，作为人生根本态度的宗教信仰可谓一个个文明社会的"生机源泉"或"精神纽带"；一旦某个文明社会失去了其传统的精神信仰，势必走向衰落，或在内部陷入社会崩溃，或从外部遭受军事攻击，直到被一种新的文明形态所取代。为什么这么说呢？汤因比认为，千百年来各大宗教传统之所以能吸引众多信徒，就是因为它们分别对应于人类的几种主要心理类型，从而满足了各类信徒在不同的文明形态下切身体验到的情感需要；所以，文明社会的全部活动，包括政治的、经济的和文化的，正是靠宗教信仰所喻示的生活方式来维系的。因而，他在概括文明形态演变模式的过程中，始终留意考察诸种宗教传统对不同文明形态下的文化心理或文化潜意识的深刻影响。这方面的考察分析浸透于《历史研究》全书。有兴趣的读者可通读该书，其中尤以对文明社会衰落和解体时期文化心态的描述分析最发人深省。

道森是当代著名的文化史学家、历史哲学家和宗教哲学家。和韦伯一样，他也是从宗教传统入手来考察现代西方文化的起因的。但相比之下，道森的理论视野更为开阔。韦伯的研究范围严格限于新教伦理传统与资本主义精神的亲和性，道森所要考察的则是宗教传统与整个西方文化进程的历史联系。因而，通过再现宗教与文化的历史联系而建构一种整体性的文化史观，便成了道森一生的学术追求。在他看来，若要揭示现代西方文化的起因，绝不可忽视宗教文化传统的历史积淀过程，尤其不可低估那段处于现代文化前夜的、以基督教文化为特征的历史，因为不仅现代文化所必需的精神创造力量，甚至包括现代文化的先驱者们，都是由这段历史孕育而成的。基于西方文化史、尤其是中世纪文化史的全面考察，道森耐人寻味地指出，所谓的宗教并非一种抽象的意识形态，也不仅仅是一种古老的精神资源，而主要是一种绵延历史的文化传统和潜移默化的文化习俗。然而，以前的研究者们却往往把注意力集中于"高层次的问题"，像政治的、思想的、理智的等，他们没有意识到这些问题在漫长的历史画卷上只占很小的一部分。其实，真正对平民百姓和社会生活影响最大的还是文化习俗或宗教传统。①

由于西方文化和学术背景的局限性，上述两位学者的宗教文化观具有较为明显的"泛宗教论"倾向。但是，综合他们的合理见解，我们可得到这样几点启发：首先，如果说只有放眼于人类历史或文化的演变过程，而并非某个特定的历史阶段或文化时期，才有可能全面而深刻地研讨宗教传统的社会作用或文化功能，那么，现存于人类社会或文化活动的宗教因素便主要应该看成是一种历史积淀的结果了。其次，作为一种历史积淀的结果，宗教因素及其影响并非表面化的，而主要是沉积于人类社会或文化活动的深层次的，即像前述两位学者所探究的文化传统、文化习俗、文化心理或社会潜意识那样，更多地是以潜移默化的方式而产生影响的。再其次，尽管"潜移默化"可理解为宗教因素及其影响的常态，但正如中外历史上的重大关头或转变时期，人们总是以这样或那样的形式和态度来回顾反省各自的历史或文化传统，以应对历史的转变或时代的挑战，值此历史关头，宗教因素及其影响也大多会明显而强烈地反映或折射出来。这一历史特点是否可使我们初步理解冷战过后宗教因素及其影响的明显增强呢？但同时值得注意的是，目前宗教因素对于诸多国际热点问题和重大冲突的明显影响不仅是在国际政治格局重组的新形势下，而且是在"全球化"或"地球村"的历史背景下反映出来的，这就为我们着眼于全球范围来重新认识宗教现象的特征、本质、地位和作用等，提供了前所未有的"理论机遇"。

---

① 道森的上述观点，详见于《进步与宗教》、《宗教与现代国家》、《宗教与文化》、《宗教与西方文化的兴起》、《中世纪论文集》和《宗教与西方文化的兴起》等多种著作。读者可主要参阅《宗教与西方文化的兴起》，或参考拙著《宗教文化学导论》第四章"道森的文化史学"。

二、宗教因素及其影响的弥漫性

前述积淀性主要是从历史的角度来探讨并描述宗教因素及其影响的。当我们的研究目光转回现实，宗教因素及其影响的弥漫性则可谓另一个不可忽视的特征。宗教因素的弥漫性来自宗教现象的广泛性。要认识到这一点并不难，让我们先来过目一下20世纪与21世纪之交的两组统计数字：

据1996年的不完全统计，各类宗教信徒约占世界人口的4/5。其中，世界三大宗教的信徒人数为：基督教徒19.55亿，占世界人口的33.7%；伊斯兰教徒11.27亿，占世界人口的19.4%；佛教徒3.11亿，占世界人口的6%。其他传统宗教的信徒人数占前几位的是：印度教徒7.93亿；犹太教徒1 385.8万；锡克教徒约1 700万。另外，各类新兴宗教信徒1.23亿。

估算至2001年，世界人口约61.28亿，其中基督教徒20.24亿，伊斯兰教徒12.13亿，佛教徒3.63亿，印度教徒8.23亿，犹太教徒1 455.2万，锡克教徒约2 368万，各类新兴宗教信徒1.03亿。①

以上统计数字给人的第一印象恐怕就是，在目前这样一个现代化的、高科技的时代，世界上的信教人数竟有如此之多，约占世界人口的4/5或80%。②这个信息告诉我们，如此广泛的宗教现象并非虚幻或虚假的，而是真实地反映了这个世界上大多数人的信仰状况和生存方式。尽管各类宗教的信仰对象都是"超验的、神圣性的甚至神秘化的"，但所有的信徒却都是根据此类信念来解释"人生的终极意义"，并规定"现世的生活准则"的。宗教社会学的开创者埃米尔·杜尔凯姆（Emile Durkheim, 1858－1917）早就指出："一种宗教就是一个统一的体系，它把与神圣事物相关的信念和实践统一起来了"③；另一位著名的宗教社会学家J. 米尔顿·英格尔（J. Milton Yinger, 1916－　）接着强调：宗

---

① 以上两组统计数字，分别参见任继愈主编：《宗教大辞典》绪论，上海辞书出版社1998年版，第11页；《国际宣教研究学报》（*International Bulletin of Missionary Research*），2001－1。这里之所以引用了两组来源不同且略有时差的统计数字，是为了兼得其可靠性和参照性。二者的统计时间虽隔几年，但统计结果大体上是吻合的。

② 这里补充说明一点，据不完全统计，中国现有各种宗教信徒1亿多人（参见中华人民共和国国务院新闻办公室：《中国的宗教信仰自由状况白皮书》，1997年10月）。国家宗教事务局局长叶小文指出："纵览中国的文化，在全世界呈现出一个奇特的现象：全世界60亿人口中，有48亿人信教，12亿不信教。而中国近13亿人中，信仰宗教人口约1亿多人，近12亿人不信教。如此说来，全世界不信教的人似乎都集中在中国！"（叶小文：《宗教问题：怎么看，怎么办》，宗教文化出版社2007年版，第329～330页）

③ Emile Durkheim, *The Elementary Forms of the Religious Life*, New York: The Free Press, 1965, p. 62.

教可定义为一种信念与实践的体系,是某个群体用来与人类生活中的那些终极问题相拼搏的。① 近几十年渐趋成熟的家族相似论则集思广益,融会了宗教学诸多分支或研究方向的理论成果,从而使我们更为全面地认识到:各种宗教都是由哪些主要特性或基本维度构成的,这些特性或维度是如何将"神圣与世俗"或"信仰与实践"统一起来的,又是怎么与信教者的观念、思想、经验、情感和行为等相联系的。由此来看,诸种宗教信仰不但是其广大信众的世界观、人生观和价值观,而且就是他们所信奉的生活方式;或用终极关切论的说法,所谓的宗教信仰其实就是某类信徒被其终极关切所把握的生存状态。因此,我们可做出判断:所谓的宗教因素注定是弥漫于并影响着各类宗教信徒的精神活动和物质生活的。

关于宗教现象的广泛性所导致的宗教因素的弥漫性,我们的认识还可以着眼于宗教与民族的关系。大致说来,世界上现有2 000多个或大或小的民族,分布在200多个国家和地区,迄今尚未发现哪个民族和国家是没有宗教现象的。大多数民族的宗教信仰都是多种多样的,但有些民族则几乎全民信奉某种宗教传统,例如,阿拉伯人几乎全是穆斯林,犹太人几乎全是犹太教徒,锡克人几乎全是锡克教徒,大多数印度人是印度教徒,大多数希腊人是东正教徒,等等。据此,我们也可做出判断:宗教因素是弥漫于并影响着所有的民族、国家和地区的,特别是在那些大多数人口信教的民族、国家或地区,其宗教氛围十分浓厚,宗教因素的社会影响尤为不可忽视。譬如,所谓的"基督教世界"和"伊斯兰世界"便是如此。

关于宗教因素及其社会影响,我国著名的伊斯兰教研究专家金宜久指出:

所谓宗教因素,可以说它是宗教在社会不同领域的衍化和延伸,并得到相对独立发展的、又与宗教密切相关的种种社会现象。以伊斯兰教为例,它的宗教因素,除了伊斯兰教的自我外,还包括体现伊斯兰的宗教精神的意识形态、以伊斯兰为特征的民族文化传统、在伊斯兰名目下的社团组织、以"伊斯兰"为名的国家并由它们组成的伊斯兰世界、在伊斯兰名义下活跃的社会思潮和社会运动、伊斯兰的圣地、圣物、寺院、器皿、文物等等。可以说,各不同宗教在宗教因素的内容上都有大致相仿的方面。②

只要是在伊斯兰社会中体现伊斯兰的宗教精神的任何一种社会现象,都可以

---

① J. Milton Yinger, *The Scientific Study of Religion*, New York: The Macmillan Company, 1970, p. 7.
② 金宜久:《冷战后的宗教发展与国际政治》,载《世界宗教问题大聚焦》,中国现代国际关系研究所民族与宗教研究中心著,时事出版社2003年版,第13页。还可参见金宜久、吴云贵合著《伊斯兰与国际热点》的第一章里的"伊斯兰因素"一节,东方出版社2002年版,第10~16页。在这一节里,金宜久专就"伊斯兰因素"做了具体说明。

冠之以"伊斯兰"的名目，构成为伊斯兰的因素。①

以上解释可让我们意识到，所谓的宗教因素并不单单是指"某种宗教本身"，而是广泛包括了"所有那些与宗教相关的社会现象"。当然，任何一种宗教在这个世界上都不是孤立存在的。如果我们还考虑到不同的群体、民族、国家或地区之间的交往关系，尤其是那些具有浓厚宗教背景的群体、民族、国家或地区之间的矛盾冲突，宗教因素及其影响的弥漫性就显得越发错综复杂了。

三、宗教因素及其影响的渗透性

前述弥漫性意味着，宗教因素具有很强的渗透性，即能渗透于并影响着人类社会活动的几大主要因素，像政治因素、经济因素和文化因素等。正如"弥漫性"一词可用来形象地表明，宗教因素是能够或有形或无形地遍布于人类社会生活领域的；"渗透性"则可进而喻明，宗教因素是能够或明显或遮掩地浸入其他所有的人类社会活动因素的，致使作为世界观、人生观、价值观和生活方式的宗教信仰与政治、经济和文化等因素融为一体，难分难解，一起发挥作用或产生影响。笔者认为，意识到宗教因素的这一复杂特征，可使我们进一步深思宗教因素究竟是如何影响冷战后的诸多国际热点问题和重大冲突的。

如前所述，就研究现状而言，国内外学者已达成这样一种共识：冷战后的诸多国际热点问题和重大冲突并非"单一的原因"所致，而是经济、政治、军事、文化、民族和宗教等多种因素交织作用的结果。虽然这种方法论观点以"全面性"而见长，但在关于宗教因素的认识上却显得过于简单甚至肤浅，即在很大程度上停留于"表象的认识"，简单地把宗教因素解释成一种相对独立存在的、可与经济、政治、军事、民族和国家等因素相提并论的事物。然而，现实情况远比这种认识复杂得多。下面略举两例加以理论反思。

例如，巴以冲突的直接起因，也是其久争不息的主要症结，在于领土问题，特别是耶路撒冷的归属问题。由于这场领土之争关系到巴以各自民族与国家的生存和发展问题，所以整个牵动着冲突双方的各种利益，像政治的、军事的、安全的、经济的和文化的等等。但更为复杂的是，这是一场在宗教背景下发生并持续

---

① 金宜久、吴云贵：《伊斯兰与国际热点》，东方出版社2002年版，第10页。关于"伊斯兰因素"的诸多组成部分，像"伊斯兰意识形态"、"以伊斯兰为特征的民族传统文化"、"伊斯兰社团组织"、"伊斯兰教国家和伊斯兰世界"、"伊斯兰教的社会思潮和社会运动"、"伊斯兰的圣地、圣寺以及有关的建筑、器皿和文物等"，金宜久所做的详细说明很有参考价值，详见该书第10~16页。

的领土之争，绝大多数巴勒斯坦人是穆斯林，以色列人则几乎全是犹太教徒，而耶路撒冷在冲突双方的心目中都是绝不可丧失的圣地。按照前述家族相似论的宗教界说，圣地是诸宗教传统的主要构成特性之一，可谓"宗教的物质性层面"。因而，圣地之于诸宗教及其信众的必要性和重要性是不言而喻的。关于这一点，亨廷顿有较为深刻的认识："冲突一旦聚焦于宗教问题，就往往造成一方之所得必为另一方之所失，难以达成妥协：在印度的阿约提亚，要么建庙，要么建清真寺；耶路撒冷的圣殿山要么由犹太人控制，要么由穆斯林控制。这一类争端都是无法将两头摆平的。"①

以上情况及其分析表明，在巴以冲突这样一场难以调和的领土之争中，所谓的宗教因素并非单独浮现并发挥局部作用的，而是构成了"整个冲突的特定氛围"，以致其他诸多冲突原因或因素，像领土问题、民族矛盾、经济利益、政治分歧、文化差异等，都被笼罩于其中，都难免在某种程度上渗透着并受制于宗教因素的重要影响。就国际热点问题和重大冲突的研究而言，如果我们能把巴以领土之争视为一个典型的话，那么，这一小节所阐释的"宗教因素及其影响的渗透性"，是否有助于我们更深入地理解"宗教背景或氛围"对于国际热点问题和重大冲突的影响所在呢？为印证这个判断，我们可换一个角度，即就"一对冲突原因"再做些理论反思。

恐怖主义与霸权主义是目前颇受国际社会关注的"一对冲突原因"，这二者与宗教因素的关系也是有待我们深思的。应该说，关于恐怖主义与宗教现象的联系，国内外理论界已有较为一致的看法，即认为恐怖主义是与原教旨主义、特别是宗教极端势力相联系的，是一种打着"圣战旗号"、凭借"宗教狂热"、以营造恐怖气氛为目的的暴力主张及其行径。然而，冷战后以美国外交政策为典型的霸权主义或单边主义是否也渗透着宗教因素呢？下面是两位西方政治家近来所做的思考和解释。

2006年，美国前国务卿玛德琳·奥尔布莱特（Madeleine Albright）出了一本书，《强国与全能的上帝——美国、上帝和世界事务沉思》（The Mighty & the Almighty: Reflections on American, God and World Affairs）。该书的提要如下：美国是否像布什宣称的那样，赋有一种来自上帝的特殊使命——向全世界传播自由与民主呢？基督教右翼势力对美国的外交政策到底有多大影响呢？奥尔布莱特以其执政经验就这些现今最有争议的话题发表了见解。通过诸多方面的考察分析，像宗教传统对"美国观点"的深刻影响，基督教右翼势力的兴起对美国政策的影

---

① ［美］亨廷顿著，程克雄译：《我们是谁？美国国家特性面临的挑战》，新华出版社2005年版，第297页。

响，布什政府在应对"9·11"事件上的成败，伊拉克战争所带来的挑战，以及理解伊斯兰世界的重要性等，这位能言善辩的前国务卿有力地论证了，美国的决策者不能不理解宗教在激发别人、渲染美国行动的可接受性等方面的力量和作用。一反通常观点，该书得出了这样的结论，宗教与政治不但是不可分离的，而且二者的结合，若能予以适当利用，可成为一种正义与和平的力量。①

2006年10月，德国前总理施罗德也出了一本书，即他的从政回忆录，《抉择：我的政治生涯》。他回忆道，"9·11"事件后，在我们的多次会谈，包括单独交谈中，布什总统一再称自己是虔诚的信徒，所以他只服从于最高权力者——上帝的旨意。即使在公开场合，他给人的印象也是如此。例如，在2002年1月29日的讲话中，他几乎是用《圣经》的语言来宣称，伊拉克、伊朗和朝鲜是"邪恶的轴心国"，将是美国的下一个军事打击目标。施罗德坦率地指出，就个人生活来说，如果一个虔诚的信徒通过祷告而按上帝的旨意行事，这是可以理解的；可是，像布什总统声称的那样，其政治决策的合法性来自祷告所传授的上帝旨意，那就成问题了，因为这是不允许别人批评的，更不可能通过与别人交流意见而有所修正或改变，否则的话，便违背了上帝的旨意。施罗德还反省道，我们大家（主要指欧盟国家领导人——笔者注）都过于低估了美国的宗教及其道德说教的作用，以及由此产生的新保守主义的影响；新保守主义知识分子与基督教原教旨主义者所结成的政治集团，在美国国内对政治和总统都有强大的影响，而目前"对布什个人的妖魔化"却干扰了我们以批评的态度来研究这个政治集团。②

尽管上述两位西方政要的立场和观点不同，但他们却印证了同一个事实，美国现行的以霸权主义或单边主义为特征的外交政策的确渗透着并充溢着宗教因素的强烈影响。关于这个事实，施罗德的前述反省可以帮助我们排除这样一种简单化的流行观点，即把宗教因素对于美国现行的霸权主义外交政策的强烈影响，简单归因于布什总统的个人信仰。另一个可能提出的疑问是，宗教因素对美国外交政策的此种渗透性的强烈影响是否仅为"一时现象"呢？如果读者对前述亨廷顿《我们是谁？美国国家特性面临的挑战》一书的主旨要义还留有印象的话，再加上奥尔布莱特所提出的新政见——美国式的政教合一的必要性与重要性，那么，需要追究的便不仅仅是近些年来美国的新保守主义者和基督教激进主义者的政治影响了，更重要的是，"作为美国文化根基的那种宗教传统"何以能渗透于并影响着其现行的霸权主义或单边主义的外交政策呢？让我们带着这个

---

① Madeleine Albright, *The Mighty & the Almighty*: *Reflections on American*, *God and World Affairs*, New York: Harper Collins Publishers, 2006, Abstract.

② 以上概述详见［德］格哈德·施罗德著，徐静华、李越译：《抉择：我的政治生涯》，译林出版社2007年版，第4章"9·11事件及其后果"，主要依据第91、110、113页。

现实问题回到基础理论层面,继而探讨宗教因素及其影响的另一个更重要的特性,即深层性。

四、宗教因素及其影响的深层性

前面提到,作为近几十年来国际宗教学界最有影响的一种基础理论成果,终极关切论的学术启发主要在于,以跨宗教、跨文化和跨时代的观念来重新思索世界上的诸多宗教传统之于社会、民族、国家、文化或文明的深层关系和重要意义。此种理论的倡导者蒂利希认为:

作为终极关切的宗教是赋予文化意义的本体,而文化则是宗教的基本关切表达自身的形式总和。简言之,宗教是文化的本体,文化是宗教的形式。①

按蒂利希的解释,各种宗教行为,无论个体性的内心活动还是有组织的群体行为,都是以文化为表现形式的;换言之,各种文化活动,不论发自人类精神的理论功能或是实践功能,都无一不在表达着终极关切。蒂利希是在广义上使用"文化"一词的,即相当于"文明"。汤因比在其巨著《历史研究》里则着眼于文明形态与宗教传统的源流关系,通过比较人类历史上出现过的 26 个文明社会,系统而深入地考察了诸宗教在文明社会的起源、发展、衰落与解体过程中的重大历史作用。他总结道,作为人生根本态度的宗教信仰可谓一个个文明社会的"生机源泉"或"精神纽带";一旦某个文明社会失去了其传统的精神信仰,势必走向衰落,或在内部陷入社会崩溃,或从外部遭受军事攻击,直到被一种新的文明形态所取代。②

就宗教传统的文化意义和社会功能研究而言,近 30 年来最受重视的基础理论成果大概要数著名的美国人类学家克利福德·格尔茨(Clifford Geertz,1926—)所提出的"文化意义深描理论"了。此种理论基于扎实的田野考察和透彻的个案研究,更为具体也更为深入地阐释了"作为象征性的意义体系的宗教传统"是何以积淀为某个文化区域的世界观和价值观,并潜移默化地影响着其族群或社群生活的心理倾向和行为动机的。

一种宗教就是:(1)一个象征体系,其作用在于(2)在人们当中营造出强有力的、普及的和持久的情绪与动机,其方式在于(3)系统阐述关于整个存在秩序的诸多观念,并且(4)赋予这些观念以实在性,此种氛围致使(5)前述

---

① Paul Tillich, *Theology of Culture*, p. 42.
② 关于汤因比所做的大量历史论证,详见其代表作《历史研究》。

意义上的情绪和动机看似是唯一真实的。①

　　尽管上述这些学术成果未必完善，或许还带有前面已指出的"泛宗教论"或"宗教决定论"之类的偏差，但就其理论创见或思想精华而言，它们无疑都是富有启发性的，可从两个基本的理论探讨角度——宗教信仰的"本质"与"功能"来深化我们对宗教因素及其影响的认识。前面的讨论表明，所谓的宗教因素并不仅仅指某种宗教本身，而是泛指诸多不同的宗教信仰在人类文化和社会生活领域的反映或体现，宗教因素的影响主要就是指宗教信仰的文化功能或社会作用。从学理上讲，事物的功能或作用取决于其本质，现实生活中的宗教因素也应如此。因而，如果能像终极关切论那样，在比较研究的意义上将诸种宗教信仰定性为"终极关切"，或用通俗概念来讲，就是指那些具有终极性、绝对性和神圣性的世界观、人生观和价值观，那么，我们便不难理解这里所要探究的宗教因素及其影响的深层性了。

　　这里所用的"深层性"一词主要是想强调，正因为宗教因素是宗教信仰的现实反映或社会体现，深含着诸种宗教对世界和人生的根本看法及其价值导向，所以此类因素能从深层次或根本上影响着人类的政治、经济和文化活动，尤其是对那些具有深厚宗教传统或处于浓厚信仰氛围的社会性行为主体，诸如社团、党派、种族、民族、国家、国际联盟或国际组织等，可产生不可忽视的重要影响。宗教因素的此种深层影响，不但可使我们更好地理解前述两种基本特性，即宗教因素及其影响何以会有弥漫性并具有渗透性，同时能使我们更深入地认识宗教因素对于冷战后的国际热点问题和重大冲突的影响所在。让我们仍借用前面的例证，对这里提到的两点理论收获略加说明。

　　前面我们曾以民族与宗教的广泛联系来证实宗教因素及其影响的弥漫性。我国著名的哲学家、宗教学家牟钟鉴言简意赅地指出，民族与宗教有着极为密切的内在关系，民族是宗教的社会载体，宗教则是民族的精神向导，是民族精神的凝聚力量。因而，牟钟鉴教授首倡建立一门交叉性的民族宗教学。"民族学视角，使我们能够较好地了解信教群体的状态和生存需求，从根源上把握宗教；宗教学的视角，使我们能够较好地了解民族的心理和情感依托，从精神上把握宗教。"②以上论断里点到的"民族的精神向导"、"民族精神的凝聚力量"和"民族的心理和情感依托"等，显然有助于我们理解宗教因素对于民族生存状况的广泛而深刻的影响。说到这里可补充一点，要形象地说明宗教因素何以具有弥漫性、渗

---

① Clifford Geertz, *The Interpretation of Cultures*, New York: Basic Books, Inc., Pbulishers, 1973, p. 90.
② 参见牟钟鉴：《民族学与宗教学的分途与相遇——民族宗教学初探》，载《宗教与民族》第 4 辑，宗教文化出版社 2006 年版，第 15~16 页。

透性和深层性等,还可以借用国际政治领域新近流行的一种说法,即著名的美国国际政治学家小约瑟夫·S·奈(Jpseph S. Nye)发明的"软力量"(soft power)一词。按照他的解释,一个国家在国际政治舞台上所拥有的软力量主要是指其文化、政治价值观和外交政策。① 我们能否说,正因为宗教信仰是"一种典型的软力量",甚至可以说是"软力量中的极软力量",由其终极关切倾注而成的宗教因素及其影响才会具有本文所要阐明的三种主要特性呢?

为进一步理解宗教因素及其影响的渗透性和深层性,让我们回到前面的另一个例证,即宗教因素对霸权主义或单边主义的深远影响。关于这个课题,亨廷顿教授做过深入的研究,我们可直接向他请教。他在《我们是谁?美国国家特性面临的挑战》里勾勒了如下历史线索:美国人最初是根据人种、民族属性和文化,特别是根据宗教信仰来界定美国社会的。信仰盎格鲁—新教的定居者们的这一社会性起源,比任何其他因素都更深刻、更持久地塑造了美国的文化、制度及其特性。当年定居美利坚时,人们首先宣布这是"与上帝的立约",是上帝让他们建造一座"山巅之城",为世界树立榜样。到17世纪和18世纪,美利坚人都是以《圣经》为根据来阐述其"新大陆使命"的,即他们是上帝的"选民",上帝要让他们在"应许之地"来建设"新以色列"或"新耶路撒冷";他们说,美利坚就是上帝赐予的"新天地",就是"正义之家"。美利坚的福音传道史不止是一部宗教运动史,读懂了这部历史,也就理解了19世纪美利坚生活的整个气质;对于20世纪后期,也可以这样说……总之,"美国信念"就是新教信仰的世俗表现,就是"具有教会灵魂的美国国民"的世俗信条。②

亨廷顿所勾勒的上述历史线索难免带有其理论倾向性,不可能得到普遍的认同。但从其著作来看,他广为参照了相关的研究成果,大量引证了史实和调查资料。因而,我们可将其观点视为言之有据的,并用以反思"霸权主义或单边主义"的概念内涵。如前所析,冷战结束后,以美国外交政策为典型的霸权主义或单边主义是导致诸多国际热点问题和重大冲突的主要原因之一。目前,中外学者已越来越清楚地认识到,霸权主义或单边主义并不仅仅是一种强权政治现象,而且是一种对国际事务甚至包括他国内政横加干涉的"道德价值主张及其实践"。亨廷顿教授的上述研究成果则可使我们确认,"此种价值干涉"是有其久远的宗教源流的,可谓深受宗教因素的渗透与影响。

---

① 小约瑟夫·S·奈指出:"国家的软力量主要来自三种资源:文化(在能对他国产生吸引力的地方起作用)、政治价值观(当它在海内外都能真正实践这些价值时)及外交政策(当政策被视为具有合法性及道德威信时)"。参见[美]小约瑟夫·S·奈著,吴晓辉等译:《软力量——世界政坛成功之道》,东方出版社2005年版,第11页。

② 参见亨廷顿著,程克雄译:《我们是谁?美国国家特性面临的挑战》,新华出版社2005年版,第33~34、35、55、57、59页。

接着"霸权主义或单边主义"这个话题，我们可进一步探讨宗教因素对于"冲突原因"的深层影响。前面提过，施罗德是这样来描述美国总统布什给他的印象的：一再自称"虔诚的信徒"，只服从"最高权力者——上帝"，几乎是用"《圣经》的语言"，其政治决策的合法性来自"上帝的旨意"……下列引文则是施罗德回忆录里"9·11事件及其后果"一章的结束语：

> 政教分离在我看来是人类文明的一大进步。我们对大多数伊斯兰国家内不明确区分宗教对社会的影响和法律制度的世俗特征所进行的批评是不无道理的。但是我们不太愿意承认，美国的基督教原教旨主义者以及他们对圣经的解释具有同样的倾向。如果双方都认为自己拥有唯一的绝对真理，那么和平解决纠纷的空间便所剩无几了。①

施罗德是以其丰富的国际政治经验来体会美国与伊斯兰国家之间的冲突的，并敏锐地指出了双方冲突的一大症结，即政教不分，都深受各自宗教传统里的原教旨主义或基要主义②的影响，都自称拥有"唯一的绝对真理"。这里指出的"冲突的症结"——都自以为拥有"绝对真理"，也正是下一编"当代宗教对话研究"所要探讨的一个根本理论问题。

---

① ［德］格哈德·施罗德著，徐静华、李越译：《抉择：我的政治生涯》，译林出版社2007年版，第113页。
② "原教旨主义"和"基要主义"在英文里是同一个词"fundamentalism"。但按早期中文翻译惯例，"fundamentalism"用于伊斯兰教时一般译为"原教旨主义"（现在译为：宗教激进主义），用于基督教时则译为"基要主义"。在部分引文和概述里，为尊重原译文，笔者照引为"基督教原教旨主义"。

第二编

当代宗教对话研究

关于宗教对话的必要性与重要性，本书"前言"里已有较为充分的论述。我们在这一编力求从如下几个角度或层面着手，对这个国际宗教学界所关注的重大课题暨前沿领域展开全面而深入的探讨：一是"背景考察"，即首先考察宗教对话的形成背景和理论难题，以及世界宗教对话状况，此为第九章、第十章两章的内容；二是"理论探析"，即进一步探讨与分析现有几类主要的宗教对话态度、立场或观念及其学术争论，此为第十一章至第十五章的内容；三是"方法论沉思"，即深及方法论层面来提出一些可推动日后研讨的问题和思路，这是本编的"结语"部分。

- 宗教对话的背景与难题
- 世界宗教对话状况概览
- 宗教排他论的正统立场
- 宗教兼并论的对话模式
- 宗教多元论的对话模式
- 宗教兼容论的对话模式
- 宗教实践论的对话模式

第九章

宗教对话的背景与难题

就人文研究领域而言,一个重大课题的提出,总有其"不可忽视的背景"和"不可回避的难题"。因而,对研究者来说,若不从其"背景"和"难题"入手,便难以把握其重大的现实意义和理论价值,更难以展开全面而深入的探讨。关于宗教对话的研究也是如此。

第一节 文化背景:地球村的形成

关于宗教对话的形成背景,主要可从三个视角来加以把握,从宏观到微观,它们可依次被称为:文化的背景、思想的背景和学术的背景。

关于文化背景对于宗教对话的重大影响,斯威德勒做过言简意赅的说明。他指出,近150多年来,诸多因素使整个世界变成了一个小小的"地球村"。例如,交往的因素与信息的因素。过去的千百年里,世界上的大多数人都是在故乡或祖国度过一生的。而现在,由于交通条件的巨大改善,人们可以经常外出远游,接触到不同的文化风俗和宗教信仰。即使一个人足不出户,外面的世界也会随着报刊书籍、广播电视等汇成的"信息流"涌进家门。

再如,经济的因素与政治的因素。在过去,大多数国家或地区的经济活动是自给自足的,而现在却是相互依存的,要生存、想发展,那就不得不参与全球化经济体系的竞争。战争在人类历史上也第一次变成全球性的了,甚至连小范围的战争也会危及整个地球的和平甚至存在，这就导致了全球性政治结构的出现。例如，第一次世界大战后出现了国际联盟，第二次世界大战后又形成了联合国。

以上这些外在的因素打破了以往人类孤立生存的局面，迫使人们进行交往、对话与合作。两次灾难性的世界大战再加上一次经济大萧条，留给人类的经验教训是：缺乏交往和理解难免导致无知与偏见，而无知与偏见则是敌视与冲突的诱因。一点儿也不危言耸听，假如爆发第三次世界大战的话，恐怕就是人类历史的终结。因此，对地球村的成员来说，交往、对话与合作不但是自我生存的需要，而且还是避免全球性灾难的唯一选择。①

自从16世纪"大发现时代"以来，地球已经越来越像温德尔·韦尔基在1940年所说的，变成了一个"单一世界"……

与此同时，世界从数千年之久的"独白时代"缓慢而痛苦地走进"对话时代"。仅仅在100来年以前，每一种宗教，后来是意识形态，即每一种文化，还在倾向于十分肯定，只有自己才拥有完全的"对生活的终极意义和相应的该如何生活的解释"。②

第二节　思想背景：思维方式的转变

就宗教对话这样一种深层次的意识交流而言，如果把地球村的形成看成"外因"，那么，人类思维方式的转变则可视为"内因"。斯威德勒清楚地认识到，这两类动因都对宗教对话氛围有着重要的影响。不过，他的提法与我们略有不同，他把地球村的形成称为"外部因素"，而"内部因素"则被归结于"范式转型"（paradigm shifts），即人类从根本上改变了对于"实在"和"真理"的理解方式。

斯威德勒指出，就西方文明而言，如果说早期的理解范式在很大程度上是以"不变性"（immutability）、"简单性"（simplicity）和"独白"（monologue）为特征的，那么，过去的百余年间，"依存性"（mutuality）、相关性（relationality）和"对话"（dialogue）则被理解为"人类实在结构的基本因素"了。这种根本变化促使我们重新理解"意义或真理问题"。于是，宗教对话便不仅成为可能，

---

① Leonard Swidler, *After the Absolute: the Dialogical Future of Religious Reflection*, Minneapolis, M. N.: Fortress Press, 1990, pp. 5 – 6.

② ［美］斯威德勒：《走向全球伦理普世宣言》，［瑞士］孔汉思、［德］库舍尔编，何光沪译：《全球伦理——世界宗教议会宣言》，四川人民出版社1997年版，第138~139页。

而且显得十分必要了。为了充分说明上述理解范式转型及其重要意义，斯威德勒从形而上学、认识论、心理学、伦理学等多方面进行了论证。

一、形而上学：从静态观念转向动态观念

西方哲学所继承的是古希腊哲学传统。到中世纪，占统治地位的是亚里士多德的形而上学观。按照这种传统观念，一切现实事物都是由"实体"（substance）和"偶性"（accident）构成的。实体存在于事物底层，是不可感知的、不变的，偶性则是可感知、变化的。这种对实在结构的理解，显然属于"静态的观念"。

在过去的 200 年间，人们的理解范式发生了明显的转变，即从"静态的观念"转向"动态的观念"，从一元论的"实体"概念转向多元论的"关系"范畴。于是，"相互关系"，譬如一物自身的各种内在因素之间的关系，以及该物与其环境中的诸多因素的关系，已被看做事物的组成部分了。这也就是说，任何事物都不是孤立存在的，事物之间的相互关系是其本质所在。

二、认识论：从"绝对化的真理观"到"祛绝对化的真理观"

19 世纪以前，欧洲人的真理观是绝对的、静态的、排他的。如果一物某时为真，便永远为真。这不但指关于经验事实的认识，而且包括关于事物的意义和人类道德规范的认识。例如，使徒保罗在 1 世纪说过，妇女在教堂里要沉默。假如后人把此话当真，妇女在教堂里就永远没有说话的权利了。从根本上说，这种真理观是以亚里士多德逻辑学的矛盾律为根据的：某个事物不能同时并以同一方式既是真的又是假的；所以，真理具有排他性；A 之所以为 A，就在于它不能被表述为非 A。对欧洲哲学家来说，这就是"经典的或绝对的真理观"。

与上述传统观念相反，当代西方哲学里占主导地位的真理观，则是"祛绝对化的"（deabsolutized）、动态的、兼容的。若用一个词来概括，可以说是"相关性的"（relationality）。这种真理观的出现，至少跟下列诸方面的思想变化有关：

（1）历史主义的观点。真理之所以不是绝对的，就是因为人们总是在特定的历史环境下来认识实在，描述真理的。

（2）意向性理论。人们总是抱着一定的行为意向来寻求真理的，这决定了

他们关于真理的论断不会是绝对的。

（3）社会学的观点。真理之所以不是绝对的，还因为人们对于真理的认识难免受诸多社会性因素的影响，像地域的、文化的和阶级的影响等。

（4）语言哲学的观念。人类语言是有局限性的。因此，真理命题作为对"意义"尤其是"超验对象"的陈述，不可能是绝对化的。

（5）解释学的观点。认识者同时也是解释者。所以，任何一种知识或真理均应看做"经过解释的"，而不能看成"绝对的"。

（6）对话理论。就外部的实在而言，认识者并非被动的接受者，而是通过参与和交流来进行理解并做出解释的。然而，认识者一般是借助某种语言或通过某种对话方式来参与实在的，这就决定了他们关于实在的表述也不可能是绝对化的。

显而易见，我们对于真理与实在的理解业已经历了一场彻底的转变。这种正在孕育而生的新范式，就是把一切关于实在、尤其是事物的意义的陈述都理解为历史性的、意向性的、有立场的、不完全的、解释性的、对话式的。所有这些特性的共同点就在于相关性，也就是说，一切关于实在的表述或理解都是以某种方式而与表述者或认识者有着根本的联系的。[①]

三、心理学：发展的与相关的观点

当代心理学的研究成果为宗教对话提供了另一块理论基石，这就是"关于人类自我的结构与发展的学说"。一个人并非生来就是成熟的，而只是具备了自我发展的潜力。关于婴幼儿心理成长过程的研究表明，"相关性"是有意识的自我得以生存与发展的基本条件。

拿一个刚出世的婴儿来说，他跟周围的世界还谈不上差别。后来通过人际关系，他的认知能力才逐渐发展起来。譬如，慢慢学会了把自己的身体与周围的世界，或者说把"自我"与"非我"区分开来，从而能够识别不同的事物，寻求事物间的联系，运用普遍性的概念等。与此相对应，他的情感、道德、信念等方面的能力也不断发展。

有些学者认为，继"情感的自我"（the affective self）、"道德的自我"（the moral self）形成后，还有一个更高级的心理发展阶段，即"信念的自我"（the believing self）。但无论把人类自我的心理发展过程分为几个阶段，大多数心理学

[①] Leonard Swidler, *After the Absolute: the Dialogical Future of Religious Reflection*, Minneapolis, M. N.: Fortress Press, 1990, p. 8.

家都承认，这些发展阶段并非彼此排斥的而是相互联系的。譬如，只有认知能力得以充分发展，才能为情感、道德等方面的发展打下基础，"情感自我"与"道德自我"的发展则进一步完善了认知能力，将其提升到一个更高的发展层次。

因此，就个体心理发展过程而言，促使有意识的自我从一个阶段走向另一个阶段的动因，其实就是一种"自我超越"（self-transcendence）的动力。关于这一点，我们大家都能从日常生活中体会到。比如，一般来说，每个人都想知道得更多一些，做得更好一些。这就表明，所谓的"自我发展"或"自我实现"就是"自我超越"，而"自我超越"的核心含义无非意味着依存性、相关性和对话，因为我们是通过寻求"他者"（the other）而超越自我的。

四、伦理学：以依存性、相关性与对话为聚焦点

任何一种宗教或意识形态都旨在阐明人生的终极意义，教导人们怎样生活。因此，最后考察一下依存性、相关性和对话在伦理学上的集中反映，对于认识宗教对话的意义显得尤为重要。斯威德勒建议，这种考察可沿着"关系心理学"（relational psychology）的思路展开。

所谓的"关系心理学"，就是把人的发展置于多种多样的关系当中来加以认识。就本质而言，一切关系都是相互依存的，并不存在"单向的关系"（one-way relationship）。在现实生活里，人们不可能总是付出而没有收获，也不可能只获取而不付出。这就是说，假如人类生活中缺乏依存关系，其结果将是彼此误解甚至一起毁灭。更不可忽视的是，对于我们来说，这种依存关系是生来就有的，而我们本身就是由这样一种人际关系塑造出来的。

在斯威德勒看来，上述观点可为伦理学提供两个关键概念：（1）"依存性"遍布各种关系；（2）若对依存性缺乏足够的认识，"对话"则是打破"人际关系僵局"的出路。就依存性而言，伦理学的模式基于"公平交往的可能性"（the possibilities of a just exchange）。然而，人际关系总是充满矛盾的。假如遇到重重困难，一个人能做些什么呢？首先应做的事情就是，追究其原因，从自己做起，重建信任关系，开辟对话渠道。

综合以上几方面的论证，斯威德勒指出，这场理解范式的根本转变，不仅深及对实在的终极结构和真理问题的重新理解，而且影响到对人类的自我发展和伦理行为的重新认识，所有这些重大变化都是以依存性和相关性为根据的，并毋庸置疑地表明了对话的必要性。

假若这个结论对于所有追求真理、探求事物意义的人来说是真实的，那么，对于宗教信仰者和那些献身于意识形态的人……就更是千真万确了。诸宗教和

意识形态是为人们描绘整个生活的,并给整个生活"开处方的";它们是神圣的、无所不包的,因此,与其他非神圣性的制度相比,它们越发倾向于消灭异己,也就是说,要么使其皈依要么判其有罪。因而,虚心地对待不同的真理主张,并承认关于真理的诸多特殊观点具有互补性,这种需要在宗教领域显得尤为迫切。①

第三节 学术背景:从比较研究到宗教对话

其实,前面提到的许多内容都可以纳入"广义的学术背景"。我们接下来所要考察的则是"狭义的学术背景",或称为"专业性的学术背景",即宗教学的研究成果、特别是这门新兴学科的治学理念对于宗教对话的重要影响。那么,为什么要把这种直接相关的重要背景放到最后来谈呢?这种安排诚然考虑到了叙述的方便,可循序渐进,由大气候到小氛围,越谈越具体越直接,但主要目的在于,通过逐步深入背景而落足于宗教对话的内在根据或学理基础。正如希克和汉斯·昆指出的那样,只是这100多年来,就各个宗教所展开的学术性研究,才为如实地理解"他人的信仰"提供了可能性;这也就是说,如果对各种宗教现象缺乏基础性的理论研究,便不会形成宗教对话的严肃氛围。

希克的说法提示我们,宗教学,即以世界宗教为研究对象的学问,可谓一门新兴的交叉性学科,其探索历程不过100多年。国际宗教学界一般认为,这门新学科的倡导者是德裔英国学者弗里德里希·马克斯·缪勒(Friedrich Max Müller, 1823-1900),因为他所提倡的治学理念可使传统的宗教研究焕然一新。

宗教学是什么呢?缪勒的回答浓缩于一句名言:"只知其一,一无所知"(He who knows one, knows none);这就是说,只懂一种宗教,其实不懂宗教。显然,宗教学作为一门学问,旨在探讨宗教的共相或本质。要做到这一点,就"应当对人类所有的宗教,至少对人类最重要的宗教进行不偏不倚、真正科学的比较"②。所以,宗教学起初又名为"比较宗教研究"(Comparative Religion),而广泛借鉴现当代人文学科和社会科学的材料、观点、理论和方法等,通过比较研究来揭示宗教的本质、地位和功能等,也就成了宗教学界的治学理念。

按照上述治学理念,宗教学从一开始就应该大力推动宗教对话。然而,根据

---

① Leonard Swidler, *After the Absolute: the Dialogical Future of Religious Reflection*, p. 21.
② [英]缪勒著,陈观胜等译:《宗教学导论》,上海人民出版社1989年版,第19页。

比较研究的成果而提出宗教对话这么重大的课题，毕竟需要长期努力。据国际宗教史学会（IAHR）前任秘书长埃里克·J·夏普（Eric J. Sharpe）的回忆，尽管宗教学起初就致力于世界宗教比较研究，但直到20世纪50年代末，宗教对话才开始成为宗教学界的"一种流行观点"。

在"第9届①宗教史国际研讨会"（日本东京，1958年）上，德国马尔堡大学教授海勒（Friedrich Heller）发表了一次轰动性的讲演，题为"宗教史学：一种实现宗教统一的途径"（*The History of Religions as a Way to Unity of Religions*）。海勒尖锐地指出，西方宗教传统历来就对其他人的信仰持排斥态度，而把自己说成"终极真理的化身"。然而，宗教学史的比较研究成果却表明，各种宗教传统在结构、信念和实践上是非常接近的。所以，关于宗教的科学研究是防止排他性偏见的最好办法。

宗教学最重要的任务之一，就是揭示各种宗教的统一性。因此，宗教学只追求一个目的，这就是关于真理的纯粹知识。然而，如果把对于真理的科学探讨比做"根"的话，那么，无意间长成便是这么一棵树，它不但能绽开迷人的花朵，而且可结出醉人的果实。100年前，亥姆霍兹发明检眼镜（eye-mirror）时，他只是出于理论研究目的，并非为了医疗实践。但由于他的研究热情，无数眼疾患者得到了救助。关于宗教的科学研究同样如此。宗教学对于真理的探讨，为各宗教间的实践关系提供了重要成果。无论是谁，只要认识到了各宗教间的统一性，就必须采取严肃的姿态，即以认真的态度和宽容的言行来对待这种统一性。因此，对于这种统一性的科学洞察，要求人们付诸这样一种实践：友好交往，致力于共同的伦理，以求形成"伙伴关系"和"合作关系"。

为了人类的利益，如果各个宗教能够真诚相待，彼此宽容，进行合作，那么，人类将迎来一个新的时代。而为这个新时代铺路搭桥，则是科学的宗教研究的最美好的希望之一。②

夏普回忆说，关于宗教史的国际研讨会始于1900年，但第9届宗教史国际研讨会却是一个先例，是首次在欧洲以外的国家召开的。此次研讨会的主题为"东西方的宗教与思想：文化交流百年回顾"。与会者都了解，过去几十年间，东西方的文化交流并不理想，东西方的宗教观也很不一样。所以，会议组织者很

---

① 夏普在《比较宗教学史》（1975年版和1986年版）里的两处提法不同，先说"第11届"（第2版，第251页）；后又说"第9届"（第271页）。据该书"参考文献"中所列的"研讨会论文集"，前一种说法应为笔误，"第11届国际宗教史学会代表大会"召开于1965年，地点为美国加利福尼亚，克莱蒙特。

② *Proceedings of the XIth International Congress for the History of Religions*, Tokyo and Kyoto, 1958 (1960), pp. 19, 21. See Eric J. Sharpe, *Comparative Religion*: *A History*, second edition, La Salle, Illinois: Open Court Publishing Company, 1986, pp. 251, 272.

难预料，这次研讨会的效果将会如何。后来的情况表明，此次研讨会的意义非同一般。海勒的讲演在与会代表中引起了强烈的反响。国际宗教史学会时任秘书长C. J. 布列克尔（C. J. Bleeker）当场表态：我的话并不夸张，在国际宗教史学会的历史上，也许可以说，在宗教史研究领域，我们已经走到了一个转折点。①

当然，持不同意见的大有人在。夏普主要提到了两点：首先，海勒提出的那些问题，恰恰是大多数学者在当时所竭力回避的，因为在他们看来这些问题的主观色彩太浓，不可能指望宗教史研究来加以解决；其次，虽然海勒的讲演并不代表国际宗教史学会的观点，可他的谈吐却让人感觉如此，这使许多与会者感到窘迫，再加上得知下届研讨会将在"海勒的地盘"——德国马尔堡举行，一种普遍的不安情绪便油然而生了。②

此次研讨会后编辑成的论文资料集长达千页，排在头一篇的就是海勒的演讲稿。夏普解释说，这种编排在会议组织者看来是合适的，因为从比较宗教学的晚近研讨情况来看，海勒的演讲只不过表达了这样一种早已广为流行的假设：

对从事比较宗教学的人来说，最后可证实的唯一根据就在于，改善不同的宗教传统信徒的关系。可以这么问：假如搞比较宗教学的人找不到一把钥匙来打开相互理解的大门，使得基督教徒和印度教徒、伊斯兰教徒和犹太教徒更好地理解对方，那么，他倾力于这个研究领域还能有什么别的目的呢？③

以上背景回顾可使我们真切地感到，作为一个重大课题，宗教对话是在一片学术争论声中被提出来的。虽然有关的争论至今不断，甚至越来越复杂越激烈，但宗教对话的必要性和重要性早已毋庸置疑了。

第四节　理论难题：相互冲突的"真理观"

本章开头就指出，宗教对话作为一个重大课题而被提出来，有其"不可忽视的背景"和"不可回避的难题"。这也就是说，这个重大课题的提出，既有"现实的必然性"，又有"理论的必然性"。从理论上看，宗教对话之所以能引起广泛关注并形成严肃氛围，就是因为我们可依据"不争的事实"而向各个宗教发难，提出一个不可回避的"根本的问题"。那么，这里所谓的"不争的事实"

---

① See Eric J. Sharpe, *Comparative Religion: A History*, second edition, p. 272.
② See Eric J. Sharpe, *Comparative Religion: A History*, second edition, pp. 272-273.
③ See Eric J. Sharpe, *Comparative Religion: A History*, second edition, p. 251.

和"根本的问题"是指什么呢？我们先来看看希克这位当代宗教多元论的倡导者所做的分析和解释。

本书"前言"说明宗教对话的必要性和重要性时，引用过希克的一段话，但为了使其观点连贯起见，我们在此不妨略加重复：直到最近，世界上现存的任何一种宗教几乎都是在不了解其他宗教的情况下发展的。只是这100多年以来，关于宗教的学术研究才为如实地理解"他人的信仰"提供了可能性。当代宗教学的比较研究成果，促使越来越多的人意识到这样一个事实：各种宗教传统无不"自称为真"，即自以为只有"我的传统"才是真理的化身；可问题在于，所有这些宗教传统关于真理的说法，不仅是不同的而且是冲突的；这样一来，如何解释各种宗教在真理问题上的诸多相冲突或相矛盾的主张，便成了一个不可回避的根本问题。

希克接着指出，上述问题其实并不抽象，我们可从地球村里的宗教分布现象具体感悟出来。譬如，某人生在印度，他可能是个印度教徒；如果他生在埃及，可能是个穆斯林；假如生在锡兰，可能是个佛教徒；而一个英格兰人，则很可能信奉基督教。希克感叹道，多达90%以上的宗教徒，他们的信念就是这样自然而然地形成的。但是，在一些基本问题上，像终极实在的性质、神或上帝的创造方式、人的本性与命运等，所有的宗教为人们提供的答案，不但不一样，而且还相抵触！

这就使我们不得不慎重地思索下列一连串疑问了：神或上帝到底是"有人格的"还是"非人格的"呢？神或上帝能否"道成肉身"或"降临尘世"呢？人生有无"来世"或"轮回"呢？神或上帝的话究竟记载于何处，《圣经》还是《古兰经》或者《薄伽梵歌》呢……面对诸如此类的疑问，如果有人以为基督教的答案是真的，那么，能否说印度教的回答基本上是假的呢？假如另外一些人以为伊斯兰教的回答是正确的，那么，能否说佛教的答案八成是错误的呢？显然，在这样一些重大问题上，站在任何一方的立场或偏袒任何一方的观点，轻易地做出某种判断甚至裁决，都是没有多少道理的。[①]

上述分析的确发人深省。首先，不论某人属于哪种宗教传统，只要他热爱真理并"自称为真"，那就不能不意识到，别人也追求真理也"自称为真"；其次，现存的各大宗教传统都深深地扎根于某种或几种古老的文明或文化土壤，都是世世代代的信仰者探求智慧或寻找真理的结果，但问题就在于，诸宗教的真理观不但是多元化或多样性的，甚至是相冲突或相矛盾的；再其次，只要一个信徒或一

---

① Hick, John H., *Philosophy of Religion*, Fourth Edition, Englewood Cliffs, NJ: Prentice - Hall, INC., 1990., PP. 108 - 109.

个宗派敢于正视以上事实，那就不能一如井底之蛙，坐井观天，孤陋寡闻，自以为是，而理应放弃成见，开放观念，走向世界，与其他宗教的信仰者相交往、相对话，以求通过多角度或各方面的认识、理解、比较、甄别来寻求真理问题的正确答案。这可以说是历史（现实）与逻辑（理论）的双重客观要求。

讨论到这里，我们便清楚了。前面说的"不争的事实"就是指：现存的各种宗教信仰及其真理观的多样性或多元化；"根本的问题"则可归纳为：如果不否认各个宗教传统都旨在揭示终极实在及其意义，那么，怎么解释它们在真理问题上的诸多不同的甚至矛盾的说法呢？

关于上述理论难题，我们可以换个角度来加以考察，这就是诸宗教传统在全球化背景下所面临的严峻挑战。斯维德勒在《全球对话的时代》的"序言"里流露出一种耐人寻味的说法：由于诸多历史原因，当今站在宗教对话前沿的是基督徒，领先推进这种思维方式的也是基督徒……①这种说法看似"积极"而"自豪"，其实不尽其然。虽然现有的大量宗教对话论著表明，在这一前沿领域，基督教学者确比其他宗教传统的学者先行一步，也扮演着"更积极更重要的角色"，但造成这种现象的一个重要原因却可解释为"被迫性的"，这指的就是，基督教因其强烈的"排他性"及其在历史上形成的"强势性"而更易于遭到前述理论难题的质疑和挑战。甚至可以套用中国的一句古训"物极必反"，在基督教这一"大传统"的内部，越是"正统的保守者"，越会成为"宗教对话的积极分子"，因为这部分人对于上述理论难题的感触和认识尤深。为了证实以上说法，让我们接着来看两位著名的天主教神学家卡尔·拉纳（Karl Rahner，1904—1984）和保罗·F·尼特（Paul F. Knitter，1934—　）的有关分析论述。

拉纳是当代天主教的宗教对话理论的开创者。②他十分坦诚地指出，与其他任何一种宗教传统相比，所谓的"宗教多元化"对基督教具有更大的威胁，因为其他的宗教传统，包括伊斯兰教，都不像基督教那样绝对地坚持其信仰和启示的唯一性。为什么这样说呢？拉纳进而分析道，虽然宗教多样性或多元化作为一种现象，早在基督教产生之日就存在了，但时至今日，这种现象却对每一个基督徒构成了空前的威胁或挑战。这是因为，以前其他的宗教传统都是在某种异样的文化背景下传播的。因而，对生活于西方文化背景的基督徒来说，"别人"或"陌生人"（"others" and "strangers"）信奉不同的宗教传统，这个事实既不令人惊讶，也不会令人较真儿，即把别人的宗教信仰看成某种挑战或人生选择。如今

---

① 参见［美］斯维德勒著，刘利华译：《全球对话的时代》序言，中国社会科学出版社2006年版，第1页。

② 关于罗马天主教会转向宗教对话的背景和拉纳所创建的宗教对话理论，我们将在后面的"宗教兼并论的对话模式"一章予以具体评介。

世道变了。西方人不再故步自封,不再把"西方世界"自视为人类历史或世界文化的中心,也不再以为自己的宗教传统是"荣耀神或上帝"的唯一途径。在当今世界里,大家已成为近邻,是"精神上的邻居"。这就使交往起着决定性的作用了。因此,如同文化上的诸多可能性与现实性,世界上的诸种宗教信仰对每个人来说都是值得思考的,都提供了某种选择。这样一来,如何理解并回应宗教多元化,便成了"一个关乎基督徒生存境况的紧迫问题"。①

关于上述"空前的挑战"或"紧迫的问题",尼特除了认同拉纳的看法及其理由之外,还向自己的写作对象——基督徒读者提出了另一个反省的角度,这就是基督教传教史。他指出,基督教的传教活动已经长达19个世纪了,可当今世界上仍然存在着多种多样的宗教传统,这的确令我们中间的某些人深感不安。因为尽管经过一代代传教士的艰辛努力,基督教会现已遍布各个大陆和几乎所有的国家,基督徒人数在21世纪初已占世界人口的33.2%,从而使基督教在其历史上前所未有地成为一种世界性宗教。但是,如果我们以"全球皈依"(global conversion)为传教目标,那么,如此长期的传教活动所取得的这些成果岂不令人沮丧吗?更何况大多数的皈依者并非来自几大悠久的宗教传统,像印度教、佛教、犹太教和儒教等。这几大宗教早在雅斯贝尔斯(Karl Jaspers)所说的"轴心时期"("Axial Period",公元前900年至公元200年)就形成了,还有兴起于7世纪的伊斯兰教,总的来说,它们的信众生来就笃信本宗教传统,而从未大批地皈依基督教。这种状况恐怕在可预见的将来也不会有所改变。最后还应意识到一点,虽然目前在所有的宗教中基督教拥有的信徒最多(1998年的统计数字约为19亿),但伊斯兰教却以12亿信徒占据第二位,而且其增长速度不可低估。

当然,作为天主教宗教对话理论的第二代代表人物,尼特之所以从上述角度来深刻反省"尚处于强势的基督教"所面临的"空前挑战"或"紧迫问题",是为了以更开放的心态予以应战,即通过宗教对话来寻求"基督教的出路"。关于这一点,他在近著《宗教神学引论》的"导论"里表露无遗。这篇"导论"的标题即为"基督教与其他诸种宗教:难题与期望"。尼特开宗明义,本书所要研讨的是:为什么"存在着其他多种宗教"这一现实,对基督徒来说既是"一大难题"又是"一大期望"(both a big problem and a big promise)。这里所谓的"难题"就是指,由于其他诸宗教所呈现出的多样性和生命力而引起的困惑甚至迷惑,正使基督徒面临着前所未有的问题和挑战;而"期望"则在于,这些问题和挑战同时也促使我们进行探索,在人性、神圣性以及基督教信仰等方面有所发现。

---

① See Karl Rahner, "Christian and Other Religions", *Philosophy of Religion*: *Selected Readings*, Michael Peterson, William Hasker, Bruce Reichenbach and David Basinger, eds., New York and Oxford: Oxford University Press, 1996, pp. 503–504.

正是出于上述目的，尼特力求更客观也更全面地归纳出宗教多样性或多元化现象所提出的诸多疑难问题。他形象地描述道，以前的宗教徒都是安然地生活在各自的宗教阵营里的，他们彼此隔绝，互不往来，从未遭到下列连珠炮般的发问：

为什么会有这么多不同的宗教？

如果只有一个上帝，难道不会只有一种宗教吗？

在上帝的眼里，所有的宗教都是正确的吗？也就是说，它们都是行之有效的，都能使人们与"神圣者"（the Divine）相交往吗？

难道它们的差异主要在于特色不同，而并非内容上相冲突吗？这些宗教传统应该怎么相互联系呢？

更具体些说，我所信奉的宗教应该怎么跟其他的宗教相联系呢？

与自己信奉的宗教相比，我能从其他的许多宗教那里学到更多的东西吗？为什么我属于这种宗教而不是另一种宗教呢？[①]

在尼特看来，如果基督徒想以比较的眼光，即通过参照"宗教邻居们"（religious neighbors）的信仰来理解自己的信仰的话，那就必须认真回答上述一连串的疑难问题。其实，尼特的这种看法也适合于其他各种宗教，因为他所概括出的这些疑点难点是有普遍性的。

早在20世纪70年代希克就指出，宗教多样性或宗教多元论问题将在宗教哲学家的议事日程上占有醒目的位置。现在回顾起来，确如希克所料，这个理论难题不仅越来越引人关注，而且已成"燃眉之急"了。这个比方并非笔者的创意，而是照搬了美国著名宗教哲学家劳里斯·P·波伊曼（Louis P. Pojman）教授的说法：

只有一条路通向上帝吗？假如上帝存在，为什么他没有不分时间地点地自我启示于各个国家种族呢？或者说，上帝已将自己启示于天下大众了，可人们却是通过不同的信仰、象征和解释来接受上帝的呢？难道各种宗教只是通向同一终极实在的不同途径吗？

近20多年来，宗教多元论问题对宗教哲学家和神学家来说已成为燃眉之急了。[②]

让我们接着来看著名的美国天主教神学家保罗·F·尼特（Paul F. Knitter，

[①] See Paul F. Knitter, *Introducing Theologies of Religions*, Maryknoll, New York: Orbis Books, 2002, p. 1. 也可参见该书的中译本《宗教对话模式》，王志成译，中国人民大学出版社2004年版，第2页。

[②] Louis P. Pojman ed, *Philosophy of Religion: An Anthology*, 3rd Edition, Belmont, Calif.: Wadsworth Publishing Company, 1998, p. 507.

1934— ）所做的分析解释。

尼特指出，在"后9·11"全世界的地理—政治事态发展中，恐怖导致愤怒，愤怒导致暴力，这种事态在一些民族和国家中愈演愈烈。事实上，在许多人看来，塞缪尔·亨廷顿（Samuel Huntington）的论点已被证明是正确的：文明之间的冲突越来越严重了。但更令人忧虑，也更具有威胁性的是，文明之间的冲突似乎由于宗教之间的冲突而"火上浇油"了。所谓的恐怖分子和所谓的帝国主义者，都巧妙地利用他们的宗教信念来为各自的邪恶行为辩护。他们把对方称为"邪恶的"，就等于说自己是"善良的"——这是一种"宗教宣称"，即意味着"上帝与我同在"，"上帝要我反对你"。

正像一位睿智的犹太教拉比乔纳森·萨克斯（Jonathan Sacks）指出的那样，出乎人们预料的是，各种宗教在21世纪是作为"全球范围内的关键性力量"而出现的。尽管宗教可能不是文明或群体之间冲突的根源，但它的确起到了"火上浇油"的作用，甚至有人说，已使冲突达到了"熊熊大火"的程度。所以，萨克斯拉比向世界上的宗教徒发出了如此呼吁：当有人以上帝或神圣事业的名义来残杀别人时，宗教徒不能袖手旁观；当宗教被用来为冲突辩护时，宗教徒应该出面抗议；当有人企图粉饰暴力、遮掩流血事件时，宗教徒不能交出圣洁的长袍；当信仰被用来支持战争时，我们理应反其道而行之，以和平事业与之抗衡，因为宗教若不有助于"问题的解决"，则必定成为"问题的一部分"。

作为宗教对话理论及其实践活动的积极推动者，尼特对上述呼吁深表赞同，他接着萨克斯的说法更明确地指出：我们可以说，在今天，宗教正被用来助长文明的冲突；这正是宗教成为一个全球性问题的部分原因。但宗教可以变成也应当变成解决方法的一部分，因为，宗教人士若认真看待他们的创始人及其经典的话，他们就必将相信上帝或真理或觉悟要让诸文明合作而不是冲突……但要成为解决方法的一部分，诸宗教就必须相互交谈，彼此学习，一起工作，这是以前从未有过的……我相信当今世界所有宗教家庭的大多数宗教人士都会赞成这样一个方针：宗教必须和平而不是暴力的资源。①

---

① 以上概括和引文均参见尼特著，王志成译：《宗教对话模式》，"作者致中国读者"，中国人民大学出版社2004年版，第2~3页。

第十章

世界宗教对话状况概览

若要完整地描述 20 世纪中后期以来的世界宗教对话状况,的确是一件难以做到的事情。在这一章,我们依据现有的文献资料和研究成果,主要概述一下五个方面的宗教对话活动,即天主教与东正教的对话,三大启示性宗教(犹太教、基督教和伊斯兰教)之间的对话,佛教与基督教的对话,儒家与基督教的对话,以及世界性的宗教对话会议。

第一节 天主教与东正教对话

基督教自 11 世纪分裂为天主教会和东正教会以来,这两大教会长期处于隔离和对抗状态,直到 20 世纪 60 年代,二者的关系才进入了新的历史阶段,即宣布和解和展开对话的阶段。双方从"爱的对话"到"真理的对话"或"神学对话",探讨了一系列与教会统一相关的神学问题。

一、平等对话的意向 (1961~1963)

俄罗斯哲学家弗·索洛维约夫(Вл. Соловьев,1853－1900)在谈到东正教会与天主教会的分裂时说:"人类之事无论大小,无论个人的还是全世界历史的,其真正的根本原因都在于人的意愿。在我们现在所说的场合,无论教会分裂有多少外表的理由和促成的条件，它之所以能够彻底发生，也仅仅是因为，无论东方还是西方都有彼此断绝关系的强烈愿望。在这件事上最重要的是东西方教会人士之间的深刻的内心敌对这一事实。有分裂的愿望，分裂就发生了。"① 东正教与天主教的分裂是由敌对的愿望引发的，双方的对话则是从友好的愿望开始的。

1961 年 9 月 24 日至 10 月 1 日，在希腊罗得斯岛召开的第一届普世东正教会议上，东正教会的代表们详细审察了"东正教会与其他基督教世界的关系"。与会代表一致认为，应当"本着基督之爱的精神"来发展同天主教会的友好关系。在 1963 年召开的第二届普世东正教会议公告中说，此次会议"接受了普世教会在普世牧首阿德纳格尔倡导下所准备的提议，做出一致决定：我们东正教会向我们深为敬重的天主教会提议，开始两个教会之间的平等对话"②。

从天主教方面来说，自 1958 年约翰二十三世出任教皇之后，就开始奉行"积极适应时代发展"的方针，使天主教会进入了积极开展与其他教会、其他宗教乃至当代世界的真诚对话的时代。1960 年，教皇约翰二十三世组建了"梵二"会议筹备委员会，后改名为基督徒统一问题秘书处，该秘书处的设立对于后来的东正教与天主教对话具有重要意义。正是在这个秘书处的倡议下，非天主教的观察员被邀请参加了"梵二"会议，并在会议期间安排了天主教代表与观察员的每周会晤活动，这使得观察员有可能对会议本身产生一定的影响。

二、"爱的对话"（1965～1967）

"梵二"会议之后，东正教会与天主教会之间开始了"爱的对话"，其主要成果为双方关于取消绝罚的联合声明，以及此后两年间的互访活动和会晤文件。1965 年 12 月 7 日，君士坦丁堡东正教普世牧首阿芬诺戈尔一世（Афиногор I）与罗马教皇保罗六世会晤，发表了关于从教会记忆中消除 1054 年绝罚的联合书面声明，这为东正教与天主教的关系史翻开了新的一页。该声明指出："在进一步发展两个教会之间以互相信任和彼此尊重为基础的友好关系的道路上，障碍之一是关于 1054 年发生的导致相互绝罚的事件和决定的记忆。此次绝罚是反对牧首米哈伊尔·凯路拉里和以红衣主教洪博特为首的罗马宗座的两个代表的，他们也被君士坦丁堡牧首和主教公会方面开除了教籍。所有这些都已成为过去，这些发生在那个混乱不安时代的事件已不可改变了。但是今天，当我们以更加

---

① Соловьев Вл. Сочинения в 2 т. (《索洛维约夫选集两卷本》), I, Москва: изд. Правда, 1989, C. 116.
② Православие и католичество: от конфронтации к диалогу. Хрестоматия. Составитель: Алелсей Юдин (《东正教与天主教：从对抗到对话》(文选), 阿列克谢·尤金编), Москва: изд. Библио-богословскиий институт св. Апостола Андрея. 2001. C. 81.

平静和不带成见的观点去看这些事件的时候，我们必须承认，当时所做出的决定被滥用了，其后果远比事件参与者所希望和预想的严重和普遍得多，他们的判决是针对具体人的，而不是针对教会的"①。因此，牧首和教皇"完全一致地声明：（1）他们为在那个可悲的时代双方都有过的侮辱性的言辞、无根据的指责和值得谴责的行为而感到抱歉；（2）他们也都为后来发生的相互绝罚而感到抱歉，关于绝罚的记忆至今还活着，阻碍着以爱为基础的相互接近，因此要把绝罚从教会记忆中和范围内消除，把它完全忘掉。"②

三、神学对话（1976～2006）

1975 年，在纪念从教会记忆中消除开除教籍 10 周年之际，东正教普世牧首阿芬诺戈尔与罗马教皇保罗六世决定开始两个教会之间的神学对话。1979 年，东正教会与天主教会共同成立了"天主教会与东正教会之间神学对话国际协同委员会③"（Смешанная международная комиссия по богословскому диалогу между Католической и Православной Церквами），以便开始双方的神学对话④。在神学对话国际协同委员会的构成上，天主教会和东正教会的代表团人数相同，每个代表团各有一半主教和一半教授—神学家，不同的是天主教代表团成员由统一的最高领导任命，而东正教会代表团则由 14 个自主教会的代表组成。因此，怎样使东正教的地方教会代表具有官方性，就成为一个困难的问题。在神学对话国际协同委员会的工作方法方面，最容易做的是制定共同文件（联合声明）的程序，这个程序分为三个步骤：首先由神学小组准备题目，说明这些题目的基本内容，收集讨论所必需的材料；其次把神学小组的方案提交给"协调委员会"（Координационная комиссия），协调委员会在此基础上制定统一纲要；最后把纲要提交给神学对话国际协同委员会全体会议，以便进行讨论和做出决定⑤。就在这一年，新任东正教普世牧首德米特里奥斯一世与新任罗马教皇保罗二世隆重宣布，两大教会正式开始神学对话。

从 1980 年开始，东正教会与天主教会展开的神学对话可分为下述三个阶段。

第一阶段，1980～1988 年。神学对话协同委员会共举行了五次会议，主要

---

①② Православие и католичество: от конфронтации к диалогу. Хрестоматия. С. 243－244.

③ 以前习惯上把这个委员会译作"混合委员会"。考虑到汉语"混合"一词的模糊性，我们改译为"协同委员会"。

④ 参见教皇约翰保罗二世通谕《使他们合而为一》，载 Православие и католичество: от конфронтации к диалогу. Хрестоматия. С. 457.

⑤ Православие и католичество: от конфронтации к диалогу. Хрестоматия. С. 87－88.

讨论两个教会共同的圣礼和礼拜的神学问题。第一次会议于 1980 年 8 月 14~22 日在希腊的帕特摩斯和罗得斯岛举行，由东正教普世牧首区主办。第二次会议于 1982 年 6 月 30 日至 7 月 6 日在慕尼黑举行，由慕尼黑—弗莱辛大主教区主办。通过这两次会议的讨论，东正教会与天主教会神学对话协同委员会通过了一份文件，《从圣三位一体奥秘的观点看教会与圣体圣事的奥秘》（慕尼黑，1982 年 7 月）。第三次会议于 1984 年在希腊克里特岛举行，由克里特自主东正教会举办。第四次会议于 1986 年和 1987 年在巴利举行，由巴利—比托恩托大主教区主办，通过了文件《信仰、圣礼与教会统一》（巴利，1987 年 6 月）。第五次会议于 1988 年 6 月在芬兰的巴兰修道院举行，由芬兰东正教会主办，会议通过了文件《教会圣礼结构中的神品圣礼（特别是，宗徒传承性对上帝子民之圣化和统一的重要性）》（新巴兰，1988 年 6 月）。

第二阶段，1988~2000 年。在第五次会议上通过了一项决议，决议认为神学对话应当进入第二阶段，到了应该讨论更深一层问题的时候了，即应当关注那些导致教会分裂之原因的难题。按照计划，第二阶段对话的第一次会议应当从教会学和教会法上来总结以往的神学对话成果，并提出教会中的大公性和权威性问题，而要研究教会权威问题，必然要讨论教皇问题。

然而，由于 20 世纪 90 年代的苏东剧变，使得 1990 年 6 月在弗莱辛召开的第二阶段对话的第一次会议（总第六次神学对话会议）完全不能按原计划进行，有些地方的东正教会没有派代表参加，但俄罗斯和罗马尼亚的东正教会还是派代表参加了。前来参加会议的东正教代表团深受苏东剧变的震动，以至于不打算谈论其他事情了。这样，原先准备的关于教会中的大公性和权威性问题的文件就被暂时搁置了。

第七次神学对话会议于 1993 年 6 月在黎巴嫩的巴拉曼举行，由安提阿东正教牧首区主办。根据东正教方面的要求，会议讨论的主题是"教会合并"（Уния，Unio）问题，最终通过了一份文件《作为从前统一方式的教会合并和探索现在的完全统一》，该文件指出了双方在共同探索完全统一的时候应该接受什么方法，也指出了为什么"教会合并"的方法是完全不能接受的。

此后，东正教与天主教之间的神学对话会议中断多年，直到 2000 年 7 月，第八次神学对话会议在美国马里兰州巴尔的摩召开，仍然以"教会合并"为讨论主题。这次会议开得气氛沉重，不仅东正教与天主教双方在教会合并问题上存在严重的分歧，而且东正教会内部也在此问题上意见不一致。据说，在会议期间，东正教方面的小组会议主席澳大利亚都主教斯提里安诺斯（君士坦丁堡牧首区）与希腊正教会代表之间还发生了情绪激动的争辩。最后，这次对话会议不欢而散，没有通过任何文件。

第三阶段，从 2005 年开始。2000 年之后，东正教与天主教神学对话协同委员会的工作再次中断多年。直到 2005 年，双方才重新采取积极态度，谋求继续对话。2005 年 9 月，君士坦丁堡牧首巴多罗买在土耳其的法纳尔召集了一次普世东正教会议，会议通过了关于继续天主教与天主教神学对话协同委员会工作的决定。此后，罗马教皇促进基督徒合一委员会的公告中指出，由于教皇约翰保罗二世、本笃十六世的积极推动和牧首巴多罗买的积极立场，使得东正教徒与天主教徒之间的正式神学对话的重新展开成为可能。在这一基础上，2005 年 12 月 13~15 日，在罗马召开了双边对话协调小组会议，为下一次神学对话会议做准备工作。双方各有 10 名代表，各出 1 位共同主席，天主教方面是教皇促进基督信徒合一委员会主席卡斯佩尔枢机主教，东正教方面是土耳其都主教佩加莫的约翰（齐齐乌拉斯）。

2006 年 9 月 18~25 日，第九次神学对话会在塞尔维亚首都贝尔格莱德如期举行。大多数东正教地方教会都派代表参加了会议，包括君士坦丁堡、亚历山大、安提阿、耶路撒冷、俄罗斯、塞尔维亚、罗马尼亚、格鲁吉亚、基普尔、希腊、波兰、阿尔巴尼亚、捷克和芬兰的东正教会。

第二节 三大启示性宗教对话

这里所说的"三大启示性宗教对话"，是指犹太教、基督教和伊斯兰教三方对话。与前述东正教会和天主教会之间的神学对话不同，犹太教、基督教和伊斯兰教三方对话，不是由教会官方组织的，而是由来自这三大宗教传统的学者们发起的，其对话机制主要是"犹太教、基督教和伊斯兰教国际学者三方对话年会"（ISAT）。①

这一对话年会的前身是美国国内大约 20 位"三教"的学者在肯尼迪伦理学院、乔治敦大学等地举办的三方对话会议。从 1978 年到 1984 年，这些美国学者开过多次会议，讨论的问题主要包括：（1）各个宗教怎样看待其他宗教传统；（2）共同概念的细微差别问题；（3）妇女地位问题；（4）改变信仰问题；（5）关于三教经典的联合研究问题。

"犹太教、基督教和伊斯兰教国际学者三方对话年会"的宗旨是，为了达成

---

① 关于这三方对话的情况，参见［美］斯维德勒著，刘利华译：《全球对话的时代》，中国社会科学出版社 2006 年版，第 189~201 页。

三种闪米特宗教的相互和解关系而进行"基础研究和理论对话"。三方对话年会的正式代表固定为 27 位学者，即三教各占 9 位，代表三种传统，这样的比例意味着基本的平等，此外还有许多观察员参加每次年会。三方学者来自美国、英国、以色列、德国、南斯拉夫、希腊、奥地利、摩洛哥、巴勒斯坦、印度、法国、阿尔及利亚、西班牙、突尼斯、埃及和土耳其等。三方对话年会从 1989 年开始，20 世纪 90 年代后期暂告停顿，2000 年重新恢复。

第一次三方对话年会于 1989 年春在美国宾夕法尼亚州的费城召开。此次会议有三个目的：一是要使三方学者相互认识，彼此了解；二是要形成平等而坦率的对话气氛，三是商定今后三方对话年会的计划和进程。会议的研讨方式是，组织者提前分发了三篇已经发表的论文，是由来自三种传统的学者写的，每篇集中讨论宗教对话的某方面内容，以作为展开讨论的依据，要求所有的与会者提前阅读这三篇文章，并事先安排来自另外两个传统的学者进行评论。

第二次三方对话年会在美国佐治亚州的亚特兰大召开。会议指定的论文主题是"对三种传统中启示的理解"。

第三次三方对话年会在美国佛罗里达州的奥兰多市举行，主题是"人类的尊严和传统的困境"，同时讨论了犹太教、基督教和伊斯兰教的经典解释问题。

第四次三方对话年会在美国亚特兰大的艾默利大学举行。会议研讨主题是三种宗教传统中的"绝对真理"问题。因为在第三次年会结束时发现这样一种情况，即每一种宗教传统都有其不可商量的"绝对真理"，这就使三教无法进行真正的对话。因此，第四次年会以此作为迫切研究的焦点问题，共发表了 9 篇论文，讨论了三大宗教传统的经典、历史和当代思想中所包含的"绝对真理"问题，即犹太教所信奉的"被拣选的民族和被应许的土地"，基督教所信奉的"耶稣基督"，伊斯兰教所信奉的《古兰经》。通过认真讨论，与会者得出的一般性结论是，这三种"不可商量的绝对真理"都不能说是唯一正确的，而是可以商量的，具有多种解释的可能性的。因此，尽管这些不同的"绝对真理"常使对话陷入困境，却不该阻塞对话，而应使对话变得丰富。

第五次三方对话年会于 1993 年 1 月在奥地利的格拉茨举行，预先准备了 4 篇论文，其中 3 篇论文讨论的是共同主题："如何构想和实施善：自我批判性反思"，分别由犹太教徒亚瑟·格林（Arthur Green）教授、基督教徒保罗·摩伊泽斯（Paul Mojzes）教授、伊斯兰教徒法西·欧斯曼教授提交。第 4 篇论文是由美国天主教神学家列奥纳德·斯维德勒教授准备的《走向普遍的全球伦理宣言》。此次会议得到了奥地利、德国和埃及多家媒体的关注和报道。会议论文汇编为一本书出版，名为《从理论到实践——犹太教徒、基督徒、穆斯林及其他人如何从理论走向实践》。会议期间，1993 年 1 月 12 日，与会的 4 位著名教授，斯维德勒、拉匹德、尼特和杜兰,还在德国慕尼黑共同主持了由天主教使命神学基础研究所发起的"走向普遍的全球伦理"三方对话座谈会。

第六次三方对话年会于1993年12月31日至1994年1月5日在耶路撒冷举行。总议题也为"犹太教、基督教、伊斯兰教视野中的宗教与政治的关系"及"犹太教徒、基督徒、穆斯林对和平的憧憬"。会议邀请了当地的几位人士参加。经过努力得以实现了与这个地区三大宗教领袖的会见。

第七次三方对话年会于2000年2月14~19日在印度尼西亚的雅加达举行。主题是"宗教与国家的关系和民主制度建设"。尽管与会学者对宗教与国家关系问题以及民主制度建设问题存在不同见解,但有两点是明确的:第一,在三种传统的学者中存在着达成共识的广泛可能,无论怎样定义、命名,无论有什么细微差别,他们都认为,国家绝不可以在把某种宗教作为优于其他宗教的意义上与宗教合一。第二,学者们认为,尽管在三大宗教的历史上从来没有像今天这样把民主制度理解为值得向往和促进的,但在每种传统中都包含了有助于民主制度的元素,民主制度在任何意义上与这三种宗教中任何一种都不是不能和谐共存的。更进一步说,学者们都确信,民主制度是应当为之努力、尽力促成的最道德的人类管理形式。尽管民主制度有其缺点,但是却没有比它更好的选择,因此所有具有善良意志的人都应当追求和支持民主制度。这次国际三方学者对话年会的具体成果之一是会议论文集《对话的宗教:从神权政治到民主制度》(Ashgate Publishing house,2002)。

第八次三方对话年会受到马其顿总统鲍里斯·特拉伊科夫斯基的邀请,于2002年5月10~14日在马其顿的斯科普里举行。主题是"通过对话在马其顿不同教会和宗教共同体之间建立信任"。有来自日本、印度、巴勒斯坦、约旦、俄罗斯、土耳其、以色列、德国、比利时、英国、摩洛哥、加拿大和美国的40多位学者参加。此外还有50位当地的宗教学者和来自马其顿所有宗教共同体的领袖由官方指定参会。马其顿总统出席了开幕式并致欢迎词,马其顿五大宗教共同体的首脑及约旦哈桑王子的特使也同样致了欢迎词。

马其顿的主要宗教冲突是信奉东正教的马其顿人和阿尔巴尼亚族的穆斯林之间的冲突。这次会议期间,马其顿的东正教神学院在邀请三方对话代表的时候,也邀请了伊斯兰教经学院的伊斯麦尔·巴迪(Ismail Bardhi)在东正教神学院作了演讲,就在这里,两位院长互相握手,承诺互相合作。次日,伊斯兰教经学院也邀请了东正教神学院院长到伊斯兰教经学院作演讲。两位院长彼此到对方学院进行演讲,这是前无古人的。

在这次年会基础上产生了三项具体建议:(1)建立一个由各共同体首脑任命的宗教间合作协调会。(2)各宗教共同体的首脑,尤其是东正教和伊斯兰教的首脑一年要会见 3~4 次，商讨其共同体之间的问题。（3）东正教和伊斯兰教神学院开始合作，向自己学生讲授关于对方宗教的内容。

这次三方对话会的部分论文在 2003 年《普世研究杂志》中出了一个英文版的特辑。而收入全部会议论文的论文集，则以马其顿语和阿尔巴尼亚语在斯科普里出版。

三大启示性宗教的对话，除了上述以美国为核心的"犹太教、基督教和伊斯兰教国际学者三方对话年会"（ISAT）系列之外，在卡塔尔首都多哈也曾举行过多次以伊斯兰教为主的三大启示性宗教之间的国际对话会议。中国伊斯兰教经学院教务处处长从恩霖作为第一次参加会议的中国代表之一，详细记录了 2007 年 5 月 7~9 日第五届伊斯兰教、基督教、犹太教多哈宗教对话会议的情况[①]。

这次会议有来自 42 个国家和地区 150 多名的三大教学者代表出席。中国伊斯兰教协会应邀派出了两位代表第一次参加会议。本次多哈宗教对话会议的主题是"宗教的精神价值与世界和平"。

卡塔尔大学教法与研究学院院长阿依莎·麦纳依主持了开幕式并发表主题发言。她在简短致辞中认为，伊斯兰教是和平的宗教——真主是"和平的"；穆斯林是和平的追求者；三大宗教之间有着相通的基础，正如《古兰经》云："信道者、犹太教徒、基督教徒、拜星教徒，凡信真主和末日，并且行善的，将来在主那里必得享受自己的报酬"（2:62），她认为所有这些人都是信仰者，这种信仰是对真主的认识，而这种认识只有那些有智慧的信仰者才能够得到。正是这种智慧，会积极引导彼此间相互接近和对话。同时，这种智慧也会引导信仰者去制造人类和平，用爱和公正来和睦共处。

卡塔尔协商委员会主席穆罕默德·本·穆巴拉克·海力斐阁下特别强调了三大宗教间对话的重要性和必要性。他指出，对话会议就是要促进三大宗教之间的互相理解和融洽关系。他提到了上年对话会议的成果，即达成了关于宗教应该在建立人类秩序中发挥自己的作用、必须尊重宗教神圣性的共识。他强调，人类有选择宗教信仰、要求和平生活的权利。他希望用先哲先圣，以及诸位使者的操行，向所有的信士们传达三大天启宗教之间的密切联系。

与会者作为伊斯兰教、基督教、犹太教研究领域的代表，他们一致认为，要尊重和理解各自宗教的历史，并且在互相承认的基础上，积极地看待和研究各宗教的存在。所谓积极地看待和研究，就是不要狭隘地将视线局限在彼此的异同方面，而应该看到由于异同而给人类带来的更多福祉。应该承认，一种宗教的存

[①] 从恩霖：《人世间需要和平 宗教间需要对话——参加卡塔尔多哈第五届宗教对话会议有感》，载《中国穆斯林》2007 年第 3 期。

在，就是一个文明的存在，宗教的不同状态会造就不同的文明。一个文明绝不能控制另一个文明，作为文明载体之一的宗教，更不能试图互相制服。具有信仰的人类，应该享受到来自人类的兄弟之情，感到人类的兄弟关系。妄自割裂三大天启宗教的思想是不明智的，三大天启宗教具有共同的精神价值，体现在各宗教的教义精神中。

为期三天的卡塔尔多哈第五届三大宗教对话会议，最后在以下几个方面达成了共识：（1）继续每年在卡塔尔首都多哈进行三大启示宗教对话的机制。（2）决定在卡塔尔首都多哈建立宗教对话中心，以便使各宗教之间的联系经常化。（3）正如本次会议的主题是"精神价值与世界和平"一样，它也体现了各宗教的精神价值。同时希望在其他各个领域倡导这种精神价值和和平意识。（4）会议引领了整个社会的宗教发展导向，促使社会各界达到互相理解、深入对话、共同获利。（5）会议对神圣宗教中的误解进行了澄清，发扬了各宗教的影响和特点。（6）会议恳请各方摈弃原来在宗教之间互相敌视的状态，求同存异，共谋发展。

第三节　佛教与基督教对话

佛教与基督教的比较和对话成为20世纪70~80年代以来许多东西方思想家十分关注的课题。不少内容深刻的研究著作陆续出版，比较有代表性的有阿部正雄的《佛教与多信仰者的对话》（1995年）；让·弗朗索瓦·勒维尔和马蒂厄·里卡尔的《和尚与哲学家》（巴黎，1997年；中译本陆永昶译，江苏人民出版社2000年版）；李元松的《佛教与基督教信仰的交会——现代禅与中华信义佛学院的对话》（台北，2002年）等。

此外，近些年来汉语宗教研究学界还召开了多次佛教与基督教比较研究会议，并出版了《佛耶研究》、《佛教伦理》等颇有成就的刊物。

2002年10月，陕西师范大学佛教研究所吴言生教授在"文化对话：可能性与界限"国际学术研讨会上发表的《佛耶对话三模式》一文中，对近30年的佛教与基督教对话中所体现出的不同对话立场做了概括总结，他认为主要有三种对话模式：（1）以高扬佛教义理为中心的佛耶对话，体现在《和尚与哲学家》一书中；（2）以尊重基督信仰为主调的佛耶对话，体现在《佛教与基督教信仰的交会》一书中；（3）以会通佛耶思想为旨归的佛耶对话；体现在《佛教与多信仰者的对话》一书中。第一种模式反映了佛教智慧对当代西方人心灵的浸润滋养；第二种模式反映了佛教徒的开放胸襟和真诚愿望；第三种模式反映了佛教学者融贯中西、侧重于从深层会通佛耶的见地。吴言生认为，恰当地汲取前两种模式的精神，运用第三种模式进行对话，是佛耶对话在未来的正确走向。佛教与基督教在思想内核、终极关怀、象征体系、生态伦理等方面都有深刻的共通性，有着很大的交流空间。

2003年11月21～23日，在陕西师范大学举行了首届"佛耶对话国际学术会议"。与会学者所做的报告主要包括：杨慧林的《佛教与基督教对话中的三个问题》；王雷泉的《东西方圣贤的心理解析——三种禅学与西方思想对话之进路》；约翰·巴特（John Butt）的《基督教徒看佛教》；王晓朝的《跨文化视野下的中国古代佛典汉译及其方法》；赖品超的《处理教理多样化之道——大乘佛教的方便与基督教之迁就》；林鸿信的《无我的宗教智能——从〈坛经〉看〈圣经〉》；王赐惠的《从形而上学看世界的本然面目——论田立克与唯识宗本体论之相似性》；李向平的《当代中国佛教与基督教对话的社会形式》；姚卫群的《基督教、佛教"神"观念比较》；董群的《上帝与佛：解释之差异》；郑安德的《明末清初基督教和佛教对话的精神》；何建明的《以当代台湾（现代禅）为例看近代中国佛教与基督宗教的对话》。后来，在这次会议基础上出版了以上述论文为主要内容的《佛教与基督教对话》（中华书局2005年11月）。

2006年10月18～20日，在香港中文大学召开了第二届"佛耶对话国际学术会议"，主题为"天国、净土与人间"。会议有来自中国大陆、香港和台湾，以及美国、德国、日本、韩国、挪威等国家和地区不同专业、不同文化背景的20多位学者参加。赖品超主编的会议论文集《天国、净土与人间——佛耶对话与社会关怀》于2008年9月由中华书局出版，包括《末世论信仰中将来临的国，东方与西方——茅子元与四净土》、《苦与苦灭——佛教和基督教的解读》、《上帝的许愿——一个对基督十字架的净土视角》、《往生净土与肉身复活——对净土宗佛教和基督教的比较研究》、《佛教净土、基督教天国与非实在论宗教哲学》、《上帝国与净土——一个对终末论及社会实践的比较研究》、《净土、上帝国度，以及此世的批判和更新》、《上帝的国度与净土——对于上帝的形象与佛性的信仰之间与科学的论述》等。

第四节　儒家与基督教对话

儒家及中国文化与基督教的交流与对话，可以说早在西方传教士进入中国的时代就已开始了，只是采取了传教或中国基督教研究的形式。当代形式的儒家与基督教对话则是从 20 世纪 80 年代兴起的。比较重要的事件之一，是从 1988 年夏开始举办的若干届儒教或儒家与基督教对话会议（以下简称"儒耶对话会议"）。

1988 年 6 月 8～15 日，在香港举行了第一届儒耶对话国际会议。来自中国、东亚和西方的 100 名学者参加了此次会议。每人都带着他们为此而写出的学术论文。会议获得圆满成功，并通过决定以后继续召开这一主题的国际会议。此后的两届儒耶对话会议均在美国举行：第二届儒耶对话会议于 1991 年夏天在柏克莱的联合神学研究院举行；第三届儒耶对话会议于 1994 年在波士顿大学举行，围绕世俗伦理、个人主义及礼仪等问题进行了辩论。作为儒家一方的代表，杜维明还与基督教神学家、现代西方科学家讨论了生命起源、生命意义、人的责任等问题，阐述了"乾父坤母"、"一体之仁"、"天生人成"等儒家思想，提出了人作为天的合作创造者（co-creator）的宇宙观；同时他也认为，从西方如基督教文明那里，儒家也获得很多借鉴，如"超越上帝的观念和体验，可以彻底消除把任何相对事物绝对化的危险"，又如"人性的阴暗面，亦即人的原罪问题"可以导致"对人的善性提出督责"。而"有效地推动儒家人文精神与西方现代启蒙精神的对话与互补"则将"不但对西方而且会对中国现代性的良性生成发育起到不可或缺的作用"。

第四届儒耶对话会议于 1998 年在香港举行，会后出版了会议论文集《儒耶对话新里程——第四届儒耶对话国际会议论文集》（赖品超、李景雄主编，香港中文大学崇基宗教与中国社会研究中心 2001 年出版）。2001 年 11 月 30 日至 12 月 1 日香港中文大学崇基学院主办了"第五届儒耶对话国际会议——基督教与儒家视野中的生命与伦理"，第五届儒耶对话会议文集随后也已出版。

最近的一次儒耶对话会议于 2007 年 5 月 29 日至 6 月 2 日在香港浸会大学召开，题为"当代语境下的儒耶对谈：思想与实践"。来自海内外的学者 30 余人出席了本次研讨会，其中儒家学者、基督教学者、中立学者约各占 1/3。会议讨论的议题包括六个方面：（1）敬畏：在基督教与儒教中的异同比较；（2）信仰认同；（3）公民宗教和当代中国社会的聚合力；（4）宗教和世俗社会之间的关系；（5）宗教与社会伦理建设；（6）儒耶能否互补？所有与会学者均按要求向会议提交了与主题相关的学术论文，主办方则在会议召开前一周将论文提前分发给相关学者进行了书面评论。由于组织精心，准备充分，三方学者在会上展开了非常激烈且富有内容的争论，虽然各方观点殊异，在很多问题上最终也未能达成一致，但通过深入讨论，增进了各派学者在学术观点、思想立场和致思理路等方面的相互了解和宽容，讨论十分富有成效。

除了这个系列外，在儒耶对话方面还有其他重要会议。2002年6月7~10日，在美国宾夕法尼亚州费城西敏寺神学院举行了第七届北美华人基督教与其他宗教学者学术研讨会，来自中国大陆、香港和台湾，以及美国、加拿大、英国的华人学者多人参加了这次学术大会。这次大会的主题即为"基督教与中国文化的对话"，会议收到的学术论文内容涵盖基督教与中国文化对话、中国基督教史、中国基督教现状等诸多方面。其中有多篇论文专门讨论基督教与中国文化的对话，它们的观点和立场各有不同，甚至完全相反，呈现出百花齐放的景观。①

加拿大中国学院院长陈慰中博士在《中国文化对圣经的启示和共鸣》的发言中，提出了与中西文化异质性的传统观点不同的看法，认为中国的传统文化与基督教信仰有某些共鸣。基督教信仰的核心内容，在中国古代的经典中已有启示，中国古书中所记载的上帝符合圣经中上帝的圣质，因此，基督教信仰的上帝就是中国经典中提到的上帝。他还认为上帝道成肉身，特别是耶稣诞生的史实，都在汉书天文志中有相应的记载，耶稣基督的受死和复活在后汉书天文志中也有类似的启示。

旅居美国洛杉矶的自由作家刘前敏也持有类似观点。他在《基督信仰与先秦学术思想之会通》的论文中首先指出，西方基督教文化是天启路向的法律伦理文化，而中国文化是天示路向的道德伦理文化。天启文化是以不变应万变，天示文化是由万变求不变，这两种文化之间存在着互补与辩证的关系。接着，他进一步比较论证，《尚书》与《中庸》中的"天命"、"天命之谓性"所表达的人性的内圣外王，与基督教的上帝造人与圣神降临，是契合一致的。在中国文化中，特别是《老子》中所说的圣人，应该就是《福音》书中的救主耶稣。中国文化中的通俗概念"天书"，等同于基督教的启示。

当然，对于以上两位学者的观点，有些与会学者持不同意见。旅居纽约的自由作家谢选骏在《ABC神学——中国古代自发地产生过基督教》的发言中，将把中国古代文献中的思想通过说文解字的方式简单等同于基督教思想的现象戏称为"ABC神学"。他特别指出，把甲骨文中"上帝"的概念、儒家思想里"天"的概念等同于基督教"上帝"的思想、把老子的道比做耶稣的道，正是"神学"的典型表现。他认为不同信仰的神名，是不可互换、不可混同的，对于自己远古祖先的迷信思想应老老实实放弃，而不是用它来顶替耶和华信仰。

香港建道神学院的邢福增教授对此也有同感，他在《基督教的救赎论与中国文化的冲突》的论文中指出，许多基督徒人士从"求同"的进路入手，试图化解基督教与中国文化的冲突，但我们确实不能回避两者的差异，不能单以"求同"作为自己的基调，中国文化需要的，正是基督教的独特性或异质性。他

---

① 参见《"基督教与中国文化的对话"国际学术研讨会综述》，载《开放时代》2002年第6期。

特别强调，与其企图在理念层面建构一套系统，自诩可以根本解决基督教与中国文化的张力，倒不如承认两者间的"不可共量性"，说明基督教的立场，及其对中国人的意义和价值。

　　基督教与中国研究中心研究员陈韵珊等提交给大会的论文《基督教与中国文化对话的基础》，则从方法论的角度来处理两者的对话问题。他们首先承认基督教与中国文化在对真理源头的认识上有本质的差别，这种差别也就形成了基督教独特的价值观，如创造论、救赎论和末世论等。接着他们指出，基督教与中国文化对话也有共同基础，这就是上帝的普通启示和普通恩典，在此之下基督教与中国文化有许多共同的关注点和比较研究的空间，如天人关系等。他们进一步提出，基督教与中国文化对话的切入点应是"人论"，及围绕人的主题，因为天、人、世界与彼此之间关系的探索是基督教与中国文化共同关心的问题。

　　除了学理方面的分析研究，会议还收到了上海大学教授李向平在中国浙江、福建地区所做的基督教与佛教交涉、对话的田野调查。在这篇题为《耶佛交涉及其社会语境》的论文中，李向平指出，目前中国基督教与佛教的交涉，已经去除了许多的国家政治内涵，具备了相当的社会空间和社会意义，不但不会构成冲突，反而可以走向对话。他进一步说明，在当代中国社会，中国的基督教已成为中国人自己的宗教，并在社会变迁中与中国社会取得了相当程度的互动，耶佛交涉已不再像"礼仪之争"时那样，具有严重的政治道德意义，而可以在两教信徒的共识当中进行协商和调解。

　　关于儒耶对话的主题在近几十年来也出版了一些重要研究著作。比较早的一本书是秦家懿、孔汉思（另译汉斯·昆）所著的《中国宗教与基督教》（三联书店1990年版）。这本书的内容实际上是华人学者与基督教神学家关于中国宗教（儒教、道教、佛教）的特点的对话。内容可分为两个部分，先是由秦家懿对中国宗教做概括介绍，然后是孔汉思从基督教神学观点加以解释和评论。孔汉思认为，世界有三大"宗教河系"：一是闪米特—先知型宗教，包括犹太教、基督教、伊斯兰教；二是源于印度民族的神秘主义宗教；三是源于中国的哲学宗教。第三大宗教河系应当和上述两大宗教分清，这个宗教河系的中心形象既不是先知也不是神秘主义者，而是圣贤，这是一个哲学宗教。

　　何光沪、许志伟主编《对话：儒释道与基督教》（中国社会科学文献出版社1998年版）。书中在关于儒家与基督教的对话方面，由不同领域的学者分别阐述儒家和基督教在宇宙观、人性论、认识论等方面的观点，从而形成一种对话。这本书的续集《对话二：儒释道与基督教》（中国社会科学文献出版社2001年版），则进一步发展了前一集的主题，一部分继续以宗教哲学的基本论题，即认识论、本体论、神性论、宇宙论、人性论、历史文化观等主题，进行深入的论述、比较和对话；另一部分则以现实性较强的论题，如信息技术、基因技术等高科技影响、环境污染、道德下降以及文化对话、全球伦理等重大问题为主题，说明儒释道与基督教各自的观点，并进行初步的讨论，从不同的角度回答了上述问题，提供了可供思索的资料。

近年来我国在儒耶对话方面也出版了一些翻译著作，如波士顿大学神学院教授约翰·H·白诗朗（John H. Berthrong）的著作《普天之下：儒耶对话中的典范转换》（原著1994年版，中译本河北人民出版社，2006年版）。白诗朗就进行儒耶对话所应选取的工具提出了自己的观点，他看到了过程哲学和过程神学与中国儒学所共有的一些特性，认为这是双方对话处于良好氛围并能相互沟通的重要方法。他认为，所有思想都有一个"基元系统取向"。他进而从形式性（form）、动态性（dynamics）和统一化（unification）三重线索入手来定义他所认为的思想的基元系统。白诗朗不仅将这三个线索用于以怀特海、约翰·B·柯布（John B. Cobb）等为代表的过程哲学和过程神学，也将它用于朱熹的道学传统，从中抽象出"理"、"气"和"心"这样用于比较哲学的范畴。西方汉学家和儒学研究者早有过将过程哲学应用于对中国哲学的分析中的尝试（南乐山、安乐哲和郝大维等）。白诗朗的独特之处就在于，他第一次尝试用过程哲学专注研究儒耶对话的属性和前景，这使他的研究更具体化和更深刻。当然，他也承认，过程哲学并不是唯一可行的进行信仰对话的工具，但是过程哲学因其自身的便利性，它绝对是一种"值得"被用于对话的工具。①

第五节　世界宗教对话会议

进入21世纪，世界范围内的宗教对话活动更加活跃。特别是近年来有一些国家发起和组织的国际性宗教对话会议，使得宗教对话不仅成为宗教内部的事情，也成为国际政治的重要事件。

一、世界宗教和平大会

1970年10月，在日本京都举行了世界宗教和平大会（WCRP）的第一届大

---

① 参见蒋丽梅：《发现、理解与贴近——〈白诗朗普天之下：儒耶对话中的典范转换〉》，载《社会科学论坛》2007年第7期。

会，即成立大会，有 39 个国家的 200 多名代表参加。其宗旨是促进各宗教间的对话和合作；争取"国内社会的和谐和国际合作"；主张裁军和禁止核武器；最终目的是建立一种"更新更完美的典型"社会——"世界共同体"，本次大会还通过了《京都宣言》。

1974 年 8 月，在比利时卢汶举行第二届世界宗教和平大会，有 53 个国家的 400 多名代表参加。大会通过了《卢汶宣言》，号召宗教徒要同一切爱好和平的人一道，为废除军备、根绝暴力、消除种族歧视、确认人权而努力。

1979 年 8 月 29 日至 9 月 9 日，在美国新泽西州的普林斯顿召开了第三届世界宗教和平大会，有 48 个国家的 350 名代表参加。大会中心议题是"为建立世界共同体而努力"。大会通过了《普林斯顿宣言》。以赵朴初为团长的中国宗教代表团第一次参加了这次会议。

1984 年 8 月，在肯尼亚内罗毕举行第四届世界宗教和平大会。有 60 个国家的 600 多名代表参加。大会中心议题是"宗教要争取人类的尊严和世界和平"。大会通过了《内罗毕宣言》。

1986 年，在中国北京召开了"世界宗教和平大会"国际理事会。来自五大洲 30 个国家和地区，包括 13 种宗教的 120 多名代表出席了会议。会议主题是"通过工作和祈祷，争取世界和平"。"世界宗教和平"大会主席依纳姆拉·汗主持开幕式，名誉会长庭野日敬致开幕词。会议通过了《致世界宗教和平大会各地区、国家和地方分会书》。

1989 年，在澳大利亚墨尔本举行第五届世界宗教和平大会，有 60 多个国家和地区的 10 多种宗教的 600 多名代表和观察员参加。大会中心议题是"通过宗教的作用建立和平"。大会通过了《墨尔本宣言》，号召宗教徒加强团结，促进世界和平运动，为解决 20 世纪存在的问题，争取一个和平的 21 世纪而奋斗。

1994 年 11 月，在梵蒂冈和意大利北部小城瑞瓦德尔加达举行第六届世界宗教和平大会，来自 60 多个国家和地区的 20 多个宗教的 600 多位代表和 200 多位观察员参加大会。大会主要议题是"医治世界：宗教为和平"。反对战争，维护和平，保护环境，爱护生命，捍卫人权是这次大会的主旋律。

1999 年 11 月，在安曼举行第七届世界宗教和平大会，中国宗教界和平委员会副主席兼秘书长韩文藻率代表团出席参加。

2006 年 8 月，在日本京都举行第八届世界宗教和平大会，出席会议的有来自约 100 个国家和地区的 500 多名宗教界人士，以及一些国际组织和市民团体的代表约 1 500 人。中国宗教界和平委员会副主席陈广元率中国宗教界代表团参加会议。会议的主题是"不同宗教为了和平而聚会：消除一切暴力，共同保护所有生命"。

二、亚欧不同信仰对话会议

2005 年 7 月 21~22 日，在印度尼西亚巴厘岛召开了第一届亚欧不同信仰对话会议。由中国外交部亚欧司王学贤带队，国家宗教局和中国天主教爱国会、中国佛教协会 6 人组成的中国代表团参加了会议。来自中国、印度尼西亚、英国、马来西亚、新加坡等 28 个亚欧成员国的 174 名代表共聚一堂，通过坦诚对话，寻求相互理解和相互尊重，企盼共建一个和谐、安全的世界。联合国教科文组织、伊斯兰会议组织、阿拉伯联盟、东盟秘书处等国际、地区组织作为观察员出席了会议。

此次会议是第五届亚欧首脑会议批准的重要后续行动之一，各方均高度重视。东道国印度尼西亚总统苏西洛亲自出席开幕式并致辞。他说，在这个世界上，不同的信仰存在已久，但人们对他人的信仰所知甚少，狭隘、仇恨和偏见造成了世界的不安宁。然而，不论身处怎样的宗教和文化背景，世界各国人民都渴望建立一个和谐的社会。苏西洛特别强调文化交流的影响力，他说比起硬实力，软实力的作用和影响要深远得多。

英国国务大臣凯姆·豪威尔作为会议协办国代表讲话，他强调各国政府有责任为不同宗教信仰之间的合作创造环境，通过立法打击那些以宗教名义施行的暴力行为。他还引用马丁·路德的名言："我们无法为道德立法，却可以为行为立法。法律可能无法改变人心，却可以制止无情。"

中国代表团团长王学贤在发言中指出，应充分尊重不同民族、不同宗教和不同文明的多样性与差异性，在相互尊重、平等相待、求同存异基础上，提倡兼容而非歧视，交流而非排斥，对话而非对抗，共处而非冲突，发挥宗教的独特积极作用，促进世界和平和人类进步。中国代表团成员、中国天主教爱国会副秘书长兼天主教神哲学院常务副院长陈书杰神父和中国佛教研究所圆慈法师分别以"天主教在中国的发展"和"中国佛教在建设和谐社会中的作用"为题发言，介绍了中国政府实行宗教信仰自由政策、各宗教坚持独立自主办教的原则以及各宗教和睦相处、经常开展对话活动的情况。他们还向与会代表介绍了各自宗教以自己的方式服务社会、维护国家安全和社会稳定所做的贡献。

与会代表围绕"教育在促进不同信仰间和谐的作用"、"文化在促进不同信仰间和谐的作用"、"宗教和社会在促进不同信仰间和谐的作用"等议题进行了广泛而深入的讨论。会议通过了《构建不同宗教信仰间和谐的巴厘宣言》，呼吁国际社会中的不同宗教和信仰之间相互理解与尊重，和谐共处。《巴厘宣言》还提出一系列建议，如促进人权和保障公民宗教信仰自由，避免极端主义、宗派仇恨和暴力行为，同时建议亚欧各国政府将"不同宗教和信仰和谐共处"列入初级教育的范畴。

2006年7月，在塞浦路斯举行了第二届亚欧不同信仰间对话会议，主题是"不同宗教间了解与合作，同创一个和平的世界"，出席会议的人士包括了欧亚会议38个成员国的政治宗教领袖以及专家、学者。

2007年6月19~21日，第三届亚欧会议不同信仰间对话会议在南京举行。来自亚欧两大洲的200多位会议代表相聚在六朝古都金陵，共同探讨加强不同信仰间的对话与合作。会议以"深化不同信仰对话，实现和平、发展与和谐"为主题，37个亚欧会议成员及4个观察员派政府、宗教、学术界代表与会。会议由中国主办，意大利为会议共同主席国。中国全国人大常委会副委员长司马义·艾买提，江苏省委书记、省人大常委会主任李源潮，意大利副外长韦尔内蒂出席开幕式并致辞，江苏省省长梁保华出席了开幕式。国家宗教事务局局长叶小文作为特邀嘉宾出席闭幕式并发表题为"和而不同、美美与共"的讲话。会议由中国外交部部长助理崔天凯和意大利副外长韦尔内蒂共同主持。[①]

经过热烈充分的讨论，与会各国代表在以下四个方面形成共识：

（1）会议认为，全球化和科技进步使人民和信仰间交流互动加强，也为愈加相互关联、相互依存的世界带来机遇与挑战。随着全球化日益加深，尊重宗教和文化多样性有助于丰富民族特性，增进区域和国际合作，深化不同文明间对话，构建有利于人们交流经验、促进人权和人格尊严的环境。会议注意到，贫困、欠发达、贫富差距拉大、有组织跨国犯罪、自然灾害、恐怖主义、传染性疾病和环境恶化等问题正在对国际社会形成挑战，威胁着人类的共同生存。会议强调，不同宗教和信仰对话有助于解决这些问题。会议认为，发展失衡和受益不均为全球化带来了挑战。会议鼓励不同信仰团体加强合作，共同应对人类面临的挑战，化解社会冲突、特别是与城市化相关的问题，解决南北差距问题，实现互利共赢。会议注意到，全球化对保持和保护信仰、文化遗产和传统带来挑战，强调有必要以共享的价值观丰富全球化。

（2）会议重申，反对极端主义，致力于以和平方式解决冲突，防止和打击一切形式的恐怖主义。决心加强温和力量和增进不同信仰间友情，防止和反对将恐怖主义与特定的宗教、族群相挂钩。会议谴责在亚欧乃至全世界以宗教、信仰、意识形态名义使用武力，谴责利用宗教象征和宗教、文化、种族价值观引发冲突、支持战争或为恐怖主义开脱。会议建议，共同研究以下提议，以寻求更有效和重结果的行动，实现通过不同信仰对话促进和平：进一步加强地方、国家、

---

① 韩松、薛春梅：《深化不同信仰对话促进和平、发展与和谐——第三届亚欧会议不同信仰间对话会议在南京举行》，载《中国宗教》2007年第7期。

地区乃至国际各层面的不同信仰间以及信仰内部对话；持续拓展信仰间对话的领域，增加其包容性，扩大民间社会参与；举行不同信仰间对话参与者与安全对话参与者共同参加的会议，如有可能可在亚欧会议反恐会议框架下进行；呼吁宗教团体在预防和解决冲突、促进正义、建设和平和可持续发展方面发挥有效作用，并教育其成员承担共同责任以促进共同安全。

（3）会议强调，不同信仰间对话有助于促进社会融合和共同发展，同时应为深化不同信仰和文化对话特别是基层对话创造更多可能性和有利条件。会议重申一国内部构建互相尊重和理解的环境的重要性。在此环境下，信教和不信教者应和平共处、实践和交流各自的信仰及信念。会议呼吁，亚欧会议各方本着包容与对话的精神，防止并反对基于种族、文化或宗教原因的歧视，创造促进不同宗教和文化融合、和谐共存、平等互敬的环境。会议强调移民对接受国经济、社会和文化发展的重要贡献，呼吁采取综合有效的移民管理政策帮助合法移民，在尽量尊重并保护其原有信仰和文化传统的同时促进社会融合与和平共处。

（4）会议强调，文化交流和教育合作对于推动不同信仰间对话、增进理解有重要作用。呼吁亚欧会议各成员更加积极地开展文化交流和教育合作，为人民特别是青年提供机会，加强其对不同文明、文化和宗教的了解和尊重及对人类共同伦理道德的理解。鼓励各方从综合及多学科角度研究信仰和文化，并开展学术交流。会议鼓励亚欧会议成员考虑加入、批准和实施《联合国保护文化内容和艺术表现形式多样性国际公约》。该公约的宗旨和原则有助于增进不同信仰间对话和理解。

经过讨论，会议通过了《南京声明》。声明重申，将致力于深化和拓展作为亚欧关系重要组成部分的不同信仰间对话进程，致力于构建和平、和睦的亚欧伙伴关系。会议认为不同信仰间对话具有积极作用，尤其是通过平等友好交往增进不同文化和宗教间理解和尊重，促进和保护人权，促进尊重人格尊严、平等、公平、公正、宗教信仰自由、社会融合、包容以及真挚的友谊，应对全球共同挑战，更好地保护文化多样性和宗教文化遗产，以及促进和平、发展与和谐。会议强调，媒体在促进容忍、和平、公正、尊重人类尊严、和谐、不同信仰和文化间理解、社会融合和责任感，以及在阐释和传播不同文化和宗教共同接受的和平价值观并将其转化为各团体实际行动方面发挥着重要作用。

会议决定，第四届亚欧会议不同信仰间对话会议于2008年在荷兰阿姆斯特丹举行。

三、世界宗教与文明对话会议

2007年10月26~28日应马其顿政府总理尼古拉·格鲁斯基的邀请，中国伊斯兰教协会会长陈广元大阿訇在中国伊协研究部工作人员敏昶陪同下出席了在马其顿文化名城奥赫里德市举办的"世界宗教与文明对话会议"。来自马其顿、阿尔巴尼亚、波黑、美国、俄罗斯、德国、瑞士、奥地利、爱尔兰、梵蒂冈、约旦、印度、日本、韩国、中国等20多个国家的200多名宗教界人士和学者出席了会议。①

此次会议由马其顿共和国文化部与联合国教科文组织联合举办，主题为"宗教与文化对和平的贡献，互敬与共存"。此次"宗教与文明对话会议"为首届会议，以后将每三年召开一次。大会选举70名各国代表作为下届会议的组委会委员，并通过了大会宣言，呼吁各宗教与文明加强对话，放弃偏见，尊重宗教与文明的多样性，谴责宗教暴力，加强宗教教育，尊重女权。会议期间，陈广元大阿訇发表了题为"团结互敬，共同发展"的讲话，以伊斯兰教在中国生存与发展的经验论述了各个宗教与文明间互相包容、共同进步的重要性。陈广元大阿訇还与各国代表进行了广泛交流，向其介绍了中国伊斯兰教的历史与现状，以及中国政府所实行的宗教信仰自由政策。会议期间，陈广元大阿訇还分别接受了马其顿国家广播电台、国家电视台的采访，对中国伊斯兰教的概况、中国的宗教政策及中国各宗教间的关系等方面的问题做了回答。

过去中国伊协与欧洲穆斯林和伊斯兰教组织联系甚少，对欧洲的伊斯兰教情况了解不多，而欧洲穆斯林对中国伊斯兰教的情况也是知之甚少，通过参加这次会议，使中国伊斯兰教界有机会接触马其顿、阿尔巴尼亚等欧洲国家伊斯兰教组织的领导人，从而了解了这些国家伊斯兰教的情况，同时也向其宣传了中国伊斯兰教的情况和中国的宗教信仰自由政策。

四、世界各大宗教对话国际论坛

2008年7月16~18日，在西班牙马德里的法里亚德宫，举行了各大宗教对话国际论坛。此次论坛由沙特阿拉伯国王阿卜杜拉发起，由伊斯兰世界联盟主办。这是国际宗教界近年来举行的层次高、规模大的一次宗教盛会。沙特国王和西班牙国王出席了大会开幕仪式，美国前副总统戈尔，联合国教科文组织总干事以及英国坎特伯雷大主教，南非图图大主教，德国图宾根大学教授、全球伦理基金会主席汉斯·昆等世界著名宗教领袖和宗教学者，以及来自世界各地的200多名穆斯林、基督教、犹太教、佛教专家学者应邀出席了此次大会。

---

① 参见敏昶：《中国伊协会长陈广元出席马其顿"世界宗教与文明对话会议"》，载《中国穆斯林》2008年第1期，第7页。

此次大会设有四个议题，议题一为"对话及其宗教和文明的基础"，由代表佛教、伊斯兰教、基督教、犹太教和东方其他宗教、印度教、日本神道教、中国孔教的8位主讲人进行对话和演讲。议题二为"对话在人类社会的重要性"，由南非图图大主教和美国乔治敦大学校长德奇奥博士等主讲人就"文化和文明的相互作用和影响"、"对话对和平共处的影响"、"对话对国际关系的影响"、"对话对终结历史的影响"等话题展开讨论。议题三为"对话领域的人类共性"，由德国的汉斯·昆教授和英国坎特伯雷大主教等主讲，就"当代人类社会的道德底线"、"在与犯罪、毒品和腐败作斗争中宗教的意义和价值"、"宗教和家庭在社会稳定方面的作用"、"保护环境是全人类的责任"等话题进行对话。议题四为"对话的推动和评估"，由来自梵蒂冈国际宗教对话理事会主席陶兰红衣主教等主讲人，就"穆斯林—基督教—犹太教的对话：未来和前景"、"对话东方宗教：未来和前景"、"国际组织在加强对话和克服障碍等方面所做的努力"、"媒体：在传播文化对话和共存的压力"等话题发表主题演讲。

大会发表的《马德里声明》呼吁加强不同宗教、文明和文化间的对话，促进宽容和理解。声明强调，在为期3天的讨论中，与会者认为，对话是人类相互了解、合作与交流最重要的途径，文化的多样性是人类进步和繁荣的动力之一。与会者呼吁弘扬人类共同的价值，尊重不同民族的特殊性和他们的权利，保护家庭和自然环境，构建和谐世界。声明指出，恐怖主义是对话和共存的主要障碍之一，国际社会应就恐怖主义的界定达成共识，分析其原因，共同努力加以应对，实现世界的公正和稳定。与会者希望大会的结论和建议得到联合国大会的支持。

第十一章

宗教排他论的正统立场

第一节 宗教排他论的特征和根据

一、何谓宗教排他论

所谓的宗教排他论就是主张,宗教信仰所追求的真理是终极的、唯一的;既然如此,现存的诸多宗教信仰中只可能有一种是绝对真实的,而其他的宗教要么存在缺陷,要么纯属谬误;因而,对信仰者来说,只有委身于那种唯一正确的宗教传统,才能找到终极真理,达到信仰目的。所以,英文里用来表示"宗教排他论"的"religious exclusivism"一词,又可译为"宗教排他主义"或"宗教相斥主义"。

尼特在前几年出版的一本专著里,采用了一个新的概念来指称基督教神学家所主张的宗教排他论,这就是"取代模式"(the Replacement Model)。按照他的概括,这种神学模式就是认为,只有基督教才是"唯一的真宗教"(only one true religion),而其他的宗教或是没有价值,或者仅有"暂时的价值";因而,其他所有的宗教终将被基督教所取代。尼特接着解释道,他之所以从这种神学模式入手来考察基督教对待其他宗教的态度,就是因为它是"一种占有主导地位的态度"（the dominant attitude），即在基督教发展史的绝大部分时间里都起过决定性的作用。尽管这种神学模式在不同的历史时期有不同的表达形式，但千百年来传教士们一直坚信：让世界上所有的人都成为基督徒，这是上帝的意旨。然而，这并不一定意味着此种做法拒绝宗教对话。因为从"取代模式"的内在逻辑来看，既然在其他所有的宗教那里找不到"启示"也得不到"拯救"，那么，基督徒便只能采取这样一种对话方式了：更好地认识其他所有的宗教，是为了最终取代它们。①

虽然尼特的上述解释是专就基督教神学中的排他论观念而言的，但对我们从一般的意义上来理解宗教排他论的主旨要义也是很有帮助的。如前所述，宗教排他论者在真理问题上持有"一种绝对化的态度"，即认为只有他们自己所相信的教义才是"真理"，才是"唯一正确"的。但值得研究者们深思的是，为什么宗教排他论者要固执这样一种绝对化的真理观呢？或换种问法，所谓的宗教排他论是否有其"自身的道理"呢？关于这方面的问题，也许潘尼卡（Raimon Pannikkar, 1918~）对宗教排他论态度所做的下述解说，可给我们带来一些启发。

一个宗教的一个虔信成员，无论如何都会认为他自己的宗教是真实的。这样，这一真理宣称就有了某种内在的排他性宣称。如果某个陈述为真，那么它的反题不可能也为真。如果某个人类传统宣称为真理提供了一个普遍的语境，那么任何与该"普遍真理"相反的东西都将不得不被判断为假。②

潘尼卡不但是当代著名的天主教神哲学家和宗教对话专家，又是颇有造诣的佛学家和印度教专家。他曾长期投身于"跨文化与跨宗教的生活体验和哲学思考"③，因而对东西方宗教传统的真理观均有深刻的感触和认识。认真品味他的上述说法，可使我们意识到这样一种不可忽视的"信仰现象"或称"宗教现象学意义上事实"：宗教排他论者之所以要固执"绝对化的真理观"，就是因为它对任何一种宗教的虔诚信徒来说，可谓"一种应有的信仰态度"；而从任何一种宗教的教义体系来看，则可谓"一种固有的神学立场"。一言以蔽之，"绝对化的真理观"实乃"宗教信仰的本性"使然。因此，宗教排他论可以说是一种普遍现象，是各大宗教传统、尤其是一神论宗教所共有的正统立场。

---

① 以上概述参见：Paul F. Knitter, *Introducing Theologies of Religions*, Maryknoll, New York: Orbis Books, Sixth Printing, 2006, pp. 19, 23, 33.
② ［西］潘尼卡著，王志诚、思竹译：《宗教内对话》，宗教文化出版社 2001 年版，第 4 页。
③ 关于这段经历及其体验，潘尼卡在《信仰与信念：一种来自多种宗教的体验》一文中生动地描述道："我作为一个基督教'启程'，'发现'自己是一个印度教徒，而后作为一名佛教徒'回归'，却又一直没有停止过做基督徒。"（潘尼卡：《宗教内对话》，第 55 页。）

二、教义或经典根据

作为一种普遍的现象和正统的立场，宗教排他论深深扎根于诸宗教的教义或经典。我们在这里不可能也没必要就各种宗教展开详尽的考察，下面选自几大一神论宗教传统的例证，似已足够说明问题。

例如，按照犹太教律法学家、哲学家迈蒙尼德（Moses ben Maimonides, 1135～1204）在其名著《评密西那》（Perush ha-Mishnah, 1158）里的概括，一个犹太教徒所应接受的基本信条如下：

（1）相信上帝存在，上帝创造了万事万物；
（2）相信上帝是独一无二的；
（3）相信上帝是非物质的，是无形无相的；
（4）相信上帝是永恒的，既是"最先的"也是"最后的"；
（5）相信唯独上帝是值得敬拜的，此外别无崇拜对象；
（6）相信先知预言是真实无误的；
（7）相信摩西是最伟大的先知；
（8）相信律法是上帝的启示，是上帝传授给摩西的；
（9）相信律法是恒久不变，不可取代的；
（10）相信上帝洞察一切，包括人的思想和行为；
（11）相信上帝赏罚分明，善恶报应；
（12）相信救世主弥赛亚必将降临；
（13）相信死者终将复活。①

犹太教的经典主要包括律法书、先知书和圣录三大部分，再加上公元2～6世纪形成的律法典《塔木德》，但在早期的犹太教徒那里还没有公认的成文信条。因此，迈蒙尼德引经据典所做的上述权威性概括，被后世的犹太教徒广泛接受，并被编入祈祷书，史称"犹太教十三信条"或"信仰原则十三条"。显而易见，这些信条是以相信创世主上帝的唯一真实性、预言与律法的绝对权威性为前提的；若要信奉，当然要对其他宗教抱拒斥态度。

同样，伊斯兰教的基本信条也具有明显的绝对性与排他性。关于伊斯兰教的基本信念，《古兰经》（4：136）里有如下明确的规定："信道的人们啊！你们当确信真主和使者，以及他所降示给使者的经典，和他以前所降示的经典。谁不信

---

① 关于"犹太教的基本信条"，可参见傅有德教授撰写的"犹太教"一章里所做的更为全面的归纳和解释，张志刚主编：《宗教研究指要》，北京大学出版社2005年版，第92～94页。

真主、天神、经典、使者、末日，谁确已深入迷误了。"

根据上述经文和其他大量经典论述，伊斯兰教教义学家归纳出了下列"六个基本信条"，又称"六大信仰"：

（1）信安拉，即相信安拉是独一无偶、普慈特慈的，他是世界的创造者、供养者和主宰者，他是至高无上、无所不至、无所不在、无所不知、无所不能的，他是无始无终、无内无外、无形无像、无声无色的。按照《古兰经》（112：1～4）里的说法："他是真主，是独一的主；真主是万物所仰赖的；他没有生产，也没有被生产；没有任何物可以做他的匹敌。"

（2）信使者，即相信安拉向人间派遣的使者，相信315位使者都受到安拉的启示并负有神圣的使命，并相信唯有穆罕默德是安拉所派遣的最后一位使者和"众先知的封印"（《古兰经》，33：40）。

（3）信经典，即相信安拉降示给众使者的114部经典，并相信《古兰经》是安拉降示给穆罕默德的最后一部经典。

（4）信天使，即相信安拉所差使的天使（亦称天仙）。

（5）信末日，即相信安拉将在世界末日做出审判，那时所有的人都将死而复活并接受判决，行善者进天园，作恶者下火狱。

（6）信前定，即相信安拉早已预定了世间的万事万物。《古兰经》说："万事只归真主裁决"（8：44）；"他预定万物，而加以引导"（87：3）；"你要使谁尊贵，就使谁尊贵；你要使谁卑贱，就使谁卑贱；福利只由你掌握；你对于万事，确是万能的"（3：26）。①

再如，在基督教那里，作为一种传统立场的排他论也有充分的经典和教义根据。基督教学者吴宗文做过较为全面的统计分析，基督教排他论者最重视的是下述两段《新约》经文：

除他以外，别无拯救；因为在天下人间，没有赐下别的名，我们可以靠着得救。（《使徒行传》，4：12）

你们和不信的原不相配，不要同负一轭。义和不义有什么相交呢？光明和黑暗有什么相同呢？基督和彼列（彼列就是撒旦的别名）有什么相和呢？信主的和不信主的有什么相干呢？上帝的殿和偶像有什么相同呢？（《哥林多后书》，6：14～16）。

此外，基督教排他论者常引用的经文大致可分为如下四类：

（1）肯定耶稣基督的救恩具有特殊性与排他性，像《约翰福音》，1：8；14：6；

---

① 上述"伊斯兰教的基本信条"是参照金宜久教授撰写的"伊斯兰教"一章概括出来的，详见《宗教研究指要》，第178～180页。

17:3；《哥林多前书》，3:11；《约翰一书》，5:11~12 等。

（2）强调人性的罪恶，人是绝对不能靠自己得救的，像《罗马书》，1:18；1:20；2:12；2:15；2:23；3:9；3:11；4:18 等。

（3）指明听道与悔改的重要性，像《马可福音》，1：14~15；16：15~16；《约翰福音》，3：36；《使徒行传》，11：14；17：23；17：27；17：29 等。

（4）告诫人们上帝所指引的永生之路是艰难的，犹如窄门，并非所有的人都能找到的，像《马太福音》，7：13~14 等。①

第二节 理论典型：巴特新正统神学

在几大一神论宗教传统那里，作为正统立场的排他论不仅有经典或教义根据，而且有神学和哲学论证。此类论证在基督教思想史上尤为发达。因而，这一节以巴特的新正统神学为评介典型。

巴特（Karl Barth，1886~1968）是 20 世纪西方最有影响的新教神学家。早在 20 世纪 60 年代就有人断言："当新年钟声敲响，20 世纪的帷幕降下，这个世纪的教会编年史也已完成之际，必将有一个名字高居于其他一切名字之上——那就是卡尔·巴特。"② 和奥古斯丁、安瑟尔谟、托马斯·阿奎那、路德、加尔文等人一样，巴特所代表的是"一个时代的正统信念"，他的新正统神学思想又一次论证了"作为传统立场的排他论"。

一、纠正百年神学观念

从思想背景来看，巴特的新正统神学旨在纠正百余年来的神学思想失误，这就是 19 世纪西方神学思潮主流——自由派神学。自由派神学有这样一种信念：神学或宗教研究必须对外开放，面向当代社会及其学术观念。这就使 19 世纪的神学家们拼命应付世俗思潮对传统信仰的严峻挑战。巴特指出，神学理应与世界对话，在一定程度上对外开放，但过于开放，以致把迎合当今社会及其观念作为首要关切，那就不能不说是重大失误了。

---

① 以上统计分析，参见吴宗文：《宗教对话模式综览》，载《维真学刊》，Volume 1, No. 1, 1993。

② 参见 [美] 利文斯顿著，何光沪译：《现代基督教思想》下卷，四川人民出版社 1992 年版，第 632 页。

对外开放有什么重大失误呢？巴特分析说，在自由派神学那里，所谓的"对外开放，面向世界"必然导致如下具体假设：要想维护基督教信仰，只能依靠某种关于人、宇宙和上帝的全面看法，因为这种看法能博得现代人的普遍认同。就此而言，19世纪神学继承了18世纪基督教启蒙运动的精神，主张人不应迫于任何压力而接受信仰。因而，自由派神学家把目光转向了同时代人所认同的"标准世界观"，注重此种世界观赖以构成的信仰条件，以求从中找到某个参照点，让人们心服口服地接受基督教信仰，至少证明有这样一种信仰的可能性。总的看来，他们的努力主要是围绕如下两个问题展开的。

1. 关于"信仰的潜能"

施莱尔马赫（Friedrich Schleiermacher，1768～1834）认为，人有一种"对无限的感知和体验"；特洛尔奇（Ernst E. Troeltsch，1865～1923）也肯定，人有一种"先在的宗教性"。对于此类观点，自认为精通宗教哲学的19世纪神学家做了大量论证。巴特问道：19世纪的人们想从神学家那里学到此类知识吗？他们是否承认此类知识能充实现代人的世界观吗？他们是否敏感于"人在宗教或信仰上的开放性"，并真想利用这种潜能呢？施莱尔马赫"对知识者的演讲"①的确给人留下了深刻印象，论证了人类精神生活结构中的宗教根源，可他本人及其追随者的努力并没有使知识分子感到任何意义，至于对劳动阶层的思想就更谈不上什么影响了。这表明19世纪的神学家根本就没有打动他们的听众。如果说这一点不能用来指责这些"哲学家型的神学家"（philosopher - theologians）的长处，那么，一旦用来对照他们的研究倾向，问题就严重了。问题的关键在于，是否真有所谓的"一般性宗教"呢？

2. 关于"一般性宗教"

即使可假设某种普遍的世界观是合理的，基督教信仰能否成为论争对象呢？有什么证据表明，接受某种特殊的世界观便能使基督教得到普遍认同呢？即便承认人有某种宗教倾向，基督教信仰能否被看做其表现形式之一或称为一种"宗教"呢？对于以上问题，19世纪的神学家们做出了肯定的回答。巴特尖锐指出，他们的答案之所以能成立，就在于强使基督教信仰屈从于他们自己的假设及其解释，即基督教信仰只有满足某种流行的世界观的要求，才可能是合理的，才能被普遍接受。

如果基督教信仰想要作为有根据的东西而被普遍接受，那就不能不被理解为一种"宗教"。如果基督教反对这种分类，情况又会如何呢？如果急唠唠地寻找认同者，基督教信仰一旦被解释为"宗教"，还会是基督教信仰吗？如果想为基

---

① 指施莱尔马赫的成名作《论宗教——对有文化的蔑视宗教者的讲话》（1799）。

督教信仰提供"坚实的"基础，可实际上这种尝试会不会抽掉了其真正的基础呢？19世纪神学没有提出过这些问题。因此，有人就奇怪了，是否那些最能代表19世纪神学的发言人并非一流的哲学家，而只不过是二流的神学家。这或许能从更深的层次来说明他们传教工作的失误。首先按"异教徒的"观点，以使他们认同基督教事业，难道这种为基督教赢得"异教徒的"的方式可行吗？这种做法能打动"异教徒的"吗？难道要像毒蛇一样精明，非得先像斑鸠那样愚蠢吗？①

以上观点见于巴特晚年发表的一次长篇讲演——"百年变迁"②。此时的巴特已年过古稀。因此，这次著名讲演可看做巴特一生的思想总结，可使读者了解他毕生致力于新正统神学的初衷：把神学研究从百年迷途上拉回来，重新思考一个根本问题——基督教信仰是什么？

二、重申基督教信仰本性

巴特一生的神学思考始终不离一个主题：通过诠释《圣经》来重申基督教信仰的本性。他建构新正统神学的努力始于《〈罗马书〉释义》。构思这本成名作时，巴特还是一个默默无闻的乡村牧师。他是带着牧道实践里的疑惑，满怀对现实社会、第一次世界大战、尤其是自由派神学的失望，而求助于《圣经》，仔细研读《罗马书》的。1919年，当这本出自乡村牧师之手的释经专著出版时，其轰动效应犹如在欧洲神学界投下了一颗重磅炸弹，震怒者大有人在，惊醒者也为数众多。但后来占上风的评价是，该书确有划时代意义，如同路德当年提出的95条论纲，这部以"上帝就是上帝"为主题的著作又引发了一场新的神学革命。

1922年，巴特修订再版了《〈罗马书〉释义》。与第1版相比，修订本更强调上帝的绝对神性，更倾向于用克尔凯戈尔式的辩证语言来强调神与人的无限距离。"第2版序言"里指出：

克尔凯戈尔说过，时间与永恒之间有"无限的质的差别"，如果说我有一个体系的话，那么，该体系只限于对克尔凯戈尔上述说法的认识，以及我的如下考虑："上帝在天上，而你在地上"，此话既有肯定性的意义，也有否定性的意义。在我看来，这样一位上帝与这样一种人的关系，和这样一种人与这样一位上帝的

---

① Karl Barth. *Evangelical Theology in 19th Century.* *The Humanity of God.* Atlanta. Georgia: John Knox Press. Eleventh printing. 1974. p. 20.

② 这次著名的讲演发表于1957年1月8日，该讲演稿后来收入《上帝的人性》，更名为《19世纪的福音神学》。

关系，就是《圣经》的主题和哲学的本质。哲学家把这一人类感知危机（KRISIS）称为初始因；《圣经》在同一个十字路口看到了耶稣基督其人。①

"上帝在天上，而你在地上"，这个著名论断被研究者们视为"巴特新正统神学的纲领或核心命题"，其不同凡响之处主要反映如下：

首先，这个论断强调，上帝是"完全的他者"（Wholly Other）。就上帝与人的关系来说，上帝是无限的造物主，人则属于有限的造物。正如宗教改革家早就说过，"有限者不可能包括无限者"，有限的造物非但不是上帝的直接启示，反倒把造物主隐蔽起来了。对人来说，上帝并不直接显现于自然界或人类心灵，而是具有无可争辩的"不可见性"。因此，人既无法感知上帝，也无法认识上帝，更不可能成为上帝。作为无限者、隐匿者、未知者的上帝就是完全不同于人的、遥遥不可及的"他者"。

其次，"上帝在天上，而你在地上"还意味着，地上的一切，包括人本身，都是人无法回答的难题，唯有上帝才是一切难题的答案。因此，就信仰而论，"只有上帝才能谈论上帝"，也"只有通过上帝才能认识上帝"。那么，关于上帝的信仰又是何以可能的呢？这是巴特力求阐明的一个主要问题。他一再强调，从人到神无路可通，可从神到人却有道路，这就是上帝对人的恩典、给人的启示。只有通过上帝的恩典，人才有了信仰的天赋；也只有通过耶稣基督，人才有可能领受上帝的启示，即"上帝之道"（Word of God）。所以，基督教信仰的本性就在于恩典与启示。

巴特早期的危机神学或辩证神学思想，旨在重申上帝与人的无限距离，强调上帝的绝对神性。尽管像有些研究者指出的那样，转入教义神学时期后，巴特的方法论观点有所改变，但他始终强调"上帝的绝对神性"。巴特的巨著《教会教义学》生前完成了13卷，德文版长达9 000余页。翻开前4卷，即"论上帝之道"和"上帝论"，其中的一个主要论题就是以上帝的绝对神性来批判自然神学及其宗教观念。

在巴特看来，传统的自然神学方法显然是与信仰的本性——恩典与启示相背离的，因为这种传统方法在很大程度上是以"人的观点"来理解上帝的，并企图靠"人的努力"来消除人与神的疏离或无限距离。这无疑是对恩典与启示的一种敌对、一种挑战、一种傲慢自大。人自以为信仰了宗教便找到了上帝。事实上，人不但找不到上帝，而且根本不想真正认识上帝。"自然的人"是有罪的，"罪"就是指不信上帝，"不信上帝"则意味着人信仰的是他自己，是他自己的能动性。正是就上述意义而言，传统的自然神学及其宗教观念的特征在于其罪恶

---

① Karl Barth，*The Epistle to the Romans*，London：Oxford University Press，Seventh impression，1965，p.10.

性与不可能性;其所以"有罪",就是因为以某种人为的偶像来取代上帝的位置;其所以"不可能",就是因为任何人为的努力都无法实现人与上帝的和解。

以上简要评介表明,从《〈罗马书〉释义》到《教会教义学》,巴特的新正统神学思想始终以"上帝的绝对神性"为基调,以抬高"神的恩典和启示"、贬低"人的认识或理解"为主旋律。这样一来,巴特便在多元化、世俗化的宗教和文化背景下,重新论证了基督教的绝对真理观及其排他性。

第三节 关于宗教排他论的学术批评

基于前面评介,我们在这一节试对宗教排他论展开多方面的学术批评,主要包括三方面内容:关于宗教排他论的逻辑诘难,关于宗教排他论的观念史考察,关于宗教排他论的文化史反思。

一、关于排他论的逻辑诘难

如前所述,宗教排他论者之所以拒斥其他所有的信仰,就是因为他们固执一种绝对化的真理观,即认为只有他们自己所信奉的教义才是唯一正确的真理。譬如,基督教排他论者在神学上所强调的,就是启示、恩典与拯救的唯一真实性。因而,基督教排他论者大多是"以某教会甚至某宗派为中心"的,即认为除非皈依某个教会或某个宗派,别无真正的启示、恩典与拯救可言。这显然是一种局限性很强的信仰观,难免招致批评者们的诸多诘难。从西方宗教哲学界的研讨状况来看,有关的批评意见主要是从基督教排他论在神学上的逻辑矛盾入手的,并由此提出了大量值得思考的理论或现实问题。下面列举的是两种主要的、堪称"刨根问底式的逻辑诘难"。

1. 基督教排他论的启示观的内在矛盾

这种逻辑诘难大致是这样提出来的:无论基督教的经典《圣经》还是其正统神学教义都告诉我们,上帝是"全能的"和"全知的";可基督教排他论者却以为,只有他们才真正知道"上帝的启示",这便意味着,上帝的启示在形式上不仅是"单一的"而且是"有限的",即仅仅启示于基督教排他论者所生活的那种历史或文化背景,并只限于他们所归属的教会甚至宗派;假如真是这样的话,何以解释"上帝的全能性和全知性"与"启示的单一性和有限性"之间的逻辑悖论呢?

众所周知，基督教是一种"启示性宗教"。这种所谓的"启示性"不但是指基督教所信奉的"真理"是由上帝启示出来的，还意味着"上帝的启示"是一种"恩典"，即基督徒所拥有的"信仰"也是上帝恩赐的结果。从宗教哲学的观点来看，上述启示的第一种含义可理解为"基督教信仰的本体论来源"，即"作为真理的信仰"来自上帝；第二种含义则表明了"基督徒信念的认识论来源"，即"关于真理的信念"也来自上帝。前述逻辑诘难正是深及这两个来源来质疑基督教排他论者的启示观的。

首先，批评者们从认识论角度提出了这样的质疑：基督教排他论者凭什么自以为是，即自以为只有他们自己才真正知道"上帝的启示"呢？如果他们不否认"恩典说"，并且以"选民的资格"辩解道，这是上帝特意恩赐给他们的，那么，这岂不是把"排他论的责任"推给上帝了，即认为是上帝让他们"独享恩典"并"垄断真理"吗？问题在于，这种辩解不仅在认识论上是讲不通的，而且从本体论上彻底贬损了"神圣真理的启示者"——上帝。

2. 基督教排他论的拯救观的内在矛盾

与上述矛盾密切相关，基督教排他论者面临的另一难题是："上帝的全能性和全知性"与"拯救的单一性和有限性"之间的逻辑悖论。批评者指出，基督教排他论者刻意强调拯救途径的唯一性，其实就是宣扬"一种有限的或狭隘的拯救观"，即只有皈依某个教会或教派才能得以拯救。问题在于，假若神或上帝不仅是全能全知的而且是至善至美的，这样一种狭隘的拯救观便无疑是自相矛盾的。

关于基督教排他论的拯救观，希克痛斥道，目前即使在相当保守的天主教那里也只有少数神学家固执这种狭隘的观念了，可在新教阵营中却有一大批基要主义分子为之摇旗呐喊。

他们的立场对可以相信如下思想的人是前后一贯的，这种思想就是：上帝判人类大多数要受永罚，因为他们从未与基督福音相遇，也未接受基督福音。就我个人而言，我把这样的上帝视为魔鬼！①

关于基督教排他论的历史与现状，汉斯·昆指出，排他论是基督教的传统观点。从教父时代到 16 世纪，天主教神学一直坚持"教会之外拯救难求"。梵蒂冈第二届大公会议后，这种传统观点不再是天主教会的官方立场了。

天主教会在其历史上第一次正式表态，它反对那种心地狭隘、自高自大的绝对论，这种观点自以为它的真理是"绝对的"；也就是说，不受其他人的真理的

---

① ［英］希克：《信仰的彩虹——与宗教多元主义批评者的对话》，王志成、思竹译，江苏人民出版社 1999 年版，第 22 页。

束缚。天主教会已收回了这样一种排他的立场：一口否定所有的非基督宗教及其真理，为各种护教理论以及不思进取、故步自封的行径大开方便之门。天主教会已改变了这样一种教条主义态度：自负地以为全部真理早就掌握在自己手里，只是一味地斥责其他立场，或强求别人皈依。上述所有这些对待其他宗教的做法，天主教会现在都说"不"了！过去的轻蔑、漠视和归化，现在被尊重、理解、学习和对话所取代了。①

但直到今天，许多新教神学家仍认同巴特的早期辩证神学，在真理问题上固执教条主义。这实际上是一种傲慢的不可知论，是对世界宗教的无知或无视。汉斯·昆指出，怎么能拯救全人类的大多数人呢？如果基督教神学家回答不了这个问题，那么，和伏尔泰时代一样，对于基督教的真理观和拯救观，现代人要么报以轻蔑，要么毫不关心。

目前的问题在于，如果说今天的基督教福音传道不像以前那样了，已经看到世界宗教是丰富的而不是贫乏的，那么，基督教传道者非得提供的东西是什么呢？如果基督教神学承认"真理之光"无所不在，那么，基督教传道者将在多大程度上给人们带来"唯一的光"（the Light）呢？如果说所有的宗教都包含真理，为什么偏偏讲基督教就是"唯一的真理"（the truth）呢？②

以上批评主要是针对基督教排他论的。但前面已指出，排他论立场实属宗教信仰的本质特征；也就是说，假若某种宗教不自以为拥有终极的、唯一的真理，那它就不值得信仰了。因而，排他论可以说是各大宗教传统、尤其是一神论宗教共有的正统立场。此处再次强调这个论点，有助于我们从一般意义上反省宗教排他论立场的得失利弊。关于这个问题，潘尼卡做过如下耐人寻味的评论：

宗教排他论者所抱有的信仰态度具有"某种英雄气概"，这就是献身于"某种宗教所揭示的绝对真理"。当然，这种态度并非心血来潮或盲目崇拜，而是以"绝对的上帝"或"绝对的真理"为根本保障的。所以，当某个信徒声称：我所信奉的宗教传统是"绝对正确的"，他是在维护上帝或真理的绝对权威性。可问题在于，宗教排他论态度既有外临危险又有内在缺陷。这里所谓的"外在危险"就是指，宗教排他论者难免对"他人的信仰"抱有傲慢、轻蔑甚至不宽容的态度；其"内在缺陷"则在于，宗教排他论者所持有的真理观是建立在"素朴的认识论和简单的形式逻辑"基础上的。③

---

① Hans Küng, *Theology for the Third Millennium: An Ecumenical View*, New York, N.Y.: William Collins Sons & Co., Ltd and Doubleday, 1988, pp. 232 – 233.
② Hans Küng, *Theology for the Third Millennium: An Ecumenical View*, New York, N.Y.: William Collins Sons & Co., Ltd and Doubleday, 1988, pp. 233 – 234.
③ 参见［西］潘尼卡著，王志诚、思竹译：《宗教内对话》，宗教文化出版社2001年版，第4页。

二、宗教排他论观念史考察

先要说明两点：其一，这里所谓的观念史考察，具体指的是从思想观念的形成过程来考察宗教排他论的历史由来；其二，鉴于此论题目前尚无全面性的研究成果可参考，我们仍以基督教排他论作为典型，但期望借此典型考察来提出一些值得深思的问题。

如前所见，希克和汉斯·昆等人都指出，排他论是基督教的传统立场。那么，此种传统立场又是怎么形成的呢？尼特近些年来对这个问题有较为全面而深入的思考。

尼特在《宗教神学引论》里专列一节，简要回顾了基督教对待"异教"态度的历史演变过程。他指出，基督教刚出现时，即在《新约》作者所处的时代，基督教徒还不必多考虑与其他宗教的关系问题，他们首先要处理的是"家族关系"，即与其"母教"——犹太教的关系。但到公元2世纪，随着基督教徒来到希腊—罗马世界，他们的处境则完全不同了。对当时的基督教徒来说，希腊—罗马世界是一种属于"外邦人"或称"异教徒"的文化。在这样一种既陌生又强大的文化背景下，基督教徒不仅是少数派，而且生存艰难。因此，他们不得不回答如下问题：作为耶稣的追随者，他们是怎么理解希腊—罗马文化的，是如何看待其众多的哲学学派和宗教门派的，以及他们与这一切到底有什么关系？

正是为了回答上述难题，2世纪到4世纪的早期教父们主要致力于阐释《新约》的核心思想——"上帝之道"（即"上帝的圣言"，the Word of God）。他们在教会语言里采取了一种新的说法，更准确些说，是一种象征性的说法，即"逻各斯的种子"（the *logos spermatikos*）。就字面而言，*logos* 意指"言语"（word），*spermatikos* 则指"像种子一样的东西"（seedlike）。既然所有的基督教徒都能体验到，"上帝之道"（即"上帝的圣言"）已在耶稣那里"道成肉身"，那么，他们便可以做出这样的解释了：早在耶稣出现之前，"上帝的圣言"就像种子一样撒遍希腊—罗马世界了。这也就是说，"上帝的圣言"犹如普天下撒播的种子，是全人类都可分享的。例如，当时的一位教父，殉教者查士丁（Justin Martyr）说过，上帝就是以这样一种"种子般的圣言"（Seed - Word）来呼召人们的，凡是听到了这种呼唤并愿跟随的人，即使从未听说过耶稣，实际上已经是基督徒了！另一位著名教父德尔图良（Tertullian）也持同样的观点，他的说法更强有力：上帝的临在和呼召是无所不在的，所以，普天下男女在精神上都属于"天生的基督徒"（naturally Christian）。

然而，前述思想观念时隔不久便完全逆转了。公元4世纪后期，即罗马皇帝狄奥多西（Emperor Theodosius，379~395年在位）统治时期，以往屡遭迫害的基督徒群体，一下子从少数派变成了国教，罗马主教也随之成了集精神和政治权力于一身的"大祭司"（Pontifex Maximus）。于是，教会与国家便在利益上联姻了，而这则意味着"国家的敌人"也就成了"教会的敌人"。在当时，这种双重意义上的敌人就是"非罗马人"和"非基督徒"。

从神学渊源来看，上述观念转变深受奥古斯丁思想的影响。奥古斯丁无论在论著中还是布道时都强调：只有靠上帝的恩典，我们才能得救；而上帝的恩典只能得之于"教会之内"。正是根据这种观点，他提出了"双重预定论"（double predestination）：有些人将在教会里得救，此乃上帝预定的；其余的人将下地狱，这也是上帝预定的。奥古斯丁的学生，拉斯菲的富尔杰蒂乌斯（Fulgentius of Ruspe）则进而明确地解释道：毋庸置疑，不但所有的异教徒，而且包括所有的犹太教徒，以及教内的异端分子和分裂分子，都将在地狱里永受煎熬。

奥古斯丁的上述观点在基督教史上影响深远。约从5世纪到16世纪，基督教对待其他宗教的基本态度均可概括为一句名言："教会之外无拯救"（Outside the Church, no salvation）。其实，这句名言出自早期教父之口，当奥利金（Origen，卒于254年）、特别是奚普里安（Cyprian，卒于258年）最早这么说时，其本意并非指"教外者"，而是告诫"入教者"——基督徒：一旦有人想离开教会，他们就不会得以永生了。然而，5世纪以后，尤其是在整个中世纪，这种说法则用来针对"非基督徒"（non-Christians）了：不进基督教会，别想进天堂。所以，这一千多年间，基督教会官方不但一直用这种带有威胁性的态度来对待其他宗教的信徒，而且其论调可谓"不断加码"：譬如，第四次拉特兰大公会议（the Fourth Lateran Council，1215年）重申这句名言时，添加了一个强调性的副词："Outside the Church, no salvation at all（omnion）"——"教会之外，绝无拯救"。又如，教皇卜尼法斯八世（Pope Boniface VIII）在1302年颁布的一道通谕里，做出了这样一种新的解释：若要归属我们这个唯一的教会而享有拯救，那就必须同时接受教皇的权威。再如，佛罗伦萨大公会议（the Council of Florence，1442年）在几乎逐字复述富尔杰蒂乌斯的前述说法时，还加以补充："除非留在这个亲密而统一的天主教会，任何人也无法得救，无论他们施舍了什么，即使曾为基督付出过鲜血。"①

尼特总结道，尽管自哥伦布发现新大陆后，由于基督教徒与其他民族和宗教的相遇，使"教会之外无拯救"遭到了冲击或挑战，并致使几代教皇和神学家

---

① 以上概述及引文均参见：Paul F. Knitter, *Introducing Theologies of Religions*, Maryknoll, New York: Orbis Books, Sixth Printing, 2006, pp. 64–66.

不得不想方设法，做出新的解释，但总的来看，这个原则并没有发生根本变化。

从16世纪一直到20世纪，除了极少数人，绝大多数神学家、教会领袖和普通的天主教徒从未想象过——或者说，从来没敢想象过——上帝有可能利用其他诸种宗教来呈现恩典、启示和拯救……因为只有一位真正的救世主，也只能有一种真正的宗教。除了基督教，上帝不可能再利用任何其他的宗教。这直到20世纪60年代都被认为是理所当然的。①

尼特所做的上述历史考察颇有理论反思价值。此种考察可使我们从宗教史、社会史和政教关系史等多个角度认识到，作为一种对待其他宗教、民族乃至文化的思想观念，基督教排他论不但是此种宗教由小变大、由弱变强的历史产物，而且还是一种政教结合的"国教意识形态"。那么，除此之外，宗教排他论是否还有其他更值得反思的历史根源呢？让我们带着这个问题再转向另一个考察角度，即下一节的文化史反思。

三、宗教排他论文化史反思

美国文化人类学家鲁思·本尼迪克特（Ruth Benedict，1887—1948）在其名著《文化模式》里提到了这样一种文化习俗：北美的一些印第安人部落名叫"祖尼"（Zuni）、"丹尼"（Dene）、"基奥瓦"（Kiowa）等，此类字眼儿在其各自的土语里都意指"人类"，即"我们自己"。照此字义，"我们之外的异族或异类"便意味着"非人"甚至"野兽"了。②

以上久远的习俗所内含的文化心态发人深省，似能验证早在原始部落那里就普遍萌生了"XY族群优越感"。回首人类文化史，直到世界性或全球化的经济体系形成之前，上述广为存在的原始文化心态非但没有绝迹，反倒依仗着千百年来的文化隔离状态不断滋生蔓延，乃至在各个民族、文化和宗教传统中日渐积淀下来，并作为某种传统文化心态及其思维定式而构成了形形色色的"XY民族主义"、"XY文化中心论"和"XY宗教排他论"等等。以跨文化研究的观念来予以反省，几乎可以肯定：有多少种文化便有多少种"XY文化中心论"，有多少个民族就有多少种"XY民族主义"，有多少种宗教也会有多少种"XY宗教排他论"。此类文化的、民族的与宗教的成见及其思维方式，不但有碍于认识整个世

---

① 以上概述及引文均参见：Paul F. Knitter, *Introducing Theologies of Religions*, Maryknoll, New York: Orbis Books, Sixth Printing, 2006, pp. 67–68.

② 详见［美］本尼迪克特著，王炜等译：《文化模式》，生活·读书·新知三联书店1988年版，第一章"关于习俗的科学"。

界和解释人类历史,更无益于各个文化、民族和宗教之间的理解和交往。

因而,20世纪初以来,众多学者对文化中心论及其后果宗教排他论的声讨一浪高过一浪。例如,继德国历史哲学家奥斯瓦尔德·斯宾格勒(Oswald Spengler)猛烈抨击欧洲中心论后,当代著名的历史学家阿诺德·J·汤因比(Arnold J. Toynbee)进而阐发了文化多元论的主旨要义:所有的文明都是"同时代的",具有"同等价值的"。关于积怨深重的宗教排他论,他以形象的文笔分析批评道,犹太教、基督教和伊斯兰教是有"血缘关系"的;可迄今为止,这几大宗教仍盲目以为,只有自家窗子射进来的阳光才是充足的,而其他的"姐妹宗教"即使不处于黑暗中,也不过沾点儿光罢了;同样,各大宗教里的诸多教派也是站在此种立场来排斥"姐妹教派"的。① 1996年年底,美国著名的宗教学家沃尔特·H·卡普斯(Walter H. Capps)应邀来新成立的北京大学宗教学系讲演,他富于批判精神地回顾道,由于视野狭窄,有些西方基督教学者直到20世纪初仍沿用一个偏颇的概念,即用"非基督教"(non-Christianity)来指称其他所有的宗教,这意味着他们根本就不承认其他任何一种宗教是有价值或意义的,是真正值得信仰的。

虽然前几段冠以"文化史反思"的考察分析尚嫌分量不足,或许还显得较为空泛,但这已能使我们承接前面所做的观念史反思,一并收获值得深究的问题了:如果说宗教排他论实属一种历史的产物,那么,此种思想观念是否还遗存着尚待克服的"原始文化心态"呢?其实,这个问题本尼迪克特早就从文化人类学的角度提出来了:

只要我们自己与原始人、我们自己与野蛮人,以及我们自己与异教徒之间的差别仍旧支配着人们的头脑,人类学按其定义来说就是不可能的了。我们确有必要首先修炼到这样一个程度,即我们不再认为"自己的信仰"比"邻邦的迷信"更高明;我们确应认识到,对那些基于相同的(可以说是超自然的)前提的风俗必须通加考察,而我们自己的风俗只是诸习俗之一。②

---

① See Arnold J. Toynbee, *A Study of History*, Abridgement of Volumes Ⅷ – Ⅹ, New York and Oxford: Oxford University Press, 1957, pp. 87 – 93.

② [美] 本尼迪克特著,王炜等译:《文化模式》,生活·读书·新知三联书店1988年版,第6页。

第十二章

宗教兼并论的对话模式

第一节 宗教兼并论的形成背景

所谓的宗教兼并论基于如下判断：世界上的宗教信仰是多种多样的，这表明神或上帝的启示具有普世性；然而，诸多宗教信仰在真理问题上的不同主张却有真与假、绝对与相对之分。因此，与传统的排他论观念相同，宗教兼并论者首先坚持只有一种宗教信仰是绝对真实的，能使人得到真正的启示和拯救。但另一方面，作为一种新的对话倾向，宗教兼并论者又力图摆脱狭隘的排他论立场，与后面将要讨论的宗教多元论不乏共鸣处。兼并论者大多认为，既然只有一种宗教信仰是绝对真实的，而神或上帝又是无所不在、无所不能的，那么，恩典、启示、拯救等无疑具有普世性，可通过不同的宗教信仰而以多种方式表达出来。

从形成背景来看，宗教兼并论的对话模式一般被看做天主教神哲学家自梵蒂冈第二届大公会议后采取的一种宗教对话立场，其理论建树者是被誉为"当代天主教神哲学泰斗"的拉纳（Karl Rahner, 1904—1984）。所以，我们先来回顾一下梵蒂冈第二届大公会议所奠定的宗教对话基调，接着再去评述拉纳的宗教对话理论。

"梵二"会议从筹备到闭幕历时6年多（1959~1965年），会议期间表决通过了16个富有革新精神的文件，其内容广泛涉及教会组织机构、礼仪、神学和宗教对话等。西方舆论有如下说法：这次会议犹如一篇新的"出埃及记"，标志着天主教会"反宗教改革运动的结束"，"清除自身封建主义因素、掀起自我革新运动的开始"。①

改善天主教与其他宗教的关系，推动宗教对话，是"梵二"会议的主要目的之一。这方面的成果集中体现于两个重要文件，《大公主义法令》和《教会对非基督宗教态度宣言》（以下简称《法令》和《宣言》）。

一、《法令》

该文件颁布于1964年11月21日，由五部分构成：绪言、论大公主义的公教原则（第一章）、论大公主义的实施（第二章）、与罗马宗座分离的教会及教会团体（第三章）、结论，主旨在于阐明大公运动的原则及其实施条件。

何谓"大公运动"呢？《法令》里有如下两处说明：

"大公运动"是指适应教会各种需要与时代的要求，为推动基督徒的合一，而发起和组织的各种活动与措施。

这个合一运动，又称为大公运动，参加的人都呼求三位一体的天主，并承认耶稣为主和救世者。他们不仅是以个人的名义，而是以团体的名义参加合一运动，他们是在这些团体中接受了福音，他们每个人都称这些团体就是自己的教会，亦即天主的教会。几乎所有的这些人，虽然方式各有不同，都期望一个统一而有形的天主的教会、真正的至公教会、为全世界所遣发的教会，如此好能使世界皈依福音，并为天主的光荣而得救。②

以上解释表明，"大公运动的原则"就是只有一个天主（三位一体的），一个教会（主基督创立的）。据此原则，《法令》首先指出了教会分裂的严重危害。由主基督创立的教会是至一的、唯一的，可很多基督徒团体却自荐为"基督的真正遗产"，它们意见分歧，道路各异。显然，这种分裂现象违背了基督的旨意，令世人困惑，有损于福音传播事业。

基督教会的分裂局面由来已久。据《圣经》记载，早在教会创立初期就出现了分裂现象。后来又发生了两次大分裂，一次是东方教会与罗马宗座的决裂，另一次是西方国家的许多教会或宗教团体与罗马宗座的分离。那么，时至今日，天主教会应如何对待上述分离局面呢？天主教会又名"公教会"，《法令》里则

---

① 转引自卓新平：《当代天主教神学》，上海三联书店1998年版，第98页。
② 中国主教团秘书处编译：《梵蒂冈第二届大公会议文献》，天主教教育协进会出版社1988年再版，第566、562页。

把公教会之外的基督徒称为"分离的弟兄",明文规定:对于这些基督徒不得责以分离罪,而应抱以兄弟般的敬爱,因为他们既然信仰基督并合法受洗,便与公教会保持着某种不完全的共融。

的确,为了他们与公教会之间存在的各种分歧,有的关于教义或教律,有的关于教会的机构,制造了不少有损教会圆满共融的阻碍,这些阻碍有时较为严重,大公运动正在努力加以克服。不过,在圣洗内因信仰而成义的人,即与基督结成一体,因而应当享有基督徒的名义,理应被公教徒看做主内兄弟。①

关于大公运动的主要措施,《法令》中列举了如下几点:首先,应依据公平与真理,努力消除那些不符合分离兄弟情况的言论、判断和行为;其次,由各教会或团体的专家进行交谈,深刻阐述各自教会的道理及其特征,使双方获得更真切的认识,得出更公正的评价;再其次,按基督徒良心的要求,双方进行更广泛的合作,以谋求公共的利益,在可能的情况下可举行共同的祈祷;最后,双方都做自我检讨,如何忠于基督寄予教会的意愿,并努力进行应有的更新与改革。相应于以上主要措施,《法令》详述了大公主义的实施条件,其内容包括:教会更新、内心皈依、联合祈祷、彼此认识、大公训练、表达信仰的方式、与分离弟兄的合作等。

二、《宣言》

该《宣言》于1965年10月28日颁布,也由五部分组成:绪言、各种非基督宗教、论回教、论犹太教、普遍性的友谊。

在我们的时代,人类的结合日益密切,各民族间的交往日益增加,教会亦更用心考虑它对非基督宗教的态度。教会既以促进人与人,甚至民族与民族间的团结互爱为职责,在此首先即考虑人类共有的问题,以及推动人类共同命运的事。

各民族原是一个团体、同出一源,因为天主曾使全人类居住在世界各地,他们也同有一个最后归宿,就是天主,他的照顾、慈善的实证,以及求援的计划,普及于所有的人,直到被选的人集合在圣城,就是天主的荣耀将要照亮的圣城,各民族都将在他的光明中行走。②

这段开场白表明了天主教会在新时代背景下的普世性基调。古往今来,人生之谜深深打动着人心:人是什么?人生的意义与目的何在?什么是善?什么是

---

① 中国主教团秘书处编译:《梵蒂冈第二届大公会议文献》,第564页。
② 中国主教团秘书处编译:《梵蒂冈第二届大公会议文献》,第643页。

恶？痛苦的由来何在？怎么获得幸福？如何解释死亡、死后审判及其报应？一言以蔽之，我们从哪里来，将往哪里去？人们之所以归依各种宗教，就是想找到答案。

《宣言》申明，从古到今，各民族都意识到，万物与人生中存在着某种"玄奥的能力"，有时甚至可体验到"至高的神明"或"天父"。所以，各民族的生活中都渗透着深刻的宗教情感，而各大宗教都力图用较精确的概念来解答同样的问题。例如，印度教徒靠丰富的神话和精微的哲学，通过苦修、默想、孝爱和信赖等来探究天主奥秘，解脱人世疾苦。又如，佛教诸宗派虽有不同的方式，但它们都承认现世变化无常，存在根本缺陷，教人以虔敬信赖来追求圆满，大彻大悟。同样，世界上的其他宗教也通过教理、规诫、礼仪等，向人们提供了解答人生之谜的不同途径或方法。

天主公教绝不摒弃这些宗教里的真的圣的因素，并且怀着诚恳的敬意，考虑他们的做事与生活方式，以及他们的规诫与教理。这一切虽然在许多方面与天主公教所坚持、所教导的有所不同，但往往反映着普照全人类的真理之光。天主公教在传扬，而且必须不断地传扬基督，他是"道路、真理与生命"（若：十四、6），在他内人类获得宗教生活的圆满，藉着他天主使一切与自己和好了。①

所以，《宣言》郑重劝告全体天主教徒，应以明智和爱德，跟其他宗教的信徒交谈与合作，在为基督宗教作证的同时，承认、维护并倡导其他宗教徒所拥有的精神、道德以及社会文化价值等。

第二节　理论典型：拉纳的宗教对话观

由以上文献可见，"梵二"会议打开了天主教会千百年来筑就的"保守大门"。那么，这种开放意味着什么呢？拉纳解释说，"开放的天主教"（Open Catholicism）有两重含义：就事实而言，不能漠视与天主教会相对立的"诸多历史力量"（historical forces），尽管它们与天主教会并不处于正面的关系——和平相处，相互承认，但并非纯世俗的或不重要的，而是有意义的；就任务而论，要与这些对立的力量建立联系，以便理解它们的存在，克服它们的烦扰，并按这样一条思路来建设天主教会：把本教会理解为对立中的更高的统一，终将最大限度地克服当今的多元化力量。

① 中国主教团秘书处编译：《梵蒂冈第二届大公会议文献》，第 644~645 页。

所以,"开放的天主教"意指一种特定的态度,即如何看待当今具有不同世界观的多元化力量。当然,我们并不把多元化仅仅看成一个无需解释便可承认的事实。这里的多元论意指如下事实:这个事实应加以思考,并应以一种更高的观点将其再次纳入基督教所理解的人类生存的整体性与统一性,而不是予以否认,或在某种程度上认为,多元化本不该存在。①

前面提过,拉纳把宗教多元论看成"基督教所面临的空前威胁",并把"如何理解宗教多元化"称做"一个关乎基督徒生存境况的紧迫问题"。② 正是应对此种"空前威胁"和"紧迫问题",拉纳依据天主教的传统教义,提出了以下几个命题:

第一,基督教自我理解为"绝对的宗教"(absolute religion),此教为天下大众所设,而不承认其他任何宗教具有此等权利。

拉纳强调,就基督教的自我理解而言,这个命题是基本的、自明的,不必证明或引申。但在基督教看来,所谓"正确的、合法的宗教",并不意指人靠自己的权威来设立与上帝的关系,对人类生存做出自我选择;而是指上帝作用于人,通过与人交往而启示出来。这是一种上帝与人的关系,是由上帝自由设立的、自由启示的。说到底,这种关系对普世大众并无二致,因为上帝之道只有一个——道成肉身,死而复活。

基督教是上帝就其道而作的自我解释,此道便是从上帝到人这种关系,是由上帝在基督那里自行设立的。这样一来,只要基督教在某时某地带着生存的权能和命令的力量而进入另一种宗教的领域,并由其自决,使其发问,那么,基督教便可自认为是适用于所有人的真正的、合法的宗教。自基督到来之时——甚至从他作为绝对与和解中的上帝之道而显现为肉身,即通过他的死与复活(不只是在理论上而是在现实中)把世界与上帝结合起来,基督和他在这个世界上的持续性的历史在场(historical presence)(我们称为"教会"),便是把人与上帝联结起来的"那种宗教"(the religion)了。③

第二,可把某种非基督宗教看成"合法的宗教",但不否认它有错误与堕落的成分,理由如下:在福音传入某种具体的历史境况前,非基督宗教的构成因素十分复杂,其中不光有关于上帝的自然知识,并混杂着原罪和过失所导致的堕

---

① Karl Rahner, "Christian and Other Religions", *Philosophy of Religion*: *Selected Readings*, Michael Peterson, William Hasker, Bruce Reichenbach and David Basinger, eds., New York and Oxford: Oxford University Press, 1996, p. 503.
② 参见本书第九章第四节"理论难题:相互冲突的'真理观'"。
③ Karl Rahner, "Christian and Other Religions," *Philosophy of Religion*: *Selected Readings*, p. 504.

落，而且包括诸多超自然的因素，它们来自恩典，是基督赐予人类的礼物。

这是对诸多非基督宗教的评价。首先必须注意，就历史进程而言，只有从基督宗教成为历史性的现实要素的那一时刻起，基督徒做出这种评价才是有效的。拉纳接着指出，这个命题本身可从以下几方面来理解。

第一，在先验意义上完全可推测，诸多非基督宗教具有超自然的、饱含恩典的因素。这种神学考虑植根于如下事实：如果我们愿成为基督徒，那就得相信上帝的救世目的既普遍又恳切。

上帝希望人人得救。这种上帝所意愿的拯救就是基督所赢得的拯救，就是令人圣洁的超自然恩典所带来的拯救，就是极乐梦想所渴求的拯救。这是一种真的为所有人打算的拯救，广及各民族、诸文化和各时代的亿万斯民，他也许生活在基督降世前的百万年间，或生活于此后的岁月，在那些按《新约》处世的人看来，如此广泛拯救范围仍是完全封闭着的。①

第二，从以上观点来看，绝不该认为基督教以前的诸宗教从一开始就是非法的，而必须看到，它们很可能有某种积极意义。当然，这些宗教形形色色，不能一概而论，若说它们拥有"合法宗教"的地位，其意义和程度都是差异很大的。但严格来说，所谓的"合法宗教"并不排斥此类变异现象，而是指"某种体制化宗教"（an institutional religion）；只要它在某个特定时期被人所"利用"，我们便可大体认定，这是一种与上帝建立正常关系并获得拯救的积极手段，因而可被纳入上帝的拯救计划。

第三，如果前一个命题成立的话，那么，基督教所遇到的其他宗教成员便不是纯粹的"非基督徒"（non-Christian）了，而是可以并早该着眼于这方面或那方面，把他们看做"匿名的基督徒"（anonymous Christian）。

拉纳强调，如果以为异教徒就是尚未被上帝的恩典与真理接触到的那类人，那就错了。无论如何，如果某人曾经体验到上帝的恩典——也就是说，如果某人在特定环境下有如此感受：将其有限人生的不可计量性领受为趋于无限的开放性，从而将上帝的恩典领受为其生存的终极的、深奥的圆满境界——那么，即使未受外来传教士的影响，他也早被赐予了真正意义上的启示。

因为这种恩典，若被理解为他所有的精神活动的先验视野，虽在客观上未被认知，但在主观上伴随他的意识。此种情况下，外来的启示对他来说并非宣告了某种绝对未知的东西……但是，如果真是这样的话，作为天主教会尽力传道的对象，某人早在教会信息传到前就可能或已经踏上了拯救道路，而且是在特定环境

---

① Karl Rahner, "Christian and Other Religions," *Philosophy of Religion: Selected Readings*, p. 507.

下发现这条道路的——同时，如果真是这样的话，由于别无拯救道路，他按这种方式得到的拯救就是基督的拯救——那么，如下说法肯定可行：他不仅是匿名的有神论者（an anonymous theist），而且是匿名的基督徒。因而，如下结论也完全正确：说到底，福音宣告并非把上帝和基督所遗弃的某人变成基督徒，而是使匿名的基督徒得以转化，让他通过客观的反省，立誓于其社会形式来自天主教会的那种信仰，以致也以恩典所赋予的存在深度来认知他的基督教信念。①

第四，就基督徒的处境而言，或许不能奢望现存的宗教多元化不久便会消失，但另一方面，基督徒完全可作这样的解释：非基督宗教属于"匿名的基督教"，其信徒尚需明确意识到上帝及其恩典所赐予的那些东西，因为他们以前只是茫然接受却从未加以反省。

非基督徒或许认为，基督徒把任何健全的或康复的（被神圣化了的）东西都归因于"他的基督"（his Christ），断定为恩典赐予每个人的结果，并将此解释为匿名的基督教，这太自以为是了；他们或许认为，基督徒把非基督徒看做尚未实现自我反省的基督徒，这也太自以为是了。但基督徒不能放弃此种"自以为是"，对基督徒和天主教会来说，这实际上是谦卑至极的来源。因为此种"自以为是"深切地坦白了一个事实：上帝比人和天主教会更伟大。天主教会将走出大门，迎接明天的非基督徒，其态度早已由圣保禄言明：你们所不认识而敬拜的（但仍要敬拜！——这几个字为拉纳所加，引者注），我现在告诉你们（《使徒行传》17：23）。一个基督徒立足于此，便能宽容地、谦逊地而又坚定地面对所有的非基督宗教。②

如同巴特的排他论，拉纳的兼并论立足于其创建的神哲学体系——"基础神学的人类学"。拉纳以研究为生，毕生笔耕，论著多达千种，其神哲学代表作有：《沉默之言》（1938）、《世界中的精神：论托马斯·阿奎那的形而上学》（1939）、《圣言的倾听者：论一种宗教哲学的基础》（1941）、《当今天主教危机》（1950）、《论"新的"信条》（1951）、《论死亡神学》（1958）、《现代神学研究》（1965）、《今日信仰》（1965）、《转变中的教会：梵蒂冈第二届大公会议过后》（1965）、《精神生活神学》（1967）、《论神学改革》（1969）、《论未来神学》（1971）、《信仰基础教程：基督教概念导论》（1976）、《解放神学》（1977）、《神学论集》（1954~1984）等。从这些代表作来看，拉纳的学术思想一以贯之，他所建构的"基础神学的人类学"及其兼容论观念，早在《圣言的倾听者：论一种宗教哲学的基础》里就成型了。

---

① Karl Rahner, "Christian and Other Religions," *Philosophy of Religion*: *Selected Readings*, p. 512.
② Karl Rahner, "Christian and Other Religions," *Philosophy of Religion*: *Selected Readings*, pp. 512 – 513.

在拉纳看来，神学不同于科学。所有的科学都立足于"人—逻各斯"，而神学的基础则是"神—逻各斯"。就方法而论，神学可分为两种：（a）对圣言的单纯倾听、承纳或信仰；（b）对圣言与信仰的形而上反思。后一种神学便是传统意义上的"经院哲学的思辨神学"，而第一种神学可称为"基础神学的人类学"。这两者相比，更根本的还是基础神学的人类学，因为这种学问探究的是：人对圣言之倾听是何以成为可能的，或者说有无先验的条件，而这种素朴性的或非反思性的自我理解又是何以构成神学研究的前提的。对以上观点，拉纳总结如下：

这种"基础神学的"人类学就是本来意义上的宗教哲学。我们所研究的东西，假如关涉的是人，便是人类学；假如我们把人理解为一个不得不自由地在其历史中倾听自由的上帝可能发出的福音的生命，它便是"神学的"人类学；假如人对自己的自我理解是他得以倾听事实上已经发生的神学的前提，它便是"基础神学的"人类学。①

为了建构上述意义上的基础神学的人类学，推进托马斯·阿奎那的正统神学思想，拉纳借助了海德格尔生存哲学的语言，试就"人倾听圣言的能力"加以形而上的分析。他首先指出，作为存在者，人的思考与行动绝不可能停留于此在，而是必然要向"毕竟在"（Seinüberhaupt）发问：个别事物的统一性何在？整个现实的终极根据何在？"在者之在"究竟是什么呢？这种追问就本性而言是必然属于人之此在的；反之，若无此类追问，人就不成其为人了。因此，从根本上说，"人对圣言的倾听能力"也正是作为人之此在的问题而不能不穷根究底的。为论证这一点，拉纳提出了如下三个"基础神学的人类学"的基本命题：

第一，人的本质就是精神，就在于对"毕竟在"的绝对开放性。所以说，对"毕竟在"认识的超验性，这是作为精神的人所具有的基本素质。

第二，人是这样一种在者，他是在自由的爱之中而伫立于一个可能启示的上帝面前的。也就是说，人在自由的爱之中是始终对上帝的福音开放着的，这样人也就必然始终在倾听着上帝的言说或沉默。

第三，人还是这样一种在者，他必然在自己的历史中倾听着可能以人的言词形式来临的、历史性的上帝启示。②

我们相信，我们已经基本上回答了我们在讨论之初所提出的问题，我们最终可以用人类学的术语归纳一下我们的答案，在某种意义上这也是定义：人是具有

---

① ［德］拉纳著，朱雁冰译：《圣言的倾听者——论一种宗教哲学的基础》，生活·读书·新知三联书店1994年版，第193页。

② 以上三个命题，参见［德］拉纳著，朱雁冰译：《圣言的倾听者——论一种宗教哲学的基础》，生活·读书·新知三联书店1994年版，第72、120、182页。

承纳性的、对历史开放着的精神性的在者，这个在者在自由之中并作为自由伫立于一种可能启示的自由的上帝之前，而这种启示一旦来临，便在人的历史中（并作为历史的最高现实形式），"以言之形式"发生。人是从自己历史之中聆听自由的上帝之言的倾听者。只有如此，人才是他所必然是者。形而上学人类学的终极之点便是，它把自身理解为一种关于对超世界的上帝启示之顺从能力的分析。①

从神哲学观念来看，拉纳主要就是依据这几个命题及其结论，演绎出其兼并论的下述两个核心观点。

1. "天生的基督徒"

由上述三个命题勾勒出来的"基础神学的人类学"，对思考人生有决定性的理论价值，即有助于一个人在生存论意义上做出理智的抉择：能否在自己一生或人类历史中与上帝相遇。照拉纳的推断，既然人就本质而言是一种必然对"毕竟在"穷根究底的存在者，那么，把人理解为"天生的圣言倾听者"或"天生的基督徒"，便自然构成基础神学的人类学对人的一种本质规定性了。

因此，假定一个人深信：上帝的位格是否有"此时此地的"历史性，神圣之道即圣言是否有自我启示性等，对这些问题的思索应是人生的基本态度之一；假定他深信：圣言对人生具有决定性的意义，即从根本上决定着人之此在；假定他还深信：作为人生之根据的圣言必定会在人的历史中显现出来即"去蔽"……总之，假定他能不带任何偏见地思考所有这些问题，深信自己可以而且不得不考虑一种"历史性的宗教"，那对他来说，相信神圣的罗马天主教会即是上帝或圣言的真正启示场所，便不会存在什么困难了。

由此可见，拉纳的兼并论观念首先强调的是罗马天主教信仰的基本精神："教会之外，别无拯救"。

2. "匿名的基督徒"（anonymous Christians）

这是在拉纳的中、后期著述里十分突出的一个著名观点。首先值得注意的是，"天生的基督徒"与"匿名的基督徒"这两个提法间的关系。从拉纳的思想轨迹来看，前者应理解为"原本"，后者则是"扩版"。因此，讨论拉纳的兼并论观念时，不能像有些学者那样撇开"原本"而只提"匿名的基督徒"。实际上，拉纳兼容论观念的特征在于，在强调"天生基督徒"的前提下认可"匿名基督徒"的存在。

如前所述，人作为一种精神性的、有自由的、历史性的存在者，只要力求实

---

① ［德］拉纳著，朱雁冰译：《圣言的倾听者——论一种宗教哲学的基础》，生活·读书·新知三联书店1994年版，第182页。

现自己的先验本质，力求追究"毕竟在"，那他就是一个"天生的基督徒"，或更准确些说是一个"天生的天主教徒"。这是拉纳神学信念的基本结论。可这一结论非但不具有绝对的排他性，反而是对上帝的启示、恩典与拯救之普世性的论证。就天主教与其他宗教信仰的关系而论，虽然前者是启示的真正处所，是拯救的唯一途径，但这一处所或途径是开放着的，也就是说，并不排除其他宗教的信仰者也有得以拯救的可能性。

这主要是因为：一方面，不论人们是否以基督教的形式来倾听圣言，上帝的启示、恩典与拯救是无所不在的，是赐予生活在不同文化背景、历史境遇下的所有人的。另一方面，拉纳并不否认其他宗教也在不同程度上具有真理性与合理性。这表明其他的宗教信仰也内含着与上帝沟通的能力，它们的信仰者们也在有意识或无意识地寻求着上帝。所以，相对于"明确的基督教或基督徒"（explicit Christianity or Christians）而言，这些宗教可称为"匿名的基督教"，其信徒也是"匿名的基督徒"。

最后要指出的是，"匿名的基督徒"出于"原本"也必定归于"原本"。拉纳并不认为"匿名的基督徒"因有得救的可能而无认识圣言之必要。他始终强调，基督教是一种"历史性的宗教"，其历史性的起点就是拿撒勒的耶稣。因而，"匿名的基督徒"可比作生活于"基督教史前史"中的古犹太人和其他宗教的信徒。按《新约》的说法，他们在客观上可被拯救，但在主观上也要重建信仰，归顺耶稣基督。拉纳的兼并论在逻辑上最后坚持的是这样一个观点：匿名的基督徒有必要反省信仰的真谛。

对以前的匿名基督教来说，需要通过反省而得以自我实现，这种需要在于：（1）恩典和基督教有其"道成肉身"的与社会的结构；（2）对一个人来说，以一种更清晰、更纯正、更有效的方式来领会基督教，显然较之一个仅仅作为匿名基督徒的人有更大的可能性得以拯救，这在其他事情上也一样。①

第三节　关于宗教兼并论的学术批评

从思想源流来看，兼并论脱胎于排他论。所以，兼并论立场具有明显的两面性：一方面迫于现实，承认现存宗教信仰的多样性，其前提是神或上帝的启示、

---

① Karl Rahner, "Christian and Non-Christian Religions", in John Hick and Brian Hebblethwaite, eds., *Christianity and Other Religions*, Glasgow: Collins, 1980, pp. 76–77.

恩典与拯救的普世性；另一方面又固守传统，坚持启示、恩典与拯救的唯一性，宣称只有本宗教是绝对真实的，此乃收容其他宗教徒的绝对根据。不难想见，这种立场自然会遭到左右夹击，既受到多元论者的批判，也难免排他论者的指责。

尽管以拉纳为代表的兼并论只是貌似开放，略做让步，条件苛刻地承认其他宗教信仰的合理性，但在眼中只有本宗教的排他论者看来，任何退让或妥协都是对基督教传统的动摇甚至颠覆。如果像拉纳等人说的那样，其他宗教信仰也有一定的合理性，也包含真理的成分，那么，还有无可能把耶稣基督奉为信仰的唯一对象或绝对保障呢？更令基督教排他论者难以容忍的是，假如异教徒并不信奉耶稣基督，甚至对上帝启示一无所知，却照样能分享恩典并得到拯救，那么，还有无必要把福音传播当成一项神圣使命呢？说到底，若把此类说法当真，信基督教还有什么价值呢？

以上责难挑明了排他论者与兼并论者在宗教哲学认识论上的一个基本分歧，即如何处理"信仰的绝对性"与"认信的必要性"的关系。这种关系在基督教神哲学中可具体表述为："耶稣基督拯救人类的必然性"与"人们认信耶稣基督及其拯救的必要性"。兼并论者大多公开或暗地里承认，上帝的启示、恩典与拯救不仅具有唯一性而且具有普世性，其结果并不取决于人们是否认信。这可以说是兼并论者的立足点之一，也是为超越排他论立场而迈出的一步。排他论者则毫不退让，坚持把认信看做能否获得启示、恩典与拯救的必要条件。这样一来，他们便在尽力维护信仰的唯一性的同时留下了舍弃普世性的弊端。

与排他论者相比，多元论者和兼容论者并不驻足于某种宗教的传统立场，而是对兼并论施以学理批判。不论拉纳等人如何铺垫或怎么解释，"匿名的基督徒"或"准基督徒"（pre-Christians）之类的提法已被看做兼并论的核心概念和特色理论。在批评者看来，这种概念及其理论难免导致一场逻辑混乱。

既然兼并论者不否认宗教信仰的多样性，也承认诸多宗教传统并存的合理性，那么，所谓"匿名的基督徒"很有可能演绎成普遍适用的"托词"，既可被各种宗教用以自我辩护，也可用来相互指责。正如基督教徒可自称"本传统是唯一真实的"，而把其他宗教徒看成"沾有上帝恩典的匿名的基督徒"，为什么穆斯林不能认为"绝对真理在自己手里"，并把基督徒、犹太教徒、印度教徒、道教徒等统统称为"匿名的伊斯兰教徒"呢？若按这种逻辑推演下去，便有了"匿名的犹太教徒"、"匿名的印度教徒"、"匿名的佛教徒"、"匿名的道教徒"、"匿名的儒教徒"……如此后果显然无益于跨信仰、尤其是跨文化的宗教对话，最多是为各宗教的自我封闭、相互排斥提供了一种时髦的口实。

上述逻辑混乱还会引出一个问题。若像兼并论者主张的那样，只有某种特定的宗教传统是绝对真实的，即便其他的宗教徒闻所未闻也不会错失启示、恩典与拯救，为何还要把他们称为"匿名的 X 徒"呢？为何还要费劲证明兼并论，设法改变他人的宗教信仰呢？对于此类问题，尽管拉纳等人一再论证，就信仰与真理的普世性力陈诸多理由，可这些理由似乎并不足以消除"匿名的基督徒"之类概念及其理论的逻辑缺陷。问题恐怕在于，兼并论不过是排他论的"嫡亲"，浑身上下仍透露出强烈的"本宗教优越感"。这种优越感在希克的笔下被喻为"帝国主义气息"，他指出，这是兼并论立场的本质使然。

"这一立场承认，拯救的过程在世上每一个宗教内外发生，但又坚持无论在哪里发生的拯救过程都是基督之功。依此论之，拯救依赖于耶稣在骷髅地的赎罪之死，他的死所带来的益处不仅仅限于基督教，原则上也适用于全人类。因此，其他世界信仰的人民也可以被包括在基督教的拯救之内。用卡尔·拉纳很有名的用语说，他们可以是'匿名基督徒'。许多兼并主义者想必对这个听起来具有帝国主义气息的用语感到不舒服，但他们的立场本质上与拉纳一样，即无论在哪里，也无论在何时获得拯救，都属于基督教的拯救，所以被拯救的犹太教徒、印度教徒、佛教徒等都为基督所拯救，而且也只能由基督拯救，无论他们知不知道他们的拯救之源。"①

关于兼并论者怀有的"本宗教优越感"，汉斯·昆则远溯宗教史，追至古老的印度宗教传统。他指出，按这种传统观念，各类宗教经验均属普遍真理的一部分，或处于不同的层次；别的宗教并非不真实，而是初级的、简单的；因此，通过回忆神秘经验，可形成一种更高级的知识，这便是本宗教。

其结果是，某个人自己的宗教被拔高为一种超级的体系，而其他任何一种宗教实际上都被贬成了某种关于真理的低级的或局部的知识。于是，其他任何一种宗教便作为低级阶段或局部真理而被并入他自己的体系了。其他宗教徒或许有的任何特殊的要求，统统被他否定了。实践证明，这种看似宽容的做法，是"一种拥抱式的征服"，"一种先承认我的合法性才进行的合作"，"一种靠贬损别人使其丧失身份而实现的兼并"。②

由此来看，以拉纳为代表的兼并论不过是上述传统观念的变异，因为所谓的"匿名基督徒"实质上就是主张"基督教优越论"，其立论在于：只有本宗教——天主教才是真正的。像这样一种强烈的"本宗教优越感"势必推行一种"霸权主义的对话逻辑"。

---

① [英]希克著，王志成、思竹译：《信仰的彩虹——与宗教多元主义批评者的对话》，江苏人民出版社 1999 年版，第 22～23 页。

② Hans Küng, *Theology for the Third Millennium: An Ecumenical View*, New York, N.Y.: William Collins Sons & Co., Ltd and Doubleday, 1988, pp. 235-236.

对那些不是基督徒也不想成为基督徒的人来说，他们的意志并没受到尊重，而是按着基督教神学家的兴趣来解释的。然而，环顾这个世界，没人能找到这样一个严肃的犹太人、穆斯林、印度教徒或佛教徒，他或她不会感到下述说法太傲慢自大了：你是"匿名的"，而且是个"匿名的基督徒"。这么说不但滥用了"匿名"一词，好像所有那些人并不知道他们自己是谁似的，而且这样一种投机取巧地把对话伙伴视为囊中之物的做法，势必在对话开始前就收场了。我们绝不能忘记，其他诸多宗教的追随者们应该照样得到尊重，而不能按着某种基督教神学来强行收编。①

---

① Hans Küng, *Theology for the Third Millennium: An Ecumenical View*, New York, N. Y.: William Collins Sons & Co., Ltd and Doubleday, 1988, p. 236.

第十三章

宗教多元论的对话模式

第一节 宗教多元论的出发点

宗教多元主义认为，世界各大信仰是十分不同的，但就我们所能分辨的而言，它们都是我们称之为上帝的终极实在在生活中同等有效的理解、体验和回应的方式。彩虹是由地球大气折射成壮丽彩带的太阳光，我们可以把它视为一个隐喻，把人类不同宗教文化解释为对神性之光（divine light）的折射。[①]

这是希克所做的解释。前面提过，希克是当代英美最有影响的宗教哲学家之一，被公认为宗教多元论的倡导者。为什么要主张宗教多元论呢？希克曾这样来回应批评者：宗教多元论的出发点并非某种抽象的理论，而是具体的现实，这就是世界上宗教信仰的多样性。

希克对于有关批评意见的回应，主要见于《信仰的彩虹——与宗教多元主义批评者的对话》。该书开篇讨论的就是宗教多元论的出发点问题，希克称之为"从共同的基点出发——世界各大宗教"。他指出，对西方学者来说，理解世界各大宗教的条件逐渐形成于过去的300年间。通过17、18世纪的欧洲启蒙运动，

---

① ［英］希克著，王志成、思竹译：《信仰的彩虹——与宗教多元主义批评者的对话》序言，江苏人民出版社1999年版，第2页。

西方学者认识到，世界上有诸多伟大的文明，像中国文明、印度文明和伊斯兰教文明等；基督教只是世界几大宗教之一。这就在知识分子中形成了普遍性的宗教观念，基督教则被看做一种特定的宗教形态。第二次世界大战后，上述观念广为流行，主要原因有以下几点：

（1）关于世界宗教的信息，在西方读书界可谓"大爆炸"。一流的学术著作都有平装本，使普通读者便于了解到形形色色的宗教形态，诸如印度教、犹太教、佛教、耆那教、道教、儒教、伊斯兰教、锡克教、巴哈依信仰，以及非洲、北美、南美等地区的原始宗教或地方宗教。

（2）交通便利，旅游发达。大量西方人到非基督教国家观光，亲眼目睹了其他宗教的重要影响。例如，佛教在泰国人民生活中已成为一种和平力量，印度教徒对神圣者的强烈意识，伊斯兰教文明的建筑奇迹等。

（3）第三点也许最重要，这就是大量东方移民来到西方各国，其中有穆斯林、锡克教徒、印度教徒、佛教徒等等。例如，目前北美约有400万～500万穆斯林，欧洲也多达500万。与其他宗教信徒相处，我们普遍发现，穆斯林、犹太教徒、印度教徒、锡克教徒、佛教徒等和基督教徒一样，诚实、可敬、富有仁爱心和怜悯感。或者说，与基督教徒比，其他宗教信徒既不好也不坏，大家都有善有恶，彼此彼此。

希克强调指出，世界上的各大文明都源于不同的信仰，各种文明里都存在大量的善与恶，因而我们不可能用某种评价标准来确认某种文明或某个宗教的道德优越性。善与恶是不可通约的，所以，我们很难权衡两种罪恶现象。譬如，长期统治印度的种姓制度和长期统治欧洲的等级制度，诸多佛教、印度教或伊斯兰教国家的贫困和许多基督教国家对资源环境的破坏，加尔各答、曼谷或开罗的诸多社会问题和纽约、巴黎或伦敦的暴力、吸毒、贫困等。当然，我们很容易从其他文明里找出某些明显的罪恶现象，再从本文明里挑出某些善行义举，但这种比较方式是不诚实的。

事实是这样的，你完全可以在另一历史线索中指出种种恶，也可以在自己的历史中同样合理地指出与之不同却大致相当的恶。我们必须把世界宗教看做巨大而复杂的宗教—文化的整体，每一个宗教都是种种善恶的复杂混合体。这样看待世界宗教时，确实会发现我们无法客观地使它们各自的价值观和谐一致，总是会偏这偏那。我认为，我们只能得出否定性结论：要确立某个世界宗教独一的道德优越性，这是不可能的。①

---

① ［英］希克著，王志成、思竹译：《信仰的彩虹——与宗教多元主义批评者的对话》，江苏人民出版社1999年版，第16页。

第二节　思想资源与哲学论证

一、东方宗教的思想资源

虽然宗教多元论与欧洲启蒙运动的理性主义精神有联系，也深受地球村或全球化的影响，但此种观念并非近现代西方文化的产物，而是有其更古老的思想资源。关于这一点，希克主要举了两方面的例证，即伊斯兰教苏菲派和印度宗教传统中的多元论思想。

早在13、14世纪伊斯兰教苏菲派就有了多元论观点。苏菲派相信，"神性之光"折射于人类的诸多透镜。例如，伊本·阿拉比（Ibn al-Arabi）说，莫让自己固执某个具体的信条，否则其他的一切你都不信了；作为万有者和全能者的上帝，绝不会把他自己局限于某个信条，因为《古兰经》里教导，"无论你转向哪方，那里就是真主的方向。"又如，苏菲派多元论思想的杰出代表鲁米（Jalal ul-din Rumi）说：

印度教徒做印度教徒的事，印度达罗毗荼的穆斯林做他们自己的事。这些都可赞可行。崇拜中所荣耀的不是我而是崇拜者！

不同的灯，相同的光。①

希克对印度宗教传统做过长期研究，他较为全面地梳理了其多元论思想的源流。按照《吠陀》的教导，"实体唯一，圣人异名"。《薄伽梵歌》里说："谁要是皈依我，我就会把他接受。"到15世纪，印度宗教里已出现了成熟的多元论观点。例如，锡克教的缔造者古鲁那纳克（Nanak）认为，既没有什么印度教徒也没有所谓的穆斯林，因为真正意义上的上帝崇拜者是合为一体的。因此，后来成文的锡克教经典《阿底·格兰特》（Adi-Granth）不但包括古鲁的早期论述，而且收有印度教、伊斯兰教等先知圣贤的言论。其中，有一位非锡克教徒的多元论观点尤为突出，他就是印度教虔诚派领袖、诗人伽比尔（Kabir，1440—1518）。

伽比尔的多元论观念深受家庭背景影响，其父是穆斯林，母亲信印度教，这使他对穆斯林和印度教徒都抱尊重态度。但更重要的是，他的哲学思想融合了伊

---

① 转引自［英］希克著，王志成、思竹译：《信仰的彩虹——与宗教多元主义批评者的对话》，江苏人民出版社1999年版，第42页。

斯兰教苏菲派的神秘主义和印度教的吠檀多理论。伽比尔认为，神或上帝虽然超乎于形象，但在人的眼里却有千百种形象。

梵神让他的语言适合于听者的理解力。

如果上帝在清真寺，那么这世界属于谁呢？如果罗摩在你朝觐中见到的神像里，那么谁去认识没有发生的事呢？哈里（Hari，即主，上帝）在东方也即在西方。看看你的心，因为你在那里发现克里莫（Karim）、罗姆（Ram），所有的男男女女都是主的生命形式。①

印度宗教传统中的多元论观念源远流长，使统治者或政治家深受熏陶。例如，莫卧尔帝国国王阿克巴（Akbar）处理诸种宗教的关系时，就很有普世精神。更典型的是圣雄甘地（Mahatma Grandhi），他深信，宗教多元主义不仅适合于印度和世界，而是可喻为"和平的基石"。

没有一种信仰是十全十美的。所有信仰对其信徒都同等亲切。所以，所需要的是世界各大宗教的追随者之间友好相处，而非代表各个宗教共同体为了表明其信仰比其他宗教优越而彼此冲突……印度教徒、穆斯林、基督徒、琐罗亚斯德教徒、犹太教徒都是方便的标签。但当我将这些标签撕下，我不知道谁是谁。我们全都是同一位上帝的孩子。②

二、理论假设与哲学论证

在《神与信仰的宇宙》这部名著里，希克用一个古老的东方传说——"盲人摸象"，深入浅出地表明了宗教多元论的理论假设。

一群盲人从未见过大象，有人把一头大象牵到了他们跟前。第一个盲人摸到了一只象腿，就说大象是一根活动的大柱子；另一个摸到了象鼻子，便说大象是一条大蛇；下一个盲人摸到的是一只象牙，就说大象像是一只尖尖的犁头。就这样，他们一个个地摸着讲着……当然，他们都是对的，可每个人提到的只是整个实在的一方面，而且都是以很不完美的类比表达出来的。③

怎么评价这群盲人的不同说法呢？希克指出，我们显然无法断定哪一种说法

---

① 转引自［英］希克著，王志成、思竹译：《信仰的彩虹——与宗教多元主义批评者的对话》，江苏人民出版社1999年版，第41页。
② ［印］甘地：《基督对我意味着什么》，转引自希克著，王志成、思竹译：《信仰的彩虹——与宗教多元主义批评者的对话》，江苏人民出版社1999年版，第40页。
③ John Hick, *God and the Universe of Faiths*, London: Macmillan, 1977, p. 140.

是"绝对正确的",因为并没有"某种终极的观点"可用来裁判众盲人对大象的不同感受;同样,就真理观、神性观或终极实在等根本问题而言,我们对各大宗教传统的不同见解也不妨作如是观,因为从这个古老的传说似乎不难悟出这样的道理:我们,也就是所有的人,关于上述根本问题的认识和表述,犹如"众盲人的感受和说法",都深受个人观念和文化背景的重重限制。

在《宗教哲学》(第3版)和《宗教之解释》等著作里,希克对上述假设做出了较为充分的哲学论证。他的论证主要是从下述两方面展开的。

1. 一种普遍区分:两种实在

希克首先指出,有一种根本性的区分普遍见于各大宗教传统、特别是那些神秘化的教派或教义,这就是两种不同意义上的"实在":"实在、终极或神性本身"(the Real or Ultimate or Divine an sich)和"人类所概念化或经验到的实在"(the Real as conceptualized and experienced by human beings),或简称"实在本身"和"经验的实在"。这一普遍性的区分意味着:作为终极的实在是"无限的",而"无限的终极实在"显然是超出人类的思想和语言能力的。正因如此,人所崇拜的对象,如果是"可经验的"或"可描述的",并非指作为终极的、无限的"实在本身",而是指"那种与有限的感知者处于关系中的实在"。为说明上述区分,希克提供了多方面的例证。

例如,印度佛教区分了"无属性的梵"(nirguna Brahman,旧译"无德的梵")与"有属性的梵"(saguna Brahman,旧译"有德的梵"),前者因无属性而超越于人类思想范围和语言能力,后者则指人们能经验到的"自在天"(Ishvara),即整个宇宙的创造者与主宰者。

又如,《道德经》一开篇就讲:"道可道,非常道。"犹太教神秘主义哲学则以"绝对的、无限的上帝"(En Soph)区分于"圣经中的上帝"(the God of Bible),认为"绝对的、无限的上帝"是人所不能描述的神圣实在。而在伊斯兰教的苏菲派那里,有个概念类似于"绝对的、无限的上帝",即"真主"(Al Haqq),它作为实在本身所指的就是,潜藏于"自我启示的安拉"背后的神性渊源。

再如,此类区分在基督教神学家或哲学家那里也可找到很多例证。著名的神秘主义神学家、哲学家爱克哈特(Meister Johannes Eckhart)区分了"神性"(Deitas)与"上帝"(Deus)。加尔文明确指出,我们不知道上帝的本质,只知道启示给我们的上帝。蒂利希提出了一个概念,"高于一神论之神的神"(the God above the God of theism)。怀特海(A. N. Whitehead)及其过程神学的阐释者就"上帝的两种质"作出了区分,即"原初的性质"与"后来的性质"(the primordial and consequent natures of God)。最近,哈佛大学教授考夫曼(Gordon Kaufman)又提出了"两种神"的概念,即"真正的神"(the real God)和"可交通的神"(the available God),前者意指"从根本上不可知的 X",后者则"本质上属于某种精神的或想象的建构"。

关于上述区分,希克有下引两段重要的解释。第一段出自《宗教哲学》,阐明了此类区分的哲学根据和文化原因;第二段见于《宗教之解释》,指出了这种概括对理解各大宗教传统的重要意义。

如果我们假定实在是一,而我们人类关于实在的感知却是多种多样的,我们便有根据做出这样一个假设:不同的宗教经验之源流所表示的是,对同一无限的、超验的实在的形形色色的意识,也就是说,实在之被感知所以有诸多特殊的不同方式,是因为不同的文化史业已或正在形成不同的人类心智。①

运用实体本身与为人所思考和体验的实体之间的这一区分,我要从主要的不同的人类生存方式内部来探讨多元论假设,即世界各大信仰体现了对实体不同的知觉与观念,以及对实体做出相应不同的回应;并在每一种方式中,都发生了人类生存从自我中心向实在中心的转变。因此,应该把这些传统都视为可供选择的救赎论上的"空间"或"道路",在这些"空间"中或沿着这些"道路",人们能够获得拯救/解脱/最后的实现。②

2. 宗教哲学论证:阐释康德

希克进而认为,前述区分印证了这样一种普遍接受的认识论假设:认识者的意识形式总是受其概念影响的,所以,被认知的内容难免掺有认识者的建构成分。同样,由于信仰者的认识模式来自不同的信念体系,在诸多宗教传统里便形成了不同的"实体意识"。上述认识论原则正是康德哲学留下的重要启发。

在康德看来,就认识主体与认识对象的关系而言,我们的知觉并非被动的记录,而是一个能动的过程,即依据某些概念或范畴来解释感知材料的意义。据此,康德在认识论上提出了两个基本概念,"物自体"与"现象",前者指"本体的世界",即我们无法认识到的"世界本身"(the world as it is an sich),后者则指我们能认识到的"现象的世界",也就是"向人类意识显现出来的世界"(the world as it appears to human consciousness)。

希克解释道,所谓的"现象世界"就是指人所经验到的"本体世界",因为按康德的说法,形形色色的感性经验是通过一系列范畴而统一于人类意识的。这样一来,人所感知到的外界便是一种"共同的产物"(a joint product)了,即世界本身与感知者的选择、解释和统一的结合。尽管康德主要是在心理学意义上探

---

① John Hick, *Philosophy of Religion*, third edition, p. 119.
② [英]希克著,王志成译:《宗教之解释——人类对超越者的回应》,四川人民出版社1998年版,第281页。

讨人类意识的,可他的基本原则同样适用于生理学意义上的反思。譬如,光波、无线电波、红外线、紫外线、X射线、伽马射线等,虽然无时不在波及人们,可我们的感官能反映的只是很小的一部分。同时,人的经验又停留于一定的宏观或微观水平。我们所经验到的一张桌子,从微观角度来看犹如一个复杂的宇宙,是由不断高速运动着的电子、原子、夸克等构成的。这表明"世界本身"是错综复杂、丰富多彩的,而人的经验不过是一种特殊的选择,也就是人特有的生理器官与心理资质所能感知到的。

以上解释表明,康德所划分的"本体世界"与"现象世界"具有普遍的认识论意义。希克认为,如果能用康德的观点来解释"终极实在"与"人们对于终极实在的不同意识",那么,我们不但可以说,"神性的本体"是唯一的,而"神性的现象"是多样的,还可以提出这样一种假设:"神"(God)和"绝对"(the Absolute)是两个基本的宗教概念,人们往往是借助二者之一来经验"实在本身"的。这里的"神"一词就是指,人们所经验到的"实在本身"是"有位格的",这个概念所统辖的是各种形式的一神论宗教;所谓的"绝对"则是指,人们所经验到的"实在本身"是"无位格的",它在各种形式的"非一神论的"(nontheistic)宗教信仰中占主导地位。这两个概念的具体化,便形成了这样或那样的"神的意象"和"绝对观念"。

具体而言,有关神的诸多意象是在不同的宗教历史中形成的。例如,希伯来文《圣经》里的雅赫威(Jahweh),是和犹太人的历史相关的,不可能把他从这种特殊的历史关系中抽象出来。又如,印度教徒所崇拜的"黑天"(Krishna),完全不同于雅赫威,他不但存在于另一个宗教信仰群体,而且具有不同的宗教精神气质。如果再比较一下湿婆(shiva)、安拉、耶稣基督等,也不难得出相同的结论。以上所有这些关于神的意象都有不同的"位格",而"神圣实在"正是以这些不同的位格才在不同的宗教生活源流中被人们所思想、所经验到的。

这些不同的位格在部分意义上是神圣实在在人类意识里的具体化,在另一部分意义上则是人类意识本身的具体化,因为人的意识是由特殊的、历史的文化形成的。从人这一端来看,它们是我们关于神的不同意象;从神性的一端来看,它们是与人类的不同信仰历史相关的神之位格。①

希克认为,上述结论同样适用于那些以"非位格的"形式出现的"绝对观念",也就是人们在那些"非一神论的"宗教信仰中所经验到的终极实在,例如,梵、涅槃、空、法、法身、道等。因为按照前述假设,这些观念所经验到的无非是同一个无限的、终极的实在,只不过它们所借助的是不同的概念形式,即

---

① John Hick, *Philosophy of Religion*, third edition, p. 120.

"非位格的终极实在"。综上所述,希克指出:

> 作为有别于彻头彻尾的怀疑论的一种选择,下述假设是可行的也是有吸引力的:世界上的诸多伟大的宗教传统所体现的是,人类对同一个无限的、神圣的实在的不同的感知与回应。①

第三节 关于宗教多元论的学术批评

一、宗教保守势力的批评

革新与守成,总是存在张力的,这在宗教领域反映得尤为强烈。希克所提倡的宗教多元论致力于宗教哲学观念革新,无疑会遭到各种保守派势力、特别是排他论者的激烈批评,而且此类批评首先来自本宗教传统内部。在基督教排他论者看来,希克作为一个信仰基督教的学者,竟然高谈阔论多元主义,其言行可谓离经叛道。为什么这么说呢?《圣经》是基督教信仰的唯一根据,它所记载的神圣启示和基本教义具有毋庸置疑的绝对权威。而希克等人却主张各种宗教平等对话,依据各自经典来共求终极实在,这岂不是对《圣经》及其神圣启示的贬低,对根本教义的背叛吗?

例如,"道成肉身"是基督教信仰的一块基石。而希克为使宗教对话成为可能,竟用"终极实在"取而代之。为此,他援引康德的物自体思想,大谈特谈"神性的本体"与"神性的现象"两相分离,将耶稣基督与其他宗教的信仰对象相提并论。按照正统神学观点,这种错误言论不仅仅是在讨好异教徒,而且从根本上否定了神圣启示的权威性和至上性。关于这一点,神学家格雷斯在与希克的辩论性对话中明言相告:

> 我想,最基本的批评是:把世界宗教描述成对实体/终极者/神圣者的不同回应这种观点,是和基督教把自己确立为唯一完全的真宗教这种观点不相容的。因为多元主义观点否定基督教作为上帝"道成肉身"的普遍的中心地位。正如你已指出的,如果我字面上理解上帝亲自在耶稣里,这种启示从性质上说是权威的、最后的、标准的,在此世,没有一种启示可与之并列或超越它。②

---

① John Hick, *Philosophy of Religion*, third edition, p. 121.
② [英]希克著,王志成、思竹译:《信仰的彩虹——与宗教多元主义批评者的对话》,江苏人民出版社1999年版,第138页。

又如,"拯救"是基督教信仰的另一个核心教义。正统神学认为,只有相信作为"救主"的耶稣基督,才能得救。所以说,"教会之外无拯救"。而希克热心于宗教现象学,把"拯救/解脱"描述为"世界历史轴心期后各大宗教的普遍特征或基本结构",并旁征博引地加以论证。这种做法显然令基督教排他论者难以容忍。在他们看来,希克的引证不仅贬损了上帝启示,而且大肆肢解经文。这主要表现为两点:其一,为迎合其他宗教经典,希克引用的经文多是关于"普世救恩可能性"的,从根本上忽视了"何以才能得救"、"最终能否得救"等重要论断;其二,上帝拯救人类的目的在于扬善惩恶,在《圣经》里"救赎论"是与"地狱说"不可分割的,后者同样是神圣公义的体现,希克等人却视而不见这方面的大量经文,一味夸大上帝的博爱,这不能不说是一种支离破碎的神性观。

总之,在基督教排他论者的眼里,希克倡导的宗教多元论罄竹难书,他们的激烈抨击不必罗列下去,因为希克一向对自己的离经叛道立场直言不讳,不过他曾在"奥伯恩讲座"上留下了这样一段话:

我承认,我要演讲的内容在基督教世界许多保守的人看来是削弱了基督教信仰,是异端思想,背叛了基督教。同样真实的是,非常保守的基督徒在这一问题上所持的某些观点在其他人看来不再站得住脚。但我们不得不以基督之爱彬彬有礼地、充满希望地倾听对方。这次讲座作为对正在进行的争论的一种推动,希望我能为宗教多元主义思想提出种种理由,而非简单地肯定它们,那些反对多元主义思想的具体论证在我看来是错误的,但我也不是简单地加以拒斥。①

二、本体论和认识论批评

宗教排他论者的批评注定专注于某个宗教的具体教义。与此相比,更值得我们重视的还是关于宗教多元论的学理批判。虽然大家公认宗教对话之所以能成为"晚近宗教研究的大气候",其学术动因主要来自顺应多元化的文化现实而形成的宗教多元论,但越来越多的学者意识到,宗教多元论不仅对各个宗教的传统教义构成了严峻挑战,而且在本体论和认识论上提出了诸多难题。归纳起来,首先值得推敲的问题在于:能否就所谓的"终极实在"做出真理论断呢?各宗教传统又是如何表达其真理观的呢?

围绕上述问题的学理之争,可从希克的著名比喻——"盲人摸象"说起。如前所述,希克师承康德哲学的"物自体理论",曾借"盲人摸象"这个古老传

---

① [英]希克著,王志成、思竹译:《信仰的彩虹——与宗教多元主义批评者的对话》,江苏人民出版社1999年版,第12页。

说来生动地阐释宗教多元论的学理依据,即把"神性的本体"比作"大象",把能经验到"神性的现象"的宗教徒喻为"众盲人"。这个比喻旨在说明,"神性的本体"是"先验的",而"神性的现象"则属"后验的";"神性的本体"固然不二,但人们所经验到的"神性的现象"却是多种多样的,因为任何宗教经验及其表达都不可能游离于"诸多宗教传统和文化源流",即不可能不被打上"个别的、历史的、尤其是文化的烙印";所以,各种宗教理应相互尊重、平等对话,交流经验,共同探究"终极实在"。

以上比喻及其论证是否得当呢?能否导致反面结论呢?在批评者看来,不仅这个比喻不当,其论证更糟糕。众盲人摸大象的结果,非但不能说明他们的感受都是对的,反倒证实他们的说法全都错了,因为大象就是大象,并非"一根柱子"、"一条大蛇"、"一只犁头"等,即使局部感觉真实或局部感觉相加,其结果也必错无疑。在事关重大的信仰问题上更是如此。除非有人能说清楚"终极实在"是什么,我们对此便一无所知,而希克等人的多元论假设便属无稽之谈。质言之,假如信仰者真的犹如"众盲人",那么,他们就"终极实在"和"终极真理"进行的对话,只能是"一通瞎说"。这种批评尽管尖刻,可毕竟在真理标准、信仰立场、信徒身份等重要问题上不失警示作用。

争论远远不止于此。如果以上批评意见能成立的话,激进的宗教多元论者很可能走向一种可怕的结局,即重蹈不可知论的覆辙。宗教多元论的形成及其广泛影响,既为诸种宗教之间的对话铺平了道路,也为有神论者与无神论者的对话打通了渠道。从晚近动向来看,后一方面的对话日渐活跃,话题也越来越丰富,广泛涉及宗教与哲学、科学、艺术、道德、政治、经济和生态等。保守的批评者们对此动向深感疑虑。他们认为,面对传统性与现代性的矛盾、特别是现代文化的诸多问题,尽管有神论者有必要和无神论者进行对话,但这两类人在基本信念和终极真理上有什么可交流、可沟通的吗?譬如,犹太教徒、基督教徒和伊斯兰教徒是典型的一神论者,而虚无主义、科学主义者或人道主义者则否认神或上帝的存在。因而,若像激进的多元论者那样,恭请这两类人围着圆桌坐下来,就"终极实在及其经验"争来争去,其结果会如何呢?不难预料,多元论者发起的"无党派无原则对话论坛"上又多一类"盲人",按照希克提议的辩论规则,谁都无权(或不如讲,没有能力)道明:"终极实在"到底是什么?既然如此,宗教多元论者距离不可知论还有多远呢?

综上所述,正如一位批评者指出的那样,以希克为代表的宗教多元论者很有可能陷入"二难境地":假如"神性的本体"与"神性的现象"是"非同一的",因而,就神或终极实在本身而论,任何人都不可能形成明确观念,也不可能加以言语表达,那么,所谓的有神论与无神论还有什么界限可言呢?反之,如果神或终极实在本身既可经验又可描述，那么，无论信仰者还是批判者都不会如同盲人，因为他们可以做出明确的判断和理智的选择。①

在上述批评意见的基础上，汉斯·昆进一步指出了宗教多元论的主要理论缺陷，即"相对主义的真理观"。前面提到，希克把宗教对话的"根本问题"归结为：各宗教间相冲突的、绝对化的真理观。汉斯·昆认为，激进的宗教多元论者在此问题上可谓矫枉过正，走向了另一极端，即无原则地主张各宗教都是真实的，或者说，所有的宗教都一样真实。他对此提出了以下三点批评：

首先，如果真对各种宗教有所理解，绝不会认为它们完全一样，否则的话，便会掩盖诸宗教间的区别和矛盾。事实上，即使同一种宗教也是不断变化、日趋复杂的。其次，不可能靠某种普遍的或基本的神秘感受来解决宗教真理问题，因为从来就没有孤立的宗教感受或"独立于解释的"宗教经验，也就是说，任何宗教经验都深受传统及其表现形式的影响。再其次，只要以为所有的宗教在原则上一样真实，便会否认宗教信仰失误和人类道德低落的可能性。宗教信仰与人有关、岂能没有过失？宗教信仰十分复杂，包括教义、神话、象征、启示、忏悔、仪式和权威等。就所有这些内容或形式而言，能说印度教、佛教、伊斯兰教、犹太教和基督教都同样真实吗？显然不能！感受者所处的现实绝对不能保证被感知事物的真实。因而，所谓的"宗教经验"有真有伪；轻信魔术、巫师或奇迹与相信上帝、拯救或解脱不可相提并论；我们没有理由谈论"宗教经验同等真实"。这个结论不仅适合各种宗教而且适合同一宗教。

据此可以断定，如果说保守的宗教排他论者在真理标准问题上固执绝对主义，激进的宗教多元论者则倒向了相对主义。汉斯·昆提醒大家，这两个极端都应该避免。

连同排他论者的绝对主义，我们还须避免这种令人丧失选择能力的相对主义，它把所有的价值和标准统统化作无关紧要的事情了。顺便一提，莱辛也持这种观点②。因为这种任人随意的多元论在莱辛时代只是悄然露头，而如今却时髦

---

① See Peter Geach, "John Hick's Philosophy of World Religions", *Scottish Journal of Theology* 35, no. 4, 1982.
② 这里需要说明，汉斯·昆关于"普世性的真宗教标准"的讨论着笔于这位18世纪的伟大戏剧家的宗教观。根据其晚年剧作《智者纳旦》（1779）里的主要人物对白，汉斯·昆指出，莱辛早就在宗教真理问题上提出了一种实用主义的解决办法：面对不同的宗教，如果不能从理论上辨明真理，那么，只有靠实践经验了，"让每个人致力于他心中未腐败的、无偏见的爱！"汉斯·昆的解释符合该剧的主题。在西方戏剧史上，《智者纳旦》以思想深刻著称，被誉为"极富象征意义的戏剧诗"。剧中的主要人物都有亲属关系，但宗教信仰不同，这种复杂的血统与信仰关系旨在喻明：从道德基础来看，犹太教、基督教和伊斯兰教都赞美"爱"，所以，"爱"可谓"人类大家庭的真宗教信仰"，各个成员理应宽容友爱。从汉斯·昆的整个论述来看，他从莱辛那里引出话题，首先是为了批评詹姆斯等人的实用主义态度，接着再来审视几种宗教对话立场，提出一种更有建设性的宗教真理观。

了，在知识界流行起来，它对诸宗教不分"我的他的"，一概认同，这样一种观点与其求教于莱辛，不如求助于宗教冷淡主义，即认为所有的宗教立场和抉择都一样，免得自找麻烦"分辨诸多精神"。①

　　说到这里，有必要消除一重疑虑：这么强烈地责难宗教多元论，是否会扼杀"平等对话的真诚态度"呢？品味希克的论著可留下深刻的印象：以诚相待，平等对话，疾呼各宗教"化干戈为玉帛"，这是宗教多元论者的初衷；如果再考虑到其倡导者所处的西方宗教传统和文化氛围，多元论先行者的开放精神便值得钦佩了。但是，有关学术批评并非冲此而来的。汉斯·昆等人的批评另有一番意味，即警示那些过激的宗教多元论者小心落入"相对主义真理观的陷阱"。诚如越来越多的学者意识到的那样，宗教对话并非仅仅流于平等态度，而是关乎"信仰与真理"；因而，能否真诚或平等地对待其他宗教是一回事儿，是否认同某种或诸多宗教则是另一回事儿，这便意味着"真诚和平等"并不能成为宗教多元论的充足理由。

---

① Hans Kung, *Theology for the Third Millennium*: *An Ecumenical View*, New York, N. Y.: William Collins Sons & Co., Ltd. And Doubleday, 1988, p. 235.

第十四章

宗教兼容论的对话模式

第一节 第四种宗教对话模式

英美宗教哲学界一般认为,现有的宗教对话立场或观念主要有三种,即前三章所评介的宗教排他论(religious exclusivism)、宗教兼并论(religious inclusivism)和宗教多元论(religious pluralism)。此种看法被称为"关于宗教对话立场或方法论观念的类型学分析"。① 所谓的"类型学分析",总是要全面把握研讨对象的。从近十几年的宗教对话理论及其实践动态来看,上述关于三种类型的考察分析已显得不够全面了。前面提到,宗教兼并论主要被看做天主教神哲学家自"梵二"会议以后采取的一种对话立场。在以往研究中,除了拉纳,汉斯·昆也因其早年追随拉纳而被列为宗教兼并论的主要代表人物。可汉斯·昆的思想变化表明,他所倾向的宗教对话立场日渐远离拉纳的宗教兼并论,若以他起草的《全球伦理宣言》为标志,可以说,汉斯·昆的宗教对话主张已成为有代表性的

---

① 英美同行大多认为,从方法论上来梳理出这三种主要的宗教对话立场或观念,并使此种类型学分析得到普遍认可,主要应归功于德科斯塔《神学与宗教多元论——来自其他宗教的挑战》(Gavin D'Costa, *Theology and Religious Pluralism: The Challenge of Other Religions*, Basil Blackwell Ltd, 1986)一书的研究成果。但希克说明,此种类型学分析最早见于雷斯的《基督徒与宗教多元论》(Alan Race, *Christians and Religious Pluralism*, 1983),所以德科斯塔并非其原创者(参见希克:《信仰的彩虹——与宗教多元主义批评者的对话》,中译本,第34~35页,注④)。

一家之言——宗教兼容论（religious compatiblism）。①

按照汉斯·昆的解释，宗教兼容论的基本主张有这样几点：（1）就宗教史而言，应当承认多种真正的宗教并存，它们的目标可谓殊途同归；（2）就某个真正的宗教而言，既应该积极承认其他宗教的真理性，又不能无保留地认可其真实性，这样才能在坚持信念的前提下取长补短，友好竞争；（3）就宗教真理而言，任何一种宗教都没有垄断权，只有神或上帝才拥有全部真理；所以说，诸种真正的宗教都在"朝觐途中"，不应该争执"我的真理"或"你的真理"，而应当开放观念，互相学习，分享真理。②

上述理论主张在汉斯·昆那里经历了一个耐人寻味的形成过程，即从带有强烈的基督教护教论色彩的兼并论立场，转向了以全球伦理为实践尝试的宗教兼容论。让我们来简要考察一下，这个观念转变过程是如何实现的。

一、早期的宗教兼并论立场

"梵二"会议之前，30岁出头的汉斯·昆就活跃于欧洲神学界，为天主教会的开放改革大造舆论。"梵二"会议初期，他被教皇任命为官方神学顾问，参与了会议文件起草工作，但不久便因大量革新言论、尤其是对"教皇永无谬误论"的质疑而屡遭批评和警告。1979年12月12日，德国主教会议宣布，取消汉斯·昆的杜宾根大学天主教神学院教授资格；6天后，罗马教廷信理部发表通告，裁决汉斯·昆的很多观点违背了基本教义，造成信众思想混乱，已不适合继续教书育人。这对一个天主教神学家可谓灭顶之灾，但历经这场打击后，汉斯·昆的护教论立场不但没有动摇，反倒愈发坚定，这就是决不屈从于罗马教廷的绝对权威，敢于回应现代文化的严峻挑战，通过犀利的神哲学批判来重新阐释基督教信仰的真实含义。这种护教论立场反映于汉斯·昆写于20世纪60年代~80年代间的一系列力作，像《教会的结构》、《何谓教会?》、《没有谬误吗?》、《做

---

① 这里有必要说明一个翻译问题。我国学者的有关论著里，一般都把"religious inclusivism"译为"宗教兼容论"或"宗教包容主义"。这种译法是不够准确的。如前所述，如果把"religious inclusivism"主要理解为以拉纳为代表的当代天主教神哲学家的宗教对话观念，我们应该讲，这种对话观念虽然有所开放，改变了天主教会几百年来对于其他宗教的拒斥态度，可实质上仍属于一种相当强硬的对话立场，即固执天主教会才是所有信仰者的唯一归宿，而中文里的"兼容"或"包容"等词，显然不足以表达此种立场的强势特征。所以，我们认为，还是把"religious inclusivism"译为"宗教兼并论"比较贴切，更能反映拉纳等人对话观念的主旨要义。与此对应，我们把汉斯·昆所代表的宗教对话观念称为"宗教兼容论"（religious compatiblism），这种称呼及其英文译法是否妥当，读者可通过后面的评述来判断。

② See Hans Küng, *Theology for the Third Millennium: An Ecumenical View*, New York, N.Y.: William Collins Sons & Co., Ltd. and Doubleday, 1988, pp. 253–256.

基督徒》、《如今还信上帝吗?》、《上帝存在吗?》、《基督宗教与世界宗教》、《天主教会向何处去?》等,其中尤以《我为什么还是个基督徒》言简意赅。

在这本小书里,汉斯·昆首先指出,我们正处于"一个价值观念危机的时代"。可时至今日,已不存在任何权威了;以往的传统价值观念、生活方式统统遭到了怀疑或挑战;正是这种价值观念危机导致了现代社会的诸多冲突,人们一时还找不到解决的办法。

在这个迷失了方向的时代,人们为了委身,渴望一个根本的方向,渴望有一套根本的价值观。[①]

这就是汉斯·昆所关注的时代难题。他不仅要向基督徒,更希望向非基督徒证实:人们所渴求的"根本的价值观"应当来自基督教信仰。为什么这么说呢?在汉斯·昆看来,不论基督徒还是非基督徒,或许都不会否认如下三点讨论前提:

(1) 在目前价值观的危机中,大多数人都相信:对价值的标准若没有最低限度的共识,则人类根本不可能共同生活。

(2) 如果理智地来确立伦理是极其困难,甚至是不可能的事……除非我们接受一位无条件的绝对权威,他把义务放在我们身上,否则我们不会接受无条件的义务去做一些特别人道的举动!换言之,如果没有宗教就没有绝对道德和人道的举动,也没有绝对有约束力的伦理!同时,若没有真宗教履行这个功能,则必为假宗教或准宗教所取代!

(3) 不论我们是否基督徒,我们不能不承认:纯然人道的基本价值和规范,在过去都带有基督教的特点!而这完全是为了人类的快乐和幸福。人的尊严、自由、公义、休戚与共、和平等价值观,都是经过基督教精神和思想塑造出来的。若缺少了基督教的努力,这些观念无论在东方或西方,都会变得呆板、含糊不清。不管我们对这个问题有怎样的看法,我们不能否认:基督的信息对于基本价值和规范等问题所提供的答案,不仅是在理论和观念上,更是完全实际而具体的。[②]

汉斯·昆清醒地意识到,在当今文化背景下重新肯定传统的基督教价值观,不但会遭到非基督徒的反对,甚至连基督徒也会疑惑。正是为了与反对者或疑惑者坦诚对话,他阐明了其护教论的两个核心观点——"名义的基督徒"与"真正的基督徒"。

---

① [瑞士] 汉斯·昆著,邓肇明译:《我为什么还是个基督徒》,基督教文艺出版社1989年版,第12页。
② [瑞士] 汉斯·昆著,邓肇明译:《我为什么还是个基督徒》,基督教文艺出版社1989年版,第14~15页。

汉斯·昆坦诚相告：当把基督教作为一种根本价值取向来考虑时，如果有人，无论基督徒还是非基督徒，拒斥任何专制的教义，指责某些教会领袖、神学家和信徒傲慢自大、不容异端、虚情假意等，我不但不反驳，而且站在他们一边；如果有人批判基督教在历史上的一连串错误，像迫害犹太人，组织十字军，焚烧女巫，审判伽利略等，批判教会在奴隶、种族、战争、妇女、社会等问题上的再三失误，批评教会与某些社会制度、意识形态混淆不清，甚至在某些国家与当权者同流合污，使宗教信仰变成了贫穷百姓的鸦片……所有这些批判也都是合情合理的，我绝不想否认，更无意为基督教的历史辩护或粉饰。

但在承认上述现实的前提下，汉斯·昆反问道，这一切就是"基督教"吗？同样，无论基督徒还是非基督徒恐怕都不会否认，这一切所代表的只是历史上的、表面上的、即"名义上的基督教"。作为一个德国人，他感慨地指出，正如在现代德国史上出现的大量失误与暴行一样，并不完全属于"德国"，上述那一切虽然都打着基督教的旗号，而且基督教界确有不可推卸的责任，但它们却与真正意义上的耶稣基督毫无联系，而是属于"假基督或敌基督的"。汉斯·昆指出，正因为他深知基督教的黑暗面，也充分了解自然科学、历史学、哲学、心理学和社会学等领域所提出的批判基督教的主要理由，所以，他仍主张把基督教作为当今这个价值危机时代的根本取向。当然，这不是指"名义的基督教"而是"真正的基督教"。

那么，什么是真正的基督教呢？或者说，基督教的根本价值取向何在呢？汉斯·昆回答：就在于《圣经》，就在于《圣经》里记载的上帝。从新旧约里可知，犹太教和基督教所信奉的上帝，并不像哲学家谈论的那样是抽象的、不确定的、隐匿的，而是具体的、很确定的，是通过耶稣基督而在以色列人的历史中显露出来的，他是与人类同在的，他给人类带来的是安宁、幸福与生命，而不是恐惧、不幸与死亡。可以肯定，旧约时代虽然还带有异教的神秘色彩，但早在那时上帝就表明，他是人类的解放者、庇护人、拯救者、恩赐者。

除了这位上帝以外，再没有别的上帝了！这位独一无二的上帝是起先的也是末后的，是犹太人和基督徒所共同崇拜的，也是回教徒所祈求的安拉。这种事实对于大卫营协议及最近谋求中东和平的努力，都不是无关紧要的。再者，这个实体更是印度教徒在梵天，佛教徒在涅槃，中国人在天或道中所寻求的。①

在这段话里，汉斯·昆的护教论立场体现得淋漓尽致。他认为，无论是否接受上述说法，也无论是否信基督教，人们都不会否认，在当今这个价值危机的时

---

① ［瑞士］汉斯·昆著，邓肇明译：《我为什么还是个基督徒》，基督教文艺出版社1989年版，第25~26页。

代，基督教的根本取向提供了一种答案，可使人们重新获得前进方向、生存意义或精神支柱。

二、宗教兼容论观念的形成

1985年，汉斯·昆就其新形成的宗教对话观念发表了一次纲要性的讲演，题为"什么是真正的宗教——论普世宗教的标准"①。此次讲演虽比《我为什么还是个基督徒》的出版时间稍早，但其内容却令人感到，汉斯·昆开始转向了更为开放的宗教兼容论立场，因为他通过批评现存的三种主要宗教对话立场，明确地提出了"关于宗教的衡量标准"。

如何区分宗教的真与假呢？汉斯·昆认为，首先，任何一种宗教都没有"真理的垄断权"。因此，若把真与假的区分等同于本宗教与其他宗教的界限，无疑是一种粗俗的偏见。相反，我们理应承认，真与假的界限实际上普遍见于各种宗教传统，即"在各种宗教中，并非一切都同等真实和完美。"② 其次，宗教真理问题不光涉及理论而且关系到实践。若不否认宗教预示了生命的终极意义，为信徒制定了行为准则，指明了精神归宿，那么，宗教便是"真与善"的融合，而在宗教范围内辨别"真与假"，也就是判断"善与恶"。这是一个问题的两个方面。再其次，若不寻求某种普遍的真理标准，宗教对话便没有希望。各种宗教诚然都有特殊的真理标准，但必须明确一个事实：这些标准首先是用来约束自己的，与他人无关；假如所有人都固执各自的标准，真正的对话便无从谈起。

那么，到底有没有"一种共同的或普遍的真理标准"呢？汉斯·昆主要是从三个方面来解答这个难题的，即"一般的伦理标准"、"一般的宗教标准"和"特殊的宗教标准"。

1. 一般的伦理标准：人性

任何一种宗教都存在真与善的问题。这就是说，各种宗教都是优劣参半的，像印度教、佛教、犹太教、基督教、伊斯兰教等，在历史上都有大量真与假、善

---

① 此次讲演是应香港中国宗教文化研究社和香港中文大学宗教系的邀请，讲演稿发表于《景风》（CHING FENG, Quarterly Notes on Christianity and Chinese Religion and Culture），1987年第3期。其实，该演讲稿是汉斯·昆当时尚未写完的一本书里的一章，即《为了第三个千年的神学——一种普世观》里的《有一种真宗教吗？——论普世标准的确立》。该书德文版1987年，英译本1988年。因正式出版的书里对演讲稿有所修改，笔者的引文出自英译本，但读者仍可参阅讲演稿的中译文：《什么是真正的宗教——论普世宗教的标准》，刘小枫主编，杨德友、董友等译：《20世纪西方宗教哲学文选》上卷，上海三联书店1990年版，第3～32页。

② Hans Küng, *Theology for the Third Millennium: An Ecumenical View*, New York, N. Y.: William Collins Sons & Co., Ltd and Doubleday, 1988, pp. 235–236.

与恶的例证。因此，各种宗教均须反省：能否借宗教名义而使用任何手段呢？怎么才能真正实现人性呢？人性作为一般的伦理标准，适用于所有的宗教，该标准可规定如下：

（1）肯定性的标准：只要某种宗教提供了人性的美德，只要它关于信仰和道德的教诲、它的礼仪和制度有助于人们成为真正的人，能让他们的生存有意义的、有收获，那么，它就是一种真的和善的宗教。

（2）否定性的标准：只要某种宗教传播非人性的东西，只要它关于信仰和道德的教诲、它的礼仪和制度有碍于人们成为真正的人，而是没有意义、没有价值的，只要它无法帮助人们实现一种有意义的、有收获的生存状态，那么，它就是一种假的和恶的宗教。①

2. 普遍的宗教标准：本原与圣典

在汉斯·昆的用法里，"本原"和"圣典"是两个交叉概念。前者指某种宗教的源头，如各大宗教的创始人；后者指各种宗教的"正经"，像《旧约》、《新约》、《古兰经》等。对各大传统宗教来说，本原与圣典从来就是权威、规范或标准。

只有运用了确实可靠或符合正经的标准，才能清楚地看到某种宗教的原初的和独有的特征。这就令人信服地回答了下列问题：在理论上和实践中，什么是真正的基督教，什么不是真正的基督教；同样也回答了：真正的犹太教、伊斯兰教、佛教或印度教是什么。②

按照普遍的宗教标准，如果某种宗教真实地保持了它自己的本原或圣典，也就是它的真正"本质"，它所不断引用的那些作为规范的经文或人物，那么，它就是一种真的和善的宗教。③

3. 特殊的基督教标准：耶稣基督

为什么要确认某种特殊的标准呢？汉斯·昆指出，关于宗教可有两种观点，即"内部的"和"外部的"。如果我们作为中立者从外部来观察所有的宗教现象，便会发现真正的宗教不止一种。但是，"外部观点"并不排除"内部观点"的有效性。

只有一个人抱着终极生存意义上的严肃态度，从内部来认同某种宗教时，他或她才能加以深切地把握。只有某种宗教已成为我的宗教时，关于真理的对话才

---

① Hans Küng, *Theology for the Third Millennium: An Ecumenical View*, p. 244.
② Hans Küng, *Theology for the Third Millennium: An Ecumenical View*, p. 246.
③ Hans Küng, *Theology for the Third Millennium: An Ecumenical View*, p. 248.

能深入，令我激动不已。因而，到了这种地步，对我来说生死攸关的东西就是真理，就是我的信仰，这正像犹太教和伊斯兰教对犹太人和穆斯林而言，或印度教和佛教对印度教徒和佛教徒而言，生死攸关的东西就是他的宗教，他的信仰，并因此就是他的那种真理。①

汉斯·昆强调，在寻求真正的宗教过程中，没有人能摆脱其生活经历和经验的影响；任何一位神学家、宗教学家、宗教领袖或政治权威都不可能超脱于一切宗教传统，做出某种绝对客观的判断。作为一个天主教神学家，汉斯·昆自然要阐明"特殊的基督教标准"。他指出，就基督徒身份而言，最有决定性意义的一条标准就是：信奉"道成肉身的耶稣基督"，在实践上跟随他，把他作为指路人，像《约翰福音》里讲的那样，认定他就是"道、信、生"。

上述标准不仅符合一般的宗教标准——本原和圣典，也从根本上合乎一般的伦理标准——人性，因为在基督教那里上帝意志、山上圣训、耶稣行为等，目的都在于实现一种新的人性、一种彻底的人道。所以说，基督教越有人性，就越有基督性，越像真正的宗教。这样一来，关于宗教真理的三重标准便统一起来了。

按照特殊的基督教标准，如果某种宗教让我们在理论上和实践上感受到耶稣基督的精神，那么，它就是真的和善的。基督宗教是否并且在多大程度上就是基督徒的呢？提出这个带有自我批判性的问题时，我只是把这种理论直接用于基督教。在间接意义上——这么说不带骄傲自大的色彩，同样的标准无疑也可用于其他的宗教，即用来批判性地澄清这样一个问题：在其他的宗教（特别是犹太教和伊斯兰教）那里，一个人是否并且在多大程度上也会发现某种东西，我们可将其称为基督教的呢？②

第二节 实践成果：《全球伦理宣言》

近20年来，汉斯·昆不仅致力于从学理上阐发宗教兼容论，而且积极付诸于宗教对话实践，引人注目的成果便是他倡导的"全球化时代的全球伦理"。按照他的回顾，下列事件或文献具有标志性：1989年，在联合国教科文组织举办的学术研讨会上发表演讲，首次阐明"若无宗教间的和平，便无国家间的和平"；1990年，在瑞士召开的世界经济论坛上进一步明确，"若无全球伦理标准，

---

① Hans Küng, *Theology for the Third Millennium: An Ecumenical View*, p. 249.
② Hans Küng, *Theology for the Third Millennium: An Ecumenical View*, p. 248.

人类无法共同生存；同年，基于这两次讲演写成的《全球责任：寻求一种新的全球伦理》出版；1993 年，"世界宗教议会芝加哥大会"通过了他起草的《全球伦理宣言》；1995 年，"全球伦理基金会"在杜宾根成立，他任主席；1997 年，又为多国前首脑组成的互促会起草了《人类责任宣言》；同年，《适应全球政治和经济的全球伦理》一书出版。①

在上述事件或文献里，最有代表性的当属《全球伦理宣言》（以下简称《宣言》）。刚刚提到，该《宣言》是在"世界宗教议会芝加哥大会"（1993 年 8 月 28 日～9 月 4 日）上公诸于世的。据统计，出席此次大会的有 6500 多人，几乎包括了世界上各种宗教的信徒。这份《宣言》在会上引起了热烈的讨论，最后有 100 多人代表与会的大多数宗教或教派签名予以赞同，其中有巴哈教派、鸠摩罗梵社、佛教（包括大乘佛教、上座部佛教、金刚乘佛教、禅宗佛教）、基督教（包括安立甘宗、东正教、新教、天主教）、原住民宗教（包括阿库阿比宗教、约鲁巴宗教、美洲原住民宗教）、印度教、耆那教（包括天衣派、白衣派）、犹太教（包括保守派、改革派、正统派）、伊斯兰教（什叶派、逊尼派）、新多神教、锡克教、道教、神智学派、琐罗亚斯德教、跨宗教组织等。此外，还有大量难以辨认的签名。所以，该《宣言》被称为"有史以来第一个为各宗教所认同的最低限度的伦理纲领"。

这份近万字的《宣言》经历了一个很长的起草过程。早在 1989 年 3 月，汉斯·昆就向大会筹备者提出了建议；4 月接到邀请，着手草拟提纲。《宣言》初稿脱手于 1992 年 7 月，同年 10 月拟出二稿，但最后的修订稿直到会前一个多月才完成。其间，既经过了长期的研究、构思，又进行了反复的磋商、修改和审议，参与这个过程的有世界各地的、信仰不同宗教或没有宗教背景的百余位学者专家。

汉斯·昆讲，他主要是从两方面来把握整个起草过程的，即"应避免什么"和"该包括什么"。在他看来，《宣言》首先应做到：（1）不重复"联合国人权宣言"（1948）；（2）不作为政治宣言；（3）不包含有争议的伦理说教；（4）不写成哲学文章；（5）不热衷于纯宗教宣言。其次，必须做到以下几点：（1）揭示出更深的伦理层面；（2）能达成普遍共识；（3）对宗教抱有自我批评态度；（4）联系世界与人类的实在；（5）文字上能被一般读者理解、可译成其他语言；（6）有宗教根据。② 最后正式发表的《宣言》文本包括如下几部分内容。

---

① 参见［瑞士］汉斯·昆：《全球伦理与中国传统文化》；韩松：《孔汉思教授访谈录》，载《基督教文化学刊》2000 年第 4 辑，中国人民大学基督教文化研究所主编，人民日报出版社 2000 年版。

② "The History, Significance and Method of the Declaration Toward a Global Ethic", *A GLOBAL ETHIC, The Declaration of the Parliament of the World's Religions*, edited by Hans Kung and Karl-Josef Kuschel, London: SCM Press Ltd, 1993.

一、引言

我们的世界正经历着一场根本危机（a fundamental crisis），即全球性的经济、生态与政治危机。世界宗教的诸多教诲里早就有一种伦理观，可回应全球性的危难；各宗教也早就达成了一种共识，可作为全球伦理的基础，即关于某些有约束力的价值观念、不可更改的准则和基本的道德态度的"最低限度的根本共识"。

二、缺乏新的全球伦理便没有新的全球秩序

个体的经验与沉痛的历史告诫我们：仅凭法律、权力和公约不可能创造或强化某种更好的全球秩序；要实现和平与正义、要保护地球，这取决于每个人对公正行为有无洞见、有无意愿；为权力和自由而行动，这意味着某种关于责任与义务的意识，而每个人的心智与心灵均须由这样一种意识来引导；缺乏道德的权力不会长久，缺乏全球伦理，也不会有更好的全球秩序。

三、根本要求：必须以人道精神对待每个人

每个人，不分年龄、性别、种族、肤色、体能或智力，也不分语言、宗教信仰、政治观点、国籍或社会地位，均有不可剥夺、不可侵犯的尊严；无论个人或国家均有责任尊重并维护此等尊严。"己所不欲，勿施于人！"或者说"己所欲，施于人！"此乃千百年来人类宗教和伦理传统一向坚持的原则；这对于各个生活领域、对于所有的家庭、团体、种族、国家、宗教，也应是不可改变的、无条件的准则。

四、四个不可改变的方向

（1）致力于一种非暴力、尊重生命的文化；（2）致力于一种休戚与共、有公正经济秩序的文化；（3）致力于一种相互宽容、有真诚生活态度的文化；（4）致力于一种男女平等、互为伙伴关系的文化。

在诸多伟大的古老宗教和伦理传统里，我们都可以发现与上述四点相对应的指令，它们依次是：（1）"勿杀人！"或者说"尊重生命！"；（2）"勿偷盗！"或

者说"诚实、公平交易!";(3)"勿撒谎!"或者说"言行诚实!";(4)"勿奸淫!"或者说"互爱互重!"。

五、意识的转变

历史经验证明:除非我们在个人意识和大众生活中实现某种转变,这个地球不可能变得更好。近几十年,在战争与和平、经济与生态等领域已发生了一些根本变化;而在伦理和价值领域也必须实现这种转变。为此,我们请大家注意到以下几点:

(1)尽管就诸多有争议的伦理问题难以达成共识,但本着前述基本原则,我们应能找到适当的解决办法;

(2)在诸多生活领域,已兴起一种新的伦理责任意识。因此,若能在越来越多的行业形成伦理准则,那将令人欣慰;

(3)我们力主,不同的信仰团体阐释各自传统的伦理观,譬如,怎样看待生死、苦难、罪过、牺牲、舍弃、同情、欢乐等,这将使全球伦理更深化更具体。

最后,我们向这个星球上的全体居民发出呼吁,除非个人意识发生变化,这个地球不可能变得更好。我们决心致力于个人与集体意识的这样一种转变,致力于通过反省、冥想、祈祷或积极思考来唤醒我们的精神力量,致力于心灵的转化。我们团结,众山能移!若无承受风险的意愿和作出牺牲的准备,我们的处境不可能发生根本变化!因而,我们投身于一种共同的全球伦理,更好的相互理解,以及利于社会、促进和平和善待地球的生活方式。

我们邀请所有的男士女士,不论是否信教,共事于此。①

上述宣言出台后,汉斯·昆一直忙于阐释全球伦理的意义,征求各界人士的意见,其渠道或形式可谓多种多样,像编辑出版论著,组织学术会议,进行巡回讲演,游说政界首脑,争取联合国教科文组织的专项支持等。总的来看,汉斯·昆最关心的(或者说不得不面对的)问题是:在我们这样一个充满分歧、冲突和危机的多元化时代,何以能使全球伦理得到普遍认同?所以,全球伦理的性质和意义,便成了他不厌其烦的宣讲重点。

---

① 以上概述和引文依据的是:*A GLOBAL ETHIC*:*The Declaration of the Parliament of the World's Religions*, Hans Küng and Karl-Josef Kuschel, ed., London:SCM Press Ltd, 1993. (读者也可参阅中译本,《全球伦理——世界宗教议会宣言》,何光沪译,四川人民出版社1997年版)

我们讲的全球伦理，并非意指某种全球性的意识形态，或某种超乎所有现存宗教的、单一化的统一宗教，更不意味着用某种宗教来统治所有其他的宗教。我们讲的全球伦理是指一种根本共识，即关于某些有约束力的价值观念、不可更改的准则和做人的态度。[①]

在世界宗教议会芝加哥大会后出版的文献汇编里，汉斯·昆和库塞尔（Karl-Josef Kuschel）一起作序，不但重复了以上说法，还进一步解释道：

全球伦理试图指出的是，世界上的诸宗教早已有的那些共识，而不论各宗教在人类行为、道德价值观念和基本道德信念上的诸多分歧。换言之，全球伦理并不将诸宗教还原为某种伦理底线主义（an ethical minimalism），而是作出这样一种最低限度的阐述：世界上的诸宗教在伦理领域目前已有哪些共识。它并不针对任何人，而是邀请所有的人，包括信教的和不信教的，把这种伦理化作他们自己的，并按其行事。[②]

2000年9月，汉斯·昆应邀到中国人民大学基督教文化研究所演讲，题为"全球伦理与中国传统伦理"。可实际上，这次演讲名不副实，只在结尾部分略提与中国传统伦理的关系，大部分内容仍是解说全球伦理的性质和意义。

——全球伦理不是一种新的意识形态或上层建筑。

——全球伦理不会使不同宗教和哲学的具体伦理成为多余。

——因此，它不能替代《圣经·旧约》的律法书、登山宝训、《古兰经》、《薄伽梵歌》、佛教教义或儒家学说。

——全球伦理只是必要的最低限度共同价值观、标准和基本态度。

——换言之，关于约束力的价值观、不可改变的标准和道德态度的最低限度的基本共识。一切宗教都可以认同这一点，尽管它们存在着教义差异，同时也可以被不信教者支持。[③]

关于全球伦理可产生的深远影响，此次演讲中也有概括。这个新概括既浓缩了汉斯·昆近些年来四处宣讲的四个核心论点，又注入了对新世纪的反思、期望和信念，可看做"新版全球伦理"。

（1）我们现在处于这样一个世界与时代，不仅在俄罗斯和欧洲，还有非洲、

---

① *A GLOBAL ETHIC*: *The Declaration of the Parliament of the World's Religions*, p. 21.
② *A GLOBAL ETHIC*: *The Declaration of the Parliament of the World's Religions*, pp. 7-8.
③ ［瑞士］汉斯·昆：《全球伦理与中国传统伦理》，载《基督教文化学刊》2000年第4辑，第288页。需要说明，为避免误解，这段引文对原译文略做改动，如"非信仰者"改为"不信教者"；下一段引文也做了相应的改动。

北美及亚洲等地区，都存在新的危险的紧张局势，存在信教者和不信教者、宗教人士和不可知论者、现世主义、教权主义和反教权主义之间的两极分化。面对这一挑战，我的回应是：没有信教者和不信教者相互尊重的联合，人类就无法生存！

然而，许多人问我：难道我们不正是处于一个新的文化对峙阶段吗？的确如此：

（2）我们生活在这样一个世界与时代，人类受到不同文明冲击的威胁，比如：穆斯林文明和西方文明之间的冲突。威胁我们的并不是新的世界大战，而是具体的国家、城市、街道甚至学校里各种各样的冲突。面对这种挑战，我的回应是：没有宗教之间的和平，就没有各种文明之间的和平！

但是许多人会问：难道不正是这些宗教经常支持并引起仇视、敌意和战争吗？的确如此：

（3）我们生活在这样一个世界与时代，许多国家的和平受到各种各样的宗教基要主义、基督教、穆斯林、犹太教、印度教、佛教的威胁，往往只是植根于社会苦难、对西方现世主义的反应以及对生活基本方向的期望之中。面对这种挑战，我的回应是：没有宗教之间的对话，就没有宗教之间的和平！

许多人就会反对：难道不同信仰之间不是存在着那么多教义差异和障碍，使得真正的对话只不过是一个天真的幻想吗？的确如此：

（4）我们生活在这样一个世界与时代，更好的宗教关系受到各种各样教条主义的阻碍，这些教条主义不仅存在于罗马天主教会里，而且存在于所有的教会、宗教和意识形态里。面对这种挑战，我的回应是：没有一个全球伦理，一个虽然存在着教义差异的全球伦理，就不会有一个新的世界秩序！①

《宣言》面世以来，可谓仁者见仁，智者见智。尽管冷漠者和怀疑论者大有人在，但正面反应还是相当强烈的。譬如，汉斯·昆编辑了一本书，标题就叫《是的！全球伦理》（德文版1995年，英译本1996年）。该书重刊了《宣言》，收入了35位国际知名人士的论文、短文或回函，其中既有国际组织负责人和国家政府首脑，也有著名学者作家，当然还包括各大宗教的代表人物。正因有如此积极的响应，汉斯·昆满怀信心地形容道，这个宣言奏响了"希望的合旋"，强有力地压倒了眼下流行的宿命论论调——面对全球危机，我们在伦理尤其是宗教领域无可作为；所以，这个宣言可看作"希望的信号"，即有望促进宗教和解、转变思想意识、重建全球秩序、实现世界和平。② 这些说法能否言中尚待证实。可对研究者来说，《宣言》的出现及其反应确是一个征兆，从一个重要角度折射出了当代宗

---

① ［瑞士］汉斯·昆：《全球伦理与中国传统伦理》，载《基督教文化学刊》2000 年第 4 辑，第 286~287 页。

② See Hans Küng, "Will a Global Ethic Prevail?" YES TO A GLOBAL ETHIC, London: SCM Press Ltd, 1996, pp. 1–5.

教对话乃至世界宗教的某种整体趋向。这一点是下一节所要评论的。

第三节　关于宗教兼容论的学术批评

一、关于《宣言》的性质和意义

汉斯·昆所提出的宗教兼容论之所以受到重视，主要是因为其声势浩大的对话实践和现有成果——《全球伦理宣言》。因此，我们的评论从《宣言》入手。关于《宣言》，虽然早已议论纷纷，但现有的看法大多"就事论事"，即《宣言》的基本原则或部分内容能否成立、是否妥当，而没有着眼于宗教对话的晚近背景，这显然不足以理解该文献的性质和意义。前述评介留下一个话题：《宣言》的出现可视为征兆，从一个重要角度折射出了晚近宗教对话乃至世界宗教的某种趋向。对此，我们联系有关背景试做如下几点分析。

1. 宗教对话：从理论转向实践

《宣言》的出台与宗教对话的晚近动向密切相关。起初，宗教对话是作为比较宗教研究的一种必然走势而受到重视的，主要探讨的是宗教信仰的根本差异所引起的理论难题，像诸多神性观、特别是真理观是否相矛盾？某个或各种宗教能否拥有绝对真理？"终极实在"到底指什么、能否认识并加以描述？显然，诸如此类的思辨难题非但难以达成共识，恐怕根本就没有绝对答案。这就使早期的宗教对话尝试既步履维艰又十分危险。要进行对话，便不得不开放；凡在信仰上开放者，又难免陷入两头不讨好的困境——本宗派肯定会有人指责你放弃原则，而对话的另一方则发现你绝不会改变基本立场。因此，较早形成的宗教兼并论和宗教多元论都遭到了尖锐批评。作为一种新对话观念的倡导者，汉斯·昆对此深有体会。所以，他起草的《宣言》意图明显：摆脱争论不休的理论难题，把宗教对话引向道德实践领域。这明显反映在以下两点：

首先，作为一个宗教伦理纲要，《宣言》里竟没有出现"神"或"上帝"，只用了一次"终极实在"这个概念，还是用在一个并不关键的句子里——"作为信教的、有灵性的人，我们的生活是以终极实在为基础的……"① 汉斯·昆解

---

① Küng, Hans and Karl-Josef Kuschel, ed. *A GLOBAL ETHIC: The Declaration of the Parliament of the World's Religions*, London: SCM Press Ltd, 1993, p.19.

释说,他起草时就明白,若使所有的、起码是几大宗教能加盟这个宣言,那就不得不省却"神或上帝"这个称呼。这种做法主要是为了避免佛教徒的异议。

其次,作为一个宗教伦理纲要,《宣言》也没有涉及道德伦理的绝对权威或终极根源,只是肯定各宗教间早就达成了"一种最低限度的根本共识"(a minimal fundamental consensus),而且在陈述具体内容前声明:所谓的全球伦理既不是一种全球性的意识形态,也不是某个超越于所有现存宗教的大一统宗教,更不是用一种宗教来统摄其他宗教。

以上两点表明,《宣言》不仅将宗教对话者的注意力由抽象的本体论和认识论问题转向了具体的道德规范,同时有意避开了宗教伦理学里的基本问题及其争论,以使"全球伦理"成为一种能被认可的、可实践的伦理观。

2. 世界宗教:通过自我批评重树伦理形象

《宣言》之所以把宗教对话引向了一种普遍的、可实践的伦理观,目的显然在于,使各宗教求同存异,暂且搁置彼此间的教义分歧,在伦理实践上达成最低限度的共识,并使之能以"世界宗教"的名义公诸于世。因此,上面提到的对话观念转向及其结果,很可能营造出一种氛围,促使长期处于世俗文化冲击下的各宗教结成同盟,为重树伦理形象而"敢于自我批评"。关于这一点,《宣言》本身给人留下了深刻印象。这里节选几段:

"我们一次又一次地看到,诸多宗教的领袖及其成员煽动侵略、狂热、仇恨和敌视——甚至将他们引起的暴力和流血冲突合法化。宗教常常被滥用于纯强权政治的目的,包括战争。我们对此深感厌恶。"

"我们都有诸多局限和缺点,都是易犯错的、不完善的男男女女。"

"我们并不想掩盖或忽视各宗教间的严重差异。"

"我们知道诸种宗教不能解决地球上存在的大量环境、经济、政治和社会问题。"

"只有诸种宗教消除了由其自身产生的那些冲突,克服彼此间的傲慢、猜疑、偏见甚至敌意,它们才是可信的……"

"就宗教领袖而言,当他们挑起对那些不同信仰者的偏见、敌意、仇视。甚至发动宗教战争或将宗教战争合法化,他们理应受到人类的谴责,失去其追随者。"①

在一篇短短的宗教伦理宣言里出现这么多"自我批评的词句",不能不令人感到:若不对其自身的历史与现状痛加反省,宗教便无资格向世界重申道德准则;而如此强烈的自我批评,恐怕只有对"作为一个整体的世界宗教"才是可

---

① Küng, Hans and Karl-Josef Kuschel, ed. *A GLOBAL ETHIC*:*The Declaration of the Parliament of the World's Religions*, pp. 17, 21, 22, 31.

想象的。所以,《宣言》里所做的自我批评,是冲着"一般或复数意义上的宗教"而来的,没有提及任何一个宗教的名称。

3. 整体趋向:以宗教伦理回应全球危机

这可以说是前两方面的集中体现或归宿。道德伦理历来就是宗教信仰的基本功能,恐怕也是最难否认的功能。《宣言》使宗教对话转向道德实践,通过自我批评重树伦理形象,显然是想明确或强调,处于现代文化背景下的宗教信仰可有哪些作为。

作为世界宗教伦理纲要,《宣言》旨在消除或缓解现代文化的重重危机。"现代文化危机"已是不争的事实,对此尽管有不同解释,但其突出表现无疑是:日趋发达的物质生活与日渐低落的精神境界(或应该说,二者相对而言表现出越来越大的落差)。《宣言》对全球性文化危机的分析有个明显特点:首先将其归结于"价值或精神危机",再来反省危机的种种表现。这就使该《宣言》几乎成了"以宗教底线伦理来审查现代文化弊病的一份清单"。细读全文,很难发现它漏掉了哪种或大或小的现存文化危机。

尽管《宣言》对现代文化危机作出了全面反省,可它所表达的只是某种共识,这就为各宗教起而呼应留下了充分余地。《宣言》的"结语部分"提出了三点倡议,最后一条也是最重要的一条就是,敦请各信仰团体阐发它们传统的伦理观,以使全球伦理更具体更深化。在会后编辑出版的资料集里,汉斯·昆又诚邀各宗教的专家学者致力于三件事情:

(1)《全球伦理宣言》是如何深深植根于他们各自传统的;(2) 他们各自的传统在多大程度上与其他伦理传统相一致;(3) 他们各自的传统能在多大程度上为全球伦理作出独特而具体的贡献。①

以上分析表明,《宣言》有意扮演"世界宗教伦理同盟宣言"的角色。但各宗教能否受其感召,自愿加盟,并用同一种宗教伦理观来回应全球危机,这在目前还是一个未知数。不过,道德实践领域已再次成为各宗教的主要生长点,各宗教也越来越重视以其伦理观与现代文化展开对话,这是可肯定的,也是值得研究者关注的。

二、兼容论与兼并论、多元论

如果能把《宣言》看作宗教兼容论的标志性成果,我们便可基于上述分析

---

① Küng, Hans and Karl-Josef Kuschel, ed. *A GLOBAL ETHIC: The Declaration of the Parliament of the World's Religions*, p. 73.

来把握这种对话观念了。"兼容论"与"兼并论"虽然仅"一字"之别，但二者立场却有本质差异。照汉斯·昆的说法，任何人在宗教真理问题上都没有霸权，所以，只有消除"本宗教优越感"，不像宗教兼并论者那样貌似开放宽容，实则抱有征服或同化其他宗教的企图，转而彼此尊重，相互学习，分享真理，友好竞争，才可能打通对话渠道。

在当代天主教神哲学界，汉斯·昆身为后学，曾长期追随拉纳，立足天主教立场，通过宗教对话来推进普世教会运动。这让我们有理由把他前期的对话观念归于拉纳，或把两人看做"梵二"会议后天主教官方对话立场——宗教兼并论的代表人物。但就思路和观点而言，汉斯·昆从一开始便有别于拉纳。拉纳始终潜心于神哲学思辨，他的兼并论旨在维护权威，传扬正统，强化本教信众的立场；汉斯·昆则从现实问题出发，敢于触动权威，回应外界挑战，以其开放的护教论来说服教内外读者。关于这一点，麦奎利评论如下：

> 汉斯·昆在自己的著作中所关注的，是要顾及非天主教徒，甚至顾及非基督徒。因此，他的神学倾向于一种有些通俗的风格，缺乏拉纳的那种深度。然而在某些问题上，汉斯·昆却具有比拉纳更加清晰的见解。例如，我认为，他关于基督教与非基督教宗教关系的论述，就比拉纳的论述更具有悟性，也更具有辩证性。①

这段评价写于 20 世纪 80 年代初。② 如果说那时的汉斯·昆虽比拉纳更现实更开放，但两人仍属同一对话阵营，只不过分别代表着"保守派"和"激进派"的话，那么，他后期的对话观念便截然不同于拉纳了。套用潘尼卡的概念，拉纳的立场限于"天主教普世主义"，汉斯·昆则从 80 年代末转向了"普世的普世主义"。

> 普世的普世主义企图将这一新的开放性（指基督教普世主义倾向——引者注）扩展到这个人类大家庭。目标是世界各宗教传统之间有更好的理解、中肯的批评，并最终达到相互丰富，但又不稀释它们各自的遗产或者预先判断它们可能的和谐和最终的不可还原的差别。任务仍在我们前头，但已经可以看到有些果实正在成熟。③

上述说法不但有助于多方面地理解汉斯·昆的观念转变及其实践活动，像宗

---

① ［英］麦奎利著，高师宁、何光沪译：《二十世纪宗教思想》，上海人民出版社 1989 年版，第 509 页。引文中改动了两人的译名，原译文里为"汉斯·孔"和"拉纳尔"。

② 麦奎利的《二十世纪宗教思想》初版于 1963 年，副标题为《哲学与神学的新领域，1900～1960》；增订版 1981 年，副标题改为《哲学与神学的新领域，1900～1980》，新增了"补编：1960～1980"。麦奎利的评价便见于新增部分，评价依据主要是汉斯·昆的两本护教论著作，《做基督徒》（1974）和《上帝存在吗？》（1978）。

③ ［西］潘尼卡著，王志成、思竹译：《宗教内对话》，宗教文化出版社 2001 年版，第 132～133 页。

教兼容论的开放程度（人类大家庭）、对话目的（相互理解、批评以至丰富）、对话原则（不稀释各自的传统）、现有成果（正成熟的果实——已出台的《宣言》）、期待心态（任务仍在前头——望各宗教充实《宣言》）等，而且为下述评论埋下了伏笔。

尽管汉斯·昆对宗教多元论持批评态度，但从开放程度、对话原则以及目的等方面来看，他提倡的兼容论与希克主张的多元论并无实质性分歧。所以，就主旨要义而言，我们可接着前面的评语说：宗教兼并论脱胎于宗教排他论，宗教兼容论则远离二者，更亲近于宗教多元论。如此分门别类并非忽视汉斯·昆的尖锐批评。他的批评意见可归结为一点，即责备多元论者矫枉过正，为破除绝对主义的真理观而走向了另一极端——相对主义的真理观。这个"大帽子"也许适合于少数过激的或流俗的宗教多元论者，但不能轻易扣在希克头上，除非有人从这位多元论代言人那里找到了确凿的证据。

如果细究前述汉斯·昆的三点批评意见，较有针对性的是第二点：不可能靠某种普遍的或基本的神秘感受来解决宗教真理问题。希克力主"以终极实在为各宗教的对话核心"，到头来不仅没有多大收获，反而被指责为"宗教哲学领域里不可知论的传人"。以此为戒，汉斯·昆倡导的"全球化时代的全球伦理"，则有意把宗教对话引向了可实践的"最低限度的伦理共识"。《宣言》的达成、特别是持续多年的热烈研讨，确有理由让人对此类对话满怀期望。然而，通读《宣言》，如前述分析所示，有一点可提出质疑：若是一个"全球性的宗教伦理宣言"，为谋求"全球性"，竟然连"神或上帝"都省却了，连"宗教伦理的神圣根源"也不提了，还有资格冠以"宗教的"名义吗？这种质疑并非只有"特殊意义"，即仅仅限于《宣言》本身能否在根本上被各大宗教认可，而是可用来反省宗教兼容论的立场：如果以为这种新对话观念有避免不可知论的长处，那么，其对话实践是否有回避宗教真理问题的缺陷呢？质言之，一种不涉及或有意躲避"神性观"或"终极观"的宗教对话，是否属于"无根基、无立场甚至无信仰的对话"呢？假如这种质疑并非空穴来风，宗教兼容论者的实践硕果岂不比宗教多元论者收获无几更遭非议吗？

第十五章

宗教实践论的对话模式

第一节 第五种宗教对话模式

继《全球伦理宣言》发表后,著名的美国天主教神学家尼特又提出了一种新的宗教对话模式,叫做"相互关联的、负有全球责任的对话模式"(a correlational and globally responsible model for dialogue)。它主要有两重含义:其一,宗教对话应当是在承认宗教多元性的前提下进行的;其二,宗教对话的参与者们应该共同承担全球性的伦理责任。关于这两重要义,尼特解释如下:

首先,宗教对话之所以应当是"相互关联的",就是因为现存的宗教是多元性的,此种多元性不但是事实,而且是"宗教关系"的实质所在。因此,宗教对话绝非要求同一性,而是应该在充分肯定差异性的前提下,促使各宗教建立起一种朋友或同事般的对话伙伴关系,让所有的参与者能够诚恳交谈,认真倾听,互相学习,彼此见证。在这样一种真诚而平等的对话伙伴关系中,尽管各个宗教的参与者都会表达他们各自所信奉的价值或真理,但不应该有人宣称:"我的信仰就是最后的标准,是可以用来评判其他所有的宗教的"。显然,假如有一种宗教自认为在各方面都比其他的信仰优越,根本不必向别人学习了,这样的对话注定是无法进行的。

其次,"全球责任"所追求的不仅是"社会正义",而且包括"人类—生态的正义和福祉"。宗教对话的参与者们之所以要共同承担此种全球性的伦理责任，就是因为若不关注并努力克服目前业已全球化的"人类苦难"和"生态苦难"，任何宗教的相遇与对话都无法达到理想的目的，甚至可能存在危险。因而，各种宗教理应携起手来，共同致力于"人类与生态的正义和福祉"，也只有在此基础上，才能更好地相互了解，更有效地展开对话。①

1995年和1996年尼特接连出了两本书，《一个地球，多种宗教》和《耶稣与其他名称》，前者系统地论述了他所提出的新对话模式，后者则联系他所处的宗教传统和学术背景，针对基督教神学在宗教对话领域面临的难题，进一步论证了此种新对话模式的合理性和可行性。值得注意的是，这两本书的头一章几乎完全相同，都题为"我的对话奥德赛——一个自传性导言"。这不是简单的文字重复，也并非单纯的思想自传，而是想要一再告诉读者，所谓"相互关联的、负有全球责任的对话模式"是如何通过反省"宗教对话观念史"而提出来的。

尼特将其探索宗教对话理论与实践的经历比做"与他者同行的旅程"。他回顾，过去的30年，有"两个他者"一直影响着他的神学思想，这就是"宗教的他者"（religious Other）与"苦难的他者"（suffering Other）；而他个人的思想转变过程，可看做"基督教与其他宗教对话史的缩影"，即依次经历了排他论、兼并论和多元论等几个主要阶段。②

一、传道初期：排他论阶段

尼特在神学院读书时就加入了"圣言传教会"（Divine Word Missionaries）。他回忆说，那时自己对于其他宗教徒的兴趣，并不在于对话，而是要皈化他们；尽管这是出于爱心，但"我们"与其他宗教徒并非"朋友"，而是像"医患关系"——我们拥有圣言与圣灵；他们属于异教和罪恶；我们是"博爱的医生"，他们则是"痛苦的病人"。可是，一旦对其他宗教传统有所了解，上述观念便发生了转变。尼特就这一阶段小结道，他获得学士学位时已有"一种虽不自在却很明白的感觉"：排他论模式只把基督教看成"光明的"，而将其他宗教看做"黑暗的"，这显然与事实不符，是一种陈旧的观念。

---

① See Paul F. Knitter, *One Earth Many Religions: Multifaith Dialogue & Global Responsibility*, Maryknoll, New York: Orbis Books, Second Printing, 1996, pp. 15 – 17.

② See Paul F. Knitter, *One Earth Many Religions*, pp. 1 – 3.

二、拉纳追随者：兼并论阶段

"梵二"会议的闭幕，标志着天主教会终于向世界开放，开始承认其他宗教的存在价值了。拉纳为论证"梵二"会议的开放精神而提出的对话思想，既使尼特理解了"基督教之外的宗教世界"，又让他摆脱了"唯有基督教才是真宗教"的傲慢态度。因而，他成了"拉纳的忠实追随者"。他的博士学位论文《走向一种新教的宗教神学》(*Toward a Protestant Theology of Religions*)，就是以拉纳的宗教对话模式来批判新教神学的保守立场的，即认为当代新教思想家，像奥尔索斯、布鲁纳、潘能伯格等，因固执"唯独基督，唯独信仰"的传统教义，均未能超越巴特新正统神学所重申的排他论立场。尼特反省道，他那时还没有认识到，拉纳神学的核心观点——"匿名的基督徒"不仅对新教神学而且对天主教神学都是很成问题的。

三、探索彼岸：多元论阶段

尼特完成学业后，先后任教于芝加哥天主教协和神学院和沙勿略大学，主讲宗教神学、宗教对话等课程，并以印度教和佛教为研究重点。在教学与研究中，他吸收了潘尼卡、汉斯·昆、希克等人的宗教对话理论成果。汉斯·昆对"匿名的基督教徒"观点的尖锐批评，促使他放弃了拉纳的对话模式。但他认为，汉斯·昆对待其他宗教的态度仍有不当之处，即坚持以"基督事件"作为承认其他宗教的底线；而要超越拉纳的对话模式，就要比汉斯·昆有更大的理论突破。1985年出版的《别无他名吗？——关于基督教对待世界宗教的态度的批判性考察》(*No Other Name? A Critical Survey of Christian Attitudes toward World Religions*)，便是此种尝试的成果。该书论证了这样一种新立场：若要正确对待其他宗教，就不能固执"基督中心论"，而应"以神为中心"，因为所谓的"奥秘或真理"是超出于"耶稣基督"的，这就使诸种宗教皆有可能有所见地，相互关联，彼此兼容，共同探究无可穷尽的"奥妙或真理"。

四、关注"苦难的他者"：多元论与解放神学的结合

早在20世纪70年代，尼特就开始关注拉美地区的解放神学思潮。此后的十多年间，通过参与援助美洲难民运动、特别是与各界宗教人士的交往与合作，尼

特不但愈发认同解放神学的思想倾向，而且将其作为一种新的方法，用来阐释宗教对话的对象、责任、途径和目的等。在他看来，解放神学主张"优先拣选被压迫者或苦难者"，这不仅是一种选择倾向，更是一种现实要求，即要求各界宗教人士携起手来，围绕着"苦难的他者"展开对话；而这里所说的"苦难的他者"不仅是指世界上的贫苦大众，而且包括正在遭受生态苦难的"大地母亲"。为什么这么说呢？因为"人类的苦难"与"生态的苦难"有其共同的原因，也应采取共同的解决方法。

从这一阶段的观念转变来看，如果说倡导对话的多元论观点让尼特认识了"宗教的他者"，那么，解放神学思想则令他更为关注"苦难的他者"；正是这二者的结合，使尼特深感有必要提出一种具有观念更新意义的宗教对话模式。总结其"对话奥德赛"，尼特明确指出，我的如下主张乃是现实生活使然：将"宗教多元论与解放神学的观点结合起来"，也就是说，把"宗教对话与全球责任联系起来"，这是一种道义责任；此种结合之所以必要，就是因为这不仅为"一种不同以往的宗教对话"，而且为"一种更加行之有效的宗教对话"提供了契机。①

相对于前四章评述的宗教对话观念，尼特经过上述思想转变而提出的对话理论可看做第五种宗教对话模式。接下来，我们就一起看看，尼特是如何论证这种新对话模式的。

第二节 宗教对话的共同语境

尼特是从"全球苦难"入手来论证其新对话模式的，他把这一新的出发点称为"宗教对话的共同语境"，又借一个希腊词，称为"关于宗教相遇的解释学的凯罗斯"（a hermeneutical for interreligious encounter kairos②）。为什么要由此入手呢？这主要是为了克服宗教对话在"后现代理论"氛围下陷入的困境。

按照后现代主义、后自由主义或解构主义等观点，诸种文化或宗教传统是根本不同的，并无"共同基础"、"普遍真理"或"元叙事"可言。因而，若像宗教多元论那样假设，诸种宗教皆是同一个神圣真理的反映或体现，或都应肩负同样的全球责任，这种轻视甚至忽视各宗教的差异性的态度并不能真正促进交流与对话。但尼特认为，尽管此类批评意见是诚恳且有根据的，可它们却有悖于这个

---

① See Paul F. Knitter, *One Earth Many Religions*, pp. 11-13.
② 凯罗斯（kairos），希腊词，意指转变时刻、关键时刻或紧要关头等。

现实世界及其道德要求，因为我们所耳闻目睹的是一个充满苦难的世界，它要求我们基于共同的价值观和真理观而采取全球化的解救行动。

我并不是说，所有的宗教均有某种共同的本质或经验，甚或有某个十分明确的共同目标。相反，我所要指出的是一种共同的语境（a common context），它所包含的复杂问题也是我们大家共同面临的。我以为，只要我们如实地观察并生活于这个世界，此种语境便会一目了然并令人痛心；一旦世界上的各种宗教试图走到一起并相互理解，此种语境就会呼唤大家致力于某种共同的议程（a common agenda）。我所谈论的现实状况是普遍化的、跨文化的，它们使所有的宗教信徒都难免受到冲击，并要求诸种宗教做出回应。我所讲的这种语境及其所有问题的共同之处就在于苦难（suffering）这一可怕的现实，就是说苦难正在耗竭生命，并危及人类和地球的未来。①

为了印证以上判断，尼特综合大量调研数据和结论，向读者描绘了"一幅全球苦难的脸谱"。

一、身体的苦难

这主要是由贫困造成的。耶稣早就说过"常有穷人与我们同在"（《新约·马太福音》，26:11），而如今我们四周的穷人不但更多了，且呈增长趋势。下列调研数据令我们的理智与道德深受震撼：

近 50 年来，全球经济的发展速度前所未有，可当人类步入 21 世纪之际，贫困人口将高达 10 亿多（Paul Kennedy, *Preparing for the Twenty-First Century*; 1993）。

约有 15 亿人，即占全球人口 1/4，生活于绝对贫困状态。这就是说，他们没有洁净的水源、足够的食物，仍以柴火作为燃料（*National Catholic Report*; May 6, 1994）。

每年世界上约有 4 000 万人死于饥饿，约有 1 400 万 5 岁以下的孩子死于疾病，这些疾病在欧美国家是完全可以防治的（*The United Nations Development Report for*, 1992）。

世界成年人中有 1/4 文盲（*National Catholic Report*; May 6, 1994）。

即使在最发达的美国，穷人的数量也在递增。据 1991 年统计，美国的贫困人口多达 3 600 万人，此为过去 27 年来之最，约有 1/5 的未成年人（18 岁以下）

---

① Paul F. Knitter, *One Earth Many Religions*, pp. 56–57.

生活贫困，其中约有 550 万儿童（12 岁以下）缺乏食物，600 万营养不良（*Pulik Forum*; Germany, June 21, 1991）。

……

尼特指出，上列触目惊心的统计数字并非单纯的事实，而是传递着人类的苦难。正如解放神学家一语道破的那样，贫困是暴力、凶杀甚至谋杀。因而，除非我们对如此残酷的贫困现实做出反应，否则便是丧失人性，当然更谈不上什么宗教信仰了。

无论属于哪种传统，宗教信徒皆已感到，他们的宗教必须面对此种基本的物质需要和苦难；也无论拯救、觉悟或解脱（moksha）可能意味着什么，此类信念必须对这种苦难有所说法。印度教徒、基督教徒、犹太教徒、穆斯林和佛教徒正在认识到，假如他们的任何一条传统信念可作为根据或理由，令人去忽视或宽恕此种人类苦难，那么，此类信念便丧失其可信性了。[①]

二、地球的苦难

这是由人类滥用资源造成的。

每年约有 3 740 万英亩森林被毁，1 300 英亩土地变荒（Jack Nelson-Pallmeyer, *Brave New World Order*; 1992）。

自前工业时代起，由于使用煤炭、石油和天然气等，大气中的二氧化碳已增加 25%（*The New York Times*; May 5, 1992）。

由于生态环境改变，大量物种已经或濒临灭绝，生物学家担心，世界上 25% 的现存物种将在未来 50 年里消失（*The New York Times*; May 5, 1992）。

商业金融报刊的读者会认为，这个世界形势很好，经济增长的长远趋势也很好；然而，经常浏览科学杂志的读者则为地球环境的日趋恶化而深感忧虑：森林日趋减少，沙漠日渐扩大，农田不断流失，臭氧层越来越薄，温室效应越来越强，酸雨危害日趋严重，动植物种类不断减少，城市空气污染已达到了危害人类健康的恶劣程度……（Lester Brown, *State of the World* 1991）。

尼特评论道，如果说环保意识势必改变人类经济和科技活动的方式，那么，这无疑也会影响"信仰的方式"——怎么做一个宗教徒。全球生态危机已越来越被看做一个宗教问题。1992 年 6 月，时任联合国秘书长加利在"地球峰会"的闭幕词里指出，从前有人告诉我们"要爱邻人"，今天我们还需要聆听这样一种声音：必须爱护地球。要实现这两种爱，宗教的远见是必不可少的。

---

① Paul F. Knitter, *One Earth Many Religions*, p. 60.

三、精神的苦难

描述过前两种苦难后,尼特进一步指出,这些苦难其实并非自然而然的,即社会达尔文主义者所说的"适者生存的结果",而是由不公正的经济政策、法律制度和国际条约等造成的。问题就在于,少数决策者主要是被经济利益所驱动的,而不是"以人为目的"的,这就使大多数国家、大多数人甚至整个地球沦为受害者——"少数人所利用的工具"。

发达国家的人口约占世界的1/4,可占有的财富却达5/6。具体些说,发达国家消耗了70%的全球能源,75%的金属,85%的木材,60%的食物等(Paul Kennedy, *Preparing for the Twenty - First Century*; 1993)。

占世界人口3/4的发展中国家,只拥有1/6的财富(*The United Nations Development Report for*, 1993)。

据1989年的统计,占美国人口4%的最富有者的年收入等于51%的低收入者的总和。20世纪80年代,下述几个阶层的收入增长率为,年收入为2万~5万美元者,收入增长率44%;年收入为20万~100万美元者,收入增长率697%;而那些年收入超过100万美元者,则暴增2 184%(Donald L. Barlett and James B. Steele, *America: What Went Wrong?* 1992; William Greider, *Who Will Tell the People? The Betrayal of American Democracy*, 1992)。

"受迫害与不公正"已令人恐怖地成为"世界秩序"的一部分,这种意识正在缓慢不断地渗入宗教人士的脑海,无论他们属于哪种传统均有同感。此种意识使他们确信,除非他们所认同的宗教能以其信念和实践来接纳受害者,并有助于改变此世的苦难,他们所具有的宗教身份便不仅背离了其信仰源头,而且与这个世界无关。诸种宗教要想回应"受迫害与不公正"这一现实,必须或首先要做到的一点就是,抱有现实的、谦卑的和悔改的态度,承认诸种宗教本身在助长或准许剥削行为上都曾扮演过重要而可耻的角色。诸种宗教必须首先忏悔其"不公正之罪",方能声称具有某种补救办法。这就是说,它们必须首先承认,宗教一度成为毒害人们的鸦片,然后才能提出如此建议:宗教是一种解放人民的力量。①

---

① Paul F. Knitter, *One Earth Many Religions*, p. 65.

四、暴力的苦难

这就是指由暴力或战争所造成的苦难。自 20 世纪 80 年代，大量国内性或地区性的暴力事件在全球蔓延开来，例如广受关注的萨尔瓦多、尼加拉瓜、危地马拉、黎巴嫩、巴勒斯坦、南非、安哥拉、斯里兰卡、克什米尔、旁遮普、北爱尔兰、菲律宾等地的宗派纷争或军事冲突。海湾战争、东欧和原苏联地区的种族冲突表明，尽管所谓的新世界秩序形成后，超级大国之间的紧张关系不复存在了，但暴力冲突、武器生产和军事贸易等并未随之改变。据 1987 年的统计，全世界的日均武器生产维修费用为 180 万美元。1993 年，美国的军费开支竟占整个联邦预算的 53%，即高达 6 000 亿美元。尼特强调指出，如果继续忍受此类苦难，人类将无法生存。

和平是一种宗教的象征（a religious symbol），因为若不面对宗教问题并就此对话，我们就无法思考和平及其得以实现的条件；而在谋求和憧憬和平之时，我们所面向的是这样一种必然性——同时也是一种不可能性：人类将以一种与今天截然不同的方式来生活、思想和存在。我们的存在与思想若不经历一场革命或转变，就不会实现和平。然而，我们怎么才能带来这样一场革命呢？这场革命必须什么条件呢？这些都是宗教问题，正是这些问题以一种新的规划将所有的宗教联合起来了，这就是共同回应和平的象征，并使之实现。①

第三节　宗教对话的优先原则

全球苦难呼唤全球责任。所以，汉斯·昆和斯威德勒等人发出了这样的倡议：通过宗教对话来达成全球伦理。尼特首先充分肯定，这种倡议是必要的、正当的；但他同时认为，汉斯·昆和斯威德勒等人关于全球伦理的主张尚有明显的不足，这主要表现在他们所提出的一些原则仍十分空泛，而没有充分考虑后现代主义者或后自由主义者们的合理批评意见，即何以能在多元化的文化背景下为全球伦理寻求某种共同的基础。正是为了克服此种不足，尼特基于前一节的描述——全球苦难，进而阐发了一种新的理论主张，即把"解放性实践"（liberative praxis）作为宗教对话的优先原则。这里说的"优先原则"，就是指宗教对话

---

① Paul F. Knitter, *One Earth Many Religions*, p. 67.

理应从何处着手;"解放性实践"这个概念则包含这样两重意思:一是宗教对话要着手于实践;二是从实践入手,也就是从解放被统治者、被压迫者或苦难者做起。用尼特的原话来说,以"全球苦难"与"全球责任"作为共同的语境和基础的宗教对话,理应"实践先行","首先倾听苦难者的声音"。他主要是从以下两方面来论证上述原则的。

一、实践哲学的真理观

尼特指出,将实践作为宗教对话的首要步骤,这并非什么标新立异的说法,而是转达了这样一种既古老又新兴的认识论观念:所谓的真理,尤其是那些与人生息息相关的真理,总是具有实践性的。这也就是说,真理总是与我们的人生目的和生活方式密切联系的,而我们正是在生存实践的激发和引导下来寻求、认识并证实真理的。

上述认识论观念可追溯到亚里士多德。这位古希腊哲学家在《尼各马可伦理学》里早就指出,人们认识真理时,最敏感的触角并非理智,而是"实践智慧"(Phronesis,the practical wisdom)。"实践智慧"之所以令人认识到某事物是"真的",就是因为它能在现实生活中产生"好的"结果;显然,此种智慧是扎根并滋养于道德生活的。如果"真的"就是"好的",那么,"真的事情"也就是有道德者所要做的。真理就是这样被"实践智慧"所察觉的。

就"真"与"善"问题的晚近研究倾向而言,我们不仅可看到亚里士多德上述思想的深远影响,而且可以说"实践哲学"(practical philosophy)经过诸多哲学家的不懈探索获得了新生。唐·S·布朗宁(Don S. Browning)对此做过专题研究。按照他的理解,所谓的"实践哲学"是指一组联系松散的哲学态度,即强调"实践智慧"较之"理论理性"(theoria)或"技术理性"(techne)更为重要。这种哲学倾向的复兴,广泛见于伽达默尔、利科、哈贝马斯、詹姆斯、杜威、伯恩斯坦和罗蒂等人的理论学说。虽然这些现当代著名的思想家属于不同的学派,但就其逻辑结论来看,他们却主张同一种基本观念,即认为"实践思维"(practical thinking)乃是人类思想的核心,而"理论思维"和"技术思维"是从"实践思维"分离出来的。

尼特认为,实践哲学的复兴有助于我们应对下述"后现代两难"(the postmodern dilemma),即人们常说的"笛卡儿式忧虑"(Cartesian anxiety):一方面,我们的生活要以真理为根据;另一方面,所有的真理都是相对的、可怀疑的。此种两难使我们陷入了恶性的解释学循环,因为只要肯定某种事物为真实的,"后现代的信天翁"(the postmodern albatross)便会提醒人们:你的看法是有文化局限性的，还有许多其他的文化观点……这样一来，我们所要做的解释便没完没了了。而"实践智慧"则可帮助我们中止此种恶性循环，留有足够的时间来得出真实的论断，因为真理与行动相关，行动可把我们引向真理。

在尼特看来，实践哲学的真知灼见可浓缩为一句话：我们是通过实践而认识真理的。此话看似直白，但它深含的道理是大多数人都会认同的：真理，就其本质而言，就是用来改造世界的，宗教真理尤其如此。这就是说，所谓的真理并不只是"头脑的产物"或仅仅"留在头脑里的东西"，而是必须付诸于生活的，要发现并实现真理，我们必须"手脑并用"。

二、"受害者"的解释学

这里用的"受害者"（victims）一词，也就是指前面反复提到的被压迫者或苦难者。如前所述，尼特在探索宗教对话理论与实践的过程中深受解放神学的启发。"解放性实践"这个概念就是由此而来的。尼特一再强调，"解放性实践"可看做他新提出的对话模式的核心观点，这个概念所关注的就是"受害者在宗教对话中的地位问题"，就是认为"必须让受害者在对话中首先发言"，或者说，"必须让被压迫者在对话中拥有解释特权"。

这样做的目的主要有两个：一是为了进行真实可信的宗教对话，二是为了阻止宗教对话被意识形态所同化。

1. 为了进行真实可信的宗教对话

假如宗教对话不停留于学术交流层面，对话者们便不仅要谈论各自的宗教传统，还必须回答这样一个问题：如何在当今世界来理解不同的宗教传统呢？这也就是说，我们的对话必须把诸种传统与现实经验联系起来。然而，正像泰勒（Mark Kline Taylor）指出的那样，后现代世界令人们不得不遵从下述"三重定理"（trilemma）：必须信守"我们自己的身份和传统"；必须对"多元性的其他传统"抱开放态度；必须对"摧残我们这个世界的统治力量"持抵制态度。尼特就此指出，这三点现实要求都是不可忽视的，否则的话，我们便不能切实地生活于后现代世界，并回应其挑战。可现存的问题就在于，我们往往注重前两个方面，而没有意识到现存人类与生态苦难的原因所在，即非正义的统治力量；我们往往泛泛而论"人类经验"、"人类现状"或"整个人类"，而没有意识到世界上大多数人的生存状况及其经验，即他们是被压迫的受害者。

正是鉴于上述认识偏差，尼特郑重建议，现行的宗教对话首先必须关注的就是人类与生态的苦难及其原因。他强调指出，此项首要任务的根据不在于本体论，而是这样一个简单而令人恐惧的事实：世界上现存的苦难太多了，不仅围困着我们，而且威胁着整个人类生存。因此，若不首先倾听"苦难者的声音"，我们的对话就不具有"代表性"，就无法真实地回应这个世界。诚如乔普（Rebecca Chopp）所言：具有代表性的人类经验就是"体会贫穷"（to be poor）；只有站在被压迫者一边，并把我们的"解释镜头"聚焦于贫困者，我们才能贴切地感受和解释历史，才能认识到人类生存的残酷现实。

贴近苦难的现实，让受害者拥有解释特权，在尼特看来，对于进行真实可信的宗教对话意义重大。概括起来，他主要陈述了以下几点意义。

首先，苦难的现实可使"我们"转换观念和对话思路。前面的评介或许已让读者感到，尼特是一位富有反省精神的宗教学者。他在此所说的"我们"，主要是指"富有阶层"、"发达国家"和"主流宗教"等。尼特指出，一旦倾听苦难者所做的见证，并反省他们所处的现实，我们便会顿感震惊，就像禅宗所讲的"顿悟"，我们的世界观随即被苦难的现实所改变了。关于这一点，乔普是这么说的：苦难的现实粉碎了"我们的范畴、经验和历史观"，要求我们转换"关于生存和信仰的解释范式"。所以，让苦难者参与对话，既会打断我们的对话进程，又将转换我们的对话思路。

其次，苦难的现实可为宗教对话提供"共同的基础"。这不仅因为苦难具有普遍性，而且因为这一普遍的苦难现实具有直接性。尽管我们已经认识到，在多元化的甚至相对主义的文化背景下，所有的经验都是"被解释的"，但如果说有一种经验与解释的差距最小，那无疑就是苦难的现实了。打个常见的比方，不同的解释来自不同的目光，而不同的目光又是透过不同的滤色镜来观察现实的，可是，只要聚焦于苦难的现实，"解释的滤色镜"便难以反映出歧异的观点了，因为苦难离我们太近了。尼特认为，这种判断适用于所有的文化和宗教。

再其次，苦难的现实不但可使宗教对话更具有包容性，还能促使宗教对话克服"认识不公正"（cognitive injustice）现象。既然不能不关注苦难的现实，那就必须让苦难者参与宗教对话。此种意义上的包容性，可用伽达默尔和哈贝马斯的观点来加以论证。按照这两位解释学家的看法，假如真理并无"绝对的根据"，真理也没有"绝对的形式"——就像真理是用一只未受玷污也不可玷污的银盘子摆在我们面前的，无须再做任何解释，而我们所具有的只是诸种不同的、皆受各自文化背景限制的真理观，那么，通往真理的途径便只能是各种观点的集思广益了。

但更值得强调的是，苦难的现实可促使我们克服现存的"认识不公正"现象。何谓"认识不公正"呢？尼特主要是指如下常被忽视却不可否认的事实：目前学术界、政界和宗教界举行的诸多对话活动，一般都是把身为被压迫者或苦难者的大多数人排斥在外的。这些人之所以被忽视或轻视，就是因为他们被看成

"低贱者",他们的观点被看做"不必考虑的"。尼特义正词严地指出,如果说这样一大批人历来是"经济不公正"(economic injustice)的受害者,那么,他们也一直遭受着"认识不公正"。正如菲奥伦扎(Francis S. Fiorenza)所说,社会上有受害者,话语权上也有受害者,他们不但被剥夺了解释传统的权利,甚至无权解释其身份,表达其抉择。

若要富有成效,如果说我们为寻求真理而进行的会谈必须包括名副其实的"他者",那就不能不明白一点:何处发现这些他者;所谓的他者不光是指文化和宗教意义上的相异者,还有社会—政治上的被排斥者。言归其实,我的建议如下:前述完整意义上被排斥的"他者们"(others)应是参与对话的首要人选,他们应在会谈中发出特殊的声音,他们的经验和见证应在寻求真与善的会谈中享有"解释学的特权"(a "hermeneutical privilege")。①

上面所强调的"解释学的特权"并不意味着使宗教对话成为"一言堂",即只要倾听受害者或苦难者的声音就行了。尼特补充道,把"消除压迫和苦难现象"作为主要关切,不但不会否定宗教对话的多元性,反倒要求我们坚持其多元性和包容性,因为在关于真理的对话桌上,没有绝对的特权,也没有最后的定论。

2. 为了阻止宗教对话被意识形态所同化

为什么要提及这个问题呢?这个问题来自后现代主义者的批评意见。尼特认为,在后现代主义者提出的诸多批评中,最发人深省的一点忠告就是,他们对"语言和话语"(language and discourse)所做的政治分析表明,所谓"多元论的宗教对话"不但可能、而且已被现行的"经济—政治势力"同化了,因为语言和解释不仅限制着我们自己的真理观,还会压制他人的真理观及其实践。这也就是说,语言不但是有局限的,同时又是"服务于本群体"并"压制其他群体"的。问题的严重性即在于,此种倾向并非个别现象,而是遍布语言应用领域的。因而,如果把意识形态的影响比做"塞壬的歌声"②,可以说,我们都是欣赏着甚至应和着"她的美妙歌声"来说话和做出解释的。特雷西(David Tracy)坦率而尖锐地指出,各种语言都隐瞒着实情——它们都是权力和知识相协调的特定产物;诸种意识形态就是"那些无意识的、却具有系统功能的态度、价值观念和信仰",它们赖以产生和存在的物质条件就是所有的"语言用法"、"真理分析"和"知识判断"等。

---

① Paul F. Knitter, *One Earth Many Religions*, p. 91.
② 塞壬(Siren),又译西壬,古希腊神话传说中的海妖,人首鸟身,常用天籁般的歌声来诱惑过往的航海者,致使船只触礁沉没,船员成为她的美餐。

正因为意识到上述严重问题，有些宗教对话的实践者提出了一种必要的措施，"解释学的怀疑"（hermeneutical suspicion）。这就是指，我们在对话时首先要对自己的知识、方案和诉求等投以怀疑的目光，以觉察我们所宣称的真理与意识形态的迎合之处。尼特强调，这也正是上述"解释特权"的特殊作用所在，因为若不首先倾听"被压迫者的声音"，就谈不上什么解释学怀疑。关于这一点，皮里斯（Aloysius Pieris）通过参与亚洲地区被压迫者的对话活动颇有体会：就某种"地方自治主义的意识形态"而言，真能使之净化的人并非其神学家或宗教领袖，而是那种意识形态的被压迫者。然而，如果真让被压迫者在宗教对话中拥有"解释特权"的话，我们就不能只满足于倾听他们的声音，还必须与他们一起行动，使他们得以解放。说到这里，我们便与前一小节探讨的"实践哲学的真理观"联系起来了。尼特是这样总结前述论证过程的：

> 对于我们称为"解放性或实践性的信仰对话"（a liberative or practical interfaith dialogue），我主要采取了伦理的思路。我祈求于"全球责任"，并发出了如此规劝性的呼吁：为应对人类和地球的苦难而履行道德律令。我的确深深地感到，此种伦理责任沉重地落在所有的对话参与者的肩头；要是逃避这些责任，恐怕便会败坏对话……我希望能明确这样一点：将全球责任作为对话的基本内容，此种道德义务可化作"一种解释学的机遇"，为我们努力理解彼此的宗教传统增添动力和新知。苦难的穷人和地球可为诸种宗教提供"解释学上的联结点"，使它们能以新的眼光来彼此认识，相互理解。我相信，若以"解放性实践"为中心任务，并承认被压迫者享有"特许的发言权"，我们宗教人士便有了前所未有的机遇来"理解我们自己"（understanding ourselves）。①

第四节　宗教实践论的更新意义

如前所述，尼特所提出的对话模式称为"相互关联的、负有全球责任的对话模式"；而我们将其定性为"宗教实践论"，则力图联系现有的四种主要对话模式，以着眼于宗教对话观念的演变过程来探讨它的"更新意义"。

这里所谓的"更新意义"，借用了中文词"更新"的双关性，意在表明尼特所提出的"相互关联的、负有全球责任的对话模式"有如此双重新意：在时间的意义上是"更新的"，在观念的意义上也可谓"更新的"。第一重新意简单明

---

① Paul F. Knitter, *One Earth Many Religions*, p. 96.

白，即此种模式是通过全面反省既有的几种主要的宗教对话观念、特别是近十几年来广受关注的"全球伦理"而提出来的；但要认可这一点，还需要进一步考察另一重新意，即相对于以往的诸种宗教对话态度或立场，此种晚近提出的对话模式何以具有"观念更新意义"。

据尼特本人的"自传性理论回顾"，即他所描述的"我的对话奥德赛"，这位天主教学者是随着基督教与其他宗教的对话进程而逐渐转变其对话立场或观念的，即逐步经历了排他论、兼并论和多元论几个主要的观念转变阶段，而他目前提倡的"相互关联的、负有全球责任的对话模式"，则旨在把"宗教多元论"与"解放神学"结合起来。关于这种新的对话尝试，当代美国著名的新教神学家、哈佛大学教授考克斯（Harvey Cox，1929—）评价道："保罗·尼特是将这两种看似分离的神学建构趋向结合起来的最重要的人物。他在此项事业上堪称一马当先。"① 为什么给予这么高的评价呢？下面概述的是考克斯的主要理由。

1996年，考克斯欣然提笔为尼特的宗教对话新著《耶稣与其他名称》作序。当时年近古稀的考克斯回顾道，在过去30多年的神学教学与研究里，他一直关注"解放神学"和"宗教多元论"②，因为这两场思想运动不仅对传统的神学观念提出了严峻的挑战，而且迫使他从根本上反省自己的研究方向。可是，他却长期困惑于一个理论难题：这两场思想运动的联系到底何在，或者说，怎么才能把二者结合起来呢？考克斯接着解释说，他在很多年里几乎对上述难题感到绝望，以为没有人能与他分担此种困惑了。当然，有许多人曾与他探讨解放神学问题，但这部分人却对信仰对话毫无兴趣，甚至有人将此鄙视为学术上的"奢侈"或"消遣"。这些人的态度是可以理解的，因为他们太关注那些饥寒交迫、无家可归的穷人，太想用基督教信念来解救现世的困境了，以致根本无暇顾及所谓的宗教多元论问题。相反，那些与他探讨宗教多元论问题的学者，则有时把解放神学看做一种观念狭隘、唯我独尊的基督教运动，即认为此种神学观仍对世界上的其他诸多宗教抱有一种天真幼稚或缺乏诚意的态度，甚至有些学者将其贬低为陈旧的"基督教必胜论"（Christian triumphalism）的翻版。总之，这两个圈子的学者在过去的许多年里是互不往来，没有交流的。在美国宗教学会组织的研讨会上，他们总是在不同的楼层或楼里讨论各自关心的问题的，仿佛让人觉得这两个运动

---

① Harvey Cox, Foreword, *Jesus and Other Names: Christian Mission and Global Responsibility*, New York: Maryknoll, Orbis Books, Third printing, 2002, p. viii.

② 考克斯可以说是美国学界最早研究解放神学的学者，也是在美国大学最早开设解放神学课程的教授。据他本人回忆，他的成名作《世俗之城》在20世纪60年代末被译成西班牙文后，便应古铁雷斯的邀请到利马天主教宗座大学讲演，通过此次学术交流，他被古铁雷斯等人倡导解放神学所深深吸引，并相信这是他所接触过的"最有希望的神学运动"。经过几年时间的研究，他于20世纪70年代初在哈佛大学率先开设了解放神学研讨班。

属于两个世界。

正因为长期困惑于上述难题及其研究状况,考克斯才会用前面引过的那段话来盛赞尼特所做的理论尝试。可以说,尼特基于整合解放神学和宗教多元论而发表的一系列论著,令年迈的考克斯颇有终遇"学术知音"之感。他是以这样一段感言来铺垫前述高度评价的:读过尼特陆续发表的系列论著,我不但感到自己在"解放神学与宗教多元论所构成的两难困境"中并不孤独,而且颇受某些启发;从《别无他名吗?》经《一个地球,多种宗教》再到《耶稣与其他名称》,尼特所证实的如下观点,不仅确凿无疑而且超乎我多年来的期盼:解放神学所关切的"苦难的他者"和宗教多元论所关注的"宗教的他者"是相辅相成的,这两个运动是彼此需要、缺一不可的,假如一方不与另一方相结合,那便会残缺不全、无所作为。①

以上评介主要表明了尼特所提出的新对话模式与宗教多元论之间的理论推进关系,即把解放神学运动这种充满活力的思想实践注入了业已陷入理论困境的宗教多元论。从宗教对话观念的晚近演变过程来看,还有一种更直接的理论联系需要进一步加以辨析,这就是尼特提出的新对话模式和宗教兼容论的理论关系。我们通过前面的评介已了解到,所谓"相互关联的、负有全球责任的对话模式"是紧接着宗教兼容论的标志性成果《全球伦理宣言》而提出来的。这种接续关系显然表明,尼特是抱着一种理论批判精神来继而探讨"全球伦理"或"全球责任",以期为宗教对话寻求更加合理或更为可行的实践途径的。《全球伦理宣言》的起草者汉斯·昆所做的下述回应,可帮助我们搞清楚二者的理论联系和学术分歧究竟何在?

在文献方面十分难得的是,汉斯·昆曾为《一个地球,多种宗教》作序,开诚布公地表明了他与尼特观点的异同。汉斯·昆提笔就指出,有两个理由使他乐于为"挚友和同事"尼特的新书写序,而第一点理由就是,他很看重与作者在学术上已有的坦诚友谊,以往他们公开讨论过不同的看法,同样尼特在此书中也没有回避他们的理论分歧。那么,分歧主要何在呢?汉斯·昆指出,他一向认为,作为一个基督教神学家,即使与其他宗教的同行进行对话,也必须维护耶稣基督的唯一性和终极性,但这并不意味着主张基督教优越于其他诸多宗教。所以,在其所有的宗教对话论著——从《做基督教徒》(1974)一直到《全球责任》(1991)里,他都坚持认为,正如其他宗教的信奉者只能有条件地接受基督教的真理观,基督教徒也只能在"信奉耶稣基督"这一条件下做出同样的回应。汉斯·昆强调,他以为自己一向坚持的上述观点更有助于推动宗教对话事业。然

---

① 以上概述参见考克斯为《耶稣与其他名称》所写的"序言"。

而，尼特在这一点上却提出了不同的论证：若要推进宗教对话，基督徒就必须跨越"耶稣的唯一性"这条神学上的"卢比孔河"。

鉴于上述神学问题并非《一个地球，多种宗教》一书的主题，汉斯·昆对此点到为止。他所讲的第二点理由就是，完全支持该书的宗旨和内容，并称这是他乐意作序的最重要的原因。尽管有此言在先，但细读后文，也就是这篇序言的主要篇幅，仍可进一步认识到他与尼特观点的异同所在。这明显见于下面这段带有总结性的评论：

我分享尼特所确信的观点，这就是像1993年在芝加哥召开的世界宗教议会上最后通过的《世界伦理宣言》所主张的那样，诸种宗教之间的对话必须着手于"全球伦理"和"全球责任"问题。只有世界上的诸多宗教共同体能就那些共有的价值观念、根本原则、行为准则和道德理想等达成某种起码的共识，这个世界才会变得更加和平、更为正义……在我本人的神学探索中，我是以自己的思路来朝此方向努力的，而没有像尼特那样，把苦难的现实作为宗教对话的唯一基础和出路。解放神学的主要倡导者们也已认识到"优先拣选穷人"这一主张的片面性，并设法予以协调，试图用他们的神学方法来对整个文化背景投以更多的关注。但对于这样的问题，每个神学家都会强调其特有的观点。而当他们分享某个共同的目标时，不同的观点便是互补的……①

通过前面的评介，再参照上述两位国际著名学者的评论，我们可以看到，尼特所提出的"相互关联的、负有全球责任的对话模式"确有值得重视的"观念更新意义"。在笔者看来，此种"观念更新意义"主要可从如下两方面来加以理解。

首先，从尼特个人的信仰背景来看，他所提出的对话模式力图在"自我信仰"上有所突破，即力图跨越"耶稣的唯一性"这条基督教神学上的"卢比孔河"。在评价此种对话模式时，汉斯·昆之所以要首先就此提出异议，并与尼特划清思想界限，就是因为"耶稣的唯一性"不仅像尼特所理解的那样，是神学观念上阻碍基督教与其他宗教进行对话的"卢比孔河"，而且可比作"基督徒的信仰底线"。这也就是说，若不坚信"耶稣的唯一性"，便无基督教信仰可言。就此而论，尽管所谓"相互关联的、负有全球责任的对话模式"是紧接着《全球伦理宣言》提出来的，但为了消除该宣言所遭受的理论非议，进而推动以全球责任为主旨的宗教对话，尼特的观念显然比汉斯·昆的宗教兼容论更开放，即在突破传统的基督教神学观念上比汉斯·昆更激进。当然，此种突破也易于在基督教神学内部引起更激烈的争议。

---

① Hans Küng, Foreword, *One Earth Many Religions*, pp. vi – vii.

其次，从尼特本人的哲学倾向及其所处的美国哲学背景来看，我们可以说，他所提出的对话模式洋溢着"美国式的现实主义和实用主义精神"，本质上属于"一种彻底的经验论"。此种哲学倾向使他在宗教学理论上也试图有所突破，这主要表现为，暂且将"诸种宗教所共有的某种本质、经验或目的等"悬隔起来，直接把"苦难的现实"作为宗教对话的"共同语境"暨"紧迫议题"，把"解放性实践"作为宗教对话的"优先原则"和"中心任务"。这样一来，尼特所提出的对话模式便摆脱了以往的比较宗教研究、特别是宗教对话研究所难以逾越的理论难题及其争论，即何以确立"某种公认的学理基础或逻辑前提"，转而将宗教对话引向了"宗教实践论"。笔者认为，可将此种"宗教实践论"看做宗教对话理论及其实践的新近动向。

第五节 宗教对话的方法论反思

作为这一编的总结，我们将基于前面的评述来进行"一种总体性的方法论反思"，即从方法论上来深思"整个宗教对话问题"所涉及的诸多要点及其相互联系，像宗教对话的特性与矛盾、宗教对话的难题与张力、宗教对话的历程与目标、宗教对话的观念与思路等。

一、宗教对话的特性与矛盾

我们所处的时代可称为"对话的时代"。方方面面的对话活动，像经济的、政治的、军事的、科技的、教育的、文学的、艺术的等等，使地球村成了"对话村"——对各个成员来说，对话不仅仅是相互交流和彼此理解的途径，而且还是各自生存与共同发展的需要。但与其他方面的对话相比，宗教对话可以说是一种"深层次的或根本性的对话形式"，因为此种对话形式深及参与者们的心灵或精神，触及他们各自的根本信念或终极关切，使诸多不同的真理观、价值观和人生观等得以相遇、碰撞、交流与沟通，乃至经过比较而相互认识，或通过竞争而做出抉择。

然而，如果说宗教信仰就是"皈依"，而"皈依"意味着"虔诚"且"委身"的话，那么，那些真正作出如此人生抉择的宗教徒，或许能割舍一切世俗的东西，但唯独神圣的信念不能放弃或不可更改。这便使宗教对话面临如下"双重二难"：对话的必要性在于信仰的不同，而信仰的差异则是无法消除的；

若要进行对话便不得不开放观念，可凡是在信念上开放者却难免陷入两头不讨好的境地——本宗教或本宗派肯定会有人指责你离经叛道，而来自其他诸宗教传统的对话者们则迟早会发现你绝不肯改换门庭。

上述"双重二难"来自宗教对话所固有的"主要矛盾或基本张力"，即"信仰"与"信仰"之间的矛盾或张力。这里的"信仰"有两种意思：其一，"本宗教的信仰"和"他宗教的信仰"；其二，"我理解的信仰"和"你理解的信仰"。"主要矛盾或基本张力"至少也有两重含义：一是既存在于各宗教间又反映在本宗教内；二是各种宗教对话态度或立场均须应对此种矛盾或张力。

由以上反思可提出这样一种解释范式：现有几种主要的宗教对话立场或观念，像排他论兼并论、兼容论、多元论和实践论等，便是各有分寸地应对前述主要矛盾或基本张力的结果。当然，此种矛盾或张力是无形的，所谓的"有分寸"无法做"数量化的分析"，但这种解释范式的可取性在于：若把不同的信仰（单数的或复数的）视为构成矛盾或张力的两极，便可以大致把握各类宗教对话立场或观念了。譬如，是"保守"、"开放"还是"激进"，或是"左倾"、"中立"还是"右倾"。就本章概括归纳出的五种宗教对话观念而论，排他论和实践论显然处于两个极端，可以说是充分暴露或展现了"信仰与信仰之间的矛盾或张力"，而兼并论、兼容论和多元论则依次分布于"这两个极端所构成的张力线"上。

二、宗教对话的难题与张力

就 21 世纪的宗教研究而言，恐怕没有一个重大课题或前沿领域比宗教对话更引人关注，也更令人争议了。如前所见，现有的几种主要的宗教对话立场或观念之所以难免存在分歧和争论，就在于宗教对话涉及诸多根本问题或重大难题。其中，历史与现实相联系，现实与理论相交织，尽管有些问题历史感更浓厚，有些问题现实感更强烈，有些难题则理论性更突出，但它们都产生于现当代文化和学术背景。让我们试把主要的问题或难题归结一下。

宗教对话是在现当代文化氛围中展开的。众所周知，现代文化有两个显著的特征："世俗化"和"全球化"。前者的标志是宇宙观、世界观、尤其是价值观的世俗化（或更准确些说，是"祛神圣化"），后者则明显表现为市场经济、政治结构、交通信息和科学技术等方面的全球化或一体化。这便使来自不同的历史传统或文化背景的宗教对话者们不得不同时回应两类挑战：第一类挑战非常直观，即世俗化的宇宙观、世界观和价值观对各种传统的宗教信仰的质疑、否定、冷落甚至遗弃；第二类挑战则略需剖析，所谓的"全球化或一体化"只是表面现象，其背后则实际上是经济体制、政治制度、意识形态和文化传统等方面的"多元化或多极化"。这样一来，作为各类文化形态的根基或源流，以及至今仍作为不同的宇宙观、世界观和价值观之思想资源的诸宗教传统便难免产生矛盾，发生冲突了。

因而，凡此种种重大难题或根本问题便摆在了宗教对话者们的面前：如何回应现当代世俗文化潮流的严峻挑战，是固守传统还是开放创新呢？怎么解释宗教传统的多样性或多元化，是"唯我独尊、排斥异端"（排他论）、"唯我独大、兼并异己"（兼并论），或"平等相待、一视同仁"（多元论）、"坚持己见、求同存异"（兼容论），还是"悬隔争端、实践先行"（实践论）呢？诸多不同的神性观、真理观和价值观是否相抵触或相矛盾呢？神、上帝、神圣者或终极实在到底是什么呢？各个宗教无不言称拥有绝对的真理，此类真理的特征或本质何在——是永恒的、普世的、超验的，抑或特殊的、历史的、经验的呢？对于诸多"自称为真的真理观"能否辨别高下、优劣或真伪呢？究竟有无"绝对的或终极的宗教真理"呢？某个或各种宗教能否拥有此种意义上的宗教真理呢？如果确有这种意义上的宗教真理，能否予以理性认识并准确表述出来呢……

宗教对话既是深层次的又是全方位的，它所涉及的现实问题和理论难题当然远远不止上述这些，我们可从本体论、认识论一直罗列到历史观、伦理观甚至末世论或来世观，但即使上列问题或难题也足以反映出宗教对话所内含的诸多矛盾或张力的错综复杂性了，诸如世俗与神圣、现代与传统、守成与革新、个殊与共相、绝对与相对、真理与认识等等。若能充分意识到如此种种矛盾或张力，我们就应该想像到，宗教对话的路途何等坎坷，对话者们的目的又何其遥远。

三、宗教对话的历程与目标

世界宗教史源远流长，宗教对话则属于新气象、新事物。如果说刚刚围着圆桌坐下来的对话者们有必要寻找共同的语言或话题，那么，一旦有了共同的话题便会觉察到，对话各方在立场、方法、视角、观点、甚至概念等方面都存在这样或那样的明显差异。

例如，汉斯·昆起草《全球伦理宣言》时就为各宗教的差异性而迟迟难以下笔，但在正式文本里却尽力回避了重大分歧，只求能达成"底线性的共识"；德科斯塔等人对宗教多元论反戈一击，则可视为重新反省众对话者信仰立场的必然结果。二者相比，与其急于达成共识而对各宗教间的重大分歧或根本差异遮遮掩掩，也许不如一语道破：众对话者都是"匿名的或公开的排他论者"，因为后一种做法犹如当头棒喝，可令我们对宗教对话的特性、矛盾、难题和目标等有更清醒的意识、更深刻的思索、更成熟的心态。

以上对比无意于抬高卷土重来的宗教排他论思潮，而是取其警示意义。宗教对话的历程不过几十年的时间，大家都是初学者，有太多的东西要摸索，也有太多的教训要领悟。正因如此，宗教对话者们在其漫漫长路上每走一步几乎都需要"棒喝"，也应该欢迎抱有善意的"棒喝者"。譬如，沉醉于共同点时需要有人"棒喝"；执著于差异性时也需要"棒喝"。从长时段来看，对话进程之曲曲折折或许就表现为"同"与"异"轮番凸显，前一轮对话不能不"求同存异"，后一轮对话又不得不"疑同持异"，如此往复，步履维艰。假如这种长时段的判断不至于太夸张的话，那便应了一句中国古训：路漫漫其修远兮，吾将上下而求索。

那么，宗教对话将把人们引向何方呢？关于这个问题，麦奎利和希克的如下说法令人回味：

> 对话的目标何在？在回答这个问题时我们必须十分谨慎。对话本身是一件新事物，我们应该坦率地承认我们不知道它最终会引向何方。有一些热心的人对于各宗教已有的共同之处印象很深，他们认为将会有某种肯定的汇合，甚至认为我们最终会有一种统一的信仰。我很怀疑这是否可能，甚至是否可取，而且无论如何，这是一个要用很长时间才能达到的目标。①

> 如果世界普世主义在未来几十年和几代人中继续发展，这也不会带来最终单一的世界宗教。人类宗教生活无疑会继续生活在现存的传统中，尽管越来越少强调它们相互排斥的主张。一个把自己所继承的传统作为众多传统中拯救/解脱的语境之一的人，可能是一名基督徒、一名犹太教徒、一名穆斯林、一名佛教徒、一名印度教徒、一名道教徒和一名神道教徒等等。同时，我们不得不生活在较守旧的——通常是排外主义的——宗教形式和形成中的更普世的和多元主义的形式之间的张力中。②

四、宗教对话的观念与思路

尽管宗教对话举步维艰，任重道远，但宗教对话的重要性和紧迫性却是毋庸置疑的。因而，如何基于前几方面的分析判断来进而反思宗教对话的观念与思

---

① ［英］麦奎利著，何光沪译：《世界宗教之间的对话》，《世界宗教文化》1997年冬季号；或见刘小枫主编：《基督教文化评论》（9），贵州人民出版社1999年版。

② ［英］希克著，王志成译：《宗教之解释——人类对超越者的回应》，四川人民出版社1998年版，第441页。

路，便显得尤为必要了。

宗教对话到底有多么重要，多么紧迫呢？关于宗教对话的重要性，本编开头就引用了汉斯·昆所说的"三句话"：没有宗教之间的和平，就没有民族、国家乃至文明之间的和平；没有宗教之间的对话，就没有宗教之间的和平；没有宗教研究，就没有宗教之间的对话。关于宗教对话的紧迫性，尼特近来尖锐地指出，在"后9·11世界"的地理—政治事态发展中，恐怖导致愤怒，愤怒导致暴力，这在一些民族和国家愈演愈烈。在许多人看来，亨廷顿（Samuel Huntington）的观点已被证实，即"文明的冲突"越来越严重了。但更令人担忧，也更有威胁的是，文明之间的冲突似乎由于宗教之间的冲突而"火上浇油"了。恐怖主义分子和帝国主义者都巧借宗教信念来为各自的邪恶行为辩护，他们把对方称为"邪恶的"，就等于说自己是"善良的"，这是一种"宗教宣称"，即意味着"上帝与我同在，让我惩罚你"。因此，我们可以说，宗教正在被用来助长文明的冲突，这也正是宗教成为一个全球性问题的部分原因。然而，宗教信仰不但可以而且应当推动文明之间的对话与合作，因为世界上的各类宗教人士若能信守其创始人和经典里的教诲，都会赞同这样一个方针：宗教信仰必须有助于人类和平，而绝不能沦为暴力冲突的思想资源。①

在结束本编的研讨时，我们之所以要首尾呼应，再提宗教对话的重要性和紧迫性，就是要引出这样一种观念与思路：如果说宗教对话乃是现实要求、历史趋势，此种触及"根本信念或终极关切"的深层对话，的确关系到各个民族、国家乃至文明能否和平共处，显然，我们应当认同的思路并非"文明冲突论"，而是"文明和谐观"，因为前者倾向于强调甚至夸大诸文化类型或社会形态下的信仰差异，后者则力求宽容并尊重不同的信仰。就此种观念与思路而言，中外文化和宗教传统都蕴涵着丰厚的思想资源。当然，作为中国学者，我们最为关心的还是历史悠久的中国文化和传统，能够为促进宗教对话、化解文明冲突、共建和谐世界，提供宝贵的历史经验和积极的思想资源。这是第三编所要探讨的课题。

---

① 参见［美］尼特著，王志成译：《宗教对话模式》，中国人民大学出版社2004年版，"作者致中国读者"，第2~3页。

第三编

中国宗教的和谐传统与现代价值

中国文化素以"和"为贵，重视人文精神。这在中国人的宗教意识里明显表现出"和谐实用"的特点：中国人往往不以新的信仰直接取代旧的信仰，而是尽量相互调适，并以是否"灵验"考察他们的神灵世界。儒释道，在中国历史上形成了相资互用的关系格局；伊斯兰教，早在明代已经有了中国化的文化自觉；基督教在中华大地上的传播，断断续续，正在影响中国文化的未来走向。当今的中国，已经形成佛教、道教、伊斯兰教、基督教和天主教五大宗教并存的基本格局。这些宗教不仅和谐共处，而且还为构建和谐社会贡献力量。

在世界宗教多元化与宗教对话的今天，研究中国传统的宗教意识，总结中国多宗教和谐共存的历史经验，对于化解冲突、促进对话，具有重要的启发意义。

- 和谐实用的宗教意识
- 相资互用的三教合流
- 混元并用的民间信仰
- 伊斯兰教与中国文化的融合
- 基督教与中国文化的磨合
- 中国宗教现状与法规政策
- 共建和谐世界的"中国经验"

第十六章

和谐实用的宗教意识[*]

中国有多种宗教，既有土生土长的道教、形形色色的民间宗教，也有外来的佛教、伊斯兰教、基督教等，如此众多的宗教，共同形成了内涵丰富而复杂的"中国宗教"。千百年来，各种宗教能在中国文化的整体环境里共生互动，中国人普遍持有相当宽容的宗教态度，这一历史经验，在宗教冲突时有发生、呼吁宗教对话的今天，显得弥足珍贵。多元的中国宗教，有其内在的统一性，这是由中国文化自身所提供的。

中国的文化以"和"为贵，注重"人文"的价值与精神，在宗教问题上也反映出特有的人文精神，较少西方宗教那种紧张的"神人"关系。中国文化所讲的阴阳五行、礼乐文明，表达了中国人自然主义的宇宙观与人文主义的人生观。以"阴阳五行"为核心内容的宇宙观，塑造了中国人以"和谐"为美的生命意识，既孕育了"道法自然"的道家思想，也发展出了"敬德保命"的儒家天命观、"天人感应"的神秘主义。"礼乐文明"的主旨，是要"达天道、顺人情"，这种人生观培育了中国宗教的人文精神与实用理性，既不重"拜神教"，也不重"拜物教"。

这种自然主义的宇宙观，以"天道和谐"为诉求，把"保合太和"作为天道运行的最高境界；而这种人文主义的人生观，则以"致中和"作为人伦社会的理想状态，所追求的是一种"人情和谐"。阴阳五行、礼乐文明，缘此奠定了

---

[*] 本章的主体部分曾以《略论"中国宗教"的两个思想基础》为题发表于《北京大学学报》（哲学社会科学版）2006年第5期。

"中国宗教"的两个思想基础。它们从根本上支撑着中国人的宗教意识,弥漫于民间的宗教信仰,影响着中国人对于佛教、道教等传统宗教的理解①,是中国社会不同宗教之间的黏合剂。

第一节 阴阳五行的天道和谐

在中国人的日常生活里,最离不开的概念可能是"阴阳五行"。中国人用它来"解释宇宙、范围历史、整理常识、笼罩人生"②,"阴阳五行"是中国思想文化的基石,由此形成一个庞大的知识与信仰体系。时至今日,这套思想观念,仍在影响我们的日常生活。在阴阳五行基础上发展起来的"中医"、"风水"、"气功"、"算命"等,现在民间仍然非常盛行。我国古代的数术方技,往往与"阴阳五行"的观念糅为一体。近年新出土的简帛文献,在知识界已成显学,其中相当大的部分涉及数术方技,成为重新估价中国古代思想史的重要依据③。中国哲学、中国文化,甚至可以被称为"阴阳哲学"、"阴阳文化"。

阴阳、五行是西周初期出现的两个重要范畴,最初用来说明天道的运行。《周易》的卦辞、爻辞并没有出现"阴、阳"两字,但《周易》以阴爻与阳爻为基础,演变而成八卦、六十四卦,以定吉凶祸福,阴、阳的观念也就包含其中了。到西周末年或春秋初期,阴、阳指自然界两种"有名而无形"的基本物质,即阴气、阳气,用来解释宇宙世界的变化运动。周幽王二年(公元前 780 年),

---

① 杨庆堃在 1961 年出版的《中国社会的宗教》(C. K. Yang, *Religion in Chinese Society: A Study of Contemporary Social Function of Religion and some of their Historical Factors*, The Regents of The University of California, 1961) 里,把中国宗教分为"普化宗教"(或译"混合宗教"、"弥漫性宗教",diffused religion)与"制度宗教"(institutional religion)。所谓"普化宗教",它的特征是教义、仪式及组织都与其他世俗的社会生活制度混而为一,如国家的祭天大典、家庭的祖先祭祀,以及各行业对其守护神的崇拜等,它们能和其他层面的社会秩序结构混合,成为整合社会形态的重要部分;所谓"制度宗教",譬如佛教、道教,具有独立的地位与组织,行使特定的宗教功能,不同于其他世俗的社会制度。"制度宗教",有时也以"特化宗教"(specialized religion)的形式出现,除了佛教、道教,还可包括风水、占卜等专业化的巫术,而"普化宗教"是指非专门化的中国宗教,即兼具其他的社会政治乃至经济等功能。

② 楼宇烈:《胡适的中古思想史研究述评》,载《温故知新:中国哲学研究论文集》,商务印书馆 2004 年版,第 251~252 页。

③ 李零认为,中国文化"存在着另外一条线索,即以数术方技为代表,上承原始思维,下启阴阳家和道家,以及道教文化的线索。"参见李零《中国方术考》(修订本)绪论,东方出版社 2000 年版,第 15 页。李学勤、葛兆光等认为,20 世纪的考古发现,最直接的影响当属古书的再发现与走出疑古思潮的笼罩。而出土文献的相当大的部分,是"兵书"、"数术"和"方技",这将会改变我们对思想史的关注焦点。参见葛兆光《中国思想史》"导论——思想史的写法",复旦大学出版社 2001 年版,第 99~103 页。

伯阳父以"阳伏而不能出，阴迫而不能烝"解释地震（《国语》卷一周语上）。此后人们常以阴阳的消长胜负来说明、预测自然界的变化，如气候、地震、星象等，同时也用来说明个人与社会的变故，比如个人的疾病、国家的政治等[①]。在中国古人的世界观里，自然界与社会并不需要明确的区分，它们都是人之外的环境，天、地、人浑然一体，阴阳因此是一对普适的概念。伯阳父在以阴阳二气解释了地震发生的原因以后，还借此预测"周将亡矣"。以阴阳解释自然、人事的情况，在《管子》等春秋战国典籍里相当多见。《管子》说，"春者，阳气始上，故万物生；夏者，阳气毕上，故万物长；秋者，阳气始下，故万物收；冬者，阳气毕下，故万物藏。故春夏生长，秋冬收藏，四时之节也。"（《形势解》）"春秋冬夏，阴阳之推移也；时之短长，阴阳之利用也；日夜之易，阴阳之化也。"（《乘马》）也就是说，管子以阴阳解释春夏秋冬的更迭，昼夜的变化。在《四时》篇里，他把阴阳视为宇宙天地间最为根本的自然规律，认为人间的祸福导源于阴阳的和谐与否。他说："阴阳者，天地之大理也；四时者，阴阳之大经也。刑德者，四时之合也；刑德合于时则生福，诡则生祸。"阴阳被称为"天地之大理"，对后世的中国文化影响深远。《易传》说"一阴一阳之谓道"、"阴阳不测之谓神"（《周易·系辞上》），是对上述思想的哲学总结，阴阳是天道得以成立的基础，万事万物是阴阳的对立统一体。

在中国古代的宇宙论里，阴阳未分之气，是为"太和"，"保合太和"则是最高的理想境界（《周易》乾卦彖辞），阴阳处于最佳的和谐状态。这种状态，也称"太极"，缘此而有"分阴分阳"的天道变化，衍生万事万物。所谓"易有太极，是生两仪"（《周易·系辞上》），两仪是一阴一阳。阴阳的变化推移，普遍适用于天、地、人的三才至极之道，"六爻之动，三极之道"（《周易·系辞上》）。朱熹（1130~1200年）在《周易本义》说："立天之道曰阴与阳，立地之道曰柔与刚，立人之极仁与义。兼三才而两用之……分阴分阳，迭用柔刚。"（《说卦传》）所以，儒家的理论基石亦在阴阳，以"太和"为最高目标，追求天与人、自然与社会的整体和谐[②]。而在道家、道教的宇宙论里，万物的化生更是不能离开阴阳的存在。早期道教经典《太平经》说："元气有三名，太阳、太阴、中和；形体有三名，天、地、人；天有三名，日、月、星……此三者……合成一家，立致太平。"道教徒后来画出了俗称"阴阳鱼"的"太极图"，形象地反映出既是混沌未分又有阴阳变化的和谐状态，表达了"循环往复"、"物极必反"、"相反相成"等和谐的观念。

[①] 陈来：《古代思想文化的世界：春秋时代的宗教、伦理与社会思想》，生活·读书·新知三联书店2002年版，第70~74页。

[②] 余敦康：《易学今昔》，广西师范大学出版社2005年版，第11页。

在道家、道教的系统里还有所谓的"太极先天图",它从阴阳二气出发,辅以金木水火土五行,解释万物的化生。该图经北宋理学家周敦颐(1017～1073年)《太极图说》的宣传,成为中国人长期以来坚信不疑的宇宙论模式。其实,这种想法早在《管子·四时》篇既已出现,阴阳二气,配以五方、四时(春夏秋冬)产生五行,而五行被古人视为宇宙世界的基本元素,五行的相生相克可以产生万事万物。

五行的思想肇始于西周初期,《尚书·甘誓》已出现"五行"两字,该篇记载了公元前2196年的故事,但没有说明"五行"的具体所指。《国语·郑语》记载了史伯对郑桓公讲述"和实生物,同则不继"的道理,他说"先王以土与金木水火杂,以成百物"。这里虽然没有出现"五行"两字,但已明确把"金木水火土"作为万物的基本元素。到战国时期,社会上已出现一批"五行家",以"五行"谈论宇宙人生。现在通行的《尚书·洪范》篇,可能是经过战国时期"五行家"润笔修改过的作品①,里面说明了金木水火土的特性,"水曰润下,火曰炎上,木曰曲直,金曰从革,土爰稼穑",把"五行"置于洪范九畴之首,视之为"天地之大法"。《尚书大传》"武王伐纣"段,还说明了五行的功能:"水火者,百姓之所饮食也;金木者,百姓之所兴生也;土者,万物之所资生;是为人用。"早期的五行观念相当朴素,以"五行"解释与我们日常生活密切相关的五方(东西南北中)、五色(白、青、黑、红、黄)、五音(宫、商、角、徵、羽)、五味(咸、苦、酸、辛、甘)、五脏(心、肺、肾、肝、脾)、五星等,说明"和实生物"的道理。"五行"同时还被用来解释政治等人事问题或社会现象。就在《国语·郑语》上面所引的同一段文字里,史伯以五行的"和而不同"为例,最终是要表达政治上的和平欢乐,"王者居九畡之田,收经入以食兆民,周训而能用之,和乐如一。"战国末期邹衍,还依据五行思想提出了一套政治学说——五德终始说,"终始五德,从所不胜,木德继之,金德次之,火德次之,水德次之","五德从所不胜,虞土、夏木、殷金、周火。"他以"五行—五德"的循环往复说明历史的演进与政统的更迭。秦始皇自认为"得水德","以水德王",他的根据就是邹衍的这套以"五行"为基础的政治理论。

从战国开始,阴阳与五行已密不可分,"五行家"同时也是"阴阳五行家"。他们以阴阳五行解释天气、星象等自然现象,给那些自然现象赋予政治、社会、道德等许多人间的意义。司马谈《论六家要旨》评论他们"观阴阳之术,大祥

---

① 《洪范》篇记载了周武王十三年(公元前1122年)箕子与武王的对话,反映了上古的史实,但据考证这篇应是战国时期五行家的作品。参见冯友兰《中国哲学史新编》第一册,人民出版社1980年修订版,第71页。不过,现在又有不少学者认为,《洪范》确是周初作品,或如《书》序所言是武王时所作。参见《李学勤集》,黑龙江教育出版社1988年版,第370页。

而众忌讳，使人拘而多所畏，然其序四时之大顺，不可失也。"（《史记·太史公自序》）这些阴阳家甚至还以谈论鬼神为能事。刘向、刘歆说："阴阳家者流，……牵于禁忌，泥于小数，舍人事而任鬼神。"（《汉书·艺文志》）在汉代社会，方技数术大为流行，阴阳五行是其中最重要的组成部分。刘向、刘歆《七略》的《术数略》分术数为六种：天文（包括天文学与占星术）、历谱、五行、蓍龟、杂占、形法，五行是其一；《汉书·艺文志》约有1/4到1/3的书目与阴阳五行有关。董仲舒的新儒学，其实是综合了这方面的思想成果，从而推动了儒学的宗教化。在他所著的《春秋繁露》82篇里，至少有23篇涉及"阴阳五行"。

阴阳五行的观念，在中国人的知识体系里，并不仅仅是对周围的世界给予一种理论的说明，更重要的是，它对中国人的精神生活提供了一种具有很强说服力的价值观。如上所述，阴阳五行，首先是在解释天道的运行，表达了一种以"太和"为最高境界的理想，所以，这套学说实际上是确立了"天"在中国人精神生活里的地位与价值，反映的是"天道和谐"的思想：天是至高无上的，却又与人交感合一，以"太和"为最高理想。

据考，夏代已有"帝"或"上帝"的观念，到了商周之际，这个观念改为"天"或"皇天"①。天，在中国的思想传统里首先是指一种自然力量，这是自然主义的天。孔子说："天何言哉，四时行焉，百物生焉。"（《论语·阳货》）宇宙万物处在和谐的自然关系之中，被认为存在一种"道"，即"天道"，这也是道家思想的基础。道家主张顺应这个"道"，因循"自然"，所谓"道法自然"，如此就可以做到"无为而无不为"。个人在这个自然主义的"天"面前，其实是无能为力的。但是儒家还有另外一套想法，希望保持个人对"天"的敬畏之心，把天不假人为而有的自然力量看做"命"，孔子说，"君子有三畏：畏天命，畏大人，畏圣人之言。"（《论语·季氏》）百姓若有如此的敬畏之心，那就可以以此"天道"教化民众，所谓"神道设教"（《周易》观卦彖辞）。对此，荀子《天论》讲得更为直白，有些看上去像是宗教性的活动，譬如为了求雨而搞的祭祀（雩），实际上只是一种人为的装饰（文），天道之事并非求得，但庶民百姓却以为祭祀卜筮具有神奇的作用。他说："雩而雨，何也？曰：无何也，犹不雩而雨也。日月食而救之，天旱而雩。卜筮然后决大事，非以为求得也，以文之也。故君子以为文，而百姓以为神。"显然，在儒家的政治哲学里，

---

① 陈梦家说，"西周时代开始有了'天'的观念，代替了殷人的上帝，但上帝与帝在西周金文和周书、周诗中仍然出现。"但是，即使在甲骨卜辞里没有发现"天"字或以"天"为上帝的用法，也不能证明商人没有天的观念或以天为至上神的观念。参见陈来《古代宗教与伦理：儒家思想的根源》，生活·读书·新知三联书店1996年版，第162页。

天不仅是自然之天，同时也是天命之天，具有超自然的宗教意义。

天命是西周初期出现的观念。"天"主宰着人世的一切，无论是自然现象还是社会问题，"天"都能发出他的号令，所谓"天命"。这位主宰人类命运的预定者，本身没有任何的形象，也很难确指是哪一位神灵，所以，古往今来，皇帝用来祭天的地方——天坛、环丘，根本没有任何拟人化的神像。但是，无形无象的天所发出的"天命"却是不可违抗的，统治者要想持守他们的天命，那就要竭力取悦于"天"。"天命靡常"（《诗经·大雅·文王》）是西周时期典型的思想观念，认为"皇天无亲，惟德是辅"（尚书·《蔡仲之命》）。周人为此提出"敬德保命"的思想，而"德"的内容是"敬天保民"、"敬慎克勤"、"知稼穑之难"、"知小民之依"、"以小民受天永命"；否则就要受到"天罚"，就会天降丧乱。陈来先生把周人的这种观念称为"天民合一的天命观"①，天被赋予了道德的含义，人在天面前有了"尽人事"的必要，并非完全的无能为力。这实际上是一种天人感应的思想萌芽，到了汉代，董仲舒在推动儒学的政治化、宗教化过程中，援引"阴阳五行"观念，提出"天人感应"的理论。天人感应的原则是"类固相召，气同则合，声比则应"（《吕氏春秋·应同》），这种思想得到了董仲舒的系统发挥。他认为，既然"同类相动"，天人同类，那么，天和人可以互相感应，"以类合之，天人一也"（《阴阳义》），"天人之际，合而为一"（《深察名号》），又说"天有阴阳，人亦有阴阳。天地之阴气起，而人之阴气应之而起；人之阴气起，而天之阴气亦宜应之而起。其道一也。"（《同类相动》）他提出"天副人数"的说法，形象到了近乎机械的地步。在他看来，人是宇宙的缩影，是一个小宇宙，"天地之符，阴阳之副，常设于身，身犹天也。……天以终岁之数成人之身，故小节三百六十六，副日数也。大节十二分，副月数也。内有五藏，副五行数也。外有四肢，副四时数也。"（《人副天数》）董仲舒的说明，未免有些神秘主义的意味，但他试图解释天与人之所以能够交感的原因，说明人在宇宙中的地位。人在"天"面前，天命不可违，同时又要尽人事，这是儒家给人设定的命运。

中国人通常相信"死生有命，富贵在天"，但能否落实个人的天命，其实还是需要个人的努力，特别是道德上的修身实践。因为天与人能够相通交感，人间的善恶因此会有偿还的时候，这是中国人普遍相信的"报应"思想。《尚书·汤诰》说"天道福善祸淫"，《周易·文言》说"积善之家必有余庆，积不善之家必有余殃"，《晏子春秋》说"人行善者天赏之，行不善者天殃之"。佛教传入之

---

① 陈来：《古代宗教与伦理：儒家思想的根源》，生活·读书·新知三联书店1996年版，第161~220页。

后，原先的善恶报应，又嫁接了印度文化所讲的六道轮回，既有人生旦夕祸福、子孙后代余荫的报应，又有自己六道轮回的报应，"报应"的观念变得根深蒂固。在此，天，既是自然的也是超自然的，它能掌管人间的善恶。

在中国人的心目里，天既是宇宙自然，也是一切价值的源头，程朱理学后来就以一个"理"字解释"天"①。但是，天道的运行依赖于阴阳五行。若是离开了阴阳五行，天是抽象而不可理解的怪物，它与人的内在关联也被切断。因此，借助于道家的"道法自然"、儒家的"敬德保命"，以及颇具神秘主义色彩的"天人感应"与"善恶报应"等思想，阴阳五行及其所表现的"天道和谐"，渗透到中国人日常的宗教生活里，是潜藏于中国人宗教意识里的自然主义基石。

第二节　礼乐文明的人情和谐

儒家对于鬼神之事存而不论，孔子说："未能事人，焉能事鬼？""未知生，焉知死？"而对人间的伦理纲常尤为关心，把人伦关系分成五类，"君臣也，父子也，夫妇也，昆弟也，朋友之交也"（《中庸》第二十章），制礼作乐，奠定了中国人的人文主义人生观。儒家把"天道"的和谐思想融入礼乐文明，推行于人类社会，使之成为一种"内和而外顺"的"礼乐之道"（《礼记·乐记》）。致中和，是这种人文主义人生观的最高理想。

梁漱溟在《中国文化要义》里说，"在中国代替宗教者，实是周孔之'礼'"。儒家的礼乐文明，承担了宗教的两个社会功能：一是"安排伦理名分以组织社会"，也就是整合社会的功能；二是"设为礼乐揖让以涵养理性"，也就是提升人格、磨砺心性的功能②。梁漱溟还在《东西文化及其哲学》里说，孝悌的提倡，礼乐的实施，两者合起来，就是孔子的宗教。所以，他认为，礼乐有宗教之用，而无宗教之弊。笔者并不赞成梁先生关于"中国以道德代宗教"的结论，但我认为，梁先生的论述，是站在儒家的立场上说明"中国宗教"的人文主义根基，点出了礼乐文明对中国人宗教意识的影响力。中国人的宗教意识，缘此多了一层重视人文的儒家色彩，在具体的宗教生活里，往往是以现实的人生问题作为祈求目标。"人文"是与"天文"相对，所谓"观乎天文，以察时变；观乎人文，以化成天下"（《周易》贲卦象辞）。"天文"是指自然界的运行法则，

---

① 除了自然之天、天命之天，程朱理学还提出"天理"之天。《朱子语类》卷一说："要人自看得分晓。也有说苍苍者也，也有说主宰者也，也有单训理时。"该书卷七十九亦有类似的话。

② 梁漱溟：《梁漱溟全集》第 3 卷，山东人民出版社 1990 年版，第 110 页。

"人文"是指人类社会的运行法则，主要的含义是"以礼乐为教化天下之本，以及由此建立起来的一个人伦有序的理想文明社会"①。

礼乐是儒家文化的核心，在中国人的日常生活与政治生活里，具有天经地义的规范作用。《左传》昭公二十五年记载子产的话，"夫礼，天之经也，地之义也，民之行也。天地之经，而民实则之"。孔子把礼乐的养成看做成人的标志，他说："兴于诗，立于礼，成于乐。"（《论语·泰伯》）不仅如此，礼乐也是从政的基础。孔子说："礼乐不兴，则刑罚不中；刑罚不中，则民无所措手足。"（《论语·子路》）"致礼乐之道，举而错之天下，无难矣！"（《礼记·乐记》）

如此重要的"礼乐"，最初源起于古代的巫觋文化。《说文》示部说："禮，履也，所以事神致福也，从示从豊。"豊是"行礼之器"，王国维《释礼》一文说是"盛玉以奉神人之器"。在殷商时期，祭祀活动从属于巫觋的占卜活动，在殷人的祭祀对象里，既有天神也有人鬼，而主要是祖先神灵。《礼记·表记》说，"殷人尊神，率民以事神，先鬼而后礼。"到了西周时期，由巫觋发展出祭祀阶层，从而分化出祝、宗、卜、史，并在此基础上孕育出以祭祀为中心的礼乐文化，在儒家的礼仪里也保留了不少的巫术内涵。《礼记·曲礼》说："龟为卜，策为筮。卜筮者，先圣王之所以使民信时日、敬鬼神、畏法令也；所以使民决嫌疑，定犹与也。故曰：疑而筮至，则弗非也；日而行事，则必践之。"② 在祭祀祖宗亡亲时，孝子需要洁斋三日，才能"见其所为斋者"，在恍惚之间"与神明交"（《礼记·祭义》）。这样的仪式，实与巫师的降神通灵极为相似。

祭礼在儒家的礼仪里占据最为重要的地位。儒家把礼分为六类，"夫礼，始于冠，本于昏，重于丧祭，尊于朝聘，和于乡射"（《礼记·昏义》）。六礼之中，祭礼最为重要。所谓"国之大事，在祀与戎。""凡治人之道，莫急于礼；礼有五经，莫重于祭"（《礼记·祭义》），所以，诸礼之中，惟祭尤重。祭祀的主要内容，是祀天祭祖。《礼记》、《国语》的许多篇幅是在讨论祭祀的世俗功能，如发扬孝道、报本思源。祭礼是"教民反古复始，不忘其所由生也"（《礼记·祭义》），"万物本乎天，人本乎祖，此所以配上帝也。效之祭也大，报本反始也。"（《礼记·效特牲》）报本是报天地造化之功，反始是怀念祖先生育之德，以及推行教化的君师，这构成"礼之三本"。这也就是，上事天、下事地，尊先祖而隆君师。在祭祀的过程中，儒家要人保持对天、地、人的信仰与崇拜，从而形成天神、地祇、人鬼的三元神谱结构。

---

① 楼宇烈：《论中国传统文化的人文精神》，载《温故知新：中国哲学研究论文集》，商务印书馆2004年版，第455页。

② 郑爱兰：《商周巫术与宗教政治之心态》，载《国际中国学研究》第3辑，（韩国）中国学会2000年版，第309~310页。

因此，礼乐具有宗教性的起源与功能。然而，在具有宗教性的同时，儒家的"礼乐"更多的是在表达自然与人情的内涵，它是推行社会教化的根本，具有明显的人文特点。这也是西周以降礼乐文明有异于殷商宗教文化的地方，儒家把从属于巫术宗教的"礼"改造为属于天道人情的"礼"。礼的根本，是要效法天道法则，顺乎人情自然，不能与之相违。《礼记》的《丧服四制》篇说："凡礼之大体，体天地、法四时、则阴阳、顺人情，故谓之礼。訾之者，是不知礼之所由生也。"《礼运》篇说"夫礼之初，始诸饮食"，礼是"达天道、顺人情之大宝"；《问丧》篇说"人情之实也，礼义之经也，非从天降也，非从地出也，人情而已矣。"礼，无非是天道人情的事宜。"夫礼，先王以承天之道，以治人之情，故失之者死，得之者生。"（《礼运》）因此，在日常生活里，礼的作用是节制欲望，使人举止得体。荀子说，"礼起于何也？曰：人生而有欲，欲而不得，则不能无求，求而无度量分界，则不能不争，争则乱，乱则穷。先王恶其乱也，故制礼义以分之，以养人之欲，给人之求。使欲必不穷于物，物必不屈于欲，两者相持而长，是礼之所起也。"（《礼论》）而在祭祀方面，原来最有宗教性的礼仪，在儒家的眼里也是充满了人文精神。儒家把祭祀看做一种仪式，是教化民众的手段；只是普通百姓认为，祭祀确实是在供奉祖先的神灵。所以，孔子说："祭如在，祭神如神在。""夫祭者，非物自外至者也，自中出，生于心也，心怵而奉之以礼，是故唯贤者能尽祭之义"（《礼记·祭统》）。荀子说："其在君子，以为人道也；其在百姓，以为鬼事也。"（《礼论》）"祭神如神在"，儒家并未明说祭祀对象究竟存在不存在，"如在"只是一种含混不清的表达。在墨子看来，儒家的这种做法，完全是"无鬼而学祭礼"（《非儒》），根本不是真正的祭祀。恰好是这样的批评，反衬出儒家宗教意识里的人文主义色彩，以儒家为代表的中国人的宗教观洋溢着一种人文精神。

礼、乐、射、御、书、数，古人称为六艺，儒是通习六艺的术士。而从起源来说，儒最初的身份可能是"乐师"①，甚至可能是配合巫师起舞降神或祭祀的乐师。孔子说："礼云礼云，玉帛云乎哉！乐云乐云，钟鼓云乎哉！"（《论语·阳货》）钟鼓是孔子所说的乐器，恰好也是古代巫师所用的最重要的道具②。所以，身为乐官的儒家，在改造原本属于"巫"的礼时，乐成为礼的内在精神，礼乐同时成为儒家教育最重要的两个环节，不可偏废。"乐者敦和，率神而从天；礼者辨宜，居鬼而从地。故圣人作乐以应天，作礼以配地。"礼乐的配合实践，才是儒家完整的礼教，可以达到神奇的效果。荀子说，"礼乐之统，管乎人心矣。"（《乐

---

① 阎步克：《乐师与"儒"之文化起源》，载《北京大学学报》1995 年第 5 期，第 46~54 页。
② 高天麟：《黄河流域新石器时代的陶鼓辨析》，载《考古学报》1991 年第 2 期。

论》)这样,"礼乐顺天地之诚,达神明之德,隆兴上下之神。"进而"乐行而伦清,耳目聪明,血气和平,移风易俗,天下皆宁。"(《礼记·乐记》)

礼乐各有分工,"乐也者,动于内者也。礼也者,动于外者也。"(《乐记》)礼乐并重,则可达到"乐极和、礼极顺,内和而外顺"的境界。礼的要求是顺乎人情,合乎时宜,辨别不同场合使用不同的礼仪。行礼要合乎人情,要因地制宜,要合乎时宜。所以,"贫者不以货财为礼,老者不以筋力为礼"(《曲礼》);"礼之大伦,以地广狭;礼之薄厚,与年之上下"(《礼器》);"先王制礼,过时弗举,礼也……故君子过时不祭,礼也"(《曾子问》)。荀子因此说"礼别异",《礼记》说"礼从宜","夫礼者,所以定亲疏、决嫌疑、别同异、明是非也"(《曲礼》)。相对于礼,乐的要求是"和同"、"治心"。荀子说,"乐也者,和之不可变者也;礼也者,理之不可易者也。乐合同,礼别异。"(《乐论》)《礼记》说,"君子反情以和其志,广乐以成其教。……致乐以治心。"(《乐记》)

"内和外顺"、"敦和辨宜"的礼乐文明,与阴阳五行所反映的"天道和谐"不同,它所表现的是儒家崇尚中庸的人文精神,是一种"人情和谐"。在孔子看来,什么是礼?"夫礼,所以制中也。"(《仲尼燕居》)在具体的行为规范里,礼要求人们具备中庸、节制的德行。这也就是《中庸》所讲的"致中和":"喜怒哀乐之未发,谓之中;发而皆中节,谓之和。中也者,天下之大本也;和也者,天下之达道也。致中和,天地位焉,万物育焉。"这个理想的人生境界,是礼乐文明的实践目标,也是美好的人伦社会的价值标准。

李亦园先生缘此认为,中国文化中的宇宙观及其最基本的运作法则是对和谐与均衡的追求。为了达到这个最高的境界,就要在天、人、社会三个层面上共同获得各自的均衡与和谐,即使是单一层面的和谐,其状况也是不稳定的,只有三层面的整体和谐,才是最理想的境界,即儒家所讲的"致中和"。天(自然系统)的和谐,包括时间的和谐与空间的和谐;人(个体系统)的和谐,包括内在的均衡与外在的均衡;社会(人际关系)的和谐,包括人间的和谐与超自然界的和谐。李先生的人类学工作证实,在这些方面常民(民间的小传统)与士绅(精英的大传统)之间并无太大的差异。[1]

这种人文精神,表现在宗教生活里,若以楼宇烈先生的归纳,既可以上薄拜神教,也可以下防拜物教[2]。儒家认为,鬼神之事,必须放在人事之后。对于利用卜筮、鬼神之事蛊惑人心者,儒家立有严厉的措施予以禁止,甚至可以判为死刑。《礼记·王制》说:"假于鬼神、时日、卜筮以疑众,杀。"这些反映了"上

---

[1] 参见李亦园:《宗教与神话》,广西师范大学出版社2004年版,第138~139页。
[2] 楼宇烈:《论中国传统文化的人文精神》,商务印书馆2004年版,第477页。

薄拜神教"的人文精神。儒家又以天理人欲之分，重在强调个人的心性修养，从而养就"以理制欲"、"重义轻利"、"不为物役"的人格品位，反映了"下防拜物教"的人文精神。礼乐文明，就此渗透到中国人的宗教意识里。它所表现的"致中和"、"人情和谐"，成了中国人宗教意识里的人文主义基石。

第三节　多元一体的历史经验

中国传统文化的特点常被概括为"天人合一"①，表达了天人和谐的观念。以"天道和谐"为诉求的自然主义宇宙观，以"人情和谐"为诉求的人文主义人生观，其实是从"天"与"人"两个不同的层面展现了"天人合一"。这种和谐思想，反映了中国人"和而不同"的思维模式，表现在宗教领域，有助于我们对外来宗教的吸收、容纳与融合。侧重于人文的"天人合一"，非常注重现实的实际经验，而不是抽象的形而上理念，从而形成了中国文化的实用理性与历史意识，民间社会常以是否"灵验"的实用心态去考察生活里的宗教信仰，灵则信，不灵则不信。

在中国的历史上，缘于"和谐"的宗教意识，儒释道三教合流成了中国文化的主流思想。在南北朝时期，儒释道三家已被合称为"三教"。等到隋文帝（581~604年在位）统一中国，开皇十二年（600年）下诏："佛法深妙，道教虚融，咸降大慈，济度群品"（《隋书·文帝纪》），允许三教同时存在。甚至可以说，从佛教初传不久的东汉末年，儒释道三教，已经开始了漫漫的融合之旅。"三教"的说法通用于朝野上下，是在唐代武周时期，儒释道三足鼎立的文化格局自此形成。进入明清社会，三教的同源一致，成为不同宗教共同的理论主张。三教之间的相互关系，简单地说，儒家起着政治主导作用，而在民间，佛教的势力最大，道教的影响最深。三教的相互影响与合流，形成了"一主两从"的宗教关系格局。

不仅是这种"三教合流"，即使是唐代所谓的三夷教，即摩尼教、祆教与景教，在其传播过程中也未与中国宗教发生冲突，后来的禁绝主要是政治性的因素，而非宗教上的排斥。近代以来还酝酿着儒释道回耶"五教同源"、"五教合一"的说法。这种情况，与西方宗教史上你死我活的争斗形成鲜明的对比。

---

① 天人合一的观念，起于西周时期。但"天人合一"四字连用，始于北宋张载。他说："儒者则因明致诚，因诚致明，故天人合一，致学而可以成圣，得天而未始遗人。"（《正蒙·乾称》）参见张岱年《中国哲学中"天人合一"思想的剖析》，载《北京大学学报》1985年第1期。

深入分析中国人的宗教意识，还要区别知识精英与庶民百姓不同的文化心理与宗教观。后者的宗教信仰有其自身的特点，追求灵验是普通百姓的信仰动力，而对信仰对象则有更为宽容的理解，不甚区别彼此之间的差异，因此导致民间宗教信仰的多元与混杂。特别是在明清社会，民间对于三教合一思想的认同与落实，较之知识阶层更为虔诚，他们经常陷于一种"知其然而不知其所以然"的迷信状态，以"灵验"的程度决定他们的信仰方式。

信徒进庙烧香，除了心灵的慰藉，主要是要借助佛祖、菩萨、神仙的力量实现他们的世俗需要，特别是治病延寿的愿望。在民间的造像记里，很容易找到这方面的佐证材料。民间俗谚"无事不登三宝殿"、"临时抱佛脚"等，无不表现了民间社会追求灵验、讲究实用的特点。中国百姓常常仙佛不分、儒道佛三教兼融并包，见佛辄拜，遇仙即求，为的也是灵验，谁灵就拜谁。不论是道家的神仙、民间传说的鬼怪，还是诸佛菩萨，他们全都虔诚礼拜。孔子、如来、老君、观音、圣母、关公、文昌、龙王、城隍等等，只要被认为是灵验的，都会成为庶民百姓的崇拜偶像。即使是佛门高僧，可能亦有类似的经验。譬如，太虚在回忆他的宗教经验时说："我初出家，虽然有很多复杂的因缘，而最主要的还是仙佛不分，想得神通而出家。"①

中国的神灵，特别是在道教里，极为繁多复杂。许多妖怪精灵虽然显得相当可怕，但在中国的文学作品却经常可以组成一个温情脉脉的社会，因为他们也有通人性、很灵验的时候。譬如《聊斋》就有许多这样的神妖鬼怪的故事，民间流传的那就更多。现在的中国农民生了病，有时还要请人捉妖驱魔；遇上有人横死，也要请人招魂消灾。遇到这样的仪式，佛道两教都有用武之地，仙佛都有降妖除魔的功能。在中国人的神灵世界里，还有一大批的自然神与行业神。天地星辰、山川河流都有神灵，各行各业也有自己的神灵，许多历史上的真实人物，久而久之也变成大家争相供奉的神灵，譬如各地的城隍、关公等。如此复杂的神灵世界，要想区分仙佛，对于文化素养普遍不高的庶民百姓来说，实在是一件不太容易的事情。这种情况，直到现在还是如此，基本没有改变。但实际上，中国人并不需要区分谁是仙谁是佛，这些神灵已被他们安放在"人情和谐"的关系里了。

普通百姓对于外来宗教或新兴宗教的接受与认同，主要也取决于是否灵验可信。民间秘密宗教的流行、基督教在中国的传播，都曾有过借医行道的经历。民间社会依据他们自己的灵验观，决定是否皈依，如果有人觉得新宗教很灵验，民间社会就会有办法协调新旧信仰之间的冲突。其实，中国人的信仰往往并不以新的信仰取代旧的信仰，而是相互的调适与和谐的共处。

---

① 太虚：《我的宗教经验》，载《太虚大师全书》第41册。

因此，我们不妨用"和谐实用"四个字形容中国传统的宗教意识："和谐"是指天道和谐、人情和谐，也就是阴阳五行、礼乐文明所讲究的"保合太和"、"致中和"；"实用"是说中国人的宗教生活富于人文精神，常以是否"灵验"考察他们的神灵世界。

综上所述，若从"和谐实用"的角度来看，中国人具有基本相似的宗教意识，他们能保持多元的教义思想、神灵谱系；不同源头、不同阶层的宗教思想，往往会被整合到这个"和而不同"的宗教体系里。这是中国宗教内在的统一性，也是中国宗教多元融合的历史经验。

西方宗教学的理论前提是"神圣与世俗"的两分，但在中国宗教的视野里，我们发现西方宗教学的这种两分法并不十分合适。中国宗教以自然主义与人文主义为其思想基础，兼具人间性与宗教性的双重性格，一方面是以礼乐文明为核心彰显人间性或人文精神，另一方面是以天人感应、阴阳术数为特色的宗教实践，夹杂着追求灵验的多神崇拜。这样的宗教经验，其实并没有神圣与世俗的分别，而用佛教的语言，即所谓的"世出世间不二"的宗教平等观。在否定了西方宗教学对于"神圣与世俗"的基本两分以后，我们可以建构一个统一的"中国宗教"。

在世界宗教多元化与宗教对话的今天，研究中国传统的宗教意识，无疑很有价值。西方宗教若要消除他们目前日益激化的宗教冲突与矛盾，在其宗教意识的深层不妨引入中国人的宗教意识。中国人的精神生活并不缺乏宗教意识，他们有着一种崇尚和谐、重视人文的理想。

第十七章

相资互用的三教合流

儒释道三家,从南北朝起被统称为"三教",现在被看做中国文化最主要的组成部分,形塑了中国宗教文化的基本品格。两汉之际汉民族的文化心理与宗教生活基本定型,此时传入的佛教,在其随后的本土化过程中,与儒家、道教等传统的文化与宗教发生交涉,改变了中国宗教的生态分布,自此而有儒释道三家的相互影响与融合,但始终又以儒家为其主导。儒释道三家你中有我,我中有你,这种"互动式影响关系"使三教彼此融为一体,渐成"三足鼎立"的文化格局。

唐高祖武德七年(624年),三教名德聚集国子学,举行公开的三教讲论,渐成唐代的制度[1];武周时期还在明堂举行"三教讲论","三教"的说法通用于朝野。此后的重要思想家,大多主张三教会同,互相包容。三教关系,诚如任继愈先生所言,是中国思想史、中国宗教史上的"头等大事"[2];三教合一,是历史上中外宗教文化交流的最后归宿。这个融合过程,到南北朝渐露端倪,在北宋已大致成型,到了明清时期则已登峰造极。

历代帝王大多主张会通三教,譬如唐玄宗把《孝经》、《金刚经》与《道德经》列为儒释道三家的基本经典,加以推广;明太祖朱元璋作《三教论》,他说:"三教之立,虽持身荣俭之不同,其所济给之理一。然于斯世之愚人,于斯

---

[1] 参见罗香林《唐代三教讲论考》,载(香港)《东方文化》1954年第1期。
[2] 参见任继愈《唐宋以后的三教合一思潮》,载《世界宗教研究》1984年第1期,第4页。

三教，有不可缺者"，强调"其佛仙之幽灵，暗助王纲，益世无穷，惟常是吉。"① 南宋孝宗皇帝撰写《原道论》，提倡"以佛修心，以老治身，以儒治世"②。这一观点直接影响清代雍正皇帝，认为三教虽"各具治心治身治世之道"，但各有所长、各有所短，彼此缺一不可。

缘此，在明清时期"三教合流"的观念深入人心，是中国社会的主流意识形态，甚至在文学艺术、建筑设计等方面都有所体现③。竖立在嵩山少林寺钟鼓楼前的《混元三教九流图赞碑》，从左、中、右三个方向，可分别看见孔子、释迦牟尼、老子像，"三圣合体"，碑上还有"佛教见性、道教保命、儒教明伦"，"三教一体、九流一源"等赞语。该碑立于明嘉靖四十四年（1565年），形象地反映了当时对"三教合流"思想的大力推崇。即使是在明清帝王极为头痛的民间宗教里，三教合流也是其最常见的表现形式。

本章主要讲述中国文化的"三教"结构及其历史发展脉络，并以佛教为例，说明外来宗教进入中国儒家社会的途径与策略，探讨佛教与道教的相互影响。"三教合流"的历史经验，体现了中国社会协调不同宗教关系的策略与智慧，是中国历史上宗教对话的成功典范。

第一节 一主两从：儒家主导的三教互动

在儒释道三教关系里，儒家的思想观念起着主导的作用。杨庆堃先生曾以"一主两从"的主从关系来说明儒家与佛道两教的关系。他说：

> 虽然理性主义的儒家思想在中国社会与政治秩序的组织占着支配地位，宗教的影响却深入中国人社会生活的每一方面。这两种情况能并存而不起冲突，是由于许多其他的因素，其中之一是中国宗教在组织上不能强固。因此，在中国历史大多数时期中，儒家与宗教是形成一种主从关系。④

儒教以礼教的形式对佛道两教加以抑制或整合，儒家思想支配着中国人的伦理价值，而佛道等宗教则对儒家的道德给予超自然的支持。

---

① 魏伯城等编：《全明文》第一册，上海古籍出版社1992年版，第145~146页。
② 文见《佛祖历代通载》卷二十，载《大正藏》第49册，第692页下。
③ 参见饶宗颐：《三教论及其海外移殖》，载《中国宗教思想史新页》，北京大学出版社2000年版，第195~196页。
④ 杨庆堃：《儒家思想与中国宗教之间的功能关系》，载史华兹等：《中国思想与制度论集》，段昌国等译，台北联经1979年版，第336页。

这种宗教关系的形成，首先有赖于儒学自身的政治化与宗教化：儒学成为中国社会最重要的教化内容，不仅包括人生各个阶段的礼仪规范，还把这套礼仪外化为一种政治秩序。经历了西汉的"罢黜百家、独尊儒术"，到魏晋之际，"儒教"的称谓已很流行[①]。

说到这里，首先需要说明的是：在中国传统的说法里，"三教"之"教"，仅是"教化"的意思，而非现代西方宗教学所说的"宗教"（religion）。譬如，天台宗智者大师说，"教是上圣被下之言"（《摩诃止观》卷一上）。"佛教"一词要到东晋中期才被广泛使用，此前主要是用"佛道"或"神道"；现在所指的"道教"，实际上要到东晋末期、南北朝初才算正式出现。儒教、佛教和道教，合称"三教"，始于南北朝的北周时期[②]，约公元6世纪中后期。但在现代汉语里，"三教"俨然是指三种"宗教"。佛教、道教属于宗教，通常并无疑义。至于儒家算不算宗教，在前些年争论得相当激烈。

一、儒家的宗教化

在中国的近现代思想史上，"宗教"成了一个关键词汇。若把"宗教"视为西方势力的代表，甚至直接等同于基督教，或把宗教看成与科学相对立的迷信，那么，中国人的想法，通常是要全面否定宗教的价值，要以其他的东西，如哲学、美学、周孔礼教等，去代替宗教。但是，若能把"宗教"看成具有积极社会功能的文化现象，甚至是救国兴邦的良策，儒释道三家因此常被强调属于宗教，尤其是要论证儒家是一种宗教，最典型的代表是康有为建立"孔教会"。

由此反观前些时候的"儒教"之争，其实包蕴了很多的思想史内涵，在此颇难详述[③]。但是，无论如何，反复论证儒家是宗教的观点，并非一定是要赞扬或贬低儒家；否定儒家是宗教的观点，也非一定是在贬低或赞扬儒家。站在我们今天的立场上看，宗教并不等于西方势力，更不等同于基督教、封建迷信，而是具有积极的社会功能，尽管亦有消极的社会功能。这里主要是想说明儒家的宗教化过程，或是说，儒家具有不同寻常的宗教性。

---

① 当时还有名教、礼教、世教、道教、德教、仁教、圣教、周孔之教，以及儒学、儒术、经学、经术等不同的称呼。参见小林正美《三教交流中"教"的观念》，载《六朝道教史研究》，四川人民出版社2001年版，第494页。

② 北周卫元嵩著《齐三教论》七卷，事见《新唐书·艺文志》道家类。北朝道安《二教论》亦有"三教虽殊，劝善义一，涂迹诚异，理会则圆"之语。参见饶宗颐《三教论及其海外移殖》，载《中国宗教思想史新页》，第165页。另查《广弘明集》卷三十，收有南朝梁武帝《述三教诗》，内有"穷源无二圣，测善非三英"的诗句。题中虽有"三教"一词，但该篇属梁皇本人还是后世编者所加，殊难考证。

③ 关于这一问题，可参看任继愈先生主编的《儒教问题争论集》，宗教文化出版社2000年版。

海外新儒家说起儒学的发展，通常主张"儒学三期"。但是，国内学者主流的观点是，中国儒学的历史演变具有四个发展阶段：先秦原始儒学、两汉儒学、宋明儒学，以及近现代新儒学。这里的差异是对两汉儒学的认识。胡适先生曾说，"传统的儒教在汉代发生了本质的变化。"（《中国中古思想小史》）这种变化，主要是指儒家的宗教化。任继愈先生说，"从汉武帝独尊儒术起，儒家已具有宗教雏形。"① 楼宇烈先生曾经撰文详细解读第二阶段儒学的特点，谓之"以董仲舒、《白虎通义》为代表的两汉政治制度化和宗教化的儒学"②。

汉武帝所提倡的儒学，是一种宗教性的儒教，是儒、墨、方士的掺和物，以董仲舒为其哲学上的代表。在董仲舒的思想里，最鲜明的特点是他专攻春秋公羊学，融入了阴阳家的阴阳五行说③。他在《春秋繁露》里竭力提升孔子作《春秋》的历史意义，认为"《春秋》修本末之义，达变故之应，通生死之志，遂人道之极者也。"（《玉杯》）他还竟然认为，孔子所作的《春秋》是为汉王朝制定礼义法度，并给孔子拟了一个前所未有的称号，"素王"。董仲舒把儒家所尊崇的"天"直接"神格化"，所谓"天者，百神之大君也"（《郊祭》），而王者是"承天意以从事"，故有"天谴"的说法。在汉代广为流行的纬书里，孔子被说成是神的儿子，并且具有凡人难以想象的怪模样。后来，东汉章帝召集大儒召开"白虎观"会议，汇成现在的《白虎通义》，把被汉儒改造了的儒家思想定格为国家的意识形态。从此以后，宗教化了的儒家，在中国社会里发挥了宗教的功能，以其特有的"礼乐"制度规范各种人伦秩序。特别是以"祭天祀祖"为主要内容的儒家祭礼，一经政府的强力推行，便使儒家具有鲜明的宗教色彩。

但是，汉代儒学的宗教化，并没有完全成功。宋明理学以"三纲"、"五常"为中心，吸收佛教、道教的宗教思想和修养方法，提倡"存天理，去人欲"，进一步推动儒学的宗教化，把《四书》、《五经》奉为儒教的根本经典，祭天、祭孔、祭祖成为规定的宗教仪式，从中央到地方建立孔庙祭孔，后来甚至在道教宫观里有时也会供奉孔子、朱熹的牌位。

直到明末清初，还有"儒学的宗教化"，许三礼的告天之学④、颜山农的化俗乡里⑤，表现了儒学在不同层面上的宗教性道德实践。降至近代晚清民初，康

---

① 参见任继愈《论儒教的形成》，载《中国社会科学》1980 年第 1 期。
② 参见楼宇烈《中国儒学的历史演变与未来展望》，载《温故知新：中国哲学研究论文集》，商务印书馆 2004 年版，第 363 页。
③ 譬如，班固说："董仲舒治公羊春秋，始推阴阳，为儒者宗。"（《汉书·五行志》）
④ 参见王汎森《明末清初儒学的宗教化：以许三礼的告天之学为例》，载《晚明清初思想十论》，复旦大学出版社 2005 年版。
⑤ 参见陈来《明代的民间儒学与民间宗教：颜山农思想的特色》，载《中国近世思想史研究》，商务印书馆 2003 年版。

有为主张建立"孔教会",企图以"宗教"的名义,重整儒学的思想资源。直到现在,也还有人主张成立"孔教"。学术界虽然没有完全附和"孔教"的呼声,并不完全以"宗教"看待儒家或儒教,但对儒家的宗教性几乎没有什么质疑。

二、儒家的政教一体

儒家与佛道两教的关系,在某种意义上也是我国传统的政教关系。西方的政教关系,从传统的"政教合一"转变为现代的"政教分离"。然而,中国传统的政教关系,历来就是"若即若离",儒家在中国社会,兼具行政与教化的双重功能。

政治与宗教,在中国社会实际上处于不对称的两极,宗教力量不可能挑战合法的政治力量,否则,政教关系就会产生危机。不过,佛、道两教则因它们的出世性质削减了三教之间的政治性紧张,儒家虽然能在政治生活里占据最强的地位,但它并没有取消以佛道为代表的宗教势力对中国人日常生活的影响。刘小枫把这种儒教称为"国体性宗教",而佛教、道教被称为"混合的弱组织性宗教",它们的社会政治功能是相当边缘的①,其存在的政治合法性,是佛道两教有助于儒家的政治统治。由于儒教在国家政治生活中所处的中心地位,虽然儒释道三教并存,但在刘小枫看来,中国古代的宗教体制属于"政教一体"。这与西方传统的"政教合一"不同,"合一"须以政治与宗教两种制度的分化为前提,而"一体"却无需这种制度的分化,佛道两教在中国文化母体里依附于政治儒学而存在。

儒家的这种"政教一体",在内容上具有鲜明的宗法性,特别重视各种形式的祭祀。这里既有皇帝的祭天,也有百姓的祭祖,形成"奉天法祖"、"祀天祭祖"的传统。牟钟鉴先生把这种形式的中国宗教称为"宗法性传统宗教"。他认为,这种宗教"以天神崇拜和祖先崇拜为核心,以社稷、日月、山川等自然崇拜为翼羽,以其他多种鬼神崇拜为补充,形成相对稳固的郊社制度、宗庙制度和其他祭祀制度,成为中国宗法等级社会礼俗的重要组成部分。"②

杨庆堃还曾专门研究民间的祖先崇拜缘何能够长期存在,并且成为儒家政治的重要组成部分。中国老百姓的祭祖活动,能以一种宗教形式的力量"联结并加强一个世俗的亲属团体",有些名门望族的祭祖联谊,甚至具有全国性的影响力,这对国家的统治秩序会有潜在的威胁。但是,祭祖活动仍然受到历代儒家政

---

① 刘小枫:《现代性社会理论绪论》,上海三联书店1998年版,第470~471页。
② 牟钟鉴:《中国宗法性传统宗教试探》,载《世界宗教研究》1990年第1期。

府的大力推崇。在他看来，其重要原因是：这种以祖先崇拜为纽带所形成的以亲属为中心的宗教团体，譬如，宗族或同乡会，"在本质上是地方性的组织，它不可能发展出一个大规模的有效中央系统，给儒家控制下的社会与政治秩序造成任何威胁"①。因此，中国传统的祖先崇拜，虽会推动家族势力的发展，但它所形成的地方性社会组织，非但不会对政府造成威胁，反而能成为儒家社会一项有效的治理工具，降低政府管治社会的成本。

三、宗教生活的差序格局

在儒家式的"政教一体"关系里，佛道两教虽都辅助儒家的政治统治与伦理秩序，但这两个同样游离于政治的宗教，对于中国人日常生活的实际影响，其实并不完全一致。从信众的数量、典籍的流通来看，佛教的势力最大；若论思想的根基，道教在中国人的日常生活中影响最深。

佛教认为，抄写、读诵佛经具有无量功德，既能消除业障，也能禳灾祈福。譬如，在我国流传极广的《金刚经》，里面即有这样的段落："若有善男子善女人，初日分以恒河沙等身布施，中日分复以恒河沙等身布施，后日分亦以恒河沙等身布施，如是无量百千万亿劫以身布施。若复有人闻此经典，信心不逆，其福胜彼。何况书写、受持、读诵、为人解说？"不惜自身的性命去救助他人（身命布施），这在佛教看来具有无量的功德，但抄写《金刚经》所获的功德还远在其上。这种观念对佛教的传播起到了极大的推动作用，民间的写经、刻经因此蔚然成风。早在隋代开皇年间，天下之人竞相抄经，导致"民间佛经多于六经数十百倍"（《隋书·经籍志》卷三十五）。

隋唐时期，作为外来宗教的佛教吸纳了一大批中国的知识精英，他们或习梵语翻译佛典，或精研佛理创宗立说，像天台宗创始人智𫖮（538～598年）、唯识宗创始人玄奘（600～664年）、禅宗六祖慧能（638～713年）等，都是能代表时代精神高峰的思想巨子。到了宋代，张方平（1007～1091年）无奈慨叹："儒门淡泊，收拾不住，皆归释氏"（引自《扪虱新话·儒释迭为盛衰》）。这种慨叹，实际上是唐代、北宋初年儒家士大夫一种相当普遍的心态。韩愈不惜身家性命，敢于犯颜直谏，希望皇帝不要佞佛，内心的悲凉，恐怕亦是由于"儒门淡泊"。

佛教对于占据政治主流的儒学，尚有如此的影响力，何况对于同为出世宗教却在组织方面更为薄弱的道教？事实上，只要稍加考察比较当前中国各地的佛庙与

---

① 杨庆堃：《儒家思想与中国宗教之间的功能关系》，载史华慈等《中国思想与制度论集》，段昌国等译，台北联经1979年版，第339页。

道观的数量与规模,就很容易看出佛教势力远远超过道教的现象。不过,这种数量的多寡,并不意味着佛教对于中国人思想的影响就一定会比道教更为强大或深入。

中国人的许多观念或理想,譬如长生不老、消灾祈福等,都与道家道教紧密相关。鲁迅有句广为引用的名言,"中国根柢全在道教"①,虽然这未必就是肯定道教在中国社会的积极作用,但却揭示了道教之于国民性的深刻关系。佛庙数量的庞大,说明了佛教的组织制度相对比较完善。但道观数量的偏低,背后却有一批类似"民兵"的活跃于民间社会的道士,他们平时从事正常的生产与劳动,但在需要的时候却能披上道袍扮演道士的角色,完成当地居民托付的各种法事活动。佛教要求僧人必须披上特定的服装——袈裟,到寺院里过集体的修行生活。但是,道教只有部分宗派,需要道士到道观集体修行,其他的道士平时可以在家里像普通人一样生活。因此,道教与民间社会的亲和力更强,特别是在佛教僧人没有到达的偏远或闭塞地区,这批并不需要道观的道士在民间社会发挥着宗教慰藉的作用。

缘于佛道两教对中国人实际生活的巨大影响,以及明清以来"三教合流"的主流思潮,我们认为,"一主两从"的理论概括,重点考察了儒家教化的主导作用。但是,千百年来,儒释道三家的互动与影响,你中有我,我中有你。彼此的互动关系,以及中国人缘此而有的宗教生活,不妨借用费孝通先生的说法,存在一种"差序格局"。

费孝通在《乡土中国》一书中以"差序格局"这个概念,刻画说明中国传统社会里社会关系的特点。他说,"我们的格局不是一捆一捆扎清楚的柴,而是好像把一块石头丢在水面上所发生的一圈圈推出去的波纹。每个人都是他社会影响所推出的圈子的中心。被圈子的波纹所推及的就发生联系。每个人在某一时间某一地点所动用的圈子是不一定相同的。"在他看来,西方的社会组织就像一捆一捆的柴,是界限分明的"团体",所谓"团体格局"。但中国的传统社会,就像一圈圈外推的波纹,每个成员都能厕身于多个波纹圈,不同的波纹圈还能相互叠加。费孝通把这种结构称为"差序格局",能产生波纹、被扔到水里的"石头",主要是血缘关系与地缘关系。这种传统的社会关系,具有鲜明的以"自我"为中心的立场,善于吸纳不同波纹圈的影响,也就是善于协调不同的人际关系,而不是单纯采用普遍的法律条文或共同规约。

中国人处理自己的宗教信仰也有类似的特点,中国人的宗教生活同时接受儒家、佛教与道教,乃至各种民间宗教的影响。儒释道三教各有擅长的领域,普通

---

① 鲁迅:《1918 年 8 月 20 日致许寿裳》,载《鲁迅全集》第 11 卷,人民文学出版社 1981 年版,第 353 页。

的中国人各取所需，大多会以自己的方式去选取所需的内容，进行自由组合。在儒家统治者眼里，三教的和谐共存，是以功能的社会分工为基本形式。南宋孝宗皇帝说，"以佛修心，以老治身，以儒治世"，这一论断成为后世讨论三教何以共存的基本方案，也是很多中国人协调三教关系的首选方案。

儒家的主要功能是"治世"，它是一种治理国家的意识形态，确立了中国传统社会的礼仪规范与典章制度。道教的功能主要是"治身"，长生不老的神仙生活，中国人一直心向往之。如果宗教信仰不能满足大家延年益寿的希望与要求，这种宗教就很难取信于中国民众。在民间现已形成了道教"祭生"与佛教"度死"的习俗[①]，中国人往往会把身体健康的希望寄托于道教的神仙。先秦儒家就已受到"明乎礼义而陋于知人心"（《庄子·田子方》）的讥评，而佛教的功能主要是"治心"，修禅念佛，了脱生死。其在心性修养方面的丰厚思想资源，特别是禅宗的"明心见性"、华严宗的"理事无碍"、天台宗的"止观双修"等，成了宋明儒学发展的重要思想源头。

这种"治世治身治心"的社会分工，是以儒家政治为轴心的宗教关系格局。儒释道三教的精英阶层，以及民间社会的普通信众，其实还有不同的三教分工模式，佛道两教的功能亦不仅局限于"治心"与"治身"，三教之间尚有绵延不绝的对话实践。明清以后，佛教徒大多主张三教"同归"，劝人为善；道教徒则说三教"同源"，道一教三。中国人日常的宗教生活，经常处在儒释道三教的"差序格局"里。

当然，这种差序格局的形成，要以佛教的本土化与佛道两教的相互调适为前提。

第二节　佛教传入：征服与屈服的历史

荷兰汉学家许理和写过一部名著《佛教征服中国》，考察了佛教自两汉之际传入中国到东晋末年庐山慧远（334~417年）大约400年间的传播与发展。在这400年里，佛教渗透到中国社会的各个阶层，它的信徒从王室、朝臣，一直到社会上没有文化的庶民百姓，最终在中国社会取得了普遍的认同与接受。所以，许理和说，"一个伟大的宗教征服了一个伟大的文化。"[②]"征服"两字，并不意

[①] 谭伟伦：《建立民间佛教研究领域刍议》，载《民间佛教研究》，中华书局2007年版，第10页。
[②] 许理和著，李四龙、裴勇等译：《佛教征服中国》，江苏人民出版社2003年修订版，第283页。

味着中国文化对印度佛教的全盘接受,更不意味着印度佛教对中国文化的肆意改造。征服,同时意味着"屈服"。中国的佛教,既继承了印度佛教的精神,又随顺了中国文化的思潮。佛教的输入,表明中国文化进入一个"印度化"的时代,这同时也是佛教在中国"本土化"的进程。

一、建构中国文化新传统的佛教

佛教的传入,改变和丰富了中国本土的思想传统,是中国传统文化不可或缺的组成部分,时下的"国学热"都把"儒释道"三教视为最重要的内容。特别是禅宗,这个在中国孕育成熟的佛教宗派,受到了历代帝王、士大夫的推崇,影响了整个东亚儒家文化圈,在今天的欧美世界被当做东亚佛教最有特色的宗教文化现象。以汉语表述的佛教哲学,现在是中国传统哲学最重要的内容之一。

在隋唐时期,佛教在中国形成了具有中国特色的宗派,完成了自己的本土化历程,从印度佛教演化为中国佛教。通常认为,隋唐佛教宗派主要有八家:天台宗、三论宗、唯识宗、华严宗、净土宗、律宗、禅宗和密宗。其中,尤以天台宗、华严宗、禅宗、净土宗最有中国特色,表明中国佛教具备了独立发展与自我更新的能力[①]。这些宗派,融入中国文化的方方面面,从宗教、哲学到文学、艺术,从思维方式到审美体验,其中的佛法禅趣随处可见。无怪乎胡适先生当年声称,中国文化曾有一个"印度化"的过程。

禅宗主张"教外别传,不立文字,直指人心,见性成佛",在各个宗派里对中国文化的影响最大,渗透到中国人的生活方式与思维习惯,几乎成了中国佛教的代表。禅宗的祖师在接引学人时,因材施教,或棒喝交施,或机锋话头,甚至呵佛骂祖,不一而足,留下了许多脍炙人口的禅门公案。禅宗不仅是对中国的文学艺术、士大夫的审美情趣影响深远,而且还刺激了宋明心学的产生与发展。陆九渊(1139~1192年)讲"心即理",称"心"为"本心",王阳明(1472~1528年)讲"良知"是心之"灵明",他们的心学思想,公认是受了禅宗的启发。禅宗还对两宋、金元的道教影响甚巨,特别是金丹派南宗、全真道主张明心

---

① 这些宗派通过判教或编撰传法谱系,确立自己在佛教里的正统地位。判教,意为"教相判释",即对佛陀的说教与各种佛教经典,提出自己的评判与分类的标准。编撰传法谱系,是给自己的宗派编造一个祖师相承的谱系,即"祖统"或"灯统",给"传法定祖"披上合法的外衣。这些宗派在总结以往的修持方法与义学理论的基础上,试图揭示一种在他们看来是最圆满的佛法,用来代表最正统、最契时机的佛教。譬如,天台宗认为《法华经》的思想最为圆满,称为"法华圆教";华严宗认为《华严经》的思想最为究竟,自称是"教内别传";禅宗则声称自己的禅法属于"教外别传",不同凡响;净土宗认为念佛法门最为契机,舍此无他。这些宗派大多没有完全因循汉译印度佛典的思想传统,而是有选择地继承与阐发他们心目中的佛法了义。

见性、性命双修，酷似禅宗。

天台宗、华严宗，是以教理见长的两个宗派，对中国的历代文人士大夫都很有影响。天台宗构建了一套以止观双修为中心的佛学体系，对于充实与丰富儒家的心性论起到了直接的推动作用。唐代士大夫梁肃（753～793年）是天台九祖湛然（711～782年）的弟子，他把天台的止观实践看成是儒家所说的"穷理尽性"，是为了"导万法之理而复于实际"（《天台止观统例》）。而佛教的"实际"，在他看来，也就是儒家的"性之本"。后来李翱（772～841年）援佛入儒，探求儒学的"性命之道"，提出"复性说"，思想上亦受天台止观的影响，认为只要去除迷惑人性的"情"，即可恢复人性。

华严宗构造了独特的宇宙观，主张"无尽缘起"，认为世界上的一切事物互为条件，犹如一滴海水含具百川之味，彼此互相依赖、互相包容、互相圆融，处在无穷无尽、无限复杂的普遍联系之中。《起信论》认为，一切事物都是如来藏的变现，但这不过是"理事无碍法界"，现象与本体虽有一体不二的关系，却还有理事、体用的分别。只有认识到一切事物各自有体有用，各随因缘而起，又能各守自性，事与事看似互为相对，却又能互为相应，彼此互相交涉，万物相融无碍，这才是最圆满的"事事无碍法界"。这套缘起论，影响了以后宋儒在天理、天道与理气关系等问题上的论述，程颐（1033～1107年）讲"体用一源、显微无间"，朱熹（1130～1200年）说"理一分殊"，都有华严思想的痕迹。

净土宗主张念佛往生，认为在末法时代，众生要依靠阿弥陀佛的他力救助才能往生西方极乐世界，念佛往生是众生得救的唯一法门。这种简便易行的念佛法门，备受民间欢迎。宋代以后，净土思想因其简便易行而最为流行，乃至乡野村夫见面皆称"阿弥陀佛"。念佛成了诸宗共修的方便法门，禅宗提倡"禅净双修"，天台宗则称"台净合一"。到了明清时期，禅净双修成了佛教的主流，尤其是"参究念佛"，即让行者参究"念佛者是谁"，是佛门最常见的接引方便。

佛教发展到这一地步，它与中国社会思想文化的关系已近乎水乳交融。在庶民百姓中间，佛教首先是一种能够支配或改变他们生活的信仰方式，遍及中国人社会生活的方方面面，有所谓"庶民佛教"或"民俗佛教"，影响到中国社会的民间风俗和日常生活①。

二、佛教对中国文化的主动调适

中国文化的印度化、佛教在中国的大行其道，似乎说明了佛教征服中国。但

---

① 参见李四龙：《民俗佛教的形成与特征》，载《北京大学学报》1996年第4期。

是，这种成功的"征服"，既说明中国文化的包容性与开放性，也说明了佛教的"屈服"：佛教，这个外来的宗教在中国社会做出了许多的调适与妥协，接受了中国固有传统的思想整合，特别是与儒家社会的纲常伦理相适应。在隋唐形成本土化的佛教宗派以前，佛教在汉代被当做求神成仙的道术，在魏晋又被看成玄学清谈，想让中国的知识精英接受全新的佛教思想，必然要能用中国的思想解释佛教。与此同时，想让中国社会能够接受"寺院—僧团"这种全新的组织形态，也还必须能适应中国原有的社会秩序与伦理规范。

佛教界普遍流传汉明帝"感梦求法"的故事：这位东汉皇帝夜间"梦见神人，身有日光，飞在殿前"，翌日向大臣们询问他所梦到的"神人"，得知是"佛"以后，派人前往印度求法，取回佛经"四十二章"，并在洛阳城外建造"白马寺"①。汉代社会流行图谶纬书、方技数术，迷信阴阳灾异之说，喜好预断吉凶、禳灾祈福。因此，当时传入的佛教，也被认为是"求福祥"、"致太平"的"神仙祭祀致福之术"（《汉书·郊祀志》）。我国历史上早期信仰佛教的楚王刘英、汉桓帝刘志（147~167年在位）都是佛老并重，楚王喜欢"黄老之微言"与"浮图之仁祠"，汉桓帝在皇宫内同时做"黄老浮屠之祠"。从楚王到桓帝的近一百年间，东汉佛教基本上是从属于黄老术的异域新方术，佛陀是一位能够飞行殿庭的神仙，并与黄帝、老子同时受到祭祀。桓帝初年来到洛阳从事译经弘法的安世高，原为西域安息国太子，被描写成精通"七曜五行，医方异术"（《高僧传·安清传》），俨若一位方士；他所翻译的小乘禅学，因此被混同于中国固有的吐纳、服气等养生术。这种对佛教的误解，促成了佛教在中国社会的受容与传播。

魏晋时期的衣冠士子，喜好清谈玄学。王弼"得意忘言"的观点，与佛教所讲的"般若"、"不二法门"颇为类似。比安世高稍后来华的支谶，是西域大月氏国人，传译大乘经典，译有《道行般若经》。"般若经"主张"不废假名而说诸法实相"，语言文字的施设假立，是为了说明宇宙世界的真相、本体；但在大乘佛教看来，万事万物都是各种因缘条件相互作用的结果，没有固定不变的自性。这种"自性空"的思想，在中国传统里原本没有，因此借用道家的术语译为"本无"。当时的名僧与名士，因此喜欢把佛学与玄学相互比附。僧人以老、庄、周易所谓"三玄"讲解佛法，谓之"格义"，即"以经中事数，拟配外书，为生解之例"（《高僧传·竺法雅传》）。这样做的结果，很快就使中国人接受了

---

① 学术界还有"伊存授经"的说法：据《三国志》裴松之注引的鱼豢《魏略·西戎传》，"昔汉哀帝元寿元年博士弟子景卢受大月氏王使伊存口授《浮屠经》"。也就是说，汉哀帝元寿元年（公元前2年），佛教已传入中国。另据《后汉书》卷四十二"楚王英传"，最迟到东汉明帝永平八年（65）佛教肯定已经传入汉地。

一套全新的思想观念，像轮回、涅槃、缘起、性空等。这些对中国人来说完全是闻所未闻的新奇想法，仅以"格义"的方法，理解起来并不如法。"格义"这种做法，虽与魏晋玄学以道家思想解读儒家经典的思路相合，最终却不能见容于佛门大德，这样的解读被认为乖离了佛教经典的原义。譬如，"本无"的译法，容易让人望文生义，把佛教的"空"与老子的"无"混为一谈。中国的僧人因此很快舍弃了"格义"这种方法。经过这么一轮的甄别以后，中国佛教学会了如何准确理解和表达佛教的原典与原义，迎来了南北朝时期无比灿烂的学派佛教[①]，到隋唐时期形成了富有中国特色的新佛学，即佛教宗派。

佛教和道教思想的格义比附，拉近了它与中国社会的距离。但佛教与儒家的冲突，在其传入之初的数百年间，一度相当激烈。辞亲出家、削发袒服，常被指责为"无父无君"、"不忠不孝"，有违儒家纲常。东晋南北朝时期，发生了多次朝廷要求淘汰、整治僧团的事件，甚至还有北魏太武帝、北周武帝的两次"法难"。鉴于儒家的统治地位，佛教特别注重与儒家思想的沟通，挖掘佛教优于儒家的思想内容，争取士大夫的同情与理解。在南北朝的疑伪经里，在历代僧人的著作里，佛教徒编撰了不少故事宣扬佛家的"孝道"，把佛家最基本的"五戒"（不杀生、不偷盗、不邪淫、不妄语、不饮酒）和儒家的"五常"（仁义礼智信）等同起来。事实上，中国文化追求和谐的整体特点，也使中国佛教特别注重"圆融无碍"的精神气质，像天台、华严等宗派都宣称自己属于大乘圆教。

与此同时，佛教与儒家逐渐形成互补之势。先秦儒家罕言"性与天道"，庄子批评儒家"明乎礼义而陋于知人心"，佛教却能为儒家社会精英提供超凡入圣的心性修养理论。实际上，早期的高僧很擅长概括儒佛之间的差异，深于"内外"之辨。他们把佛学称为"内"，把儒学称为"外"。北周的道安并不承认道家是一个独立的"教"，把它并入"儒教"的范围，借用当时常见的"形神"概念，他说：

救形之教，教称为外；济神之典，典号为内。……若通论内外，则该彼华夷，若局命此方，则可云儒释。释教为内，儒教为外，备彰圣典，非为诞谬。[②]

因此，在佛教徒的眼里，儒教不过是"救形之教"，解决外在的表面问题，正如后来所讲的儒家能治世、道家能治身；佛教则能解决人心内在的问题，所谓"济神"。也就是说，佛教的特长是在剖析、滋养人的心性。

[①] 进入南北朝，除了般若类经典，宣扬涅槃佛性、三界唯心、如来藏、阿赖耶识等各种佛学思想的经典陆续流传，出现了一批精通某类佛教经典的专门学者。因此，当时的佛教界学派纷呈，师说竞起，主要有涅槃学、毗昙学、成实学、三论学、地论学、摄论学等不同的佛学流派。

[②] 道安：《二教论》，载《大正藏》第 52 册，第 136 页下。

恰恰是佛家反复申明自己的特色，儒佛在心性论等问题上有了真正的沟通与交流。受到佛教心性论的启发，宋明儒学重点阐释传统儒学所罕言的"性与天道"，而其重要的思想家，如张载、朱熹、陆象山、王阳明，都曾有过"出入于佛老"的学术生涯。宋明道学的出现，在一定意义上是援佛入儒的结果。

许理和在讲述"佛教征服中国"时，从社会史的角度研究中国社会如何移植一种全新的社会组织形态，即"僧伽"或"寺院"制度的融入。随着僧尼、寺院数目的激增，寺院经济不断膨胀，僧团与政府之间的矛盾变得相当明显[1]。佛教被认为削弱国家的经济实力，影响国家的政局稳定，伤害儒家的孝悌伦理，政府主张淘汰部分僧人，要他们遵守儒家的世俗礼仪。庐山慧远的《沙门不敬王者论》，以世间法与出世间法各有礼俗，详细辨别"出家修道"与"处俗弘教"的不同，认为佛教有助于儒家的教化，同时也有自身的宗教目的。这位幽居深山的僧人，严持戒律，在社会上有着"唯庐山道德所居"的美誉，他的这篇文章维护当时僧团的整体利益，标志了"寺院"这种组织制度真正合法地进入了中国社会。

后来虽然还有各式各样的排佛之论，甚至发生了佛教史上所谓"三武一宗"的法难，但都没能动摇中国佛教的寺院制度。这一制度的确立，为中国佛教的本土化创造了经济基础与社会条件。能在中国社会立稳脚跟的佛教，不久就与道教展开了许多激烈的争论。

第三节　佛道互诤：中印文化的差异与融合

在儒释道三教关系里，最具有宗教对话色彩的应是"佛道"的冲突与融合。历史上，道教与佛教两家的互动影响，复杂而深入。佛道之间，究竟谁对谁的影响更多，佛教徒与道教徒的观点完全不同。佛教学者常说佛教对道教的影响，而在道教学者那里，又说"道教对佛教的影响，可能远比佛教影响于道教者多。"[2]

一般认为，道教的形成与发展，与佛教在中国的传播息息相关。汉代的早期道教，吸收佛教的思想义理、戒律仪轨，逐渐演变为魏晋南北朝的神仙道教，并从下层民众逐步进入上层士大夫社会。与此同时，佛教的本土化，亦深受道家、道教思想与科仪的影响。两汉之际，佛教初传中国，被当做一种外来的"道

---

[1] 参见李四龙：《天台智者研究》，北京大学出版社2003年版，第20~25页。
[2] 萧登福：《道教与佛教》，台湾东大图书公司2004年版，第5页。

术",一种新的方术。最初的汉译佛典,基本上是用道家的术语翻译。禅宗的形成与流行,又与道教思想有所暗合。

佛教与道教两家冲突与融合的历史,既彰显了中国与印度文化之间的差异,也丰富了中国自己的宗教传统,是传统儒家社会协调外来宗教与本土宗教关系的成功典例。

一、道教早期对佛教的排斥

道教与道家,究竟在何种意义上有所区别,乃至于道教何时形成,其实都是颇难回答的复杂问题。大体而言,道家的宗教化应该发生在汉代。汉武帝以后,道家与神仙方术、阴阳感应论相结合,道家逐渐忽视自然主义的宇宙观,转而成为关注祎祥感应的宗教迷信,这种现象集中体现在《淮南子》里①。当时有所谓的"黄老道",混合了黄老学和神仙方术,杂糅儒家、墨家、阴阳家、养生家、神仙家等多种学说,信众以太上老君为教主,祭祀黄老以求长生不老,金丹、房中、吐纳、导引、禁咒、符箓等方术,备受欢迎。

东汉末年,张道陵、张鲁的五斗米道、张角的太平道,常被现代的学者当做"道教"成立的标志,迄今1800多年。东汉安帝延光四年(125年),张道陵开始学道,到顺帝汉安元年(142年)在四川鹤鸣山自称受"太上老君"之命,被封为"天师",从而创立"天师道"(五斗米道)。汉末,巴蜀地区原有崇祀巫鬼的俗信,称为"巫鬼道"或"鬼道",张道陵把中原地区的"黄老道"带入巴蜀,使当地的巫觋变为祭酒或道民②。张角主要依据《太平经》思想,约在汉灵帝建宁年间(168~171年)创建"太平道"。他也信奉当时流行的"黄老道",依托神道为人治病,道师作符祈祷,病者先要叩头思过,然后吞食符水。

不过,五斗米道、太平道,在当时只被视为"道流",而非"道教"。"道教"这个称谓,虽在《牟子理惑论》、《抱朴子》外篇等处已经出现,但都是指儒教或佛教。真正用来称谓现在所谓的"道教",应在北魏寇谦之(363~448年)和刘宋顾欢(420~483年)的时代,即在晋宋之际、南北朝初期③。据《魏书·释老志》记载,神瑞二年(415年)十月,太上老君显灵,告诉寇谦之说:"汝宜吾

---

① 参见楼宇烈《胡适的中古思想史研究述评》,载《温故知新》,第252页。
② 但在道教界内部,还有不同的声音,并不赞成"张道陵创教说"。萧登福认为,张道陵创教说,出自北周末隋初释道安的《二教论》(参见萧登福《周秦两汉早期道教》,台湾文津出版社1998年版)。在他看来,张道陵不过是对秦汉神仙信仰(所谓"方士道")进行改良的诸多改良者之一,并非创教者。
③ 小林正美著,李庆中译:《三教交流中"教"的观念》,载《六朝道教史研究》,四川人民出版社2001年版,第493页。

新科,清整道教,除去三张伪法,租米钱税及男女合气之术。"这段引文明确使用了"道教"一词,而张角、张道陵、张鲁的做法,被贬为"三张伪法"。

初来乍到的东汉佛教,当时被误做一种新奇的"道术",东汉的王室贵族,像楚王刘英、桓帝都是同时祠祀佛陀与老子。所以,佛教从一开始即与道家、道教方术发生交涉,歧义迭见。这方面的例子,可在著名的《牟子理惑论》里略见一斑。而在东汉以后民间道教逐渐官方化、体制化的过程中,佛教与道教的思想冲突日趋明显。外来的佛教与民间的道教,都在竭力吸引王室与士大夫阶层的关注与信仰。道教对佛教的排斥,在早期主要是利用"夷夏论"的思想资源,编造"化胡说"。

公元166年,著名的襄楷奏疏最先提到了"化胡说",所谓"老子入夷狄为浮屠"(《后汉书》卷三十下"列传第二十下")。司马迁《史记》讲到老子最后慨叹于周朝的衰微,顿生去意。到了函谷关,给关令尹喜讲完"道德经"以后就出关西去,不知所终。佛教的传入,给这个故事的结局留出了想象的空间。《老子化胡经》的出现,是道教徒借此故事故意贬低佛教的结果。依照公元5世纪初《晋世杂录》等史料,西晋末年,祭酒王浮是一位道教徒,与当时贵族出身的僧人帛远辩论,屡屡辩输。情急之下,他照着当时流传的"化胡说",把《西域传》改头换面,伪造了《老子化胡经》。这部《化胡经》的出现,原来是道教徒想借此贬损佛教,但出现以后竟然会有佛教徒想借此来证明佛教亦是源出于中华文明,而非单纯的"夷狄之术"。最初只有一卷篇幅的《化胡经》,到隋代变成了二卷,而到公元8世纪初,竟已成了十卷或十一卷的大书。

到了唐代,"化胡经"已经不再是单纯的老子点化佛陀,当时的摩尼教实际上也采用"化胡经"的说法。譬如敦煌发现的《摩尼教残经二》记载:"《老子化胡经》云:我乘自然光明道气,飞入西那玉界苏邻国中,示为太子,舍家入道,号曰摩尼,转大法轮。""老子化胡",成了大家解读外来宗教的一种思维模式。但唐代的佛教已在中国社会扎根,再也不愿承认"老子化胡"的说法。在当时流通的佛教疑伪经里,普遍流传"三圣东行说"。譬如,《清净法行经》说:"佛遣三弟子,震旦教化。儒童菩萨彼称孔丘,光净菩萨彼称颜渊,摩诃迦叶彼称老子。"[1] 佛道之间的论争,就此几乎成了一种互相的怄气。公元668年,唐高宗下令禁断《化胡经》。到696年,道教徒要求撤销这项决定。705年,佛教徒再次要求禁断,朝廷在非议声中再次禁止《化胡经》的流传。佛道两教围绕"化胡"的争议,延续了相当长的时间。但到公元13世纪中期,蒙元皇帝最终禁断各种版本的《化胡经》,予以彻底的毁版销毁[2]。

---

[1] 转引自道安《二教论》,载《大正藏》第52册,第140页上。
[2] 有关《化胡经》在中国历史上的演变过程,参见许理和《佛教征服中国》,第378~392页。

"化胡说",在佛道早期的论争里,实际上只是表面的现象。论其思想的根子,还在于中国传统的"夷夏论",中国人并不能爽快地接受、认同外来的文化价值。大约在春秋时代,中国形成了具有强烈文化优越感的民族理论,"夷夏论"。"华夏"民族居住在世界的中央,"夷、戎、蛮、狄"分别居住在世界的东西南北四方。这种地理概念,被称为"四裔五方"的"中国"意识。《礼记·王制》篇说:"中国、戎夷,五方之民,皆有性也,不可推移。"中国是礼仪之邦,四夷则是化外之民。华夏,是中国的代名词。"夷狄之有君,不如诸夏之亡也",孔子的这句话,成了"夷夏论"的宣言。《牟子理惑论》里的"问者",站在儒家的立场上质问:"吾子弱冠学尧、舜、周、孔之道。而今舍之,更学夷狄之术,不已惑乎?"① 这样的问难,在牟子看来,只是看到了周孔言论的字面意思,而没有体会到他们深层的"大道"。牟子认为,学佛并不妨碍尊孔。但在佛教与道教的争论过程中,道教徒反复强化"夷夏论"的思想,排斥外来的佛教。这样做最激烈的后果,当数出现佛教史上所谓的"法难"。北魏太武帝、北周武帝的灭佛运动,虽说有其社会政治与经济的因素,但道士的怂恿与鼓动,是这两场佛教法难的重要诱因。

面对道教徒的排斥,佛教针锋相对,从多个方面揭露道教对佛教的模仿,同时还积极吸收道教的内容,尽量去迎合道教所展现的中国人的人生愿望。所有这些,导致佛道两教最终在仪式、思想等方面相互借鉴、相互补充。

二、佛教对道教的批驳

在印度佛教里,传说阿育王曾把佛祖的舍利分成八万四千份,派人四处分送建塔供养。中国的佛教徒,除了编排类似"三圣东行说"这样的故事去对付道教徒的"化胡说",还在举国范围内寻找传说中的阿育王塔与佛骨舍利。这在东晋、南北朝时期,属于佛教界极重要的事件,据传当时找到了19处,以此证明佛教在中国悠久的历史渊源②。但对佛教来说,更重要的应是理论上的批驳,北周武帝时期北方的佛教徒拟从理论上否定道教的宗教性,唐代法琳(572~640年)的《辩正论》对这场论争做了细致的梳理。

佛教的批驳,最根本的是要否定"道教"的存在,认为"道教"不能被称为"教"。法琳说:"道称教者,凡立教之法,先须有主。道家既无的主,云何

---

① 引文依据周叔迦辑撰《牟子丛残新编》,中国书店2001年版,第10~11页。
② 佛教界从公元4世纪上半叶起,在中国境内四处寻找阿育王分送的佛舍利,亦有陆续发现阿育王塔、佛舍利与佛像的记载(参见许理和《佛教征服中国》,第347页)。在道宣《广弘明集》卷15,有一份资料列举了16处阿育王寺,而在道世《法苑珠林》卷38则列举了19处。

得称道教?"① 在他看来，儒家之所以为"教"，"教是三皇五帝之教，教主即是三皇五帝"。但是，道教古来只被称为"道流"，譬如《汉书·艺文志》。究其原因，法琳认为，即是由于没有合适的教主。他说："若言以老子为教主者，老子非是帝王，若为得称教主。若言别有天尊为道教主者，案五经正典，三皇已来，周公孔子等，不云别有天尊，住在天上，垂教布化，为道家主。"道教常以"天尊"为教主，不过是东汉末年的"三张伪法"，不足为据。法琳的这些论调，实际上是重复北周道安的《二教论》。

北周武帝偏向道教，想要灭佛，天和四年（569年）三月，召集僧人、名儒、道士、文武百官二千余人，在皇宫正殿主持"量述"三教。四月初再次召集讲论，结果不分高下。为此，北周武帝敕命司隶大夫甄鸾，详研佛道二教，定其浅深。翌年，甄鸾写成三卷《笑道论》，讥讽诋毁道教。他在论文的"序"里说："为《笑道论》三卷，合三十六条。三卷者，笑其三洞之名；三十六条者，笑其经有三十六部。"② 结果在朝堂上，当着众臣的面，《笑道论》被武帝当场焚毁。道安受命撰文，三月以后写成《二教论》，唯立儒教、佛教，却不立道教。在他看来，教主必须有才能与地位，缺一不可。古代帝王"功成作乐，治定制礼"，但是孔子虽然圣达，惜无地位，只能修述帝王与周公的言行，算不得是"教主"。只是一个柱下史的老子，更不能成为教主，道安认为，道家应当归属于儒教。

佛教徒对道教的批驳，在否定老子是教主以后，还强调道教缺乏必要的教典。印度佛教的经典有经律论"三藏"，其中，佛经又有"十二分教"的说法。自东汉末年开始，我国就开始系统翻译佛经。到东晋时期，佛典的传译已经颇有规模。受此刺激，道教在这一时期出现了"造经"运动，大批的道经缘此问世。道经数量之多，到刘宋时期，乃至于有天师道三洞派着手整理道教经典，提出了"三洞"的编目结构。但在北周的佛道争论中，佛教徒认为，道典只是人为编造的伪作，并不具有多少的权威性。道安的《二教论》第十节"明典真伪"，认为除了老子《道经》、庄子《内篇》，其他的像《黄庭经》、《元阳经》、《灵宝经》、《上清经》、《三皇经》等重要道典，都被说成是出自"凡情"、"凡心"的伪经，甚至是对佛经的剽窃，而不是出自圣人之口的真经。他说：

《黄庭》、《元阳》，采撮《法华》，以道换佛，改用尤拙。《灵宝》创自张陵，吴赤乌之年始出。《上清》肇自葛玄，宋齐之间乃行。……晋元康中，鲍靖造《三皇经》被诛，事在《晋史》。后人讳之，改为《三洞》。其名虽变，厥体

---

① 法琳：《辩正论》卷二，载《大正藏》第52册，第499页上。
② 甄鸾：《笑道论》，收入《广弘明集》卷九，载《大正藏》第52册，第144页上。

尚存，犹明三皇，以为宗极。①

但是，道教模仿佛经，大举"造经"，并不能说明，佛教在此交涉的过程中没有受到道教的影响。事实上，两教的相互借鉴，远比他们各自承认的要多得多。

三、佛教与道教的借鉴与会通

东晋南北朝时期，佛教已经蔓延成为全国性的文化现象，不仅是佛教的教理深入人心，而且，佛教特有的组织制度，"寺院—僧团"也已扎根中国社会。原本流行于民间的黄老道、太平道、五斗米道等，经过两晋时期士大夫的"清整"，逐渐演化为官方认可的正统宗教、神仙道教，从所谓的"道流"升格为"道教"。

两教的交涉及论辩，厘清了佛教与道教的特色与差异。顾欢（420~483年）在刘宋泰始三年（467年）前后撰写《夷夏论》，他说"佛教文而博，道教质而精"，看似公允地批判佛道两教的特点，但要细究他的全文，则是借口说明中印文化的差异，贬黜佛教。他说："华人易于见理，难于受教，故闭其累学而开其一极。夷人易于受教，难于见理，故闭其顿了而开其渐悟。"② 顾欢认为，"夷人难于见理"，这种说法其实带有强烈的华夏民族文化优越感。此论一出，激起佛教徒的激烈反对。当时有位佛教徒僧敏撰写《戎华论》，说"老以自然而化，佛以缘合而生"③。差不多百年以后，甄鸾的《笑道论》，把僧敏的观点发挥成一句经典名言，"佛者以因缘为宗，道者以自然为义。自然者无为而成，因缘者积行乃证"④。在以后的佛教争论里，"自然"、"因缘"常被当作道教与佛教最有代表性的理论特色，直到初唐，这句概括还被用来引导佛道的论争。

佛道之间并非只有论争，两教的思想会通与相互借鉴，从佛教传入之初即已开始。特别是在佛经翻译过程中，译名的选择主要参考道家术语，这在上文已有交代。台湾道教学者萧登福的《道家道教与中土佛教初期经义发展》（上海古籍出版社2003年版），完全站在道家道教的立场上，分析道家思想对早期中国佛教的发展所产生的决定性影响。不仅如此，在今天看来属于佛教的法事仪轨，其实也有许多内容来源于道教。萧登福的《道教与佛教》，是一部梳理佛教如何接受道教影响的专著。他在书里说，"在仪轨及习俗、炼养上，道教的讲经仪、坛仪、符印、星斗崇拜、安宅、葬埋、药饵、冶炼、食气、导引、灵签、节庆等

---

① 道安：《二教论》，载《大正藏》第52册，第141页中。
② 顾欢：《夷夏论》，载《大正藏》第52册，第225页上。
③ 僧敏：《戎华论》，载《大正藏》第52册，第47页下。
④ 甄鸾：《笑道论》序，载《大正藏》第52册，第143页下。

等",都曾对佛教有所影响,而且常被引用①。

到了唐代,道教的政治地位高于佛教,但是,佛教的义学与信仰当时十分兴盛,道门精英通常还会主动学习佛教思想。重玄学是援佛入道的重要表现,是当时道教对佛教的主动吸收。隋唐道书以"重玄"指《老子》的"玄之又玄",成玄英(约601~690年)等重玄家,吸收佛教中观学的思想方法,释"玄"为遣除"滞着",前"玄"遣除有、无之滞着,后"玄"遣除"不滞之滞",两重遣滞,故名"重玄"。他们还借鉴佛教的"佛性"论,盛谈"道性"问题。宋代内丹学、金元全真教,则与佛教的禅宗思想关系极为密切,被认为是"丹禅融合"的典范。全真教还在组织制度上向佛教全面学习,建立道教的出家修行体制。

除了在教义思想、组织制度、仪式仪轨等方面,佛教与道教多有相互影响,还在中国人的日常生活里,佛道两教最终也都难分彼此,互为表里,出现了"仙佛不分"的局面。中国人平时爱用佛教装点门面,佛教是表道教是里,与道观相比,佛庙总是显得富丽堂皇。但在平常,情况正好相反,道教是表佛教是里,比起佛教的"一切皆空",道教的"长生不老"总是更能博得中国人的欢心,佛教犹如大门,道教犹如厨房,一家人,没有大门可以照样生活,但要是没有厨房,那就很难活命了。日本著名佛教学者中村元说:"中国人巧妙地改编了佛教,重组了佛教的结构,将它纳入中国固有的文化传统之中,赋予合理的地位。佛教之东渐,无论在宗教思想或宗教文化的任一方面,都给中国人带来了飞跃的发展和充实,其影响之巨,实在很难加以估量。"又说:"当佛教思想刚由中国人吸收时,它还只是某种新知识而已,然而当它真正转化成宗教思想而固定于生活之中时,它早就蜕变而为道教思想了,至少可称之为道教思想之主流了。"②

正统的佛教在民间社会通常会借用道教的形式,仙佛不分,把原本没有神灵的佛教变成一个彻头彻尾的多神教,处处要以各种各样的灵验故事打动人心,满足庶民百姓无所不求的世俗愿望。明清以降的民间宗教,佛教往往只是一个形式,真正的内核是道教,所谓"外佛内道"。

第四节 三教合流:儒释道的各自表述

汉代司马谈《论六家要旨》引用《易大传》"天下一致而百虑,同归而殊

---

① 萧登福:《道教与佛教》自序,东大图书公司2004年版。
② 参见中村元等《中国佛教发展史》上卷,台北天华出版事业股份有限公司1984年版,第593~595页。

涂"，认可"阴阳"、"儒"、"墨"、"法"、"名"、"道"等先秦诸子百家争鸣的合理性。这种心态，可以说是后来"三教合流"思想的渊源。不过，儒释道虽然都有"三教合流"的论调，但是彼此的认同程度与理解方式各自不同。

这些不同的表述，可以概括为三种基本形式：三教平等、三教同源、三教同归。颇为有趣的是，佛家更多主张"三教同归"，殊途同归，强调佛教作为一个出世宗教有益于儒家社会的积极功效；道家侧重于主张"三教同源"，作为一个中国的本土宗教，道教强调儒释道思想的同源性；而儒家统治者主张"三教平等"，主要出于治理社会、统摄人心的目的，平衡三教，不可偏废。

一、儒家式的三教合一

先秦儒学经过汉武帝的"罢黜百家，独尊儒术"，经过董仲舒的神学改造，发展成为一种政治儒学，成为在中国社会占统治地位的意识形态。但是，在政治上取得最高地位的儒学，在人们的精神生活里其实并不总是占据核心的地位。尤其是到隋唐时期，佛教的繁盛，反衬出儒学人才的凋零，乃至于北宋的士大夫慨叹"儒门淡泊"。面对这样的情景，儒学对佛道两教的思想吸收，势在必行。

传统上一直认为"儒道互补"，周敦颐（1017～1073年）的《太极图说》就是很好的例证。该图反映了宋儒所说的宇宙模型，基本就是道教先天图的翻版。朱熹也对道教深有研究，曾对《阴符经》、《参同契》下过很深的工夫。王阳明的思想以"致良知"著称，有时他以"精气神"等带有道家色彩的术语解释"良知"。他说："夫良知一也，以其妙用而言，谓之神；以其流行而言，谓之气；以其凝聚而言，谓之精。安可以形象方所求哉？真阴之精，即真阳之气之母；真阳之气，即真阴之精之父。阴根阳，阳根阴，亦非有二也。苟吾良知之说明，则凡若此类，皆可以不言而喻。"（《传习录》中《答陆原静书》）他还认为，儒学以"养德"为务，道家以"养身"为重，两者其实"只是一事"。他说："大抵养德、养身，只是一事。原静所云'真我'者，果能戒谨不睹，恐惧不闻？而专志于是，则神住、气住、精住，而仙家所为长生久视之说，亦在其中矣。神仙之学与圣人异，然其造端托始，亦惟欲引人于道。《悟真篇》后序中所谓'黄老悲其贪著'，乃以神仙之术渐次导之者。"（《与陆原静书》辛巳）

对宋明儒学而言，如何吸收或拒斥佛教的思想，这是他们的一项核心工作。张载（1020～1077年）、程颢（1032～1085年）、程颐、朱熹、陆九渊、王阳明等大儒，虽以"辟佛"标榜，却在他们的思想里饱受佛教的影响。程朱理学的奠基人、集大成者，朱熹借用佛教"月印万川"的比喻，说明"理一分殊"的思想。他说："释氏云：'一月普现一切水，一切水月一月摄'，这是那释氏也窥见得这些道理。"(《朱子语类》卷十八)并以华严宗"一即一切"的说法解释"万个是一个,一个是万个"(《朱子语类》卷九十四)。

王阳明是陆王心学的代表,有很多笔墨用来辟佛老。在他看来,道家讲"虚"、佛家讲"无",都还只就养生或解脱而论,未能如他的儒学从"本体"上立论。他说:"仙家说到虚,圣人岂能虚上加得一毫实?佛氏说到无,圣人岂能无上加得一毫有?但仙家说虚,从养生上来;佛家说无,从出离生死苦海上来:却于本体上加却这些子意思在,便不是他虚无的本色了,便于本体有障碍。"(《传习录》下)他对佛教的批评十分直白,认为佛教逃避了儒家所讲的"三纲"责任。他曾说:"佛氏不著相,其实著了相。吾儒著相,其实不著相。"因弟子请问而解释说:"佛怕父子累,却逃了父子;怕君臣累,却逃了君臣;怕夫妇累,却逃了夫妇。都是为个君臣、父子、夫妇著了相,便须逃避。如吾儒有个父子,还他以仁;有个君臣,还他以义;有个夫妇,还他以别。何曾著父子、君臣、夫妇的相?"(《传习录》下)

而且,王阳明又强调,佛道两教与儒学仅有极微的差异,所谓"二氏之学,其妙与吾人只有毫厘之间。"(《传习录》上)他还说,"理无内外,性无内外,故学无内外。"(《年谱》二)"圣人尽性至命,何物不具,何待兼取?二氏之用,皆我之用:即吾尽性至命中完养此身谓之仙;即吾尽性至命中不染世累谓之佛。但后世儒者不见圣学之全,故与二氏成二见耳。譬之厅堂三间共为一厅,儒者不知皆吾所用,见佛氏,则割左边一间与之;见老氏,则割右边一间与之;而己则自处中间,皆举一而废百也。圣人与天地民物同体,儒、佛、老、庄皆吾之用,是之谓大道。二氏自私其身,是之谓小道。"(《年谱》三)这些引文反映了王阳明在辟佛与援佛之间,以儒门性命之学统摄佛老,而非拒斥二教。阳明后学大多潜心学佛,推陈出新。流风所及,明清两朝儒家士大夫向佛者日益,居士佛教渐成气候。

儒门大家这种看似矛盾的心态,折射出他们在思想深处融合三教的努力。这是一种独特的"三教合流",会通佛老,重建儒学,宋明道学家致力于挖掘儒学自身的心性论与工夫论,倡导《大学》的"三纲领八条目",明明德、亲民、止于至善,格物、致知、诚意、正心、修身、齐家、治国、平天下。内圣外王,旨在思想层面重新奠定儒学的主导地位,而不仅仅是从实用目的、社会分工的角度去平衡三教。帝王与儒家这两种姿态的相互配合,一方面,强化、提升儒学的社会地位,推崇礼教,注重人伦道德的实践;另一方面,又使"三教合流"的观念在明清社会深入人心,儒释道三教共同成为支撑中国传统社会最主要的思想基础。

事实上,儒家始终还有一批同情佛教的士大夫。早在北周、隋代,韦复回答北周武帝说，"三教虽殊，同归於善，其迹似有深浅，其致理殆无等级。"（《周书·韦敻传》）大儒王通（580～617年）认为，三教各有其弊，各有其用，"三教于是乎可一矣"（《中说·问易篇》）。唐宋时期，一批士大夫直接皈依佛门，成为佛教大居士，更是积极主张"三教合流"。

在儒学占思想主流的前提下，封建帝王需要调动社会各阶层的力量，平衡三教，三教分别治世、治身与治心的说法，最能代表儒家统治者的"三教平等"思想。儒家是治理国家的意识形态，佛、道两教只有在辅助推行儒家伦理的前提下，才能建立三教的和谐关系，否则就会受到儒家统治者的清理与整顿。

二、佛教式的三教合一

佛教作为一种外来宗教，长期被视为"夷狄之术"，促使它要与儒家、道家的思想相沟通。南北朝、隋唐时期，出现了大批的疑伪经。这些极可能是出自中国人之手的佛经，主要是拿佛教比附儒家的思想伦理，特别强调儒家的忠孝观念，认为儒佛并不相违，强调佛教"有助王化"。早期的中国佛教素有"联儒辟道"的策略，与道教时有抵牾，逐渐形成"不依国主，法事难立"（东晋道安语）的政教关系。但到南北朝末，佛教徒已有三教并重的想法，而不再一味地要与道教辩驳，渐开两教融通、互补的格局。

无论是辩驳，还是互补，佛教何以展现自身的优势？既不能强调自己属于外来宗教的形象，颇类似现在的基督教竭力摘除"洋教"的帽子，又不能与儒家争揽世俗的事务，佛教就只有一条出路：强调自己在宗义上的殊胜，即"出世法"；并在世间法层面，主张三教的旨趣相通一致。因此，佛教的三教合流，往往主张"三教同归"：从理体上说，三教圣人，同归一理；从事用上说，三教同归于治、同归于善。

唐代宗密（780～841年）是华严宗五祖、禅宗荷泽神会的传人，在佛教史上有着重要的历史地位。他在《原人论》里说："孔、老、释迦皆是至圣，随时应物，设教殊途。内外相资，共利群庶。……虽皆圣意而有实有权，二教唯权，佛兼权实。策万行，惩恶劝善，同归于治，则三教皆可遵行；推万法，穷理尽性，至于本源，则佛教方为决了。"儒释道是不同的教化，若能相资互用，最终都是为了利益众生；三教虽有权实，却可"同归于治"。受其影响，五代延寿（904～975年）主张三教融合。在他的名著《万善同归集》里，延寿从"理、事"两个层面阐述"万善同归"：在理体上，"众善所归，皆宗实相"、"诸法实相，无善恶相"、"一切理事，以心为本"；但在事用上，"万善常兴"、"初即因善而趣入，后即假善以助成"，他说，"儒道仙家，皆是菩萨，示助扬化，同赞佛乘。"后世佛门弟子论述三教关系，大多沿袭这种"二谛"说法的方法，并以佛法为根本。

宋代天台僧孤山智圆（976～1022年）自号"中庸子"，主张"修身以儒，治心以释"，平时"宗儒述孟轲，好道注《阴符》，虚堂踞高台，往往谈浮图。"① "治心"亦即"观心"，是佛门的根本；心乃"万行之源"。而在平常日用，智圆兼通儒道，尤好《中庸》。禅门大德契嵩（1007～1072年），更以推崇儒家孝道而著称。宋仁宗明道年间，他撰写《辅教篇》，认为儒佛两家都是教人为善，有相资善世之用，彼此相辅而成，互不可缺。其中的名篇《孝论》，高度赞扬儒家五经，提出"孝为戒先"的著名观点。他说："夫孝，诸教皆尊之，而佛教殊尊也。"② 明末高僧智旭（1599～1635年）因循契嵩的思想，提出"以真释心行，作真儒事业"（《广孝序》，载《灵峰宗论》卷六之一），认为"儒以孝为百行之本，佛以孝为至道之宗"（《题至孝回春传》，载《灵峰宗论》卷七之一）。也就是说，佛教在事用方面亦有行孝、辅教的功能，完全支持儒家伦理，并无二致。

在理体方面，契嵩继承宗密的思想，认为三教"同归乎治"，只是有治世与治出世的差别。这位著名的禅师平时"习儒之书"，乐为文词，认为"儒、佛者，圣人之教也。其所出虽不同，而同归乎治。……故治世者，非儒不可也；治出世，非佛亦不可也"③。张商英（1043～1122年）在宋徽宗时官至宰相，他的《护法论》是佛教史上的护教名篇，主张三教相资互用，同时突出了儒佛之异、佛法之殊胜。他说："三教之书，各以其道，善世砺俗，犹鼎足之不可缺一也。"他以治病良药为喻，形象地解释前人所讲的三教"同归于治"，却有不同的疗效："儒者使之求为君子者，治皮肤之疾也；道书使之日损损之又损者，治血脉之疾也；释氏直指本根，不存枝叶者，治骨髓之疾也。"张商英以佛教能治骨髓之病，突出佛教的特殊地位。在他看来，儒家的思想侧重于现实社会，而佛教归根结蒂是出世的宗教。他说："儒者言性，而佛者见性；儒者劳心，佛者安心；儒者贪着，佛者解脱；儒者有为，佛者无为；儒者分别，佛者平等……儒者治外，佛者治内。"佛教的优越性，展现于此根本处。

其实，隋唐以来佛教界依据《法华经》的"会三归一"思想，一直主张"同归一理"，譬如，吉藏（549～623年）在《法华义疏》里说，五乘人"同归一理"。这种思路被引申到三教关系，开元二十三年的三教讲论，唐玄宗的御批说，"况会三归一，初分渐悟，理皆共贯，使自求之"④，以此主张三教调和。后

---

① 智圆：《闲居编》卷四十八《潜夫咏》，载《续藏经》第56册。
② 契嵩：《孝论·叙》，收入《辅教篇》下，见《镡津文集》卷三，载《大正藏》第52册。
③ 契嵩：《寂子解》，见《镡津文集》卷八，载《大正藏》第52册。
④ 附见于张九龄《贺论三教状》，载《曲江集》卷九。

代僧人说起此话，一则是在佛教内部，所谓"若性若相，同归一理"、"尘沙法门，同归一理"；二则是三教之间，"圣心佛心，同归一理"。明代高僧云栖袾宏（1535～1615年），是形塑明清佛教至关重要的人物，他也从"同归一理"的角度讲述"三教一家"："三教则诚一家矣。一家之中，宁无长幼尊卑亲疏耶？佛明空劫以前，最长也，而儒道言其近。佛者天中天、圣中圣，最尊，而儒道位在凡。佛证一切众生本来自己，最亲也，而儒道事乎外。是知理无二致，而深浅历然。深浅虽殊而同归一理。此所以为三教一家也，非漫无分别之谓也。"（《云栖法汇·正讹集》）

由此看来，佛教徒主张"三教同归"，大多着眼于事用方面的平等，而在理体上，佛家自以为最高明，以心为本，同归实相。从事用、功能的社会层面论述三教，元代刘谧《三教平心论》的概括，最能切合中国人的心迹。他说，若要讲述三教的关系，就"不可以私心论，不可以爱憎之心论，惟平其心念究其功"，否则难以得出公正的结论。在他看来，韩愈、欧阳修、张载、二程和朱熹的排佛言论，实有偏颇。他说：

儒以正设教，道以尊设教，佛以大设教。观其好生恶杀，则同一仁也；视人犹己，则同一公也；惩忿窒欲，禁过防非，则同一操修也；雷霆众聩，日月群盲，则同一风化也。由粗迹而论，则天下之理不过善恶二途，而三教之意，无非欲人之归于善耳。

刘谧说，儒教的作用是正纲常、明人伦，实施礼乐刑政；道教是教人清虚自守，归于静默无为之境；佛教则是教人舍伪归真，自利利他。在他这里，三教同归于善。这种思路，至今还是许多中国人对于宗教的基本看法，不管是什么宗教，都应劝人行善。

三、道教式的三教合一

在三教关系里，儒道互补的传统，一直到后来都没有改变。虽然儒家士大夫对民间的道教信仰时有微词，但这丝毫不影响道教全力支持儒家的伦理规范。道教经典通常都会宣扬忠君孝亲、报父母恩的思想，类似这样的话，"资事父以事君，则忠孝之义尽，取于治身而治国，则清净之化成。其在栖真者流，尤以报君为重"（《玄门报孝追荐仪》，《道藏》洞玄部威仪类），并不鲜见。

道教认为，万善之要是"道德、孝慈、功能"，而万恶之要是"反道、背德、凶逆贼杀"（《云笈七签》卷九十"七部语要"）。这种"明道立德"，立善功、修道德，与"道"同一体性，乃是达到长生久视神仙境界的必由之路。因此，对道教而言，三教关系主要是如何处置道教与佛教的关系。

前面提到道教在早期排斥佛教的主要思想资源，是借用"夷夏论"编造"化胡经"，从文化的根源上强调道教在中华文明里的优先地位，贬黜佛教。但到唐代以后，佛教在中国取得了强势的社会地位，对道教的思想影响亦在日趋深化。道教对佛教的姿态因此有所改变，宋代以后大多主张"三教合流"，倡导"三教同源"。特别是在辽金蒙元时期异族统治的大背景下，道教把"化胡"的传说变成三教的"同源"，所谓"天下无二道"，三教既源于"道"，亦归于"道"。在这方面，张伯端（983～1082年）的内丹学与王重阳（1113～1170年）的全真道，达到了历史的顶峰①。

北宋道士张伯端在其《悟真篇》序言里说："教虽分三，道乃归一"，从而最先在道教内部提出"三教合一"的主张②。他说：

释氏以空寂为宗，若顿悟圆通，则直超彼岸；若有习漏未尽，则尚徇于有生。老氏以炼养为真，若得其要枢，则立跻圣位；如其未明本性，则犹滞于幻形。其次，《周易》有穷理尽性至命之辞，《鲁语》有毋意、必、固、我之说，此仲尼极臻乎性命之奥也。

张伯端是道教金丹派南宗祖师，人称"悟真先生"、"紫阳真人"。他的丹道理论融摄禅法，主张性、命必须双修。惟其如此，才能"归于究竟空寂之本源"。他说："先以神仙命脉诱其修炼，次以诸佛妙用广其神通，终以真如觉性遣其幻妄，而归于究竟空寂之本源。"这套"先命后性"的内丹功法，以禅宗顿悟法门为究竟，以佛家的"实相"理论充实对"大道"的理解，借以从根本上会通儒释道三教。

金元间，王重阳在北方地区创立"全真道"，并不上承道教的三清尊神、三洞尊经，而是高唱"三教归一"。创教之初，金大定八年、九年（1168～1169年），王重阳在山东文登等地建立"五会"（三教七宝会、三教金莲会、三教三光会、三教玉华会、三教平等会），劝人"诵《般若心经》、《道德》、《清静经》及《孝经》"，强调三教一家，不拘一教。他说，"三教者，如鼎之三足，身同归一，无二无三。三教者，不离真道也，喻曰：似一树生三枝也。"（《金关玉锁诀》）不过，王重阳主要吸收佛教内容，而对儒家思想的摄入，主要由其弟子完成。陈兵先生认为，"金代全真道学说乃佛道融合的典型，元代以后的全真之学

---

① （南宋）夏元鼎：《三教归一图说》："三教殊途同归，妄者自生分别。彼谓释、道虚不，不可与吾儒并论。是固然也。自立人极，应世变言之，则不倖。至于修真养性与正心诚意之道，未易畦畛也。"载《黄帝阴符经讲义》卷四，《道藏》洞真部玉诀类。

② 参见唐大潮：《明清之际道教"三教合一"思想论》，宗教文化出版社2000年版，第106页。

才具足三教合一的性质"。三教合一,因此是全真教的中心思想,是北宋以后道教"三教合一"思想不断发展的产物,是内丹派与佛儒思想融合的结果①。托名吕洞宾的清代著作《三宝心灯》甚至说:"若皈道而不知三教合一之旨,便是异端邪说。"

全真教主张三教合流,大多着眼于三教义理的同源一致。王重阳的"天下无二道,圣人不两心","儒门释户道相通,三教从来一祖风",后来成了常被引用的经典名言。丘处机(1148~1227年)还说,"儒释道源三教祖,由来千圣古今同"(《磻溪集》卷一)意思是说,儒释道的理趣相通,源自同一个"道",犹如一个树根生出三个树枝。在后世的全真教著作里,三教同源的"道"进一步被归结为"心性"。《性命圭旨》卷一说,"儒曰存心养性,道曰修心炼性,佛曰明心见性,指归皆在心性","心性者本体也"。这个心性本体,道士们还常用"一"、"太极"或"圆相〇"表示。宋末元初,李道纯认为,理学的"太极"、佛教的"圆觉"、道教的"金丹",名三体一,全都可以圆相"〇"表现②。惟其道体的相通,三教之间难有根本的差别,所以,全真教又提倡"三教平等"。

道教内部"北宗先性后命,南宗先命后性",全真教的功法较之张伯端的南宗,更多地融摄禅宗心法,主张炼神还虚、以性兼命的丹法。明代伍冲虚的《仙佛合宗语录》说,"仙佛同一工夫,同一景象,同一阳神证果。"(《道藏辑要》毕三)全真教以明心见性、养气炼丹、含耻忍辱为内修之"真功",以传道济世为外修之"真行",功行双全,以期成仙证真,方始谓之"全真"。

宋元时期的道教,因此放弃了以往单纯从民族血缘的历史渊源论证道教的优越地位,不再坚持"夷夏论"的文化优越感,而是彰显"道"之于三教的统摄力。道,既是儒释道三教的思想根源,又是道教炼养的修正目标。这是道教在三教合流过程中教义思想的重要转型。

上述儒道佛三家的三教合流思想,无形之中形成了三种不同的类型,各有自己的立场:

三教平等。这主要是历代帝王协调宗教关系的政治理念,主张三教各有不同的社会功能,譬如强调儒家治世、道家治身与佛家治心,或者强调佛教与道教均可有助于儒家君王治理社会。宋明道学家辟佛老的努力,实际上是在更深层次上融合三教,强化儒学的思想优先地位,在社会上凝聚"宗孔归儒"的共识。

三教同归。这主要是佛教徒的主张,譬如契嵩主张"同归于治",元代刘谧说三教"欲人之归于善"。这些论调其实是随顺历代帝王的观点,从佛教的社会

---

① 陈兵:《略论全真道的三教合一说》,载《世界宗教研究》1984年第1期,第10页。
② 参见陈兵:《略论全真道的三教合一说》,载《世界宗教研究》1984年第1期,第8~9页。

功能上立论；而在宗义或思想的层面，佛教亦讲"三教同归"，主张以心为本，同归于"实相"，依旧强调自身的殊胜地位。

三教同源。这主要是道教特别是南宗张伯端及北宗全真教的主张，不再强调道教在中华文明史的时间意义上的优先地位，而是突出道教在"道"这个思想根源上的基础地位。北宋以后的道教徒，通常也讲三教同归。但在此时，三教同归于"一"或"道"，亦即作为万物根源的"大道"。

这些不同立场的三教合流，彼此呼应，下行民间，逐渐成为中国全社会的思想与信仰。三教合一，同样也是明代以来所有民间宗教的信条。这部分内容，将在第十八章展开。

第五节 相资互用：宗教对话与文化更新

儒释道三教历史上形成"一主两从"的宗教关系，以儒教为主、佛道两教为辅，并从各自的立场出发，共同推动"三教合流"，使中国人日常的宗教生活呈现出彼此边际不甚清晰的"差序格局"。北宋以降，特别是明清以来，儒释道三教相辅相成，三足鼎立，上至王公贵族，下至走夫贩卒，他们的崇拜对象，综合了孔门圣贤、佛门菩萨与道教神仙，以此构筑他们日常生活的意义空间。

三教合流，并没有消除儒释道自身的特点，三教相似的对话策略，保留各自的主体性，体上会通，用上合流，体现了中国社会协调不同宗教关系的高超智慧。在这个宗教关系里，佛道两教都在强调自己具有劝善导俗的教化功能，乃至于在民间社会，两教互为表里，出现"仙佛不分"的信仰格局，并且大多主张"三教归儒"①。

在实际的言论里，儒释道三教都很钟情于"殊途同归"的说法。这个典出于《易·系辞》的短语，代表了中国传统的思维方式，贯通于儒释道三家。三教把它们的结合点放在"劝善"与"教化"等社会层面上，谋求彼此的"相资互用"，实现"三教平等"、"三教一家"。直至今日，中国人在理解宗教的社会功能时，大多还坚信宗教都是劝人为善，教义可有不同，却都应该有益于世道人心。

但在思想层面上，三教各有"极高明"处，殊途同归的理念，使中国文化

---

① 典型的例子是"三一教"，其创始人林兆恩将平生撰述总名《圣学统宗》，主张儒释道"道一教三"，但三教合一的宗旨则是"归儒宗孔"。

在平稳之中保持思想的活力,从容地进行"文化更新"。像宋明理学、唐代重玄学、宋代内丹学、金元全真教,以及像禅宗这样的中国佛教宗派,乃至像林兆恩(1517~1598年)创立"三一教"这样的民间宗教,其实都是三教互动的产物。近代以来,饱受屈辱的中国社会,孕育了各式各样的激进思想,大多主张传统文化的鼎新革故,最终喊出了"文化革命"的响亮口号。然而,矫枉过正的做法,留下的往往是一场灾难。传统模式的"相资互用",应该是中国文化历久弥新的文化更新机制。

以"相资互用"的方式处置三教关系,反映了中国人对待外来宗教、外来文化的开放心态,是中国宗教面对外来宗教通用的交流与沟通模式。千百年来,我们成功地把"佛教"这种源自印度的外来宗教,内化到中国文化的母体里。而到近代,像谭嗣同这样的思想家、革命家,提出新的三教合流,希望以"基督教"代替"道教"(《仁学》),以期革新中国的旧思想。这种"替代论",表明了文化更新的期盼,但没有受到国人的普遍响应。取而代之的是一种更大范围的"合流论",所谓"五教同源":主张儒、释、道、基督教、伊斯兰教"五教合一",提出五教同源的思想。而在当代宗教界人士中间,笔者甚至还听到了"五教同辉"的形象比喻。

面对当今世界纷繁复杂的宗教问题,考察"三教合流"的历史经验,分析三教之间的"相资互用",应能为处理当代宗教冲突问题提供一种成功的范式。面向未来,中国能否做到"五教合流",我们需要静心等待。

第十八章

混元并用的民间信仰

中国人的宗教生活，并不局限于儒释道等制度宗教。庶民百姓的宗教生活，通常没有社会精英阶层的思想立场，基本上扎根于民间社会的宗教与信仰。他们的日常生活以及他们对儒释道等制度宗教的理解，依附于他们周围的民间信仰或宗教。他们的宗教信仰带有明显的功利色彩，实用心态较为直露，能真实反映中国人的文化心理与宗教经验。追求灵验是普通百姓的信仰动力，而对信仰对象则有更为宽容的理解，不甚区别彼此之间的差异，导致民间宗教信仰的多元与混杂。

中国人的民间信仰，保留了很多巫术的成分，诸如算命看相、看风水、跳大神等，但这些只是民间信仰的源头，就好像儒释道的内容也被糅入民间信仰。如何观察、梳理与分析我们的民间信仰，确实是一件困难的事情。有些民间信仰，表现在我们的节日民俗里，没有什么系统与规范，表现出很强的地方性；有些表现为各种各样复杂的祭祀，祭祀的对象，除了鬼神、祖宗之外，可能还有当地的英雄与传说中的精怪。这些祭祀，只有少部分会得到官方的认可，大部分可能会被官方视为"淫祀"，但往往又在默许的范围内。民间信仰表现得最充分的，当数名目繁多的民间宗教。民间宗教的神灵，一边杂糅了许多民间的祭祀对象与儒释道的崇拜对象，一边还会创造自己的神灵谱系。特别是从明代中期以后，民间宗教对中国人的精神生活有着重要的影响。其中有些还有严密的组织制度，具有一定的反政府色彩。

前两章分别讲述了中国人宗教生活的思想基础、儒释道三教的相资互用，从中我们可以看到中国宗教重和谐、重人文的特点。这个特点，在民间的信仰与宗教里，特别是在作为民间宗教的教义经典——宝卷里，可能表现得更加充分。而且，在面对新兴的外来宗教时，民间社会表现得积极主动，尽一切可能使之融入传统的宗教生活。

本章首先介绍我国的民俗节日，里面融合了不同的宗教因素，既有儒家的思想源头，也有佛道的仪式或依据；其次是介绍种类繁多，但又往往同根同源的民间宗教，分析宝卷、劝善书的思想特点及其试图融合不同宗教的良苦用心。最后，希望借此探讨民间信仰与民间宗教的定义问题。

第一节 民俗节日的宗教融合

我国各地有着丰富多彩的风俗，既有浓郁的地方风采，也有相似的文化含义。许多民俗节日，就其来源而言，或可分别隶属于儒释道不同的宗教传统；就其现实的表现而言，它们通常是把儒释道的多种因素糅为一体，形象生动地反映出中国民间社会的信仰特点。

在民间社会，死者葬仪、年忌节庆、祈福禳灾，通常会有佛道法事。而念佛劝善、烧香许愿，更是寻常百姓不经意间流露出来的生活实态。原本只是佛教、道教内部的节日，逐渐成了全社会的民俗节日，如农历四月初八的浴佛节、纪念佛陀成道的腊八节等，在宋代以后的民间社会成为极其隆重的重要节日。最为典型的例子，莫过于七月十五日中元节，这在佛教被称为"盂兰盆节"，而在民间则把这些元素综合起来，祭祀先祖亡亲，成就儒家孝行。

一、佛道为主的儒家丧祭

宗教的情感，很重要的来源是对死亡的体认。如何处理亲人的丧礼，往往体现了一个文化的基本特征。儒家文化特别看重"慎终追远"，认为"礼莫重于丧祭"。中国人的丧礼前后要持续三年之久，每个环节又有复杂的仪式。在《仪礼》这部儒家经典里，有关丧礼的内容占了全书的一小半，儒家对于丧祭仪式的重视，由此可见一斑。佛教传入以后，对儒家的丧礼提供了新的解释，发展出新的仪式。

第一，改变了儒家单纯以"入土为安"为诉求的土葬，因受佛教火葬的影响，中国历史上还有简易的火葬。印度文化认为，世界万物是由地、水、火、风"四大"元素组成，因此人死以后有四种丧葬方式：土葬、水葬、火葬与天葬。

人体的火化，在佛教里称为"荼毗"，佛及高僧的遗骨，则被称为"舍利"。释迦牟尼逝世以后，他的舍利被分为八份，分别供养。这种火葬仪式在印度最受重视，仪式也很隆重。宋代洪迈《容斋随笔》卷十三"民俗火葬"条说，"自释氏火化之说起，于是死而焚尸者，所在皆然。"这种风俗只在僧人中间，后来民间仿效，到宋代已经颇为流行，特别是在江南还建有"化人亭"——古代的火葬场。不过，历代封建王朝不断下诏禁断火葬，清代法律甚至还对知情而不告发的地保、邻里"一同治罪"，视之为伤风败俗之事。新中国成立以后，火葬才得到了真正的推广。

第二，儒家的三年之丧，结合佛教的轮回、超度与回向等观念，逐渐演化出了"十王斋"的丧葬风俗。十王斋的内容包括：七七斋（做七）、百日斋、一年斋与三年斋。

《十王经》是我国民间的冥府信仰与佛教的地藏信仰相混合而产生的经典，描述人在死后，将因生前的罪业受到十王的制裁。类似的经典还有：《阎罗王授记四众逆修生七往生净土经》、《地藏菩萨发心因缘十王经》等[①]。十王信仰，起于唐末五代。[②]

十王，也称"十殿阎王"，是在冥府裁断亡者罪业的十位判官。依《预修十王生七经》的说法，人死以后在去冥界的途中，初七日过秦广王，二七日过初江王，三七日过宋帝王，四七日过五官王，五七日过阎罗王，六七日过变成王，七七日过太山王，百日过平等王，一周年过都市王，三周年过五道转轮王，依次接受十殿阎王的审讯与裁断。在敦煌遗书里，记载了晚唐五代七七斋的风俗。

儒家的丧礼，里面有百日设奠祭祀的说法，七七斋的风俗完全是受佛教的影响所致。佛教认为，人死以后若不能解脱，还要转世投胎，依据自己的宿业在六道里轮回，天、人、阿修罗、饿鬼、畜生、地狱，都有投生的可能。若要解脱轮回之苦，或者想避免投向苦难深重的饿鬼、畜生、地狱，亲属就要帮助亡者做功德，回向给亡者。佛教所讲的"投胎"，最长不过七七四十九天。所以每隔七日，就要请僧设斋，超度亡灵。但到后来，就不一定请和尚，也可以请道士，有钱人家索性把和尚道士一起请来，做道场，修斋坛，超度亡灵。

这种风俗流传到民间，设斋供养僧人的意义逐渐消失，主要的目的是在"七七"设奠祭祀亡灵。也就是说，是在"百日"之外增加了祭奠的环节。甚至

---

① 《十王经》一卷，成都府大圣慈寺沙门藏川所撰。丁福保认为，今存者为日本人伪撰，"鄙俚不堪卒读"。

② 有关十王说之起源，《释门正统》卷四、《佛祖统纪》卷三十三皆以唐代道明为十王之始倡者。有学者认为，十王中除阎罗王外，其余九王皆为中、日佛道二教的传说，并非印度所传。描绘十王之画，《释门正统》卷四认为，始于唐代张果老。斯坦因自敦煌千佛洞发现了两种《地藏十王图》，系宋代作品。

还从道教的角度解释"七七斋"的来历,"人之初生,以七日为腊;人之初死,以七日为忌。一腊而一魄成,做七七四十九日而七魄具矣。一忌而一魄散,故七七四十九日而七魄泯矣。"(明代田艺蘅《春雨逸响》)

一周忌与三周忌的来历,主要还是儒家的说法。人生三年可以免于父母之怀,所以父母去世,亦有三年的哀悼。这些祭奠的仪式,有时也会邀请僧道出来主持。新中国成立以后,移风易俗,这方面的丧礼大为简化,但是这些年又有反弹的趋势。

二、斋僧度鬼与中元祭祖

每年农历七月十五,是佛教徒结夏安居结束的日子,是众僧"自恣日"。在汉传佛教里,这一天同时也是所谓的"盂兰盆节",汉地寺院要举行"盂兰盆会",兼有供佛斋僧、超度亡亲的目的。这种仪式始自梁武帝大同四年(538年)①,自此以后,成为风俗。历代帝王、庶民百姓,无不举行,以报祖德。盂兰盆会,成为每年最重要的佛教法会之一。

《佛说盂兰盆经》(竺法护译)② 全文八百余字,记载神通第一的目连,见其母堕饿鬼道受苦,虽欲救拔,却始终不能遂愿,于是向佛陀请教。佛陀教以救拔之法,在七月十五日众僧自恣日,具备百味饮食、五果、香油等供养十方大德众僧,以此供养功德之力,救拔其母出离苦难。

"盂兰盆"(Ullambana)历来有两种解释:一种认为,"盂兰"是梵音,义为"倒悬";"盆"是汉语,指盛食供僧的器皿。竺法护的译本、宗密的解释③,都把"盆"当作一种容器;第二说以为"盂兰盆"三字都是梵语音译,慧琳《一切经音义》的解释即是如此,他明确地说,过去把"盆"理解为"贮食之器",这是完全错误的④。不过,现在流传大多是宗密的解释,大家习

---

① 参见《佛祖统纪》卷三十七,《大正藏》第49册,第351页上。当时称为"盂兰盆斋"。
② 现存还有一部失译《佛说报恩奉盆经》(《报像功德经》)1卷,不到400字,收入《大正藏》第16册。宗密《佛说盂兰盆经疏》卷下说:"此经总有三译:一晋武帝时,刹法师翻云《盂兰盆经》;二惠帝时,法炬法师译云《灌腊经》。三旧本别录,又有一师翻为《报恩经》。"《大正藏》第16册,第506页下。此外,《开元释教录》卷十八"疑惑再详录"还有《净土盂兰盆经》1卷,《法苑珠林》卷六十二有引。以前认为已佚,但实际上现存于敦煌遗书,编号 P. 2185。现在通行的是初译本。
③ 宗密:《盂兰盆经疏》卷下:"盂兰是西域之语,此云倒悬;盆乃东夏之音,仍为救器。若随方俗,应曰救倒悬器。"《大正藏》第16册,第506页下。
④ 慧琳:《一切经音义》卷三十四说:"盂兰盆,此言讹也,正言'乌蓝婆拏',此译云:倒悬。案西国法,至于众僧自恣之日,云先亡有罪,家复绝嗣,亦无人饗祭,则于鬼趣之中受倒悬之苦。佛令于三宝田中供具奉施,佛僧祐资彼先亡,以救先亡倒悬饥饿之苦。旧云:盂兰盆是贮食之器者,此言误也。"《大正藏》第54卷,第535页中。

惯于把"盂兰盆"当作一种容器，把百味饭食安置在盂兰盆里，供养十方自恣僧，即可佑助身处厄难之中的七世父母及现在父母，使他们脱离饥虚倒悬之苦，早日投生人、天善道。中国的儒家社会原本十分注重孝亲，依据《佛说盂兰盆经》而于每年七月十五日举行超度历代宗亲的盂兰盆会，可在佛教的形式下体现儒家的孝道思想，为中国民间社会祭祀祖先神灵及孤魂野鬼提供新的依据与模式。

从最初佛门的自恣日，到与道教的"鬼节"融为一体，这种转变，到宋代已经完成。当时，盂兰盆供的目的，主要是荐亡度鬼，最初所说的"供佛斋僧"已少有人问津。孟元老《东京梦华录》卷八"中元节"条记载，当时汴梁城内"印卖《尊胜》、《目连经》。又以竹竿斫成三脚，高三、五尺，上织灯窝之状，谓之盂兰盆。挂搭衣服、冥钱在上，焚之。"盂兰盆会，原本是在寺庙内举行，虽很热闹，但还没有焚盆挂纸钱的做法。这最早可能是北宋的风俗，属于典型的祭鬼仪式。

农历七月，儒家本来就有祭祖的传统，与周朝在收成时节举行的祭礼有关。《礼记·月令》说："是月（七月）也，农乃登谷，天子尝新，先荐寝庙。"在秋收时节，天子以新谷祭祀祖庙，表达对祖先的敬意，以示慎终追远。由此，"荐新"的习俗存活了数千年，不过，这种习俗最初并没有固定的日期。在儒家的礼节里，祭祖、荐新都有多个不同的日期，譬如，明清皇帝祭祖分为时享、荐新、袷祭、禘祭等四种，而在每月初一都向祖宗祭献新鲜时令食品，即所谓的"荐新"。但在民间，因受佛教盂兰盆节、道教中元节的影响，在农历七月十五，祭祖与荐新相结合，规模最为隆盛。各地最终形成了"中元祭祖"的习俗，子孙们要以时鲜食物上坟，祭拜祖先。潘荣陛《帝京岁时纪胜》"中元"条说："中元祭扫，尤胜清明。"也就是说，中元祭祖的规模要超过清明节，这是清初的风俗。

事实上，唐代宗（762~779 年在位）在内道场设盂兰盆会，并"设高祖已下七圣神座，备幡节龙伞衣裳之制"①。这种做法，虽然被当时的士人视为"不典"，却已开启了"中元祭祖"的先河。

盂兰盆节演变为"鬼节"，这是佛教受中国文化影响的典型例子，这里主要是指道教思想的影响。农历七月十五，是道教中元节。道教认为，一年分三元，设有三官，各司其职。上元节农历二月十五，有一品天官赐福大帝；中元节，有二品地官赦罪大帝；下元节农历九月十五，有三品水官解厄大帝②。

---

① 参见李昉等：《太平御览》卷三十二"时序部·七月十五日"条。
② "三元"的说法，可能肇始于五斗米道的"三官"。《三国志》"张鲁传"注引的《典略》，已有"三官"的记载。约在六朝末年，"三元"说已经确立。

中元节当天，"地官校勾搜选人间，分别善恶，诸天圣众普诣官中，简定劫数，人鬼传录。饿鬼、囚徒，一时皆集，以其日作玄都大献于玉京山，采诸花果珍奇异物，幢幡宝盖，请膳饮食，献诸圣众。道士于其日夜诵是经，十万大圣齐咏灵篇，囚徒、饿鬼俱饱满，免于众苦，得还人中。"① 他们在作法事的时候，还以三牲五果普度十方孤魂野鬼。在这一天，很早就已形成"中元普渡"的习俗，唐代诗人李商隐（813~858年）就曾写过"绛节飘飘宫国来，中元朝拜上清回"的诗句。

现在，即使是在佛教寺庙里，盂兰盆会的目的主要也是"讽经施食"，盂兰盆节已成地地道道的鬼节，信众也以"荐亡度鬼"当作盂兰盆会的主要行事。

盂兰盆节、中元节，这在过去的中国意义非凡，同时承担了儒释道三家的教化功能。因此，它在民间社会衍生出了许多富于地方特色的风俗。在这一天，中国各地普遍都有"放焰口"、"放河灯"、"祭祖"、"拜鬼"、"度孤"等风俗，彼此的仪式、传说又有所不同。

譬如在我国台湾地区，民间认为农历七月是"鬼月"，阴界的鬼会回到阳间。七月初一"开鬼门"，七月三十"关鬼门"。在此期间，孤魂野鬼争相来到人间。尤其在七月十五，鬼门大开，到处是鬼，人们不宜行走，忌出远门。台湾人把孤魂野鬼称为"好兄弟"，中元节时普度孤魂称为"拜好兄弟"。到了那天下午，家家户户在门口摆上丰盛的饭菜，每盘菜上要插一支香。祭拜完后，还要烧纸钱。全国各地的风俗各不相同，若能细加搜集，也是对民间文化与风俗的保护。

目连救母的故事，随着盂兰盆节或中元节的流行，已在中国社会广为流传，家喻户晓。目连成了能够"感动中国"的大孝子，以戏曲的形式走上舞台，走进民间。从事戏曲研究的学者认为，目连戏是宋元杂剧、南戏的典型，堪称是"戏祖"、"戏娘"②。

唐代已有《目连救母变文》，原来只有八百余字的经文，却被演义出曲折动人的情节，称得上俗文学的一部杰作；在宋代，目连故事被搬上戏台，《东京梦华录》卷八"中元节"记载，"构肆乐人自过七夕，便搬目连经救母杂剧，直至十五日止。"到了明代，郑之珍《目连救母劝善戏文》更是情节生动，内容复杂。到清代，甚至还把四川射洪的青堤当做目连的故里。

目连戏影响到民间百姓的思想和生活。诸如"善恶报应"、"生死轮回"、"地狱鬼魂"等观念，大多来自目连戏。目连戏的影响并不是一时一地的，而是

---

① 转引自徐华龙：《中国鬼文化》，上海文艺出版社1991年版，第350页。
② 参见刘祯：《中国民间目连文化》，巴蜀书社1997年版；朱恒夫：《目连戏研究》，南京大学出版社1993年版。

南北东西（尤其南方）各地开花，数百年而不绝。所以，有的学者评价这部戏，能"支配三百年来中下社会之人心"。

因此，简而言之，"盂兰盆节"的设立，颇能体现中国佛教旨在融入儒家社会的良苦用心，更能表现民间宗教生活的混杂多元。我国还有许多其他的风俗、节日，能反映中国民间的真实信仰。丧礼、中元节，只是其中特色最鲜明的代表而已。也就是说，即使是在中国人最普通的日常生活里，也都能体现出多种宗教因素的浑然统一。

与民间信仰或习俗不同的是，民间宗教还有自己的经典教义与神灵系统，并能更好地表现"混元并用"的特点。他们普遍认同"三教合一"的思想观念，承认或重建现实的儒家政治秩序，持有仙佛鬼神不分的多神信仰，最终又以"灵验"作为他们的信仰动力。

第二节　民间宗教的同源分流

中国的民间宗教种类繁多，特别是到明清时期教派林立，仅见于清宫档案的教派就有100多种，据不完全统计则有215种[1]。这些教派可以分为罗教与白莲教两大系统，特别是在明万历以后，罗教的实际影响要超过白莲教[2]。

白莲教最早是以念佛结社为其初衷，信奉阿弥陀佛，但从元代末年以后，作为民间宗教的白莲教，是以弥勒佛为信仰核心；从佛教禅宗蜕化出来的罗教，创造了自己的最高神灵，以无生老母为信仰核心。这两大系统的民间宗教，加之原本散化于民间社会的以太上老君为信仰核心的道教，以及民间对儒家圣贤的崇拜祭祀，共同构筑了中国的民间信仰体系。从总的源头来看，民间宗教主要是受道教、佛教与摩尼教的思想影响；而从后来的组织系统来看，民间宗教主要归属于白莲教与罗教这两个源头。

纷繁复杂的民间宗教，是我们理解中国人信仰生活与宗教结构的宝藏。从信仰的人数及其对社会的影响来说，这些民间宗教要比传统的佛教、道教等更有广度与深度。它们并不天然就是对抗朝廷的反叛力量，但在中国社会演变的过程

---

[1] 参见马西沙：《略论明清时代民间宗教的两种发展趋势》，载《世界宗教研究》1984年第1期。原文资料参考中国第一历史档案馆《军机处录副奏折》、《朱批奏折》"农民运动类"目录。

[2] 过去相当多的学者认为，这些教派都源于白莲教系统。但近些年大家的观点有所改变，大多认为可以分为两大系统。参见王庆德：《中国民间宗教史研究百年回顾》，载《文史哲》2001年第1期。此外，若把民间的帮会也计算在内，民间宗教则还有另外一大系统：天地会或洪门。

中，民间宗教的思想体系与组织系统常被利用。

一、民间宗教的四个发展阶段

我国著名的民间宗教研究专家马西沙、韩秉方等普遍都持"四阶段"的分期说：从东汉末年到南北朝、从南北朝到北宋、从南宋初年到明代中叶、明朝正德年间以后[1]。

初始阶段，是从东汉末年到南北朝。

民间宗教的思想，可以追溯到远古的祖先崇拜、巫觋文化，如卜筮、占星、祭祀等。到了东汉时期，黄老道、谶纬、方术等与民间信仰相互渗透，逐渐形成民间宗教的最初形态：民间道教。张道陵在四川创立了天师道（或称五斗米道），张角在山东、河北创建"太平道"，发动农民起义，妄图建立新政权。在起义失败或投降以后，作为政治力量的太平道、五斗米道消失了，但它们的宗教力量并没有随之消散，继续还在民间社会流传，甚至还从下层社会逐渐渗透到上流社会，进入士大夫阶层。

这种民间道教，不仅混合了当时的黄老道和神仙方术，还杂糅了儒家、墨家、阴阳家、养生家、神仙家等多种学说，信众以太上老君为教主，祭祀黄帝、老子，以求长生不老，金丹、房中、吐纳、导引、禁咒、符箓等方术，备受欢迎。现在研究民间宗教的专家，多把从东汉末年到南北朝这段时间视为中国民间宗教的初始阶段。

第二阶段，是从南北朝到北宋。

这一时期的民间宗教多以佛教异端形式出现，主要教派有源自佛教的弥勒教、大乘教，以及由摩尼教演化而来的民间教派。南北朝时期，民间道教经过教内知识分子的清整，已演化为受到官方保护甚至崇信的正统宗教，而把东汉末年的民间道教贬为"三张伪法"。民间道教的正统化过程，几乎是与佛教的本土化同步。佛道两教的冲突与融合，到南北朝双方已成"均势"的格局，被儒家统治者看做社会教化的重要力量。

大乘教与弥勒教，都是以佛教的弥勒信仰为基础。弥勒是佛教里的未来佛，《弥勒下生经》（竺法护译）描绘了"谷食丰贱，人民炽盛"的太平盛世，他从兜率天宫下凡，在龙华树下三行法会，普度众生。因此，弥勒佛在中国民间被想象成现实社会的救世主。北魏延昌四年（514年），冀州沙门法庆，聚众闹事，

---

[1] 参见韩秉方：《中国的民间宗教》，汤一介主编：《中国宗教：过去与现在》，北京大学出版社1992年版。

自称"大乘",提出"新佛出世,除去旧魔",所到之处"斩戮僧尼,焚烧经像"(《魏书·元遥传》)。隋大业九年(613年),陕西扶风沙门向海明自称弥勒佛转世,聚众滋事,甚至自立为皇帝。隋唐时期的弥勒教活动比较频繁,教主都是自称"新佛"或"弥勒佛"。这些民间宗教,由于社会破坏力较大,一出现就采取了与朝廷对抗的极端姿态,所以都很短命,没有什么积极的实质影响。但是他们所打的旗号"弥勒佛",却从此在民间成为社会动员与组织的精神符号,成为此后民间宗教的思想源头,在民间宗教自己的神灵谱系里占据着极其重要的地位①。

摩尼教是在公元3世纪中叶由波斯人摩尼(216~277年)创立的,自称是"光明使者",拯救这个充满罪恶与苦难的世界②。摩尼教的经典主要有:《密迹经》、《大力士经》、《净命宝藏经》、《证明过去经》、《福音》、《撒布拉干》、《指引与规约》七部。敦煌遗书藏有一些摩尼教经典,其中《摩尼教残经》、《摩尼光佛教法仪略》最为重要。

摩尼的传教,引发了波斯传统宗教祆教(琐罗亚斯德教)的强烈反对,摩尼教被迫向外传播,摩尼本人也被钉死在十字架上。最晚在唐代武则天当政时期,摩尼教已经传入中国。第一个来华传教的人叫拂多诞③,在西北地区建立摩尼寺。但到唐玄宗开元二十年(732年),摩尼教被认为"本是邪见,妄称佛教,诳惑黎元",即遭禁断(杜佑《通典》卷四十)。安史之乱以后,唐朝请回纥出兵相助,奉摩尼教为国教的回纥人,因此把他们的国教带入中原,在唐朝广为传播。唐代宗(762~779年在位)曾给摩尼寺赐额"大云光明",允许各州设立大云光明寺。

再过70年左右,公元845年,唐武宗会昌灭佛,摩尼教同时遭到禁止。从此,摩尼教在汉地转入地下,流入民间,最终演化为民间宗教,渐有"明教"之称。五代后梁贞明六年(920年)陈州毋乙起义、北宋宣和二年(1120年)方腊起义,都是利用摩尼教发动的农民暴动,在社会上都引起了较大的影响。

"光明使者"的说法,后来被说成是"明王",在民间易与"弥勒佛"的形象相联系。约在元代末年,明教与弥勒教的合流,形成"明王出世、弥勒下生"的思想,假托"白莲教"的名义,共同演化为一个庞大的民间秘密宗教系统。

第三阶段,从南宋初年到明代中叶。

在这一时期,最主要的事件是白莲教的兴起,从最初佛教内部的白莲结社,到元代末年逐步演变为声势浩大的白莲教运动。白莲教,后来几乎成了所有具有

---

① 参见濮文起:《中国民间秘密宗教溯源》,江苏人民出版社2000年版,第9~14页。
② 王见川:《从摩尼教到明教》,台湾新文丰出版公司1992年版,第74页,转引自马西沙、韩秉方:《中国民间宗教史》,上海人民出版社1992年版,第14页。
③ 拂多诞,其实并非人名,而是他的教职。

反政府色彩的民间宗教的代名词，在本节第二小节，将有专门的评述。

第四阶段，从明正德年间到清朝末叶。

这个时期罗教的出现，彻底改变了中国宗教的结构。罗教拥有自己的教典，"五部六册"宝卷，标志着中国的民间宗教从此有了相对独立的教义、经典与神灵系统。罗教以批判白莲教、佛教护法的面目出现，不再单纯追求政治层面的救世，而更多的关注精神层面的提升。

在这个过程中，中国的民间宗教不再简单地假托已有的宗教名称或神灵偶像，而是在罗教"五部六册"的框架内竭力推出自己的教祖与教义，民间宗教由此进入教派林立、空前活跃的历史时期[1]。

数以百计的教门蜂起林立，构成封建社会后期下层社会民众运动的中心内容。除罗教外，尚有黄天教、西大乘教、东大乘教、红阳教、龙天教、长生教、青莲教、八卦教和一炷香教等。

二、白莲教的形成与演变

南宋绍兴三年（1133 年），江苏吴郡沙门茅子元创立"白莲宗"。创立之初，这是属于佛教内部融合天台宗与净土宗思想的念佛结社，白莲教徒自命为"莲宗真脉"。但到后来，元代末年的白莲教已是混合了弥勒教与明教思想的民间秘密宗教。

据元代普度《庐山莲宗宝鉴》"慈照宗主"条记载，茅子元 19 岁落发为僧，学习天台宗的止观禅法，因闻鸦声而悟道，作了一首偈颂，"二十余年纸上寻，寻来寻去转沉吟，忽然听得慈鸦叫，始信从前错用心。"因为仰慕庐山慧远的白莲结社，劝人三皈五戒，念阿弥陀佛五声，以证五戒，普结净缘。同时依据天台宗的净土与忏法思想，撰写《圆融四土三观选佛图》、《白莲晨朝忏仪》，创立"白莲忏堂"，自称"白莲导师"。但在当时，茅子元的传教已被贬为"邪教"，他的信徒以菜食为旨，不吃葱乳、不饮酒、不杀生，因此也被称为"白莲菜人"，从而混同于此前明教的"吃菜事魔"[2]。官府还因"事魔"之罪，把茅子元流放到江州（今九江），时年 46 岁。但到后来释放，甚至在乾道二年（1166年），据《莲宗宝鉴》记载，南宋高宗诏请茅子元到皇宫讲法，阐扬净土法门[3]。

宋代念佛结社的风气很盛，只要坚持念佛，就可以往生西方极乐世界，免受

---

[1] 参见韩秉方：《中国的民间宗教》，汤一介主编：《中国宗教：过去与现在》，北京大学出版社 1992 年版。

[2] 参见天台宗史书《释门正统》卷四、《佛祖统纪》卷四十八。

[3] 参见马西沙、韩秉方：《中国民间宗教史》，上海人民出版社 1992 年版，第 119~120 页。

人间与来世的诸多苦难。这在佛教里被称为"易行道",相对于诵经、坐禅,确实简便易行。茅子元活动的江浙一带,则是天台宗的发祥地,历来盛行天台宗思想。天台宗到了北宋,特别重视修忏,慈云遵式修订了许多忏仪,被称为"百部忏主"。这些忏法的指导思想,是通过忏悔消除罪业,从而免于各种各样的恶报。所以,茅子元就把净土宗的念佛与天台宗的忏法结合起来,把他的修行场所称为"白莲忏堂",劝人"同修净业"。融合台净的做法,"修忏念佛",使茅子元的白莲宗很受下层百姓的欢迎。《佛祖统纪》卷四十八记载:"愚夫愚妇转相诳诱,聚落田里,皆乐其妄。"这些信徒不必落发为僧,许有妻室,若以现在的眼光看待,白莲忏堂是古代的居士佛教团体,但因男女混杂,甚至还有男女通淫之事,遭到了佛门正统的严厉批评。

到了元代,白莲宗发展成为一个独立的宗教,即白莲教。马西沙、韩秉方的《中国民间宗教史》对此给出了三条原因。第一,出现了大量的白莲忏堂,信徒多不胜计,其规模已与正统佛道两教相当;第二,白莲教徒不再称为和尚、尼姑或居士,而被称为"白莲道人",忏堂既是道场,又是家人的生活场所,据寺为家,娶妻生子,类似于现在的日本佛寺;第三,白莲教的组织虽然松散,但其组织已遍及全国,不同于佛道两教。早在茅子元创宗之初,便以"普觉妙道"四字派命法名。各地的白莲教徒不一定互相联系,也没有集权的中央机构,但教徒之间可从道号判断是否同道。许多根本不是信徒的人混入其中,原因之一就想借用白莲教的这套组织系统,把它作为一种社会动员与组织力量[1]。不过,元代的白莲教徒并不承认自己是独立的一派,而是反复强调自己仍在佛教之列。元代中期的普度是其中最突出的一位,为了彰显茅子元的教义,驳斥当时附托白莲教的异说,撰写《庐山莲宗宝鉴》,意在正本清源。

假借白莲教的名义造反,元初开始各地时有发生[2]。至大元年(1308年)五月,元朝终于决定"禁白莲社,毁其祠宇,以其人还隶民籍"(《元史》卷二十二,"武宗纪"一)。白莲教遭禁以后,普度到北京奔走于王公贵族之间,直到向元武宗直接上万言书。上书的翌年,至大四年(1311年),武宗去世,仁宗继位,颁旨恢复白莲教,两年以后还下旨护持一座白莲忏堂。但到了元代末年,在风起云涌的反元乱世里,白莲教徒已经无法坚守他们的佛教信念,虽然没有成为最主要的起义领导人,却因人数众多,力量雄厚,掩盖了当时实际起主导作用的"香会",到明初成了所有民间宗教的代名词。

香会,是"烧香结会"的意思,实际上是隋唐以来的弥勒教,信徒的主要

---

[1] 参见马西沙、韩秉方:《中国民间宗教史》,上海人民出版社1992年版,第138~140页。
[2] 参见马西沙、韩秉方:《中国民间宗教史》,上海人民出版社1992年版,第143~146页。

活动是烧香礼拜弥勒佛。元末河北韩山童（？～1351年）起事，诳称弥勒将生于河南、江淮之间，明王出以救世，自称是宋徽宗八世之孙，扬言应为中国之主。此时的香会已被融入摩尼教的思想。韩山童死后，他的儿子被奉为"小明王"。当时的口号"明王出世、弥勒下生"，正是反映了明教与弥勒教的融合。曾经在安徽皇觉寺当过小和尚的朱元璋，后来为他的王朝定国号"大明"，很多学者相信，应与当时民间流传的这个谶言有关。

　　风云际会，白莲教取代香会，在元末成为世人心目中最大的反叛力量，包容了弥勒教与明教的影响，从最初的阿弥陀佛信仰转为弥勒佛信仰，从自命为"莲宗真脉"，到别立一教。所有这些变化，已与创教之初面目全非，若是普度再世，恐怕也已无力回天。明朝初年，朱元璋的诏书全面禁止"白莲社"的活动，白莲教完全转入地下。但是，直到明朝末年，还有白莲教活动的踪迹①。

三、罗教的创立与分流

　　明代正德年间出现的罗教，使民间的底层百姓从此有了自己的宗教信仰，而不再完全依附于传统的佛教、道教等制度型宗教。民间宗教从此获得了独立的发展形态，有了能表达自己教义与信仰的载体。

　　我国研究罗教的专家徐小跃说："无论就其精神的超越，还是就其信仰的追求，在中国民间宗教正式登上中国历史舞台以前，在中国传统文化中没有直接可供下层中国民众崇奉和信仰的对象。"而罗教的出现，恰好可以填补这样的信仰空白，注重对人的精神及生命的超越和解脱②。

　　罗教的创始人，人称"罗祖"（1442～1527年），罗清、罗静、罗梦鸿等都被说成是他的名字。罗祖祖籍山东即墨，祖辈开始到北京密云卫古北口当兵，他在成军期间即有说法度人之愿。明正德初年，创教于直隶密云。罗祖三岁丧父、七岁丧母，由叔婶抚养成人，从28岁起参师访友，潜心修道，历经十三年苦修，到40岁时明心开悟，创立罗教。罗祖随即撰写五部经典，宣扬他的悟道经历与思想体系，史称"五部六册"：第一部《苦功悟道卷》、第二部《叹世无为卷》、第三部《破邪显证钥匙卷》（二册）、第四部《正信除疑无修证自在宝卷》（简称《正信除疑卷》）、第五部《巍巍不动泰山深根结果宝卷》（简称《深根结果卷》）。这五部宝卷最终写成于明代正德四年（1509年），成为此后民间宗教竞

---

① 有关白莲教的研究，国内外学者已有许多的专著：喻松青：《明清白莲教研究》，四川人民出版社1987年版；王兆祥：《白莲教探奥》，陕西人民教育出版社1993年版；杨讷：《元代白莲教资料汇编》，中华书局1989年版；秦宝琦：《中国地下社会》，学苑出版社1993年版。
② 徐小跃：《罗教·佛教·禅学：罗教与〈五部六册〉揭秘》，江苏人民出版社1999年版，第3～5页。

相模仿的"宝卷"。

罗祖十三年的悟道经历,记载在《苦功悟道卷》。他曾花了八年时间专修净土,"念弥陀,无昼夜,八年光景,朝不眠,夜不睡",但他觉得这样的修法还是没有结果,"下苦功,念弥陀,昼夜不住,心不明,不自在,又往前行。"后来不经意间,听到邻居家中众僧宣念《金刚经科仪》,夜间当街站着细听,其中有一句"要人信受,拈来自检看"。缘此他就请了一部《金刚经科仪》,整看三年,不肯放参,但终究也是没有悟到真处。"将科仪,且不看,再进一步,行一步,扫一步,无处投奔。"在最后的两年时间里,罗祖无师自通,终于在"一片光明"中明彻省悟。"我今参到这一步地,才得自在纵横。里外透彻,打成一片。无内无外,无东无西,无南无北,无上无下,纵横自在。行住坐卧,明明朗朗,一段光明。"他最终悟到这点"灵光",即众生佛性,即"极乐天堂"、"西方净土",即"古佛家乡"。

显然,罗祖的创教意识,丝毫没有政治上的反叛动机,而是源自"惧怕生死轮回之苦"。他所最后证得的"家乡",是一个"安身立命"之所,永不轮回、长生不老、逍遥自在,融贯了佛道两教给人的宗教许诺。他的教义思想虽然也是来自佛教,但要比当时的白莲教(实即弥勒教)的"弥勒下生"思想丰富得多。他的"还乡"思想主要也是个体的灵性修持,而不是要在现实人间创造新的家乡。

我国近年来有关罗教的研究,较为注重罗教与禅宗或佛教的关系,而不再局限于民间宗教的视角。这种努力的实质意涵是想摆脱罗教的异端色彩,一方面是尽力还原其历史的原貌,另一方面也是重估它在中国宗教史上的独特地位。罗祖以八年的时间否定了净土念佛的真实性,这就决定了他与正统佛教之间无法协调的分歧,因为明代中期以后中国佛教"禅净双修、摄禅归净"已成基本格局,迄今没有改变。但他能以通俗的语言,大胆发挥禅宗的思想,提出自己对宇宙、万物、人生的看法,不再拘泥于禅宗所讲的机锋棒喝、公案灯录,"而是直以正面说理、循循善诱、现身说法、晓以利害来规劝诱掖民众信佛参道"接引信徒[①]。在他的说法过程中,罗祖想象了一批新的神灵,以形象化的语言说明他的解脱境界。

《五部六册》所讲的"无生父母"、"无极圣祖"、"真空家乡",被后来的民间宗教提炼为"真空家乡、无生老母"八字真诀,糅合了儒释道三教的思想,而又另成一体,成为罗教以后所有民间宗教的根本教义。真空家乡,在后来的民间宗教里被说成是"无生老母"生活的地方,是在现实生活里流浪受苦的庶民

---

① 徐小跃:《罗教·佛教·禅学:罗教与〈五部六册〉揭秘》,江苏人民出版社1999年版,第11页。

百姓最终得度、梦想返回的地方。在罗祖的笔下,"真空家乡"仅是一种宗教的理想,是永不轮回的极乐国,是逍遥自在的安身处,并没有特定的神灵。这是他苦功悟道所见的"本来面目",虚空无边,非有非无,无仙无佛。《五部六册》并没有出现"无生老母"一词,与此相似的"无生父母",在罗祖那里实为一个贬称。这位教祖最初八年苦修念佛法门,但最后的结果使他忍不住要埋怨念佛之不灵,"单念四字阿弥陀佛,念得慢了,又怕彼国天上无生父母不得听闻,昼夜下苦,高声举念,八年光景,心中烦恼,不得明白。"当时有人把阿弥陀佛说成是"无生父母",罗祖说,阿弥陀佛非男非女,如何生人?《正信除疑卷》有一品专门否定"婴儿见娘"的说法。罗祖感慨"无生父母"只是"顽空境界",子虚乌有①。

无极圣祖或无极圣母,是罗祖虚构出来的至上神,是无边虚空的主宰、大千世界的本源②。这位圣祖随缘度化,"托化"成各种人物,大多是些民间喜闻乐见的人物形象来劝喻世人积德行善,斩断轮回,归家还乡。这个充满道教色彩的神灵,成了在后来民间宗教里"无生老母"的思想源头。

万历年间,民间宗教已势不可当,尤其是白莲教的影响极为广泛。到万历末年,形势更为风起云涌,《神宗实录》卷五三三列举了醵钱会、涅槃教、红封教、老子教、罗祖教、南无净空教、净空教、悟明教、大成无为教等教名,而在官府看来,这些民间宗教"皆讳白莲教之名,实演白莲之教",并称"张角、韩山童之祸将在今日"(明《神宗实录》卷五三三,万历四十三年六月)。朝廷的这种断言,反过来证实当时白莲教对于社会遗祸之深。罗教因此要与白莲教划清界限,为自身的发展与传播创造良好的社会空间。所以,罗祖"破邪显正斥神通,正信除疑毁白莲",向白莲教公开宣战,努力要在信仰方面赢得平民百姓的认同,成为民间信仰的主导力量。

罗祖去世以后,罗教开始分支分派。罗氏子孙及其衣钵传人继续传教,另外还演化出两个分支:一支是最后发展成著名的行帮——青帮③,他们通过横贯南北的大运河的漕运水手,逐渐传遍运河两岸,大江南北;还有一支是在浙江缙云采用所谓"转世传承"的方式,逐渐形成江南的老官斋教(简称斋教,又称大

---

① 徐小跃:《罗教·佛教·禅学:罗教与〈五部六册〉揭秘》,江苏人民出版社 1999 年版,第 143~149 页。

② 马西沙、韩秉方:《中国民间宗教史》"罗教与五部经典",上海人民出版社 1992 年版;郑志明:《无生老母信仰溯源》,台湾文史哲出版社 1985 年版。

③ 明清之际的民间帮会,通常取法于正统佛道教的丛林制度。除了要求成员行"忠孝仁义",其规矩仪式、组织系统,大多依照佛教丛林制度的形式。

乘教），新教主自称是罗祖的转世①。

受罗教及其《五部六册》的影响，其他的民间宗教如雨后春笋，黄天教、三一教、长生教、闻香教、红阳教、圆顿教等数十个教门相继在华北、江南一带产生，仿效罗教创制宝卷，倡导或移植两宋以来佛教禅宗或道教内丹道的理论与实践，最终迎来了明清两朝民间宗教的勃兴。其中，又以无为教、大乘教、八卦教、混元教、老官斋教、青莲教等最活跃②。

教义思想并不复杂的民间宗教，在世人面前变得扑朔迷离，不易把握。时至今日，学者们还不能准确地弄清明清时期究竟有多少种教派。以往我们常把所有的民间宗教，冠以同一个名字"白莲教"。现在终于明白，首先，白莲教自身有一个蜕变的过程；其次，明代中期罗教的出现，才使民间宗教真正走上了历史舞台。从民间宗教的发展过程可以看出，历史上纷繁复杂的民间宗教，其内在的源流脉络大体还是可以辨认的。

为什么我们要如此突出罗教在中国宗教史上的独特地位？因为这个宗教编撰了属于自己的经典——宝卷，《五部六册》。从此以后，民间宗教毋须依附于制度宗教，而有自己创造的精神世界与神灵谱系。经过众多学者的研究，许多原本秘而不宣的教内宝卷陆续出版，神秘的面纱得以慢慢揭开，从中折射出庶民百姓内心真实的信仰结构。

第三节 宗教宝卷的信仰结构

民间宗教的经典，被称为"宝卷"，是指"重要的经典"或"珍贵的书本"。不过，并非所有的宝卷都与民间宗教有关。宝卷，又名宝传，是一种流行于民间的讲唱文学，在南方地区是所谓"宣卷"的底本，其内容亦可是一些民间神话传说，如《孟姜女哭长城宝卷》、《天仙配宝卷》等。目前在偏僻地区或部分农村地区，如西北酒泉、江浙农村，还可以听到讲唱宝卷的声音，念卷、抄卷的活动还在继续。这里所要讲述的，当然是与民间宗教有关的宝卷，不妨称之为"宗教宝卷"。

有关宝卷的研究，在过去的20世纪里已有许多成果。顾颉刚、郑振铎、赵景深、胡士莹、李世瑜等，收藏与研究流传于民间的宝卷，还编撰了目录提要，

---

① 韩秉方：《中国的民间宗教》，汤一介主编：《中国宗教：过去与现在》，北京大学出版社1992年版，第170页。

② 马西沙、韩秉方：《中国民间宗教史》，上海人民出版社1992年版，第163页。

比较有影响的有郑振铎《佛曲叙录》、傅惜华《宝卷总录》、胡士莹《弹词宝卷目》和李世瑜《宝卷综录》等，其中以李世瑜《宝卷综录》（上海中华书局1961年版）最完备，著录中国国内公私19家618种宝卷，得版本1 487种及有文献著录而未见传本者35种。但是，这份编于20世纪50年代后期的目录与现在已知的宝卷收藏量尚有不小差距①，车锡伦自1982年起，积15年之功，编成《中国宝卷总目》（北京燕山出版社2000年版），共收国内及海外公私104家所藏的1 585种宝卷，得版本5 000余种、宝卷异名1 100余个，大致已囊括中国国内和日本、俄国之公私收藏，欧美各国亦多所顾及②。各种宝卷的编印，其实在民间还有相当多的流通。而经学者的整理，现在也有相当数量的宝卷得以刊印③。

在明清社会，宝卷是一种相当流行的善书，民间的善书铺、善堂通常也是刊行宝卷的场所，因为这些宝卷通常主要宣扬孝道、宣扬修善去恶。宝卷，总的来说，是佛教通俗化的产物。宝卷源自唐代佛教的俗讲，是变文的嫡派子孙。郑振铎先生说，宝卷"也即'谈经'的别称。'宝卷'的结构和变文无殊，且所讲唱的，也以因果报应及佛道的故事为主"④。把宝卷看成是佛教通俗化的产物，得到了大家的认同。但把宝卷说成是"谈经"的别称，后来的学者基本否定了这个说法。

唐代，尤其是在文宗时代（827～840年），寺院流行讲唱佛教故事或佛经道理，所谓"俗讲"，当时有许多僧人被称为"俗讲僧"或"化俗法师"，很受听众的欢迎，有时还会奉敕宣讲。讲唱的底稿被称为"变文"⑤，主要是把深奥的

---

① 郑天星：《中国民间秘密宗教在国外》，载《世界宗教资料》1985年第3期。另据《酒泉宝卷》前言，酒泉地区宝卷总数为133种，版本为265种，约有63种不见于李世瑜《宝卷综录》。此外，由于宣卷还在活动，像甘肃的"念卷"和江苏的"宣卷"，就发现有大量的宝卷抄本和翻抄本，其中有些从未见于著录。

② 该书在补录新发现的宝卷之余，剔除了那些不具宝卷形式且不以"宝卷"为名的民间宗教其他经卷。

③ 除了零星的出版，主要是收在20世纪90年代中国大陆出版的两套丛书，《藏外道书》与《宝卷初集》，以及此后台湾新文丰出版公司组织编印的《明清民间宗教经卷文献》正编、续编各12大册。台湾地区编印的这套大丛书，主要收录明清时代教门盛行的经卷文献和民间流传的善书与救劫经书（亦称谶言、预言书），里面有些是海内外罕见的珍本。

④ 郑振铎：《中国俗文学史》下册，作家出版社1954年版，第307页。陈汝衡在《说书史话》中说："这些宝卷原名为经，可见它们原出宋人的'说经'，是可以作为旁证的；而'宝卷'二字乃是后起的名称，更是显而易见的事。"欧大年也说："宝卷源出宋代集市上说经的传统。这样，宝卷之于'说经'，恰如变文之于唐朝寺院的俗讲。"郑振铎在《中国俗文学史》里说："在变文没有发现以前，我们简直不知道：'平话'怎么会突然在宋代产生出来？'诸宫调'的来历是怎样的？盛行于明、清二代的宝卷、弹词及鼓词，到底是近代的产物呢？还是'古已有之'的？许多文学史上的重要问题，都成为疑案而难以有确定的回答。……发现了变文……我们才明白许多千余年来支配民间思想的宝卷、鼓词、弹词一类的读物，其来历原来是这样的。"

⑤ 端赖于20世纪初敦煌文书的发现，唐代变文得以重见天日。罗振玉在其《敦煌零拾》中率先收入"变文"这种文体，当时他称之为"佛曲"。人民文学出版社在1957年编印了《敦煌变文集》上下两卷，共收入78种变文。

佛法道理通俗化，迎合普通信众的理解能力与欣赏趣味，通常会选故事性较强的经典如《维摩诘经》等，讲讲唱唱，引人入胜。变文是佛教通俗化的产物，但这种讲唱的形式，到宋代流传到集市酒楼，出现所谓的"说经"、"平话"，最后形成了"宝卷"①，被民间宗教用来演述它们的教义，糅合了儒释道三教的思想。所以，李世瑜认为，宝卷是为各种民间秘密宗教服务的，而变文是为佛经服务的，"宝卷是一种独立的民间作品②，是变文、说经的子孙，不是他们的'别称'"。

最早的宝卷究竟起于何时，目前学术界并无统一的说法。郑振铎认为，最早的宝卷是禅宗和尚普明撰的《香山宝卷》，作于公元1103年。李世瑜认为，最早的宝卷当推罗教开祖罗清撰的《五部六册》，作于公元1509年。这在时间上相差四百年。日本学者酒井忠夫则认为，还有比《香山宝卷》更早的宝卷，即《销释金刚科仪》，亦作于南宋。不过，目前存世的纪年最早的卷本，是在山西发现的元代至正年间（1341~1368年）的《绣红罗宝卷》③。

若从实际的影响力来看，《五部六册》最值得关注。罗教以后的民间宗教，大多效仿罗祖的《五部六册》，编撰自己的宝卷，"每立一会，必刻一经"（清代黄育楩《破邪详辨》卷一）。正德四年（1509年）刊印的"五部六册"使用"宝卷"之名，此后民间宗教的经书纷纷采用此名。因此，有的学者认为，"宝卷最初是佛教向世人说法的通俗经文或带有浓厚宗教色彩的世俗故事的蓝本，僧侣以这种形式宣扬因果轮回，以弘扬佛法，时在元末明初。此后不久，民间秘密宗教开始借用宝卷形式，作为自己教义思想的载体。"④ 现在留存下来的宗教宝卷，充分体现了民间宗教多元混杂的特性。

在民间宗教里秘密流通的宝卷，其主要的功能是为宣传秘密教义，不仅融会儒释道三教，而且还把明教、弥勒教、白莲教，乃至种种民间巫术熔为一炉，反映了民间宗教的信仰体系。如何来剖析宝卷的思想内容？郑振铎立足于佛教，把宝卷分为有关佛教的和非佛教的两类，佛教部分又可分为劝世经文和佛教故事，非佛教部分又可分为神道故事、民间故事和杂卷，后一部分宝卷往往从佛教菩萨一直写到道教神仙，甚至各种鬼怪或儒家圣贤。他的这种分法，其实

---

① 日本学者如田瑞穗则、酒井忠夫在《宝卷研究》、《中国善书研究》中认为，宝卷文学的来源未必一定要回溯到变文，也可以溯之于唐宋元明佛僧们所撰写的科仪书、坛仪书和忏法书等。

② 宝卷，具有鲜明的民间文学特色。为了便于念诵，宝卷采用韵文和散文交互运用的形式。李世瑜认为，宝卷具有如下特点：一般分为上下卷二十四品，也有分得较少，个别的不分品；全文分吟诵、说白和歌唱三部分；吟诵部分包括宝卷开头的开经偈、焚香赞，结尾的收经偈，以及正文中的韵文；宝卷韵文又分为五言、七言和十言，其中以十言韵文最为普通，句法是三、三、四；说白部分在每品中起韵文之前，或者变换形式之间；歌唱部分一般在每品之末，还有一些固定的民间曲牌，如《驻马听》、《驻云飞》、《沽美酒》等，酒泉地区的念卷还有《哭五更》、《浪淘沙》、《达摩佛》、《莲花落》等词牌。

③ 参见《酒泉宝卷》前言，甘肃人民出版社1991年版，第1页。

④ 濮文起：《宝卷学发凡》，载《天津社会科学》1999年第2期。

并不留意民间宗教的问题。李世瑜则从民间宗教的角度来分,他把宝卷分为三大类:(1)演述秘密宗教道理的;(2)袭取佛、道教经文或故事以宣传秘密宗教的;(3)杂取民间故事、传说或戏文等的①。郑振铎、李世瑜的分歧,在于对待民间佛教的态度。郑先生把民间佛教视为较正统、较纯粹的佛教,而李先生则视之为秘密宗教。这里主要关注涉及民间宗教的宝卷,记载民间宗教的教义思想、神灵谱系、仪式戒规以及教主身世等。②

那么,这些宗教宝卷表现了什么样的民间信仰呢?研究清代民间宗教的专家梁景之认为,这种信仰体系是以"无生老母"为最高神,以"还乡"为根本理念,以诸佛仙圣临凡救劫(三期三佛、三阳劫变)为核心内容,具有鲜明的多神崇拜特色③。这种信仰,被归纳为"无生老母、真空家乡"八字真诀。而在南炳文主编的《佛道秘密宗教与明代社会》里,宝卷主要讲述的内容被归纳为六个方面:说明世界之起源、人类之本初,通常是用道家、道教的创世模式;劝人多做善事,否则将会受到严惩;宣传孝敬父母与手足亲情;宣扬普度众生,给人希望;介绍教祖身世;描述真空家乡、无生老母的极乐世界④。

所以,除去劝善行孝的说教,宗教宝卷的内容主要有三个方面:演义民间宗教的理想世界、宣扬末日救度的必要性,并且提供一套混杂而又简便的修炼法。

一、真空家乡、无生老母

这八字被认为是民间宗教的"八字真言"。学者们大多是把它的发明权归于罗教,但这八字并未直接出现于罗教的"五部六册"。真空家乡,表达的是一个超越尘世的幸福家园,是黎民苍生期盼的太平盛世;若能如法修行,就有可能回到家园,脱离苦难,接受"无生老母"的慈悲关爱。在不同的民间宗教里,无生老母的角色会有差异。譬如,在弘阳教里,混元老祖、无生老母、飘高老祖,是三位最高的神祇。混元老祖与无生老母是夫妇,他们育有四子,长子孔子、次子佛陀、三子老子,最为年幼的则是飘高老祖,排行第四,是弘阳教的教主。这位飘高老祖,实为明万历年间的韩太湖(1570~1598年),医术精湛,曾有出家修禅的经历,25岁创教以后入京传教,得到朝廷权贵特别是宦官的支持,一度

---

① 参见李世瑜:《宝卷新研》,载《文学遗产》第四辑增刊,第171页。
② 约从道光年间开始,宝卷还分化出一种新的体裁,加进了扶乩通神降坛垂训的"坛训",内容相对简单,印数大,流传广。不过,严格说来,"坛训"应当属于"劝善文"之列。劝善书主要有《感应篇》、《阴骘文》和《功过格》三类,其主要内容是劝人"行善立功",讲述"善恶相报,如影随形"的道理。
③ 梁景之:《清代民间宗教与乡土社会》,社会科学文献出版社2004年版,第34页。
④ 参见南炳文主编:《佛道秘密宗教与明代社会》,天津古籍出版社2001年版,第164~166页。

极为得势。不过，总体而言，在民间宗教的宝卷里，基本会把自己的教主说成是"无生老母"派来人间的使者，有时直接谓之"弥勒佛"——佛教所讲的"未来佛"，而把"当今皇帝"说成是妖魔、邪灵，从而要求信徒"入教避劫"。

所以，八字真言的核心内容是无生老母创世、救世说。在远古时代，无生老母造出96亿特殊的人，所谓"原子"（元人）来整治世界。然而，这些"原子"为物欲所染，作恶多端。被激怒的无生老母，原想毁灭世界，但因诸天仙佛的求情，同意在降劫除恶的同时，也来降道度人。降道分为三个历史阶段：青阳期、红阳期、白阳期。每个时期各派一位祖师掌道，通常是佛教里所讲的"三世佛"：燃灯佛、释迦佛、弥勒佛。但是，前两个时期仅仅救度了4亿原子，还有92亿需在白阳期一次度尽。因此，信徒只要能虔诚入教，依着"三教归一"的精神，即可脱离苦海，回到真空家乡。

其实，"八字真言"蕴涵了儒释道三教的核心价值，民间宗教使之通俗化，变为一种佛道混融的人格神，恒存于儒家式的宗法社会。无生，代表大乘佛教的根本思想，诸法无我，一切皆空，真空妙有，不生不灭；大乘菩萨均以"无生法忍"为解脱的根本。老母，则体现了道家的"守雌"哲学，所谓"知其雄守其雌"，柔弱胜刚强。这种人格形象，或许脱胎于最晚在西汉就已流行的西王母信仰。真空家乡，则是会通儒佛。佛家的真空，是断离烦恼的涅槃境界，是如如不动的法界实相，绝非凡夫俗子所能体味；民间宗教则以"家乡"为喻，以儒家的宗法关系、家庭伦理给予形象化的解释。

二、三阳劫变、末日救度

民间宗教之所以要去描绘理想的幸福家园，是要反衬现实社会的黑暗与苦难，因此也会宣扬人类末日的思想，突出"信教得救"的必要性。这在明清时期的民间秘密宗教里，主要是依据历史上的弥勒信仰，提出了一套自成体系的"末日救度"理论。

佛教把过去世称为"庄严劫"，现在世称为"贤劫"，未来世称为"星宿劫"。三劫之中各有大大小小的天灾人祸，同时各有千佛出世，过去世主要有燃灯佛，现在世是释迦佛，未来世则有弥勒佛。佛教里的《弥勒下生经》，宣扬弥勒佛将来下凡救世的思想。弥勒成佛后，在龙华树下宣讲佛法，共有"三会"。而据唐代人的想象，初会说法，96亿人得阿罗汉；第二大会说法，94亿人得阿罗汉；第三大会说法，92亿人得阿罗汉[①]。早在南北朝时期，道教已经吸收了佛

[①] 鸠摩罗什译，唐无名氏疏：《佛说弥勒下生成佛经义疏》。转引自马西沙：《民间宗教救世思想的演变》，载《中国社会科学院研究生院学报》1995年第4期。

教的这种"应劫"思想，提出了"开劫度人"的宗教理想。譬如《灵宝略纪》说："过去有劫，名曰龙汉，爱生圣人，号曰梵气天尊，出世以灵宝教化，度人无量。"明清的民间宗教，因此利用这些旧思想，添加民间信仰的内容，予以杂糅，提出"三阳劫变"的说法。

譬如，民间宗教里影响最大的一部宝卷，《龙华经》就很直露地宣扬这种"劫变"思想。该经是弓长在崇祯末年开始编撰、顺治初年完成的。受无生老母之命，弓长"东去取经"。所谓"昔日法王留真经，后有弓长转法轮"。这个宝卷认为，历史分为三个时期：龙华初会、龙华二会和龙华三会，分别代表过去、现在和未来。初会由燃灯佛执掌，二会由释迦佛执掌，三会由弥勒佛执掌。弥勒佛之后由天真老祖执掌世界，即弓长或弓长祖。里面说："无始以来，无天地，无日月，无人物，从真空中化出一尊无极天真古佛来。""古佛出现安天地，无生老母立先天。""无生母，掌定天轮。""弓长祖，到家乡，听母吩咐。"在《龙华经》的影响下，清代的民间宗教如红阳教、八卦教、天理教等都信奉无生老母，把她作为精神领袖。这个宝卷同时宣扬"劫变"或"劫灾"的思想。

"龙华三会"的说法，通常亦作"三阳"，即指：青阳、红阳、白阳，分别代表过去、现在和未来三个时期。这是借用道教关于青帝、赤帝、白帝的说法，青帝即青阳之气，赤帝即红阳之气，白帝即白阳之气。三气改运，从而形成青阳、红阳与白阳的劫期①。这种"三劫"的思想，又与佛教的三佛救世相结合，三阳的主宰者因此成了三佛：青阳时期由燃灯佛掌教，红阳时期由释迦佛掌教，白阳时期由弥勒佛掌教。民间宗教缘此竭力宣扬"劫变"与"救世"的思想。以弘阳教为例，该教宣扬"红阳劫变说"：青阳时期，没有天地，但已有了黑暗和光明两种势力；红阳时期，黑暗势力占据上风，形成了大患，招致"恐怖大劫"即白阳劫的来临；弥勒佛随之降生，领导世人驱走黑暗，摆脱灾难，白阳理想世界实现，白阳时期从此来临，即"红阳劫尽，白阳当兴"。而当白阳劫到来时，人们只有皈依弘阳教，信奉飘高老祖，才能得到拯救，前往天宫（真空家乡），去侍伴无生老母，永享安康。

元明清三代多次农民起义，虽然真正所依的民间宗教形形色色，但他们大多打着"白莲教"的旗号，利用"末劫来临"、"弥勒转世，当主天下"等信仰，也就是"三阳劫变"的思想来进行社会动员。

---

① 参见马西沙、韩秉方：《中国民间宗教史》第二章"弥勒救世思想的历史渊源"，上海人民出版社1992年版，第66~67页。

三、坐功运气、性命双修

但凡宗教信仰，都要有神秘的宗教体验。民间宗教亦不例外。在民间宗教的宝卷里，就有大量的修炼法，介绍如何盘腿打坐、默念存想。这些修法，通常被称为"坐功运气"、"打坐运气"、"坐功念经"、"打坐入功"、"坐功"、"运气之法"、"参功悟道功夫"、"运气念无字真经"等。梁景之把民间宗教的这些修法归结为金丹法或内丹术[①]，也就是说，民间宗教的修法主要采用道教的内丹修炼法。

民间宗教并非都有自己的经典宝卷，遑论思想精湛、文字典雅，然而，历史上确有一批宝卷，作者曾有出入佛道的苦功悟道经历，因而对于功法修炼的描述颇为细致。譬如圆顿教的《古佛天真考证龙华宝经》（简称《龙华经》），成书于明末清初，经常讲述教主练功的场景：

> 祖在禅床，盘膝打坐，每日行动。掐定玉诀，存住祖气，巍巍不动，观住一针，搬柴运水，上下升腾。穿山透海，运转乾坤。打断呼吸，闭住六门，开关展窍，劈破分身。昆仑顶上，打个登登，元神出窍，显现金身。[②]

若想详细说明这些修法，殊非易事。梁景之认为，丹田功或周天功是《龙华经》内丹修炼的主要内容和特点。马西沙还曾详细解读了这部宝卷里的"十步修行"：恰定玉诀、开闭存守；先天一气、穿透中宫；卷起竹帘、回光返照；西牛望月、海底捞明；泥牛翻海、直上昆仑；圆明殿内、性命交宫；响亮一关、开关展窍；都斗宫中、显现元神；空王殿里、转大法轮；放去收来，亲到家乡。

这些修法虽说复杂，但在理论上，往往不离道教所讲的"性命双修"。在《九莲经》这部宝卷的第二十一品里，"神为性，气为命，性命双修。"《龙华经》第七品说："性在天边，命在海底。性不见命，怎么行动？命不见性，怎么接行？……元神出现，讽诵真经，性命相续，会合中宫，打成一片，永续长生。……性命不续，劳而无功。"这些宝卷也把"性命双修"说成是"阴阳和合"的"真道"，谓之"阴阳大道"。譬如，《普静如来钥匙宝卷》第十七分里说，"一夫一妇，阴阳和合，善男子，善女人，同习修炼，男采先天真乙之精成佛，女采先天真乙之神成菩萨之体。若十气具足，一无女相。"[③] 这种说法，原

[①] 梁景之：《清代民间宗教与乡土社会》，社会科学文献出版社2004年版，第243页。
[②] 《龙华经》"警中游宫品"第八，转引自梁景之：《清代民间宗教与乡土社会》，第197页。该书还列举了一批讲述金丹法或内丹术较多的宝卷。
[③] 梁景之：《清代民间宗教与乡土社会》，社会科学文献出版社2004年版，第219~222页。

本是说，外阴而内阳、外阳而内阴，阳不独立，阴不独行，阴阳和合，天地中和。但是，这种说法极易被理解成"男女双修"，民间宗教的信徒"夜聚晓散、男女混杂"，因此有时容易出轨。这也为士大夫的诟病提供了依据。

不过，这些繁复的功法，虽有宝卷的叙述讲解，但对普通信徒而言，显然还是无法理解与接受。所以，那些民间宗教的教首往往只教信徒念些容易的口诀或名号，譬如"真空家乡、无生老母"八个字，或者仅仅要求正身端坐，吸气咽唾沫。

从上面三点的分析，我们可以看到，宗教宝卷实际上给信徒规划了一条很完整的信仰之路，真实地反映了普通中国人的信仰结构。民间宗教有自己的理想世界"真空家乡"，那里有既慈悲又严厉的"无生老母"；这些宝卷还对现实社会进行无情的鞭挞，宣扬"入教避劫"的必要性；并给信徒一些具体的修炼术。这些被作为秘密宗教宝典的宝卷，通常要把该教派教主偶像化，这些教主被认为是直接的救世主，是弥勒佛、无生老母的接班人。

当然，人间的教主地位若是过高，那很可能会把这个民间宗教引入歧途。一旦激发了教主的物质贪欲或政治野心，这种民间宗教很可能会蜕化为反政府的组织力量。但是，如果教主的地位还在适当的范围内，民间宗教实际上就为自己的信徒构筑了一个秩序井然的神圣空间，牢固地维系着民间社会的精神生活。

中国传统的民间社会需要这类属于心灵世界的秩序结构，而这种秩序一直是在配合实践儒家的伦理规范。

第四节 民间信仰还是民间宗教

中国的民俗包含了丰富的宗教内容，我们现在常以"民间信仰"来概括这些松散而又于贴近日常的民俗生活。然而，当我们反思"民间宗教"时，却发现"民间宗教"并非都有严密的组织性，通常也不过是地方性的民间信仰。

究竟何为"民间宗教"？学术界并无统一的说法。海外学者常以暗示是某种宗教异端的"教派"（sect）一词界定"民间宗教"，具有较为明确的政治目的，以及较为严密的组织体系，在明清两朝被朝廷认定成"邪教"。我国学者则多从它们的教义思想入手，普遍认为，"民间宗教"是指主要流行于下层社会的民间秘密宗教，有别于儒释道等正统宗教，既不能直接归为儒释道的某一家，却又与正统宗教关系密切；有的甚至认为，民间宗教与在基层或民俗层面的正统宗教，如所谓的"民俗佛教"、"民俗道教",并无区别①。

  这些宗教在长期的发展过程中,思想内容混杂通俗,有时还被贬为"鄙俗"、"愚昧",是民间宗教最明显的特征,他们往往会把儒释道、民间信仰或方术糅合起来。清初周克复《净土晨钟》对民间宗教信仰的混杂性做了相当生动的刻画:"有妄分男普女妙者;有妄分三字、四字、六字佛者;有妄分在家为弥陀教,出家为释迦教者;有捏称释迦去世,弥勒治世者;有捏称烛光见鬼者;有捏称香烟断凶吉者;……有以镜照人,自见王侯冠服者;有咒水洗眼,具现空中佛像、龙凤幡幢者;……如伪作十六字经,摄气归脐,尽力奔送,直至丹田者;……将眼泪涕津溺等尽取食之,谓之修无漏果者……又捏称六祖云:宁度白衣千万,不度空门半个僧。今日元为、长生耸动俗家,辄云:未来弥勒佛现在治世,专度居士,不度空门。任善知识辈,必再生有发,方得成佛作祖。"

  "混杂通俗"就意味着入教的门槛很低,而像这种形式的民间宗教结社,在其发展过程中,甚至在其创立时就很容易滋生社会的不安定因素。这就引出了民间宗教的第二个明显特征:容易引发政教冲突。在中国的历史上,朝廷与民间宗教的冲突通常是相当的激烈,最后的结果往往是没有商量与妥协的余地,在朝廷是要铲除而后快,在民间是要自拥为王。既然容易引发政教冲突,民间宗教随之就有一个相伴而来的特征:组织的秘密性。为了防止朝廷不必要的猜忌,民间宗教的活动往往是对外人保密,"入教"通常需要有熟人介绍,而且有一定的入会仪式,要求宣誓严格遵守教规,听从教主的旨意。但恰恰是这种组织的严密性,反过来激发了朝廷官员的好奇心与不安感。他们一旦听到风吹草动,就会往最坏的方面考虑。

  不过,民间宗教的绝大部分信徒,他们并没有太多的政教冲突意识,更没有什么明确的政治纲领,在很多情况下他们只是出于经济方面的原因,譬如谋求互助或共同富裕。信徒在一个宗教团体内,要比孤独的个人在社会上更容易获取经济利益或社会地位,而民间宗教的教主如果过多地强调自己的世俗利益,也会被认为是"借教敛财",最终必然会受到朝廷的整治或铲除。事实上,中国的民间宗教,最容易滋生的问题是:聚众与敛财。"聚众"可能直接激起政治冲突,"敛财"则有可能引起社会不公,容易激发民愤。

  王铭铭用"民间宗教"概括不同于外国制度化宗教和中国儒、释、道三教的民间信仰、巫术、迷信、仪式、民俗等文化现象,他认为这个概念不十分贴

---

  ① 梁景之说:"民间信仰、底层文化构成了正统宗教与民间宗教的共同基盘。"参见梁景之:《清代民间宗教与乡土社会》,社会科学文献出版社 2004 年版,第 2 页。

切,但便于与官方文化和文本进行区别。他说:"民间宗教除了满足一般民众的个人心理需要之外,还表现出个人与社会的不可分割性。对'己'和'他人'、个人和社会、私和公、人和超人、世俗和神界关系的界定,是民间信仰和仪式的主要内容。"在他看来,"中国民间宗教是复杂社会的宗教,但它不具有制度化的宗教的某些特点,与社会中的文本传统、官方文化和社会精英有相当微妙的关系,因此构成世界上少见的宗教类型。"① 因此,民间信仰与民间宗教很难有截然的区分,都可以纳入同一个宗教文化体系。譬如,中国的民间信仰与民间宗教都有"儒释道"兼容并包、混元并用的特点。

然而,平常的说法总是认为,民间信仰要比民间宗教的范围宽泛,民间宗教要有自己的组织制度与教义经典。在中国,民间信仰往往会"仙佛不分",缺乏明确的组织体制,而民间宗教则是故意混用三教圣贤,最终则突出自己的最高神及其人间的教主。

一、民间信仰的"仙佛不分"

佛教、道教等制度宗教,它们的民俗层面,其实与民间信仰很难区分。若以佛教为例,这种流传在民间社会的佛教,通常称为"庶民佛教"或"民俗佛教",有别于佛门大德、士大夫所持的佛教观。这种多少属于非正统的、带有迷信与庸俗意识的佛教,是宋代以后中国佛教的真实面貌。

佛教认为,诵经有种种功德,礼忏可消除罪业。所以,请出家人诵经拜忏,成了庶民百姓日常生活的一部分。各种各样的佛事法会,既是寺院僧人的主要经济来源,同时也为民众提供了礼敬佛法的机会。死者葬仪、年忌节庆、祈福禳灾,往往会有虔诚的弟子去做佛事。而念佛劝善、烧香许愿,更是寻常百姓不经意间流露出来的生活实态。原本只是佛教内部的节日,逐渐成了全社会的民俗节日,如农历四月初八的浴佛节、纪念佛陀成道的腊八节等,在宋代以后的民间社会都是极为重要的节日。流风所及,民间的秘密宗教结社,也往往打着佛教的旗号进行。

民俗佛教所展现的生活实态,并不需要刻意区分儒释道,唯有"劝善"。但是,相对于学理佛教拥有深邃的意义空间,民俗佛教营造了生活的秩序,利用神的权威,具体承担了宗教的社会功能。民俗佛教为普通民众设立了这个秩序空间,诸佛菩萨被神圣化,甚至有些鬼怪也被民间社会神圣化,这些神灵具体承担着世俗教化的社会功能。

---

① 王铭铭:《社会人类学与中国研究》,生活·读书·新知三联书店1997年版,第162、181页。

像民俗佛教这种类型的民间信仰，实际上长期陷于一种"知其然而不知其所以然"的迷信状态，但庶民百姓会以"灵验"的程度决定他们的信仰方式。而以灵验为中心的民间宗教，势必导致民间信仰的多元混杂，仙佛不分。受到这种思想的影响，中国的神灵，特别是在道教里，就会变得数量繁多。

二、民间宗教的"会三归一"

"三教合一"是民间宗教普遍接受的信条。马西沙的《中国民间宗教史》认为，民间宗教的源头是儒释道三教，三教的同源一致也是他们的基本信念。其实，民间宗教的源头还不仅是儒释道，至少还包括外来的摩尼教。

"三教"合为"一教"，其实并无可能。所谓"融合"，只是在各自立场上和会、吸收其他宗教里面与自家传统相通相近的方面罢了。然而，明清时期的民间宗教，却在混合三教的基础上，提出新的信仰系统，所谓"合三教为一"，借用佛教的术语，是"会三归一"。特别是在明代中期罗教出现以后，再次改变了中国社会的宗教结构，同时也把"三教合一"的进程推向新的历史高度，明末清初甚至还出现了"三一教"。教主林兆恩（1517~1598年），是明代正德至万历年间的人，"欲会三教为一"。

林兆恩主张，"道一教三"、"源一流三"、"道本不殊"、"根源为一"，认为坊间流传的儒释道未得三教正宗。他"以坐禅之病释也，运气之病道也，支离之病儒也"，强调汇同佛道，归儒宗孔。他说：

余设科也，有曰立本者，是乃儒氏之所以为教也。有曰入门者，是乃道氏之所以为教也。有曰极则者，是乃释氏之所以为教也。而其教之序也，先立本，次入门，次极则也。①

在林兆恩看来，孔子、老子、释迦三圣出世的时候，倡教立说，并没有什么"儒、道、释"的名称，只是履行"教化"之职。但到后来，三教名立，徒众日广，彼此互相攻击，遂使道统中绝，如此绵延千百年。林兆恩欲以"归儒宗孔"为宗旨，想把三教合为一教，浑然一体，不再分儒、分道、分释，是为"三一教"。惟其如此，三教才能返本归源，重回中一道统，才使"三教正宗"得以昌明于世。在此亦可看出中国宗教"一主两从"的关系格局，体现一种"和而不同"的宗教关系。他后来在家乡建了"宗孔堂"、"三纲五常堂"。

林兆恩的说法，几乎代表了明清时期所有民间宗教的思想特点。那些宗教宝

---

① 崇祯版《林子全集》元三册《道一教三》。参见韩秉方、马西沙：《林兆恩三教合一思想与三一教》，载《世界宗教研究》1984年第3期。

卷，基本上是儒释道三教的混合物。佛教的弥勒、弥陀、观音、如来，道教的李老君、张天师，儒家的孔孟颜回，都是他们颂扬崇拜的偶像，宣扬忠孝节义、轮回报应、赏善罚恶等。坊间流行的各类劝善书，大多也是采取这种方式，混合三教，宣扬儒家的伦理纲常①。但与林兆恩不同的是，宗教宝卷里还有新造的至上神，超越儒释道三教。

民间宗教的思想综合，并不仅是儒释道三教的混合，有时还会糅进其他的外来宗教，如摩尼教等；同时还会有新的创造，出现新的神灵系统。不过，三教合一的思路并没有改变，民间宗教在三教合流的问题上态度最真诚、表现最彻底。这些民间信仰或民间宗教，常以旧有的信仰去包容新来的宗教或信仰。明清时期，数以百计的民间宗教，虽然组织关系纷繁复杂，但究其源头，不外乎脱胎于白莲教、罗教等少数几家民间宗教。这些民间宗教的信仰结构，则又不外乎儒释道，或者再加些摩尼教、基督教等内容，"混元并用"，推陈出新。

官方认定的制度宗教，虽然经常鄙视或苛责这些下里巴人的民间宗教，但民间信仰或民间宗教是所有制度宗教存在的基础，过度的指责非但无益，甚至是伤及自身。正因如此，中国的宗教经验，除了儒释道三教可以相安，制度宗教与民间宗教亦能和谐共处，中国人的宗教意识具有"和谐实用"的特点。

---

① 劝善的善恶标准是什么？无非就是儒家所讲的"父慈子孝、兄良弟悌、夫义妇听、长惠幼顺、君仁臣忠"，其中最重要的是"忠"、"孝"。《感应篇》说："立善多端，莫先忠孝。即成仙证佛，亦何尝不根基于此。"《阴骘文》还明确劝人'或奉斗朝真，或拜佛念经，报答四恩，广行三教。'"参见唐大潮：《明清之际道教"三教合一"思想论》，宗教文化出版社 2000 年版，第 153～154 页。

第十九章

伊斯兰教与中国文化的融会

伊斯兰教于唐代之传入中国,是一个不争的事实。当蒙古族皇帝入主中原时,已经是"回回遍天下"的景象。明清之际,兴起了具有鲜明中国特色的经堂教育,这是伊斯兰教中国化的文化自觉。经堂教育的发生、发展及其成就,影响着伊斯兰教中国化的程度与内容。

第一节 伊斯兰教东传中国

伊斯兰教究竟何时传入中国以及传入中国的路线,迄今为止学界一直未有定论。例如,关于传入时间,有隋代传入说和唐代传入说两种。对照伊斯兰教史,穆罕默德大约出生于公元571年,时为中国陈宣帝太康三年;609年(另一说610年),穆罕默德宣布奉到独一神安拉的"启示",并开始在亲友中秘密传播,时为隋大业五年(隋大业六年);612年,穆罕默德开始在麦加公开宣传安拉"启示",号召古莱什人抛弃偶像、信奉独一神安拉,时为隋大业八年;622年(希吉来历元年),穆罕默德自麦加"迁徙"麦地那,时为唐武德五年;632年(希吉来历11年),穆罕默德去世,时为唐贞观六年。《旧唐书·本纪第四》"高宗上"谓,永徽二年(651年)"八月乙丑,大食国始遣使朝献。"是年乃希吉来历31年,值第三任哈里发奥斯曼时期(希吉来历23～35年/公元644～656年)。

一、伊斯兰教的传入

关于伊斯兰教何时传入中国，主要有隋代传入和唐代传入两种说法。其中，隋代传入说主要有"隋开皇七年（587年）"① 传入与"隋开皇中"（581～600年）传入两说。唐代传入说则主要有唐武德中、唐贞观初年、唐永徽二年（651年）、唐景云二年（712年）和唐至德二年（757年）等说。

（一）隋代传入说

隋开皇中，其时穆罕默德尚未奉到独一神安拉的"启示"，因此，该说之错误，不言自明。桑原骘藏谓，"《旧唐书·大食传》隋开皇中云云，殆本之贾耽《四夷述》。叙述有关隋开皇年代之大食国史事，而毫无中国、大食交通关系。后人牵强误解之，以为自隋开皇年间，隋与大食交通，回教亦于此时传入中国。此说当起自明以后。《明史》卷三三二及《明一统志》卷九二明记：隋开皇中，其国撒哈八撒阿的斡葛思始传其教入中国。明以后书记回教东渐者，必以隋开皇起源，明以前书无记隋开皇中传教者。"② 然据元至正八年（1348年）河北定州《重修礼拜寺记》（对于该碑记内容有学者提出异议③），似乎揭示出此说之形成或者别有渊源，且不限于明代。

（二）唐代传入诸说

该说主要有唐武德中、唐贞观初年、唐永徽二年（651年）、唐景云二年（712年）和唐至德二年（757年）等五种不同的说法。

第一，唐武德（618～626年）中传入说。见明何乔远《闽书·方域志》卷七"灵山"条："默德那国有吗喊叭德圣人……门徒有大贤四人，唐武德中来朝，遂传教中国。"④

第二，唐贞观初年传入又有两说：二是贞观二年（628年）传入说。见民间

---

① 610年（隋大业六年）正月，西域诸国和西北少数民族酋长齐集洛阳，正月十五夜，于端门大街举行盛大的歌舞杂技表演，"执丝竹"奏乐者通宵达旦，直到正月底才结束。隋炀帝《元夕于通衢建灯夜升南楼》云："法轮天上转，梵声天上来；灯树千光照，花焰七枝开。月影疑流水，春风含夜梅；燔动黄金地，钟发琉璃台"。

② ［日］桑原骘藏著，牟润孙译：《创建清真寺碑》，转引自李兴华、冯今源编：《中国伊斯兰教史参考资料选编》（上），宁夏人民出版社1985年版，第538页。

③ 姚大力：《"回回祖国"与回族认同的历史变迁》，载《中国学术》2004年第1辑。

④ 马通：《中国伊斯兰教派与门宦制度史略》，宁夏人民出版社1983年版，第73页。

传说《回回原来》（一名《西来宗谱》）："大唐贞观二年，……回王遣该思、吴哀思、嘎心三人，投奔中国。行至中途，该思、吴哀思，不服水土而亡，余嘎心一人至中国。唐王选三千唐兵移至西域，更换三千回兵来中国，生育无穷，中国乃有回回也。"① 二是贞观六年（632年）传入说。刘智《天方至圣实录》卷三（至圣）"六十四岁迁都十一年"条谓："密速尔帝遣使来朝，问为帝王之道——赤尼帝使至，复遣赛尔弟斡歌士以经教东——法而西帝率属国数十王来朝，请训授帝王箴。"② 又见清人蓝煦《天方正学》卷七"旺各斯墓志"："大人道号旺各斯，天方人也，西方至圣之母舅也。奉使护送天经而来，于唐贞观六年，行抵长安。"③

第三，唐永徽二年（651年）传入说。唐人杜佑的《通典·大食传》④，与新旧《唐书·大食传》以及《册府元龟》，均谓永徽二年，大食始遣使朝贡。梅逊（Issac Mason）《回回教入中国考》谓，大食之初次通聘中国，在西历651年。⑤

陈垣（1880～1971年）考证说，回历纪元，明以来皆谓始于隋开皇十九年己未（599年），其误盖因明洪武十七年（1384年），甲子采用回历时，为回历786年，由此按中历上推786年，则为隋开皇十九年；若按回历推算，实为唐武德五年壬午（622年），与隋开皇己未说，相差23年。根据大食始遣使朝贡，陈垣认为伊斯兰教于永徽二年（651年）传入中国，史学界基本接受这一观点。然而，也有学者提出疑问，即大食始遣使朝贡是一回事，伊斯兰教之传入中国是另一回事，因此认为，"永徽二年只能是两国正式通使之年，而不能作为伊斯兰教传入中国的确切年代。"⑥

二、伊斯兰教传入中国的路线

632年（唐贞观六年）穆罕默德去世时，阿拉伯半岛初始统一，伊斯兰政权

---

① 《回回原来》，民间刊本，作者佚名，无年月。中国伊斯兰教民间传说的通俗读物，成书于清康熙六十一年（1722年）仲夏。现存天津真经公司民国廿二年版本。马旷源：《回族文化论集（附〈回回原来〉整理本》》，中国文联出版社1998年版。

② （清）刘智：《天方至圣实录》，中国伊斯兰教协会1984年版，第79页。

③ （清）蓝煦：《天方正学》卷七，民国铅印本，第28～29页。

④ 杜环的《经行记》被认为是最早记载唐与大食关系的汉文史料。杜环系杜佑族子，天宝年间作为书记员随高仙芝军西征，与大食军战于怛罗斯（今哈萨克斯坦之江布尔），兵败被俘，留居中亚、西亚12年，后乘商船从海道回到广州，归国后作西域见闻录，是为《经行记》。该书已亡佚，佑之《通典·大食传》有《经行记》节选。

⑤ 载《中山大学文史学研究月刊》第二卷第三期、第四期。转引自曾问吾：《中国经营西域史》，商务印书馆1936年版，第167页。

⑥ 马通：《中国伊斯兰教派与门宦制度史略》，宁夏人民出版社1983年版，第78页。

尚不稳定，未能对外扩张。阿拉伯与唐之间，有信仰拜火教的波斯帝国。哈里发艾卜·伯克尔（632~634年）和欧麦尔（634~644年）时期，时为唐贞观六年至十八年，阿拉伯穆斯林开始大规模对外扩张，东方征服伊拉克、波斯等地，在中亚已大体与中国接壤。此时，唐也在对西域用兵。贞观三年（629年）灭东突厥[1]，贞观四年（630年）灭北突厥，贞观六年（632年）置西伊州[2]，贞观十四年（640年）平高昌，置西州（今新疆吐鲁番）、庭州（今新疆吉木萨尔）；同年九月，置安西都护府于交河城；贞观十八年（644年）讨焉耆（今新疆焉耆）；贞观二十年（646年），西突厥乙毗射匮可汗（646~650年）曾遣使向唐请婚，唐太宗要他"割龟兹、于阗、疏勒（今新疆喀什）、朱俱波、葱岭等五国为聘礼"[3]，可见当时唐尚未全部控制包括今天新疆部分地区在内的西域。贞观二十二年（648年），平龟兹（今新疆库车）；同年，西突厥五咄陆部降唐，碎叶川东和今新疆全部才为唐控制。这一时期，唐还面临着南方政权吐蕃王朝的有力竞争。根据新旧唐书《吐蕃传》记载，贞观八年（634年），吐蕃国王弃宗弄赞遣使唐朝通好，这是汉藏两族发生直接关系并见之于正式记载之始，弃宗弄赞并于其后遣使求婚；贞观十五年（641年），唐遣宗室女文成公主和亲吐蕃。

综上所述，至少在公元648年之前，唐与大食之陆路交通，尚未实现畅通无阻。而当时的海路，大约有如下几条：其一，自中国东南沿海，途经南海、满剌加（马六甲）海峡、孟加拉湾、马拉巴海岸，经过阿拉伯海和波斯湾到达大食；这是主要的一条海路，又称"香料之路"。其二，自大食经海道到安南，再由安南从陆路到中国云南；其三，自大食经海道到天竺，再由天竺从陆路到中国云南。

综上所述，唐与大食的陆路交通，因为大食在中亚的战事以及唐在西域的用兵，基本上处于停顿状态；[4] 而当时大食与唐之间的海上交通则较为发达，波斯、阿拉伯商人来中国通商者，大多经海道而来。他们从海路先至广州、泉州和扬州，再转往杭州、山东等地。伊斯兰教即随商人的脚步经海路首先传入中国东南沿海，然后再向内陆传播。伊斯兰教自海路传入中国，是波斯和大食穆斯林商

---

[1] 6世纪中叶，原来臣服于柔然的突厥（Turks）部落兴起于金山之阳。546年，突厥灭高车；552年，破柔然；567年，与萨珊波斯共灭嚈哒（即白匈奴）。建立起东起辽河上游，西至咸海，南自帕米尔山区，北抵贝加尔湖的突厥草原帝国。583年，突厥分为东西两部。王小甫：《唐、吐蕃、大食政治关系史》，北京大学出版社1992年版，第3页。

[2] 贞观六年（632），去"西"字，称伊州（今新疆哈密）。参见王小甫《唐、吐蕃、大食政治关系史》，北京大学出版社1992年版，第4页。

[3] 《旧唐书·突厥传》（下），5185页；《通鉴》卷一九八，6236页。转引自王小甫《唐、吐蕃、大食政治关系史》，北京大学出版社1992年版，第5页。

[4] 范文澜：《中国通史》第三册，人民出版社1978年版，第371页。

人来华经商的一个副产品,因为伊斯兰教没有如基督教般严格的教会组织,也少有四处活动的、以传播信仰为使命的传教士。

伊斯兰教之传入新疆,迟至唐朝末年,始于奥古尔恰克汗统治时期(约892~910年),阿图什大清真寺的出现。代之而起的萨图克·布格拉汗(910~956年)成为新疆地区第一个穆斯林身份的汗王①,在他的积极宣传下,伊斯兰教在新疆地区迅速传播。上述可见,伊斯兰教自陆路传入中国新疆地区,一开始就与地区政治紧密结合,成为汗王夺取王朝统治权和对外扩张的工具。② 伊斯兰教于11世纪传播到于阗,13世纪传播到库车,15世纪维吾尔族全部信仰伊斯兰教。③

伊斯兰教初传中国的不同情形,对其后来在中国的发展带来了深远影响,从而形成了不同的区域特色。新疆地区,由于与政治权力的结合,形成全民信仰的景象。东南沿海,由于与大食商人的密切联系,因此与大食商人商业活动的消长息息相关,大食商人的聚居地,也就是伊斯兰教的落足处;大食商人生活所及地区,也就有穆斯林的点点遗迹;大食商人活动所及之外,则罕有伊斯兰教的迹象。

第二节 元时回回遍天下

有元一代,中亚、西亚诸穆斯林政权,遭到蒙古大军的扫荡。丧失政权的中亚、西亚各民族穆斯林,有一部分作为工匠、战士以及作为俘虏的平民,大量来华;随着中西交通的畅通,回回商人、教士、学者等不断东来。元世祖统一中国后,回回人也已遍及塞北、中原和江南。

一、元时回回遍天下

"元时回回遍天下",蒙古人统治下的元朝,回回作为色目人④而受到优待⑤,回回大体上处于社会的中上层。据《元史·百官志》,元时有专门为回教人而设

---

① 中国新疆地区伊斯兰教史编写组:《中国新疆地区伊斯兰教史》(第一册),新疆人民出版社2000年版,第79页。
② 中国新疆地区伊斯兰教史编写组:《中国新疆地区伊斯兰教史》(第一册),新疆人民出版社2000年版,第80~85页。
③ 马通:《中国伊斯兰教派与门宦制度史略》,宁夏人民出版社1983年版,第88页。
④ 色目人,白寿彝认为实际上是回教人占最大多数。为何称穆斯林为"色目人",是否因为穆斯林见面和分手时都要互道"色俩目"(salām 平安)?
⑤ 元人分为四等,即蒙古人、色目人、汉人和南人。色目人是高于汉人和南人的国家二等公民。

立的官职，更有专门为回教学术而设立的政府机构。其中专为回教学术而设立的政府机构有：

第一，回回司天监，专司观测天象推衍历法。

第二，广惠司，专司修制御用回回药物及和剂，用以治疗诸宿卫士及在京孤寒者；至元二十九年（1292年），另外设置大都回回药物院和上都回回药物院，执掌回回药物。

第三，回回炮手军匠上万户府。

第四，回回国子监学，延祐元年（1314年）置，"以掌亦思替非[①]宫属归之"。

上述四种政府机构，都是侧重于应用的伊斯兰教学术。机构设立的根据，亦即回教人传入之西学。元时回教人所传入的西学多为应用技术，较少学理之介绍；之所以如此，原因可能是双向的，一方面是蒙元统治者对于其学理并不感兴趣，另一方面介绍者也只是具有一技之长的专业技术人员而已。此时回教传入的所谓"西学"有四种：一是天文历算学；二是药物学；三是造炮学；四是语言文字学。

另外，元时回教人在科举、服官、荫叙、刑律及私有兵马等方面，均享有较为优厚的待遇。由于拥有上述这些特权和待遇，所以元代回回自西域东来，不分此疆彼界，散居中国内地各重要城市，正如许有壬《至正集》卷五三《西域使者哈只哈心碑》谓："我元始征西北诸国，西域最先内附，故其国人柄用尤多。大贾擅水陆利，天下名城巨邑必居其津要，专其膏腴。"[②] 此时的回回人不是作为外国人而侨居中国，而是与蒙古人一道作为中国的统治者而居住中国，并与蒙古人一样以中原为家。如元人周密《癸辛杂识》续集上说，"今回回皆以中原为家，江南尤多"。关于色目人以中原为家的记载，还可见于王礼《麟原集》卷六《义塚记》："唯我皇元，肇基龙朔，创业垂统之际，西域与有劳也。洎于世祖皇帝，四海为家，声教渐被，无此疆彼界；朔南名利之相往来，适千里者如在户庭，之万里者如出邻家。于是西域之仕于中朝，学于南夏，乐江湖而忘乡国者众矣。岁久家成，日暮途远，尚何屑屑首丘之义乎？"[③] 由此可见，元代西域来华的回回人，因为协助蒙古人统一中原而进入中国，所以蒙元建国以后，主要是回回人的色目人和蒙古人一道成为中国的主人，

---

① 亦斯替非：1993年伊朗学者穆扎法尔·巴赫提亚尔指出，"亦思替非"的本意乃是"获取应有之权利"，或"向某人取得应得之物"。作为一个专有名词其意为"财产税务的核算与管理"。"亦思替非"文字乃是一种特殊的文字符号，用于国家文书之中。它有特定的写法与规则。国王及政府有关财务税收的诏书、清算单据、税务文书等都用这种文字书写。这种文字类似缩写符号，或象形文字，只表意而不标音。见刘迎胜：《回族与其他一些西北穆斯林民族文字形成史初探——从回回字到"小经"文字》，载《回族研究》1995年第4期。

②③ 白寿彝：《中国伊斯兰史存稿》，宁夏人民出版社1983年版，第174页。

借着蒙古人政治与军事的力量，回回人在中国"大分散、小集中"的全国性居住格局终于形成。

二、"三掌教制"形成

随着穆斯林人数的增多和地位的改变，伊斯兰教成为元代上流社会的一种信仰，其宗教活动与国家政权的联系更加密切。伴随这一变化，元时的伊斯兰教制度也发生了新的变化，由唐宋时期的"番坊制"，进而发展成为较为完善的"三掌教制"。根据作于元至正九年（1349年）的吴鉴《清净寺记》①，约有下面几种宗教职务：

第一，"摄思廉"，《清净寺记》谓"犹华言'主教'也"。即"谢赫·伊斯兰"的简称，是阿拉伯文"شيخ الاسلام"的音译，意为"伊斯兰教长老"。由于回回人是国家的上等公民，所以政府在各大城市都任命了一位"伊斯兰教长老"，作为穆斯林宗教问题或宗教事务方面名义上的领袖，以服务并指导穆斯林大众的宗教生活。当时，"中国每一城市都设有谢赫·伊斯兰，总管穆斯林的事务"。②

第二，"益绵"，"犹言住持也"。是阿拉伯文"الامام"（"伊玛目"）的音译，即清真寺教长。此时的教长由穆斯林大众选举。

第三，"哈悌卜"，是阿拉伯文"الخطيب"的音译，今译"海推布"，协助教长举行宗教活动，如主麻日面向大众高念"呼图白"（演讲词），宣讲教义、教法。旧译"协教"、"襄教"，又称"二掌教"。

第四，"谟阿津"，《清净寺记》谓"谟阿津犹言'唱拜者'也"。"谟阿津"是阿拉伯文"المؤذي"的音译，今译"穆安津"，意译为宣礼员、唤礼员，又称"三掌教"。主要职责是每天按时登上"邦克楼"③诵念"唤礼词"，召唤穆斯林前来礼拜。

第五，"没塔完里"，《清净寺记》谓"犹言'都寺'也"。"没塔完里"是阿拉伯文"المتولي"的音译，意为"保管人"、"监护人"，职责是管理清真寺财产与一般寺务。

上述可见，"三掌教制"在元代是一个完整的宗教教务体系。理论上，"摄思廉"（伊斯兰教长老）作为"益绵"（教长）之上的宗教教义方面的阐释者和

---

① 《闽书》卷七。转引自白寿彝：《中国伊斯兰史存稿》，宁夏人民出版社1983年版，第315页。该《清净寺记》又名《重立清净寺碑记》。

② 马金鹏译：《伊本·白图泰游记》，宁夏人民出版社1985年版，第552页。

③ 邦克楼：波斯文音译，意译为宣礼塔。一般规模较大的清真寺均建有邦克楼，是唤礼员平时的唤礼处，也是"斋月"前后观望新月处。

宗教教法方面的说明者，负责一个城市的伊斯兰教信仰问题，"摄思廉"更多的是关注涉及伊斯兰教义与教法的重大现实问题与理论问题。"益绵"负责一个清真寺的具体宗教事务，为前来该寺礼拜的穆斯林大众提供各种有关宗教生活方面的服务，由"益绵"、"哈悌卜"和"谟阿津"构成"三掌教制"的核心。"没塔完里"是负责处理有关清真寺的非宗教事务的，是"三掌教制"的经济基础；"摄思廉"是"三掌教制"的宗教领袖和精神支柱，更是其拥有合法性和合宗教性的根据。从唐宋的"番坊制"到元之"三掌教制"，是伊斯兰教在中国发生新的变化的标志，即伊斯兰教由中国化外的外来宗教，转而成为中国社会内部所信奉的一种"本土化"宗教。

元代的"哈的"（القاضي）[①]制度，更是穆斯林地位的集中反映。元代为了处理涉及回回人的事务，在中央有"回回掌教哈的所"，负责掌教念经、为国家和大汗祈福、行使独立的司法权；在地方，"中国每一城市都设有谢赫·伊斯兰，总管穆斯林的事务。另有法官一人，处理他们之间的诉讼案件"。[②] 这是元顺帝至正六年（1346年）时来华旅游的伊本·白图泰的见闻录。《元史》卷二十四：仁宗于至大四年（1311年）四月登极伊始，即下令："罢回回哈的司属。"次年十二月颁旨："敕回回哈的所如旧祈福。凡词讼悉归有司，仍拘还先降敕书。"泰定帝致和元年（1328年）八月降旨："罢回回掌教哈的所。"另据《元史》卷一〇二《刑法志》："诸哈的大师，止令掌教念经，回回人应有刑名、户籍、钱粮、词讼，并从有司问之。"[③] 元代回回掌教"哈的"率众是为非穆斯林的蒙古族帝王祈祷，并颂扬其文治武功等德政。元代掌教哈的所"为国祈福"的宗教实践活动，开启明清之际中国穆斯林学者"二元忠诚"思想的先河。即在非伊斯兰国家的穆斯林，既要忠于安拉，又要忠于君王；君王代主宣化，管理天下，不忠君即为背主。只有既忠于安拉，又要忠于君王，才是伊斯兰正道。[④]

有元一代，回回足迹遍华夏。回回人与中国人的接触范围更加广大，接触程度更加深入。"三掌教制"的形成，是伊斯兰教实现中国化的重要阶段。元末明初，基于共同的信仰和共同的生活习俗，以伊斯兰教为纽带形成了回回民族，即今天的回族。回回民族的形成，使得伊斯兰教在中国内地如同在新疆地区一样，有了坚实的民族基础，是东来中国的穆斯林注重宗教践履而轻视宗教理论宣传的

[①] "哈的"，是阿拉伯文"教法说明官"的译音，一译"卡迪"，旧译"嘎锥"等，主要职责是根据教法，审判穆斯林之间的各类诉讼。

[②] 马金鹏译：《伊本·白图泰游记》，宁夏人民出版社1985年版，第552页，此处"中国"指当时的中国南部。

[③] 李兴华、秦惠彬、冯今源、沙秋真：《中国伊斯兰教史》，中国社会科学出版社1998年版，第258~259页。

[④] （清）马注：《清真指南》卷五，《忠孝》。

结果之一。回回民族作为中华民族的一分子，如何处理与居于社会主导地位的汉民族的关系，以及与非穆斯林统治者的关系；回回民族作为穆斯林，如何处理与已经扎根中国的佛教和中国原有宗教的关系，是其生存和发展的基础。即作为一个新的宗教民族，回族要处理好四大关系：其一，是与执政的非穆斯林统治者之间的政治关系；其二，是与以汉族为主体的传统社会的民族之间的民族关系；其三，是与国内其他宗教之间的宗教关系；其四是与居于社会思想正统地位的传统儒家文化之间的文化关系。

第三节 明清"回回教"与"清真教"

伊斯兰教传入中国后，历经唐宋元，称谓问题一直处于变动之中，迄无定名。如"大食法"（唐《经行记》）、"大食教度"（宋《诸蕃志》），元代"回鹘"、"回纥"、"回回"概念演进至以回回称呼穆斯林，故明初称"回回教门"（《瀛涯胜览》），并"回回教"、"天方教"、"清真教"之称①，明末清初称为"清真教"。② 元时自中亚东来的穆斯林，迄于明代，散居中国已经一个世纪。大明王朝以"驱逐胡虏，恢复中华"之民族主义旗帜为号召而立国，并以"中国居内，以割夷狄；夷狄居外，以奉中国"（《皇明通记》卷二）为宗旨，所以明太祖朱元璋对于回回仍有歧视性规定。如洪武元年（1368年）颁布诏书，"复衣冠如唐制"，禁止辫发、椎髻、胡服、胡语、胡姓；继之严禁色目人本类自相嫁娶，强制变胡姓为汉姓。《明律》规定："凡蒙古色目人，听与中国人为婚姻，不许本类自相嫁娶。违者，杖八十，男女入官为奴。"其注云："胡元入主中国，其种族散处天下者，难以遽绝，故凡蒙古及色目人，听与中国之人相嫁娶，为婚姻。……夫本类嫁娶有禁者，恐其种类日滋也。"③ 明初推行重农政策，实行严厉的海禁，限制外族内迁，这一切对于擅长商贸的穆斯林无疑是雪上加霜。明代作为单一民族中央集权制度，其对于少数民族政策，一面是限制，一面是"防闲"④。

---

① 陈垣：《回回教入中国史略》，白寿彝：《中国伊斯兰史存稿》，宁夏人民出版社1982年版，第358页。
② 马通：《中国伊斯兰教派与门宦制度史略》，宁夏人民出版社1983年版，第38页。
③ 白寿彝：《中国伊斯兰史存稿》，宁夏人民出版社1982年版，第27页。
④ "防闲"的理论根据，或者可以追溯到《左传·成四年》之"匪我族类，其心必异"。

一、回回民族的诞生

伊斯兰教在明朝继续发展，明初有"十大回回保国"① 之佳话，后来山东、云南等地的一些穆斯林聚居区，就是这些军人征战、驻防、屯垦与经营而发展起来的。另外，明前期鼓励陆路与西域交通，西域穆斯林又一次大规模入附中原。如永乐年间（1403～1424年），改变西域贡使三年、五年一贡的限制性政策，按距中原远近"或比年，或间一岁，或三岁，辄入贡"（《明史》卷三三二"西域四"），并在赋税、安全、住宿、贸易等方面提供优惠待遇，西域与内地的交往大大增加。如正统四年（1439年），入贡京师的商人"不下千数"。主要是基于上述原因，始于元代的伊斯兰教在中国内地的大范围传播活动②，在明朝前期又继续地如元代一样被动地传播了200年。这是伊斯兰教在中国传播的主要特点。明朝前期穆斯林继续向"大分散、小集中"的全国性居住格局发展，原因如下：

第一，随穆斯林文臣武将的为官、驻防、屯垦而发展起来的农村。

第二，中亚和中国西北边疆地区的穆斯林，或因政治原因，或因经济原因而继续频繁内迁；如正统元年（1436年），政府数次将甘州、肃州、凉州等地的几批穆斯林迁往江南、陕西、山东、河北、河南等所谓"腹里"安插，以防其同类"勾引接连"。

第三，随着回回整体政治地位的下降，以及"海禁"政策的影响，擅长商业贸易的穆斯林被迫由通商口岸与中心城市向中小城市和乡镇农村流动。

明代，除形成回族外，从13世纪至17世纪，我国的撒拉族、东乡族、保安族等也相继接受了伊斯兰教。由此而成为内地信奉伊斯兰教的四个新兴穆斯林民族。

自唐宋时期初次传入，特别是元时的大规模传入到明中叶，伊斯兰教在中国形成两大特点：一是"大分散，小集中"的分布格局；二是民族宗教一体，即宗教以民族为物质基础，民族以宗教为精神旨归，宗教与民族一体化，形成所谓"民族宗教"和"宗教民族"③。

明代的伊斯兰教与穆斯林，进一步适应中国传统文化，采取认同、接受等方式，尽可能吸收和改变自己，以适应新的政治与社会环境。首先，明代的穆斯林

---

① 如回族将领常遇春、胡大海、沐英、蓝玉、丁德兴、冯胜、冯国用等人。

② 实际上是信奉伊斯兰教的"人"，因为各种非宗教的社会活动而在中国大范围地流动，并非是伊斯兰教这种宗教在大范围地传播。伊斯兰教是作为"附着物"而被动地流传，不是作为一种宗教在主动传播。

③ 这个特点带来一个问题，就是亦教亦族、亦族亦教、族教不分，这就一方面要求广大的宗教工作者，懂得党和国家的民族政策，另一方面要求民族工作者懂得相应的宗教政策。

表现出强烈的"慕义来朝"倾向，愿意接受中国文化。如明嘉靖二年（1523年），宣化清真南寺《重修礼拜寺记》说："凡有血气者靡不倾心向化，慕中国而杂居于其间，不可枚举也。"明隆庆六年（1572年），易州清真寺《住持题名碑记》谓，东来的穆斯林"继圣传流，向化于中国"，表达出对中国的热爱和向往之情。其次，是对中国传统文化的学习与接受。如元末明初著名回族诗人丁鹤年（1335～1424年），幼时就推辞荫叙袭官而立志"奋身为儒生"，十七岁时精通《诗》、《书》和"三礼"，一生行事严格以儒家伦理要求自己，元亡时，33岁的他正当人生壮年，却甘愿做元朝的一个"草泽遗民"而"偷生江南"，但求"只留清气在人间"。他主张做人"毋忘孝与忠"，被誉为"忠孝诗人"。时人乌斯道曾撰《丁孝子传》和《丁孝子诗》，丁鹤年既是著名诗人，又是有名的孝子。① 再如嘉靖七年（1528年）的济南清真南大寺《来复铭》碑刻，由该寺掌教陈思撰写，以"无极太极，两仪五行，元于无声，始于无形"来描述生命之初始（"来"），表现出很深的理学功底，以至于有人认为"宋人理学由回教蜕化而出"，国学大师章太炎甚至也发出"张子（指张载——原引者注）或许是从回教求得的"② 感慨。最后是从理论上接受中国传统的政治伦理文化，特别是忠君报国和忠君孝亲的观念，并在实践中加以遵行。如上述丁鹤年甘愿做元朝的一个"草泽遗民"以及清初米喇印、丁国栋的"反清复明"起义等，都表现出对中央政权的忠诚和报效之心。忠君和孝亲，是中国传统社会伦理的核心。伊斯兰教也强调孝敬父母③并服从主事人④，所以与儒家的忠孝思想顺利"接轨"，没有任何排斥。后来忠孝观念进一步与对安拉的崇拜结合，如天启二年（1622年），大同清真大寺《重修礼拜寺记》称伊斯兰教的"念功"为"敬天忠君孝亲，务践其实"⑤，开始引入儒家伦理思想，并加以会通。《圣训》"爱国是伊玛尼⑥的一部分"，在中国与忠君观念融合为一，成为中国穆斯林报效祖国、建设祖国的经典依据。清真寺里也供起了皇帝的圣旨，以及在祈祷中加入"祝延圣

---

① 白寿彝主编：《回族人物志》（明代），宁夏人民出版社1988年版，第136页。
② 李兴华、秦惠彬、冯今源、沙秋真：《中国伊斯兰教史》，中国社会科学出版社1998年版，第368页。
③⑤ 《古兰经》（4：36）谓："你们当崇拜真主，不要以任何物配他，当孝敬父母，当优待亲戚，当怜恤孤儿，当救济贫民，当亲爱近邻、远邻和伴侣，当款待旅客，当宽待奴仆。真主的确不喜爱傲慢的、矜夸的人。"
④ 《古兰经》（4：59）谓："信道的人们啊！你们当服从真主，应当服从使者和你们中的主事人，如果你们为一件事而争执，你们使那件事归真主和使者［判决］，如果你们确信真主和末日的话。这对于你们是裨益更多的，是结果更美的。"
⑥ 伊玛尼：阿拉伯文"الإيمان"（信仰）的音译。

寿"① 的内容。如"上祝皇王寿万年，下祷黎民期难老"成为穆斯林碑刻与祝祷的常用语。早在元代，中央一级的机构"回回哈的所"就有为国祈福的职责，亦即代表全国穆斯林为蒙元皇帝祈福。明朝的一个显著变化是，虽然中央一级没有专设的回回管理机构，但敕赐礼拜寺的修建、修缮，需由礼部行文；其掌教住持的任命，要报呈礼部并由礼部发给札副冠带，以"俾专焚修，祝延圣寿"。

作为中国人一分子的明朝穆斯林，随着在全国范围内由大中城市、主要商业中心向中小城镇和农村的移动，最后形成"大分散，小集中"的居住格局，以及社会政治经济地位的变迁，其生活方式逐步由商业经营为主过渡到以农业经济为主、商业经营为辅，即由游牧商业经济形态向定居的农业经济形态转变，逐步与土地结合，以适应中国"以农为本"的基本国情。伴随这一改变，曾经活跃于中国和阿拉伯之间的国际贸易领域、富甲一方、风光无限的回回巨商大贾们也逐渐蜕变为走街串巷的小商小贩。伊斯兰教作为一种宗教信仰，自然地转变为依附于土地的农业经济方式下的若干民族所共同遵守的生活习俗和伦理规范。这是因为迄今为止伊斯兰教在中国尚未达到自觉传播的阶段，仅仅是一个附属物和一种伴生现象。

明清之际，伊斯兰教苏非主义在中国的影响日益增加。清初百年，历经顺治、康熙、雍正三代及乾隆前期，清廷认为伊斯兰教"乃其先代留遗，家风土俗"②，虽允许其存在，但却相当鄙视，谓其"原一无所取"。有清一代，满族统治者对于各族穆斯林的政策，渐由民族和宗教的歧视发展为政治与军事的迫害，对于敢于反抗的穆斯林则进行残酷的屠杀和镇压，实行高压为主、怀柔为辅的铁血政策。这一时期，伊斯兰教在中国有了如下新变化：第一，伊斯兰教首次成为中国境内 10 个民族所共同信仰的民族宗教，密切影响着这 10 个民族的经济、政治、文化和社会生活，对于这 10 个民族的民族进步与社会发展，举足轻重。第二，随着伊斯兰教对于中国传统文化的进一步吸收和融合，中国伊斯兰宗教教育制度的兴起，以及汉文译著活动的展开，具有鲜明中国特色的伊斯兰教哲学（即中国伊斯兰教哲学）应运而生。第三，适应中国穆斯林"大分散，小集中"的民族区域居住特色，以及中华民族总的民族区域分布和自然地理特点，顺应中国国内社会经济发展不平衡的总状况，伊斯兰教在中国呈现出突出的民族特色和区域特色。民族特色即明显地表现为两大民族系统：以维吾尔族为代表的突厥语诸民族系统和以回族为代表的汉语诸民族系统；区域特色，要而言之即呈现出新疆、西北和内地三个明显不同的文化区域。

---

① 元至正三年（1348 年）《定州重建礼拜寺碑记》谓"礼拜寺，乃教众朝夕拜天、祝延圣寿之所"，见甘肃民族研究所编：《伊斯兰教在中国》，宁夏人民出版社 1982 年版，第 59 页。

② 雍正七年（1729 年）四月，上谕回民诏书。

二、经堂教育的勃兴

16 世纪中叶兴起于陕西渭城的经堂教育又称寺院教育或回文大学，是中国伊斯兰教的一种宗教教育制度。经堂教育一般是在清真寺内进行，由对伊斯兰教经典有一定研究的教长（伊玛目）担任教师，学生都是穆斯林弟子，经堂教育旨在传授伊斯兰教一般知识和培养穆斯林宗教生活所需要的接班人。

回回等族伊斯兰教的经堂教育，一般认为其倡兴者为明嘉靖、万历年间陕西咸阳渭城人胡登洲（1522～1597 年）。渭城位于关中的西端，东距长安（今西安）不及百里，北邻泾阳，南襟渭水，是西出关中的要道，也是中原和西域客商云集之地。至明中叶，关中经济得到恢复和发展，农业、制茶业、皮毛业、土产购销等获得一定程度的发展，穆斯林以农为主、农商结合的经济与之相适应，获得适度发展。胡登洲，字明普，幼习儒书，长受伊斯兰教育，并拜来华的阿拉伯伊斯兰教经师"缠头叟"①为师，学习有关伊斯兰教的天人性命之学。由于目睹当时伊斯兰教"经文匮乏，学人寥落，既传译之不明，复阐扬之无自"的现状，胡登洲"遂慨然以发明正道为己任"，最先在家里②设馆授徒，并且设法给学生提供生活费：或者自己供给学生生活，或者让学生半工半读。这种类似私塾式的教育活动，便是后来经堂教育的开端。随着经堂教育的普遍展开，伊斯兰教知识得以在中国穆斯林中广泛传播。

经堂教育包括小学、中学和大学，小学是专为少年儿童开设的入门班；中学是专为成年人开设的补习班或扫盲班；大学是专为培养伊斯兰教接班人阿訇而设，学生称为"海里凡"或"满剌"，是经堂教育的主要形式。三者之间不是一种连贯的教育体制，学习期限也没有严格规定。就是较为系统的大学，只要学生学完必修经典、具备必要的宗教知识和独立宣讲教义的能力，就可以毕业。毕业典礼是由教坊经师和教众为其举行"穿衣"或"挂幛"仪式。"穿衣"包括：精工绣制的礼拜帽一顶，"戴斯塔儿"（缠头巾）一条，绿呢大衣一件，大衣的前胸和后襟均用金色丝线绣有阿拉伯文"都阿"③；由经师、阿訇或有威望的"乡老"为毕业的学生穿戴，接着由毕业生代表做关于《古兰经》和《圣训》

---

① 缠头叟：汉文原意为戴着阿拉伯式样缠头巾的老者。中国伊斯兰教许多经学大师都有与之接触的记载，很可能是指一类人而非一个人；或者是泛指来自中亚、西亚的伊斯兰教经师，特指苏非派传教士。

② 关于胡登洲经堂教育的最初地点，或者认为是在寺里（白寿彝：《中国伊斯兰史纲要》，第43页），或者认为是在家里（冯今源：《中国的伊斯兰教》，第 180 页；李兴华、秦惠彬、冯今源、沙秋真：《中国伊斯兰教史》，第 506 页）。这里姑从后者的观点。

③ 都阿：阿拉伯文"祈祷"的音译，又译"都哇"、"都阿义"，即祈祷安拉赐福的祈祷词。

的演讲。此后,"海里凡"即成为"穿衣阿訇",具备了担任阿訇的资格。毕业典礼后,亲友咸来道贺。南方盛行"穿衣",北方习惯"挂幛"。"挂幛"即在一块锦帛上书写毕业生的姓名、学历及师承关系,类似文凭,可以悬挂,故名。因为是用锦帛书写,又称"锦幛"。

经堂教育的主要课程,一般称为"十三本经"(或"十四本经")。主要包括《古兰经》、《圣训》及《〈古兰经〉注释》,以及认主学(教义学)、教法学和阿拉伯语法与修辞学,还有宗教哲学、文学等著作。经堂教育课本多是阿拉伯文和波斯文原文,主要也是由于经堂教学的实际需要,产生了"经堂语"和"小儿锦"。

自胡登洲到现在,三四百年间,寺院教育的主要课程不外乎教法和宗教哲学。课本,或用阿拉伯文,或用波斯文。现在回教寺院教育普遍有"十四本经"之说。这十四种经籍,并不是每一个经学生必须完全学习的,也不是于这十四种以外,不准学别的东西。这不过是寺院教育中的主要课程罢了。①

"经堂语"是阿拉伯文、波斯文词汇的汉文音译与汉文词汇共同构成的一种混合语言,在使用汉语作为生活与交际语言的回族穆斯林经堂教育中流行。如"朝汉志",其中"朝"是汉文,为动词;"汉志"则是阿拉伯文朝觐的音译。"朝汉志"意为朝觐。

"小儿锦"是一种使用阿拉伯文字母拼写汉语的一种汉语拼音文字,并包含有阿拉伯语、波斯语语汇,有时也夹杂一两个汉字。云南穆斯林称此为"别字经"。"小儿锦"亦称"消经"、"小经",所谓"消经"即将所学经典消化理解之意。在新疆地区,是将仅有辅音的阿拉伯语经文加上标注元音的符号,这种标注元音符号的《古兰经》等经典,称为"消经";在甘青宁地区,是将所学经文用阿拉伯字母拼译成汉语作为课后复习时的参考,这种办法称为"消一消"。所谓"小经",是与《古兰经》等经典相对而言,阿拉伯文原文经典称为"大经",而把用阿拉伯文字母拼写、按汉语发音的经典称为"小经"②。"小儿锦"适应了使用汉语作为生活与交际语言(而非书面语言)的广大北方(包括西北)地区回族穆斯林的语言状况,在经堂教育中广为流行。

第四节 中国伊斯兰文化

明清之际的伊斯兰文化,集中表现为经堂教育的勃兴、汉文译著活动的展开

---

① 白寿彝:《中国回教小史》,商务印书馆1944年版,第27~29页。
② 冯今源:《中国的伊斯兰教》,宁夏人民出版社1991年版,第193页。

以及一大批"学通四教"、"经汉两通"的中国伊斯兰学者的涌现。① 明清之际伊斯兰文化的勃兴，主要有两个原因：其一是穆斯林内部新生代宗教知识的普遍匮乏，在穆斯林内部产生了一种迫切希望了解民族宗教信仰的现实需要；其二是由于居于中国社会主导地位的汉语知识阶层的日益增加的误解与曲解，迫使穆斯林知识分子中的先进者（内地主要是回族学者）挺身而出，著书立说，阐发伊斯兰教教旨、弘扬伊斯兰文化。

经堂教育基本上是对内的，是一种内部的宗教教育制度，从满足内地回族等族的广大穆斯林基本宗教生活需要出发，较好地顺应了伊斯兰教中国化的历史进程。宗教学术活动，则兼有对内传播宗教知识与对外交流宗教文化两个基本功能，由于学术研究的个体特性和局限于知识阶层，所以其范围受到限制。加之这种宗教学术活动主要表现为汉文译著，以汉文作为书面语和学术语言，成为广大穆斯林接受时的一个巨大障碍，首先使得客观上不能阅读汉文（或汉文程度不高）者望而却步；其次是主观心理上拒绝汉文这种非经典文字者，不仅会加以拒绝，而且会加以反对。所以伊斯兰汉文译著活动，一面是曲高而和者寡，一面是在与回族等族穆斯林大众宗教心理的沟通方面尚有一定距离，因此汉文译著活动虽然一时间形成"星星之火"的繁荣局面，但三百年逝去了，"燎原之势"尚未到来。

经堂教育实际上是满足了作为宗教信仰者宗教信仰生存的基本需要，并且采取穆斯林喜闻乐见的形式，如主要使用阿拉伯语、波斯语等经典语言来进行书面教学，汉语成为生活、交际语言与学习工具，满足了穆斯林的社会心理与宗教心理，所以成为穆斯林社会广为接受、支持和嘉许的宗教教育活动。明清鼎革之际兴起的伊斯兰汉文译著活动，顺应了当时回族系统的穆斯林先进学者探讨民族宗教进一步发展的需求，获得了一定程度的发展，但并不能单独完成中国伊斯兰教近代化和现代化的转变，只是为此一转变奠定了一个基础。

一、经堂教育学派

康熙五十七年（1718年）韩城县贾毓麟所撰之《建修胡太师祖佳城记》谓，"维吾教之流于中国者，远处东极，经文匮乏，学人寥落，既传译之不明，复阐扬之无自。天运循环，无往不复，而有明嘉靖元年（1522年）我胡太师祖出焉。师祖讳登洲，字明普，世籍渭滨，幼肄儒业，长随同乡高师祖习受本教之学，聆其大略，而于经文教典之义，天人性命之理，无不豁然尽解

---

① 限于资料和论文主旨，本节对于这一时期伊斯兰学术的考察，主要限于内地回族系统。

矣。遂慨然以发明正道为己任,远近负笈来学者,师祖悉为供给,乐为教育"①。胡登洲(1522~1597年)率先改革口头传授教义的传统方法,在陕西地区清真寺内招收学员,讲经授业,开中国伊斯兰教寺院经堂教育之先河。经四代掌门人传授,授徒数百人,百年后所造就之人才多若繁星。著名弟子有冯二阿訇和海巴巴。不属于胡登洲传授系统的著名经师有王龙、黑云南和刘长清,他们和周老爷②同时,都在陕西讲学,学问与弟子方面和周老爷不相伯仲,当时曾有歌谣说:"王一角,周半边,黑云上来遮满天。"还有歌谣:"周一点,刘一片,黑云上来遮满天。③"

由于经堂教育是自发地在全国各地开展,没有统一教材,也没有统一标准,全靠教师的个人努力和师传特色。所以很快以地域为特点,因教学内容和教学特点的不同而形成的中国伊斯兰教经堂教育学派应运而生,主要学派有:

一是陕西学派,以胡登洲(1522~1597年)及其初传弟子为代表。该派注重讲授"认主学"("尔噶一德"即伊斯兰教义学),多采用阿拉伯文课本,主张讲解经文"精而专",影响及于西北、河南和安徽。④ 胡登洲对于正心诚意、穷理尽性之学,十分重视。弟子"冯二巴巴"著有《米萨依德·纳直》,是用阿拉伯文撰写的问答体教义学著述。

二是山东学派,以常志美(约1610~1670年)、李永寿(延龄)为代表。常、李二人均为济宁人,幼时二人同读儒书,及长又同习伊斯兰教经典。先师从胡登洲四传弟子马真吾,后师从其三传弟子张少山。常侧重于《纳哈瓦》(语法学)和《白亚尼》(修辞学),李侧重于《费格哈》(教法学)。著名经师舍起灵、伍遵契、马鸣皋、米万济、马伯良等,均出其门下。山东学派擅长《古兰经》注疏和波斯文经典,主张"精而熟",阿拉伯文和波斯文课本兼授,传播于华北及东北地区。⑤ 常志美编著的波斯文法《海瓦依·米诺哈吉》享誉"西域天方诸国"。弟子舍起灵(字蕴善)译《醒迷录》,由蕴善口授、弟子赵灿撰写《经学系传谱》;米万济著《教款微论》,马伯良著《教款捷要》;伍遵契著《修真蒙引》,合译《归真要道》(《米尔萨德》);再传弟子常杰著《舍凡雷哈凡拉一都》一册,并曾手抄《波阿字典》三册⑥。

三是金陵学派,以王岱舆(约1584~1670年)、刘智(约1655~1745年)为代表,汉文化造诣较高,学通"四教"(儒、释、道和伊斯兰教),以汉文注

---

① 冯增烈:《〈建修胡太师祖佳城记〉碑叙》,载《中国穆斯林》1981年第2期,第25页。
② 周老爷,周大阿訇,陕西学派奠基人,早年有八大弟子,晚年收诸小弟子,小弟子的学业成就又在八大弟子之上。小弟子中著名者如马德新。
③ 白寿彝:《中国伊斯兰史纲要》,文通书局1920年版,第44页。
④⑤ 金宜久主编:《伊斯兰教概论》,青海人民出版社1987年版,第361页。
⑥ 冯今源:《中国的伊斯兰教》,宁夏人民出版社1991年版,第181~182页。

释伊斯兰教经学，其汉文译著被称做"汉凯塔卜"①（即汉文经典）。

四是云南学派，以马注（1640~1711年）、马德新（1794~1874年）、马联元（1841~1903年）为代表，长于阿拉伯文、波斯文经典，兼有陕西、山东两学派的特点。既直接获得北方经堂教育的传承，又形成于深受儒家文化影响的南方（云南）地区，故兼有北方经学与南方汉文译著两大学术特色。

经堂教育自16世纪中叶肇始于陕西渭城，经历明清两代三百余年的历史嬗变，不仅顺利完成伊斯兰教中国化的历史进程，而且还为我国穆斯林民族培养了一代又一代"经汉两通"的宗教人才，促进了穆斯林民族的文化教育。庞士谦谓，自"果园哈只"马万福（1849~1934年）20世纪初提出"尊经革俗"以来，"旧式所用之课本，渐渐亦有变动，除原有课本外，又增添《麦勒格》（教法经 راقي الفلاح），《伊尔沙德》（教法及宗教道德 مجالس الارشاد)②，《麦克土布》（教法及宗教道德 مكتوبات)③，《托里格台》（宗教道德 طريقة محمدية)④，甚至于讲授《ابن عابدين》沙米（为教法中最大者）等，大致乃趋重于教法及宗教道德的一类书。此乃由深研认主学而变为深研教法学的一个时期。"这是使用汉语的西北穆斯林经堂教育的情形，至于广大的东部穆斯林，如北京、山西、河南、山东、上海、四川和云南等地，均由单纯的"回文大学"改为"中阿兼受"（即增加了汉语言文化课程）。庞士谦谓，"于是旧日所用之阿文课程及课本，又为之一变。除教授中文功课而外，而又使阿文教授方法现代法，多有编定课程标准，采用埃及最新教本者矣。"⑤

二、汉文译著的涌现

16世纪末至19世纪末，明清300年间的伊斯兰汉文译著活动，要而言之，分为两个阶段。第一阶段从王岱舆（约1570~1660年）、马注（1640~1711年）到刘智（约1660~约1730年）大约150年，第二阶段从马德新（1794~1874

---

① 汉凯塔卜："汉"指汉文、汉语，"凯塔卜"是阿拉伯文"الكتاب"（书）的音译，意为宗教经典。"汉凯塔卜"的含义即使用汉语书写的伊斯兰经典（褒义）或"汉语"经典（贬义）。

② 一译《麦札利斯·伊尔沙迪耶》，即《修真指南讲座集》，旧译为《指迷集》，或以之为《伦理学》，土耳其穆罕默德·艾敏·阿凡提著，1906年出版。全书包括115个专题，分别讲述伊玛尼、信仰大纲、五项天命、信主信圣、遵经、后世回赐等。20世纪50年代初，上海穆民经书公司曾影印出版。

③ [印度]伊玛目冉巴尼·希尔辛迪（الإمام الرباني السرهندي 1563~1624）所著之书信集，中国经堂教育以之为《理学》。《麦克图白特·书信集》，香港天马出版社2005年版。

④ "طريقة محمدية و شريعة نبوية" 可以直译为《穆罕默德的道路和先知的律法》。

⑤ 庞士谦：《中国回教寺院教育之沿革及课本》（1936年），李兴华、冯今源编：载《中国伊斯兰教史参考资料选编》（下），宁夏人民出版社1985年版，第1028页。

年）到马联元（1841~1895年）大约100年。汉文译著活动的第一阶段以南京、江苏为中心，译著的内容基本上限于宗教哲学和宗教典制以及伊斯兰教史与教法方面。第二阶段，译述和发表地域以云南为主，译著内容发展到阿拉伯语语法与修辞学以及天文、历法、地理和《古兰经》的汉译。

（一）汉文译著的区域与背景

汉文译著活动的展开是伊斯兰学术运动兴起的重要表现，明清之际，继北方兴起经堂教育运动之后，南方地区，先是以南京、苏州为中心出现了以王岱舆、刘智为代表的"汉学派"。其后，以云南为中心出现了以马注、马德新、马联元为代表的云南学派。汉文译著活动一般兴起于文化经济均较发达的中心城市，参与其间的译著者一般均具有较高的经（阿拉伯文、波斯文）汉文造诣，对于中国传统文化和阿拉伯伊斯兰文化均有较为深入系统的把握，大多数学者堪称学通"四教"，且重视使用汉文作为书面语言和学术语言来注释和翻译伊斯兰教经典，有大量被称做"汉凯塔卜"的汉文译著，个别学者也有阿拉伯文、波斯文伊斯兰教著述。汉文译著活动的目的：一是对于穆斯林内部，特别是那些深受汉语言文化影响的内地回族穆斯林，通过书面的形式来宣传伊斯兰教，改变过去那种"教义不彰，教理不讲"的状况，使那些穆斯林新生代在远离清真寺之时也能获得相关的伊斯兰教知识；二是对于广大的非穆斯林社会，特别是其中的知识阶层，介绍伊斯兰教、弘扬伊斯兰文化，旨在把伊斯兰教作为一种文化知识加以介绍，而非传教，俾使汉族士大夫认识到伊斯兰教与儒教"隔教不隔理"。前者顺应了时代的潮流和南方地区的社会与经济发展的一般状况，是传教思路（理念）上的重大变革，即通过汉语言文字这一学术文化主流传播媒介来宣传与介绍伊斯兰教，使得伊斯兰教由于与汉语言文字的紧密结合而获得了全新的生存空间和一定的独立性。就是说即使没有清真寺、没有伊玛目（阿訇或教长）、没有"卡的"（伊斯兰教法官），而只要有汉语言文字，伊斯兰教就有可能存在。当然，此时的伊斯兰教也就成为"伊斯兰教知识"、"伊斯兰教文化"等理论形态的存在，因为任何宗教一旦与其必要的宗教实践相脱离，则将蜕变成为一种"宗教知识"与"宗教理论"，而非完整意义上的宗教。

1536年的一份泉州《丁氏家谱》说，"回回已不懂《古兰经》的文义，也没有要求懂得的意思。"万历年间（1573~1619年），不少穆斯林对于《古兰经》能诵读而不解其义，更有学者主张"吾于经取其不译而已矣"，因为"禅经译而经杂，净经（指《古兰经》）不译而经不杂"，所以主张"多言释道，不如冥冥"①。苏州阿訇周士骐欲译经并注释，其表兄张君时（著作有《四篇要道》）表示译经典不易，而且非有名师去做不可，否则不但不会被大众接受，而且还会遭人物议。清初对于使用汉文著述，人们仍心存疑虑，"非乐于令人习学汉文，而不习经文，万勿以此自限，以阻学经之念"②。另外，由于对于伊斯兰教的隔阂，知识界产生了许多误解和成见。一代大师顾炎武（1613~1682年）《日知录》谓："天子无故不杀牛。而今之回子③终日杀牛为膳。宜先禁此，则夷风可以渐革。唐时赦文，每曰十恶五逆、火光行劫、持刃杀人、官典犯赃、屠牛铸钱、合造毒药，不在原赦之限，可见古法以屠牛为重也。"④

（二）汉文译著的成就与宗旨

面对上述理论与现实的困境，王岱舆著《正教真诠》（1642年刊行）、《清真大学》，一面试图"真实地诠释正教"（伊斯兰教），一面企图构建中国伊斯兰教义学——"真一哲学"（即"认一论"、"讨赫德学"），开始了"以回道包儒道"（金世和《清真大学》序）和"以儒诠经"的伟大学术创举。马注约在康熙二十二年（1683年）撰成《清真指南》一卷，欲呈朝廷以求御览。旨在全面介绍伊斯兰教，"上穷造化，中尽修身，末言后世"，内容涉及伊斯兰教历史、教义、教法、哲学、天文、传说等。刘智著译《天方性理》（约1704年）、《天方典礼》（1710年）、《天方至圣实录》（1778年），并于乾隆四十七年（1782年）进呈，其中《天方典礼》被收入《四库全书总目》子部杂家类存目。"《典礼》者明教之书也，《性理》者明道之书也，今复著《至圣录》以明教道渊源之自出而示天下，以证［教］⑤道之全体也"（刘智："《天方至圣实录》著书述"）。即《典礼》旨在阐明伊斯兰教基本信仰和礼仪，《性理》旨在说明伊斯兰教的基本教义和哲理，《至圣录》旨在阐述伊斯兰教及其哲理之渊源。《天方性理》"首言大世界理象显著之序，以及天地人物各具之功能与其变化生死之故；次言小世界身性显著之序，以及身心性命所藏之用与其圣凡善恶之由；末章总合大小世界分合之妙理、浑合之精义而归竟于一身"（刘智："《天方性理》序"）。刘智通过《天方性理》成为中国伊斯兰哲学的集大成者，体系完备、义理精深的中国伊斯兰哲学（以"认一论"为核心），由是而建立。至此，经堂教育使得伊斯兰教的寺院教育实现了中国化，穆斯

---

① 杨永昌：《早期伊斯兰教学术在中国传播情况的探讨》，载甘肃民族研究所编：《伊斯兰教在中国》，宁夏人民出版社1982年版，第46页。
② （清）马伯良：《教款捷要·序》，康熙戊午年（1678年）成书，有清光绪五年陕西省城清真大寺版。
③ "回子"是对于回民的一种侮辱性称呼，实际上就是一种辱骂。
④ 转引自白寿彝：《中国回教小史》第六章，宁夏人民出版社2000年版，第25页。此即典型地反映了农业经济伦理与商业经济伦理的文明冲突。
⑤ "教"字系笔者据文意所加。

林的汉文译著（尤其是《清真大学》和《天方性理》）使得伊斯兰教在义理方面实现中国化。

（三）宗教经典的语言

此时穆斯林学者处于十分为难的境地：一方面为许多穆斯林"幼而失学"不懂教门的现状焦虑，另一方面又担心由于学习汉文伊斯兰教经典译著而可能妨碍人们的"学经之念"。这里其实有一个宗教经典的语言表述问题，因为《古兰经》曾明确地说，"我的确知道，他们说过：'这只是一个凡人所传授的。'他们所倾向的那个人的语言是化外人〔的语言〕，而这〔部经典的语言〕是明白的阿拉伯语。"（16：103）"这《古兰经》确是全世界的主所启示的。那忠实的精神把它降示在你的心上，以便你警告众人，以明白的阿拉伯语。"（26：192～195）在阿拉伯伊斯兰帝国，阿拉伯语作为神圣经典《古兰经》的语言和统治者的语言，是国家宗教的语言和官方语言，取得了空前未有的权威地位和学术文化上的巨大成就，因而又成为学术语言和科学语言。然而，相对于阿拉伯伊斯兰文化来说，中国就是一个文化意义上的边缘。唐宋时期来华的大食商人也好，元时作为蒙古人的"西域亲军"而被迫东迁的、数以百万计的西域回回也罢，均未能使阿拉伯伊斯兰文化成为中国社会的中心文化和主导文化，伊斯兰教也从来没有成为中国居于统治地位的宗教，这与阿拉伯人到达波斯和埃及等地全然两样，可以说根本是完全不同。大食商人之东来是为了商业利润，元时回回之东迁则是出于国破家亡后的一种无奈。为了生存，宗教信仰成为他们所固守的精神家园。

如何解决经典的语言问题，首先应该是哈里发和教法说明官的职责，但是在没有政权的情形下，即没有哈里发、甚至也没有权威的教法学家的情形下，如何解决此类问题，一直是中国穆斯林心中的块垒。

综上所述，伊斯兰教自唐宋之初传至元明的普传，其信仰者经历了十分重大的身份变化：唐宋时期，东来的大食商人与"蕃客"，多系外籍侨民；元代开始，遍及华夏的回回已经是以"中原为家"了，无论是从国家政治层面、社会法律与制度层面，"回回"均非"化外之民"，早已是中华子民。明清以降开始的穆斯林汉文译著活动，特别是王岱舆和刘智的著作，成功地构建了"中国伊斯兰教义学"，也就是实现了伊斯兰教信仰的"中国化"。伊斯兰教在中国的"中国化"，表现为民族化、地方化；经堂教育为信仰的"中国化"提供了可能，汉文译著活动中"以儒诠经"的努力为"宗教义理"的"中国化"开辟了道路。与此同时，宗教制度（"蕃坊制"、"三掌教制"）与宗教派别的"中国化"，也从一个重要方面共同促进了"中国伊斯兰教"的诞生。

第二十章

基督教与中国文化的磨合

从本编前面几章可以看到，中国文化的博大胸襟和宽广内涵不仅使中国本土的各种文化和宗教相互融合，而且也不断地把外来宗教化入自己文化的血脉。在这个融合过程中，中国文化不仅不断丰富着自己，而且对世界文化的发展做出了巨大的贡献。佛教的中国化就是最成功的例子。佛教文化不仅深刻影响了中国文化的发展，而且，中国佛教独特的文化成就已经超过了佛教的起源地印度。中国的伊斯兰教虽然没能形成像佛教那样的巨大影响，但也已经成为中国文明中的一个组成部分。

而今，同样的文化交流与融合，正发生在中国基督教当中。基督教对中国文明的渗透不仅体现在建制性的各派基督宗教上面，而且体现在诞生自基督教文明的现代性生活方式当中。从这个方面讲，基督教对中国文化的影响不简单在于多少人信奉了基督教和出现了多少中国教会，而是在于，现代中国文化总要面对以基督教文化为核心的现代西方文明的冲击。这样一个全面性的冲击，不仅远远超过了以民族为载体的伊斯兰教，甚至不亚于当初佛教的大规模进入。如何理解并消化基督教对中国文化的冲击，可以说，是中国文化如何面对并超越三千年未有之大变局的一个根本性的文化挑战。

基督教何时进入中国，有种种说法[①]。现在比较公认的是，最晚在唐代的时候，基督教的聂斯托利派就已经进入了中国，当时称为"景教"。明天启年间发现的"大秦景教流行中国碑"立于唐德宗建中二年（781年），其中记载，唐太

---

① 参见孙尚扬、钟鸣旦：《一八四〇年前的中国基督教》，学苑出版社2004年版，第60~64页。

宗贞观九年，大秦（即波斯）主教来到长安，受到唐太宗的礼遇。太宗下诏，认为该教"济物利人，宜行天下"①。后经会昌法难和黄巢起义，中国的景教基本被消灭了②。天主教于元代传入中国，基督徒在元朝文献中称为"也里可温"。但随着元朝的灭亡，天主教也消失了③。孙尚扬和钟鸣旦中肯地指出，唐元时代基督教由于没有发展出自己的独特神学语言，对主流社会和文化没有产生影响，而且与政治关系过于密切等原因，在中国的传播是失败的④。确实，唐元时代进入中国的基督教，最多只能算很浅层面的文化交流，对于双方都没有实质的文化意义，因而在两个巨大的文明中都没有留下多少痕迹。

而明末清初进入中国的天主教，其主力则是已经有着鲜明的现代特征的耶稣会了。耶稣会是天主教与新教斗争中发展壮大起来的。它的海外扩张不仅伴随着欧洲地理大发现之后的世界殖民运动，而且也是天主教进一步对抗新教的挑战的必然要求。自利玛窦以降的传教士在传教问题上都煞费苦心。他们努力研究中国的文化和思想，力图使天主教能够得到中国儒生的接受。传教士一方面用儒家思想附会天主教教义，另一方面又批判儒家一些与天主教相违背的观念。应当说，这一时期耶儒之间的融合和冲突都是实质性的。后来中西文明冲突中的很多重要问题，在这个时候已经现出端倪。康熙时的礼仪之争就是两种文化实质冲突的反映。

1807 年，英国人马礼逊从美国来到广州。他是来到中国的第一位新教传教士。中国新教在 19 世纪逐渐发展壮大起来，慢慢超过了天主教。鸦片战争后不久，中国还爆发了规模浩大、影响深远的基督教起义：太平天国运动。

在近现代中国的启蒙运动中，基督教处于双重地位。一方面，它代表了先进的西方文明；另一方面，它也代表了落后的、非科学的宗教迷信。这种双重地位，是基督教在西方社会中的双重地位在中国的一种反映。崇尚科学民主的现代知识分子激烈批判包括基督教在内的一切形式的宗教。总体来看，虽然 1949 年以前的基督教有所发展，但它对中国主流社会文化的影响是很小的。

1949 年以后，天主教和新教都开展了"三自爱国"运动，使中国的基督教摆脱了西方列强的控制，同时有了发展独立的汉语神学的可能。但是由于"文化大革命"，这一时期的基督教完全丧失了发展思想的可能。

改革开放以来，天主教和新教纷纷恢复了自由活动。这一时期对基督教的研究并不限于教会内部，很多教外学者也参与到了对基督教各个方面的研究当中。客观地讲，这一时期基督教研究的最大成果并不在教会内部，而是在教外学者当

---

① 顾卫民：《中国天主教编年史》，上海书店出版社 2003 年版，第 3 页。
② 顾卫民：《中国天主教编年史》，上海书店出版社 2003 年版，第 4 页。
③ 参见萧若瑟：《天主教传行中国考》（民国丛书版），上海书店出版社 1989 年版，第 93 页。
④ 孙尚扬、钟鸣旦：《一八四〇年前的中国基督教》，学苑出版社 2004 年版，第 93～104 页。

中。全国各个院校的宗教学和基督教学者将对基督教的研究放在审视现代中西文明的大视野之下来看待,取得了丰硕的成果。值得一提的是,20世纪80年代以来兴起的基督教哲学研究方兴未艾,使这一阶段成为中国基督教研究史上最辉煌的阶段。

以上是对中国基督教历史的简单概述。下面,我们更加详细地讨论基督教与中国文化的磨合过程。

第一节 耶教东来:中西文明相遇和对话

比起后来进入中国的基督教各流派来,明末清初来华的天主教没有附着在殖民侵略和政治不平等的基础上,一般被认为是一次平等的文化交流和对话。确实,从这次文化交流的结果上来看,天主教只不过为中国士人提供了一种宗教选择,并没有在中国的文化机体和政治制度上带来具有根本意义的文化裂变。但是,尽管传教士是当时欧洲基督教中保守派的耶稣会士,我们不能忘记,耶稣会本身已经和传统的天主教非常不同。它不仅是在应对新教改革的过程中发展壮大的,而且传教士的东来本身就有着明确的殖民目的。从整个世界历史的格局来看,利玛窦等耶稣会士的东方传教,是一个具有鲜明现代性品格的事件。例如,在印度的传教,就给当地文化和社会带来了巨大的裂变。相比而言,天主教进入中国之所以没有带来这种裂变,并不是因为耶稣会的传教士们对中国就特别友好,只不过是因为当时的中国无论在政治上还是文化上,都不仅是自足的,而且是强大的。[①]

从这个意义上讲,明末天主教之所以成为一次纯粹文化之间的交流,而没能变成西方现代文明的一次渗透与侵略,其原因是偶然的;到后来,基督教伴随着坚船利炮再次进入中国的时候,反而并不是偶然,而是迟早要到来的必然。因此,明末清初这次所谓平等的交流与对话,只不过是后来西方文明的强行入侵的一次文化预演而已。因此,我们不能过于夸大这次文化交流的和平特征。它与当初佛教的和平传播,根本就是不可同日而语的。这并不仅仅因为,基督教后来偶然地与坚船利炮结合在了一起,而是在于,基督教以及相应的现代西方文明总体,就不仅仅是单纯的文化性学说,其宗教观念和世界图景中都有着明确的政治取向。迄今为止,我们很难找到现代基督教在西方以外的哪个地方传播,而没有

---

① 参考刘小枫:《圣灵降临的叙事》,生活·读书·新知三联书店2003年版,第8~10页。

伴随着政治征服与冲突的。相比而言，倒是明末这一次天主教东传，是少有的一次和平传播。

而且，在历史上，明末的天主教来华，毕竟是这样一次少见的和平传播。其和平交流的基本事实，我们仍然不可忽视。它毕竟提供了一次传统儒家与天主教对等交手的一次难得的机会。虽然这种对等交手不可能持续下去，但对于我们理解后来更加复杂的文化冲突与磨合，毕竟提供了一个有益的参照系。

因此，我们需要立足于现代中国面对基督教这样一个大的文化语境，来审视明末清初这次文化交流，一方面要看到耶稣会士本身必然具有的现代性特征，另一方面也要看到这次交流的平等特点。

利玛窦最早进入中国的时候，主动采取了与儒家调和的策略，不仅穿上儒服，与上层士大夫相交往，而且对中国敬孔、祭祖的礼俗也采取宽容政策①。在很大程度上，利玛窦采取的调和策略是一种权宜之计。正如孙尚扬指出的，"对儒学中与基督教核心教义貌似神离的因素，他尽力采用拟同的调和之法。对儒学中异于（首先是外观，表面上异于）基督教，但又确实带有宗教、迷信色彩的思想、观念、习俗、礼仪，利玛窦则尽力销蚀其中的宗教（'异教'）意义，以便向西方人表明：中国的礼仪是可以容忍的。"②虽然利玛窦未必没有对中国文化的真诚肯定和认同③，但我们可以看到，他这是针对中国和教廷双方不得已而为之的应对策略。只有这样做，才能够一方面得到中国士大夫的接受，另一方面也得到天主教廷的支持。

对于儒家的哲学思想，早期耶稣会士也尽量采取调和政策。他们的基本取向，是"合儒斥佛"。一方面，利玛窦承认早期儒家的很多思想非常接近于天主教的观念，另一方面，他又认为儒家并不是一个正式的宗教④。利玛窦借用了儒家古典文献中的"上帝"一词来翻译天主教中至上神的观念，并极力附会当时士大夫当中流行的退化史观。他还用中国思想中一些固有的观念，来附会基督教中关于灵魂不朽、天堂地狱、人性道德的各种观念⑤。

不过，这种调和与附会毕竟难以掩盖两种文明形态之间根本的差异。利玛窦的目的，毕竟是要使天主教自身的理论在中国得以传播。对儒学的肯定，从根本上是服从于这个核心目的的。于是，在一些无法妥协的理论问题上，利玛窦对儒家思想还是展开了批判。

---

① 孙尚扬：《基督教与明末儒学》，东方出版社1994年版，第19~24页。
② 孙尚扬：《基督教与明末儒学》，东方出版社1994年版，第22页。
③ 孙尚扬：《基督教与明末儒学》，东方出版社1994年版，第52页。
④ 孙尚扬：《基督教与明末儒学》，东方出版社1994年版，第49~55页。
⑤ 孙尚扬：《基督教与明末儒学》，东方出版社1994年版，第64~95页。

首先，对于宇宙起源这一原则问题，利玛窦必须对佛老的虚无说和理学的"天理"和"太极"说进行驳诘，从而确立上帝创世的基督教学说。虽然利玛窦在这个根本问题上也不忘照顾士大夫的感情，但他还是不能放弃上帝创世这一根本原则。其次，利玛窦基于基督教中对万物有差等的基本学说，评判理学思想中"万物一体"的讲法。对于中国思想中三教合一的倾向，利玛窦也持否定意见。在出世与入世的问题上，利玛窦也极力维护天主教出世苦行的修行特点。基于对上帝的爱，利玛窦虽然宽容儒家的孝道，却要求必须把亲情之爱放在对上帝的敬爱之下。[①] 比起前面附会调和的部分来，这些冲突的内容显然是更为根本性的。无论从世界观、伦理观、人生观几个方面来看，利玛窦所宣扬的天主教哲学都与儒家，特别是当时的理学有着无法妥协的区别。于是，利玛窦借助宣扬回到古典儒家，来批判当时的儒家。本质上，这仍然是一种策略而已。无论利玛窦采取怎样的调和和迂回的策略，这种本质上的差异都是绕不过去的，因而儒家与基督教的融合也是极为艰难的。

对于中西文化的交流与冲撞，有些学者很容易陷入一个误区，即，把两个文化之间的共同之处当做文化交流和对话的出发点。如果这样来理解，那么，基督教与儒家之间就成了根本无法沟通的，因为二者在一些相当根本性的问题上不仅没有共同点，而且还是常常对立的。但这并不意味着这两种文化之间就无法对话和交流。

正如法国汉学家谢和耐敏锐地指出的，利玛窦只是一个"冒牌的儒教徒"[②]。耶稣会士们对儒家的接纳和宽容，更多的是策略性的和表面的，两大文明体系之间的根本差异，才是原则性的。而且，由于文化体系之间根本的差异，那些表面上的相近性，也往往是似是而非的。因此，西方传教士往往不会接受中国思想中的核心价值，而只是借助一些表面的相似性，以达到传教的目的。

正是因为两大文化体系之间的这种差异，明末士大夫接受天主教的并不多。而清初爆发的"礼仪之争"，根本上就是这些差异的全面爆发。

对于天主教的传教士们来说，这些根本的差异虽然会在传教上带来很大困难，但并不会造成理论和认知上的焦虑；但对于准备同时认信两者的中国基督徒来说，这就成为问题了。最终的结果，是他们对天主教的理解与吸收都与传教士们自身有非常大的不同。谢和耐指出："但相似的东西不一定相一致。中国人的关心之处，基本与传教士们的定见相反。"[③] 这尤其可以从接受了天主教的几个儒家士大夫身上看出来。

孙尚扬曾集中描述和分析了明末天主教"开教三大柱石"徐光启、李之藻、

---

① 孙尚扬：《基督教与明末儒学》，东方出版社1994年版，第101~129页。
② 谢和耐著，耿昇译：《中国与基督教：中西文化的首次撞击》，上海古籍出版社2003年版，第33页。
③ 谢和耐著，耿昇译：《中国与基督教：中西文化的首次撞击》，上海古籍出版社2003年版，第128页。

杨廷筠的经历和思想,以揭示儒家士大夫接受天主教的心路历程。其中,徐光启虽然是一个虔诚的天主教徒,但他最看重的,是用天主教来"补儒易佛",从而拯救当时政治和道德上的危机。① 李之藻则更是因为服膺西方的科学精神,而逐渐接受了传教士的启示真理。② 相比而言,杨廷筠似乎更接近传教士希望的虔诚教徒,因为他更多的是从自己安身立命的角度接近天主教。

杨廷筠本来是明末典型的士大夫。他精研易学,著述多种,对于万历皇帝的弊政曾上书直谏,而且还与东林党人过从甚密,捐资筹建东林书院。他在家居讲学的时候,还曾短暂地由儒入禅。杨廷筠在万历三十九年陷入政治低谷的时候,偶遇传教士,就想受洗入教,但因为有妾而被拒绝。他虽然对此颇为不解,但还是"痛改前非,屏妾异处",终于受洗。比起徐光启和李之藻来,杨廷筠似乎更纯粹,更接近于传教士希望看到的天主教徒。他接受了天主七天创世、道成肉身、三位一体这些基督教理论,但他仍然总是把天主教的思想与儒家学说调和会通。杨廷筠认为,儒家对天的种种说法和天主教的神学观念是完全符合的,只是所讲不能圆满。而他对天主教的理解,却又常常嫁接到理学的观念上。比如,他要强调,天主"付万理以养人之灵性",这是非常明显的理学观念;对于天主教中的原罪说,他也似乎难以理解而很少涉及,他谈得更多的,是儒家的性善说;他接受了灵魂不死和天堂地狱的说法,但却把这当成中国式的一重人生境界。他对于天主教教义的理解,呈现出种种独特方面,和传教士们还是非常不同。杨廷筠虽然是明末天主教士大夫中信仰最纯粹的一个,但还是自觉不自觉地回到了融会耶儒的道路。③

如果说传教士们对儒家的接受更多出于策略上的考虑,这些认信了天主教的士大夫们对耶儒双方都是真诚的。他们更认真地力求会通中西,因而所得出的结论往往和传教士们颇为不同。他们往往更真诚地相信基督教和古典儒家精神的相近处。更重要的是,他们总是出于一个相当儒家化的出发点和问题意识,来接受天主教。因此,哪怕在其思想非常符合天主教的说法的地方,这些讲法也常常是被放在一个儒家的框架之中来理解的。

当然,文化的嫁接和转化是在任何文化交流的过程中都免不了的。我们确实没有必要以此判断中国天主教的纯正性。不过,这种求同存异的会通方式,虽然使天主教以特殊的方式在中国留了下来,但却是嫁接在一些似是而非的相似性上,而没有认真对待此间的根本差异。天主教士大夫们虽然能够更坦然地同时认信二者,

---

① 谢和耐著,耿昇译:《中国与基督教:中西文化的首次撞击》,上海古籍出版社2003年版,第160~185页。
② 谢和耐著,耿昇译:《中国与基督教:中西文化的首次撞击》,上海古籍出版社2003年版,第185~200页。
③ 孙尚扬:《基督教与明末儒学》,东方出版社1994年版,第201~216页。

但这并没有充分凸显两种文化体系撞击时最可能的创造性和复杂性。无论是中国对佛教的接受，还是希腊罗马文明对基督教的接受，都是在激烈的冲撞中，而不是在强求文化体系之间的相似性中完成的。因此，在谈到天主教的东传和中西文化的接触时，我们不能仅仅关注热爱基督教的人们，同时要充分看到那些批判基督教的人们。在某种意义上，这些批判者对于文明的对话起到了同样的、甚至可能是更大的作用。文明的接触和融合，本来就应当在这种辩证的过程中逐渐完成，这样才能充分融合各自体系中最辉煌、最本质的部分。希望基督教以削足适履的方式进入中国，并没有文化上的意义。

明末，在天主教逐渐被士大夫们了解甚至接受之后，也逐渐出现了极力拒斥和批判天主教的思潮。一些士大夫因为天主教改变儒家传统的伦理、蔑视中国的圣贤、玷污中国的风化而否定他们。万历皇帝时，就曾因士大夫的请求而禁教，只是效果并不好。清朝的杨光先更是明确指出，基督教无父无君，根本不能接受。

虽然这些士大夫对基督教不够友好，但他们对于基督教与儒家的根本差异的认识，和那些传教士们却是相似的，反而比接受了天主教的士大夫们更清醒。事实上，传教士们从来都没有真正希望融会耶儒。到了清代，那种比较含糊的"利玛窦规矩"逐渐被传教士们抛弃了，天主教信仰与儒家伦理之间的冲突愈演愈烈，最终导致了"礼仪之争"和康熙朝的禁教。

明末清初的天主教东传，是中国认识基督教的一个重要阶段。不过，我们更加关心的，不是人们是否和怎样接受了基督教，而是这种接受对社会和文化的发展是否起到了实质性的改变作用，是否形成了一套足以维持和发展的自足的思想体系。比起唐元两代的基督教来，明末的天主教当然成功得多。它在朝野上下都得到了响应，而且得到了士大夫阶层当中重要人物的接受。这些都是值得今人不断研究的。不过，它在这两方面并没有产生实质性的作用：第一，明末天主教对中国的主流社会和文化并没有形成实质性的影响，甚至对接受它的士大夫们也没有形成根本的改变。第二，虽然明末几位天主教士大夫都有自己的宗教性论述，但他们这些论述仍是零散和不成体系的，并没有形成一套可以自我发展和完善的成熟的思想体系。在这两个方面，明末天主教还远远没有达到魏晋佛教的成就。因此，这次基督教东传的实质影响仍然是非常有限的；基督教的真正影响，还要等到它随着更成熟的现代精神，不断地再次输入。

第二节　太平天国：洋教形态的民间宗教

1807年，英国人马礼逊来到中国，标志着基督教与中国文化接触的一个新阶段的开始。在中国最早的新教徒中，有一个广东人梁发。他以"学善居士"之名编写了一本《劝世良言》，经过马礼逊的亲笔修改后，于 1832 年在马六甲出版。四年之后，刚刚在广州参加完乡试的洪秀全得到了这本《劝世良言》。但直到 1843 年，洪秀全再次考场失意，才拿起这本书来细读，从此接受了基督教的基本道理，并以此为指导，发动了规模浩大的太平天国运动。①

在基督教与中国文化接触的历史中，太平天国占有非常独特的位置。太平天国所信仰的拜上帝会，一方面包含了很多基本的基督教理念，另一方面又和正统的基督教相去甚远。在思想史的意义上，太平天国的基督教没有多少贡献；但在文化史的意义上，拜上帝会却是中国民间文化与基督教结合后非常典型的一种形态。虽然无论拜上帝会的思想，还是它的宗教观念，都没有对后世产生什么实质性的影响，但拜上帝会的实践不仅极大地改变了近代中国的政治和社会结构②，而且还成为中国民间基督教中不断出现的一种形态。而拜上帝会这种极为离经叛道的基督教形态，第一次使基督教对中国社会发生了巨大的整体影响。因此，在谈到基督教与中国文化的磨合过程时，我们不能忽略太平天国的拜上帝会这一独特的民间基督教模式。

洪秀全本人是儒生出身。他对基督教的理解本来有着鲜明的儒家特点。虽然洪秀全竭力丑化孔子和儒学，但这些极端否定多是概念化的，而缺乏深刻的理解和批判，因此，这些否定并没有妨碍他在观念上接受儒家伦理道德。在洪秀全早期写的《原道救世歌》和《原道醒世训》中，他把很多儒家的观念和说法与基督教教义掺杂在一起。后来，拜上帝会在民间得到传播，冯云山、杨秀清、萧朝贵等人在其中加入了很多民间宗教的内容。特别是杨秀清和萧朝贵分别以天父和天兄附体的面目出现之后，这种民间宗教的形态，就成了太平天国的宗教信仰中极为核心的内容③。于是，拜上帝会就成为基督教教义、儒家伦理道德、民间宗教仪式的一个混合。

夏春涛逐一分析了拜上帝会中"上帝"、"魔鬼"、"天堂"、"地狱"等观念与正统基督教的关系和它们在中国文化中的渊源。他指出，这些概念无一不是用中国的方式来理解基督教中的说法④。比如拜上帝会对魔鬼的说法有近四十种，除少数源于《圣经》和《劝世良言》外，大多是太平天国自己的独创，其中的"阎罗妖"、"东海龙妖"等尤其来自受佛教影响的民间宗教的观念。另外，洪秀

---

① 顾长声：《传教士与近代中国》，世纪出版集团、上海人民出版社 2004 年版，第 68 页。
② 孔飞力著，谢亮生等译：《中华帝国晚期的叛乱及其敌人》，中国社会科学出版社 2002 年版。
③ 夏春涛：《天国的陨落：太平天国宗教再研究》，中国人民大学出版社 2006 年版，第 49 页。夏春涛认为，这种民间宗教的成分超过了拜上帝会中基督教和儒家的成分。
④ 夏春涛：《天国的陨落：太平天国宗教再研究》，中国人民大学出版社 2006 年版，第 52～107 页。

全一方面按照基督教的说法把龙蛇当作魔鬼的化身，另一方面又要像中国的传统帝王一样，用龙的形象来装点自己的王权。于是，洪秀全做变通处理，认为作为魔鬼的龙蛇是"红眼睛"，因此，太平天国刻的龙的双眼都各插一箭，称为"射眼"，而作为王权象征的龙则与此不同，是宝贝龙，不用射眼。意思是，只有这些宝贝龙才是真龙，而那些红眼睛龙只是名义上的龙，其实是妖。①

正如夏春涛所指出的，太平天国这种带有鲜明民间色彩的宗教思想成为他们政治上失败的一个重要因素。这还不仅仅是因为太平天国大大得罪了儒家士大夫，而且因为他们的宗教思想不能成为有效运作的政治体制的理论基础。虽然借助于大量的民间信仰，太平天国的信仰毕竟不是可有可无的仪文，而是支撑整个太平天国政治运动的合法性的哲学理念。一旦这些理论不足以为天国的制度找到合法性，或是出现自相矛盾的地方，那就面临着巨大的灾难。洪秀全借助于基督教的教义和儒家伦理，但是并没有充分利用这两套成熟的思想体系中丰富的政治学说，反而把没有什么理论内涵的民间宗教当成政治理论的基础，来支撑天国的政治结构，这种体制一定是极为脆弱的。比如，正是因为拜上帝会过多借助于民间宗教的内容，杨秀清只要说自己天父附体，就能够控制天王的权力，从而威胁到天国的政治稳定。洪杨之间的斗争最终酿成了天京事变，大大摧残了天国的有生力量；另外，太平天国强调平等思想，但在实践中又等级森严；洪秀全后期致力于发展宗教思想，却再也难以找到鼓舞人心的理论了。②

对洪秀全的叛乱，西方传教士在宗教上和政治上都曾抱有幻想。曾经当过洪秀全老师的美国牧师罗孝全，亲自到天京，以为太平天国能帮助基督教的传播。但洪秀全只是给了他一个官职，对于传教一点也不积极。罗孝全离开太平天国辖区后，就发表文章大肆攻击太平天国。后来，流落香港多年的洪仁玕即将前往天京，传教士们又把希望寄托在他的身上，希望对基督教有更深了解的洪仁玕能够说服天王，改变政策。1860年，一些传教士到苏州去见已经当了干王的洪仁玕。洪仁玕向传教士们所透露的一些细节颇能帮助我们了解太平天国内部对基督教的理解和实践。

洪仁玕提到，太平天国是遵守安息日的，在午夜举行祈祷和颂赞。但大家根本不知道圣餐礼的存在，任何仪式中都不使用酒。天国有洗礼，而且不准重洗，只是当时已不很严格执行。比起运动初期来，当时的宗教热情已经颇为退化。天国中印行《圣经》全书，天王能背诵大部经文，也很喜欢班扬的小说《天路历程》。天王认为上帝是有形体的，对于洪仁玕著作中说上帝无形的部分，都删去

---

① 夏春涛：《天国的陨落：太平天国宗教再研究》，中国人民大学出版社2006年版，第78~82页。
② 夏春涛：《天国的陨落：太平天国宗教再研究》，中国人民大学出版社2006年版，第106~107页。

了，祖先崇拜都取消了。在感谢祭品中，要把三只茶杯放在桌子上，表示三位一体的意思。祈祷会用供肉、茶等，还烧字纸，都被当作感谢祭品。洪仁玕还表示，他相信天王的异梦，但不相信东王的。对于所谓"天王下凡"，洪仁玕的理解是，天王给人间带来了神圣的旨意。至于天王自称是耶稣的同胞兄弟的说法，洪仁玕也认为，他对神性的理解并不完整。"他认为基督是上帝的最大的信使，而他则仅次于基督，并据此相信他是基督的兄弟和上帝的儿子。"①

传教士们从抱有幻想到渐渐失望、保持中立，又到最后支持清政府剿灭太平天国，其中一个重要原因，就是发现太平天国所信仰的基督教既怪异又低俗。虽然太平天国的信仰距离基督教正统十分遥远，而且其间毫无神学理论的深度，宗教热情到后期也渐渐消退了，但我们仍然应当看到，太平天国，特别是洪秀全，对于他们所谓的上帝信仰，是十分认真和强硬的。根据洪仁玕的说法，洪秀全当时已经不关心世俗事务，只是埋头于宗教诠释。这种宗教态度表现在政治举措上，就是对各种异教的极端仇视。太平天国把佛教和民间宗教中的很多神祇贬为妖魔，焚烧儒家书籍，在宗教认同上表现出极端不宽容的态度。

这样一种强硬态度虽然不能使他们的信仰在理论上做出多大贡献，但在中国社会的文化图景中确实形成了一个特定的文化群体，使他们的理念并不只是民间信仰的简单翻版，而是带有浓厚民间宗教色彩的异质观念。虽然太平天国的理念没有流传下去，但这种相对异质的宗教群体却不断出现，在很多地方甚至成为民间基督教的主要形态，这应当是太平天国对于我们理解中国基督教最有现实意义的地方。

作为成熟的文化体系，无论是当基督教与儒家相互批判的时候，还是二者通过求同存异融会起来的时候，我们都没有看到激烈的宗教冲突。但是，在拜上帝会这个似乎与正统基督教相去甚远、带着浓重的民间宗教色彩的群体中，我们却看到了极其剧烈的宗教冲突、非常缺乏宗教宽容精神的强硬态度。虽然太平天国中渗透着大量的民间宗教因素，儒家的伦理道德在人们的生活中仍然举足轻重，但太平天国仍然毫不犹豫地攻击儒家、佛教和其他宗教。这样激烈的排他性，在中国以往的历次以宗教为基础的起义暴动中，都从未看到过。可见，决定宗教冲突的，常常并不是宗教体系之间具体的教义差异，思想的深度仍然有着相当重要的意义。

虽然按照现在通行的历史分期，太平天国已经被算作近代中国，但它的主体文化形态仍然是前现代的。无论在太平天国的文化诉求还是政治理念中，我们看到更多的，都是传统的农民暴动；它对基督教的接受，也更多是为了适应这种农

---

① 《北华捷报》第 524 号，1860 年 8 月 11 日。转引自顾长声：《传教士与近代中国》，第 83~87 页。

民革命的意识形态。虽然洪仁玕的思想中带有很多现代观念，但他并不代表太平天国整体，他的思想也没有贯彻到太平天国的政治和文化实践当中。因此，在中国基督教的历史上，我们应当把太平天国与明末清初的士大夫一样，当做前现代中国文化与基督教的接触。

如果说，明末清初加入天主教的士大夫代表了中国文化中的大传统接受基督教的一种可能模式，太平天国的拜上帝会则代表了中国文化中的小传统认识基督教的一种可能性。即使到了当代中国，各种各样民间的基督教团体，仍然有很多是拜上帝会模式的。这些所谓的基督徒当中没有受过训练的牧师，对基督教的基本教义知之甚少，很少或甚至没有读过圣经。他们按照自发的方式形成宗教组织，以各种民间宗教的理论，甚至气功的思想，来理解基督教的教义。这样的宗教思想不仅是荒谬的，而且还是危险的。这是基督教文化与中国文化磨合过程中出现的负面现象，对于文化的融合与社会的发展，都没有好处。如果说，处于近代早期的太平天国还有积极的革命意义，但从文化和社会的角度看，这样的宗教组织很少有积极的意义；而这种文化现象再次提醒我们，仅仅含混地把不同的文化体系扭在一起接受下来，并不是真正的文化交流与融会之道。

第三节　古今中西：现代中国与基督精神

对于中国文化而言，基督教所带来的，不仅是一种域外的西方文明，而且还是一种现代精神。基督教进入中国，是现代文明进入中国的一个方面。因此，中华文明对基督教的接受，应当放在中国文化现代化的过程中来理解。前面所谈到的明末清初士大夫和太平天国，分别在大传统和小传统中为这种接受做出了准备。这两次接触中，都体现了现代文明的些许信息，比如士大夫中对现代科学的接触和洪仁玕进行现代改革的一些努力。不过，从总体上看，这些现代信息是零散的和边缘的。只是在19世纪后期到20世纪，基督教东传过程中所透露的现代精神，才更明确地彰显出来。

为什么说来到中国的基督教代表的是一种现代文明？这并不仅仅是因为这一传播过程发生在中西历史分期中的现代阶段，更重要的是，进入中国的西方基督教文明，本身就与现代精神有着密切的关联。在西方文明传统中，基督教思想塑造了基本的现代观念，已经是一个不争的事实。但这并不意味着，基督教的文化和宗教建制从一开始就是现代的。无论是唐代来到中国的聂斯托利派，还是元代受教皇差遣的也里可温，都和他们所接触到的中国文明一样，具有基本的前现代特征。但从明末开始进入中国的基督教，无论是耶稣会的天主教，还是后来的新教，和这些宗教都有所不同。这表现在，一方面，基督新教和为反击它而产生的耶稣会，都不简单诉诸传统的教阶制度和宗教礼仪，而是更强调内心的灵修；另一方面，这些新兴教派往往和正在崛起中的世俗政权相结合，积极开拓海外殖民地，发展世界贸易。当然，在这些方面，新教都更激进一些，而且新教还越来越明确地张扬民族国家的独立精神，摆脱教皇的统治。明清两代进入中国的主要基督教派，除了基督教义本身外，还是带着这些信息进来的。但无论中国的士大夫还是民间百姓，由于还没有进入现代语境，虽然在很大程度上认信了基督教义的思想，却并没有认识到传教士带来的这些现代信息。因此，明清时代的传教士，虽然成功地把基督教传播到了中国，却没有像把印度那样，成功地把中国纳入到现代世界的体系当中。

到了19世纪后期，随着西方列强的政治侵略和经济渗透，中国已经被一步步拖到了这个世界体系当中。同样，中国的基督教也伴随着殖民侵略，成为世界大基督教体系中的一个部分。面对这样的局面，中国的知识分子和教会人士都进入到了现代文明格局的论说体系，开始自觉地思考现代问题。于是，中国的思想文化开始主动清理基督教思想中的现代精神，从现代中国的出路的角度思考基督教的问题，把中国基督教的发展同民族自觉勾连起来。所有这些，都代表着基督教文明与中国文化的进一步磨合。

需要指出的是，从一开始，在现代语境中自觉思考基督教文明的，就不只是教会内部人士。因此，对于这个过程，我们会从基督教会内外两个方面来梳理。

首先，基督教会在近现代的中国越来越发展壮大，它逐渐出现了两个新的特点。第一，基督教会越来越多地参与到现代问题的讨论当中；第二，中国的基督教会越来越强调教会的民族性。

我们前面谈到，进入中国的基督教本来就具有鲜明的现代特征，这与欧美本土的基督教颇为不同。虽然我们说，现代西方文明与基督教有着密不可分的联系，基督教本身毕竟是一个古典传统。西方现代性的发育大大得益于基督教的滋养，但这并不意味着基督教彻底变成了一种现代宗教。因而，在现代西方的基督教世界中，我们会看到非常复杂的图景。那里既有极为激进的教派，也有相当保守的教派。基督教传入中国的时候，不可能把这么复杂的格局也一并传过来。因此，现代中国的基督教呈现出比较单一的特点。面对极为强势的启蒙思潮和科学话语，很少有基督教人士从强硬的保守立场出发，以宗教对抗科学，大多是以比较折中和调和的立场，强调基督教与科学并不冲突。孙尚扬和刘宗坤在谈到中国基督教面对启蒙话语的挑战的时候指出，基督教内部只有极少数人士，如徐绍华，固执于圣经文字，反对进化论，反对宗教与科学的妥协。而大多数教会人物的态度可以分为三类：差异并存论，即认为科学与宗教所属的范围和论述逻辑都不同，因而不会发生冲突；互助论，即认为科学与宗教之间相互作用、彼此影响；宗教的理性化，即使宗教祛除神话和魔法的内容，积极地支持科学的发展。① 前两者是对科学话语的消极防御，最后一种是积极地融入现代的科学思潮之中。在现代中国的神学思想者中，有很多持有明确的神学理性化的态度。比如，吴耀宗就积极呼吁，要使基督教成为解放人类、推动历史进步的积极力量，谢扶雅以科学方法来思考宗教问题，而自由主义神学家赵紫宸的名著《基督教哲学》中更处处充满了理性的思辨。②

除去思想上与现代科学和理性思想的融合之外，中国现代基督教，特别是受到社会福音派影响的教派，积极参与到社会建设中来。比如赵紫宸，就非常明确地把基督教当作中国社会重建的基础。③ 杨念群在"'社会福音派'与中国基督教乡村建设运动的理论与组织基础"一文中详细考察了一个福音派在中国的乡村建设实践，指出，这一活动对于实际的宣道虽然没有起到很大的作用，但对于该地的社会建设却起到了极大的作用。④ 河北献县的张庄天主教堂也在当地发展医疗、教育、金融事业，成为该地新中国成立后经济发展的基础。⑤

其次，随着中国基督徒的增加，也随着现代民族国家观念的日益增长，基督教（包括天主教和新教）的本土化越来越成为一个重要问题。

在新教方面，中国教会的实权完全掌握在外国传教士手中。1877年召开"全国传教大会"时，竟然没有一个中国人参加。早在19世纪后期，就有一些教会人士认识到，中国的教会必须自立。比如，广东的陈梦南读过《圣经》后就希望成为基督徒，但是又不肯让外国传教士洗礼，于是专程赶到肇庆请中国教士施洗。1873年，他组织了"粤东广肇华人宣道会"，成为第一个华人自办的教会。⑥ 以后，中国人自办的教会陆续出现。1902年10月，成立了"中国基督徒会"，鼓吹自立传道。1922年，中国基督教全国大会在上海召开，会议代表有半数以上是中国人。此后，中国基督教会中自办教会的要求不断高涨，到1950年以后成立"三自教会"，终于实现了这一愿望。⑦

在天主教方面，从利玛窦来华到1926年，尽管有不少中国籍神父，但是中国籍主教只有1685年的罗文藻。到20世纪，天主教内部也不断呼吁宗教的本土

---

① 孙尚扬、刘宗坤：《基督教哲学在中国》，首都师范大学出版社2002年版，第40页。
② 孙尚扬、刘宗坤：《基督教哲学在中国》，首都师范大学出版社2002年版，第51～55页。
③ 孙尚扬、刘宗坤：《基督教哲学在中国》，首都师范大学出版社2002年版，第84页。
④ 杨念群：《"社会福音派"与中国基督教乡村建设运动的理论与组织基础》，载《道风》第八辑。
⑤ 参见吴飞：《麦芒上的圣言》，香港道风书社2001年版，第64页。
⑥ 段琦：《奋进的历程：中国基督教的本色化》，商务印书馆2004年版，第97页。
⑦ 以上资料均参见段琦：《奋进的历程：中国基督教的本色化》，商务印书馆2004年版。

化。20世纪初,著名的天主教人士英敛之和马相伯激烈抨击外国传教士控制中国教会的局面。1926年,中国人赵怀义、陈国砥、胡若山、朱开敏被任命为主教。从此,中国籍主教不断增加起来。1957年,成立了中国天主教友爱国会(后改名为中国天主教爱国会)。

相应于基督教本色化的实践活动,一些基督教思想家提出了"本色神学"的概念。徐宝谦、范子美、刘庭芳、诚静宜、赵紫宸等人都是本色神学的倡导者。不过,本色神学在理论上并没有很多独特的建树。

除了这些教会人士之外,更自觉和主动地把基督教思想融入中国现代主流文化的建构中的,反而是一些教外的思想者。这些没有宗教归属的文化人士清晰地把基督教思想与基督教教会区分开来,在不加入任何教会的前提下,自由地出入于基督思想,希望从中吸收促进中国新文化发展的营养。比如,新文化运动的主将陈独秀虽然主张以科学代替宗教,猛烈抨击基督教会,但对基督精神却是非常推崇的。1921年,陈独秀在《新青年》(第七卷3号,1921年7月3日)上发表了《基督教与中国人》一文,指出基督教中包含着"爱的教义"、"崇高的牺牲精神"、"伟大的宽恕精神"和"平等的博爱精神",因此,"要把耶稣崇高的、伟大的人格和热烈的、深厚的情感,培养在我们的血里,将我们从堕落在冷酷、黑暗、污浊坑中救起。"陈独秀没有把基督当成圣子或圣言来理解,而只是把他当作一个伟大的历史人物,主张从耶稣的救世精神中吸收养分,塑造中国的新伦理。正是因为陈独秀没有把耶稣当做神,因而也不主张通过宗教的认信来理解基督精神:"我们不用请教什么神学,也不用依赖什么教仪,也不用借重什么宗派;我们直接去敲耶稣自己的门,要求他崇高的、伟大的人格和热烈的、深厚的情感与我合而为一。他曾说:'你求,便有人给你;你寻,便得着;你敲门,便有人为你开。'(《马太传》七之七)"①

鲁迅对基督教思想也做了非常深入细致的研究。《野草》中的"复仇(其二)"就是对基督受难故事的一种重新讲述。这篇短文的大体情节与福音书中一致,但鲁迅在叙述过程中加入了很多自己的理解和诠释。他在文章最末写道:"上帝离弃了他,他终于还是一个'人之子';然而以色列人连'人之子'都钉杀了。钉杀了'人之子'的人们身上,比钉杀了'神之子'的尤其血污,血腥。"和陈独秀一样,鲁迅并没有接受基督的神人二性,而是把他当做一个伟大的人。和陈独秀不同的是,鲁迅这篇文章里还注入了尖锐的现实批判。很明显,这里所描写的犹太人,和鲁迅笔下不断出现的看客和刽子手具有同样的意义,都是一种对麻木的国民的批判。已经有不少论者指出,鲁迅更著名的小说《药》

---

① 孙尚扬、刘宗坤:《基督教哲学在中国》,首都师范大学出版社2002年版,第30~33页。

与基督受难的故事存在很多隐秘的关联。《药》的主人公夏瑜和基督是一样的牺牲者，都有一个母亲，都是被身边的人叛卖而被捕的，而出卖夏瑜的夏三爷也和犹大一样，得了不少的赏钱。夏瑜和耶稣一样，遭到了狱卒的殴打和看客的奚落，死后的衣服也都被狱卒剥去了。基督只是象征性地让弟子吃他的肉，喝他的血，但夏瑜却真的用自己的血做了别人治病的药。基督在三个马力亚上坟的时候已经复活了，而在夏四奶奶上坟时，夏瑜的坟上也现出一圈小花来。①

鲁迅除了对基督的形象表现出极大的敬意之外，还认真思考过基督教中的魔鬼。他早年著名的文章"摩罗诗力说"的主题，就是研究从英国起源的"撒旦诗派"。他借用佛教的"摩罗"一词，来指基督教中的魔鬼"撒旦"。在他的笔下，魔鬼成为一个敢于反抗、率真可爱的形象。鲁迅借此来宣扬一种反抗精神。

我们看到，鲁迅非常吊诡地把基督和魔鬼都当成了正面形象。这当然是一种非常不正统的基督思想的理解。但是他能够借助基督教中的形象，结合当时中国的具体问题，提出自己独特的解决方案，应当说，是一种非常有创造性的角度。

再比如哲学家贺麟，也从教外的立场积极肯定了基督教的正面意义。他一方面承认基督教在殖民侵略中有不光彩的一面，另一方面也肯定，基督教对于现代中国的物质和精神的发展，都起到了比较大的作用。贺麟特别指出，现代中国革命的领导者孙中山，本来就是一个有着耶稣精神的基督徒。可见，基督教对于现代中国精神的确立起到了不可低估的作用。他还指出，虽然基督教在西方已经成为相对保守的力量，但在中国的特殊语境下，却成为一股生气勃勃的积极力量。②

无论陈独秀、鲁迅，还是贺麟，都认为基督教中有中国文化所缺乏的一种精神。他们把对基督精神的宣扬，同对整个现代精神的张扬结合在一起，希望从中找到重建中国文化的积极因素。他们非常典型地代表了当时对基督教抱有好感的教外知识分子的态度。从这个角度看，我们可以说，对基督教的思考已经进入到现代中国文化的主流思潮，成为建构现代中国文明的一股重要的思想力量。

第四节 韦伯命题：一段充满误解的思考

比起佛教与中国文化的融合来，基督教与中国文化的磨合过程更加复杂。因

---

① 参见王家平：《鲁迅与基督教文化》，载《中国现代文学研究》1993年第4期，第49~50页。
② 贺麟：《文化与人生》，商务印书馆1988年版，第148~150页、第158~161页；参考孙尚扬、刘宗坤：《基督教哲学在中国》，首都师范大学出版社2002年版，第67~71页。

为基督教所面对的,并不是一个静态的中国文化,而是处在三千年未有之大变局中的、剧烈地自我更新中的中国文化,是正在生成中的现代中国文化。因此,这个论域中所讨论的,并不仅仅是耶儒会通或补儒易佛的问题;更重要的是,基督教文化在现代中国文明的建构中,会起到怎样的作用。从 20 世纪 80 年代以来,随着文化讨论的再度高涨,对基督教文明的重新理解也成为思想界的重要议题。

在 20 世纪 80 年代的文化讨论中,马克斯·韦伯成为中国知识界人所共知的名字。他的名著《新教伦理与资本主义精神》出现了四川人民出版社和生活·读书·新知三联书店的两个译本。其实,中国学界介绍韦伯,这并不是第一次,早在 20 世纪 30~40 年代的时候,韦伯的名字已经介绍到了中国。不过,韦伯在那个时候却没有形成 80 年代如此广泛的影响。究其原因,两个时代的问题意识已经相当不同。经过"文化大革命",重新开始进入市场经济、接触西方文化,同时也在反思文化传承的 80 年代知识分子,更多思考的是,要使中国经济进入现代化,是否可以从文化建设中汲取资源;现代社会,是不是只有"经济发展"这一个推动力?因此,韦伯讨论资本主义精神与现代文明的著作,就成为人们思考中国文明走向的重要理论资源。

不过,这样一种明确的问题意识,也使得对韦伯的阅读受到局限。在《新教伦理与资本主义精神》中,韦伯确实谈到,德国、英国、美国的资本主义发展与这三个国家的新教发展有亲和性的关系。但韦伯也一再澄清,新教伦理绝对不是资本主义发展的唯一原因,甚至未必可以归结为资本主义的推动力。① 更重要的是,韦伯即使在强调资本主义发展与新教伦理之间的"有择亲和"的时候,也并未仅仅肯定这样一种亲和关系。在全书的末尾,他非常忧虑地指出,资本主义的发展对文明生活的破坏也是巨大的。

对于韦伯这里非常微妙的讨论和批判,一些读者并没有读出来,而是过于简单地强调宗教伦理与资本主义发展之间的亲和关系。很多关心中国现代化问题的学者,就从对韦伯的简单理解出发,思考中国文化中有没有类似新教的因素,从而能催化中国商业精神的发育。在这样一股潮流中,很多学者尝试讨论,中国的儒家文明是否可能产生类似新教的作用。② 同时,思考中国基督教与现代化发展之间的关系,也成为一股潮流。

最明确地把中国现代化问题与基督教的发展联系起来的,应当要算美国社会

---

① 韦伯:《新教伦理与资本主义精神》,于晓、陈维刚译,生活·读书·新知三联书店 1988 年版,第 68 页、第 143~144 页。
② 余英时先生的《儒家伦理与商业精神》(广西师范大学出版社 2004 年版)是这一研究思路中的典范之作。杜维明先生的《新加坡的挑战》(生活·读书·新知三联书店 1989 年版)结合"亚洲四小龙"的例子思考儒家伦理与企业精神的关系,在当时也引起了很大影响。

学家和汉学家赵文词（Richard Madsen）的《中国的天主教徒》（China's Catholics）。在这本书中，赵文词将韦伯命题与20世纪90年代非常流行的"市民社会"（civil society，或"文明社会"）理论联系起来，指出，中国的天主教之所以非常保守，在于中国的教会是传统的托马斯主义，如果在中国教会中实行"梵二"式的改革，中国的天主教就会走向现代和开放，从而促进中国文明社会的发育①。虽然"梵二"改革确实体现了现代、宽容、和解的精神，但从"梵二"改革的初衷看，更多地是为了化解天主教与新教的矛盾和宗教纷争，而这个问题在中国基督教中并不尖锐。即，中国的天主教和新教之间并不存在难以化解的矛盾。在20世纪90年代后期，"梵二"改革的精神都传到了中国教会。中国的天主教纷纷采取了新式的仪式，改变了长期以来因袭的传统。但这并没有根本改变中国天主教徒的伦理生活，也没有像赵文词说的那样，成为促进文明社会发育的机制。总体来讲，中国天主教与现代精神之间是无关的。即，宗教信仰既没有促进，也没有阻碍现代化的进程②。韦伯命题似乎并不能适用于中国天主教。

将韦伯命题简单地运用到中国文化中，一方面是因为对韦伯思想的误读，另一方面是来自对中国文化现状的误解。韦伯谈到，西方资本主义的产生和发展，只是整体理性化的一个部分③。新教与西欧资本主义的亲和，是在整体历史文化环境下的一个特例。因此，并不是所有文化体系中都能发育出推动资本主义发展的因素，也不是新教或基督教无论到了哪里都能促进资本主义的发展。事实上，到20世纪后期，韦伯所讲的那种"资本主义精神"，在中国社会中已经广泛发育，但这与基督教精神没有什么关系。中国的基督教也发展很快，但它并未起到当年在欧洲起到的那样的作用。相反，韦伯所讲的欧洲曾经遇到的经济发展对文明的戕害，在中国已经全部出现了。

另外一股类似的潮流是在中国的宪政学界。颇有一些学者认为，只有依靠基督教精神，才能够在中国建立成熟的现代宪政体系。这样的思路是韦伯命题的一个变种。这些学者认为，因为西方自由主义的宪政来自基督教传统，其中包含了很明显的基督教因素，因此，中国要进一步改革宪政，就同样必须建立在基督教的基础上。他们和上述从中国基督教中寻求资本主义精神的学者一样，犯了刻舟求剑、胶柱鼓瑟的毛病。曾经从基督教文明中诞生的现代文明，无论是经济上还是宪政上，都未必一定要在基督教文明中重新诞生。更何况，中国的基督教与西

---

① Richard Madsen. *China's Catholics: Tragedy and Hope in an Emerging Civil Society*. Berkeley: The University of California Press, 1998.
② 吴飞:《麦芒上的圣言》，香港道风书社2001年版，第39页。
③ 韦伯著，于晓、陈维刚译:《新教伦理与资本主义精神》，生活·读书·新知三联书店1988年版，第57页。

方的基督教已经有了非常大的区别。中国的现代文化，已经独立地产生了；基督教文化在这个过程中作出了它的贡献，但这贡献并不是决定性的，更不是非此不可的。要理解基督教文化对于现代中国文明的贡献，必须要从更全面、更动态的角度来看待。

第五节 汉语神学：教会之外的基督研究

在基督教与中国文化接触的历史中，从来没有哪个时期像20世纪最后20年中这样，激起广泛的讨论。在这一过程中，虽然教会内部也并不是全无声音[①]，但讨论主要是在教会外的人文学者当中展开的。人文学者中的这一思潮，可以看做民国时期陈独秀、鲁迅、贺麟等思想家对基督教的讨论的继续。这些讨论之所以如此热烈，主要并不在于中国基督教会的发展，而是和人文学术思想的总体环境联系在一起的。从这个意义上说，基督教思想的讨论对中国主流思想传统的建构正在起到巨大的作用。其中，我们大体可以分为两个部分：基督教哲学和汉语神学。

当代中国基督教哲学的讨论，应当放在西方哲学的总体发展架构中来看待。在新中国成立后的几十年中，随着翻译和研究的一步步深化，中国的西方哲学研究已经颇成体系。但是由于种种原因，对这一哲学传统中的基督教部分的研究，一直比较薄弱。20世纪80年代以来，越来越多的学者意识到，理解基督教哲学，特别是中世纪的基督教哲学，是全面理解西方和整个现代文明所不可缺少的一部分。正是在这样的背景下，很多从事西方哲学研究的人开始关注基督教哲学，先后有尹大贻的《基督教哲学》、傅乐安的《托马斯·阿奎那基督教哲学》、赵敦华的《基督教哲学1500年》、张志刚的《猫头鹰与上帝的对话——基督教哲学问题举要》、唐逸的《理性与信仰》等著作问世。

在并不信仰基督教的中国哲学家当中，为什么可以而且需要研究基督教哲学？这是中国的基督教哲学研究中非常独特的一方面，也是首先要解释清楚的一方面。因为在西方，主要的基督教哲学家往往是基督教徒，即使其基督教哲学的研究不是为了宣道，至少也和教会的背景紧密联系在一起。但中国的基督教哲学家大多数不是基督徒，研究的目的也不是为了在中国发展基督教。

赵敦华非常明确地指出："从基督教在中国的历史和现实状况来分析，基督

---

① 孙尚扬、刘宗坤：《基督教哲学在中国》，首都师范大学出版社2002年版，第254~257页。

教哲学有助于中国人了解基督教和整个西方文化，可以在更大的范围和程度上，满足中国人的精神需要。从这个角度看，基督教哲学在中国具有功用价值，它在理论上也因此有了可以接受的合法性。"①

按照赵敦华的说法，中国哲学界之所以要研究基督教哲学，根本上就是为了中国自身的文化建设的需要。② 一方面，对基督教的研究对于进一步厘清西方哲学的总体脉络有重要的意义；另一方面，对基督教哲学的研究也可以帮助我们确立中国的神圣价值观。在基督教的基本信仰与教义和中国文化之间，确实存在着一些差距，可能还是根本性的，而要使二者能形成有效的对话，赵敦华认为，需要一个中介，那就是基督教哲学与中国传统哲学之间的比较研究。③

通过赵敦华的这一番论述，我们就可以了解到中国从事基督教哲学研究的学者主要关心的问题和独特的进入方式。虽然这些学者大多并没有教会的归属，但作为现代中国的哲学家，起源于西方的哲学传统已经成为他们不得不面对和反思的一个思想资源。从某种意义上说，西方思想传统已经成为中国人自身文化传统中的一部分，只有彻底梳理清楚这个传统，才能够自觉地创造出现代中国的新文化。而基督教哲学作为西方哲学传统中承前启后的一部分，是不容忽视的。不研究基督教哲学，就会遗失西方哲学传统中相当关键的几个点。而另一方面，研究基督教哲学，又必须从中国人自身的问题意识出发。这并不意味着，我们一定要时刻提醒自己中国的文化传统，并且在思考过程中把基督教思想中的概念刻意地与中国概念比较。正如赵敦华所说，只要运用汉语写作，按照汉语的思维习惯思考，就已经形成了一种潜在的中西比较，就已经在用中国人的思维方式来理解西方的哲学传统。

虽然不同的学者有不同的观点和入手方式，赵敦华的说法基本上代表了当代中国学界对基督教哲学的总体研究模式。这些基督教哲学的研究或是集中于一个思想家、一个历史时期，或是集中于一个问题，在思考中自觉不自觉地体现出中国学者的独特角度。比如张志刚的《猫头鹰与上帝的对话》就是一个典型的例子。在这本书里，张志刚并没有集中于特定的思想家或历史时期，而是集中于几个根本问题，分析它们在基督教哲学史上呈现出的不同面貌：上帝的形象、上帝存在的证明、神正论（神义论）问题、宗教经验、宗教语言、对上帝的道德批判，等等。④ 在汉语学界的基督教哲学领域，这些都逐渐凸显出来，成为学者们

---

① 许志伟、赵敦华主编：《冲突与互补：基督教哲学在中国》，社会科学文献出版社2000年版，第14页。
② 赵敦华：《基督教与中国传统和现代文化》，载《天津社会科学》1997年第5期。
③ 许志伟、赵敦华主编：《冲突与互补：基督教哲学在中国》，社会科学文献出版社2000年版，第17页。
④ 张志刚：《猫头鹰与上帝的对话：基督教哲学问题举要》，东方出版社1993年版。

讨论的主要问题。该书也成为进入中国基督教哲学思考的入门书。

1995 年，刘小枫与杨熙楠在香港道风山恢复《道风》杂志，并把"汉语神学学刊"定为它的副标题。这是"汉语神学"概念的首次提出。所谓"汉语神学"，简单说来，就是用汉语来承担基督教神学的普世性的思考。因此，提出汉语神学的概念，必须面对汉语的独特性和基督教神学的普世性之间的矛盾。汉语神学的主要代表人物是何光沪和刘小枫。从非常不同的角度出发，对这一问题提出了两种不同的解决方式。相较而言，何光沪对汉语神学的理解更自觉地继承和修正了中国基督教传统中已有的神学本色化和乡土神学等传统，而刘小枫的思想则明确反对这一传统，有更大的原创性。因此，虽然刘小枫提出这一概念更早，但我们先讨论何光沪的汉语神学，回过头来再看刘小枫的讲法。

何光沪讨论汉语神学的主要思想，体现于他在《道风》上面发表的《"本土神学"、"处境神学"与"母语神学"管窥》和在《维真学刊》上发表的《"汉语神学"的根据与意义》和《"汉语神学"的方法与进路》。

在《"本土神学"、"处境神学"与"母语神学"管窥》一文中，何光沪梳理了汉语基督教学术传统中的"神学本色化"和"乡土神学"的传统，重新界定了"处境神学"的概念，提出了"母语神学"这一新概念。他认为，中国基督教中本色化的传统存在问题，因为这一提法暗指要把某种非本色的东西"化"过来，因而过多强调了民族性和本地性，忽略了普世性和超越性。他认为，由于人类各民族之间生活方式日益趋同，本土观念逐渐淡化，本土神学越来越不适用，更合理的应该是"处境神学"和"母语神学"。他为"处境神学"下的定义是："所谓处境神学，是指从一定范围的生存处境出发，努力发掘包含政治、经济、社会和文化诸领域的生存处境中的神学意义，并力求对这种处境中的深层问题做出神学回答的神学。"而他所讲的"母语神学""是以神学家自身的母语或主要语文为载体，以这种语文所鞭打的生存经验和文化资源为材料，主要为这种语文的使用者服务的神学。"比起"本土神学"的讲法来，"处境神学"和"母语神学"更加强调神学家具体的生存环境和生存体验，淡化其民族性和文化性特征。①

从"母语神学"这一提法出发，何光沪认为，所有神学都是某种"母语神学"，因为所有神学都是从神学家所使用的母语中产生的。因而，"汉语神学"就是中国人的"母语神学"。在《"汉语神学"的根据与意义》一文中，他进一步谈到，"汉语神学"，正是以汉语这种特定的语言来承载基督教的普世神学的

---

① 何光沪：《"本土神学"、"处境神学"与"母语神学"管窥》，见《何光沪自选集》，广西师范大学出版社 1999 年版。

一种模式。他还讲到，在汉语思想中思考基督神学中的普世问题，不能够削足适履地结合基督教传统与中国古代传统，而应该从现代中国人的具体生存经验出发，进行神学理论的建构。① 在《"汉语神学"的方法与进路》中，何光沪进一步谈到，汉语神学家应该从自己的具体处境出发，采取开放的原则，"从内向外"、"从面到点"、"从下往上"地思考神学问题。②

何光沪所讲的"汉语神学"的重要特点，在于他不再立足于静止的中国传统文化，更不会把中国文化仅仅限于儒家，而是从中国人具体的、现代的生存体验出发，回应基督教思想中普世的神学问题。比起原来的本色化运动和本土神学来，这是一个非常重要的进步。

刘小枫的"汉语神学"则基于相当不同的角度。1994 年 4 月在香港中文大学和 7 月在北京大学，他都做了《现代汉语语境中的汉语基督神学》的演讲，发表于《道风》第 2 期。后来，这篇演讲稿经过大幅度增改，以《汉语神学与历史神学》的题目收入《圣灵降临的叙事》一书。这是刘氏"汉语神学"的纲领性文章。而《走向十字架的真》一书，则可以看做他对汉语神学的具体实践。此外还有相关的一些长短论述，分别收入《个体信仰与文化伦理》、《这一代人的怕和爱》等书中。

刘小枫不像何光沪那样试图修正本土神学，而是干脆彻底推倒本色化运动的思路。在他看来，以"道"为核心概念的中国古代思想传统和以"言"为核心概念的西方思想传统是根本不同的两个体系，任何希望从中找到共同之处或会通的结合点的做法，都是从根本上就错误的。彻底认清这一差异，是他的汉语神学的出发点。不过，他和何光沪一样，也充分意识到，任何具体的神学论说，都是从偶然的、历史的民族语言出发，去承担和言说基督教的普世论题。"汉语神学"的必要性，在于汉语思想也必须面对这个普世的终极真理。③

在刘小枫看来，基督教神学的核心"基督受难"事件，首先是一个个体性的位格生成事件。对于每一个认信基督教的个体来说，信仰就是以每个人的偶在个体去面对道成肉身的"圣言"这一永恒个体。而这样一种理论，同中国传统思想之间的差异是巨大的和首要的。倡导汉语神学的思考，并不是寻找两种文明体系之间的会通，而恰恰是求异，从而使汉语思想思考它从未思考过的神学问题。④

严格说来，刘小枫这里所谈到的以"位格生成事件"为核心的基督教神学，

---

①② 何光沪：《"汉语神学"的根据与意义》，见《何光沪自选集》，广西师范大学出版社 1999 年版。
③ 刘小枫：《汉语神学与历史神学》，见《圣灵降临的叙事》，生活·读书·新知三联书店 2003 年版。
④ 刘小枫：《"道"与"言"的神学和文化社会学评注》，见《这一代人的怕和爱》，生活·读书·新知三联书店 1996 年版。

也并不是一般意义的西方神学，而是经过巴特批判之后的20世纪神学。因此，他不仅和何光沪一样，反对静止地理解中国文化，以中国古代文化来面对基督教，而且反对静止地理解西方文化和基督教。在此，他是从一种非常独特的当代基督教的角度入手，用现代中国人的生存体验来理解基督教的道理。这鲜明地体现在《走向十字架的真》这本书里。而在这套基督教神学的思考中，已经明确体现出对现代自由神学的批判。在这种批判中，已经蕴涵了后来回归古典思想的因素。由此我们就可以理解，表面上猛烈抨击本土神学的刘小枫，并非真正彻底抛弃了中国文明传统。在某种意义上，他更加强调古典思想传统的意义。

由此我们可以理解何光沪与刘小枫的努力。如果说，何光沪把现代中国人的生活体验带入了"汉语神学"的思考中，刘小枫则把现代西方神学的思考带到了中国人的文化反思之中。而这两个方向，不仅对"汉语神学"的建构有巨大的意义，而且对广义的基督教神学的发展，都有着重要的价值。

无论是继承、修正，还是批判，"汉语神学"都是针对"本土神学"展开的。不过，"汉语神学"更大的影响，却仍然不是在教会内部，而是在人文知识分子当中。正是因此，"汉语神学"的研究才会引起教会人士的不满，从而爆发20世纪90年代中期的"文化基督徒"论战①。因此，严格说来，"汉语神学"仍然是"基督教哲学"的一个特殊部分，是人文知识分子通过基督教思想来思考现代中国问题的一种尝试。正是因此，研究"汉语神学"的学者，往往不会把自己仅仅限定在基督教的研究中。而恰恰是对更大的文化问题的关心，才给这些学者的思想不断注入新的活力。

基督教与中国文化的融合虽然已有很长时间，虽然这一过程中已经上演过各种各样的大戏，出现过各种各样的论调，但这仍然只不过是一个开端。博大而富有创造性的中国文化与基督教文明相遇所产生的最耀眼的光芒，还远远没有出现，但我们已经感到了它的魅力。

诚如唐逸先生指出的，从中国文化与基督教接触以来，基督教一直没有实现在中国的真正本土化。唐先生甚至认为，这种状况仍将继续下去："一切宗教信仰，或超越法律的价值，皆属个人抉择。故基督信仰，或任何其他超越性的信仰，其在现代中国的少数地位，似已历史地设定。"② 无论从历史上看，还是从现状来看，这一论断都有一定的道理。不过，作为宗教的基督教是否能占据中国文化的主流是一回事，作为思想的基督教思想能否影响中国主流文明的进程，则是另外一回事。在日益现代化和世俗化的今天，不仅基督教，任何有神论的信

---

① 参见杨熙楠编：《文化基督徒：现象与论争》，香港道风书社1997年版。
② 唐逸：《理性与信仰》，广西师范大学出版社2005年版，第411页。

仰，恐怕都难以在中国占据主流地位。基督教文明中所传达的思想信息，不一定要依附在建构性的基督教会的肌体上。即使这在其他国家从未发生过，这一独特的文明现象却正在中国发生着。

基督教与中国文化相遇的历史场景，是全世界的现代性的出现与发展，而中国文化与基督教文明对话的过程，也恰恰是现代中国文化发育的过程。因此，在这个重要的历史时刻，中国古今文明的各种形态和基督教文明的各种形态都纷纷上场，看得整个世界眼花缭乱。这里面确实发生了一些不愉快和错位，但更多的却是伟大文明相遇时的激动人心。中国文化和基督教文明的相遇可能造成的冲突，就是太平天国那样的，民间小传统对基督教文明的误读。不过，这绝不是中国文明与基督教文明之间的主旋律。而且，这里造成的冲突，比起当初罗马帝国对早期基督教的迫害来，要轻微得多了。

到了21世纪，中国思想界已经逐渐学会理性地面对基督教文明，把它当作发展自身的重要资源。在这种对话中，我们已经看到了一些耀眼的交锋。最重要的是，这样一种思考的模式，使文化上的根本差异和冲突都能化为学术上的争论和创造，而不再会变成流血的政治冲突。这样一种现象已经表明，中国文化完全有能力和平地吸收基督教文明。而且，这一吸收过程已经在进行当中。

第二十一章

中国宗教现状与政策法规

新中国成立以后，我国形成了佛教、道教、伊斯兰教、基督教和天主教五大宗教并存的基本格局。新中国初期在宗教内进行的民主改革与反帝爱国运动，促使我国各宗教逐渐形成了"爱国爱教"的传统。然而，始于20世纪50年代的"左"倾错误路线，以及随后而来的"文革"，严重破坏了党的宗教信仰自由政策。改革开放以后，我国政府采取了一系列措施，恢复宗教活动，团结、教育和培养各级宗教爱国人士，促使各宗教能为构建和谐社会积极贡献力量。

第一节 五大宗教格局与政策环境

中外历史发展的过程告诉人们：一个地区一个时期各宗教之间的关系，同它们所处时代以及当地的政教关系状况有着一定的联系。当代中国的宗教状况从总体上讲，目前处在一个比较平稳的状态，但在20世纪中期由于国际环境的影响和在宗教问题上政策执行出现的偏差，也曾有过不少教训。

一、五大传统宗教并存与三种基本形态

从考古发现看，中国这块土地上最早出现人类大约可以追溯到200万年前，但最早产生宗教意识则在5万年至10万年之间。从古代传说和史书记

载，我们可以确知最早的宗教信仰主要表现在自然崇拜和祖先崇拜，后来形成了以崇拜"天"为主要特征的鬼神信仰。由于在世界各地中，中国是一个较早实现了中央集权的农耕社会国家，无论是社会生活还是中央政权的安危都与"天"、"地"和"水"的关系密切相关（被称为"三元"），由此信仰中存在一种鲜明的"天人感应"意识。又由于中国很早就是一个多民族多宗教的国家，从未出现过单一宗教独占的局面，人们的信仰意识专一性不强，具有较突出的包容性。有鬼神意识的人不少，但真正执著信仰某一宗教的人不多，各种宗教都屈从于强大的世俗政权，并未出现一种宗教或者教派独占统治地位的局面，也没有形成宗教间刀兵相见的尖锐对立。在中国历史上，几乎世界上所有主要宗教都曾来到过中国这块土地，主要是通过和平的途径如文化交流或者民族迁徙等方式传入中国，传入后也能与中国原有的宗教和睦相处，没有出现过大规模的激烈冲突。这些宗教有的只在外来人口中信仰，有的虽然也一度传播到中国本地居民之中，后来失传了，但它们的一些教义和崇拜方式对中国人的信仰仍有一定影响，有的被融入了中国本土宗教之中。到了近代，形成现在佛教、道教、伊斯兰教、基督教和天主教，五大宗教并存的基本格局。

中华人民共和国成立之时，佛、道、伊、基、天五大宗教呈三种基本形态。第一种形态主要是汉语系佛教、道教以及流传于民间佛道兼而有之的各种鬼神信仰，这种信仰历史悠久，在中国信教群众中人数最多，对于多数中国群众的精神生活影响巨大，但组织松散，随意性较强，因此人数也无法准确统计。第二种形态是伊斯兰教、藏传佛教和南传佛教，以及流传于个别少数民族中的民族信仰。这种信仰具有鲜明的民族性和地域性，对于特定民族的历史、文化和生活习俗影响极大，基本上是全民信教。其中信仰伊斯兰教的主要有回、维吾尔、哈萨克、乌孜别克、柯尔克孜、塔吉克、塔塔尔、东乡、撒拉、保安等十个民族；信仰藏传佛教的主要有藏、蒙、土、裕固、锡伯、门巴、洛巴等民族；信仰南传佛教主要有傣、阿昌、布朗、佤族等民族。此外在一些少数民族中虽然已经信奉五大宗教中的某一种，但历史上流传下来的本民族信仰如北方民族的萨满教崇拜、南方民族中的对各类巫术的崇拜等，依然存在。第三种形态是罗马天主教和基督教新教。这两种宗教传入中国时间较晚，其中基督教新教是在19世纪初，罗马天主教虽然最早是在元代已经传入中国，但几次传入几次中断，大规模的传教活动是在1840年第一次鸦片战争以后。因为这两种宗教都是仰仗帝国主义强迫清政府签订的不平等条约进入中国的，所以教会的领导权长期控制在外国传教士手中，从而成为外国势力侵略中国的利用工具。

二、中国共产党对马克思主义无神论的基本认识

中国是一个由中国共产党领导的社会主义国家,观察中国政府关于宗教问题的基本态度和基本方针,应正确认识和了解中国政府所坚持的马克思主义宗教观。中国《宪法》明确规定社会主义是我国的根本制度,新中国成立后将继续在马克思主义指引下建设国家。马克思主义是不相信有超自然力量存在的。但是,马克思主义同历史上形形色色的无神论有着本质的区别,它坚持用辩证唯物主义和历史唯物主义的观点,来看待和对待宗教问题,对待宗教和人们的信仰问题,反对以行政的手段去人为地消灭。

第一,马克思主义者是彻底的无神论者,认为是人创造了神,而不是神创造了人。宗教的根源不在天上,而是在人间本身。马克思说:"宗教、家庭、国家、法、道德、科学、艺术等等,都不过是生产的一些特殊的方式,并且受生产的普遍规律的支配。"① 恩格斯说:"不应当到虚幻的彼岸,到时间空间以外,到似乎置身于世界的深处或与世界对立的什么'神'那里去找真理,而应当到近在咫尺的人的胸膛里去找真理。人所固有的本质比臆想出来的各种各样的'神'的本质,要伟大得多,高尚得多,因为'神'只是人本身的相当模糊和歪曲了的反映。"②

第二,马克思主义科学地揭示了宗教产生、存在、发展和消亡的客观规律,认为宗教是人类社会发展到一定阶段的必然产物,是世界各民族普遍存在的一种历史社会现象。第一,神是不存在的,但是信仰神的人是客观存在的,宗教是普遍存在的社会现象。第二,人创造神是有极其深刻的社会原因和认识原因。只有产生宗教的社会根源和认识根源消失之后,宗教才可能从人类社会中消失。按照马克思和恩格斯的说法,宗教"只有当实际日常生活的关系,在人们面前表现为人与人之间和人与自然之间极明白而合理的关系的时候,现实世界的宗教反映才会消失。只有当社会生活过程即物质生产过程的形态,作为自由结合的人的产物,处于人的有意识有计划的控制之下的时候,它才会把自己的神秘的纱幕揭掉。"③ "仅仅用嘲笑和攻击是不可能消灭像基督教这样的宗教的,还应该从科学方面来克服它,也就是说从历史上来说明它,而这一任务甚至连自然科学也是无

---

① 马克思:《1844 年经济学哲学手稿》,载《马克思恩格斯全集》第 42 卷,人民出版社 1989 年版,第 121 页。
② 恩格斯:《英国状况——评托马斯·卡莱尔的"过去和现在"》,载《马克思恩格斯全集》第 1 卷,人民出版社 1989 年版,第 651 页。
③ 马克思:《资本论》第一卷,载《马克思恩格斯全集》第 23 卷,人民出版社 1989 年版,第 97 页。

力完成的。"① 只有"当谋事在人,成事也在人的时候,现在还在宗教中反映出来的最后的异己力量才会消失,因而宗教反映本身也就随着消失。"②

第三,马克思主义宗教观是和马克思主义的群众观高度统一的,对信教群众寄予了无限的同情。与历史上一切唯心主义史观不同,马克思和恩格斯坚持用历史唯物史观来观察人类历史,认为社会劳动者(其中包括为社会创造精神财富的科学家和艺术家)的实践活动是社会的一切活动的基础,正是广大的社会劳动者在不断地生产和再生产过程中,不仅创造了社会物质财富,而且也不断地加深了人们对客观世界以及生产规律的认识,推动了生产力的向前发展,而生产力的发展又是引起社会变革和社会发展的决定力量。因此,人民群众不仅是物质财富的创造者,而且也是精神财富的创造者,人民群众的生产实践和科学实践是人类社会发展的真正动力和唯一源泉。在社会发展的历史过程中,人民群众还有相当一部分人信仰宗教,但是在社会发展到一定阶段时,他们最终会完全摆脱宗教的束缚。

第四,马克思主义对待和处理宗教问题历来就是同解放全人类的历史使命联系在一起的。马克思主义从来不把宗教问题看成与社会发展毫无关系的现象,马克思多次指出:包括摆脱宗教的束缚在内的人的彻底解放,只有在社会制度改变和社会高度发展之后才可能实现。他说:"在我们看来,宗教已经不是世俗狭隘性的原因,而只是它的表现。因此,我们用自由公民的桎梏来说明他们的宗教桎梏。我们并不认为,公民要消灭他们的世俗桎梏,必须首先克服他们的宗教狭隘性。我们认为,他们只有消灭了世俗桎梏,才能克服宗教的狭隘性。"③ 又说:"当人们还不能使自己的吃喝住穿在质和量方面得到充分供应的时候,人们就根本不能获得解放。"④ 由此可见,马克思主义从来不把同宗教在意识形态上的对立,看成政治上对立的依据,更不认为不同宗教间的对立是社会固有的不可克服的矛盾,而只看成社会利益矛盾的一种表象,世俗的狭隘性决定宗教的狭隘性。在宗教依然存在的情况下,我们只能实行宗教信仰自由政策,尊重人们对不同宗教的信仰。

三、新中国成立前后党对宗教问题的基本态度与政策

中国共产党根据马克思主义原理和中国的具体国情,在宗教问题上一开始所

---

① 恩格斯:《关于德国的札记》,载《马克思恩格斯全集》第18卷,人民出版社1989年版,第654页。
② 恩格斯:《反杜林论》,载《马克思恩格斯全集》第3卷,人民出版社1989年版,第356页。
③ 马克思:《犹太人问题》,载《马克思恩格斯全集》第1卷,人民出版社1989年版,第425页。
④ 马克思、恩格斯:《〈德意志意识形态〉第一卷手稿片断》,载《马克思恩格斯全集》第42卷,人民出版社1989年版,第368页。

确定的政策是比较正确的。最根本的一条就是：把党对宗教的工作看成各个时期争取群众的一个重要组成部分，要求党的宗教政策始终服务和服从于每个历史阶段党所制定的总任务和总目标，对待信教群众主要是根据他们的政治态度，而不是强调同他们在意识形态方面存在的差别；对各宗教之间存在的信仰差别一视同仁，并十分关注不同信仰人们的相互团结。基于这一根本的宗教政策，中国共产党自始至终坚持贯彻宗教信仰自由的原则。早在中国共产党初创时期，就十分明确：党的"第一任务"是"努力研究中国的客观的实际情形，而求得一最合宜的实际的解决中国问题的方案。"① 1927 年，毛泽东在《湖南农民运动考察报告》一文中，一方面指出："神权"是束缚中国农民的五条绳索之一；同时又强调指出："菩萨是农民立起来的，到了一定时期农民会用自己的双手丢开这些菩萨，无须旁人过早地代庖丢菩萨"；"别人代庖是不对的。"② 1931 年 11 月，在江西中央根据地召开的中华苏维埃第一次全国代表大会通过的《中华苏维埃宪法大纲》第 4 条规定："在苏维埃政权领域内的工人、农民、红军士兵及一切劳苦民众和他们的家属不分男女、宗族、宗教，在苏维埃法律面前一律平等，皆为苏维埃公民。"该《宪法大纲》第 13 条进一步规定："中华苏维埃政权以保障工农劳苦民众有真正的信教自由为实际目的，绝对实行政教分离的原则。"1941 年 11 月，陕甘宁边区第二届参议会通过的《陕甘宁边区施政纲领》第 6 条规定："保证一切抗日人民（地主、资本家、农民、工人等）的人权、政权、财权及言论、出版、集会、结社、信仰、居住、迁徙之自由权。"抗日战争胜利前夕，毛泽东在《论联合政府》一文中，再次申明："根据信教自由的原则，中国解放区容许各派宗教存在。不论是基督教、天主教、回教、佛教及其他宗教，只要教徒们遵守人民政府法律，人民政府就给以保护。信教和不信教的各有他们的自由，不许加以强迫和歧视。"③

新中国成立前夕的 1949 年 9 月，出席中国人民政治协商会议第一届全体会议的就包括宗教界的代表，会议通过的《共同纲领》在 1954 年召开第一届全国人民代表大会之前有代行《宪法》的作用，其中明确规定了中国公民有宗教信仰自由的权利。1954 年以后，历次全国人民代表大会制定或修订的我国《宪法》中，都写进了保障公民选择宗教信仰的自由权利。当时，主持和领导全国宗教工作的李维汉对中国党和政府的宗教信仰自由政策曾做过如下解释："完全的说法是：每个公民既有信仰宗教的自由，也有不信仰宗教的自由；有信仰这种宗教的

---

① 《先驱》发刊词，《先驱》1922 年 1 月第 1 期；转引自《中国共产党的七十年》，中共党史出版社 1991 年版，第 30 页。
② 《毛泽东选集》第一卷，人民出版社 1991 年版，第 33 页。
③ 《毛泽东选集》第三卷，人民出版社 1965 年版，第 1093 页。

自由，也有信仰那种宗教的自由；在同一种宗教里面，有信仰这个教派的自由，也有信仰那个教派的自由；还有，过去不信仰现在信仰的自由，过去信仰而现在不信仰也有自由。"①

总之，从20世纪20年代中国共产党建立到50年代中期，在中国共产党领导下的解放区和新中国成立后的一段时间内，中国各宗教之间的关系比较良好，宗教与社会之间的关系也处于一个比较良好的状态。究其原因，主要是：（1）中国群众信仰宗教具有包容性的特点与传统；（2）包括信教群众在内的广大人民群众与封建势力和帝国主义之间的矛盾是社会的主要矛盾，相比之下信仰的差异并不突出；（3）中国共产党采取了符合中国国情的正确政策。而其中第（3）点起着决定性作用，正是这一政策中国共产党才得到了广大信教群众的拥护，团结了一大批各宗教的爱国人士，制约了帝国主义势力和封建势力利用宗教来反对革命的企图，同时也缓和了各宗教之间的内耗与对抗。

四、新中国成立初期在宗教内进行的民主改革与反帝爱国运动

新中国成立初期，中国各宗教经历的最重要的事件就是在佛教、道教和伊斯兰教内部进行的废止封建性特权的运动和在天主教和基督教内部出现的反帝爱国运动。这两种运动都得到了全国人民和政府的支持，并使各宗教在政治上完全摆脱了封建势力和外国帝国主义势力的控制，跟上了时代前进的步伐，与其所处社会环境进一步协调，因而，在来临的这个崭新历史时期获得了较前更大的生存空间。

佛教和伊斯兰教的传入中国和道教的创立，都已经经历了千年以上中国封建社会的历史，受中国封建社会影响很深，特别在获取经济来源的方式和宗教内部管理制度方面，许多内容属于中国革命所要废除的范围。例如在主要是汉民族居住的地区，佛道教的寺院和宫观大多依靠收取地租作为主要经济来源，著名的河南少林寺、北京潭柘寺等都拥有大量土地出租给农民。在宗教内部则实行严格的封建式等级管理制度，占多数的下层僧尼和道士，处于受奴役的地位。经过运动，汉地佛道教寺观废除了长期赖以生存的地租剥削制度，依据寺观住庙僧人和道士的人数重新分配土地，自己耕作，多余的土地分给了附近无地和少地的农民。在寺观内部废除了原有的依附性封建关系，成立了由寺观方丈领导下的民主

---

① 李维汉：《统一战线问题与民族问题》，人民出版社1982年版，第553页。

管理机构。

伊斯兰教由于长期民族与宗教不分，特别在西北一些民族地区形成了一种连教徒人身自由都由教主控制的门宦制度。运动的目的主要是：改变族教不分的状况，改变宗教制度中的封建特权。通过运动，废除了西北一些民族地区伊斯兰教门宦制度，特别是教主放口唤、放阿訇、世袭伊玛目制度等封建特权，废除了清真寺土地封建所有制和一切对教徒强迫性经济负担和无偿劳动的制度，废除利用宗教干预司法、教育和婚姻。

西藏的民主改革比其他地方稍晚一些，根据1953年5月23日中央人民政府同西藏地方政府签订的《关于和平解放西藏办法的协议》，西藏和平解放后相当一段时间仍保留着政教合一的封建领主专政的农奴制度，占人口不到百分之五的官家、贵族、上层僧侣三大领主占有全部土地和绝大部分牲畜，主宰着农奴和奴隶的身家性命。西藏佛寺是三大领主之一，占据着大量的生产资料和社会财富。1959年3月10日，以十四世达赖为首的西藏上层反动集团在拉萨等地发动武装叛乱。叛乱被平定后，在西藏广大贫苦农牧民的强烈要求下，并得到西藏爱国人士的广泛支持和赞同，开始了西藏地区的民主改革。通过改革，不再允许寺院干涉行政、司法、婚姻，也不再允许寺院私自委派官吏、私设法庭、监狱、刑罚，废除了广大农牧民对佛教寺院的人身依附关系，同时也废除了佛寺中等级森严的封建管理制度，实行民主管理。

天主教和基督教的反帝爱国运动，主要是由于长期控制在华教会的基督教差会和梵蒂冈罗马教廷的反华势力敌视新成立的中华人民共和国政权引起的。控制中国天主教和基督教教会领导权的外国势力站在国际反华势力一边，在信徒中大量散布"有神无神誓不两立"、"共产党消灭宗教"等言论，公开反对当时正在进行的抗美援朝、土地改革等政策，并开始停止对在华教会学校和医院等事业单位发放资金，迫使中国政府接管所有的教会学校和慈善卫生事业。帝国主义在中国教会的代理人的行径，激怒了中国广大基督徒和教会爱国人士。1950年7月，以吴耀宗为代表的40位中国基督教教会领导人，联合发表了《中国基督教在新中国建设中努力的途径》宣言。1950年11月中国天主教成都教区王良佐神父等广元县神职人员和教徒召开大会，发表了《自立革新宣言》，分别在中国基督教和天主教会内提出要求摆脱外国势力的控制，由中国教徒实现对教会的自治、自传、自养。两个宣言在中国基督教和天主教会中得到了广大教徒和神职人员的拥护和响应，各地教会纷纷集会发表声明表示赞成，数以万计的神职人员和信徒加入签名运动，并得到全国人民的支持，最后先后成立了"中国基督教'三自'爱国运动委员会"和"中国天主教爱国会"两个机构，从此摆脱了外国势力对中国基督教会和天主教会的控制，成为中国教徒自办的宗教事业。

新中国成立初期,在中国佛教、道教和伊斯兰教内进行的民主改革运动,以及在中国基督教天主教会内进行的反帝爱国运动,主要目的是在各宗教内部完成反封反帝任务,使各宗教内部实现在爱国主义旗帜下的大团结。同时,因为通过运动改变了长期以来不同封建势力和不同外国势力对不同地区宗教的控制,克服了不同封建势力和不同外国势力造成的摩擦和互相争斗,进一步增进了中国境内各宗教间的大团结。

第二节 50年代后期至改革开放

一、"左"倾路线和"文革"时期的教训

1. 20世纪50年代后期开始的"左"的错误路线

20世纪50年代中期以后,由于对"什么是社会主义"和"怎样建设社会主义"在认识上出现了偏差,主要是对建设社会主义的艰巨性和复杂性估计不足,同时在中国国内阶级状况已经发生变化的情况下,依然坚持"以阶级斗争为纲"的路线。在急于求成和突出阶级斗争的气氛下,对于宗教问题,国际共产主义运动中企图通过行政手段"促进宗教消亡"的错误思潮,开始影响我国的宗教政策的执行。首先反映在"大跃进"期间,一些地方一度发生歧视、限制教徒参加宗教活动,粗暴对待宗教界人士,过多占用宗教活动场所等现象。60年代初,在中共中央和国务院的过问下,这一错误做法得到了一定的纠正。[①] 然而到了1962年9月以后,由于中共中央八届十中全会对国内阶级矛盾做出错误估计,要求全党全国各项工作全部纳入"以阶级斗争为纲"的轨道,阶级斗争必须"年年讲、月月讲、天天讲",对宗教领域的问题也作出了错误估计,提出1962年以来,宗教方面的阶级斗争是很激烈的,表现为:一部分披着宗教外衣的反动分子明目张胆地向党进攻,地主富农分子也利用宗教复辟,相当多的宗教界人士千方百计地扩大宗教的势力和影响。由此,从1963年开始在宗教界开展以反帝、爱国、守法为主要内容的爱国主义、国际主义和社会主义教育,简称"三个主义教育",在宗教领域"揭阶级斗争盖子"。1965年6月,国务院分管宗教工作的谢富治(谢富治因在"文革"中犯有严重罪行,去世后于1980年被中共中央

[①] 赤耐主编:《当代中国的宗教工作》(上册),当代中国出版社1998年版,第113~117页。

开除党籍）更提出教会是"地主党"，"帝国主义的别动队"，要求通过农村社会主义教育加以彻底解决。① 在这种形势下，教徒聚居的一些村镇，在"四清运动"中，开始把人们的宗教信仰也作为批判内容，极大地伤害了信教群众，个别地方还一度出现动员信教群众退教。不过，那时还没有形成全局性的错误。

2. "文化大革命"对宗教政策的破坏

20世纪60年代后期开始的"文化大革命"的目的，主要是打倒"党内走资本主义道路的当权派"，而不是宗教。但是因为"破四旧"、要实现"无产阶级在一切领域中对资产阶级的全面专政"，宗教首当其冲，成为"革命"的对象。在这场浩劫中，执行宗教信仰自由政策的各级党委的统战部和各级政府的宗教事务局，都被打成"修正主义司令部"；信教群众公开的宗教活动被完全禁止；除少数中央直接干预的寺观教堂外，大多数寺观教堂塑像、经籍被毁坏，房屋部分或全部被占用；相当一部分宗教界人士受到批斗和抄家，一部分人遭到遣散。据国务院宗教事务局1966年10月对全国25个大中城市和一个专区的不完全统计，这些地方当时有宗教人士6 151人，遭到批斗的有1 516人。②

"文革"期间对宗教问题的做法，违背了中国共产党对宗教的一贯政策，违背了马克思主义关于宗教的理论，违背了宗教自身发生、发展和消亡的客观规律，因而严重地破坏了党群关系，对社会的发展造成极大危害。后来的事实证明，"文革"中对宗教的批判和对宗教人士的迫害并没有减少群众对宗教的信仰，只是使宗教活动由公开被迫转入地下，群众对宗教的热情不仅未能降低，而且还在多数情况下变得更为强烈。正如一位宗教界人士后来所说的："文革"毁坏了物质的神殿，却并不能毁坏信徒心灵中精神的神殿。历史再次告诉我们：依靠压迫的手段，是不可能解决人们精神信仰中的差异的。

二、中国政府恢复宗教活动正常化的措施

1976年，"文化大革命"在先后粉碎了林彪和"四人帮"两个反革命集团后宣告结束，中国党和政府开始在各条战线进行拨乱反正，恢复原有的正常社会秩序。1978年，中共中央召开了党的十一届三中全会，认真总结了新中国成立以来正反两个方面的历史经验，确立了"实事求是，一切从实际出发"的思想路线和以经济建设为中心的总路线，使中国进入了改革开放的新时期。对于宗教工作，1978年2月在全国人民代表大会五届一次会议的《政府工作报告》中，

---

① 赤耐主编：《当代中国的宗教工作》（上册），当代中国出版社1998年版，第121~124页。
② 赤耐主编：《当代中国的宗教工作》（上册），当代中国出版社1998年版，第128页。

重申了"继续贯彻执行宗教信仰自由政策"。同年12月召开了第八次全国宗教工作会议，中共中央和国务院于1979年2月批转了该会议的纪要，要求各地恢复和健全各级政府宗教事务机构，恢复各宗教团体的活动。

1982年3月，中共中央书记处系统地总结了新中国成立以来党在宗教问题上的正反两个方面的历史经验，下发了题为《关于我国社会主义时期宗教问题的基本观点和基本政策》的文件。这个文件肯定了宗教在中国社会主义时期将长期存在。指出："对于社会主义条件下宗教问题的长期性，全党同志务必要有足够清醒的认识。那种认为随着社会主义制度的建立和经济文化的一定程度的发展，宗教就会很快消亡的想法，是不现实的。那种认为依靠行政命令或其他强制手段，可以一举消灭宗教的想法和做法，更是背离马克思主义关于宗教问题的基本观点的，是完全错误和非常有害的。"认为："解放以后，经过社会经济制度的深刻改造和宗教制度的重大改革，我国宗教的状况已经起了根本的变化，宗教问题上的矛盾已经主要是属于人民内部的矛盾；但是宗教问题仍将在一定范围内长期存在，有一定的群众性，在许多地方同民族问题交织在一起，还受到某些阶级斗争和国际复杂因素的影响。因此，我们在宗教问题上能否处理得当，对于国家安定和民族团结，对于发展国际交往和抵制国外敌对势力的渗透，对于社会主义物质文明和精神文明建设，仍然具有不可忽视的重要意义。这就要求我们各级党委，对宗教问题，一定要采取如列宁所指出的'特别慎重'、'十分严谨'和'周密考虑'的态度。"文件特别强调实行宗教信仰自由政策的重要性，指出："我们共产党人是无神论者，应当坚持不懈地宣传无神论，但是我们同时应当懂得，对待人们的思想问题，对待精神世界的问题，包括对待宗教信仰问题，用简单的强制的方法去处理，不但不会收效，而且非常有害。还应当懂得，在现阶段，信教群众与不信教群众在思想信仰上的这种差异是比较次要的差异，如果片面强调这种差异，甚至把它提到首要地位，歧视和打击信教群众，而忽视和抹杀信教群众和不信教群众在政治上、经济上根本利益的一致，忘掉了党的基本任务是团结全体人民（包括广大信教和不信教的群众）为建设现代化的社会主义强国而奋斗，那就只能增加信教群众和不信教群众之间的隔阂，而且刺激和加剧宗教狂热，给社会主义事业带来严重的恶果。因此，宗教信仰自由的政策，是我们党根据马克思列宁主义理论所制定的、真正符合人民利益、唯一正确的宗教政策。"[①]

在党和政府的领导下，从20世纪80年代开始，宗教信仰自由政策在全国各地得到全面恢复和贯彻。据不完全统计，至80年代末，各地恢复寺观教堂4万

---

① 中共中央文献研究室综合研究组、国务院宗教事务局政策法规司：《新时期宗教工作文献选编》，宗教文化出版社1995年版，第55~60页。

余处，归还各宗教被占用房产70%以上，恢复和新建各级宗教团体2 000余个，纠正"文革"在宗教界造成的冤假错案99%以上，约有4 900余宗教界人士重新当选各级人民代表或政协委员。为了修缮"文革"中遭到不同程度破坏的宗教场所，中央和地方政府无偿拨款达数亿元。① 为了发挥宗教界人士在维护社会稳定和社会主义现代化建设中的积极作用，从1991年的春节开始，党和国家领导人都邀请各大宗教团体的主要负责人座谈，听取他们的意见和建议，也通过这种方式给他们提出一些要求，增进相互了解与沟通。最初两年由党的总书记亲自出席主持，后来改由政治局常委中分管统战工作领导同志出席主持。这一惯例，一直延续至今，成为中国共产党宗教工作的一个特点。1991年1月30日，时任党的总书记的江泽民同志在与宗教界领袖座谈时，指出："正确对待和处理宗教问题，是建设有中国特色社会主义的一个重要内容。"中国共产党同宗教界合作的政治基础"是爱国主义和建设有中国特色社会主义。""我们处理同宗教界朋友之间的关系的原则是政治上团结合作，思想信仰上互相尊重。"② 1992年1月28日，江泽民在与各宗教领袖座谈时，针对他们提出的问题，再次重申："尊重和保护宗教信仰自由，是党和政府对待宗教问题的一项长期的基本政策，这是不会改变的。""依法加强对宗教事务的管理，决不意味着要改变宗教信仰自由的政策，而是为了保护宗教活动健康地正常地进行。"③ 1993年11月7日，江泽民在全国统战工作会议上，把中国共产党对宗教问题的政策概括为三句话，即：全面正确地贯彻党的宗教政策，依法加强对宗教事务的管理，积极引导宗教与社会主义社会相适应。

2001年12月10日，江泽民在中共中央和国务院联合召开的全国总结工作会议上，把上述三句话改为四句话：全面贯彻宗教信仰自由政策，依法管理宗教事务，坚持独立自主自办原则，积极引导宗教与社会主义社会相适应。并将其作为新世纪初"宗教工作的基本任务"，被确定下来。独立自主自办原则，就是要在独立自主、平等友好、互相尊重的基础上，进行宗教领域的对外交往，抵御利用宗教对我国进行的渗透。会议特别强调了宗教工作"在党和国家事业发展中"的重要地位。④

三、中国政府宗教立法的历程

在恢复贯彻宗教信仰自由政策的同时，中国政府进一步健全和完善了宗教立

---

① 赵匡为：《我国的宗教信仰自由》，华文出版社1999年版，第114~115页。
② 《人民日报》1991年1月31日，第1版。
③ 《人民日报》1992年1月29日，第1版。
④ 《中国宗教》2002年第1期，第5~6页。

法。1978年2月召开的全国人大一次会议通过修改的《宪法》，对宗教信仰自由做出了更为明确的规定。之后，在全国人民代表大会常务委员会陆续颁发的《中华人民共和国民族区域自治法》、《中华人民共和国全国人民代表大会和各级人民代表大会选举法》、《中华人民共和国教育法》、《中华人民共和国兵役法》、《中华人民共和国劳动法》、《中华人民共和国村民委员会组织法》，以及《广告法》等都做出了尊重公民对宗教信仰选择自由的相关规定。对于政府如何管理宗教事务问题，也提到了立法的日程。1991年，中共中央下发了《关于进一步做好宗教工作若干问题的通知》提出："要加快宗教立法工作。"[1] 尽快实行政府对宗教事务的依法管理。1994年1月31日，李鹏总理以国务院第144号令和145号令，颁发了《中华人民共和国境内外国人宗教活动管理规定》和《宗教活动场所管理条例》。前者体现了我国政府尊重在中国境内外国人的宗教信仰自由，保护他们正常的宗教活动，保护外国人同我国宗教界开展宗教方面的友好往来和文化学术交流活动的既定方针。同时，也体现了我国《宪法》所规定的"中国宗教团体和宗教事务不受外国势力支配"的原则，对他们应当遵守中国相关法律，不得损害中国社会公共利益，不得以任何方式干预中国宗教内部事务也做出了明确的规定。后者对宗教活动场所的正当权益及其对这些权益的维护作出了规定，并对侵犯其合法权益的行为，规定了应当承担的法律责任。与此同时，也规定了宗教活动对国家和社会应当承担的法律义务，如：在宗教活动场所进行宗教活动必须遵守国家法律，任何人不得利用宗教活动场所进行破坏国家统一、民族团结、社会安定、损害公民身体健康和妨碍国家教育制度等。《宗教活动场所管理条例》还规定了宗教活动场所的设立，应向政府有关部门进行登记的条文，向政府有关部门登记的宗教活动场所将受到国家法律的保护。为此，国务院宗教事务局会同中华人民共和国民政部联合颁布了《宗教社会团体登记管理实施办法》，对全国各地佛教寺院、道教宫观、伊斯兰教清真寺、天主教和基督教教堂进行了登记，至1997年，批准登记的寺观庙堂共计8万余处。少数因不完全符合登记要求的宗教场所被限期改进和整顿，促进了这些场所的管理与活动规范化。随着改革的深入和开发的不断扩大，由于原有的宗教法规已不能适应宗教方面出现的新情况和新问题，2004年11月30日温家宝总理发布国务院第426号令，颁发了《宗教事务条例》。《条例》于2005年3月1日开始实施，共48条。该条例以保障公民宗教信仰自由，维护宗教和睦及社会和谐，规范宗教事务管理为目的，既把中国公民依法享有的宗教信仰自由的权利，用法律的形式确定下

---

[1] 中共中央文献研究室综合研究组、国务院宗教事务局政策法规司：《新时期宗教工作文献选编》，宗教文化出版社1995年版，第216~217页。

来，也规定了各宗教团体和信教群众在享受宗教信仰自由时应承担的各种义务。同时，按照依法行政和建设法治政府的要求，规范了政府有关行政管理部门的行政行为，是当前中国政府一项综合性管理宗教事务的专门法律。

四、中国政府团结、教育和培养爱国宗教后继人的工作

20世纪50年代，随着中国五大宗教中民主改革和反帝爱国运动的胜利完成，各爱国宗教团体的陆续建立，中国政府就开始关注对各宗教的爱国后继人的团结、教育和培养工作。为了造就在政治上爱国，在宗教学识方面有较深造诣的年青一代宗教教职人员，1955年11月，中国政府支持中国伊斯兰教协会在北京开办了中国伊斯兰教经学院，并资助中国伊协历时两年新建了具有绿色圆顶阿拉伯建筑艺术形式的经学院大楼，聘请包括著名伊斯兰学者庞士谦、埃及爱资哈尔大学留学归来的马继高等任教。1955～1965年的10年间，共培养了包括一个研究班在内的回、维吾尔、哈萨克、东乡、撒拉、塔塔尔、柯尔克孜、乌孜别克等8个民族的100余名学员。1956年9月，又支持中国佛教协会在北京法源寺开办了中国佛学院，聘请王恩洋、周叔迦、法尊等一批佛教领袖和著名佛教学者任教。1962年中国佛学院在北京雍和宫又开办了藏语佛学系，由藏传佛教著名爱国人士格西喜饶嘉错大师亲自授课。同年，在政府的支持下，中国道教协会开办了"道教徒进修班"，进修班直接由当时的道协会长陈撄宁任班主任。基督教方面，新中国成立前许多外国的教会在中国各自办有培养神职人员的神学院，1953年，在中国基督教徒反帝爱国运动过程中，为了摆脱外国经济的控制，实现中国基督教各派大团结，经协商将中华圣公会上海中央神学院、南京金陵神学院、济南齐鲁神学院等11所神学院联合起来，成立了南京金陵协和神学院；将北京神学院、燕京宗教学院、中华基督教会东北神学院等7所神学院组成北京燕京神学院，后来又将北京燕京神学院并入南京金陵协和神学院，由基督教爱国领袖丁光训主教担任院长。天主教的神学院因梵蒂冈当权者的反华立场，全部停办。1962年前后，中国天主教爱国会曾筹划开办新的中国天主教神学院，但宗教工作已经受到"左"倾错误路线的干扰，未能实现。"文革"中，这类宗教院校被迫停办。"文革"结束后，在恢复宗教政策的过程中，面对各宗教因历经十年"文革"的摧残使爱国宗教人员严重缺乏的局面，中国政府首先帮助各宗教恢复了原有培养各教爱国后继人的学校。1982年以后，又根据需要陆续帮助各教开办宗教院校，其中27所全国性和几个省区联合办的院校，由中央政府每年予以定额资助，并明确了共同的办学宗旨：""培养和造就一支热爱祖国，接受党和政府领导，坚持走社会主义道路，拥护祖国统一和民族团结，有宗教学识，立志从事

宗教事业，并能联系信教群众的宗教教职人员队伍。"至21世纪初，由各级政府支持、各宗教团体举办的宗教院校已有70余所，其中佛教约30余所、基督教22所、天主教13所、伊斯兰教9所、道教2所。在读学员4 000余人，毕业人数超过5 000人。他们都成为各宗教的爱国骨干，有一些人已经成为今天各级宗教团体的负责人。此外，中国各级党和政府还十分关注已有的各宗教教职人员的团结和教育工作，各级党委的统战部门、政府宗教工作部门以及各级政协组织，都不定期地通过举办各类培训班、研讨班，以及各种联谊活动等形式，对宗教教职人员进行经常性的爱国主义、社会主义和遵纪守法教育，支持和鼓励各宗教发扬各教的优良传统，探索与中国国情相适应的办教思路。正是这些措施，使中国各宗教的领导权，能够较长时间一直掌握在以爱国力量为主的宗教人士手中。

第三节 当代中国宗教的基本走向

一、拥护中国共产党领导，愿意走社会主义道路

中国各宗教近100多年来的走向，是与中国近100多年来的基本国情分不开的。1840年以后，中国从一个封建大帝国开始走向衰败，成为半殖民地半封建的国家。长期的外辱内患，致使拥有几千年文明的中华民族饱受痛苦。争自由求解放，成为包括信教群众在内的全国各族人民共同的愿望和为之奋斗的最高理想。为了国家和民族的富强，中华民族前赴后继，直至有了共产党才找到了正确的道路。因此，中国的各宗教与苏联革命前后的宗教对共产党和社会主义的态度截然不同，他们中的大多数人除了因有宗教信仰不赞同无神论外，其政治和经济方面的利益是同全国人民完全一致的。这种状况，也冲淡了各宗教之间因信仰差异所产生的矛盾与摩擦。广大信教群众愿意拥护中国共产党的领导，接受社会主义道路。新中国成立以前，信教群众积极参加中国共产党领导的革命，把中国共产党称为"大救星"、"菩萨兵"；许多信教群众为革命做出了牺牲，甚至为中国革命献出了自己的生命。新中国成立以后约占信教人数70%以上的农村贫苦群众分得了土地，随着国家社会和经济的不断改善，他们信赖新的政府，在社会主义建设中看到了自己的希望，因而能以极大的热情参加社会主义建设。中国的宗教界人士中，不少人具有强烈的爱国主义思想，这些人新中国成立以前就已经成为中国共产党爱国反帝统一战线的一部分；新中国成立以来，特别是改革开放20多

年来,中国共产党和政府的宗教政策,得到了各宗教爱国领袖的赞同和支持,继续成为中国共产党领导下的新时期统一战线的组成部分。新中国成立以后,中国各宗教先后成立的全国性宗教团体,是各宗教中由爱国人士发起和领导的爱国社会团体,他们不仅起着维护各宗教的合法权益的作用,而且还起到了信教群众同党和政府联系的桥梁与纽带作用。这些团体既负有协助政府贯彻落实宗教信仰自由政策的职责,又负有向政府及时反映信教群众要求和建议的责任,因此在宗教群众中具有较高的威信;同时,它们又肩负着继承各宗教优良传统,并团结和动员宗教界人士和广大信教群众参加社会主义建设的使命,受到国家和社会的重视和支持,具有良好的社会形象。中国宗教正因为上述基本社会政治特征,中国宗教可以较好地坚持爱国爱教、团结进步的正确方面,成为建设有中国特色社会主义的一支重要力量,在推进经济发展、社会稳定和民族团结中起到积极的作用。

二、发扬宗教优良传统,与社会主义社会相适应

中国群众的信仰历来带有较强的人本主义和功利主义倾向。中国广大信教群众和宗教界的爱国人士认为,尽管马克思主义同宗教教义在意识形态上存在差异,但他们的信仰追求与国家社会主义现代化建设不仅不是对立的,而且在许多方面还是一致的。因此,他们相信在社会主义条件下,中国各种宗教不仅在政治领域中存在基本的共同点,而且在对待社会问题的宗教理论方面也存在许多契合点,能够发挥积极的作用。

以已故中国佛教协会会长赵朴初居士为代表的中国佛教界领袖把佛教的"庄严国土,利乐有情"作为佛教徒在世的根本追求,倡导"人间佛教"思想,人间佛教就是以人生为佛教修行之本、以现实社会为佛教精神传播和发扬基础的一种教义思想。赵朴初在他的著作《佛教常识问答》第五章中说:"人间佛教主要内容就是:五戒、十善。""假使人人依照五戒十善的准则行事,那么人民就会和平康乐,社会就会安定团结,国家就会繁荣昌盛,这样就会出现一个和平安乐的世界,一种具有高度精神的文明世界。这就是人间佛教所要达到的目的。"在中国佛教协会第四届理事会的报告中,他进一步指出:"我们提倡人间佛教的思想,就要奉行五戒、十善以净化自己,广播四摄、六度以利益人群,就会自觉地以实现人间净土为己任,为社会主义现代化建设这一庄严国土、利乐有情的崇高事业贡献自己的光和热。"[①]

道教领袖们认为,道教历来提倡"仙道贵生"和"清静自正,道法自然"。

---

① 赵朴初:《中国佛教协会三十年》,中国佛教协会1983年版。

主张天地间以人为本，人神间又以人为中心，同时重视人与所处环境相适应，并与自然的和谐。人要修仙，一定先具备社会公德，叫做"修道必先立德"、"功德成神"。他们深信："在今天，中国政府实行宗教信仰自由政策，道教完全可以与社会主义社会相适应，道教的许多重要主张对于促进中国社会稳定，引导人们确立正确的生活态度与精神状态，都具有积极作用。例如：倡导顺应社会发展的潮流，同时保持自我应有的道德情操的精神；要求人们遵从和谐自然的发展规律，维护人类经济发展的平衡和人类生存环境的和谐；主张建立人人平等的太平世界，谋求对全社会广大群众普遍有利的发展模式；提倡人应以基本物质生活得到保障而满足，反对奢侈无度的贪求；强调修道和积功德的统一，修道的人必须行善行，服务社会，有益于人群等等。"①

中国伊斯兰教领袖们认为，伊斯兰的本意是：和平、安宁和顺从。"从伊斯兰教的角度来讲，大家都是穆斯林，都应遵守伊斯兰教的教法、教规；从法律上说，每一位穆斯林都有自己的国籍，都要遵守各自国家的法律和法规，服从所在国家的政府和领导的管理，这也是伊斯兰教经训提倡的穆斯林的义务和责任。"② 中国伊协会长陈广元阿訇认为："伊斯兰教主张爱人，把其他人视为兄弟。我们认为信教的和不信教的，都是真主的被造物，都应该互相爱护，互相怜悯，互相尊重。真主还说，只有尊重人的人，才能尊重真主；只有感谢人的人，才能感谢真主。"③ 因此，中国穆斯林应该为中国社会主义建设和社会的和睦，发挥作用。

中国天主教爱国会主席、中国天主教主教团代主席、北京教区傅铁山主教认为："我们坚持独立自主自办教会，在信仰上同世界各国天主教会是一致的，同属一个信仰，同行一个洗礼，同受一个圣神所滋润；都忠于至一、至圣、至公从宗徒传下来的教会，在信仰上始终与普世教会保持共融……世界上存在着各种不同社会制度的国家，我们尊重各国人民和教会对自己国家社会制度的选择，也希望其他国家的教会尊重中国人民和教会对自己国家社会制度的选择……中国天主教选择与社会主义社会相适应，首先是和全国人民一起，自觉做到'四个维护'。其次应该发挥教会圣化人心、净化人灵、祥和社会的作用，做光做盐，本着'你们要以过安定的生活，专务己业，亲手劳作为光荣'的圣训，引导和鼓励神长教友积极参加祖国社会主义建设，为促进国家的繁荣、民族团结和社会稳定，为全面建设小康社会做出自己的应有贡献，并用自己的善言善行，为主作

---

① 王宜峨：《中国道教》，五洲传播出版社2004年版，第116~117页。
② 中国伊斯兰教协会：《穆斯林爱国主义教程》，宗教文化出版社2006年版，第35页。
③ 陈广元：《在构建和谐社会中发挥伊斯兰教的积极作用》，载《中国宗教》2006年第11期，第32页。

证，光荣在天大父。"①

中国基督教新教的领袖们认为："在旧社会，由于帝国主义利用基督教进行文化侵略，使基督徒在思想上受到不同程度的毒害，那时人们说基督教是'洋教'，'多一个基督徒就少一个中国人'。'三自'爱国运动的巨大成果之一，就是使中国基督徒变成了爱国的基督徒，'爱国爱教，荣神益人'已成为广大基督徒信仰与行为应有之义；同时，也改变了中国基督教的面貌。""社会主义道德建设以'为人民服务'为核心，具有'荣神益人'人生观的基督徒理当多做出服务的见证。我们要遵行十字架舍己的真理，牢记'不是要受人的服侍，乃是要服侍人'，'有了爱弟兄的心，又要加上爱众人的心'等经训，在社会公德方面，多做众人以为美的事；在职业道德方面，把本职工作视为神所托付的'天职'，发扬忠仆精神；在家庭美德方面，做到孝敬父母，教养子女，夫妇和睦，邻里相顾；还要划清为社会创造财富与侍奉玛门的界限，认清建设国家与贪爱世界的区别。"②

正是由于各宗教团体大力倡导与社会主义社会相适应，团结和动员各宗教的信徒积极参加社会主义现代化建设，使中国各宗教在国家社会主义建设和维护民族团结以及社会稳定的各个方面，都能够发挥各自的作用。

三、努力促进宗教和睦，参与推进世界和谐活动

在党和政府提倡"政治上团结合作，信仰上相互尊重"原则的推动下，改革开放以来，不仅政教关系保持良好，信教与不信教群众保持着良好关系，信仰不同宗教的群众之间也能保持较良好的关系。在法律和体制上，中国没有占主导地位的宗教，各宗教不论信徒多少、历史长短，社会地位一律平等，享受同样的权利负有同样的义务。各主要宗教团体都是中国各级人民政协的团体成员，在各级政协中，由各宗教爱国领袖组成的宗教界作为一个界别，同在一个专门委员会中参与国家大事的讨论，共同组织和举办一些与宗教有关的大型社会活动，联合向社会或世界发出各类倡议或声明，相互联系十分密切，关系也相当融洽。中华人民共和国的成立，改变了旧时代各宗教间相互隔阂、互不来往的局面。宗教间的相互对话，在中国不仅成为可能，而且已经成为一种制度、习惯和中国宗教所独具的特征。而宗教间的对立，是与维护中国各族人民大团结的宗旨相悖的，违背了包括信教群众在内的最广大人民的意愿，为人们所不容，也是各宗教团体和

---

① 傅铁山：《在中国天主教第七届代表会议上的工作报告》，中国天主教"一会一团"，2004年7月7日。
② 韩文藻：《同心协力建立基督的身体——按三自原则把教会办得更好》，中国基督教全国"两会"，1996年12月29日。

宗教领袖们极力避免的。20多年来，信教与不信教群众间曾发生过一些问题，主要是反映在汉民族对信仰伊斯兰教群众不食猪肉的习惯不够尊重或者不理解方面。这些问题一度引起穆斯林群众的极大不满。其中因山西出版社发行的《脑筋急转弯》丛书的一处错误，引发了多个城市穆斯林群众上街示威抗议活动。中国党和政府对于这类事件的态度十分明确，处理也十分及时。从法律上，对出版物和广告宣传品制定了严格的审核制度和手续；在举办群众性活动之前，凡可能涉及宗教问题的，都事先征求各宗教的意见；出现侵犯宗教合法利益或者有伤害信教群众宗教感情的事情时，依法采取坚决措施维护信教群众的利益不受侵犯。如对上述《脑筋急转弯》丛书错误的处理，不仅责令出版社公开检讨道歉，而且还追究了有关责任人的刑事责任。因而，维护了信教与不信教以及信仰不同宗教群众的团结。

维护世界和平，关注人类健康发展，倡导世界各国和各地区的各种宗教间对话，是中国各宗教社会活动的另一项重要内容。1993年9月，为继承中韩日三国佛教在历史上的传统友好联系，中国佛教协会会长赵朴初居士在日本提出中韩日三国佛教黄金纽带新构想。1994年中韩日三国佛教界代表商议决定，从1995年起每年召开一次"中韩日佛教友好交流会议"，会议由三国轮流主办，任务是促进亚洲与世界和平，推进三国佛教的交流。1994年，以"友好、和平、发展、合作"为宗旨，中国佛教、道教、伊斯兰教、天主教、基督教的代表人士共同组成了"中国宗教界和平委员会"。1995年8月15日，中国宗教界和平委员会召开纪念世界反法西斯战争胜利50周年座谈会，发表了《中国宗教界和平文告》，提出5项举措：（1）组织和平祈祷；（2）弘扬和平教义；（3）参与保卫世界和平活动；（4）支持我国政府的和平外交政策；（5）爱国爱教振兴中华，呼吁各种宗教的信徒共同携起手来，维护和平，反对战争。倡议中国各宗教在全国范围内同时举行祈祷世界和平的仪式，决定以后每年举办一次"祈祷世界和平周"，从那时起，已坚持连续进行11年。1995年4月和5月，中国道教协会派代表出席了先后在日本和英国召开的"世界宗教与环境保护首脑会议"，成为"世界宗教与环境保护联合会"的成员，参与世界环境保护的活动。

鉴于20世纪末以来，世界上大多数冲突与宗教有关，2000年8月在美国纽约联合国总部召开联合国成立55年来第一次"宗教与精神领袖世界和平千年大会"。中国宗教界组成了由中国天主教爱国会主席、北京教区主教傅铁山为团长，中国五大宗教领袖参加的"中国宗教领袖代表团"参加了大会。傅铁山主教在大会上发表了题为《高举和平旗帜，提倡宽容和解》的讲话，代表中国佛、道、伊、天、基五大宗教向世界提出了两项和平主张：第一，高扬和平旗帜，维护宗教的纯洁性。反对利用宗教推行强权政治，反对打着宗教旗号分裂祖国，反对宗教极端主义危害世界和平，反对邪教组织冒用宗教名义破坏社会安宁。第二，提倡宗教宽容与和解，创造和睦共处的环境。正视不同文明和宗教信仰的差异，互相尊重，求同存异；加强不同文明和宗教信仰的交流，增进了解，实现和解；促进不同文明和宗教信仰的对话，平等对待，不搞对抗；创造不同文明和宗教信仰和睦共处的环境，主张"己所不欲，勿施于人"，反对"己之所欲，必施于人"；发挥不同文明和宗教信仰的优势，维护和平，共同进步。这一主张，受到了与会代表的热烈欢迎。①

针对国际上少数人利用伊斯兰教宣扬恐怖主义，2001 年 4 月 23 日，中国伊斯兰教协会聘请全国 16 位伊斯兰教领袖和著名伊斯兰教法专家组成"中国伊斯兰教教务指导委员会"，负责对当代中国穆斯林在宗教生活中遇到的问题，依据伊斯兰教经典及其内涵，从教义教规的角度做出既符合伊斯兰信仰、又符合时代发展要求的解释，反对宗教极端主义，维护伊斯兰信仰的纯洁性。2002 年 6 月和 12 月，中国伊斯兰教协会副会长马云福、中国天主教主教团秘书长马英林先后在《中国宗教》刊物上发表文章，马云福在文中说："伊斯兰教是和平的宗教，和平是穆斯林的理想，维护世界和平是穆斯林的义务。走极端、搞恐怖与伊斯兰教的教义教规相悖，因而是穆斯林所反对的，任何形式的恐怖主义都不符合伊斯兰教的精神。"马英林在文章中写道："耶稣基督是人类和平的缔造者。他不仅向人类宣布了和平的福音，教导人类无论种族、肤色、文化、国籍大家都是天父所创造，理应情同手足，相亲相爱；更以自己的苦难和死亡，宽恕人罪、造就和平，开辟了人类与天父以及人类彼此之间的谅解、宽恕、合好的合一之路。"2003 年 9 月 22~24 日，中国各宗教组团应邀出席由哈萨克斯坦总统纳扎尔巴耶夫倡议、在哈萨克斯坦首都阿斯塔纳召开的首届"世界宗教大会"，中国宗教代表团团长、中国佛教协会副会长嘉木样·洛桑久美·图丹却吉尼玛活佛在会上发表了题为《和睦相处，共同缔造美好幸福的世界》的讲话，他说："佛教慈悲为怀、众生平等、止恶行善、利他主义的情怀，庄严国土、利乐有情的理想追求，慈悲喜舍、'不为自己求安乐，但愿众生得离苦'的奉献精神，'诸恶莫作，众善奉行，自净其意'的伦理观，是人类文明的宝贵财富，是净化人心的良药，完全可以成为人们行为的准则。世界丰富多彩、五光十色，我们应当承认和尊重不同民族、不同宗教和不同文明的多样性与差异性，提倡兼容而不歧视，交流而不排斥，对话而不对抗，和平共处而不冲突，充分发挥各种文明的积极作用，共同促进人类社会的发展与进步。那种在世界上'唯我独尊'的做法，那些挑动民族分裂甚至民族仇视的行径，都有悖于人类追求善的本质，有害于人类

---

① 《中国宗教》2000 年第 5 期，第 8 页。

和平与进步的崇高事业。"他在讲话中对宗教促进世界和平提出了五项原则：（1）兼容，求同存异，同则相亲，异则相敬；（2）交流，加深理解，消除误解，增进共识；（3）对话，尊重信仰传统的差异性，不搞唯我独尊，不去制造麻烦；（4）共处，主张"己所不欲，勿施于人"，反对"己之所欲，必施于人"；（5）进步，和平是一切幸福之源，真正的世界和平要建立在消除贫困和保护环境的基础上，建立在世界各国人民共同进步的基础上，建立在宗教间的和睦相处基础上。①

2004年12月，印度洋地震海啸袭击印度尼西亚、马来西亚、泰国等沿海地区，造成了巨大破坏。消息传来，中国各宗教立即发起了捐助，仅中国佛教界交给国际红十字会的款项就达1 100多万元人民币。2005年4月23日，200余位大陆、台湾、香港、澳门的佛教界领袖和学者，在海南三亚共同举行了"海峡两岸暨港澳佛教圆桌会"，会后发表了《三亚共识》，共5项：第一，共同弘扬佛教缘起、智慧、中道的根本理念；共同践行观世音菩萨救苦救难、慈航普度的崇高精神；共同实现"人心和善，家庭和睦，人际和顺，社会和谐，人间和美，世界和平"的美好愿望，为当今这个不安宁的世界，吹来一股"和"风，带来"一团和气"。第二，共同发挥海峡两岸及港澳佛教同根同源、一脉相承的独特优势，大力弘扬中国佛教庄严国土、利乐有情的优良传统。共同整理编纂佛教的典籍，编写佛学院的教材，培养急需的僧才，开展多方面的合作。第三，共同促进海峡两岸及港澳佛教界的交流合作，两岸一家亲，家和万事兴，神州齐携手，中华定复兴。共同增进和扩大海峡两岸及港澳佛教界的交流与合作，推动"海峡两岸暨港澳佛教圆桌会"不定期在两岸及港澳举行，以对话求理解，以共识谋团结，以包容促统一。第四，共同参与在中国大陆举办"世界佛教论坛"，为世界佛教搭建一个平等、多元、开放的高层次对话平台。本着慈悲、智慧、平等、圆融的精神，坚持正信、弘扬正法，交流分享弘法利生的经验，探讨人类共同关注的问题，宣示佛教缓解人生社会矛盾的理念，以求得人心安宁，促进社会和睦，推动生态平衡，维护世界和平，增进人类福祉。第五，一致赞成三亚、无锡、西安、舟山四地成为"世界佛教论坛"的共同会址。一坛四址，犹如一车四轮，四轮齐动，八方呼应。海会云集，共生吉祥。② 依据三亚共识的要求，2006年4月13～16日，首届"世界佛教论坛"分两段先后在浙江的杭州和舟山召开，会议的主题是："和谐世界，从心开始。"和谐世界，即希望不同国家、不同民族、不同宗教共同致力于建设一个持久和平、共同繁荣的和谐世界。从心

---

① 《中国宗教》2003年第12期，第54页。
② 《中国宗教》2005年第5期，第13页。

开始，是因为依据佛教的说法心净国土净，心安众生安，心平天下平。"和谐世界，从心开始"表达了与会佛教界代表，企盼早日实现人心和善、家庭和睦、人际和顺、社会和谐、人间和美、世界和平的人类"新六和"愿景。

2006年8月26日至29日，由中国各宗教组成的"中国宗教界和平委员会"派代表团一行25人，出席了在日本京都举行的世界宗教和平会议，会议的主题是："抵制暴力，共享安全"。中国宗教界和平委员会代表团团长、中国伊斯兰教协会会长陈广元阿訇在会上发表了题为《通过化解矛盾，推进共享和平》的讲话，他引用大量《古兰经》经文，说明了伊斯兰教主张"人类同源，理应和睦"、"宽容大度，与人为善"、"求同存异，扩大共识"，以及"化解矛盾，共享和平"的道理。中国佛教协会副会长兼秘书长学诚法师，向大会介绍了中国宗教界和平委员会成立以来为维护世界和平所进行的工作，受到出席会议的99个国家500余位代表的赞扬。中国宗教界和平委员会名誉主席帕巴拉·格列朗杰活佛、中国宗教界和平委员会主席丁光训主教分别当选世界宗教和平会议新一届主席和名誉主席之一。

第四节　中国宗教面临的主要问题

一、当前中国宗教基本状况和存在的新特点、新问题

新中国成立以来，特别是改革开放以来30多年间，中国宗教领域的状况是比较稳定的，由于坚持中国宗教独立自主自办的原则，受到境外宗教纷争的影响也相对较少。这与20世纪末世界范围出现的宗教冲突相比，形成鲜明的对比。应该说，中国党和政府的宗教政策是比较成功的，也是符合中国国情的。

但是，时代在前进，情况在不断变化，当前中国宗教领域也出现了一些新特点和新问题。由于中国社会由原来的计划经济向社会主义市场经济转型，效益第一的分配原则替代了原有的平均主义和"大锅饭"，优胜劣汰的市场竞争机制，快速的社会变革与社会发展，使一部分社会成员不能很快适应这个全新的社会环境，在心理上失去平衡，感到无所适从；由于改革开放是在"摸着石头过河"的情况下进行的，谁也没有经验，原有的社会管理体制中许多观念、方法，乃至长期遵循的法律法规和道德制约体系，随着改革的深入而逐渐失去应有的社会效能，新的社会管理体制、新的法律法规的制定，以及新的道德观念不可能很快建

立起来，常常落后于社会实践的实际发展，因而不可避免地出现某些管理的盲区、法律的缺位和道德领域的某些真空。由于不断扩大开放，打开的国门一下子迎来了世界的各种思潮和观念，使社会上一些人一时辨别不清真伪和优劣，以至动摇了原有的信念。

在这种社会变革的大背景下，中国宗教的状况和人们信仰宗教的形态内容，也随着人的生产方式、生活方式和思维方式的变化而变化，产生了以下特点：

（1）持续的宗教热。越来越多的人重新回到宗教中寻找安慰和精神支持，信教人数逐年增加，宗教活动场所越建越多、宗教建筑越修越宏大，宗教的社会影响正在扩大。

（2）宗教多元化趋势日益明显。在社会经济多元化的影响下，长期以来保持的佛、道、伊、天、基五大宗教的基本格局已经被打破。境外的其他宗教和教派，包括一些新兴宗教已经传入，流传于民间的各种民间信仰在农村十分普遍，许多少数民族的宗教重新出现，五大宗教内部教团之间离心倾向抬头，人们的信仰开始向个性化发展，宗教活动的无序现象屡禁不止。

（3）宗教领域功利主义和商品化倾向严重。利用宗教成为社会上一些人牟取利益的一个重要手段，为了获取更大利益，商人办教，企业办教，旅游文物部门办教，少数地方党政领导机关也支持办教，各行各业都热心于办教。社会上利用宗教进行谋生和诈骗钱财的情况屡屡发生，一些宗教团体，特别是佛道教寺观的负责人在金钱的诱惑下，开始贪图享受，追逐名利，生活腐化，脱离群众，道风日下。

（4）境外敌对势力利用宗教对我进行政治渗透从未停止。国际上反对恐怖主义、分裂主义和极端主义三股势力的任务十分繁重，除了在新疆和西藏利用宗教进行分裂中国的活动之外，西方国家企图利用基督教改变我国知识分子特别是青少年的思想理念和价值观念的活动也愈演愈烈，各种邪教组织和宗教的邪说通过各种渠道侵袭进来。此外，在认识上也出现许多混乱，由于各人对"宗教"这一词汇的不同理解，视角差异，对宗教的社会作用存在很大的分歧。

上述情况给我国的社会管理带来了新的挑战：

一是宗教问题比以前更为复杂，就宗教本身而言，其对社会发挥的积极作用更显重要，而其对社会的消极作用出现的可能性和机遇也因此增大。对于境内外敌对势力和社会上不良分子来讲，他们挑起宗教间的不和与争端，利用宗教进行危害社会的可能性和机遇也大大增加。

二是中国党和政府对宗教事务的管理比以前更为复杂，有必要根据当前的宗教情况，适时地调整原有的管理机制，将以管理五大宗教为主的管理模式扩大到全社会，把所有涉及公共利益的宗教事务全部纳入自己的管理视线之内，依法管理，并予以积极引导。

二、宗教领域构建和谐社会所面临的主要关系

中国共产党第十六届六中全会做出了构建和谐社会的决议，并在世界上积极倡导和推动世界和谐。反对宗教间的对立，实现宗教间的对话，是中国构建和谐社会和推进世界和谐的重要内容与基本要求。在中国构建和谐社会以及在世界上推进世界和谐，中国宗教必须进一步处理好以下一些主要关系：

（1）信徒个人信仰的专一性与社会信仰多样性的关系，必须坚持相互尊重的原则。

（2）信徒个人的信仰实践与其应承担的社会责任的关系，必须把信仰追求和社会责任统一起来，不能分割，更不能对立。

（3）宗教道德与社会主义荣辱观的关系，重点是大力倡导和发扬宗教道德中与社会主义荣辱观相一致或相贴近的内容。

（4）宗教信仰自由与宣传无神论的关系，要在尊重群众自己的宗教信仰选择的前提下，大力提倡以科学的思想、科学的观点、科学的态度和科学的方法对待和处理事物，但坚决避免在群众中开展有神和无神的辩论。

（5）宗教具有的民族性与维护民族大团结的关系，既要清醒的认识宗教与民族的区别，又要看到民族与宗教的联系，特别是在一些全民族信仰同一宗教或教派的地区，宗教与民族问题往往交织在一起，处理宗教问题必须以是否有利于民族团结和民族进步为依据。

（6）传统宗教信仰与群众性鬼神崇拜的关系，要看到在中国专一信仰一种传统宗教的人不多，但具有鬼神崇拜思想的人很普遍。鬼神崇拜是传统宗教的社会基础、思想基础和群众基础，也是影响传统宗教信仰走向的重要因素。

（7）尊重宗教信仰与发掘有宗教内容的传统文化的关系，要看到尊重人们宗教信仰自由是对待当今社会人们宗教信仰的基本政策，而发掘有宗教内容的传统文化是对待历史传统的问题，两者是属于两个不同范畴和性质的问题。

（8）宗教信仰多元化与宗教活动无序化的关系，前者是一种必然的社会现象，是不能用法律的方法加以规范的，而后者是一个法律的概念，指那些涉及国家和公共利益的社会活动的管理问题。因此，不能把宗教信仰多元化看成宗教活动无序化，也不能把宗教活动无序化当成宗教信仰多元化。

（9）开展宗教领域对外交往与我国宗教坚持独立自主自办原则的关系，我国宗教坚持独立自主自办原则的根本目的是抵御境外敌对势力利用宗教对我进行渗透，宗教渗透主要指利用宗教进行反对我国社会主义制度、破坏民族团结和祖

国统一的宣传和言行，以及利用宗教攫取我国宗教团体领导权的宣传和言行，并不是指宗教领域的正常对外交往。

（10）宗教的世界性与维护世界正常秩序的关系，宗教信仰是没有国界的，一种宗教能够传播到世界上许多国家，多个国家的群众可以信仰同一种宗教，同一个国家也可以信仰多种宗教，但每个国家的信教群众必须遵守各自国家的法律，维护各自国家的独立，维护世界的正常秩序，不能利用人们宗教信仰相同或者利用人们信仰不同去破坏世界正常的秩序。

处理好以上一些关系，主要是坚持三个原则：一是要他人尊重自己的信仰选择，也要自己尊重他人不同的信仰选择；二是宗教信仰的选择是自由的，但表达自己的宗教信仰不完全是自由的，涉及国家和公共利益的活动必须遵守有关法律的规定；三是每个人选择的宗教信仰可以不同，但每一个人承担的社会责任是相同的，绝不因宗教信仰不同而可以不同。

第二十二章

共建和谐世界的"中国经验"

鉴于宗教对话的重要性和紧迫性，国内外学术界近十几年来越来越注重反思东西方宗教文化传统，以发掘有助于促进宗教对话、化解文明冲突、共建和谐世界的历史经验和思想资源。本章所要评论的是我国老一代著名学者所做的相关理论探索，主要包括三部分内容：一是关于中国宗教文化历史特点的重新认识；二是关于中国宗教文化优良传统的概括总结；三是中国文化传统可为促进宗教对话、化解文明冲突、共建和谐世界提供的思想资源。

第一节 中国宗教文化的历史特点

若想阐发中国宗教文化传统可为促进宗教对话、化解文明冲突、共建和谐世界提供的历史经验和思想资源，就要首先认识中国宗教文化传统的历史特点。然而，自明末清初中西方文化相遇以来，如何认识中国宗教传统及其特点一直是个学术难题。

著名的比较宗教学家斯马特（Ninian Smart）是这样着笔介绍中国宗教的："西方人经常会对中国的宗教感到困惑……从西方人的观点来看，中国宗教实在是一个大杂烩。"[1] 更有甚者如汉斯·昆所言："西方学者曾经推测，中国古代社

---

[1] 斯马特著，高师宁等译：《世界宗教》（第二版），北京大学出版社2004年版，第113页。

会实际上并没有宗教生活。"① 为什么竟会如此呢？我们可从杨庆堃（C. K. Yang）的《中国社会中的宗教》里找到耐人深思的线索。该书"导论"里有一节"有关中国社会宗教特征的某些观点"，其中提到，那些来华传教士最早发现了一种与基督教迥异的情形：中国人的信仰是迷信，从那时起这种观点在西方已流行了一个多世纪。另一个重要原因是，儒家伦理观念在中国历史的大部分时间里支配着社会价值体系，这就取代了基督教在西方社会的宗教伦理功能，而没有出现强大的宗教组织，也没有发生长期的政教（国家与教会）之争。因此，西方汉学家一向认为，儒家思想传统在价值观上是世俗性的，在宗教观上则是不可知论的，这样一来便轻视了宗教在中国社会的地位及其影响。可以说，正是受上述西方观点的影响，现代中国学者发挥了"中国社会是非宗教的"这一论点。例如，梁启超怀疑，"能否写中国宗教史"；胡适认为，"中国是个没有宗教的国家，中国人是个不迷信宗教的民族"；陈端生指出，"中国人是非宗教的，中国没有伟大的宗教……"② 笔者之所以提及以上学术背景，就是为了凸现下述研究进展的参考价值。

为了消除长期以来"西方观点"对于中国宗教研究的偏颇影响，楼宇烈先生近几年来在多次会议和讲演中阐明了中国宗教文化传统的如下10个特点：

（1）中国历史上从未出现过神权凌驾于王权的现象。自夏、商、周三代以来，"浦天之下，莫非王土，率土之滨，莫非王臣"的观念一直占主导地位，所以神权总是从属王权的。而在西方长达千年的中世纪，神权是高于王权的。

（2）中国历史上从未出现过"一神信仰"，而一向是"多神信仰"。虽然中国宗教中有多种名称的至上神，像"帝"、"上帝"、"天"和"太一"等，但它们并非绝对化的信仰观念。所以，在民间没有"只能信这个神而不能信那个神"一说，老百姓往往是见庙就烧香，见神就磕头。这完全不同于西方基督教"只能拜上帝"的信仰观。

（3）祖先崇拜。中国的神常常是祖先，比如"帝"和"上帝"等在甲骨文里主要是指"部落祖先"，即指对本部落有贡献的英雄人物，他们死后会保佑下方子孙。这可以说是一种英雄崇拜、圣贤崇拜。但到周代，即使这种想法也开始变化了，这些祖先神或圣贤神并非盲目地保佑其子孙，而是要看他们是否有德。例如，周代出现了"皇天无亲，唯德是辅"的思想；春秋时进一步讲"天听自我民听，天视自我民视"，"民，神之主也"。因而，西周以后，逐渐形成了"以人为本、人文精神"的文化传统。

---

① 汉斯·昆著，杨煦生等译：《世界宗教寻踪》，生活·读书·新知三联书店2007年版，第129页。
② 详见杨庆堃著，范丽珠等译：《中国社会中的宗教——宗教的现代社会功能与其历史因素之研究》，上海人民出版社2007年版，第21~24页。

（4）在人神关系上，不唯神命为听，不相信神有绝对权力，而是如同处理人际关系。孔子说："未能事人，焉能事鬼？"又说："务民之义，敬鬼神而远之，可谓知矣。"梁启超指出，西方的宗教可称为"神道的宗教"，中国的宗教则可称为"人道的宗教"。这就是说，在中国文化中，对人伦关系的关注远过于神人关系。

（5）中国人的宗教信仰具有很强的现世性和功利性，而缺乏神圣性。譬如，《坛经》里说："佛法在世间，不离世间觉，离世觅菩提，恰如求兔角。"费孝通先生讲过，我们中国人对鬼神是非常实际的，供奉他们为的是风调雨顺，免灾逃祸；我们的祭祀很有点像请客、疏通、贿赂；鬼神对我们是权力，不是理想，是财源，不是公道。

（6）中国人的宗教信仰带有比较浓厚的理性色彩，而不是完全情感化的。近代以来，有人说中国佛教是宗教，有人说是哲学，有人说既是宗教也是哲学，还有人说既不是宗教也不是哲学，而是一种方法——佛法。人们之所以争论不休，就是因为佛教里有相当丰富的理性成分。从另一个角度来讲，佛教又是一种"无神的宗教"，以其"缘起"、"业报"等理论而否定"神创造世界和生命"的说法，主张从事物内部找根本原因，讲"自作自受"。

（7）中国的宗教信仰强调"个人内在的自我超越"。以儒家思想为主导的中国文化，可以说是一种"修身的文化"，即通过"修身"来提升自我，超越自我。在这样的文化氛围中，中国佛教最重要的一个宗派——禅宗，就充分张扬了佛教自我解脱的人文精神，强调自性自度、明心见性、见性成佛。这种注重伦理的心性修养是中国宗教的特色。道教以道家思想为主要依据，道家尊重自然，主张自然无为，归根结蒂，就是尊重人的主体性，要最大限度地发挥个体的能动性。

（8）中国的宗教缺乏强烈的传教精神。这跟中国传统文化有很大关系。儒家就是典型，《礼记》中说："礼闻来学，未闻往教。"可谓姜太公钓鱼——愿者上钩。佛教、道教也是如此。佛教并不强求别人信，而是佛度有缘人。西方传教士哪有这种现象？西方宗教的传教具有进攻性，而中国宗教则具有保守性。

（9）在中国历史上王权对于宗教是比较宽容的，允许不同宗教并存。由于王权在中国一直占主导地位，从整体上讲，王权采取了一种比较宽容、调和与利用的态度，让各种宗教互相竞争，以稳固政权。这便使中国诸种宗教在教义和仪式上频繁交流，形成了你中有我、我中有你的局面，但同时又你是你，我是我，保持了各自特色。

（10）中国是一个多民族国家，所以有大量的民族宗教问题。民族宗教与前述宗教有共同之处，也有很多差异。比如，同样是佛教，藏传佛教、南传佛教就跟汉地佛教不一样,前两者跟当地的民族文化相结合,甚至成为其民族文化的象征。①

国内同行知道,牟钟鉴先生长年潜心于中国宗教史的学科建设,他和张践教授合作完成了近百万字的《中国宗教通史》(上、下卷,2000年)。在这部通史的最后一章,牟先生专用一节归纳了中国宗教的5个特点:(1)原生型宗教的连续存在和发展;(2)皇权始终支配教权;(3)多样性与包容性;(4)人文化和世俗化;(5)三重结构的衔接与脱节。若将牟先生关于这5个特点的具体解释与楼先生指出的10个特点相比,我们可得到下述几方面的理论启发。

第一,两位先生的看法具有一致性。这明显地表现为,牟先生讲的特点(2)就是楼先生首先强调的,"在中国历史上从未出现过神权凌驾于王权的现象",或者说"皇权始终支配教权"。但这里指的一致性,更多地反映在下一方面。

第二,牟先生所讲的特点(1)、(3)和(4)比楼先生的讲法更有概括性。譬如,牟先生就特点(1)指出,与中国历史上长期存在的宗法等级社会相适应,自然崇拜、鬼神崇拜、祖先崇拜等原生型宗教信仰,不但没有像希腊、埃及、波斯和印度等文明古国发生的情况那样,到中世纪便被创生型宗教取代了,反而被完整地保存下来,并得以发展和强化,以致天神崇拜、皇祖崇拜、社稷崇拜与皇权紧密结合,形成了宗法性国家宗教。这种解释既包含了楼先生所讲的第(2)、(3)两点意思,又能使我们理解其历史原因。又如,关于特点(3),即"多样性与包容性",牟先生是着眼于中国传统文化的多元一体结构、儒家哲学"和而不同"的包容理念和中国社会的宗教宽容氛围来做出解释的,这就把楼先生所讲的第(2)、(9)和(10)几个特点统合起来了;再如,牟先生所讲的特点(4),即"人文化和世俗化",不但包括了楼先生讲的第(4)、(5)和(6)等几重意思,而且解释要点大多一致,像中国宗教文化传统具有鲜明的伦理性、现世性、功利性、人性或理性等。

第三,两位先生的有些观点虽不相同,但各有见地,可使我们互为参照,更为全面地认识中国宗教文化传统的整体特征及其复杂性。譬如,楼先生所指出的特点(7)和(8),即"中国宗教信仰注重内在的超越性"和"中国宗教传统没有强烈的传教性"。又如,牟先生所阐述的特点(5),即中国人的信仰结构主要是由"官方信仰"、"学者信仰"和"民间信仰"形成的,这三大群体的信仰状态既彼此贯通,又相对独立,甚至有所脱节,所以不应用一个简单的判断来概

---

① 以上概述详见楼宇烈:《探求合乎本土文化传统的宗教学研究理论》,载《中国宗教》2008年第11期。

括中国人的信仰特征。

汉斯·昆曾中肯地讲,"西方汉学家眼中的中国"与"中国人眼中的中国"是大相径庭的。① 从上述中国宗教史研究成果来看,我们可以说,中国宗教文化传统在"以前的中国学者眼中"与"现今的中国学者眼中"也是截然不同的。下面就让我们接着看看,前辈学者是如何基于晚近研究成果来总结中国宗教文化传统的优良传统的。

第二节 中国宗教文化的优良传统

牟钟鉴先生根据其长期而系统的中国宗教史研究,将中国宗教文化的优良传统概括为如下5点。

(1) 多样性与和谐性,即和而不同、多元一体,这是中国宗教文化的一个显著历史特点。

中国是一个多民族多信仰多宗教的大国,但这"三多"并没有使它困扰于对抗和分裂之中;相反,民族在差异之中走向和谐,信仰在交流中走向理性,多宗教在互动中走向丰富。②

首先,中国是一个多民族的国家,现有56个民族,但能共同组成中华民族。中华民族作为东方古老文明的共同体,在文化上有巨大的凝聚力,作为统一国家已有数千年历史,并正在复兴之中,这在世界上是绝无仅有的。

其次,中国是一个多信仰的国家,既有以人文理性为特征的儒家仁礼之学,也有以神道崇拜为特征的诸多宗教信仰。哲学与宗教、人学与神道交织互动,使得中国的哲学多少带有宗教的神圣性和神秘性,也使中国的宗教具有较强的人文理性。因此,中国历史上没出现强大的禁教思潮,也没出现浩荡的宗教狂热。

再其次,中国是一个多宗教的国家,历史上有祭天祭祖祭社稷的国家民族宗教,有土生土长的道教,有诸多民间信仰和民族传统宗教,有外来的佛教、基督教和伊斯兰教,还传入过犹太教、摩尼教、琐罗亚士德教等。可以说,中国犹如一个"宗教百花苑",从原始宗教到世界宗教都能在这片大地上共同生存、和平

---

① 参见汉斯·昆著,杨煦生等译:《世界宗教寻踪》,生活·读书·新知三联书店2007年版,第129页。

② 牟钟鉴:《继承和发扬中国宗教文化的优良传统》,载《探索宗教》,宗教文化出版社2008年版,第86~87页。

相处。各教之间没有发生过大规模的武力流血冲突，更没有发生过西方宗教史上那样的残酷而长期的宗教战争。

（2）重视行善积德和道德教化，把去恶为善放在首位，作为宗教的主要精神方向，这是中国宗教文化的又一个突出的历史特点。例如，佛教讲慈悲，而且是"无缘大慈，同体大悲"，怜悯一切有情众生。道教受老子"尊道贵德"和"报怨以德"的思想影响，十分重视道德善行在修道中的关键作用。南北朝时期有儒、佛、道三教之争，最后达成共识，便是三教虽异，同归于劝善。所谓"三教"，实质是指三种道德教化之道。所以，中国传统宗教，其本质特征是道德宗教，所谓"神道设教"，目的在于淳厚社会道德风气。这种道德宗教传统也影响到中国的伊斯兰教和基督教（包括新老教），使其教义中的道德内涵逐渐得到充实和凸现，从而强化了它们的社会道德教化功能。

在中国，各种宗教必须具有良好的道德形象，才能生存和发展；提倡仇杀和诱人为恶的教门被视为邪教，是无法在光天化日之下流行的。这种深厚的道德性传统使中国宗教不容易产生极端主义，而拥有较多的道义上的力量。[①]

（3）善于把爱教与爱国统一起来，这是中国宗教文化的另一个优良传统。鸦片战争后，中国沦为西方列强的附庸，饱受殖民主义的压榨欺凌；日本帝国主义侵略中国，中国人面临亡国灭种的危险。在争取民族独立和解放的斗争中，我国各大宗教的人士，主流是爱国的，他们积极投身于抗外侮、救国家的社会运动。佛教有"利乐有情，庄严国土"的教义。抗日时期，弘一法师提出"念佛不忘救国"的号召，动员僧人奋起抵抗日寇侵略。道教大师陈撄宁提倡仙学，明确主张"信仰道教，即所以保身；弘扬道教，即所以救国"。中国伊斯兰教界成立了"中国回民救国协会"，伊斯兰经学家虎嵩山提出了"国家兴亡，穆民有责"的口号，回族英雄马本斋组织了"回民支队"，宣誓"为国为民，讨还血债"。

在中国，爱教必须与爱国相结合，不爱国的教徒无法立足。帮助帝国主义欺负中国的教徒不齿于人群……同时中国宗教界主流又不是狭隘的民族主义者，他们努力争取的是国家的复兴和民族的平等，反对的是以强凌弱，以暴欺善，他们愿意与世界上一切民族和宗教平等往来，友好相处，消解仇恨，反对战争，保卫世界和平与安宁。[②]

[①] 牟钟鉴：《继承和发扬中国宗教文化的优良传统》，载《探索宗教》，宗教文化出版社2008年版，第89页。

[②] 牟钟鉴：《继承和发扬中国宗教文化的优良传统》，载《探索宗教》，宗教文化出版社2008年版，第90页。

（4）中国宗教文化还有与时俱进、勇于改革的优良传统。譬如，佛教传入中国后，在理论上不断创新，形成了中国特色的禅宗，近代又创建了"人间佛教"。又如，从"外丹道的肉体长生说"到"全真内丹学的性命双修说"，从"新仙学"再到"生活道教"，道教也是在不断创新中续写历史的。伊斯兰教与中国文化相结合，在教义教理和教法礼仪上都有所创造，特别是淡化"圣战"的理念，强化和平、仁慈的精神。天主教和基督教传入中国后，一直面临本土化问题。明末清初，耶稣会士采取尊礼俗融儒学的方针，得到中国人的好评；而多明我、方济各等差会欲用教皇神权限禁中国教民的宗教礼俗则遭驱逐。民国年间，发生"非基督教运动"，基督教致力于"中国本色化教会"，其宗旨为"一方面求使中国信徒担负责任，一方面发扬东方固有的文明，使基督教消除洋教的丑号"。20世纪50年代以来中国基督教的"三自"爱国运动，90年代以来的神学思想建设，也是不断改革创新的表现。

（5）注重自身人文素质的提高，为繁荣社会文化多做贡献，这也是中国宗教文化的一个优良传统。以佛、道二教为例，它们各有博大丰厚的文化体系，对于中国的哲学、道德、文学、艺术、科技、民俗和中外文化交流等产生了广泛而深远的影响，成为中国优秀文化的重要组成部分。在哲学上，佛教的体悟智慧和道教的性命之学各有特色，对于中国哲学的宇宙论、本体论、心性论、人生论、认识论、修养论和辩证法的丰富发展，都起过重要推动作用。中国哲学史上有三个理论高峰：禅宗哲学，儒家道学和道教内丹学，佛、道有其二；而宋明儒学是融摄了佛、道二教的思想营养才得以创新的。在道德上，佛教的三报论、众生论、五戒十善论，道教的清静论、重生论、苦己利人论，都补充和丰富了儒家所弘扬的传统道德。①

牟先生的上述看法并非一家之言，而可以说是我国老一代专家学者的共同见解。方立天先生在谈到宗教对于构建和谐社会的重要作用时，把中国宗教的优良传统概括为如下4点：

（1）宗教间互相包容的传统。中国宗教史表明，各宗教之间虽有对立的一面，但也有融合的一面，如佛教与道教就由冲突走向融合，道教与民间宗教也长期处于融合的状态。中国宗教并没有因为信仰价值的差异而导致长期冲突，更没有宗教之间的战争，相反是在长期的和睦共处中各得其所。

（2）爱人利他的传统。如佛教的平等慈悲，容忍布施的理念；道教的"齐同慈爱，异骨成亲"思想；基督教和伊斯兰教的爱人仁慈、慈善公益的主张，

---

① 关于中国宗教对于中国文化和社会的历史贡献，牟先生在《中国宗教通史》（下）的总结部分有全面的论述，详见该书第十三章的"中国宗教的历史作用"一节。

都有助于人与他人、人与社会的和谐。

（3）爱国爱教的传统。历史与现实都表明，中国宗教都主张把爱教与爱国统一起来，积极维护国家的主权、独立、荣誉和根本利益。如佛教提倡的"庄严国土，利乐有情"；道教的"弘扬道教，即所以救国"；伊斯兰教的"国家兴亡，穆民有责"等主张，都体现了中国宗教的爱国、护国的崇高精神。

（4）关爱自然的传统。宗教普遍认为，宇宙是一个整体，人与自然也是一个整体。如佛教的缘起共生论，认为人与自然万物都是由各种原因、条件而相待相成的；道教视天、地、人为一个统一的整体，都十分尊重自然，主张善待万物，提倡人与自然的和谐。①

比较牟先生和方先生所做的概括总结，可留下两方面的深刻印象：一方面，虽然两位先生各自把中国宗教的优良传统总结为5点或4点，但显而易见，他们关于前3点的概括与论证是基本一致的，综合他们的提法，我们可把这3点优良传统称为"提倡兼容并包"、"注重道德伦理"和"力主爱国爱教"；另一方面，两位先生所讲的其他3点尽管有别，但它们因视角不同而有互补性，均有助于日后更完整地阐扬中国宗教文化的优良传统。关于此项研究的理论价值和现实意义，牟先生是这样解释的：

用跨文化的眼光和比较宗教学的视野来回顾和观察中国宗教文化的历程，我们就会发现，中国宗教文化有着与西方宗教文化很不相同的轨迹和特点，它的传统在许多方面都是很可贵的。尤其是在当今国际上民族宗教冲突日益加剧，以基督教为背景的美国与以伊斯兰教为背景的阿拉伯国家之间的对抗日趋激烈的今天，中国宗教文化的优良传统更显示出它特有的价值和长处，既值得我们自豪，更需要我们认真去继承发扬，这对于推动中国社会的稳定和繁荣，对于促进世界的和平与发展，都是非常重要的。②

第三节　中国文化传统的思想资源

在前两节基础上，我们可以把研讨思路再深化一步，即探讨一下前两节论述的"显著特点"和"优良传统"与中国文化传统思想资源的内在关系。为什么

---

① 以上4点概括，详见方立天：《和谐社会的构建与宗教的作用》，载《中国宗教》2005年第7期。
② 牟钟鉴：《继承和发扬中国宗教文化的优良传统》，载《探索宗教》，宗教文化出版社2008年版，第86页。

要探讨此种内在关系呢？正如楼宇烈先生所言："宗教是一种重要的社会文化现象。宗教作为文化的一个重要组成部分，也包含了它的价值观念、思维方式、生活样式以及信仰习俗等等，同时又都是跟整个文化的这些观念紧密联系在一起的。所以，我们研究一个民族、一个地区或者一个历史时期的宗教文化时，就不能脱离它所赖以存在的整体文化环境，否则将不可能准确揭示这一宗教文化的特点。"① 关于中国宗教文化特点的研究是这样，对于中国宗教文化传统的认识也是如此。因而，将"中国宗教文化"置于"中国文化整体"，通过探究它所赖以形成的思想资源，我们才能透彻理解中国宗教文化何以具有前述显著特点和优良传统。

中国文化传统主要包括儒、道、佛三大思想源流，这种看法已是我国学术界的共识。方立天先生对此有精练的表述：在中国特定的地理条件和历史背景下，中华传统文化主要是由儒、道、佛三大支柱构成的，儒、道、佛三家相近的文化旨趣都在于关注人文价值，但其内涵则有显著的差别，并呈现为不同的文化传统分支。方先生认为，弘扬中华文化的优秀传统，最要紧的工作应是大力弘扬中华传统哲学——主要是儒、道、佛哲学的优秀传统。历史表明，三家哲学的优秀传统具有广泛、持久的影响力，长期以来熏陶、浸润着中华儿女的精神世界；三家哲学的优秀传统具有激励进步、鼓舞向前的积极作用，是促进社会和谐、推动历史发展的内在动力。② 这种注重弘扬中国哲学传统思想资源的主张，是契合中国文化、思想和学术背景的。冯友兰先生早就指出："哲学在中国文明里所占据的地位，一向可跟宗教在其他诸多文明里的地位相比。"③ 所以，我们主要品评一下，前辈学者是如何抓住重大的理论与现实问题，阐发儒、道、佛的哲学思想资源的。

中国文化传统能否为"文明的共存"做出贡献呢？这是汤一介先生为反驳文明冲突论而思考的问题。在《"文明的冲突"与"文明的共存"》一文里，汤先生着重探讨了儒、道两家的传统哲学观念所能提供的积极思想资源。这里择要如下。

1. 儒家的"仁学"所能提供的积极思想资源

《郭店竹简》中说："道始于情"。这里的"道"是指"人道"，即人际关系或社会关系的原则。人与人的关系是从感情建立开始的，这正是孔子"仁学"的出发点。按孔子的说法，"仁"就是"爱人"。这种"爱人"思想从何而有

---

① 楼宇烈：《探求合乎本土文化传统的宗教学研究理论》，载《中国宗教》2008年第11期。
② 参见方立天：《弘扬中华文化的优秀传统》，载《人民日报》2005年2月4日第15版。
③ Fung Yu-Lan, *A Short History of Chinese Philosophy*, Edited by Derk Bodde, New York, NY: The Free Press, 1976, p.1.

呢？孔子说："仁者，人也，亲亲为大。""仁爱"精神是人所具有的，而爱自己的亲人最为根本。但"仁爱"精神并不止此，孔子的"仁学"是要由"亲亲"扩大到"仁民"，也就是说，要"推己及人"。

做到"推己及人"并不容易，须以"忠恕之道"作为"仁"的准则，即"己所不欲，勿施于人"，"己欲立而立人，己欲达而达人"。而将"仁"推广于社会，就是孔子说的"克己复礼曰仁"。按朱熹的解释："克，胜也。己，谓身之私欲也。复，反也。礼者，天理之节文也"。这就是说，要克服私欲，以合乎礼仪。费孝通指出："克己才能复礼，复礼是取得进入社会、成为一个社会人的必要条件。扬己与克己也许正是东西方文化的差别的一个关键。"

"仁"是人的内在品德，"礼"指规范人们行为的礼仪制度。"礼之用，和为贵"，人们遵守礼仪制度，必须是自觉的，出乎"爱人"之心，所以孔子说："为仁由己，其由人乎？"有了追求"仁"的自觉要求，并把"仁爱之心"按照礼仪予以实现，整个社会就和谐安宁了，"一日克己复礼，天下归仁焉"。

孔子和儒家的这套思想，对于一个国家的治国者，对于现在世界上的那些发达国家（特别是美国）的统治集团不能说是没有意义的。"治国、平天下"应该行"仁政"，行"王道"，不应该行"霸道"。行"仁政"、"王道"可以使不同文化得以共同存在和发展；行"霸道"将引起文明的冲突，而使文化走向单一化，形成文化霸权主义。如果把孔子的"仁学"理论用于处理不同文明之间的关系，那么在不同文明之间就不会引起冲突以至于战争，而实现"文明的共存"。①

2. 道家的"道论"所能提供的积极思想资源

老子《道德经》里，"道"是基本概念，而"自然无为"是"道"的基本特性。如王充《论衡》里讲："自然无为，天之道也。"

老子提倡"自然无为"，我们可以理解为：不要做（无为）违背人们愿望的事，这样社会才会安宁，天下才会太平。老子引用古代圣人的说法："我无为而民自化，我好静而民自正，我无事而民自富，我无欲而民自朴。"这就是说，掌握权力的统治者不应对老百姓过多干涉（无为），不要扰乱老百姓的正常生活（好静），不要做违背老百姓意愿的事（无事），不要贪得无厌地盘剥老百姓（无欲），这样老百姓就会自己教化自己（自化），自己走上正轨（自正），自己富足起来（自富），自己生活朴素（自朴）。

如果我们对这一段话给以现代诠释，那就不仅可以使一个国家内部安宁，而

---

① 汤一介：《"文明的冲突"与"文明的共存"》，载程郁缀、龙协涛主编：《学术的风采——北京大学学报创刊五十周年论文选粹》（人文科学卷），北京大学出版社2005年版，第581页。

且对消除不同文明之间的冲突无疑有重要意义。对这段话我们可以做如下诠释：在国与国之间对别国干涉越多，世界就越加混乱。大国、强国动不动就使用武力或以武力相威胁，世界越是动荡不安和无序。大国强国以帮助弱国小国为名而行掠夺之实，弱国小国越加贫穷。发达国家以越来越大的欲望争夺世界财富和统治权，世界就会成为一个无道德的恐怖世界。据此，我认为"无为"也许对新帝国的领导者是一付治病良方，如果他们能接受，将会使世界得以和平和安宁。①

3. 中国佛教哲学理念所能提供的积极思想资源

中国佛教哲学在当代社会，在世界现代化进程中，还有没有价值？如果有的话，又有什么样的现代价值？这是方立天先生在厚重的《中国佛教哲学要义》的"结语"部分所要回答的问题。为此，方先生先是考察了"21世纪人类社会的基本特点与基本矛盾"；又着眼21世纪的发展趋势来诠释"中国佛教哲学的基本理念"，像"缘起"、"因果"、"平等"、"慈悲"、"中道"和"圆融"等；然后，针对当代人类社会的三组基本矛盾——人与自我的矛盾、人与人的矛盾和人与自然的矛盾，逐一阐发了中国佛教哲学的现代意义。其中，尤以第二部分内容，即"协调人与人的矛盾，维护世界和平"，与我们的话题密切相关。

方先生指出，人与人的关系，包括人与他人、人与社会、人与民族、人与国家等多重关系。由此来看，当今世界的主要问题有二：一是由于民族、宗教、领土、资源、利益冲突等因素引发的局部动乱冲突，某些地区的人民正在遭受战争的苦难；与此同时，恐怖主义等各种非传统安全问题又日趋严峻。二是南北贫富差距更加扩大，世界上还有相当一部分人生活贫困。中国佛教哲学的一些基本理念，对于化解这些问题，是有理论启示和现实意义的。

在上述两个问题中，和平共处是最大的难题。20世纪的两次世界大战，残杀生灵数以千万计，如果21世纪重演世界大战，人类有可能同归于尽。要避免战争，就要消除战争的根源，其根源之一即在于：不懂得人类共依共存，自利利他的缘起之理，不重视沟通和解，不尊重他人生命。佛教的平等理念强调，人人本性的平等、人格的平等、尊严的平等。平等意味着尊重，意味着和平；和平来自对人我平等的深切体认，基于平等的和平，才是真正而持久的和平。所以，佛教的人我互相尊重的思想，有助于人类和平共处，追求共同理想，建设人间净土。此外，佛教所讲的"慈悲济世"、"五戒"和"十善"等理论，均以"不杀

---

① 汤一介：《"文明的冲突"与"文明的共存"》，载程郁缀、龙协涛主编：《学术的风采——北京大学学报创刊五十周年论文选粹》（人文科学卷），北京大学出版社2005年版，第583~584页。

生"为首，突出地表现了佛教尊重生命、尊重他人的崇高品格；而慈悲思想则体现了对他人的同情和关爱，也是远离战争，呵护和平的。自太虚法师倡导人间佛教以来，中国佛教一直关注世界和平，渴望世界和平，呼吁世界和平。可以说，维护世界和平已成为当代佛教弘法的重要内容之一，佛教对于推动世界和平已发挥了独特的、不可替代的重要作用。

南北贫富悬殊问题，一部分人的生活贫困问题，不仅直接关系到弱势群体和劳苦大众的生存，还会构成动乱的根源，并直接威胁地区乃至世界和平。佛教的平等慈悲观念，为化解这些问题提供了指针。佛教一贯重视慈悲济世，助人解除痛苦，给人以快乐。佛教的布施是重要的修持法门，以慈悲心而施福利于人，施与他人以财物、体力和智慧，为他人造福成智。当前，两岸佛教着力发扬菩萨"不为自身求安乐，但愿众生得离苦"的大慈大悲精神，充分发挥慈善救济的功能，扶贫济困，施医送药，赞助"希望工程"，教化失足者和罪犯等，使受救济者既得到物质的援助，也得到精神的提升。

中国佛教哲学的现代意义在于，其重要原理日益得到充分阐发，并经创造性诠释后其作用开始彰显；把佛教哲学思想运用于缓解人类社会的基本矛盾，必将有助于提升人类的精神素质，减少人类的现实痛苦，满足人类的新需要，进而促进人类社会的和平共处和共同发展。①

4. 中国文化传统的基本哲学精神

前面分头叙述了儒、道、佛哲学思想资源的重要现实意义。这三大思想源流交融而成的中国文化传统，显然是一个有机的整体。那么，整个中国文化传统的基本哲学精神何在呢？此种哲学精神又可以为推动宗教对话、化解文明冲突、构建和谐世界提供何等重要的思想资源呢？这两个问题可以说是我国学者自改革开放以来、尤其是近十几年来一直探索的前沿课题。现有大量学术成果中，还是要数学贯中西的老一代学者所做的理论探讨最值得重视、最有参考价值。

季羡林先生在20世纪90年代初就一言以蔽之：中国传统文化的精髓就是"天人合一"，就是"和谐"。现在我国学者论及中国文化传统的基本哲学精神时，也大多强调"和谐"观念，并主要用孔子的"和而不同"思想来予以解释说明。虽然这可以使我们了解和谐思想的主要来源，但仅此思路是不够的，还应将其提升为中国哲学传统的一个基本范畴，以揭示它所蕴含的中国哲学智慧。让我们来看冯友兰和张岱年两位中国哲学史学科开创者就此范畴所做的理解和阐释。

---

① 方立天：《中国佛教哲学要义》下卷，中国人民大学出版社2002年版，第1218~1219页。

对待不唯相冲突，更常有与冲突相对待之现象，是谓和谐。和谐非同一，相和谐者不必相类；和谐亦非统一，相和谐者虽相联结而为一体，然和谐乃指一体外之另一种关系。和谐包括四方面：一相异，即非绝对同一；二不相毁灭，即不相否定；三相成而相济，即相互维持；四相互之间有一种均衡。①

这是张岱年先生对于"和谐"的解说，他是将此范畴上升至哲学思维层次，作为辩证法的一个基本概念来理解的。冯友兰先生的探求思路也是如此。冯先生以95岁高龄写就的《中国哲学史新编》（七册），是以传扬"太和"观念的历史启示来收笔的。他指出，中国宋代哲学家张载曾把辩证法的规律归纳为四句话："有象斯有对，对必反其为；有反斯有仇，仇必和而解。"（《正蒙·太和篇》）"和"是张载哲学体系中的一个重要范畴，《正蒙》开头就说："太和所谓道，中涵浮沉、升降、动静、相感之性，是生絪缊、相荡、胜负、屈伸之始。"所谓"和"，是充满矛盾斗争的，而并非相反。所谓"浮沉、升降、动静、相感之性"，就是矛盾；所谓"絪缊、相荡、胜负、屈伸"，就是斗争。因而，张载认为，一个社会的正常状态就是"和"，宇宙的正常状态也是"和"。这个"和"，称为"太和"。冯先生接着深有体会地做出如下总结：

在中国古典哲学中，"和"与"同"不一样。"同"不能容"异"；"和"不但能容"异"，而且必须有"异"，才能称其为"和"。

"仇必和而解"是客观的辩证法。不管人们的意愿如何，现代的社会，特别是国际社会，是照着这个客观辩证法发展的。

现代历史是向着"仇必和而解"这个方向发展的，但历史发展的过程是曲折的，所需要的时间，必须以世纪计算……人是最聪明、最有理性的动物，不会永远走"仇必仇到底"那样的道路。这就是中国哲学的传统和世界哲学的未来。②

两位先生的以上见解，并不仅仅代表中国学者对于本文化传统的基本哲学精神的价值认同，国外饱学之士也有同感，也认此理。譬如，宗教对话和全球伦理的倡导者汉斯·昆，向西方电视观众介绍中国宗教文化传统时便讲解道：在整个中国哲学传统中，一以贯之的就是寻求天地间的和谐一致；时至今日，中国人依然寻求天地间的和谐：人与自然、天与人间的和谐，社会以及人自身的和谐。他把此种中国哲学传统称为"大和谐精神"，并相信此种精神不但对中国的未来有

---

① 张岱年：《哲学思维论——天人五论之一》，载《张岱年全集》第三卷，河北人民出版社1996年版，第35页。

② 以上概述和引文详见冯友兰《中国哲学史新编》第七册，第八十一章；也可见于冯友兰《中国现代哲学史》，广东人民出版社1999年版，第251~254页。

重要意义，而且对构建世界伦理有重大贡献。①

　　关于人类社会和世界文化的发展前景，费孝通先生有句名言："各美其美，美人之美，美美与共，天下大同。"如此饱满"和谐精神"的美言美意，是否可为促进宗教对话、化解文明冲突、共建和谐世界提供"富有古老智慧的中国经验"呢？笔者信以为然。

---

① 参见汉斯·昆著，杨煦生等译：《世界宗教寻踪》，生活·读书·新知三联书店2007年版，第180页。

参考文献

一、中文文献（以作者首字拼音排序）

1. 著作

阿巴·埃班著：《犹太史》，阎瑞松译，中国社会科学出版社1986年版。

安瓦尔·萨达特：《我的一生——对个性的探讨》，李占经等译，商务印书馆1980年版。

白寿彝：《白寿彝民族宗教论集》，北京师范大学出版社1992年版。

白寿彝：《中国伊斯兰史存稿》，宁夏人民出版社1982年版。

白寿彝主编：《回族人物志》（明代），宁夏人民出版社1988年版。

包尔汗：《新疆五十年》，中国文史出版社1994年版。

保罗·尼特：《宗教对话模式》，中国人民大学出版社2004年版。

贝格尔：《神圣的帷幕：宗教社会学理论之要素》，高师宁译，上海人民出版社1991年版。

本尼迪克特·安德森：《想象的共同体——民族主义的起源与散布》，吴叡人译，上海人民出版社2005年版。

彼得：《爱尔兰大饥荒》，邵明、刘宇宁译，上海人民出版社2005年版。

布哈里辑录：《布哈里圣训实录全集》，康有玺译，香港基石出版有限公司2007年修订版。

柴惠庭：《英国清教》，上海社会科学院出版社1994年版。

陈来：《古代思想文化的世界：春秋时代的宗教、伦理与社会思想》，生活·读书·新知三联书店2002年版。

陈来：《古代宗教与伦理：儒家思想的根源》，生活·读书·新知三联书店1996年版。

陈联璧、刘庚岑、吴宏伟：《中亚民族与宗教问题》，中央民族大学出版社2002年版。

戴康生主编：《当代新兴宗教》，东方出版社1999年版。

戴维·波普诺：《社会学》，中国人民大学出版社1999年版。

丁笃本：《中亚通史现代卷》，新疆人民出版社2007年版。

杜维明：《新加坡的挑战》，生活·读书·新知三联书店1989年版。

段琦：《奋进的历程：中国基督教的本色化》，商务印书馆2004年版。

恩格斯：《反杜林论》，《马克思恩格斯全集》，第3卷。

恩格斯：《关于德国的札记》，《马克思恩格斯全集》，第18卷。

F. J. 斯特伦：《人与神宗教生活的理解》，金泽、何其敏译，上海人民出版社1991年版。

法琳：《辨正论》卷2，载《大正藏》第52册。

范文澜：《中国通史》第3册，人民出版社1978年版。

方立天：《中国佛教哲学要义》下卷，中国人民大学出版社2002年版。

冯友兰：《中国现代哲学史》，广东人民出版社1999年版。

冯友兰：《中国哲学史新编》第1册，人民出版社1980年修订版。

高师宁：《新兴宗教初探》，中国社会科学出版社2006年版。

高永久主编：《中亚及新疆：历史学与民族学专题研究》，民族出版社2004年版。

葛兆光：《中国思想史》"导论"，复旦大学出版社2001年版。

顾长声：《传教士与近代中国》，上海人民出版社2004年版。

顾欢：《夷夏论》，载《大正藏》第52册。

顾卫民：《中国天主教编年史》，上海书店出版社2003年版。

哈里·亨德森：《恐怖主义——完全参考指南》，贾伟等译，中国社会科学出版社2003年版。

哈伊姆·格瓦蒂：《以色列移民与开发百年史》，何大明译，中国社会科学出版社1996年版。

汉斯·昆：《世界宗教寻踪》，杨煦生等译，生活·读书·新知三联书店2007年版。

汉斯·昆：《我为什么还是个基督徒》，邓肇明译，基督教文艺出版社1989年版。

汉斯·昆等编：《全球伦理：世界宗教议会宣言》，何光沪译，四川人民出版社1997年版。

何秉松：《恐怖主义·邪教·黑社会》，群众出版社2001年版。

何光沪：《何光沪自选集》，广西师范大学出版社1999年版。

贺麟：《文化与人生》，商务印书馆1988年版。

亨利·卡坦：《巴勒斯坦，阿拉伯人和以色列》，西北大学伊斯兰教研究所译，人民出版社1975年版。

亨廷顿：《文明的冲突与世界秩序的重建》，周琪等译，新华出版社2002年版。

加麦尔·阿卜杜勒·纳赛尔：《革命哲学》，张一民译，世界知识出版社1956年版。

贾汉·萨达特：《总统与我——萨达特夫人自传》，周仲安、陈寅章译，上海译文出版社，1995年版。

金吉堂：《中国回教史研究》，宁夏人民出版社2000年版。

金宜久、吴云贵：《伊斯兰与国际热点》，东方出版社2002年版。

金宜久主编：《当代宗教与极端主义》，中国社会科学出版社2008年版。

金宜久主编：《伊斯兰教概论》，青海人民出版社1987年版。

克拉克：《反击一切敌人》，倪峰等译，经济日报出版社2004年版。

孔飞力：《中华帝国晚期的叛乱及其敌人》，谢亮生等译，中国社会科学出版社2002年版。

拉纳：《圣言的倾听者——论一种宗教哲学的基础》，生活·读书·新知三联书店1994年版。

黎志添主编：《宗教的和平与冲突——香港中文大学与北京大学宗教研究学术论文集》，中华书局2008年版。

李零：《中国方术考》（修订本），东方出版社2000年版。

李四龙：《天台智者研究》，北京大学出版社2003年版。

李维汉：《统一战线问题与民族问题》，人民出版社1982年版。

李兴华、冯今源编：《中国伊斯兰教史参考资料选编》（上），宁夏人民出版社1985年版。

李兴华、秦惠彬、冯今源、沙秋真：《中国伊斯兰教史》，中国社会科学出版社1998年版。

李学勤：《李学勤集》，黑龙江教育出版社1988年版。

李亦圆：《宗教与神话》，广西师范大学出版社2004年版。

李昭：《邪教·会道门·黑社会》，群众出版社2000年版。

利文斯顿：《现代基督教思想》，四川人民出版社1992年版。

梁景之：《清代民间宗教与乡土社会》，社会科学文献出版社2004年版。

梁守德、洪银娴：《国际政治学理论》，北京大学出版社2000年版。

梁漱溟：《梁漱溟全集》第3卷，山东人民出版社1990年版。

林承节：《殖民统治时期的印度史》，北京大学出版社2004年版。

刘恩照：《国际恐怖主义》，世界知识出版社2006年版。

刘小枫：《圣灵降临的叙事》，生活·读书·新知三联书店2003年版。

刘小枫：《现代性社会理论绪论》，上海三联书店1998年版。

刘祯：《中国民间目连文化》，巴蜀书社1997年版。

刘智：《天方至圣实录》，中国伊斯兰教协会1984年版。

刘中民、左彩金、骆素青：《民族主义与国际政治》，世界知识出版社2006年版。

楼宇烈：《温故知新：中国哲学研究论文集》，商务印书馆2004年版。

露丝·本尼迪克特：《文化模式》，王炜等译，生活·读书·新知三联书店1988年版。

路易斯：《中东——自基督教兴起至二十世纪末》，郑之书译，中国友谊出版公司2000年版。

罗伯特·斯蒂文思：《纳赛尔传》，王威等译，世界知识出版社，1992年版。

罗伟虹：《世界邪教与反邪教研究》，宗教文化出版社2002年版。

马克思、恩格斯：《马克思恩格斯全集》第42卷，人民出版社1989年版。

马克思：《犹太人问题》，载《马克思恩格斯全集》第1卷，人民出版社1989年版。

马通：《中国伊斯兰教派与门宦制度史略》，宁夏人民出版社1983年版。

马西沙、韩秉方：《中国民间宗教史》，上海人民出版社1992年版。

马注：《清真指南》，宁夏人民出版社1988年版。

麦奎利：《二十世纪宗教思想》，上海人民出版社1989年版。

毛泽东：《毛泽东选集》第1卷，人民出版社1991年版。

毛泽东：《毛泽东选集》第3卷，人民出版社1965年版。

缪勒：《宗教学导论》，陈观胜等译，上海人民出版社1989年版。

牟钟鉴、张践：《中国宗教通史》（下），社会科学文献出版社2003年修订版。

牟钟鉴：《探索宗教》，宗教文化出版社2008年版。

纳达夫·萨夫兰：《以色列的历史和概况》，北京大学历史系翻译小组译，北京人民出版社1973年版。

南炳文主编：《佛道秘密宗教与明代社会》，天津古籍出版社2001年版。

尼克斯：《历代基督教信条》，汤清译，基督教文艺出版社1999年版。

尼特：《宗教对话模式》，王志成译，中国人民大学出版社2004年版。

潘尼卡：《宗教内对话》，王志诚、思竹译，宗教文化出版社2001年版。

潘志平：《中亚浩罕国与清代新疆》，中国社会科学出版社1991年版。

潘志平主编：《中南亚的民族宗教冲突》，新疆人民出版社2003年版。

潘志平主编：《中亚的民族关系历史现状与前景》，新疆人民出版社2003年版。

佩蒂多、哈兹波罗编：《国际关系中的宗教》，张新樟等译，浙江大学出版社2009年版。

皮埃尔－安德烈·塔吉耶夫：《种族主义源流》，高凌瀚译，生活·读书·新知三联书店2005年版。

濮文起：《中国民间秘密宗教溯源》，江苏人民出版社2000年版。

乔恩·金奇、戴维·金奇等：《中东战争》上册，《国际问题资料》编辑组等编译，上海译文出版社1979年版。

秦宝琦：《中国地下社会》，学苑出版社1993年版。

青海省宗教事务局：《青海省志·宗教志》，西安出版社2000年版。

任继愈主编：《儒教问题争论集》，宗教文化出版社2000年版。

阮西湖：《20世纪后半叶世界民族关系探析》，民族出版社2004年版。

萨阿德·沙兹利：《跨过苏伊士运河》，山鹰译，解放军出版社1981年版。

萨利哈·福礼尼编著：《适合时代的呼图白集》，哈吉·穆萨·金宏伟编译，宗教文化出版社2003年版。

赛福鼎·艾则孜：《赛福鼎回忆录》，华夏出版社1993年版。

斯马特：《世界宗教》，高师宁等译，北京大学出版社2004年第2版。

斯维德勒：《全球对话的时代》，刘利华译，中国社会科学出版社2006年版。

孙尚扬、刘宗坤：《基督教哲学在中国》，首都师范大学出版社2002年版。

孙尚扬、钟鸣旦：《一八四〇年前的中国基督教》，学苑出版社2004年版。

孙尚扬：《基督教与明末儒学》，东方出版社1994年版。

孙尚扬：《宗教社会学》，北京大学出版社2001年版。

太虚：《我的宗教经验》，载《太虚大师全书》第41册。

泰德·洪德里奇：《恐怖之后》，王洪章、吴孟译，上海人民出版社2005年增订版。

唐大潮：《明清之际道教"三教合一"思想论》，宗教文化出版社2000年版。

唐逸：《理性与信仰》，广西师范大学出版社2005年版。

王缉思主编：《文明与国际政治——中国学者评亨廷顿的文明冲突论》，上海人民出版社1995年版。

王见川：《从摩尼教到明教》，新文丰出版公司1992年版。

王建平、吴云贵、李兴华：《当代中亚伊斯兰教及其与外界的联系》内部报告，中国社会科学院世界宗教研究所2000年。

王联主编：《世界民族主义论》，北京大学出版社2002年版。

王铭铭：《社会人类学与中国研究》，生活·读书·新知三联书店1997年版。

王宜峨：《中国道教》，五洲传播出版社2004年版。

王兆祥：《白莲教探奥》，陕西人民教育出版社1993年版。

韦伯：《新教伦理与资本主义精神》，于晓、陈维纲译，生活·读书·新知三联书店1988年版。

韦伯：《支配社会学》，康乐、简惠美译，广西师范大学出版社2004年版。

维克多·李·伯克：《文明的冲突：战争与欧洲国家体制的形成》，王晋新译，上海三联书店2006年版。

沃尔特·拉克：《犹太复国主义史》，徐方、阎瑞松译，上海三联书店1992年版。

乌瓦什：《沉默的另一面》，马爱农译，人民文学出版社2001年版。

吴飞：《麦芒上的圣言》，道风书社2001年版。

希蒂：《黎巴嫩简史》，北京师范学院《黎巴嫩简史》翻译小组译，北京出版社1974年版。

希克：《信仰的彩虹——与宗教多元主义批评者的对话》，王志成、思竹译，江苏人民出版社1999年版。

希提：《阿拉伯通史》，马坚译，商务印书馆1979年版。

夏春涛：《天国的陨落：太平天国宗教再研究》，中国人民大学出版社2006年版。

萧登福：《道教与佛教》，东大图书公司2004年版。

萧若瑟：《天主教传行中国考》（民国丛书版），上海书店1989年版。

小约瑟夫·奈：《理解国际冲突：理论与历史》，张小明译，上海世纪出版集团2005年版。

谢和耐：《中国与基督教：中西文化的首次撞击》，耿昇译，上海古籍出版社2003年版。

新疆社会科学院历史所：《新疆地方历史资料选辑》，人民出版社1987年版。

谢和耐：《新疆简史》第3册，新疆人民出版社1980年版。

熊月之主编：《多元文化视野下的和谐社会》，上海书店出版社2006年版。

徐华龙：《中国鬼文化》，上海文艺出版社1991年版。

徐向群、宫少朋主编：《中东和谈史：1913～1995年》，中国社会科学出版社1998年版。

徐向群、余崇健主编：《第三圣殿——以色列的崛起》，上海远东出版社1994年版。

徐小跃：《罗教·佛教·禅学：罗教与〈五部六册〉揭秘》，江苏人民出版社1999年版。

徐迅：《民族主义》，中国社会科学出版社2005年修订版。

许理和：《佛教征服中国》，李四龙、裴勇等译，江苏人民出版社2003年修订版。

许利平主编：《亚洲极端势力》，社会科学文献出版社2007年版。

杨讷：《元代白莲教资料汇编》，中华书局1989年版。

杨庆堃：《中国社会中的宗教——宗教的现代社会功能与其历史因素之研究》，范丽珠等译，上海人民出版社2007年版。

杨熙楠：《文化基督徒：现象与论争》，道风书社1997年版。

叶·马·普里马科夫：《"9·11"和入侵伊拉克后的世界》，胡昊译，当代世界出版社2003年版。

伊夫迪哈尔：《真纳传》（乌尔都语版），拉合尔里程碑出版社1983年版。

殷罡主编：《阿以冲突——问题与出路》，国际文化出版公司2002年版。

尹崇敬主编：《中东问题100年》，新华出版社1999年版。

永兴、占辉编著：《以色列与阿拉伯：血腥50年》，黑龙江人民出版社1999年版。

余敦康：《易学今昔》，广西师范大学出版社2005年版。

余英时：《儒家伦理与商业精神》，广西师范大学出版社2004年版。

余振贵、雷晓静主编：《中国回族金石录》，宁夏人民出版社2001年版。

喻松青：《明清白莲教研究》，四川人民出版社1987年版。

约翰·伯顿：《全球冲突——国际危机的国内根源》，谭朝洁、马学印译，上海人民出版社2007年版。

约翰·加尔通：《和平论》，陈祖洲等译，南京出版社2006年版。

曾问吾：《中国经营西域史》，商务印书馆1936年版。

扎尔米·卡利扎德、伊安·莱斯：《21世纪的政治冲突》，张淑文译，江苏人民出版社2000年版。

张星烺编注：《中西交通史料汇编》第2册，中华书局2003年版。

张训谋：《欧美政教关系研究》，宗教文化出版社2002年版。

张植荣：《中国边疆与民族问题——当代中国的挑战及其历史由来》，北京大学出版社2005年版。

张志刚：《猫头鹰与上帝的对话：基督教哲学问题举要》，东方出版社1993年版。

张志刚：《宗教哲学研究——当代观念、关键环节及其方法论批判》，中国人民大学出版社2003年版。

张志刚主编：《宗教研究指要》，北京大学出版社2005年版。

赵匡为:《我国的宗教信仰自由》,华文出版社1999年版。

赵朴初:《中国佛教协会三十年》,中国佛教协会1983年版。

郑志明:《无生老母信仰溯源》,文史哲出版社1985年版。

中村元等:《中国佛教发展史》上卷,天华出版事业股份有限公司1984年版。

中共中央文献研究室综合研究组、国务院宗教事务局政策法规司:《新时期宗教工作文献选编》,宗教文化出版社1995年。

中国现代国际关系研究所反恐怖研究中心编译:《恐怖主义与反恐怖斗争理论探索》,时事出版社2002年版。

中国现代国际关系研究所反恐怖研究中心编译:《国际恐怖主义与反恐怖斗争》,时事出版社2001年版。

中国现代国际关系研究所民族与宗教研究中心:《全球民族问题大聚焦》,时事出版社2001年版。

中国现代国际关系研究所民族与宗教研究中心:《世界宗教问题大聚焦》,时事出版社2003年版。

中国新疆地区伊斯兰教史编写组:《中国新疆地区伊斯兰教史》第1册,新疆人民出版社2000年版。

中国伊斯兰教协会编:《穆斯林爱国主义教程》(试用本),宗教文化出版社2006年版。

中国主教团秘书处编译:《梵蒂冈第二届大公会议文献》,天主教教育协进会出版社1988年再版。

朱恒夫:《目连戏研究》,南京大学出版社1993年版。

朱培民:《20世纪新疆史研究》,新疆人民出版社2000年版。

卓新平:《当代天主教神学》,上海三联书店1998年版。

2. 文章

《从当代福音信仰观点看罗马天主教——世界福音团契文献》,庞陈丽娟编译,载《中国神学研究院期刊》1989年7月,第7期;1990年1月,第8期;中国神学研究院出版部。

陈兵:《略论全真道的三教合一说》,载《世界宗教研究》1984年第1期。

陈来:《明代的民间儒学与民间宗教:颜山农思想的特色》,载《中国近世思想史研究》,商务印书馆2003年版。

陈明华:《印度国大党对穆斯林的政策与穆斯林分离意识的确立》,载《南亚研究季刊》1988年第3期。

从恩霖:《人世间需要和平　宗教间需要对话——参加卡塔尔多哈第五届宗教对话会议有感》,载《中国穆斯林》2007年第3期。

邓力群：《新疆和平解放前后——中苏关系之一页》，载《近代史研究》1989年第5期。

方立天：《和谐社会的构建与宗教的作用》，载《中国宗教》2005年第7期。

冯增烈：《〈建修胡太师祖佳城记〉碑叙》，载《中国穆斯林》1981年第2期。

高天麟：《黄河流域新石器时代的陶鼓辨析》，载《考古学报》1991年第2期。

韩秉方、马西沙：《林兆恩三教合一思想与三一教》，载《世界宗教研究》1984年第3期。

韩秉方：《中国的民间宗教》，载《中国宗教：过去与现在》，汤一介主编，北京大学出版社1992年版。

韩松、薛春梅：《深化不同信仰对话促进和平、发展与和谐——第三届亚欧会议不同信仰间对话会议在南京举行》，载《中国宗教》2007年第7期。

韩松：《孔汉思教授访谈录》，载《基督教文化学刊》第4辑，中国人民大学基督教文化研究所主编，人民日报出版社2000年版。

韩文藻：《同心协力建立基督的身体——按三自原则把教会办得更好》，中国基督教全国"两会"，1996年12月29日。

汉斯昆：《全球伦理与中国传统文化》，载《基督教文化学刊》第4辑。

洪刚：《邪教头目为何都往美国逃》，载《大众科技》2001年第5期。

蒋丽梅：《发现、理解与贴近——〈白诗朗普天之下：儒耶对话中的典范转换〉》，载《社会科学论坛》2007年第7期。

李四龙：《略论"中国宗教"的两个思想基础》，载《北京大学学报》（哲学社会科学版）2006年第5期。

利文著：《变相的大屠杀：残杀、种族灭绝和后种族灭绝》，王星译，载《国际社会科学杂志》（中文版），2003年第4期。

刘小枫：《"道"与"言"的神学和文化社会学评注》，载《这一代人的怕和爱》，生活·读书·新知三联书店1996年版。

刘小枫：《汉语神学与历史神学》，载《圣灵降临的叙事》，生活·读书·新知三联书店2003年版。

刘迎胜：《回族与其他一些西北穆斯林民族文字形成史初探——从回回字到"小经"文字》，载《回族研究》1995年第4期。

楼宇烈：《探求合乎本土文化传统的宗教学研究理论》，载《中国宗教》2008年第11期。

鲁迅：《1918年8月20日致许寿裳》，载《鲁迅全集》第11卷，人民文学出版社1981年版。

吕昭义：《印度的教派冲突剖析》，载《南亚报告》（2002~2003），云南大学出版社 2003 年版。

马强：《20 世纪回族伊斯兰文化教育历史反思》，载《西北第二民族学院学报》2002 年第 4 期。

马西沙：《略论明清时代民间宗教的两种发展趋势》，载《世界宗教研究》1984 年第 1 期。

马西沙：《民间宗教救世思想的演变》，载《中国社会科学院研究生院学报》1995 年第 4 期。

麦奎利：《世界宗教之间的对话》，何光沪译，载《世界宗教文化》1997 年冬季号。

牟钟鉴：《中国宗法性传统宗教试探》，载《世界宗教研究》1990 年第 1 期。

欧东明：《近代印度的宗教民族主义——以提拉克和甘地为例》，载《南亚研究季刊》2004 年第 1 期。

濮文起：《宝卷学发凡》，载《天津社会科学》1999 年第 2 期。

饶宗颐：《三教论及其海外移殖》，载《中国宗教思想史新页》，北京大学出版社 2000 年版。

任继愈：《论儒教的形成》，载《中国社会科学》1980 年第 1 期。

任继愈：《唐宋以后的三教合一思潮》，载《世界宗教研究》1984 年第 1 期。

斯威德勒：《走向全球伦理普世宣言》，载《全球伦理——世界宗教议会宣言》，[德] 孔汉思、库舍尔编，何光沪译，四川人民出版社 1997 年版。

谭伟伦：《建立民间佛教研究领域刍议》，载《民间佛教研究》，中华书局 2007 年版。

汤一介：《"文明的冲突"与"文明的共存"》，载《学术的风采——北京大学学报创刊五十周年论文选粹》（人文科学卷），程郁缀、龙协涛主编，北京大学出版社 2005 年版。

王汎森：《明末清初儒学的宗教化：以许三礼的告天之学为例》，载《晚明清初思想十论》，复旦大学出版社 2005 年版。

王家平：《鲁迅与基督教文化》，载《中国现代文学研究》1993 年第 4 期。

王庆德：《中国民间宗教史研究百年回顾》，载《文史哲》2001 年第 1 期。

吴宗文：《宗教对话模式综览》，载《维真学刊》，Volume 1，No. 1，1993.

小林正美：《三教交流中"教"的观念》，载《六朝道教史研究》，四川人民出版社 2001 年版。

阎步克：《乐师与"儒"之文化起源》，载《北京大学学报》1995 年第 5 期。

晏琼英：《论赛义德的民族主义思想》，北京大学外语学院印度语言文学专业 2002 年硕士学位论文。

杨庆堃：《儒家思想与中国宗教之间的功能关系》，载《中国思想与制度论集》，史华兹等编著，段昌国等译，联经1979年版。

杨永昌：《早期伊斯兰教学术在我国情况的探讨》，载《伊斯兰教在中国》，甘肃省民族研究所编，宁夏人民出版社1982年版。

张岱年：《哲学思维论——天人五论之一》，载《张岱年全集》第3卷，河北人民出版社1996年版。

张岱年：《中国哲学中"天人合一"思想的剖析》，载《北京大学学报》1985年第1期。

张玉兰：《论真纳的立国治国思想》，载《南亚研究》1992年第2期。

张玉兰：《伊斯兰极端势力：困扰巴基斯坦的梦魇》，载《南亚研究》2004年第1期。

赵敦华：《基督教与中国传统和现代文化》，载《天津社会科学》1997年第5期。

郑爱兰：《商周巫术与宗教政治之心态》，载《国际中国学研究》第3辑，（韩国）中国学会2000年版。

郑天星：《中国民间秘密宗教在国外》，载《世界宗教资料》1985年第3期。

朱明忠：《印度教民族主义的兴起与印度政治》，载《当代亚太》1999年第3期。

二、外文文献

1. 英文部分（以姓氏字母排序）

Akenson, Donald H. *God's Peoples: Covenant and Land in South Africa, Israel, and Ulster*, Ithaca: Cornell University Press, 1992.

Anderson, Irvine H., *Biblical Interpretation and Middle East Policy, The Promised Land, America, and Israel*, 1917 – 2002. Gainesville: University Press of Florida, 2005.

Bard, Mitchell G., *Will Israel Survive?* New York: Palgrave Macmillan, 2007.

Bardon, Jonathan, *A History of Ulster*, Dundonald, Belfast, Northern Ireland: Black Staff Press, 1992.

Barnes, L Philip, "Was the Northern Ireland Conflict Religious?" *Journal of Contemporary Religion*, Vol. 20, No. 1, 2005.

Barth, Karl, "Evangelical Theology in 19th Century", *The Humanity of God*, Atlanta, Georgia: John Knox Press, Eleventh printing, 1974.

Barth, Karl, *The Epistle to the Romans*, London: Oxford University Press, Seventh Impression, 1965.

Bishara, Marwan, *Palestine/Israel: Peace or Apartheid, Occupation, Terrorism and the Future*, London and New York: Zed Books, 2001.

Boyce, D. G., *The Irish Question and British Politics* 1868 – 1996, New York, St. Martin's Press, 1988.

Brewer, John D& Higgins, Gareth I: *Anti – Catholicism in Northern Ireland, 1600 – 1998: the mote and the beam*, New York Basingstoke, Hampshire, St. Martin's Press & Macmillan Press Ltd, 1998.

Bruce, Steven, *Conservative Protestant Politics*, Oxford University Press, 1998.

C. K. Yang, *Religion in Chinese Society: A Study of Contemporary Social Function of Religion and Some of Their Historical Factors*, The Regents of The University of California, 1961.

Chander, Prakash, *India and Pakistan: unending conflict*, A. P. H. Publishing Co, 2003.

Chehabi, H. E., *Distant Relations: Iran and Lebanon in the Last 500 Years*. London and New York: I. B. Tauris Publishers, 2006.

Cox, Harvey, *Jesus and Other Names: Christian Mission and Global Responsibility*, New York: Maryknoll, Orbis Books, Third Printing, 2002.

Crocker, Chester A., Fen Osler Hampson and Pamela Aall, *Grasping the Nettle, Analyzing Cases of Intractable Conflict*. Washington DC: United States Institute of Peace Press, 2005.

D'Costa, Gavin, *Theology and Religious Pluralism: The Challenge of Other Religions*, Basil Blackwell Ltd, 1986

Dershowitz, Alan, *The Case for Israel*. Hoboken: John Wiley & Sons, Inc., 2003.

Dewan, Pervez, *IAS Govt. of Jammu and Kashmir: Kashmir*, Manas Publications, 2004.

Dumper, Michael, *Islam and Israel, Muslim Religious Endowments and the Jewish State*, Washington DC: Institute for Palestine Studies, 1994.

Efrat, Elisha, *The West Bank and Gaza Strip, A Geography of Occupation and Disengagement*. London and New York: Routledge, 2006.

Engineer, Asghar Ali, *Communal riots in post – independence India*, Orient Longman, 1991.

Fox, Jonathan, and Shmuel Sandler, *Bringing Religion into International Rela-*

tions. New York: Palgrave Macmillan, 2004.

Foxman, Abraham H., *Never Again? The Threat of the New Anti-Semitism*. New York: Harper San Francisco, 2003.

Fraser, T. G., *The Arab-Israeli Conflict*. New York: Palgrave Macmillan, Third Edition, 2008.

Fuller, Graham E., and Rend Rahim Francke, *The Arab Shi'a: The Forgotten Muslims*, New York: St. Martin's Press, First Edition, 1999.

Fulton, John, *The Tragedy of Belief: Division, Politics and Religion in Ireland*, Oxford, Clarendon Press, 1991.

Fung Yu-Lan, *A Short History of Chinese Philosophy*, Edited by Derk Bodde, New York, NY: The Free Press, 1976.

Geach, Peter, "John Hick's Philosophy of World Religions", *Scottish Journal of Theology* 35, No. 4, 1982.

Gopal, Uma Iyengar ed. *The essential writings of Jawaharlal Nehru*, Oxford University Press, 2003.

Gordon, Neve, *Israel's Occupation*. Berkeley: University of California Press, 2008.

Gorenberg, Gershom, *The End of Days, Fundamentalism and the Struggle for the Temple Mount*. Oxford University Press, 2002.

Grant, Patrick, *Northern Ireland: Religion and the Peace Process*, in Religion and Peacebuilding, edited by Harold Coward and Gordon S. Smith, State University of New York Press, 2004.

Guardia, Anton La, *War Without End, Israelis, Palestinians, and the Struggle for a Promised Land*. New York: Thomas Dunne Books, 2002.

Gupta, Sisir, *Kashmir: a study in India-Pakistan relations*, Vikas Publications, 1981.

Harms, Gregory Harms and Todd M. Ferry, *The Palestine Israel Conflict, A Basic Introduction*. London and Ann Arbor: Pluto Press, 2005.

Harris, Rosemary, *Prejudice and Tolerance in Ulster: A Study of Neighbours and "strangers" in a Border Community*, Manchester, Manchester University Press, 1972.

Hempton, David, *Religion and Political Culture in Britain and Ireland*, Cambridge University Press, 1996.

Hick, John H., *Philosophy of Religion*, fourth edition, Englewood Cliffs, NJ: Prentice-Hall, INC., 1990.

Hick, John, *God and the Universe of Faiths*, London: Macmillan, 1977.

Hoppen, K. Theodore, *Ireland Since 1800: Conflict and Conformity*, London; New York, Longman, 1989.

Hroub, Khaled, *Hamas, A Beginner's Guide.* London and Ann Arbor: Pluto Press, 2006.

Hughes, Eamonn, eds. *Culture and Politics in Northern Ireland 1960 – 1990*, Milton Keynes, Open University Press, 1991.

Jacobson, David M., "Palestine and Israel", *Bulletin of the American Schools of Oriental Research*, No. 313 (February 1999): 65 – 74.

John, D. Brewer and Gareth I.. Higgins, *Anti – Catholicism in Northern Ireland, 1600 – 1998: The Mote and the Beam*, London, Macmillan, 1998.

Jonathan, Bardon, *A History of Ulster*, Belfast, the Blackstaff Press, 1992.

Kadayifci – Orellana, S. Ayse, *Standing on an Isthmus, Islamic Narratives on War and Peace in Palestinian Territories.* Lanham: Lexington Books, 2007.

Kaul, R. N. *Sheikh Mohammad Abdullah, a political phoenix*, Sterling Publishing Company, 1985.

Keogh, Dermot, *The Vatican, The Bishops and Irish Politics 1919 – 39*, Cambridge University Press, 1986.

Khalidi, Walid, *Conflict and Violence in Lebanon: Confrontation in the Middle East*, Cambridge: Center for International Affairs, Harvard University, 1979.

Knitter, Paul F., *Introducing Theologies of Religions*, Maryknoll, New York: Orbis Books, Sixth Printing, 2006.

Knitter, Paul F., *One Earth Many Religions: Multifaith Dialogue & Global Responsibility*, Maryknoll, New York: Orbis Books, Second Printing, 1996.

Kramer, Martin ed., *Shi'ism, Resistance, and Revolution*, London: Westview Press, 1987.

Küng, Hans, "Will a Global Ethic Prevail?" *YES TO A GLOBAL ETHIC*, London: SCM Press Ltd, 1996.

Kung, Hans and Karl – Josef Kuschel edit, *The Declaration of the Parliament of the World's Religions*, edited by London: SCM Press Ltd, 1993.

Kung, Hans, *Theology for the Third Millennium: An Ecumenical View*, William Collins Sons & Co., Ltd. And Doubleday, 1988.

Laqueur, Walter, and Barry Rubin, eds., *The Israel – Arab Reader, A Documentary History of the Middle East Conflict.* New York: Penguin Books, Sixth Edition,

2001.

Lazaroff, Tovah, "Lieberman's land swap plan illegal", *The Jerusalem Post*, March 26, 2006.

Long, David E., and Bernard Reich ed., *The Government and Politics of the Middle East*, Boulder and Oxford: Westview Press, Fourth Edition, 2002.

Lundy, Kathleen P. "Lasting Peace in Northern Ireland: An Economic Resolution to A Political and Religious Conflict," *Notre Dame Journal of Law, Ethics & Public Policy*, 2001

Lyons, F. L. S., *Ireland Since the Famine*, Weidenfeld and Nicolson, 1971.

Macintyre, Donald, "The Big Question: What are Israeli settlements, and why are they coming under pressure?" *The Independent*, May 29, 2009.

Madsen, Richard, *China's Catholics: Tragedy and Hope in an Emerging Civil Society*, Berkeley: The University of California Press, 1998.

Marschall, Christin, *Iran's Persian Gulf Policy: From Khomeini to Khatami*, London: RoutledgeCurzon, First Edition 2003.

Miller, David, eds. *Rethinking Northern Ireland: Culture, Ideology, and Colonialism*, London; New York, Longman, 1998.

Milton-Edwards, Beverley and Peter Hinchcliffe, *Conflicts in the Middle East Since 1945*, London: Routledge, First Edition 2001.

Mirza, Sarfaraz Hussain ed. *Kashmir Dispute: A Chronology of Important Events* (1947-1990), University of the Punjab.

Mirza, Sarfaraz Hussain, *Hindu-Muslim conflict in South Asia, 712-1947: a case study of the genesis of Pakistan*, Lahore, 1997.

Mitchell, Claire, "Behind the Ethnic Marker: Religion and Social Identification in Northern Ireland," *Sociology of Religion*, Spring 2005.

Norton, Augustus Richard, *Hezbollah, A Short History*. Princeton and Oxford: Princeton University Press, 2007.

November 4, 1947, Dawn, from Kashmir Dispute.

Patrick, Mitchell, *Evangelicalism and National Identity in Ulster*. Oxford University Press, 2004.

Peri, Yoram ed., *The Assassination of Yitzhak Rabin*, Stanford: Stanford University Press, 2000.

Perry, Marvin and Frederick M. Schweitzer, *Antisemitism, Myth and Hate from Antiquity to the Present*. New York: Palgrave Macmillan, 2002.

Rahner, Karl, "Christian and Non – Christian Religions", in John Hick and Brian Hebblethwaite, eds., *Christianity and Other Religions*, Glasgow: Collins, 1980.

Rahner, Karl, "Christian and Other Religions", *Philosophy of Religion: Selected Readings*, Michael Peterson, William Hasker, Bruce Reichenbach and David Basinger, eds., New York and Oxford: Oxford University Press, 1996.

Rao, H. S. Gururaja, *Legal Aspect of the Kashmir Problem*, Minerva Press, 2002.

Shahak, Israel, and Norton Mezvinsky, *Jewish Fundamentalism in Israel*. London: Pluto Press, New Edition, 2004.

Sharpe, Eric J., *Comparative Religion: A History*, second edition, La Salle, Illinois: Open Court Publishing Company, 1986.

Smith, Charles D., *Palestine and the Arab – Israeli Conflict*, Boston and New York: Bedford/St. Martin's, Six Edition, 2007.

Swidler, Leonard, *After the Absolute: the Dialogical Future of Religious Reflection*, Minneapolis, M. N.: Fortress Press, 1990.

Tachau, Frank (ed.), *Political Parties of the Middle East and North Africa*, London: Mansell Publishing Limited, First Edition, 1994.

Talhami, Ghada H., "The PLO and Islamic Policy for Jerusalem", *Arab Studies Quarterly*, Vol. 31, Iss. 1/2, Winter 2009.

Tanner, Marcus, *Ireland's Holy Wars: the Struggle for a Nation's Soul*, 1500 – 2000, New Haven, Yale University Press, 2001.

Taylor, Mark C., eds. *Critical Terms for Religious Studies*, The University of Chicago Press, 1998.

Thomas, Baylis, *How Israel Was Won, A Concise History of the Arab – Israeli Conflict*. Lanham and Oxford: Lexington Books, 1999.

Toynbee, Arnold J., *A Study of History*, Abridgement of Volumes VII – X, Oxford University Press, 1957.

United Nations General Assembly, *General Progress Report and Supplementary Report of the United Nations Conciliation Commission for Palestine* (A/1367/Rev. 1, 23 October 1950). New York, 1951.

Walt, Stephen M., "Settling for Failure in the Middle East", *The Washington Post*, September 20, 2009.

Wasserstein, Bernard *Israel and Palestine, Why They Fight and Can They Stop?* London: Profile Books Ltd, 2003.

Wasserstein, Bernard, *Divided Jerusalem, The Struggle for the Holy City*. Yale

University Press, 2001.

Whyte, John, *Interpreting Northern Ireland*, Oxford, Clarendon Press, 1991.

Wiktorowicz, Quintan ed., *Islamic Activism: A Social Movement Theory Approach*. Bloomington: Indiana University Press, 2004.

2. 俄文部分

Соловьев Вл.: Сочинения в 2 т., I, Москва: изд. Правда, 1989.

Юдин Алексей（Состовитель）: Православие и католичество: от конфронтации к диалогу. Хрестоматия. Состовитель: Алексей, Москва: изд. Библио – богословскиий институт св. Апостола Андрея. 2001.

后　记

　　本书写作分工如下：前言、第八章、第九章、第十一章、第十二章、第十三章、第十四章、第十五章、第二十二章，张志刚撰写；第一章，王锁劳撰写；第二章，吴冰冰撰写；第三章，唐孟生撰写；第四章、第十九章，沙宗平撰写；第五章，田炜撰写；第六章、第七章，张训谋、贾建萍撰写；第十章，徐凤林撰写；第十六章、第十七章、第十八章，李四龙撰写；第二十章，吴飞撰写；第二十一章，赵匡为撰写。本书统稿工作由下列作者完成：沙宗平负责第一编，张志刚负责第二编，李四龙负责第三编，吴飞负责全书汇总工作。

　　本书虽由以上作者执笔，但实际上是课题组全体成员集体攻关的成果。在过去的五、六年间，参与本攻关项目的课题论证、资料搜集和专题研讨等基础性工作的专家学者还有：北京大学的赵敦华教授、姚卫群教授、王宗昱教授、尚新建教授、王博教授、孙尚扬教授、金勋教授、杨立华教授、周学农副教授、苏贤贵副教授，山东大学的傅有德教授，西北民族大学的马福元教授，石河子大学的龙群副教授等。中央民族大学的何其敏教授独立完成了《中国少数民族宗教现状调研报告》；山西大学的梁丽萍教授独立完成了《汉族地区宗教状况调研报告——以山西为例》。当时在北大攻读研究生学位、现任职于国家宗教事务局的徐思源独立汇编了《当代世界宗教对话大事记》和《部分宗教对话会议或相关组织的活动简况》。

　　本攻关项目从组织申报到顺利完成，得到了北京大学社会科学部的诸位领导和同事的大力支持。最后，我们要特别感谢专家评审组对本项目所取得的阶段性成果和最终成果的高度评价，以及提出的多方面的修改完善建议。这些中肯的建议促使我们在结项后的半年多时间里继续努力，使现有书稿能以更高的质量呈现于读者面前。

张志刚
2010 年 5 月 30 日

教育部哲学社会科学研究重大课题攻关项目成果出版列表

书　名	首席专家
《马克思主义基础理论若干重大问题研究》	陈先达
《马克思主义理论学科体系建构与建设研究》	张雷声
《人文社会科学研究成果评价体系研究》	刘大椿
《中国工业化、城镇化进程中的农村土地问题研究》	曲福田
《东北老工业基地改造与振兴研究》	程　伟
《全面建设小康社会进程中的我国就业发展战略研究》	曾湘泉
《当代中国人精神生活研究》	童世骏
《弘扬与培育民族精神研究》	杨叔子
《当代科学哲学的发展趋势》	郭贵春
《面向知识表示与推理的自然语言逻辑》	鞠实儿
《当代宗教冲突与对话研究》	张志刚
《马克思主义文艺理论中国化研究》	朱立元
《现代中西高校公共艺术教育比较研究》	曾繁仁
《楚地出土戰國簡冊［十四種］》	陳　偉
《中国市场经济发展研究》	刘　伟
《全球经济调整中的中国经济增长与宏观调控体系研究》	黄　达
《中国特大都市圈与世界制造业中心研究》	李廉水
《中国产业竞争力研究》	赵彦云
《东北老工业基地资源型城市发展接续产业问题研究》	宋冬林
《中国民营经济制度创新与发展》	李维安
《中国加入区域经济一体化研究》	黄卫平
《金融体制改革和货币问题研究》	王广谦
《人民币均衡汇率问题研究》	姜波克
《我国土地制度与社会经济协调发展研究》	黄祖辉
《我国民法典体系问题研究》	王利明
《中国司法制度的基础理论问题研究》	陈光中
《生活质量的指标构建及其现状评价》	周长城
《中国公民人文素质研究》	石亚军
《城市化进程中的重大社会问题及其对策研究》	李　强
《中国农村与农民问题前沿研究》	徐　勇
《中国大众媒介的传播效果与公信力研究》	喻国明
《媒介素养：理念、认知、参与》	陆　晔
《教育投入、资源配置与人力资本收益》	闵维方
《创新人才与教育创新研究》	林崇德

书 名	首席专家
《中国农村教育发展指标体系研究》	袁桂林
《高校思想政治理论课程建设研究》	顾海良
《网络思想政治教育研究》	张再兴
《高校招生考试制度改革研究》	刘海峰
《基础教育改革与中国教育学理论重建研究》	叶　澜
《中国青少年心理健康素质调查研究》	沈德立
《处境不利儿童的心理发展现状与教育对策研究》	申继亮
《WTO主要成员贸易政策体系与对策研究》	张汉林
《中国和平发展的国际环境分析》	叶自成
*《马克思主义整体性研究》	逄锦聚
*《自主创新战略与国际竞争力研究》	吴贵生
*《转轨经济中的反行政性垄断与促进竞争政策研究》	于良春
*《中国现代服务经济理论与发展战略研究》	陈　宪
*《历史题材创新和改编中的重大问题研究》	童庆炳
*《西方文论中国化与中国文论建设》	王一川
*《中国抗战在世界反法西斯战争中的历史地位》	胡德坤
*《中国水资源的经济学思考》	伍新木
*《南水北调工程与中部地区经济社会可持续发展研究》	杨云彦
*《转型时期消费需求升级与产业发展研究》	臧旭恒
*《中国政治文明与宪政建设》	谢庆奎
*《中国法制现代化的理论与实践》	徐显明
*《中国和平发展的重大国际法律问题研究》	曾令良
*《知识产权制度的变革与发展研究》	吴汉东
*《中国能源安全若干法律与政策问题研究》	黄　进
*《多元化纠纷解决机制与和谐社会的构建》	范　愉
*《农村土地问题立法研究》	陈小君
*《中国转型期的社会风险及公共危机管理研究》	丁烈云
*《中国边疆治理研究》	周　平
*《边疆多民族地区构建社会主义和谐社会研究》	张先亮
*《数字传播技术与媒体产业发展研究》	黄升民
*《新闻传媒发展与建构和谐社会关系研究》	罗以澄
*《数字信息资源规划、管理与利用研究》	马费成
*《创新型国家的知识信息服务体系研究》	胡昌平
*《公共教育财政制度研究》	王善迈
*《非传统安全合作与中俄关系》	冯绍雷
*《中国的中亚区域经济与能源合作战略研究》	安尼瓦尔．阿木提
*《冷战时期美国重大外交政策研究》	沈志华

……

*为即将出版图书